U0128630

社 科 学 术 文 库

LIBRARY OF ACADEMIC WORKS OF SOCIAL SCIENCES

外国历史大事集

现代部分·第二分册

朱庭光 ◉ 主　编

张椿年 ◉ 副主编

沈永兴　王章辉　周以光 ◉ 分册主编

中国社会科学出版社

图书在版编目（CIP）数据

外国历史大事集．现代部分．第二分册/朱庭光主编．—北京：中国社会科学出版社，2017.3

（社科学术文库）

ISBN 978 - 7 - 5161 - 9656 - 4

Ⅰ.①外…　Ⅱ.①朱…　Ⅲ.①世界史—现代史　Ⅳ.①K1

中国版本图书馆 CIP 数据核字（2017）第 005369 号

出　版　人　赵剑英
责任编辑　刘志兵
特约编辑　张翠萍等
责任校对　周　昊
责任印制　李寡寡

出　　　版　中国社会科学出版社
社　　　址　北京鼓楼西大街甲 158 号
邮　　　编　100720
网　　　址　http://www.csspw.cn
发 行 部　010 - 84083685
门 市 部　010 - 84029450
经　　　销　新华书店及其他书店

印刷装订　北京君升印刷有限公司
版　　　次　2017 年 3 月第 1 版
印　　　次　2017 年 3 月第 1 次印刷

开　　　本　710×1000　1/16
印　　　张　40.5
插　　　页　2
字　　　数　685 千字
定　　　价　168.00 元

再版说明

　　《外国历史大事集》出版于 20 世纪 80 年代，是当时我国世界史学界知名学者们多年辛苦劳动的集体成果，体现出了扎实的学术功底和应用价值，是重要的学术参考书。二三十年过去了，此书仍然受到我国世界史学界的重视和广大读者的欢迎。

　　《外国历史大事集》此次再版，受到中国社会科学院创新工程的大力支持，将其列入社科学术文库。根据中国社会科学出版社的建议，此次再版时，将版式改为小 16 开；消除了原著中的一些错别字，对表述不够准确的地方也进行了推敲审定；删除了不清晰的插图，增加了古代部分的大事记内容。再版工作受到世界历史研究所专家们，包括一些退休专家的大力支持，他们对原著进行了细心审读，付出了辛苦劳动。参加审读的专家有如下同志：古代部分：第一分册，刘健；第二分册，郭方。近代部分：第一分册，于沛；第二分册，汤重南；第三分册，于沛；第四分册，部彦秀。现代部分：第一分册，沈永兴；第二分册，王章辉；第三分册，于沛；第四分册，姜芃。世界历史研究所科研处的同志也为再版修订做了大量工作。

　　衷心感谢中国社会科学院创新工程的支持！感谢参加修订工作的各位同志的辛勤劳动！对中国社会科学出版社决定再版《外国历史大事集》和出版社有关人员的辛苦劳动表示衷心感谢！

中国社会科学院世界历史研究所

2016 年 11 月

初版说明

　　《外国历史大事集·现代部分·第二分册》共辑入世界现代史上有一定历史地位和国际影响的重大历史事件52篇，起自20世纪20年代末资本主义世界严重经济危机的爆发，迄于40年代中期世界反法西斯战争的胜利。主要内容是关于第二次世界大战的起源、爆发以及战争过程和结局的重大事件，同时收入这一时期关于苏联社会主义建设、国际共产主义运动、民族解放斗争和科学技术、经济和文化方面的一些稿件，叙事上下限有所追溯和延伸。各篇按事件发生的年代顺序依次编排。

　　本册由沈永兴、王章辉、周以光三位同志任主编，统一负责组织和修改稿件、选定插图等编辑工作。按照全书正、副主编商定的分工，由朱庭光通读和审订全部稿件。地图绘制为金春玉，封面设计为姜樑。

1986 年 10 月

目　录

1929—1933 年资本主义世界经济大危机

胡国成

1929—1933 年席卷整个资本主义世界的经济大危机，是迄今为止资本主义经济发展史上持续时间最长、波及范围最广、经济损失最重、影响程度最深的一次经济危机。时至今日，西方资产阶级提起"三十年代大危机"依然谈虎色变。

危机前的世界经济形势

第一次世界大战后，资本主义国家经历了 1919—1920 年的经济危机。为了摆脱危机，同时也为了弥补战时的严重损耗，各国相继进行固定资本更新；在生产中广泛地采用新技术，使得汽车、电气、化学、人造纤维等一系列新兴的工业部门得到较快发展。一些国家，特别是美国和德国，大力推行"产业合理化"，提高工人劳动强度和生产效率。因此，从 1924 年起，各主要资本主义国家的经济进入相对稳定时期。

在这一时期，各主要资本主义国家的经济均有较大发展。唯有昔日号称"日不落帝国"的英国经济一直处于不景气状况。在传统工业部门中，除机器制造业比战争前有一定增长外，钢在 1929 年仅恢复到 1918 年的水平，煤、铁、造船、纺织等老工业部门的产量都比战前不同程度地下降了。虽然汽车、化学、电器、有色金属等新兴工业部门由于暂时未遇竞争或政府采取关税保护措施而有较大发展，但并未改变经济萧条的总趋势。1929 年，英国工业总产量仅比 1913 年的水平高 5.7%。同期，英国工业在资本主义世界工业生产中所占的比重从 14% 下降到 9%，而美国则从 38% 上升到 48%。

造成 20 世纪 20 年代英国经济萧条的原因主要有战争的影响、工业部门和技术装备的落后以及世界市场的缩小等。凡尔赛和约虽然使英国获得了大量的殖民地和经济利益，但它在战争中所遭受的损失要比获得的利益大得多。战争使英国损失了它原有船只的70%，从而使它失去了控制达250年之久的海上霸权。战争期间英国自治领和殖民地的民族工业有了一定发展，对英国经济的依赖有所减轻。战后殖民地民族解放运动的兴起又加剧了英国海外市场的萎缩。与此同时，美国依靠战争期间膨胀起来的经济实力，从英国手中攫取了欧洲、拉丁美洲以及加拿大等市场。日本则进入印度、东南亚等市场，使英国的国外市场进一步萎缩。此外，在战争中，英国欠下了美国47亿美元的战债。英国从债权国变成了债务国，世界金融中心从伦敦转移到纽约。大英帝国终于无可挽回地衰落了。

在英国衰落的同时，美国的经济实力及其在资本主义世界经济中所占的比重却不断上升。从1923年起，美国经济出现了一次前所未有的高涨。美国在战时通过资本和商品输出赚取了大量利润。战后，固定资本大规模更新，投资达数十亿美元。对新建住房的巨量需求使建筑业迅猛发展。从1921年的8年内，建筑业产值的年增长率达到6.7%，每年的总投资都不低于70亿美元，1926年更高达110多亿美元。新兴工业部门的蓬勃发展是造成20年代繁荣的主要因素之一，其中特别是汽车制造业，到1929年产值竟占全国工业总产值的8%左右，产量达到535.8万辆。石油达到13700万吨。家用电器也有很大发展，收音机的产量1929年比1923年增长了近24倍，电冰箱则从1921年的5000台增加到1929年的90万台。大量新技术的推广和电力的采用，加上"资本主义合理化"的推行（如"泰勒制"和"福特制"的推广使用），使得劳动生产率大幅度提高。到1929年，美国国民生产总值第一次突破千亿美元大关，达到1031亿美元。这一年美国的工业产量占了资本主义世界工业总产量的48.5%。同期，对外贸易在世界贸易中所占的份额达到14%（英国为13.2%），第一次夺得了资本主义世界贸易中的首位。英国的衰落和美国成为资本主义世界经济和金融中心是20年代资本主义世界经济发展史上最重要的事件之一。

这种繁荣使得美国资产阶级经济学家们忘乎所以，他们甚至相信美国从此进入了一个永远根除贫困的新时代。

然而，在这种繁荣的背后，却潜伏着危机。首先，由于生产资料的私人所有制，经济的繁荣并未带来共同的富裕，相反却加剧了贫富的差别。据统计，美国在1920—1929年工业总产值增加近50%，而全国人均年收入（税后）只增加 9%。但在同一时期内，占总人口 1% 的最上层人口的税后年收入则增加了 75% 左右。到 1929 年，占人口 5% 的富人的收入几乎占了全部个人收入的 1/3，而全年收入低于 2000 美元的贫困家庭占家庭总数的 60%。南卡罗来纳州的农民人均年收入只有 125 美元。广大贫穷阶层的存在大大限制了社会购买力，使得美国的经济严重依赖于富有阶级的个人消费和投资。社会购买力跟不上生产的发展必然会导致生产过剩的危机。

其次，在繁荣时期，即使是在景气的工业部门中，开工也严重不足。一般的开工率在 70%—80%。在高涨顶点的 1929 年，加工工业平均开工率只有 73%。开工不足使得大批工人失业，而资本主义"合理化运动"使一部分人劳累过度，而另一部分人又无事可干，更扩大了失业工人队伍。据美国官方统计，1921—1929 年，全国的失业者每年都在 220 万人以上。失业的大量存在必然会降低社会购买力，也就给未来的危机准备了一定的条件。

再次，在 20 年代的经济景气中，许多工业部门是不景气的，烟煤采掘、纺织、制鞋、铁路运输和航运等部门即是如此。由于电力部门的竞争，美国的烟煤产量 1929 年比 1923 年减产 1 亿吨左右。到 1929 年末，约有 1355 个煤矿停业。矿工比 1923 年减少了 20 万人。棉、毛纺织业受到人造丝和天然丝纺织业的打击，增长缓慢。制鞋业的生产增长率在各主要工业部门中名列最后。

最后，农业在整个 20 年代一直处于慢性危机之中。由于机械化的发展和农药、化肥的使用，农业劳动生产率在 20 年代提高 26% 左右，农产品产量有了一定提高，但是国外市场的缩减和国内城市居民饮食习惯的改变，使得小麦、马铃薯、猪肉等主要农畜产品的价格下跌，农民的收入比战前减少。农业总收入 1920 年为 160 亿美元，1921 年减为 105 亿美元。1929 年农业人口平均年收入只有 273 美元，而全国的平均收入则为 750 美元，从中可见农民生活的窘境。此外，农业机械的使用和竞争，使得无力使用机械的小农大批破产，更增加了农业和整个经济的不稳定。

伴随着 20 年代的繁荣出现的地产和股票的投机狂热，特别是后一种投机活动，使得股票市场价格狂涨，增加了金融市场的不稳定性。1928 年 8 月底美国股票市场的平均价格相当于 5 年前的 4 倍。这种空前猖獗的金融投机活动为货币和信贷系统的崩溃准备了条件。

在资本主义经济相对稳定时期，法国、德国、日本等主要资本主义国家的经济也都有不同程度的发展。

　　法国通过第一次世界大战，收回了阿尔萨斯和洛林，取得了萨尔煤矿的代管权，获得了81.5亿金马克的巨额战争赔款；同时从德国手中夺取了对多哥、喀麦隆等殖民地的统治权，并从土耳其手中获得了对叙利亚和黎巴嫩的委任统治权，这些有利的条件刺激了战后法国工业的发展。1921—1929年，法国工业生产平均每年增长高达9.4%，成为同期资本主义国家中增长速度最快的一个国家。1926年，法国工业人口第一次超过了农业人口，重工业部门的就业人数已占整个工业就业总人数的47.9%，从而使得法国由农业工业国发展成为工业农业国。

　　德国通过"道威斯计划"，重新控制了鲁尔工业区，并在1924—1930年，获得外国（其中主要是美国）贷款和投资326亿马克，普遍更新了固定资本。与此同时，德国还从美国获得大量装备和技术帮助，广泛开展"企业合理化运动"，推行"福特制""标准化"，生产和资本进一步集中，成为当时世界上垄断化程度最高的一个国家。这样，到1929年，德国工业生产总指数已达到102（1913年为100），国民收入达到759亿马克（1913年为501亿马克），超过了战前的水平。

　　日本像美国一样，是第一次世界大战中的暴发户。由于战场在欧洲，日本趁西方列强无暇东顾之机，积极向西方大国的殖民地和势力范围渗透。日本还借参战的机会，出兵占领了德国在太平洋的全部属地及中国的山东，并大规模地向中国和朝鲜等亚洲广大地区进行经济扩张。此外，英、俄等协约国的大量军事订货使日本出现巨额外贸出超，结果日本从战前的债务国，到1919年一变而成为出借5亿日元的债权国，同时拥有21.5亿日元的现金储备，日本出现了工业生产的繁荣景象。1914—1919年工业总产值从13.4亿日元增加到65.4亿日元。后经战后初期的经济危机及1923年关东大地震，日本经济遭受很大挫折。由于政府给工业发放了大量贷款，从1924年起，日本经济才进入了一个相对稳定的时期。

　　法、德、日等主要资本主义国家在相对稳定时期中的经济发展，也像美国的繁荣一样，是伴随着衰退和危机的因素到来的。各国的发展主要表现在工业生产中，而农业发展的总趋势却一直停滞不前，基本是处于慢性危机状态。法国农业总产量除1924年外，一直低于战前水平。主要农作物小麦产量1928年以前都低于战前。德国农业在这一时期中虽有恢复，但产量一直低于战前，每年仍需从国外进口数百万吨粮食。日本的主要农作物稻米1920年产量为1143万吨，1929年仅有1077万吨；农业总产值1920年为42.1亿日元，1929 年仅有 34.8 亿日元。

法国的对外贸易从 1927 年起开始出现逆差，1929 年的逆差达 16.4 亿法郎。尽管法国想依靠资本输出的收入来弥补，但到 1929 年，资本输出的水平只达到战前的 60%，收入不足以维持国际收支的顺差。德国经济的发展依赖于美国资本的输入和贷款，这是德国经济不稳固的最主要原因。一旦美国经济"伤风"，德国经济必然"感冒"。此外，沉重的赔款和广大人民的贫困使德国国内市场格外狭小，而在国际竞争中，由于受制于战胜国，德国的经济非常脆弱。战争暴发户日本的发展和繁荣更不稳定，造成繁荣的那些战时的因素在战后已不复存在，日本的经济顿时陷入窘境。1920—1929 年，日本贸易入超达 33 亿日元，这给对外贸依赖程度极深的日本经济不啻是当头一棒。为了维持经济的发展，日本不得不借外债。1923—1927 年，日本借入外债 9.1 亿日元，刚刚爬上债权国交椅的日本，又重新跃入债务国的泥潭。在这种窘境下，日本经济发展相对稳定时期仅仅维持了 3 年，从 1927 年起，又陷入新的金融危机和经济混乱之中。

总之，在相对稳定时期，资本主义各国经济上的繁荣是一种建立在不稳定基础上的繁荣。繁荣的背后，潜伏着各种危机的因素。一旦有了适当的震动，这座繁荣之塔必然会坍塌。

危机的到来及发展

资本主义经济发展相对稳定时期的繁荣在美国表现得特别突出，以致人们普遍认为，只要能投资于"可靠的普通股票"，就可以致富，就可以发财。

从 1928 年 3 月起，股票行市由于受到哄抬，价格不断上涨。到 1929 年 9 月，美国电话电报公司的股票每股从 179 美元涨至 335 美元，通用电气公司的股票每股从 128 美元涨至 396 美元。仅从 1929 年 1 月底到 8 月底，美国股票市场的平均价格就从 110 点涨到 440 点。工业、公用事业、铁路、银行各业都拼命印制新证券以满足这种难以满足的需要。列入纽约证券交易所价目表的股票从 1925 年 1 月的 4.43 亿股猛增到 10 亿股以上。股票的票面价值早已超出了实际拥有财富的价值，而这种没有实际财产担保的股票又以其票面价值的 3—20 倍的价格售出。一些经济学家估计，1929 年有些股票甚至是以 50 倍或更高的价格卖出的。这种空前猖獗的金融投机活动所导致的股票价格的狂涨，更为处于危机前夜的美国经济勾画了一幅虚假的繁荣景象。

可怕的时刻终于到来了。1929 年 10 月 24 日（星期四），纽约证券交易所突然刮起了一阵空前强烈的抛售风。股票行情自动收录器的纸带运转速度已经赶不上股票价格猛跌的速度。许多投资者和股票持有人，从指示器上显示出的无情的数字中意识到：自己在一瞬间已经变得一无所有了。这一天，有 8 个投机家用性命抵偿了突然间从天而降的巨额债务。当天收盘时，有近 1300 万股股票转了手，与 1929 年以前每天不足 100 万股的正常交易量相比，星期四这天的数字简直可以说是一场恐慌了。"黑色星期四"在人们的脑子里留下了可怕的记忆。

这一天中午 12 点，以摩根为首的几名金融巨头，在华尔街摩根财团办事处紧急集会，商讨对付股票抛售浪潮的办法。会议决定，筹集一笔可观的资金来购买股票，以维持股票市场的价格。究竟他们筹集了多少资金，人们永远不得而知，有的经济学家估计有 3000 万美元，有人则估计有近 2.4 亿美元之巨。星期五和星期六的股票行市暂时被稳定住了。1907 年，第一代摩根曾经用自己的财力支撑了一个将要倒闭的公司，从而刹住了一场危机，现在他们正在盼望着出现同样的奇迹。

然而这一次，奇迹却没有出现。股票行市在稳定了几天以后，到 28 日，证券交易所内再度刮起抛售风。当天，925 万股股票被抛售出来。金融巨头们不得不再次聚集到摩根办事处。由于股票的票面价值和售价早已超出了它们实际拥有财富的价值，即使这些财神爷倾家荡产，也无力全部吃进。面对着全国性的股票抛售浪潮，金融巨头们终于被迫承认了自己的无能。28 日晚间，他们在一项公开发表的声明中宣布：他们并未承担维持任何股票价格的义务，而只是想保持一个有秩序的市场。阻挡股票抛售浪潮的堤坝终于决口了。

10 月 29 日，作为 1929 年大危机的开端被载入史册。上午 10 点钟，纽约证券交易所大厅内开盘的锣声一响，大量股票便如潮水一般涌入市场，不计价格地向外抛售。开盘才半小时，便有 300 万股股票抛出，到中午 12 点，交易量已超过 800 万股，到下午 1 点半，超过了 1200 万股，收盘时竟达到 16410030 股的最高纪录。股票价格一落千丈。据《纽约时报》统计，50 种主要股票的平均价格下跌了近 40 点。某机械公司的股票以前是 48 点，28 日跌至 $11\frac{1}{8}$ 点，29 日跌至 1 点，仍然无人开价买进。连《纽约时报》产业股票也下跌了 43 点。到 29 日为止的一周之内，仅纽约证券市场价格暴跌所带来的损失就达 100 亿美元。当 1933 年 7 月股票市场价格跌到最低点时,大约有 740 亿美元消失了,这个数字相当于 1929 年 9 月时股票价值的 5/6。

股票行情历来是美国经济的晴雨表,股票价格的暴跌反映了美国经济的崩溃。紧接着,大批银行倒闭,工厂破产,美国首先被卷入了可怕的经济大危机。很快,危机的瘟疫蔓延到了加拿大、日本和西欧各国,袭击了整个资本主义世界。不论是工业国还是农业国,也不论是宗主国还是殖民地,都遭到了危机的致命打击。这场危机的范围之广前所未有,它对资本主义各国经济打击的严重程度史无前例,这是 1929 年危机的两大特点。整个资本主义世界工业生产下降了 40%,损失达 2500 亿美元,比第一次世界大战的直接战费 1805 亿美元还要多近 700 亿美元。危机使大批企业倒闭,大量的工人被抛进了失业者的队伍。据统计,1930 年底,世界 33 个主要资本主义国家失业总人数已达 2500 万人,整个资本主义世界在危机期间失业人数最高时曾达到 3500 万人。

美国遭受危机的打击最重,工业生产持续下降达 3 年之久。1932 年全国工业生产比危机前的 1929 年下降了 46.3%。如果拿危机中全国工业生产的最低点 1932 年 7 月与危机前的最高点 1929 年 5 月相比,工业生产则下降了 55.6%。重工业部门生产下降的幅度尤为惊人,钢铁工业下降了近 80%,机床制造业下降了 87%,汽车工业下降了 95%。危机期间,美国有 13 万多家大小企业倒闭。根据美国官方统计的数字,1933 年全国完全失业的总人数达 1280 万人,占当时美国劳动人口的 24.8%。

失业者们由于付不起房租而被赶出住所,只得在大城市周围用找得到的任何材料(包括破汽车壳、木板、油布、包装箱甚至牛皮纸)来搭一个挡风遮雨的栖身之所。当时的总统胡佛在上台时曾保证要使每个工人家的锅里有一只鸡。这个信誓旦旦的诺言还在人们的脑海里记忆犹新,面对着这些凄惨敝陋的建筑,人们恰当地把这讥讽为"胡佛小屋",这些小屋聚集的区域则被称为"胡佛村"。

德国遭受危机的打击程度仅次于美国。危机期间,工业生产直线下降。从危机前的最高点到危机中的最低点,德国全国工业生产总指数下降了 40.6%。其中重工业部门的生产下降尤剧,达到 53%。以 1932 年与 1929 年相比,机器制造产值下降 62.1%,汽车产量下降 64.2%,钢产量下降 64.9%,生铁产量下降 70.3%,造船吨位下降 83.6%。危机年代里,有几十万家中小企业倒闭,甚至一些大企业,如毛织业的杜尔巴赫康采恩,也被迫宣告破产。全国失业人数最高时达到 800 万人，几乎占全国工人总数的一半。

法国是主要资本主义国家中进入危机较晚的一个国家，直到 1930 年秋"贝壳银行"破产，经济危机的涡流才开始席卷法国的工商企业。但是，危机使法国经济遭受到的打击，并不比其他国家轻。危机期间，法国工业生产急剧下降，工业生产总指数以危机前的最高点和危机中的最低点相比较，下降了 36.2%。重工业部门下降的幅度更大，一般都在 40%—50%。其中生铁产量下降 46.6%，钢产量下降 41.9%，轻纺工业下降的程度稍微轻一些，这是因为 20 年代轻纺部门本来就没有多大发展。到危机发生前，纺织工业甚至始终没有恢复到战前的水平。生丝产量和羊毛产量，1913 年分别为 654 万吨和 3.3 万吨，到 1929 年时则分别是 231 万吨和 1.8 万吨。因此，危机中的轻纺工业绝不比重工业的状况好。法国虽然危机开始较晚，但危机延续的时间相对较长。直至 1936 年，法国经济才稍见起色。但从 1937 年下半年起，随着资本主义世界爆发新的危机，法国重新陷入危机的泥潭。

英国由于在危机前的 20 年代没有出现经济高涨局面，固定资本亦未大规模更新，因而在危机中所受的打击较轻。工业生产指数以危机前的最高点和危机中的最低点比较，下降了 23%。煤产量和棉花消费量分别下降 19.7% 和 27.5%，但钢铁产量则下降了 50% 左右，造船吨位更下降了 91%。失业情况最严重的 1932 年，失业人数近 300 万人。

大危机的风暴波及日本后，刚刚经历了 1927 年金融危机的日本经济又遭受了一次沉重的打击。1929—1931 年，日本工业总产值下降了 32.9%。按月计算，以危机前的最高点和危机中的最低点相比，煤产量下降了 36.7%，钢产量下降了 47.2%，造船吨位则下降了 88.2%。失业人数在 1931 年时达到 41.3 万人。

农业危机、货币信贷危机与工业危机同时并发、相互交织是 1929 年大危机的又一特点，也是这次危机比历次危机更深刻的一个原因及表现。在工业危机的同时，各资本主义国家普遍地爆发了农业危机。战后一直处于慢性危机状态的农业，到 1929 年经济危机爆发时，情况更糟。农产品大量"过剩"，价格急剧下跌。美国农产品批发价格指数（1926 年为 100）从 1929 年的 104.9 下降到 1932 年的 48.2，下降了 54%，法国小麦价格从 1930 年每公担 150—165 法郎，下降到 1932 年的 80 法郎。农业危机使农民减少了对工业品的需求，工业品因而更趋"过剩"；而工业危机则使农产品市场进一步缩小，加速了农产品价格的下跌，两种危机相互影响，促进了危机的深化。

为了维持农产品价格，大农场主和农业资本家大量销毁"过剩"产品：在加拿大，大批小麦被烧掉；在巴西，几千万袋咖啡倒入了大海；在美国，谷物被用来代替煤炭做燃料，倒入密西西比河的牛奶使这条河变成了"银河"；在日本，大量的粮食被农场主有意地留在田里和仓中霉烂。当资本家大量销毁农产品的时候，穷苦的农民却在忍饥挨饿。在美国的肯塔基州，有的佃农一个月也挣不到 1 美元，无法养家糊口，只得住到荒野，靠紫罗兰叶子、野洋葱、野莴苣等野菜野草充饥。在日本，1930 年的农业大丰收则给农民带来了骇人听闻的"丰收饥馑"。

危机年代，世界贸易额的缩减比工业生产的缩减更为猛烈。以危机前的最高点和危机中的最低点相比较，英国的出口额下降 66.4％，美国下降 75.7％，法国下降 69.1％，日本下降 62.3％，德国下降 69.1％，德国进口总额则缩减了 70.8％。在危机期间，各国还先后爆发了货币信贷危机，大批银行倒闭，整个信贷制度濒于崩溃。美国在整个危机期间，有 1 万家银行破产，仅 1933 年破产的银行就达 4000 家。到罗斯福上台时，全国所有银行实际上已停止营业，使得罗斯福被迫宣布全国银行休业。德国国库的黄金储备在危期间减少了 4/5。伦敦在此之前是欧洲的黄金自由市场，英镑可以自由兑换黄金。危机期间，法国及其他一些国家的银行纷纷在英格兰银行提取和兑换黄金，使英国黄金大量外流。严重依赖国外市场、基本上还在执行自由贸易政策的英国经受不住对外贸易额急剧缩减和货币信贷危机的双重打击，为了加强英国商品在国际市场上的竞争能力，英国于 1931 年 9 月首先宣布放弃金本位制，停止了黄金的自由兑换，实行英镑贬值，并建立英镑集团。该集团由英国的殖民地、自治领（加拿大除外）和与英国经济联系密切的一些国家组成。在集团内部，各国货币与英镑保持一定比价，相互间可自由兑换，各成员国间贸易以英镑结算。继英镑贬值以后，英镑集团各国、斯堪的纳维亚国家、日本、美国和法国等也相继放弃金本位制，整个资本主义世界货币制度一片混乱，货币战、贸易战、关税战迭出不穷。

危机持续时间长，危机结束后，不见经济复苏，是这次危机的又一个特点。从绝对数字上看，到 1932 年，历时 4 年之久的经济危机才达到自己的顶点。从 1933 年开始，资本主义世界经济终于爬出了危机的泥潭，开始进入"特种萧条"阶段，直到 1937 年世界经济危机再次到来，未见其中任何一个国家出现繁荣景象。

危机的后果

大危机激化了资本主义世界的各种矛盾。资本家千方百计地把危机的后果转嫁到劳动人民身上。他们解雇工人，削减工资，减少养老金和救济金，提高捐税。这些措施引起国内矛盾激化。在美国，125万失业工人在美国共产党和左派组织的领导下，于1930年3月6日在全国各大城市举行声势浩大的抗议示威，农民自发的抗议行动也不断发生。1932年，一支约两万人的退伍军人向国会和平进军，要求发给政府拖欠他们的津贴，遭到联邦军队的残酷镇压。在英国，工人阶级不断地掀起示威游行和罢工斗争，甚至发生了水兵暴动，使得统治阶级惊呼："产生1926年总罢工的精神再一次显示出来了！"在法国，危机期间的政局一直动荡不定，左翼的人民阵线在1936年的大选中战胜右翼势力，获得了选举的胜利。但是由于掌权的社会党和激进党的某些领导人没有认真执行人民阵线的纲领，使得该阵线未能在政治上有所作为。在德国，罢工浪潮和群众运动动摇了资产阶级的统治地位，它们摒弃资产阶级议会民主制度，转而乞灵于希特勒的法西斯专政。在日本，1930年一年发生的劳资纠纷就有2289次，参加的人数达19万人。日本统治集团为摆脱危机的困境，对外侵略扩张，于1931年在中国东北发动九一八事变，开始武装入侵中国；对内则加速法西斯化的步伐，加紧掠夺本国人民，为发动更大规模的侵略战争做准备。

危机期间，宗主国与殖民地、半殖民地的矛盾也尖锐起来。帝国主义国家的资产阶级竭力压低殖民地原料和农产品价格，向殖民地倾销工业品。殖民当局还增收捐税，加紧对居民的搜刮。帝国主义者的掠夺政策刺激了殖民地民族解放运动的高涨。印度国大党在危机期间首次提出了争取印度完全独立的口号，开展了第二次不合作运动，把反抗英国殖民统治的斗争推向新阶段。中国和朝鲜人民的抗日斗争以及越南、埃及等国人民的反帝斗争也出现高潮。

帝国主义国家之间的矛盾进一步激化。它们各自采取以邻为壑、损人利己的政策，互相转化危机。为了保护国内市场，稳定国内物价，美国首先采取保护关税措施，于1930年通过《霍利—斯穆特关税法令》，把征税物品的平均税率从1922年关税法令规定的38.5%提高到53.2%，结果引起各国的报复性措施，它们相继提高关税和限制进口。从1931年6月到1932年4月的 10 个月时间里，有 76 个国家先后提高关税，实行进口许可证和限制进口制度，有 56 个国家宣布货币贬值。美元在 1933 年贬值 40.9%。为了协调各国的经济和国际贸易，在美国倡议下，由国际联盟安排，于 1933 年 6 月在伦敦召开了世界经济会议。正从放弃金本位和美元贬值中获益的美国希望通过这次会议，提高世界物价，以恢复经济的活力。法国、意大利等尚未放弃金本位的国家则竭力主张恢复金本位，稳定国际汇率。英国倾向于金本位国家的意见，但坚持英镑对美元的低比价；实际上，它对减少第一次世界大战中英国所欠美国的战债问题更感兴趣。各国从自己的私利出发，都坚持自己的主张，相互争吵，互不相让。会议几经周折，最后终于毫无成果地不欢而散。

经济危机打破了战后建立起来的赔款制度和债务关系。德国为防止金融体系的崩溃，下令停止向外国支付短期债务和战争赔款，并要求最终取消赔款。美国担心自己在德国的投资和贷款的安全，支持德国的要求。1933 年洛桑协约国赔款会议宣布废除赔款。德国停付赔款打乱了各国的债务关系。德国停付赔款后，法国就要求美国放弃战争债务。尽管遭到美国拒绝，法国还是在 1932 年 10 月宣布停止向美国偿还战争债务。次年，英国以及美国的其他债务国也效法法国的榜样。赔款制度和债务关系的崩溃加剧了帝国主义大国间的矛盾。

大危机促进了国家垄断资本主义的发展。危机期间，美、英、法等国加强了国家对经济生活的干预，国家垄断资本主义制度开始形成。这是 1929 年危机对资本主义经济制度最深远的影响。美国从 1933 年起，开始实行"新政"①，国家垄断资本主义得到迅速发展。国家的干预和调节已成为美国经济生活中不可少而又举足轻重的因素，这标志着美国国家垄断资本主义经济制度开始形成。

英国于 1932 年 2 月通过保护关税法，放弃自由贸易政策。同年 7 月，在渥太华召开的帝国经济会议上，英国与各自治领和殖民地缔结"特惠协定"，规定英国对从帝国其他成员国进口的商品减免关税，并限制帝国以外农产品的输入；帝国其他成员国对于从英国进口的商品也给予相应的减免税优待，同时提高从帝国以外国家进口工业品的税率，开始实行帝国特惠制。此外，危机期间，在政府的干预下英国还大力推行"产业合理化"运动，废

---

① 详见本书邓蜀生的《罗斯福"新政"》一文。

弃了大量陈旧设备，关闭了许多技术落后的厂矿，促进生产集中和企业合并，加强工业部门的垄断趋势。1929 年，在国家干预下，棉纺业 139 个企业合并组成了兰开夏棉纺织公司；1930 年，又在国家干预下，废弃了大批中小船厂设备，由一些大船厂组成了全国造船保险公司；1932 年，英国钢铁联合会成立，该联合会所属 10 家大公司控制了全国冶铁能力的 47%、炼钢能力的 60%。

法国政府不断地对垄断企业采取补助、奖励政策，并尽量使这些大企业获得政府的订货。同时，法国政府还将一部分经营不善的企业收归国有。

各主要资本主义国家在对付危机时，尽管采取的具体方式方法不同，但总的原则都不约而同地趋向一致，即加强国家对经济生活的干预。这个事实的普遍出现，标志着统治资本主义世界几百年的自由放任主义开始破产，而主张国家干预经济生活的凯恩斯经济学则应运而生。在 30 年代大危机的推动下，在凯恩斯经济学的影响下，各主要资本主义国家先后走上了国家垄断资本主义的道路。

在各国加强国家对经济生活的干预以对付危机的行动中，德国和日本由于把经济纳入军事化的轨道，从而形成了加强国家垄断资本主义措施的另一种类型。

希特勒上台后，德国政府陆续建立了一整套干预和调节经济的机关，对国民经济进行了全面改组。1933 年 7 月，德国政府在帝国经济部下面设立了"德国经济总委员会"，1936 年，又设立了以戈林为头子的"执行四年计划全权机关"，加紧扩军备战。这些调节机构在"要大炮，不要黄油"的口号下，把原材料、劳动力、资金和设备优先供给军需生产的有关部门，结果，1933—1939 年，德国消费资料生产只增加 43%，生产资料的生产增加 2.1 倍，而军需生产竟增加 11.5 倍。同期，德国军费支出高达 900 亿马克，占国家预算总支出的 3/5，国民收入的 1/4。经过这样的调节，德国经济的军事化为希特勒发动世界战争准备了条件，而德国则成为世界战争的欧州策源地。

日本政府于 1931 年初颁布了《重要产业统制法》，其后又陆续颁布一系列法令，控制工业、农业、金融、贸易等各个领域，并在各产业部门中强制建立卡特尔组织和托拉斯组织。把大批中小企业强行置于财阀企业的统制之下，令其生产军需品。1931—1936 年，日本政府用于发展军事经济的支出达 70 亿日元，军费支出增加一倍以上。与此同时，日本帝国主义在中国东北和朝鲜加强了对战略物资的掠夺。在这些国民经济军事化的措施下，日本的经济迅速演变成法西斯军国主义的经济，日本成为世界战争的亚洲策源地。

正是由于 1929 年大危机及其以后的世界经济"特种萧条"，导致德国、日本和意大利三个法西斯国家经济的军事化，三国先后走上侵略扩张道路，在欧洲和亚洲形成了两个战争策源地。从这个意义上讲，1929 年开始的经济大危机是促成第二次世界大战爆发的因素之一。

远东战争策源地的形成

王振德

日本军国主义者具有独特的侵略狂热。在 20 世纪 30 年代初，日本发动了一系列局部侵略战争，建立了法西斯暴政统治，拼命扩军备战，在远东形成了第二次世界大战的第一个战争策源地。

日本军国主义者侵略狂热的阶级根源

世界大战是资本主义发展到垄断阶段的产物。第二次世界大战前夕，在东方，孕育世界大战的母胎，就是日本垄断资本最反动的代表——一小撮军国主义者，即日本型的法西斯分子。

日本垄断资本，走过一个独特的发展历程，有它本身的特点。明治维新建立了以天皇为专制君主的统一国家，这一政治变革，使得封建生产关系转变为资本主义生产关系，日本资本主义才像暴风雨一样急剧地发展起来了。

明治维新与欧美资产阶级革命有着显著不同，其后形成的日本资产阶级也具有其自身的特色。首先，日本资产阶级根本没有形成自己独立的思想体系。明治维新使用的思想武器，并不是资产阶级的天赋人权、自由平等，而是把忠于神化了的天皇作为统一国家的精神力量。在意识形态领域留下的这种封建因素，构成了武士道精神的核心。其次，日本资本主义的发展与其对外侵略战争是紧密联系在一起的。1894 年，日本发动侵华战争（即甲午战争），中国战败。根据《马关条约》，割让辽东半岛（后因列强干涉，中国以 3000 万两白银赎回）和台湾以及澎湖列岛，赔款两万万两，开辟重庆、杭州等多处通商口岸。10 年后，在 1904—1905 年的日俄战争中，日本打败了争夺远东霸权的敌手，迫使俄国把旅大"租借地"以及长春到旅顺的铁路及其所属一切特权转让给日本。又过了 10 年，1914 年，日本参加了第一次世界大战，又掠夺了大量赃物。每十年一次的对外战争，所得赔款及直接掠夺，在经济上，为日本资本主义发展提供了物质条件；在政治上，战争的胜利，使充满封建武士道精神的日本军阀博得了资产阶级的充分信任，于是，二者彼此勾结，互相利用，有力地推动了日本军国主义的发展。最后，也是最重要的一个特点，日本资本主义是在天皇制国家的扶植下形成和发展起来的。在日本，工业资本家的主体不是出身于手工业工场主，而是天皇制国家直接扶植起来的封建余孽与富商大贾。天皇政府利用侵略战争的巨额赔款以及向人民征收的重税，进行原始积累，创办各类国营企业，而后将这些国营企业廉价售予在德川时代即已发展起来的商业高利贷者、土地贵族以及国家机关中的权贵。与此同时，天皇政府还采取补贴、贷款、免除捐税等政策，大力扶植私营工矿企业。日本的垄断资本也是在国家扶植之下发展起来的。国家资本始终是垄断资本主义形成和发展的开路先锋，是它培植了特权财阀，并且保证了这些财阀的垄断利润。特别在掠夺中国东北资源方面，日本政府向大垄断组织提供了十分有利的开发资源的租让权，并给予了巨额津贴。

如此形成并发展到垄断阶段的日本资产阶级，先天地对天皇政府具有极大的依附性。这种倾向与封建意识残余相结合，使得日本政治生活中缺乏自由民主的传统。男子普选权直到 1925 年才规定下来，1928 年才第一次举行大选。这就是日本建立法西斯统治的历史根源和阶级基础。

日本垄断资本，乘第一次世界大战之机，得到了巨大的发展。在大战中，日本"按兵不动，却几乎全部攫取了有四亿人口的中国"[1]，扩大了它的商品市场和原料基地。不仅如此，日货还乘机打入东南亚、非洲以及其他原属欧美列强的商品市场，就是英俄等交战国也向日本大量购买军需用品。市场的扩大，贸易的增长，要求改进生产，发展交通，以便制造出更多的商品，更快地运往销售市场。这就有力地刺激了工业，特别是造船工业的发展。在第一次世界大战期间，日本重工业的发展尤为迅速，1914 年底到 1920 年底，机器制造业增长 7 倍，金属工业增长 5.5 倍。造船工业的发展最为显著，造船厂由 6 家增至 75 家，造船能力也有相应的增长。由于工商业的迅速发展，自 1915 年起，日本对外贸易由入超转为出超。到 1918 年，出超总额达到 149300 万日元。据统计，到 1919 年贸易与非贸易合计收支盈余

---

① 《列宁全集》第 30 卷，人民出版社 1957 年版，第 360 页。

达 32 亿日元。到 1919 年末，正币储存额增加到 204500 万日元。日本具备了充分的资本输出的条件。

日本垄断资本在迅速地发展着，而工、农业之间却存在着严重的矛盾。日本农村依然处于封建残余的统治之下。当时，寄生地主制是日本主要的土地所有制形态。租佃关系占有很大比重，1926 年，日本佃农和自耕农兼佃农占总农户的 68.8%，租佃地占耕地总面积的 45% 强。经营的规模多为不满 200 日亩的小生产。这样的农业经济不可能给资本主义工业提供足够的商品粮食和工业原料。另外，广大农民处于"最残酷、最无耻"的剥削之下，贫困不堪。这种经济结构和社会状况，决定了日本国内市场非常狭窄，1/3 的产品必须出口外销。日本缺乏必要的工业原料基地，国内没有自己的铁矿、石油，煤藏量也很少，而且煤质低劣。因此，日本垄断资本对国外市场、原料产地的需求特别强烈。它的贪婪与武士道精神相结合，就表现出特殊的侵略狂热。

日本垄断资本在 1929—1933 年资本主义世界经济大危机中，受到非常严重的冲击。到 1931 年，日本生产下降到最低点。据统计，工业生产总值比 1929 年下降了 37.9%，对外贸易总额比 1929 年下降了 45%。全国失业人数超过 300 万。阶级矛盾日趋尖锐化，政局呈现不稳。为了解脱国内困境，必须加紧对外掠夺，把矛盾引向国外。经济危机促进了日本侵略狂热的恶性发作。日本走向战争的步伐极大地加快了。

日本揭开了第二次世界大战的序幕

日本军国主义者的侵略野心是很大的。它所觊觎的是世界霸权，它要发动的是世界大战。把 30 年代的日本侵略者仅仅看成中华民族的敌人是很不确切的。但是，夺取世界霸权，日本侵略者自知力不从心，乃乞灵于法西斯主义。他们幻想，只要"将政治、经济、文化、国防统一于天皇，将全部力量集中于一点来加以发挥"，世界上便没有足以与日本"相比拟的国家"。而日本侵略者又认为建立国内的法西斯统治与对外侵略是相辅相成的。于是，日本在进行国家政权法西斯化的同时，发动了九一八侵华战争。

1931 年 9 月 18 日，日本侵略者悍然发动了抢占中国东北的侵略战争，这既有其经济上的需要，又有其世界性的政治和军事的目的。它揭开了第二次世界大战的序幕。

日本对中国东北各种形式的侵略由来已久，特别在日、俄战争后，日本的势力迅速增长。中国东北不仅是日本商品市场和原料供给地，而且是日本的主要投资场所。在九一八前夕，日本在我国东北投资额占各外国投资总额的73%，占日本对外投资总额的54%。我国东北几乎成了日本独占的势力范围。在经济危机的严重冲击下，日本需要掠夺新的销售市场、原料产地和投资场所，面对已经控制了的中国东北则更要据为己有。1931年5月29日，九一八侵华战争的实际指挥者板垣征四郎曾以《关于满蒙问题》为题，发表演说，他指出：打开日本"经济困难局面的根本政策，不外乎是向海外发展"；"只在本来不富裕的国有财富的范围内，试图发现保障国民生活的根本办法，其结果必然是行不通的"。于是日本把首先占领中国东北，作为它"从世界萧条的困境中摆脱出来的根本政策"。归根结底，要把中国的东北变为日本的领土。其次，随着经济危机的加深，日本国内阶级矛盾日益尖锐化。1931年日本各地示威和罢工斗争达2000余次，参加者14万余人；所谓"外来思想"的渗透也日益严重。反动统治者惶惶不安，既想把国内矛盾引向国外，又急于加紧政权的法西斯改造，借以"拒绝美国式的民主和苏联式的共产主义"。"如果在满洲发动武力，那么乘此机会国家的改造（即法西斯化）也许就好办了。"此外，日本军国主义者认为中国东北与朝鲜接壤，两国的共产主义者已经联合战斗，"满蒙问题如不解决，则对朝鲜的统治就难以真正实现"，所以占领"满蒙"是"稳定对朝鲜的殖民统治所不可或缺的条件"。

当然，对日本法西斯军人来说，最重要的还是把中国东北看成对抗英美苏，进行世界大战的战略基地。石原莞尔就是"站在世界最终战争论的观点上制订满蒙占领计划的主要人物"。他们预言，"日美战争必将到来之命运，是20世纪最大、最重要的事件，将成为世界历史的转折点"，而一旦发生日美战争，只有从"满蒙"和中国本土筹措战争所需物资，才能支持长期战争。其次，"满蒙"与苏联毗连，是对苏作战的主要战场，一旦建成日本强固的军事基地，苏联就只好打消进行日苏战争的念头。所以，占领"满蒙"，不仅"在英美苏的侵犯中确保国防的安全"，而且可以"完成未来争霸世界的战争准备"。中国的东北对日本的国防建设是"绝对必要的战略据点"，是日本的"生命线"，必须据为己有。

日本军国主义者正是在日本"生命线满蒙"遭到危机的一片叫嚣声中，发动了九一八侵华暴行。这一暴行"是参谋本部的将校，关东军的将校，樱会的会员及其他人等事前周密计划的……目的是为了制造关东军占领满洲的借口"。1931 年 6 月 11 日，在陆相南次郎的同意下，设置了极其秘密的省部核心委员会，以参谋本部第一部（作战部）长建川美次为委员长。19 日，该委员会完成了《解决满洲问题方策大纲》（以下简称《大纲》）的草稿。该《大纲》的基本内容是：大约用一年的准备时间，"如果反日运动变得激烈，则有必要采取军事行动"。这样，日本陆军中央已经确立了武装侵占我国东北的基本方针。但关东军并不以此为满足，特别是板垣和石原，他们认为，当时英美法正处于经济危机的困境之中，无暇东顾，苏联的第一个五年计划（1928—1932 年）尚未完成，实力不足，从国际条件看，正是发动侵占"满蒙"的大好机会，再过一年，形势就会发生巨大变化，所以，应当尽快动手。他们针对上述《大纲》，而另行制定了《关东军对中央关于情势判断之意见》，提出不惜对苏美一战，"创造机会"，"一举解决"满蒙问题。对于侵略者来说，"机会"（即借口）是不难创造的。关东军经过一番酝酿，终于制订了柳条湖炸毁铁路的计划。

自 9 月 14 日起，关东军就在中国第七旅的兵营附近实行夜间演习，蓄谋寻衅。在此民族存亡关头，中国政府竟然采取不抵抗政策。早在 9 月 6 日，张学良将军已经转发上级命令，第七旅"无论受如何挑衅，俱应忍耐，不准冲突"。"故城堞上巡哨步枪，并无实弹……环营土城通铁道之西门亦经严闭"（国际调查团报告书语）。

9 月 18 日晚上，工兵出身的河本末守中尉奉密令，带领七八个人，以巡视铁路为名，选择了离中国兵营约 800 米的一段铁轨，埋下了几个黄色方形炸药包，点燃爆炸的时间是 22 点 20 分。日军制造爆炸事件后，立即反诬我奉命"收缴军械，存入库房"的第七旅破坏铁路。但是，"铁路纵有破坏，实际上并未能阻止长春南下列车之准时①到站，断不能引为军事行动之理由"。侵略是不需要理由的。爆炸铁路事件发生后，日本关东军司令官本庄繁立即下达了全面进攻的命令。

中国军民激于民族义愤，进行了自发的英勇抵抗，但当时中国反动政府顽固坚持不抵抗政策，使中国军民不能进行有组织的抗击民族敌人的斗争。一夜之间，日军侵占沈阳，继之大肆抢劫，据不完全统计，仅官方财产损失，即达 17 亿元以上。与此同时，日军对长春、安东（即丹东）、营口、凤

---

① 22 点 30 分即铁路被炸 10 分钟之后，正是火车自爆炸点抵达奉天的行车时间。

鳳城发动全面进攻。9 月 22 日，吉林城失守。至此，日军已陷城 30 座，控制铁路 12 条。辽、吉两省，基本沦于敌手。日本军阀为了制造既成事实，于 1932 年 1 月攻占锦州，2 月召开所谓"全满洲会议"，3 月成立"伪满洲国"，准备永远占据我东北三省。

那时，英、法、美等主要国家的政治领袖们，醉心于反苏反共，无视远东与世界和平已经遭到严重威胁这一客观事实，对日本的侵华暴行，采取了绥靖政策。9 月 21 日，中国政府向国联提出控诉。国联在英法的操纵下，经过三个月的争论，毫无制止日本侵华的积极措施，只是成立了一个由英国人李顿为首的调查团，调查所谓"中日冲突"。调查团绕道美国、日本来华，它不是首先到中国被侵占的东北调查日本侵略罪行，而是去武汉等地了解中国共产党的活动情况。1932 年 4 月，即日本侵占中国东北 8 个月之后，调查团才到沈阳等地，经过 6 个月的调查，终于写出了所谓《调查团报告书》。它虽然承认战争是由日本挑起的，"伪满"是日本人手中的工具，但同时又认为苏联"对于中国恢复主权之奋斗"采取赞助政策，苏联的态度，"实予中国民族之热望以有力之兴奋"。"共产主义之滋长于中国"，更增加了"日本之疑惧"。在《调查团报告书》第一章里，竟用了大约 1/3 的篇幅，论述中国共产党的成立、特点、建军以及与国民党的斗争等情况。其结论是："中国在外交上之国家愿望能否实现，全视中国在内政范围内有无履行现代政府职务之能力以为断。"公开敦促中国反动政府加紧"剿共"。解决问题的办法是，中国保持对东北地区的主权之虚名，而实行大国保护下的自治，并承认日本在这个地区的特殊利益。质言之，就是要把东北变为国际资本的共同剥削对象与防共的基地。

当时的苏联处于帝国主义的四面包围之中，必须争取和平环境，加紧经济建设，充实自卫力量。面对咄咄逼人的日本侵略者，苏联的政策是力促日苏关系之缓和。"九一八"以后，苏联多次建议苏日两国签订互不侵犯条约，均遭日本拒绝。当时的国际条件助长了日本军国主义者的侵略气焰，日军肆无忌惮地侵占东三省，继而入侵热河，进窥华北。1933 年 3 月 27 日，日本正式宣布退出国际联盟。这样，日本就公开地践踏了第一次世界大战后签订的一系列国际条约——《国联章程》《九国公约》《白里安—凯洛格公约》。

新的世界大战策源地的形成

以九一八侵华暴行为转机，日本在内政、外交、经济、军事各个领域，开始了全面的战争准备，到了 1936 年，远东战争策源地完全形成了。

1931—1936 年，日本发生了四次政变，五易内阁，军部步步紧逼，政党节节败退。及至广田内阁，官僚刚愎自用，将帅咄咄逼人，其立法、其国策，无不按照军部意志办事，完全确立了"军部对政府的领导权"。日本名为立宪政体，实则军人专政。1936 年二二六事变①后，天皇制军部法西斯已具雏形。法西斯专政的出现是战争策源地形成的主要标志。

日本侵略者利用法西斯政权，极力制造战争谬论，毒化人民群众的思想，驱使人民充当侵略战争的炮灰。日本法西斯集团广泛散布"战争是创业之父、文化之母"，颂扬 1894 年、1904 年和 1914 年战争，胡说什么日本应该每十年经受一次"战争的和风"；军人对天皇要无限信仰，随时准备为之战死；喋喋不休地谈论"日本民族的优越性"，声称它应该占据"亚洲的领导地位"，其崇高的使命就是在亚洲建立天堂。阻止它的侵略行径，就是对日本民族的不"尊重"，它就要进行膺惩战。为了易于把这些谬论灌输到军队里去，日本军国主义者非常注意军队成员的阶级成分。日本将帅多出身名门贵族，中级军官 60%—65% 出身于官吏、资本家或地富阶级，军士多系小资产阶级家庭出身，而普通士兵则主要是农民子弟。

为了创造稳定的战争后方，法西斯头目们残酷镇压一切反法西斯力量，逮捕人数逐年增加。据统计，1930 年逮捕 6124 人，1931 年逮捕 10422 人，1932 年逮捕 13938 人。严重的白色恐怖以及在军工生产刺激下的经济活跃，极大地影响了工农运动的发展。自 1933 年起，工人参加斗争的人数逐年下降。在这种情况下，就出现了变节的"时潮"。1936 年 6 月 10 日，各报同时发表了共产党最高领导成员佐野学和锅贞亲二人的《告共同被告同志书》。他们公然否定国际主义，拥护天皇制度。在他们的影响下，被捕共产党员投降变节者不少。日本共产党因而陷于瘫痪状态。左派文化团体和民众组织相继瓦解，抵抗法西斯的政治力量被暂时打散了。

日本侵略者为了发动大战，在外交上采取了重要步骤。从世界战略考

---

① 参见本书李树藩的《日本二二六事件和五相会议》。

虑，他们认为中华民族的自卫能力很低，真正的敌手是美国和苏联。

日苏矛盾由来已久。日俄战争后，两国固然有互相勾结的一面，但日本生怕俄国卷土重来，夺回失去的权益。在1907年10月批准的《帝国国防方针》里，俄国被视为第一"假想敌国"。1917年俄国发生了十月社会主义革命，日本侵略者怀着深刻的阶级仇恨，乘机侵入苏联远东领土，充当了各帝国主义武装干涉的主力军。1923年修订国防方针，其第一位的"假想敌国"曾有变化。但为时不久，日本侵占中国东北，出现了日苏正面对峙的局面，挑衅事件不断发生。日本为了对抗苏联，加强了在满洲的战备。及至1936年6月，日本再次修订《帝国国防方针》，正式把苏联和美国同样列为"假想敌国"，日苏关系更加紧张了。

但在二三十年代，在远东和太平洋地区，日美矛盾更为现实而尖锐。在第一次世界大战期间，美国的经济发展比日本更快。仅以国际贸易出超额为例，1914—1917年6月，3年之间，美国的出超额达733100万美元，超过同时期日本出超额的6倍多。工业生产能力和物质资源更居世界首位。在政治上，美国也和日本不同，它不仅参加了协约国一方作战，而且出了大力，作出了巨大贡献。美国在国际上处于十分优越的地位。但是，在巴黎和会上，美国却没有分得与其国际地位相当的赃物。日本不仅继承了原德国在中国山东的一切权益，形成独霸之势，而且分得了太平洋德属诸岛屿，控制了美国与菲律宾以及远东地区的海上交通命脉，树立了独霸太平洋的新支柱。这种状况，是在大战中跃居世界一等强国的美帝国主义所绝不能接受的。于是它联络英国，召开了华盛顿会议，迫使日本将其在山东取得的一切特权全部放弃；与会诸国约定"尊重中国之主权与独立，及领土与行政之完整"，同时确定，英、美、日三国主力舰吨数之比为5：5：3。这样，日本不仅失去了在大战中抢到手的部分赃物，而且海军实力的扩张也受到了严格的限制。日本认识到，它在远东和太平洋区域的主要敌手是美国。因此，华盛顿会议后不久，1923年，日本修订的《帝国国防方针》把美国作为第一"假想敌国"。除海军积极备战外，陆军也开始制订针对菲律宾的军备计划。

日本既要北进反苏，又要南进与英美争霸太平洋，仅靠政权的法西斯化还是不够的。于是它积极谋求与欧洲法西斯国家德意结盟，从西方牵制住苏联与英美，以便日本在东方或南进、或北进，而均无后顾之忧。1933年希特勒上台之后，日德即迅速接近起来。1935年两国开始商谈订约问题。结果于1936年11月25日签订了《反共产国际协定》。两国认为共产国际"对现有国家进行破坏和压迫"，"将使世界的普遍和平遭到威胁"。扬言德日要共同"防范共产主义的破坏"。在《秘密补充协定》里，则明确指出：苏联为"实现共产国际的目的"，"将使用其军队"。这"不仅对缔约国（德、日）的存在，对全面的世界和平，亦构成最严重的威胁"。故规定：如果缔约国一方，受到苏联攻击或攻击之威胁时，德日"应就所应采取的措施，立即进行协商"。并且，在"本协定有效期间，未经缔约国另一方的同意"，不得与苏联"缔结与本协定的精神相抵触的一切政治性条约"。不难理解，该协定具有明显的反苏军事同盟性质。日本同时与意大利签署协定，互相承认对方用战争手段掠夺的领土。因为早在一个月之前，10月25日，德意已经签订协定，结成"柏林—罗马轴心"。1937年11月6日，意大利参加《反共产国际协定》，德意日三个法西斯国家结成侵略集团，日本发动战争的外交安排已经完成。

当然，最重要的战争准备还是经济和军事方面。以侵占中国东北为转机，日本的全部经济都被推向军事化的方向。军费开支逐年递增不已，1931年度占岁出的30.8%，到1936年度增至45%，1931—1936年间，日本军费占国家总开支的比例，在世界各国中居第一位。日本军国主义集团利用大量军费，首先发展陆海军工厂的生产。陆军工厂生产总值1931年度为4700万日元，到1935年，增长到12000万日元，即增长了两倍半左右。与陆军一样，海军工厂也加快了生产步伐。他们在佐世堡、吴港、横须贺等地新建和扩建了规模巨大的飞机发动机厂及飞机制造厂，建立了新的造船厂，加紧制造军舰，其用费之巨，超过陆军。陆海军工厂固然是军事工业的支柱，但绝不应忽视民办军工的重要作用。在1931—1935年间，陆军武器生产总支出为106600万日元，其中支付给民办企业者达78500万日元，占总支出的73%强。海军生产总支出为166100万日元，支付给民办企业者达125000万日元，占总支出的75%。在机器工业方面，军部订货占民办工业生产总值的30%—60%。除此之外，国家还给予民办军工以巨额津贴。军事工业的发展要求机器制造、钢铁冶炼以及采矿等工矿企业的扩大与发展，向它提供足够的设备和原材料。因此在30年代初期，日本的重工业发展特别迅速，而新兴的军事化学工业的发展尤为突出。军事工业的发展又引起了轻工业的活跃，于是日本经济较早地出现了回升的局面。

日本经济军事化，使日本旧财阀的利润率从1931年至1936年激增2—4倍。随着军事工业的发展，还出现了一批新财阀，特别在化学工业及其他军备制造业方面，他们占有相当大的势力。很清楚，旧财阀从军工生产中得利巨大，而新财阀则是靠军工起家的。军部忠实而有效地为新旧财阀效劳，博得了垄断资产阶级的充分信任，使得统治阶级内部，在发动侵略战争方面，更加协调一致。

九一八事变后，日本的武装力量迅速扩大。陆军常备兵力从1930年初的25万人，增至1936年初的40万人。由于军事工业迅速发展，日本军队的装备也有重大改进。日本陆军在1930—1935年共增加了近600辆坦克、1100架飞机、1600门火炮、10万挺机枪。同时，日本海军新增添了46艘军舰，总排水量为134536吨，共更新和增加了2000架新型飞机。5年之间，日本军力有了成倍的增长。

综上所述，不难看出，到了1936年，日本政权法西斯化的演变基本完成，扩军备战已经具有相当规模；占领中国东北，取得了扩大侵略战争的基地；在外交方面，日德意互相勾结，形成了法西斯国家侵略集团；国内反法西斯的政治力量，因为遭到残酷镇压而瘫痪，日本全面发动法西斯侵略战争的各项准备已大体完成，远东战争策源地已经形成。

远东战争策源地的形成，对整个国际局势的发展产生了深刻影响。1931年，日本法西斯首先对第一次世界大战后形成的和平体系发动了重大攻击。在战争初起关头，英、美、法等国，不去积极维护国际条约的尊严，保卫世界和平，反而采取绥靖政策，纵容侵略战争，为战争策源地的形成提供了必要的国际条件。既然日本"自己动手"占领了中国大片领土，而未遭到任何国际力量的制裁，那么，希特勒（1933年上台）德国作为"唯一没有得到满足的国家"（沙赫特语），为何不可以仿效日本，在西方取得"生存空间"呢？日本侵华，意味着战后和平体系开始崩溃，就某种意义而言，这不仅必将导致远东战火的扩大，而且预示着第二次世界大战不可避免。

纳粹党的形成和"啤酒店暴动"

朱忠武

1919—1923 年是希特勒领导的纳粹运动奠基的时期。1923 年 11 月 8—9 日，希特勒—鲁登道夫集团在慕尼黑发动"啤酒店暴动"，这是一次未遂的反革命武装政变，是企图用暴力夺取政权的尝试。

纳粹党的形成及其纲领

纳粹党（民族社会主义德意志工人党）这一名称是希特勒于 1920 年起用的。它的前身是 1919 年成立的"德意志工人党"。该党是 1919 年 1 月 5 日，由慕尼黑铁路工人安东·德莱克斯勒创建的，这是一个以工人群众为基础的政党，但它不同于德国社会民主党，因为它有民族主义特色，确切地说，它是一个反犹主义的组织。

"德意志工人党"最初约有 40 名党员，选出由 6 人组成的委员会（又称主席团）。其第一任主席是卡尔·哈勒，他曾当选过新闻记者。参加这个党的还有狄特里希·埃卡特，一位记者、剧作家和诗人，被称为民族主义精神的奠基人。讲授过经济学理论的戈特弗里德·费德尔也是这个党的成员。在慕尼黑陆军参谋部工作的罗姆上尉，在希特勒之前参加了这个党。经罗姆引荐，希特勒参加了"德意志工人党"的会议。1919 年 9 月，希特勒作为"德意志工人党"的第 55 名成员和主席团的第七名委员加入了这个党，扮演"政治鼓动员"的角色。在党内，希特勒的宣传和组织才能使他崭露头角。

演说时，他煽动对凡尔赛和约、"十一月罪人"以及犹太人的仇恨。他大量使用民间语言和战壕中士兵们的行话，单刀直入，通俗易懂，具有很大的蛊惑性。

1919 年 10 月 16 日，德意志工人党举行第一次群众集会，到会者达 70

人，这些人被希特勒的演说所感动，自愿捐献 300 马克来支持这个组织。为了进一步扩大影响，吸引更多群众参加德意志工人党的集会，希特勒用这笔款在报纸上刊登启事，印发广告。此举十分奏效，1919 年 11 月 13 日，第二次群众集会的参加者达到 130 人，其中有大学生、小业主和军官，这些人不惜拿出 50 芬尼购买入场券。

希特勒企图按照自己的目标和观点来改造德意志工人党。1920 年初，德莱克斯勒任命希特勒为"宣传部长"。他为了谋取更大的权力，运用党的基金租了一个办事处，安装电话，并雇用专职办公室主任。希特勒建议组织大规模的集会，会场设在可容 2000 人的霍夫勃劳豪斯啤酒馆的宴会厅，虽然遭到其他委员的反对，哈勒甚至以辞职表示抗议，但是会议仍于 1920 年 2 月 24 日举行。

希特勒在这次群众大会上具体阐述了 1919 年底由德莱克斯勒、费德尔和希特勒起草的《25 点纲领》，并宣布该纲领为党纲。纲领从民族主义出发，要求德国人在一个"大德意志帝国"内统一起来，要求废除《凡尔赛和约》和《圣日耳曼和约》。纲领从种族主义出发，主张只有日耳曼血统的人才能成为本民族的同志，规定犹太人不能担任公职，不能享有公民权利，不能参加新闻工作，而那些 1914 年 8 月 2 日以后移居入境的犹太人，应该吊销其户口，离开德国。纲领还提出"取缔不劳而获的收入""没收一切战争利润""企业（托拉斯）实行国有化""要求废除地租，要求制止一切土地投机倒把活动""要求建立和维护一个健康的中产阶层"等冠冕堂皇的许诺。这些激进的"社会主义"口号，能够打动生活于社会底层、处境十分困难的群众，曾蒙蔽了许多人。

1920 年 3 月 31 日，希特勒被革除军职，于是将全部精力投入党的工作。20 世纪初叶，在德国盛行着民族主义和社会主义两股潮流。《25 点纲领》正是把便于煽动民族情绪的民族反犹主义和欺骗工农、下层中产阶级的"社会主义"口号拼凑起来的大杂烩。为达到煽动群众的目的，希特勒在党的名称问题上颇费了一番心机。他把这两个主义捏合在一起，杜撰出"民族社会主义"，即纳粹主义。1920 年 4 月 1 日，德意志工人党改名为"民族社会主义德意志工人党"。民族主义和反犹主义在希特勒的言论中占有突出的地位，在纳粹运动兴起中起了很大作用。希特勒正是抓住这个题目大造舆论的。

希特勒还为纳粹党精心设计了党徽和党旗，并出版了纳粹党的机关报。1920 年 12 月，在国防军的资助下，希特勒买下《慕尼黑观察家报》，改名为《人民观察家报》，来宣传纳粹党的主张，每周出两期，到 1923 年改为日刊。

1921 年夏天，希特勒到柏林同北德民族主义分子联系，目的是试探把纳粹运动扩大到巴伐利亚境外，乃至扩大到整个德国的可能性。因为他在党内冷酷无情、独断专行，他外出期间，纳粹党的一部分委员趁机推翻或贬低他们的领导。当希特勒发觉自己的地位受到威胁后，立刻赶回慕尼黑来收拾这些政敌。希特勒以擅长演讲和为党募集资金为资本，迫使德莱克斯勒修改党章，由自己担任主席，从而独揽纳粹党的权力，后者当毫无实权的名誉主席。

1921 年 7 月 29 日，在纳粹党内确立了"领袖原则"，纳粹党的各级领袖从此不再由党员群众选举产生，而由党的领袖直接任命。领袖拥有绝对的权力，有权按照自己的意志行事。在希特勒控制下，纳粹党强调"权威应从上而下，服从应自下而上"。由此，希特勒在党内取得了绝对的领导权，并获得"领袖"的称号。

1922 年，戈林和赫斯也参加到希特勒纳粹党的核心圈子。戈林认为希特勒是一个前途无量的人物，与戈林有联系的旧军官和"上层社会"人士也被希特勒所吸引。赫斯曾撰文论述领导德国重新恢复旧日光荣地位的人必须是一个"超群脱俗的铁腕独裁者"，他认为希特勒是个理想人物，对之盲目崇拜。

到 1922 年 1 月，纳粹党举行第一次代表大会时，党员人数已增至近 3000 名。就在这个月里，纳粹党组织召开了 46 次集会，与会人数达 62000 人。希特勒在其中 31 次集会上发表了演说。

希特勒为纳粹党建立了准军事组织——冲锋队。1921 年 8 月，他把一批退伍军人组成纠察队，负责在希特勒举行集会时维持"秩序"。为了逃避柏林政府的镇压，纠察队伪装为纳粹党的"体育运动部"。两个月后，即 10 月 5 日正式定名为冲锋队。

冲锋队主要招募不能进入常备军的那些参加过第一次世界大战的旧军人，也招募志愿团①的一些军人。首批队员是经罗姆挑选的，他本人任冲锋队队长。冲锋队在成立时的宣言中声称，他们誓作钢铁的组织，为纳粹党效

---

① 志愿团（Freikorps），第一次世界大战后德国的反革命军事恐怖组织。曾谋杀卡尔·李卜克内西和罗莎·罗森堡。

力，"死心塌地地追随领袖"。1921 年 8 月 14 日，《人民观察家报》在一篇题为"致我们的德国青年"一文中号召说："冲锋队将把我们的青年党员团结起来，作为一支钢铁队伍为我们为之冲锋陷阵的整个运动贡献自己的力量。冲锋队应该成为一个自由民族的国防意志的体现者，应该成为领袖们所领导的开拓工作的一面盾牌。"冲锋队身穿褐色制服，佩戴卐字标志，负责指挥的是约翰·乌里希·克林茨赫，他是反动的军事组织"埃尔哈特旅"头目埃尔哈特上尉的一名下手。

冲锋队不仅在纳粹党的集会上维持秩序，而且用武力去骚扰敌对组织的集会。1921 年曾有一次，希特勒亲自带冲锋队去袭击一个由名叫巴勒斯塔特主持的巴伐利亚联邦主义者的集会，巴勒斯塔特受到殴打，希特勒因此被判处三个月徒刑。

希特勒主张，冲锋队主要是一个政治宣传工具，张贴标语口号，与持不同政见者厮打殴斗。而以罗姆为首的冲锋队的头目们却要把它训练成真正的军事部队。巴伐利亚国防军第七工兵营和第十九步兵团负责对冲锋队进行军事训练。慕尼黑冲锋队团配备了炮兵连、骑兵排和各种技术装备，并设立了枪械长、炮长等职衔。由于希特勒与罗姆等人的矛盾，希特勒把戈林请来担任冲锋队头子，借以平衡埃尔哈特旅军官们的势力。戈林于 1923 年按照师部建制组成冲锋队司令部，配备步兵和炮兵指挥官，充当纳粹党的军事部队。

"啤酒店暴动"的历史背景

希特勒建立纳粹党是为了反对魏玛共和国，反对布尔什维克革命，夺取全国政权，在德国建立法西斯专政。希特勒利用第一次世界大战后德国民众反对《凡尔赛和约》的愤懑情绪，利用各个阶层对魏玛共和国的失望和不满，准备策动反对共和国的叛乱。

德意志魏玛共和国初期，经济十分困难。1921 年 4 月，协约国规定德国赔款总额为 1320 亿金马克，德国没有支付能力。1922 年上台的法国总理普恩加莱对德实行了强硬政策，坚决要求德国执行赔偿条款。当 1922 年 7—8月德国再次要求延期支付赔款时，法国坚决拒绝，声称除非给予法国"生产保证"，包括开采鲁尔煤矿的权利。于是，法国帝国主义借口德国没有按期支付赔款，伙同比利时军队占领了德国工业基地——鲁尔区。1923 年 1 月

11 日，法国 5 个师、比利时两个师侵占埃森、波鸿和多特蒙德等城市。

普恩加莱此举的意图是，或者迫使德国履行条约，或者使法国得以长期利用德国资源，削弱德国。德国政府对此实行消极抵抗政策，鲁尔区的企业，凡是它们的产品可能为占领国所利用的，必须停工，由政府资助工人们举行总罢工。随着反对鲁尔被占领的消极抵抗运动的开展，全国掀起了民族主义的集会浪潮。形形色色的资产阶级报刊、垄断组织的发言人声称，必须忘记阶级仇恨，建立统一的民族阵线，使"共和国与祖国"不致受到"世仇"的侵袭。德国共产党号召举行罢工以示抗议，提出组织反对占领军的统一战线，建立工农政府的口号，主张"在鲁尔区和施普雷河上打倒古诺①和普恩加莱"！

鲁尔危机使德国经济陷于崩溃，发生了前所未有的通货膨胀。美元兑马克的兑换率扶摇直上。法、比军队占领鲁尔那天，马克与美元的比值是 1.8 万比一；到 7 月 1 日，16 万比一；8 月 1 日；100 万比一；11 月，42000 亿比一。金融混乱达到极点。通货膨胀更趋严重，1923 年 10 月，仅一个鸡蛋的价格就高达 3000 万马克。德国经济遭受严重破坏，劳动人民是直接受害者，大批工人失业，广大劳动者陷入苦难的深渊。

1923 年 8 月 12 日，古诺政府垮台，古斯塔夫·施特莱斯曼继任总理。施特莱斯曼执政的"一百天"，成为共和国历史上的一个转折点。9 月 26 日，施特莱斯曼宣布无条件取消"消极抵抗"，并表示德国愿意恢复赔款负担。这两项决定遭到保守派——德意志民族人民党和民族主义分子的愤怒抗议，这种抗议运动集中在巴伐利亚。施特莱斯曼预感到这股反抗力量，因此，在宣布上述两项决定的那一天，就请艾伯特总统颁布了紧急状态法，即从 1923 年 9 月 26 日至 1924 年 2 月将德国的执行权力交给国防部长奥托·格斯勒和陆军司令冯·西克特将军。实际上，西克特和他的陆军成了当时德国的独裁者。

巴伐利亚是反动势力的汇集地，是分离主义势力较强的一个州。形形色色的分离主义者、民族主义者要求向右转，反革命势力占了上风。慕尼黑聚集着一批军国主义分子，鲁登道夫等人便定居在这里。巴伐利亚冯·克尼林政府为抗议放弃"消极抵抗"，于 9 月 26 日在本州也宣布了紧急状态，任命右翼保守派古·冯·卡尔为州长官，拥有独裁大权。巴伐利亚军队司令是

---

① 当时的德国总理。

冯·洛索将军，州警察局长是冯·泽塞尔上校。这"三巨头"控制下的巴伐利亚坚决维护君主制度，对抗共和国政府。基督教势力、魏特尔斯巴赫王朝的保守势力都支持冯·卡尔。卡尔梦寐以求的是复辟巴伐利亚王国，为此，同以前的巴伐利亚王位继承人普雷希特王子保持着联系。为达到复辟王朝的目的，就必须推翻共和国和得到慕尼黑民族主义战斗组织的支持，而当时民族主义战斗组织的领导人就是希特勒，卡尔和他们是有联系的。

1923年，在巴伐利亚有四个武装的"爱国团体"和纳粹党联合组成"祖国战斗团体工作联盟"，希特勒担任政治领导。9月间，通过罗姆的努力，把几支准军事部队，其中包括由戈林领导的纳粹党冲锋队合并组成"德国战斗联盟"，希特勒是领导人之一。这个组织的目标是推翻共和国，撕毁《凡尔赛和约》。9月1—2日，由武装爱国团体之一"国旗社"倡议在纽伦堡举行庆祝德国1870年在色当战败法国53周年纪念的"德意志大会"，这是各"爱国"组织的总誓师大会，这次大会发出了推翻共和国行动的信号。希特勒在鲁尔危机期间曾说过："敌人并不在国外，敌人就在国内"，主张"不要反对法国人，而要消灭共产党人和十一月的罪犯"。希特勒的目标是摧毁共和国，至于法国，可在实现了民族主义革命和建立独裁政权之后，再去收拾它。

巴伐利亚的分离主义者企图举行暴动。各种反革命集团都厉兵秣马，准备"向柏林进军"。但是，不同的人怀有不同的政治目的：卡尔反对共和国是为了争取巴伐利亚的特权；希特勒则要把巴伐利亚作为他攫取全国政权的跳板。

1923年德国的政治、经济的混乱局面为希特勒的暴动提供了土壤和条件，他认为这时正是他推翻共和国的绝好机会。

1923年秋，巴伐利亚和柏林中央政府之间的冲突激化。全国政府向巴伐利亚政府发出两道命令，第一道命令要求取缔纳粹党机关报《人民观察家报》，原因是它发表了对西克特不敬的言论。但是，卡尔拒绝执行这项命令。第二道命令是逮捕巴伐利亚一些武装团体的首脑：海斯上尉、埃尔哈特上尉和罗斯巴赫中尉。对此，卡尔也置之不理。西克特又命令洛索执行这项命令，他迟迟没有遵命。于是，国家总统艾伯特在西克特的支持下，罢免了洛索的职务。卡尔并没有退却，他打出巴伐利亚政府对柏林全国政府享有自治权力的旗号，任命洛索为巴伐利亚陆军司令。

为了对付来自巴伐利亚的危险，艾伯特总统于11月3日命令西克特将军把国防军开到巴伐利亚。西克特拒绝执行这项命令，因为他想避免国防军的分裂。他同时也严厉批评了洛索的抗命行为。11月5日，西克特给卡尔写了一封信，他没有像艾伯特下达的指示那样用武力去维护共和国的威信，而是向卡尔表示，他同他的基本观点是一致的。他要同施特莱斯曼保持距离，并宣称自己是社会主义者的敌人。在这封信的草稿里，他也曾表露共和国并非是"不可触动的"。

11月8日，即将发生暴动的谣言在柏林盛传，在这一天艾伯特召开的一次会议上，普鲁士内政部长卡尔·泽韦林问西克特，如果第七师向柏林进军，国防军是否会保卫柏林？得到的回答是：国防军不打国防军。

希特勒企图抓住巴伐利亚分离主义者同柏林发生矛盾这个时机，抢先行动打击共和国政府，以达到建立军事恐怖专政的目的。他准备要求卡尔和洛索趁柏林尚未向慕尼黑进军之前就向柏林进军。于是，11月8日，希特勒一直设法会见卡尔，企图在暴动问题上达成默契。但是，卡尔等人不敢轻举妄动，不肯接见他，这便使希特勒产生怀疑。虽然希特勒本人也有顾虑，一方面他担心卡尔和洛索会卸磨杀驴将他抛弃；另一方面，"向柏林进军"毕竟不是轻而易举的事，然而，希特勒是个冒险家，他像赌棍一样，不放过任何微小的机会。为"取得权力而不尝点鲜血的滋味就没有乐趣"。他认为卡尔和洛索在进军柏林一事上优柔寡断，决定先发制人，企图劫持"三巨头"，强迫他们按照自己的意志行事。

为取得政变的成功，希特勒竭力争取鲁登道夫对他的支持。这个军事独裁者对民主政治深恶痛绝，是魏玛共和国的最激烈的反对者。1920年3月，他就参加过以推翻共和国、重建君主政体为目的的卡普暴动。希特勒早就企图拉拢这位"老将军"，因为，鲁登道夫在军官团和保守派势力中具有一定的声望。希特勒同鲁登道夫相互利用、相互支持，希特勒认为把鲁登道夫纳入他的计划是理想的，可以利用鲁登道夫作为一个"军事领导"、一个"政治领袖"的声望，实权仍操在自己手中。而鲁登道夫这时也想利用希特勒的宣传才能，"把希特勒看成自己思想最有能力的传播者和执行人"。

这时，鲁登道夫对巴伐利亚的分离主义计划并没有多大兴趣，他所追求的目标是建立军人专制政权；而希特勒既不赞成卡尔的分离主义，也无意于鲁登道夫的军人政权，他所向往的是由他实行独裁的专制政权。希特勒认为纳粹的基本力量足以发动一次政变，于是，他在纳粹党的策源地慕尼黑，效仿墨索里尼一年前"向罗马进军"的榜样，着手策划"向柏林进军"的叛乱，并以 1923 年 11 月 9 日进行了夺权的尝试。

暴动的经过及其后果

1923 年 11 月 8 日晚，巴伐利亚州长官冯·卡尔要出席在慕尼黑东南郊比格布劳凯勒啤酒店举行的集会，出席大会的还有洛索将军、泽塞尔上校以及一些知名人士。卡尔向 3000 名听众发表了讲话。会议开始不久，会场入口处一片骚乱，希特勒率领冲锋队员们包围酒店，强行冲进会场。希特勒在戈林、赫斯及其警卫乌里希·格拉夫等人的簇拥下走向讲台。这时，会场仍然乱哄哄的，希特勒向他右边的随员做了个手势，那个人朝天花板开了一枪。这时，希特勒叫喊道："国民革命已经开始了！这个地方已经由 600 名武装人员占领，任何人不得擅离一步。"

在希特勒威逼下，卡尔、洛索和泽塞尔跟他一起来到讲台后面的一个房间。希特勒向他们宣布，巴伐利亚州政府已被推翻，巴伐利亚是全国政府的出发点，这里需要有一个全国的统治者。希特勒说他自己将出任德国政府总理，鲁登道夫担任全国军队领导。卡尔、洛索、泽塞尔将分别担任巴伐利亚摄政者、陆军部长和公安部长。三人不肯轻易就范，希特勒拔出手枪威胁道："每一个人都要接受分配给他的职位，谁若不接受，他就没有继续生存的权利。你们必须同我一起战斗，同我一起取得胜利，或者一起死亡，一旦形势逆转，我的手枪里有四颗子弹，三颗子弹是为我的同事准备的，如果他们背弃我的话。最后一颗子弹留给我自己。"卡尔向希特勒说："你们可以逮捕我，你们可以枪毙我，你可以亲自枪毙我。我的生死是无关紧要的。"

希特勒见威胁无效，便回到会场竟当众玩弄骗局，宣布卡尔等人已经支持他的行动，以稳定人心。同时，他派人去请鲁登道夫。鲁登道夫来到后向三位先生表白说："我同你们一样为此感到惊奇。但这一步骤已经采取了，这是关系到祖国与伟大民族和种族的事业，我只能劝你们给予合作、共同行动。"鲁登道夫的到来使房间里紧张的气氛顿时有所缓和。在鲁登道夫的劝说下，洛索的态度有所转变，对鲁登道夫说："阁下的愿望，对我就是命令。"

希特勒虽然利用鲁登道夫，但不允许三位先生同鲁登道夫进行讨论，也不允许他们三人之间进行商议。他坚持自己的暴动计划，只想从他们口中得到"同意"二字。他宣称："已经采取了这一行动，不可能后退，它已经载入史册了。"经过长时间的说服，洛索和泽塞尔优柔寡断地表示了"同意"，愿意同鲁登道夫站在一起。接着，希特勒对卡尔进行威吓和哄骗，卡尔也表示"准备作为君主政体的代表，掌管巴伐利亚的命运"。希特勒要求他到会场去宣布这一声明，但卡尔说，他既然已被那样地带出会场，就不愿再回去了。可是，最后他们还是一起步入了会议大厅，人们狂呼着欢迎他们。希特勒喜形于色地讲了一段话后，会议宣布结束。

11月8日晚，武装团体之一"德国战旗"在慕尼黑勒文勃劳凯啤酒店开会，传来了希特勒在比格布劳凯勒啤酒店用手枪威逼巴伐利亚军政领导人同意讨伐柏林的消息。罗姆和希姆莱①兴奋异常。罗姆将一面帝国军旗交给希姆莱，随后列队向比格布劳凯勒啤酒店进发。当队伍行至布里愚纳街时，被希特勒派来的通讯员拦住，他带来希特勒的命令，要求罗姆占领舍恩菲尔德大街巴伐利亚第七军区司令部驻地的陆军部。可是，希特勒并没有派人去占领其他要害部门，甚至连电报局也没占领，希特勒暴动的消息便从这里传到柏林，西克特要巴伐利亚军队镇压暴动的命令也通过电报局发了回来。

当希特勒离开比格布劳凯勒啤酒店时，卡尔等人趁机溜走了，并改变了"同意"希特勒暴动的态度，声明在枪口威胁之下被迫发表的许诺一概无效。此后不久，在慕尼黑街头便张贴了卡尔的声明，其中写道："一些追求虚荣的人的背信弃义和欺诈行为，把已经形成的德意志民族重新觉醒的行动变成了一场令人作呕的暴行……假如这种既无意义又无目标的叛逆企图一旦成功，德国社会将堕入深渊，而巴伐利亚也在劫难逃。"声明宣布要解散纳粹党以及"高地联盟""德国战旗"两个武装团体。洛索控制下的军队和泽塞尔统治下的警察局部署了镇压啤酒店暴动的计划。这样，希特勒以突然袭击的方式劫持巴伐利亚领导人搞政变的阴谋便以失败告终。

为了挽回败局，希特勒建议退到罗森海姆附近的乡村，动员农民支持他们。鲁登道夫拒绝了这个建议，希特勒还想请王子普雷希特出面斡旋，以谋求和平解决，但也毫无结果。鲁登道夫建议举行游行来唤起军队士兵和居民的支持。希特勒稍事迟疑后，在无计可施的情况下表示同意。

11月9日中午12时15分，游行队伍从比格布劳凯勒啤酒店出发向市中心行进。希特勒、鲁登道夫、朔伊贝纳法官和戈林等人走在队伍前列，冲锋队、巴伐利亚南部联盟、战斗联盟的队员以及参加暴动的士官生们，计2000

---

① 当时是"德国战旗"成员。

余人跟随于后。队伍在横跨伊萨尔河通往市中心的路德维希桥上，击退了警察的阻拦，通过双桥大街走向市中心的马林广场。驻扎在政府官邸的警察在这个地区以及在普雷辛街旁边的梯阿汀纳街设置了警戒线。游行队伍行进在狭窄的府邸街上，想前去解救陷在陆军部的罗姆，但道路被州警察和部队封锁，在铁丝网后面的罗姆和希姆莱正举着军旗直打哆嗦。

当游行队伍走进奥茅昂广场上统帅府大厦的时候，遇到一支人数众多的警察部队。双方在警戒线纠缠了许久。希特勒和鲁登道夫面色苍白地挪动着脚步，希特勒的卫士格拉夫跳起来喊道："别开枪！过来的是鲁登道夫阁下和希特勒！"突然间，游行者当中放出了一枪，警察队伍里也开枪射击。在枪战中，有16名希特勒党徒和四名警察丧命。这时游行队伍陷入一片混乱，一些人逃回马克西米里安大街，另一些人逃往奥茅昂广场。希特勒听到枪声便卧倒躲避，是"第一个跳起来向后跑的人"，他不顾地上的死伤者，登上汽车去投奔他的朋友恩斯特·汉夫施滕格尔[①]在芬兰的乡间别墅。11月11日，警察在那里逮捕了希特勒，并把他关进兰茨贝格炮台监狱。鲁登道夫没有卧倒，在行进到奥茅昂广场时被捕。受伤的戈林被抬到附近一家银行里，经过急救后，偷越边境到了奥地利。赫斯也逃到奥地利。游行队伍顿作鸟兽散。希特勒苦心策划的"向柏林进军"，就这样被镇压下去。

希特勒暴动之所以遭到镇压，首先因为柏林政府对巴伐利亚政府施加了压力，艾伯特政府将执行权和国防军的最高指挥权交给了西克特，西克特下令在全国取缔纳粹党。

其次，以希特勒为首的极端民族主义分子同以卡尔为首的地方分裂主义之间存在矛盾。虽然两者都企图反对柏林中央政府，但目标不一致。暴动时，希特勒对卡尔等人又采取了威胁和侮辱的手段，从而激怒了"三巨头"。洛索控制下的国防军和泽塞尔统率下的警察都参与了11月9日镇压希特勒暴动的行动。

啤酒店暴动前，纳粹党在巴伐利亚境外还默默无闻。虽然慕尼黑的纳粹党员约有35000人，但参与暴动者仅有数千人。在纳粹党的实力还不足以抵挡国防军的时候，希特勒发动暴动是铤而走险的。

希特勒暴动失败后，纳粹党瓦解了。1924年2月26日开始，由一个特

---

① 恩斯特·（普茨）·汉夫施滕格尔，毕业于哈佛大学，曾在慕尼黑开设一家艺术出版公司。他曾资助过纳粹党，是希特勒的好友。

别法庭对希特勒—鲁登道夫集团进行审判。这次审判不仅没有断送他们的前程，反而让希特勒和纳粹党捞取了一笔宣传资本。希特勒在法庭上滔滔不绝地为自己辩护，否认犯有罪行。他辩解说："洛索、卡尔和泽塞尔的目标与我们相同——推翻全国政府……如果我们的事业确是叛国的话，那么在整个时期，洛索、卡尔和泽塞尔也必然一直同我们在一起叛国。"

希特勒把法庭当作进行煽动宣传的讲坛，他可以任意打断证人的话，不受限制地长篇发言。这是因为巴伐利亚司法部长弗朗兹·古特纳是纳粹党的朋友和保护者；法庭的首席法官与被告在"民族主义"思想上并无原则分歧。因而，希特勒被判处了最轻的徒刑——监禁5年，如表现好还可减刑。尽管如此，陪审法官还认为判得过严，于是主审法官表示，该犯在服刑6个月后就有资格申请假释。经过这次审讯，希特勒名震巴伐利亚，乃至整个德国，甚至许多外国报纸都登载他的名字。暴动没有成功，他却由此变成一个著名的政治人物，这为纳粹党的复兴奠定了基础。

从1924年4月1日判刑开始，希特勒实际上只服刑了264天，而且是在较舒适的环境中度过监狱生活的。纳粹党领导人之一奥托·施特拉塞说道：无论是监禁，还是审判本身都是一幕滑稽剧。希特勒在兰茨贝格炮台监狱里，如同在旅馆里一样，独处一室。他可以在这里接见朋友、喝酒、玩牌，在附近的饭馆里订名贵的菜肴。8个多月适合思考的安静环境给希特勒提供了深思熟虑和计划东山再起的条件。希特勒从1924年7月开始，在狱中写《我的奋斗》，其中大部分是他口述，由其秘书赫斯等人笔录的。

1924年12月20日，希特勒获释出狱，他曾向巴伐利亚总理海因里希·赫尔德承认"啤酒店暴动"一举是个错误，表示今后不再攻击政府。他骗取了巴伐利亚政府的信任，使其对希特勒的活动采取了容忍的态度。希特勒出狱后重整旗鼓，次年2月26日，《人民观察家报》复刊，2月27日，重建纳粹党。他从"啤酒店暴动"中吸取了"教训"，准备用合法的手段夺取政权。

德国纳粹政权的建立

武克全

1933 年 1 月 30 日，德国总统兴登堡召见民族社会主义德意志工人党①头目阿道夫·希特勒，任命他担任政府总理。这样，纳粹党便攫取了德国政权。希特勒的上台是垄断资本主义和各种反动势力相结合的产物。纳粹政权是"极端反动、极端沙文主义、极端帝国主义分子的公开恐怖独裁"②，是一种最反动最凶恶的法西斯专政。德国从此进入了历史上最黑暗的时期，德意志民族再一次陷入灾难的深渊，欧洲乃至整个世界面临法西斯战争的威胁。

希特勒东山再起

1924 年，希特勒因啤酒店暴动失败而在兰茨贝格炮台监狱被关押了 8 个多月后，被保释出狱。希特勒面临的前景十分黯淡。纳粹党及其报纸被巴伐利亚政府取缔，其头目不是亡命，便是倒戈，党员人数从原来的 55200 多人下降到 15000 人。希特勒本人被禁止在公共场合演讲。

这时，德国的整个形势也发生了重大变化。1924 年 8 月，道威斯计划出笼，削减了德国每年向协约国的赔款数额，并给德国以巨额贷款。这样，德国得以用现代化的技术更新工业设备，结束经济的混乱局面，进入相对稳定时期。这对靠国家混乱来扩展自己势力的纳粹党来说，无疑是极其不利的。希特勒认识到，要取得政权必须获得军界和执政的政治集团的支持，于是他

---

① 德文"民族"和"社会主义"两字缩写音译为"纳粹"，故"民族社会主义德意志工人党"简称为"纳粹党"。

② 《季米特洛夫选集》，人民出版社 1953 年版，第 41 页。

决定改变策略，利用魏玛共和国宪法所提供的条件，通过争取国会的多数选票，合法地攫取国家政权，用他自己的话来说，"是要捏着鼻子进国会"。

希特勒出狱两星期后即去求见巴伐利亚政府总理赫尔德，保证以后"循规蹈矩""恪守法律"，并答应在"反对马克思主义"的斗争中向这位总理提供支援。希特勒作为一个政治骗子，当然是绝对不会信守诺言的。但是，他的这番表白很快取得了效果，巴伐利亚政府不久即撤销了对纳粹党及其报纸的禁令，从而为希特勒势力的发展提供了条件。

希特勒重振纳粹党的第一步，是加强其组织工作，重新确立自己在纳粹党内的领袖地位。网罗党员，在全国各地建立层层控制的纳粹党的分支组织，并设立了一个仿照政府各部的庞大政治机构。为了吸引广大青年、学生和妇女站到纳粹党一边，希特勒还成立了"希特勒青年团""德国大学生联盟""少年团""妇女协会"等群众团体，此外，还建立了党卫队。

希特勒加紧纳粹党内部的思想控制，使其适应夺取政权的需要。希特勒当时在纳粹党内虽然处于领袖地位，但随着纳粹党组织在全国各地的建立，其人员的思想情况变得复杂起来。由于社会主义影响的扩大，纳粹党内也确有一些人对"社会主义"发生了兴趣。例如，施特拉塞兄弟和保罗·约瑟夫·戈培尔就在萨克森、不伦瑞克、易北河以北等地形成了一个使希特勒十分头痛的"纳粹党左翼力量"。这些人比较认真地看待纳粹党纲领中的"社会主义"条文，主张把大地产和重工业收归国有。1925 年 11 月 22 日，格雷戈尔·施特拉塞和北方其他 25 位纳粹党的基层领导人在汉诺威开会，决定在即将举行的关于是否对在十一月革命中被没收的霍亨索伦王公贵族财产进行赔偿的公民投票中投反对票，还要求修改纳粹党的纲领，主张把大地产和重工业收归国有。施特拉塞等人的这种举动，不但威胁到希特勒在纳粹党内的地位，而且还会使纳粹党有失去垄断资本家、贵族和容克地主的财政资助的危险。因而，希特勒于 1926 年 2 月 14 日在南德的班贝格召开了一次纳粹党头目会议，迫使在这次会议上居于少数的施特拉塞等人屈从自己的旨意，放弃剥夺王公贵族财产的主张，从而保证纳粹党在上述问题投票时，坚决"捍卫私有制原则"。不久，希特勒又把戈培尔完全拉到自己一边，让他担任首都"红色柏林"党区的领袖，控制这里的纳粹运动。

纳粹党在上述这一政治运动中的表现，博得了王公贵族们的好感。为了报答希特勒的效力，威廉二世让奥古斯特·威廉皇子参加了魏玛纳粹党代表会议，并于 1928 年加入冲锋队。希特勒为了进一步讨好王公贵族和容克地主，于 1928 年初专门对纳粹党纲领中有关无偿没收土地和消灭土地投机买卖的条文写了一个重要的书面"说明"，说上述条文是专门反对"犹太公司"的。

希特勒在争取王公贵族支持的同时，也重视争取垄断资本家的支持。希特勒结识了胡果·斯汀纳斯、弗里茨·蒂森等大资本家。斯汀纳斯是战后初期左右德国政治局势的最大垄断巨头之一，被纳粹报刊称颂为"实业界勇于负责和坚决果断的表率人物"。他于 1924 年死后，其子小斯汀纳斯与希特勒的关系十分密切，后来一家人全都加入了纳粹党。希特勒和钢铁大王蒂森的关系是通过 1923 年 10 月在慕尼黑的会见建立起来的。蒂森深深地被这位新民族主义——沙文主义党的狂热首领所感动，他立即决定赞助纳粹事业 10 万金马克。

从 1926 年底到 1927 年上半年，希特勒先后到汉堡、埃森等地，对工商界领导人和企业主们解释自己的经济、社会和政治主张，以打消他们对纳粹党的疑虑。德国著名的煤炭辛迪加头子艾米尔·基尔道夫，1923 年就与纳粹党有来往，1927 年在埃森听了希特勒讲解纳粹党党纲的报告，深信纳粹党将维护垄断资本的利益，更加同情纳粹党。这时，德国唯一的一家照相、橡胶化学公司的负责人威廉·凯普勒，《慕尼黑—奥格斯堡晚报》的经济编辑奥托·迪特里希，也倒向纳粹党。从这时起，希特勒纳粹党便开始接受法本化学公司、汉堡—美洲航运公司、煤炭工业和橡胶工业的老板以及德意志银行、商业私营银行、德累斯顿银行和德意志信贷公司等的资助。而凯普勒、迪特里希等人则充当了希特勒与德国垄断资本家之间的联系人。

此外，希特勒还同阿尔弗雷德·胡根贝格领导的德意志民族人民党在反对杨格计划的运动中建立了联盟关系。胡根贝格原系军火大王克虏伯康采恩的经理，1919 年 11 月因担任德意志民族人民党主席而辞去这一职务。他通过控制一家庞大的新闻——电影康采恩，鼓吹反动的大德意志主义，为大地主和重工业集团效劳；德国另一个反动组织"钢盔团"，也在他的影响之下。纳粹党还得到了钢琴工厂老板、巴伐利亚工业联合会的库洛斯博士、保加利亚总领事爱德华·奥古斯特沙雷尔、斯图加特的工厂主勒默尔等的资助，所以它在 1923 年德国通货膨胀时期能占有 17 万金马克活动经费。1929 年，德国借口经济困难无法偿付协约国的债务，提出要求修改"道威斯计划"。美国为了确保自己在德国的投资收入，支持了德国的要求。1929 年 6 月，由美国银行家杨格操纵的专家委员会制定了新的德国赔款方案，即"杨格计划"。

杨格计划确定了德国赔款的总数，进一步减轻了德国对协约国的赔款负担，取消了协约国对德国财政经济的监督，并规定 1930 年 6 月底以前协约国从莱茵地区撤退占领军。杨格计划虽然较之于道威斯计划更加有利于德国，但仍然遭到支持纳粹运动的蒂森等垄断巨头和其他民族主义势力的反对，因为他们根本不想支付任何赔款。同年 7 月，德国最大报业康采恩老板胡根贝格领导的民族人民党和"钢盔团"掀起了反对杨格计划的运动。希特勒为了迎合民众心理，宣传自己的民族主义主张，争取得到垄断资本家的资助，也加入了这场运动。在这场运动中，希特勒和胡根贝格相互利用，狼狈为奸，结成了同盟。希特勒通过后者提供的报纸版面，广泛地宣传自己的各种观点，同时从蒂森领导下的莱茵—威斯特伐利亚重工业集团那里获取资助。蒂森后来坦白地承认，"杨格计划是纳粹主义在德国高涨的主要原因之一"。

还应指出的是，希特勒在这一时期并非像他所保证的那样仅仅是在宪法允许的范围内行事，实际上，他一直在公开进行反对魏玛共和国的活动。希特勒在演讲中经常散布说，魏玛共和国出卖了德国，是德国的叛徒，是"十一月事件的罪人"，叫嚷要推翻魏玛共和国，扬言"如果不根除现存的制度，我们的民族就会慢慢地消灭"。冲锋队更是不断在街上制造事端，威胁甚至杀害革命群众，如 1927 年 3 月 20 日，600 名纳粹党徒袭击柏林爱洛、滕堡地区的"红色阵线战士联盟"组织，致使 20 多名"联盟"战士受了伤。

这样，到 1929 年 10 月世界经济危机爆发前夕，纳粹党在德国虽然还未成为一股重要的政治势力，但已获得了重大发展。其主要成就有四：（1）纳粹党已越出了巴伐利亚州，成了一个全国性的组织，其党员人数从 1925 年底的 27000 人增加到 1929 年时的 178000 人；（2）纳粹党由于派出大批党员到城镇和农村进行蛊惑宣传，争取群众，因而取得了一部分城乡小资产阶级的支持，扩大了它在这个阶层中的影响；（3）纳粹党同胡根贝格的民族人民党结成了联盟，从而改变了以往孤立无援的状况；（4）希特勒把一些垄断资本家或他们的代理人争取到了自己一边，这为他在经济危机爆发后得到更多垄断资本家的支持打下了基础。

世界经济危机与纳粹党势力的扩大

1929 年 10 月，美国爆发的经济危机像瘟疫一样蔓延到德国，纳粹党趁机扩充实力。

德国在相对稳定时期经济发展很快，但它对外债和外贸的依赖性很强，基础不稳固，因而突然爆发的危机对德国经济的打击特别沉重。经济危机加剧了统治集团的内部矛盾。1930 年 3 月 27 日，以社会民主党领袖赫尔曼·米勒为总理的资产阶级各党派联合政府下台，天主教中央党右翼领袖海因里希·布吕宁上台组阁。布吕宁上台后，因其政策得不到国会议员多数的支持，只得援引魏玛宪法第四十八条规定，依靠总统授予的权力进行统治。

经济危机爆发后，德国的阶级矛盾迅速激化，德国共产党领导工农群众进行斗争。1930 年 8 月，德共发表了《德国人民民族解放与社会解放纲领》，向德国人民指出，布吕宁和希特勒的道路必然导致战争和灾难。纲领详尽地揭穿了纳粹党的民族和社会煽动，提出要克服危机，必须同时推翻垄断资本的统治。次年 5 月，德国又提出了用革命方法解决土地问题的《土地纲领》。纲领指出，劳动农民的命运同工人阶级的命运不可分割地联系在一起，农民生活的改善只有在工人阶级领导下才有可能。纲领揭露了纳粹党采取的欺骗农民的政策，提出了取消农民债务，没收大地主土地，对劳动农民实行失业救济的要求。德共为落实这两个纲领，反对德国日趋法西斯化，在工人农民中积极开展工作，扩大了在群众中的影响。

经济危机也给纳粹党提供了进行蛊惑性宣传的良机。纳粹分子利用千百万劳动者的悲惨处境和对魏玛共和国的不满情绪，依靠垄断资本家提供的资金，大量印发报纸和传单，展开了空前规模的宣传活动。纳粹党徒的足迹遍及城市乡村，希特勒本人也乘飞机或汽车从一个城市到另一个城市发表竞选演说。希特勒毫不隐讳地欢迎这场危机，声称德国经济危机是"政府无能"的一个证明，并溯源于凡尔赛和约、战争赔款等。他宣布，为了加速共和国垮台，他愿去做任何事情。1930 年 3 月 6 日，在德国经济危机高潮时期，希特勒发表了由他的农业专家瓦尔特·达雷起草的农业纲领，鼓吹农民是民众中最有价值的阶级。希特勒及其党徒们宣称，他们上台后将立即废除凡尔赛和约，取消军备限制，收回在第一次世界大战中失去的领土，夺取"生存空间"。他们向工人许诺消灭失业现象，向农民许诺禁止拍卖土地，向小业主许诺关闭大百货商店，向手工业者许诺降低原料价格并提高他们的产品价格，向全体人民许诺废除"利息奴役制"。纳粹党还通过宣传机器，宣称该党不是一个"阶级的政党"，而是"大众的党"。相当多的大学生、职员、失业工人、农民受到纳粹分子欺骗宣传的影响。1930 年，纳粹党员增加到近30 万，1931 年超过了 80 万。1930 年 9 月 14 日国会选举时，纳粹党得到了

640 余万张选票，比 1929 年几乎多了 7 倍；在国会获得了 107 个议席，从位居第九的最小政党一跃而为仅次于社会民主党的第二大党。

经济危机发生后，以蒂森、基尔道夫为首的莱茵—威斯特伐利亚的重工业垄断集团进一步加强了对纳粹党的支持。这次经济危机对重工业集团的打击特别沉重，以蒂森为董事长的"钢托拉斯"也被迫于 1933 年改组。垄断资本家们希望通过扶植希特勒上台来控制国家政权。11 月 27 日，蒂森在德国工业联合委员会的会议上，第一次公开提出发挥纳粹党"领导作用"的呼吁。不久，基尔道夫利用自己在矿山联盟中的地位，作出了一项重要决定：所有莱茵—威斯特伐利亚煤业辛迪加所属企业，从 1931 年 1 月起，每卖出一吨煤就提取 5 芬尼资助纳粹党。在蒂森、基尔道夫的影响下，不少有影响的垄断资本家、银行家或他们的代理人，也纷纷同希特勒建立联系，1937 年 1 月上旬，前德意志银行总裁希尔马·沙赫特在同希特勒会晤之后，即决定同他合作。同年夏天，原德国金融界的著名报纸《柏林交易所时报》主编瓦尔特·冯克，则应莱茵兰煤矿业主和其他工业界人士的要求参加了纳粹党，"以便说服该党采取私人企业的方针"。冯克不久担任了希特勒的经济顾问，并充当了纳粹党和一些重要垄断资本家的牵线人。12 月，科隆大银行家库特·施罗德同纳粹党的代表会谈后，也参加了纳粹运动。1931 年，希特勒为了讨好有势力的工业界巨头，修改了纳粹党纲中有关垄断资本的条文，声称"对私人大企业"，"民族社会主义绝不因其违背集团的利益而加以反对"，使垄断资产阶级越来越垂青于希特勒。

1930 年 9 月国会选举后，希特勒决定有步骤地去争取有势力的工业巨头。1931 年下半年，他乘着德国最时兴的梅塞德斯牌汽车，几乎跑遍了整个德国，同经济界的重要人物私下会谈。为了保密起见，有些会谈甚至在人迹罕至的森林中举行。1932 年 1 月 27 日，根据蒂森的建议，希特勒在杜塞尔多夫工业俱乐部向莱茵地区的 300 多个垄断巨头作了两个多小时的演说，希特勒在演说中竭力对垄断资本家们进行政治劝说，而把"没收资本""国有化"和"全民化"等诺言抛到一边。他对与会者说：民主是"愚蠢的统治"和"破坏的原则"，纳粹党已下决心，要"彻底根除德国的马克思主义"，结束工人阶级的革命运动，恢复企业家对工会的权威，"集结全民族的政治力量去寻求新的生存空间"。希特勒的演说博得了他们的喝彩，不几天之后，钢铁和军火大王弗里德里希·弗利克资助纳粹党 10 万帝国马克。

希特勒还加强了对军界领导人的争取工作。德国是一个富有军国主义传统的国家，军队是国中之国，军人享有至高无上的荣誉，魏玛共和国建立后，德国军队的人数虽然受到限制，其地位也有一定削弱，但依然保留着旧传统。纳粹党一成立就得到了罗姆这样的陆军军官的支持。但是，一向重视门第的德国军官团起初并不重视希特勒。1927 年时，他们因担心希特勒会用冲锋队代替国防军，曾禁止征募纳粹党人加入国防军。经济危机爆发后，由于资产阶级已不能用议会民主的方法维持其统治，国防军在政治舞台上的作用重新增强。希特勒懂得，要合法地取得政权，必须得到国防军的支持。所以，希特勒便开始大力讨好陆军。他宣称，纳粹党是"准备而且愿意同陆军联合起来以便有朝一日协助陆军保卫人民利益的政党"。1930 年 9 月，他进而向军官们保证：冲锋队也好，纳粹党也好，都不反对陆军，"任何想取代陆军的尝试都是发神经病……我们将努力做好，在我们执政以后，以目前的国防军为基础，一支伟大的德国人民的军队将会兴起"。希特勒狂热的民族主义和军国主义宣传，不仅打动了许多青年军官，而且在军官团的上层也产生了反响。1930 年 12 月，在陆军中颇有声望的汉斯·冯·泽克特将军在报纸上写道："如果要问，您希望希特勒党参加政府吗？那么我毫不犹豫地回答：'是的。'这不仅是希望，甚至是必须。"在第二次世界大战中担任德国最高统帅部作战局局长的阿弗雷德·约德尔将军，后来也在纽伦堡法庭上供认："在此以前，高级军官们都认为希特勒企图破坏陆军，而在此之后，他们就感到放心了。"1932 年 1 月 29 日，国防军撤销了禁止征募纳粹党人加入的命令。

1931 年 10 月 11 日，在德国议会民主制日益面临危机的情况下，纳粹党和德国统治阶级的一些代表人物在哈尔茨堡温泉举行集会。参加集会的有希特勒、沙赫特、蒂森、联合钢厂的彭斯根、钢盔团首领巴尔特、泛德意志联盟主席克拉斯以及国防军将领泽克特将军、腓德列亲王等人。这些反动势力要求推翻魏玛共和国，建立专制独裁统治。他们作出决议说："为了决心保卫我们国家不受布尔什维主义的骚扰，坚决通过有效的自助把我们的政策从经济破产的旋涡中挽救出来……我们要求恢复德国的防御主权和军事均势……任命真正的民族政府。"

1931 年冬到 1932 年春，德国的经济危机达到顶点，政局继续动荡。这时，由于兴登堡总统的七年任期届满，各种政治势力为竞选总统展开了激烈的斗争。以布吕宁为首的天主教中央党以及支持这个党的垄断资本集团继续拥戴兴登堡，共产党提出的候选人是台尔曼，而纳粹党和支持这个党的蒂森—基尔道夫集团则提出希特勒为候选人。第一轮选举结果，没有一个候选人获得绝对多数。在 1932 年 4 月 10 日复选时，由于得到社会民主党、天主教中央党等的支持，兴登堡当选。

1932 年 5 月 30 日，根据兴登堡提议，德国大贵族地主和天主教中央党中最反动的代表冯·巴本取代布吕宁上台组阁。巴本上台后，立即采取了一系列讨好纳粹党人的措施，解散了普鲁士议会和社会民主党人领导的普鲁士政府，撤销了布吕宁政府对冲锋队和党卫队的禁令①，以吸引他们参加自己的政府。但是，希特勒所要谋取的是总理一职，因而拒绝了巴本的要求。

7 月 31 日，德国国会又举行新的选举。纳粹党在这次选举中得到了重工业垄断集团的全力支持，仅蒂森一人在三天之内就为之筹集了 300 万马克的竞选费。这次选举结果，纳粹党获得了 13745000 张选票，占有 230 个议席，从而成为国会中的第一大党。

然而，纳粹党在这次选举后得到的议席仍然没有达到组阁所需要的多数。根据德国反动势力渴望纳粹党人参加政府的愿望，兴登堡总统于 8 月 13 日召见希特勒，企图说服他与巴本合作组成联合政府。可是，希特勒回绝了兴登堡，说他作为德国最大政党的领袖，要求的是一种"包括一切方面的整个国家权力"。这时德国垄断资本集团和反动势力内部在谁来领导德国政府的问题上还有意见分歧，因而兴登堡暂时还不能让希特勒出面组阁。

反动势力的幕后策划和希特勒上台

1932 年 8 月到 1933 年 1 月 30 日，乃是纳粹党夺取政权的关键时期。

7 月国会选举后，巴本企图依靠紧急法令行使权力，但他的第一个紧急法令即遭到国会的否决。于是，兴登堡下令解散国会，于 11 月 6 日举行这一年的第五次选举。这时，德国经济危机的高潮已经过去，人民群众对纳粹党的宣传已感到厌倦；一部分企业界人士转而支持政府，使纳粹的竞选经费发生了困难；纳粹党到处制造暴行，引起了部分工农群众的强烈反感，结果纳粹党在这次选举中丧失了 200 万张选票和 34 个议席。德国共产党却得到了 600 万张选票、100 个议席，如果加上社会民主党的选票，这两个工人政

---

① 1932 年 4 月 10 日，布吕宁政府为防止纳粹党用暴力推翻政府的阴谋，决定取缔希特勒的私人军队。

党的得票总数超过纳粹党 200 万张。

共产党人势力的增长，促使德国反动势力加快了扶植希特勒上台的步伐。11 月 9 日，沙赫特等人上书帝国总统兴登堡，直截了当地要求把内阁的领导权授予"全国最大的民族团体的领袖"希特勒。他们将《请愿书》分送给工业家、银行家和大农业主签名。在这份《请愿书》上签名的有沙赫特、施罗德、帝国农业同盟主席埃贝哈特·冯·卡尔克罗伊特伯爵、弗里茨、蒂森、私人商业银行经理弗里德里希·来因哈特等。阿尔伯特·伏格勒、保罗·罗伊施等人表示拥护呈文，但未签字。11 月 19 日，《请愿书》被送到总统办公室。

11 月 17 日，巴本在既不能平息人民的不满，又不能把希特勒拉入内阁的情况下辞职。这时，德国反动势力要求希特勒上台的呼声愈来愈高。当时，一封给国务秘书迈纳斯的信中写道："兴登堡拒绝希特勒担任总理无疑是一个重要错误……因为共产主义正气势汹汹地来破门了。"国防军首脑泽克特将军也明确表示："我非常赞同希特勒参加政府。"前皇太子则致函兴登堡，请求他授权希特勒立即组阁。

兴登堡因在 11 月 9 日和 22 日两次同希特勒会谈组阁问题都没有达成协议，便于 12 月 2 日任命国防军将领库特·冯·施莱彻尔将军组织新政府。施莱彻尔将军和布吕宁一样，虽然不是法西斯分子，但从经济危机爆发以来，一直在幕后进行反对共和国的阴谋活动，并同希特勒讨价还价，企图达成交易。现在，他妄图吸取巴本的教训，一面引诱纳粹党的"左翼力量"施特拉塞和胡根贝格等人加入自己的政府，以胁迫希特勒同他合作；一面对人民群众实行欺骗政策，诸如许诺不再增加捐税、解决就业问题、控制钢铁、造船工业、停止巴本为大地主的利益而实行的农产品限额，甚至准备同苏联外长李维诺夫会谈，扩大德苏贸易等。可是，施莱彻尔的这些政策未能得到人民群众的支持，却招致了垄断资本家和容克地主们的一致反对。杜伊斯堡、西门子等垄断巨头原来对希特勒上台尚有保留意见，现在则认为，施莱彻尔的政策是一种"布尔什维主义的危险"，于是决定支持希特勒上台执政。巴本作为他们政治利益的代表，直接开始参与策划希特勒上台的幕后活动。

从 1933 年 1 月初起，德国各派反动势力就组织纳粹政府问题进行了紧张的幕后活动，1 月 4 日，希特勒与巴本在科隆施罗德的住宅里举行了秘密会谈。参加会谈的有赫斯、希姆莱、多特蒙德股份公司总经理弗利茨·克普勒。经过反复讨价还价，他们达成了如下协议：希特勒和巴本共同组阁；巴本同意解散所有工会，将所有的布尔什维克、社会民主党人和犹太人"驱逐出领导岗位"。1月10日，巴本的老熟人里宾特洛甫促成希特勒同巴本在他自己的达勒姆别墅再次会谈，为了保守秘密，巴本夜间驱车前往达勒姆，"穿大衣，戴礼帽，给人以私事往来的印象"。希特勒直接提出要当帝国总理的要求，会谈没有完全达成一致协议。于是根据里宾特洛甫建议，希特勒同巴本于1月22日再会谈一次，届时总统的儿子和国务秘书也参加。1月17日，希特勒约见胡根贝格，后者答应支持希特勒—巴本组阁，1月22日，巴本、兴登堡总统的儿子奥斯卡·冯·兴登堡和国务秘书迈纳斯在纳粹党头目约阿希姆·冯·里宾特洛甫的家中同希特勒进行了商谈，希特勒强烈地要求当帝国总理。在回家的路上，奥斯卡·兴登堡对迈纳斯说："我担心我们无法回避这个希特勒了。"1月24日，希特勒、戈林、巴本和弗利克又在里宾特洛甫别墅会谈，达成一致协议：建立一个由希特勒任总理、巴本任副总理，由全体右翼党派参加的民族集中内阁。第二天晚上，奥斯卡·兴登堡在里宾特洛甫家吃茶点，表示同意上述方案。1月27日，希特勒、戈林和垄断资本家、容克地主的代表在基尔道夫的家中最后商定了政府人员的组成，确定让胡根贝格、冯·克罗西格伯爵作为贵族地主集团的代表参加纳粹政府。1月28日，施莱彻尔被迫向兴登堡提出辞呈。魏玛共和国的最后一届政府就这样寿终正寝了。

1月30日，兴登堡在预定要在纳粹政府中担任国防部长的瓦尔纳·冯·勃洛姆堡将军的支持下，任命希特勒为德国政府总理。参加希特勒政府的有：巴本（副总理）、威廉·弗利克（内务部部长）、戈林（不管部部长）、弗莱赫尔·冯·牛赖特（外交部部长）、克罗西格伯爵（财政部部长）、勃洛姆堡（国防部部长）、胡根贝格（经济与农业部部长）、戈培尔（人民教育宣传部部长）（自1933年3月13日起）等。希特勒标榜自己的政府是一个"民族集中政府"，实际上则是一个以纳粹党头目为主，容纳了反动容克、垄断巨头代表的法西斯独裁政权。1934年8月，兴登堡病死，希特勒集军政大权于一身，将德国总统的职务与总理的职务合并为一，称德国为"德意志第三帝国"。

希特勒攫取政权的原因及后果

纳粹政权在20世纪30年代的德国出现，绝非偶然的历史现象，它是战后德国政治经济危机条件下发生的。

第一，德国具有特别适合于法西斯主义产生和发展的社会条件。首先，德国是一个有着浓厚的封建专制主义传统的国家。德国从封建社会向资本主义社会过渡，是通过由俾斯麦实行的"普鲁士式道路"的改革实现的，资产阶级没有完成反封建的任务。1919年2月，德国虽然建立了历史上第一个资产阶级的民主共和政体——魏玛共和国，但由于德国当时没有比较稳定和强大的资产阶级政党，因而只能依靠社会民主党同天主教中央党、民主党等几个资产阶级政党结成联盟来执掌政权。旧官僚、旧军官和容克贵族地主继续控制着许多军政大权和经济命脉，他们都是敌视共和国的反动势力。正是这些封建残余势力，从一开始就对纳粹党采取了庇护和纵容的态度，促使了纳粹运动的兴起，后来又和垄断资本家一起把希特勒扶上了台。其次，德国也存在着易于接受法西斯分子欺骗宣传的广泛社会阶层。德国当时有着人数众多的小资产阶级群众——农民、个体手工业者、小商人和小业主，还有大批退伍军人、流氓无产者和青年学生。这些人长期受专制主义和种族主义宣传的毒害。战后，特别是世界经济危机发生后，当他们的生存受到严重威胁时，就把希特勒看成自己的"救星"。1930年，独立业主和农民出身的纳粹党员占了纳粹党员总数的31%，服务行业者占8.3%，手工业者占28.1%；纳粹党的骨干力量冲锋队和党卫队的大部分成员，也来自小资产阶级群众及其子弟，冲锋队中的手艺人、小工匠占44%，店员、小商人占17%。1933年1月底，纳粹党有850000党员，其中新中产阶级（包括官员和职员）占1/3，独立职业者和家庭帮工占1/3强。再次，德国作为一个后起的容克的、军阀的、资产阶级的帝国主义国家，垄断资本集团不仅与容克封建势力融合在一起，而且为了掠夺原料产地和占领商品市场，具有特别强烈的对外侵略扩张的愿望。德国在第一次世界大战中的败北以及《凡尔赛和约》的签订，德国殖民地、阿尔萨斯—洛林、上西里西亚等主要工业原料产地的丧失，巨额的赔款和严格的军备限制，都使得德国垄断资本集团中像蒂森—基尔道夫这样最具沙文主义、复仇主义的派系，很早就把希特勒纳粹党视作实现自己目标的工具，在经济上加以资助，在政治上进行扶植。西方史学家恩·亨利在《希特勒征服欧洲》一书中曾正确地指出："不是希特勒，而是蒂森—鲁尔区的巨头，是德国法西斯的真正创始人。"

第二，希特勒及其党徒是十分狡黠的政治骗子，他们对德国的不同阶层采取了不同的策略，从而实现了既欺骗广大人民群众又同反动势力相勾结的双重目的。纳粹党一建立，纳粹分子即利用德国面临的尖锐民族矛盾，把自己打扮成德意志"民族利益"的代表，他们大肆鼓吹反对凡尔赛民族压迫，攻击魏玛共和国是"德国民族的祸根"，希特勒在演讲的海报中写的口号是："共和政府是犹太人、交易所和投机者的政府。"这不仅吸引了德国的极端民族主义势力，而且也蒙骗了广大的人民群众。在向往社会主义的工人和小资产阶级群众面前，纳粹党则把自己标榜成"社会主义者"，他们称自己的党为"社会主义"的"工人党"，在纲领中罗列了不少"社会主义"的条文，25点纲领规定，在农村"实行土地改革"，"无代价地没收地主土地"供农民使用，纳粹党采取修水利、平整土地、修建农民住宅等措施扩大农村就业，希特勒在上台后至战争爆发，每年10月初举行收获感恩节，为了争取农民，说"农民是纳粹国家的第一等级"，以稳住农村的纳粹政权；党纲规定，"要建立并维护一个健全的中产阶级"，纳粹党称"摆脱利息奴役"为"国家必须解决的、经济政策方面最伟大、最重要的任务"；对大批失业者，希特勒经常说的一句话是，"到冲锋队这里来，那儿有你们所需要的一切"。此外，纳粹党为了争取人心，的确采取了增加就业的具体措施。1933—1934年间，纳粹政权拨款50亿帝国马克（约为国民经济生产总值的4%），用于扩大就业，到1933年底，失业人数已减少了1/3。正因为如此，德国的一部分工人和大批的小资产阶级群众，是出于对纳粹党宣扬的"社会主义"的追求，才倒向纳粹党一边的。希特勒及其党徒在对工人和小资产阶级群众进行欺骗宣传的同时，对王公贵族、容克地主、垄断资本家和军国主义势力，则竭尽讨好之能事，以"彻底根除马克思主义""结束工人阶级的革命运动""终止民主国家的政治混乱""重组一支军队"等口号来争取他们的信任与支持，以建立法西斯政权，促使垄断资本同法西斯政权融为一体，为侵略战争作准备。

第三，希特勒得以上台，是利用了当时德国工人阶级队伍的分裂。战后，德国社会民主党与其他资产阶级政党一起联合执政多年，但是，其右翼领袖一直执行纵容法西斯的阶级投降政策，特别是在危机年代，他们拒绝德共关于建立反法西斯统一战线的建议，从而使德国工人阶级失去了联合阻止希特勒上台的时机。1932年春竞选总统时，共产党人曾建议两个工人政党联合提出候选人，但社会民主党领袖却以"选举兴登堡就是打击希特勒"、取小害（兴登堡）而避大害（希特勒）为借口，帮助了兴登堡当选。针对社会民主党的这种叛卖行径，台尔曼曾严厉地指出："谁选举了兴登堡，就是选举了希特勒，谁选举了希特勒就是选举了战争。"希特勒上台第二天，德共还向德国社会民主党领袖建议立即共同举行总罢工，回击法西斯的进攻，但同样遭到他们的拒绝。德国共产党曾进行英勇的反法西斯斗争，为防止法西斯上台做了许多工作。可是，德共在策略方针上也犯了一系列严重错误。德共在相当长的时期里夸大了德国的革命形势，低估了希特勒纳粹党的力量和危险，错误地把它看成一个小资产阶级政党，认为其在工人运动如此发达的国家里是不可能取得政权的；即便在法西斯威胁已十分严重的情况下，还强调要为争取建立无产阶级专政而斗争，因而严重地脱离了群众。同时，德共在领导群众进行反法西斯斗争时，低估了德国人民的民族情绪，未能针对纳粹党反动的民族主义宣传，及时提出鲜明的符合群众实际觉悟程度的具体要求和口号，把受骗的群众争取过来。此外，德共忽视了对拥有广大工人群众的社会民主党的争取工作，曾错误地把它看成和纳粹党没有什么差别的"社会法西斯主义"，甚至到 1930 年 9 月选举后，还把它当作主要的敌人加以反对和打击。共产党和社会民主党之间的尖锐对立和斗争，使纳粹党坐收了渔翁之利，趁机发展了自己的势力。

德国纳粹政权的建立，是欧洲和世界现代史上的一幕悲剧，它对人类历史发生了巨大影响。希特勒一上台，立即取消了资产阶级的一切民主，大肆镇压共产党人和工人组织，在德国建立法西斯的恐怖独裁统治。

1933 年 2 月 23 日，纳粹政权关闭共产党在柏林的卡尔·李卜克内西大厦。2 月 27 日，戈林制造"国会纵火案"，大肆逮捕反法西斯战士。次日，纳粹政府通过法令，终止实行宪法中有关人身不可侵犯和言论、通信、出版、集会、结社自由的条文。3 月 23 日，纳粹政权颁布《授权法》，授予纳粹政府不经国会及联邦议会同意就制定法律的权力。同时，宣布共产党为非法的，接着解散了工会组织。4 月 1 日，颁布抵制犹太人法令，掀起了迫害犹太人的高潮。5—7 月，德国资产阶级政党自行解散，7 月 14 日，希特勒凭借《授权法》宣布：在德国唯一的政党就是民族社会主义德意志工人党！1933 年 7 月 15 日，希特勒成立"德国经济总会"。参加总会的有蒂森、伏格勒、博施、钾辛迪加的迪恩、施罗德和西门子等 12 个大企业的代表。1934 年 11 月，经济总会同纳粹部长们共同制定了《德国经济有机建设条例》，进一步在法律上确立垄断资本的权力，为德国转向战时经济作准备。1933 年 9 月 13 日，成立"德国粮食管理局"，为发动战争储备粮食。1935 年，德国公开宣布重建空军，实施普遍义务兵役制。1936 年，希特勒宣布实行"四年计划"，其目的是要在四年内做好侵略战争的准备。

　　纳粹德国在"要大炮，不要黄油"的口号下，疯狂推行扩军备战和侵略扩张政策，把全国经济纳入军事化的轨道，使纳粹德国变成了第二次世界大战的重要策源地。

苏联农业全盘集体化运动

叶书宗

在苏联，把以个体所有制为基础的小农户联合成以农业劳动组合为基本形式的大农庄的过程，叫作集体化，联合起来的农庄叫作集体农庄。全盘集体化指农民不是一批一批地，而是整村、整乡、整区甚至整个专区地加入集体农庄。苏联农业集体化是一场伟大的社会变革运动，是在人类历史上第一次对一个国家的农业进行社会主义改造的尝试，为后来走上社会主义道路的国家提供了丰富的经验和教训。

全盘集体化运动的形式

十月革命前的俄国基本上是一个农业国家。1917 年在全国 15360 万人口中，农村人口超过 12300 万，占总人口的 82% 以上。全部农户中，贫农和中农占 85%。如何吸引农民参加社会主义建设，是苏联建设社会主义的特别突出的问题。

苏维埃政权建立以后，列宁就开始探求农业社会主义改造的有效途径。列宁从苏维埃俄国的实际情况出发，经过多年的实践和总结，提出了合作制的计划。列宁认为：合作社是引导农民走社会主义道路的最好方式；合作社正是无产阶级和千百万小农及最小农结成联盟，建成完全的社会主义社会所必需的一切。合作社是在经济上把农民组织起来的形式。采用这种尽可能使农民感到简便易行和容易接受的方法，就能够使农村过渡到社会主义。[①] 列宁合作制计划的中心思想是：通过流通领域，把千百万小农吸引到社会主义经济中来；通过劳动过程的社会化，逐步改变个体农民千百年来形成的习惯

---

① 参见《列宁选集》第 4 卷，人民出版社 1972 年版，第 682 页。

和心理。

在列宁的合作制思想指导下，各种形式的合作经济都得到扶持和发展。1920 年，全国有 12800 个农业生产合作社，1925 年发展到 54800 个。此外，还有 25600 个消费合作社。在各种合作社中，占优势的是中农。1924—1925 年度，在农业合作社中，贫农户占 24.5%，富农户占 8%，中农户占 67.5%。实践表明，中农户更加愿意参加合作社。1925 年 4 月，联共（布）第十四次代表会议决议指出，为了使合作社最大限度地包括农村经济生活的一切过程，必须给从事农业的一切阶层参加合作社的权利，但是应当限制露骨的富农分子进入合作社的管理机关。合作社在国家经济生活中也起着重要作用。1925—1926 年度，国家通过农业合作社采购 1.3 亿普特①粮食，通过消费合作社采购 1.8 亿普特粮食。

自实行新经济政策以来，粮食生产也逐步恢复，产量稳步提高。1922 年，粮食总产量只有 22.13 亿普特，1925 年恢复到 44.24 亿普特。

尽管有苏维埃政府的大力支持，集体农庄的进展却相当缓慢。1918 年夏天，苏维埃政府开始在农村建设集体农庄。1918 年底，全国已有 1500 个集体农庄。参加集体农庄的 80% 是贫农和雇农户，他们因无力从事独立的个体生产而联合起来。到 1927 年底，全国只有 14800 个集体农庄，加入集体农庄的 20 万农户，仅占 2450 万总农户中的 0.8%。全国还在使用 500 万部木犁。小农经济仍然是汪洋大海，和列宁在世时相差无几。此外，究竟以何种形式作为集体经济的基本形式，也尚未确定。当时，集体农庄经济有三种形式，即生产资料、社会的生产和生活服务全部公有化的农业公社；土地使用、主要生产资料、耕畜和经济建筑物实行公有，住宅、宅旁园地、家庭副业和牧畜归各农户私有的劳动组合；共同使用土地，共同进行田间劳动，生产工具仍属个人，畜牧业由各家自己经营的共耕社②。在 14800 个集体农庄中，农业公社有 1400 个，占总数的 9.4%；劳动组合有 7200 个，占 48.6%；共耕社有 6200 个，占 42%。1928 年 6 月，加里宁在全苏集体农庄代表大会上说，集体化的主要困难不在物质方面，"关键是我们还没有找到集体经济的最好形式，这种形式既能把生产联合起来，使生产合作化，又不必让每个

---

① 苏联重量单位，一普特等于 16.38 公斤。

② 俄文 Колхоз 一词系 Коииектцвное . Хозяйство（集体经济）的复合缩写。Колхоз 原来是农业公社、劳动组合，共耕社的统称。1929 年以后，逐渐专指劳动组合形式的集体农庄。

人都过军营式的生活"。

自从 1925 年党的第十四次代表大会把实现工业化作为全党的中心任务之后，城市不断扩大，新的工业中心不断涌现，城市居民增加，外贸活跃。这一切都需要大量的商品粮。但是现实情况是粮食生产落后，粮食征购量增长得很慢，和战前相比不仅没有提高，还有所下降。1927 年，虽然农业总产值超过 1913 年的水平，但是粮食产量只有 1913 年的 91.1%，其中的商品部分才达到战前水平的 37%。1913 年的粮食商品化率为 26%，1927 年只有 13.3%。

造成商品粮比率下降的原因是多方面的。

首先，因为整个农村的文化知识水平太低，农业耕作技术落后。1928 年，农村中的机械牵引力只占农村全部牵引力的 1.6%。用原始木犁翻耕的春播作物占全部播种面积的 9.8%，用马拉犁翻耕的占 89.2%，用拖拉机翻耕的只占播种面积的 1%。74.4% 的春播地由人工播种，用马拉播种机播种的是 25.4%，用拖拉机牵引的播种机播种的只占全部春播地的 0.2%。庄稼成熟时，农民还是挥舞大、小镰刀收割，只有 1.3% 用机械动力脱粒。

西欧和北美已经大量使用化肥了，苏联的化肥生产和使用还十分落后。苏联领土占地球陆地面积的 1/6，而化肥使用量只有全世界化肥年使用量的千分之一。由于耕作技术落后，产量低，苏联年人均粮食占有量也低。美国年人均粮食占有量是 62 普特，加拿大 110 普特，苏联只有 24 普特。

其次，整个农村在中农化，新经济政策时期的农村在普遍富裕化，农民自耗粮食增加，是商品粮下降的原因之一。

新经济政策时期，苏联政府颁布了一系列政策、法令，侧重点是消除"战时共产主义"阶段的"左"的残余，放宽各项政策。农村经济进一步活跃起来，某些富裕的和善于经营的农民能够跻身于富农的行列。1924—1925 年度，富农户占总农户数的 3.3%；1926—1927 年度，富农户已占农户总数的 3.9%，两年里增加 0.6%，净增 168000 户。中农户增加更快，计增 1.6%，净增约 40 万户。这是苏联新经济政策前期农村的特殊现象。农民分化不是通过"冲刷"中农，而是通过缩小两极来加强中农的。

再次，粮食收购价格太低，农民所需要的日用工业品匮乏，也是造成商品粮下降的重要原因。农产品的收购价格，如果以 1913 年为 100 的话，那么 1926—1927 年度只有 89，而经济作物的征购价格为 146，畜牧业产品的征购价为 170。这种情况使农民经营粮食作物得不到物质利益保障，扩大再生产失去刺激因素。况且农民最终所需要的不是钱，而是用钱能够买到的必需消费品。由于从1927年开始压缩消费品生产，1927年秋，城市里出现了商品荒，工业品供应不足，到处出现购买食品和日用工业品的"长龙"。为了缓和城市里的商品荒，1927年第四季度，贸易部门根据苏联政府的指示，把本应投放农村市场的商品全部转而投向城市市场。1927年第四季度和1928年第一季度，商品短缺额各为5亿卢布。农村市场商品奇缺，农民不肯出卖粮食。

商品荒和粮食收购危机是紧密相连的。1927年11月和12月，国家收购到的粮食急剧减少，只相当于1926年同期收购量的一半。1927年12月，仅仅收购到上一经济年度收购量的59%。到1927年底，全国只勉强收购到3亿普特粮食。1928年全国开始执行发展国民经济的五年计划，国家对商品粮的需求大大增加，而粮食收购量比上一年还少1/4以上，这是个极其严重的问题。

1927年12月，联共（布）举行第十五次代表大会，着重研究了农业方面的落后状况和解决办法。斯大林在中央委员会的政治报告中指出，要改变农业的落后面貌，出路就在于把分散的小农户转变为以公共耕种制为基础的联合起来的大农庄，就在于转变到以高度的新技术为基础的集体耕种制。①大会通过了《关于农村工作》的决议，提出："在目前的时期，把个体小农经济联合并改造为大规模集体经济这一任务应该作为党在农村中的基本任务。"第十五次党代表大会被称作农业集体化的代表大会。大会闭幕后，新产生的政治局一致同意采用非常措施来收购粮食。所谓非常措施是指实施俄罗斯苏维埃联邦社会主义共和国刑法第107条：投机犯应当送交法庭判罪，商品由国家没收。此条法律于1926年通过，是专门惩治投机犯的。但是"投机犯"的法律范围不明确，在执行过程中被扩大化。

1927年12月14日、24日，1928年1月6日，联共（布）中央给各地党组织连续发出三道措辞越来越严厉的指示，要求迅速完成国家粮食征购任务，不然的话，将给予处分。1928年春，联共（布）中央动员了3万名工人，组成粮食收购队，下乡征购粮食。超出刑法第107条范围的各种强制措施被普遍采用；不按照司法手续没收余粮或者一概禁止粮食自由买卖，取缔粮食自由市场；为查清余粮而进行各种搜查，建立阻截队；强行摊派公债，

---

① 参见《斯大林全集》第10卷，人民出版社1954年版，第261页。

在农村付款时一部分付现金，另一部分以公债券支付；用钱不卖工业品，只有用粮食才换给工业品，等等。凡此种种，都是近似余粮收集制的方法。这些措施不仅打击了富农，也波及中农。

对于粮食问题，斯大林忧虑的是今后怎么办。他说：采用刑法等非常措施，只能使当年的情况好转，但不能保证富农以后对于粮食收购不再怠工。为了使粮食收购工作有比较稳固的基础，必须展开集体农庄和国营农场的建设。斯大林从这一忧虑出发，用心研究了农业问题，阐述了他的关于农业集体化问题的理论思想。

斯大林首先着眼于提高农业的商品化程度。他说，"小农经济是什么呢？是出产商品最少、赢利最小、自给自足的程度最高的消费经济"，它的产品的商品率化只占 12%—15%。[①] 他认为集体农庄更能赢利，能生产更多的商品。集体农庄的产品的商品化率是 30%—35%，而且每一俄亩的收获量有时达到 200 普特或 200 普特以上。1928 年是斯大林比较集中地研究、部署农业集体化问题的一年，在他的报告和著作中有 12 处以上强调集体化能使农民提供更多的商品粮；只有一处原则地提到"社会主义的道路，是把小农经济联合为大规模集体经济的道路，是农民不会遭到破产、劳动也不会受到剥削的道路"。[②] 可见，怎样从农民那里拿到更多的商品粮，是斯大林部署农业集体化所最关心的问题。

其次，斯大林要求农民除负担一般的直接税和间接税之外，还要以工农业产品价格剪刀差的形式，为工业化负担"额外税"。这就是说，要农民在购买工业品时因为价格较高而多付一些钱，在卖农产品时因价格较低而少得一些钱。

最后，斯大林把社会主义时期的工农结合、城乡结合分为纺织品的结合和金属的结合两个方面。他认为纺织品的结合主要关系农民的个人需要，如花布，没有触及或较少触及农民经济的生产方面。一般说来，它不可能以集体主义精神改造农民和消灭阶级。而金属制品方面的结合则恰恰相反，它首先关系到农民经济的生产方面，关系到农民经济的机械化和集体化，正因为如此，它一定能逐渐改造农民，逐渐消灭阶级，其中包括农民阶级。

苏联就是在上述理论思想的指导下开展全盘集体化运动的。

---

① 参见《斯大林全集》第 11 卷，人民出版社 1955 年版，第 179 页。
② 同上书，第 8 页。

　　除了政治和经济的种种因素之外，还要重视拖拉机在全盘集体化运动中的作用。

　　苏维埃政权建立后，列宁和布尔什维克党就很重视农业机器的生产。由于经济、技术力量和工业基础等限制，到 20 年代末，苏联的农业机器制造业仍旧十分落后。为了实现农业机械化，苏联政府除了加快发展农机制造以外，还从国外进口了大量农业机器。从 1922 年到 1931 年的 10 年里，苏联从国外输入 86000 余台拖拉机，耗费外汇 2 亿多卢布。

　　1927 年，乌克兰敖德萨州别列佐夫卡区舍夫琴科国营农场成立了一个拖拉机队，以签订合同的形式为周围的农民提供生产服务。当时，有一批移民来到该区的生荒地上，要求舍夫琴科国营农场用拖拉机支援他们。农场领导派了一个由 10 台拖拉机组成的拖拉机队去支援，并向农民说明：只有把零星的地块连成大片，拖拉机队才能耕作。于是，农民铲平地界，成立集体农庄。

　　舍夫琴科国营农场的做法得到联共（布）第十五次代表大会的充分肯定。1928 年春，该农场的拖拉机队发展到 14 个，耕种周围 18000 公顷土地。3 月，这个农场的拖拉机队改建为机器拖拉机站。这是全国第一个机器拖拉机站，被称为"村际机器拖拉机站"。机器拖拉机队、站的出现，在农民中引起很大反响。1928—1929 年度，有 9684 份农民申请拖拉机队给予帮助的报告送到联共（布）中央。全盘集体化运动之火，最初是由机器拖拉机队、站点燃的。1929 年 8 月 14 日《贫农报》报道下伏尔加边区萨莫伊洛夫区的集体化运动的历史说：1928 年 8 月，一支由 37 台拖拉机组成的拖拉机队来到克里乌希村和卡缅卡村，受到贫农的热烈欢迎。秋天，拖拉机队翻耕了属于贫农的 2330 公顷秋耕地，并为 1000 公顷土地的庄稼脱粒。就在那时，克里乌希村和卡缅卡村的贫农建立了一个 500 户农户、5230 公顷耕地的集体农庄。1929 年春，拖拉机队的拖拉机已有 50 台，并同时为别向卡村服务。该村不久也成立了有 240 户农户、2400 公顷耕地的集体农庄。1929 年 8 月，克里乌希村、卡缅卡村、别向卡村分别建立了三个集成农庄。这样，萨莫伊洛夫区确立了全盘集体化的第一个据点，被称作列宁联合组织。

　　拖拉机是向农民宣传集体化的最好工具。拖拉机犁开土层，也翻松了农民小生产者传统思想意识的"土层"，使农村近乎凝固的思想活动起来。千百年来，农业劳动都是手工劳动，生产率很低。两个精壮的庄稼汉，使用一匹健壮的耕马，一人牵马，一人扶犁，从日出干到日落，一般只能耕 0.6 公顷。一台 15 匹马力的拖拉机，一个工作日一般能耕 5 公顷以上，深 20 厘米。尤其对于那些缺乏耕畜、农具的农民来说，拖拉机具有强烈的、现实的吸引力。他们从苏维埃政权方面得到了机器技术力量的帮助，一批一批地在拖拉机队、站的周围聚集起来。有些地区各村之间只好以抽签的方式来决定谁可以优先订立合同。现代化农业生产工具为农村打开了一个新的天地，不仅促进了农民社会主义意识的发扬，也引起了生产组织形式、生产管理形式的相应变化。

国家计划委员会和农业人民委员部研究了第一批机器拖拉机队的工作，提出在机器拖拉机队工作的基础上，建设国营的机器拖拉机站。1929 年 4 月举行的联共（布）第十六次代表会议的决议提出："广泛设立国营和合作社营的机器拖拉机站，这是使所有个体农民群众的主要生产过程社会化的方式之一。"1929 年 6 月 5 日，劳动与国防会议决定正式在全国建设机器拖拉机站。

全盘集体化运动的开展

1929 年夏季，苏联进入了全盘集体化阶段。全盘集体化首先开始于那些有机器拖拉机站服务的产粮区。

1929 年 7 月，中伏尔加边区恰巴耶夫区发出倡议，要把全区变为全盘集体化的区。中伏尔加边区集体农庄联盟讨论了恰巴耶夫区的倡议，并决定支持这个倡议。到 9 月，全区组织起 500 个集体农庄（461 个共耕社、34 个劳动组合、5 个农业公社），联合了 6441 户农户（全区的总农户为 10275 户），集体化的耕地面积接近全区耕地面积的一半。

1929 年 8 月，下伏尔加边区的霍泊尔专区召开集体农庄庄员大会，决定宣布全区为"全盘集体化专区"。霍泊尔专区在全国首创了全专区集体化。根据集体农庄中央的统计，1929 年 8 月，俄罗斯联邦实行全盘集体化的区有 24 个；10 月中旬，这样的区增加到 61 个。此外，还有 15 个区，参加集体农庄的农户达到 50% 以上。到 1929 年 11 月初，全国已成立 67400 个集体农庄，集体化的农户占全国农户总数的 7.6%，集体化的耕地占全国总耕地面积的 3.6%。就全国范围来说，集体农庄仍然是个体农户海洋中零星散布的一些小岛。

斯大林把这些现象看作集体农庄运动根本转变的开始。他没有提请党中央讨论，就于 1929 年 11 月 7 日在《真理报》上刊登《大转变的一年》，说："目前集体农庄运动中具有决定意义的新现象，就是农民已经不像从前那样一批一批地加入集体农庄，而是整村、整乡、整区、甚至整个专区地加入了。""这是什么意思呢？这就是说，中农加入集体农庄了。"①《大转变的一年》一文的发表，标志着在全国推广和开展全盘集体化运动。11 月中旬，联共（布）举行中央全会，着重研究集体农庄的建设问题。全会认为：群众性的集体农庄运动表明基本农民群众坚决转向社会主义，这意味着"我国社会主义建设事业进入了一个新的历史阶段"。全会还决定派遣工人集体化工作队下乡。不久，25000 名工人下乡帮助农村开展全盘集体化运动。

斯大林对形势缺乏冷静的分析，不适当地高估农民的社会主义觉悟，把个别有机器拖拉机队、站服务的村庄的农民愿望，当作全国农民普遍的要求，急匆匆地立即在全国大规模开展全盘集体化运动。实际上，在 1929 年，机器拖拉机队、站在苏联广大农村仍然是一些零星的孤岛。全国绝大部分地区的农民还没有看见过拖拉机。联共（布）中央在决议中却说："联共（布）中央委员会着重指出，必须坚决反对任何借口缺乏拖拉机和复杂机器而阻碍集体化运动的发展的企图。"这是不顾主客观条件，打乱变革生产工具和变革生产组织形式之间辩证关系的冒险做法。

12 月 5 日，政治局成立了一个以农业人民委员雅·阿·雅科夫列夫为主席的特设委员会，研究和总结推进集体农庄建设的问题。1930 年 1 月 5 日，联共（布）中央通过《关于集体化的速度和国家帮助集体农庄建设的办法》的决议，规定国家的主要产粮区，包括北高加索，伏尔加中、下游地区，应当在 1930 年秋季或至迟在 1931 年春季基本上完成集体化；其他产粮区，包括乌克兰、西伯利亚、乌拉尔、中部黑土地区和哈萨克斯坦，应当在 1931 年秋季或至迟在 1932 年春季基本完成集体化。全国要在五年计划期间"完成绝大多数农户集体化的任务"。该决议还明确规定：在集体农庄发展的现阶段上，把基本生产资料集体化的农业劳动组合作为最普遍的集体农庄形式，并且委托农业人民委员部在最短期间内制定出集体农庄农业劳动组合的示范章程。

斯大林的总动员文章和随后党中央的几个决议，使地方党、政干部感到突然，他们对要求如此急速地实现全盘集体化没有思想准备和相应的其他准

---

① 《斯大林全集》第 12 卷，人民出版社 1955 年版，第 118 页。

备。农民群众更是茫然。因为刚刚闭幕的 1929 年 4 月联共（布）第十六次代表会议通过的《关于发展国民经济的五年计划》，也只是规定到 1933 年把集体化农户的比重从占全国总农户的 2% 增加到 15%，把集体化耕地提高到占全国总耕地的 17.5%，使集体农庄的粮食产量占全国粮食产量的 15.5%，每年能提供 5 亿普特以上商品粮。地方干部面对突如其来的新政策，很自然地把它理解为加快集体化速度的纯行政措施，竞相提前完成集体化。

1930 年 2 月，斯大林提出，为预防富农因被剥夺财产而自行糟蹋财产和生产资料，要"加强没有全盘集体化的地区的集体化工作"。[①]

根据苏共党中央的决议，全苏集体农庄中央的工作人员于 1930 年初，对地方组织施加巨大压力，迫使他们人为地加快全盘集体化的速度。乌克兰共和国在 1930 年 2 月的一个月内，把集体化农户的百分比提高一倍，达到 53.9%；而全苏集体农庄中央管理委员会的指示，还要提高集体化速度。其他各共和国、各地区的党组织和苏维埃机关，也都不管农民参加集体农庄的实际准备程度怎样，大多计划要在 1930 年夏，基本上实现集体化。1929 年 10 月到 1930 年 3 月 1 日，集体化的农户数从占总农户数的 7.6% 增加到 56%。特别是 1930 年 1 月 20 日到 2 月 1 日这 10 天里，加入集体农庄的农户数增加了一倍，有些地方甚至从 10% 一下子增加到 90%。

消灭富农阶级

随着全盘集体化的发展，富农问题必然提到议事日程上来。

十月革命胜利后，列宁为布尔什维克党制定的对待富农阶级的政策是：镇压富农的武装叛乱，但是不剥夺富农的全部财产，在例外情况下没收他们的土地中零散出租的，或者附近小农特别需要的部分。随着全国过渡到新经济政策，苏维埃政府对富农阶级实行限制和排挤政策，即限制富农阶级的剥削趋向，排挤那些经不起税收压力、受不住苏维埃政府的种种限制办法和破产的富农。限制和排挤政策的实质是采用经济斗争的手段，通过渐进的过程，把富农经济逐个逐个地吃掉，达到最终消灭富农阶级的目的。

苏维埃政府实际执行的确定为富农户的标准大体是这样的：第一，拥有价值 1600 卢布以上生产资料，一年中雇工 50 天以上的农户；第二，拥有价

---

① 《斯大林全集》第 12 卷，人民出版社 1955 年版，第 164 页。

值 800 卢布以上生产资料，并在一年中雇工 75 天以上的农户；第三，拥有价值 400 卢布以上生产资料，并在一年中雇工 150 天以上的农户。根据上述标准测算，20 年代末，富农户占全国农户总数的 4%—5%。富农户的平均经济规模如下：一家 7.3 人、4—5 个劳动力、11 公顷份地、2.3 匹耕马、2.5 头母牛，外加一定数量的小牲畜。63.8% 的富农户拥有农业机器，生产资料价值在 1600 卢布以上。

苏维埃政府把无产阶级的城市、无产阶级的工业和银行体系作为打击富农的经济拳头；把无产阶级的国家政权、立法和司法机关，作为贫农的政治支柱。斯大林在联共（布）第十五次党代表大会上说，党对富农不能采取行政手段，"应当根据苏维埃法制采取经济上的办法去战胜富农。而苏维埃法制并不是一句空话"。[①]

第十五次党代表大会以后，对富农的限制和排挤更加严厉了。除了在承租土地、使用雇佣劳动等方面作出更严格的规定之外，苏维埃政府还规定，富农如果拖欠国家债务，地方苏维埃政府有权没收其财产，进行拍卖。富农如果逾期缴纳税金，地方苏维埃政府就课以罚金。1929 年，全国完全停止向富农发放贷款；强制从富农手里赎回绝大部分农业机器。1929 年，在采购粮食的过程中，被判罪和被数度课以罚金的富农，在伏尔加河中游有 17000户，在伏尔加河下游有 13500 户；在乌克兰有 33000 户富农被剥夺财产。在苏维埃政府限制和排挤政策的打击下，富农的经济实力迅速下降。1927—1929 年，乌克兰一户中等富农拥有的生产资料价值从 1541.3 卢布下降到990.4 卢布，下降 35.7%；北高加索一个中等富农所拥有的生产资料价值从2013 卢布下降到 1400.4 卢布，下降 34.3%。1927—1929 年，全国农户拥有的生产资料平均价值，雇农户增加 74.5%，贫农户增加 54.3%，中农户增加 0.2%，富农户减少 21.4%。富农阶级迅速发生分化，一部分富农户经受不住限制和排挤而破产，丧失剥削能力。抽样调查资料表明：有 2% 的富农户破产，离开农村，迁入城市；有 1.1% 的富农户合并；有 14.9% 的富农户被迫分家，分散生产资料和财产，以减轻负担不起的税收；还有 2.5% 的富农户自愿加入集体农庄，将生产资料交给集体农庄。就是说，有 20.5% 的富农户被挤垮。

1929 年，随着全盘集体化这一新情况的出现，是否允许富农加入集体农

---

① 《斯大林全集》第 10 卷，人民出版社 1954 年版，第 266 页。

庄的问题成为紧迫的实际问题提了出来。某些地区掀起"反富农运动";个
别实行全盘集体化的区,决定把富农驱逐出去。但是各地的做法不全相同。
于是,全国都开始讨论,是否允许富农加入集体农庄。在讨论中基本上有两
种意见。以农业人民委员雅·阿·雅科夫列夫为首的一批人,主张有条件地
吸收富农进集体农庄,把允许富农参加集体农庄当作改造富农的手段。支持
这种意见的还有中央执行委员会主席加里宁。另一种意见主张绝对拒绝富农
参加集体农庄。中部黑土区党委书记瓦列基斯、中伏尔加边区党委书记赫塔
耶维奇等持这种观点。他们的理由是:"集体农庄不允许联合两个敌对的阶
级";"不许把阶级敌人引进社会主义的经济组织"。

　　1929 年 4 月第十六次党代表会议热烈讨论了对富农的政策问题。有的反
对富农进入集体农庄,有的认为可以接收;有的主张小的、弱的集体经济应
该拒绝富农参加,大的、巩固的集体农庄可以接收富农。中央执行委员会主
席加里宁在会上说:同富农作斗争是把富农作为一种社会经济形态来看待,
不是同雅科夫、伊凡等富农个人之间的斗争,"从原则上说,从历史前景看
问题、把目光放远一点是更为有利的。是不是永远要把富农关在集体农庄大
门之外呢? 我认为如果一直采取关门的做法是不正确的"。会后,各地根据
集体农庄的巩固程度、富农的政治态度等不同情况相应处理。西伯利亚和高
加索禁止吸收富农参加集体农庄,中伏尔加区则有条件地允许富农加入集体
农庄。1929 年 11 月,中央全会再次否决了消灭富农阶级的提议。1929 年 12
月 27 日,斯大林在《论苏联土地政策的几个问题》的报告中突然提出:近
一年来党的工作的特点是"向农村资本主义分子展开了全线进攻",这意味
着"我们已经从限制富农剥削趋向的政策过渡到消灭富农阶级的政策"。[1]
并说:当然不能让富农加入集体农庄,"既然割下了脑袋,也就不必怜惜头
发了。"[2] 这是暗示可以对富农采取不受限制的暴力措施。

　　1930 年 1 月 30 日,联共(布)中央通过了《关于在全盘集体化地区消
灭富农经济的措施》决议。2 月 1 日,中央执行委员会和人民委员会又通过
《关于在全盘集体化地区巩固农业社会主义改造和同富农斗争措施》的决议。
富农被分成三类:第一类被认为是反革命富农的骨干、恐怖活动和暴动的组
织者,这类富农应立即逮捕,关进监狱或劳改营。被划成这类富农的有 6 万

　　① 《斯大林全集》第 12 卷,人民出版社 1955 年版,第 146—147 页。
　　② 同上书,第 150 页。

余户。第二类被认为是富农骨干的另一部分，这类富农连同其家庭成员，统统驱逐到国家边远地区或本地区的边远地域。被划为这类富农的有 15 万余户。第三类是不太强的富农经济，此类富农将被迁往集体化农民居住区以外的地区。他们还必须承担筑路、伐木之类强迫性的义务劳动。被划为这类富农的有 80 余万户。到 1930 年 7 月初，被剥夺财产的富农已超过 32 万户，集体农庄从剥夺富农的生产资料和其他财产中共获得 40 亿卢布，充作集体农庄不可分割的基金。到 1931 年底，有 60 万户富农被剥夺财产，近 25 万户富农被强迫迁徙，还剩下 15 万户左右。到 1932 年底，只在边疆地区和少数民族地区尚留下 6 万户富农。富农作为一个阶级基本上被消灭了。在原来人烟稀少的乌拉尔、西伯利亚、哈萨克斯坦、苏联欧洲部分的东北地区等地方，出现了许许多多富农专门居住区。

对富农阶级政策的突然转变，使得各地干部都把它作为实现全盘集体化的法宝，即先消灭富农，然后在此基础上迅速实现全盘集体化。萨拉日斯克的梁比尔斯克村苏维埃对农村全盘集体化问题没有领会，可是村苏维埃就在 1930 年 1 月底决定没收本村 8 户富农的财产，到 2 月才在全村提出全盘集体化问题。其他地区也出现类似做法。难怪许多地方被剥夺财产的农户达 15% —20%。侵犯中农利益也是"消灭富农阶级政策"的直接后果。在和平时期对富农阶级突然转而采取这种极端的政策，破坏了农业生产力，造成了农村经济的波动，加剧了农村社会的不安宁。1929 年 11、12 两个月，在西伯利亚的库兹涅斯基州，毁掉 148000 个蜂房。有一家被定为富农的农户，把家里的 100 箱蜂房全部劈成两半。在库班河地区，果树几乎被砍光了，因为贫农很少有果树。这一地区在集体化后长期没有果树。

农业集体化的基本完成

全盘集体化运动中的错误，除了对富农阶级的过火斗争之外，第一是违反了集体化的自愿原则，用行政命令或变相暴力强迫农民立即加入集体农庄。1930 年 1 月 25 日，苏联政府要求基层苏维埃在全盘集体化运动中发挥新作用，警告村苏维埃如果不改正自己的工作，使其适合于在大规模集体化方面的新作用，就会事实上是一个富农苏维埃。在有关领导的严令督促下，各地苏维埃集体化工作队员，为了超额完成集体化的速度指标，普遍采取简单粗暴的方法。一名农村党员干部就强迫农民加入集体农庄的情况做了形象的描述。这位干部是希望集体化的，但村里的人态度不一样。他说："一天，我接到克林（位于莫斯科省的一个县）党委的一道命令：必须使100多户农户全部加入集体农庄。我努力争取到使其中的12户先加入集体农庄。我去克林，向党委汇报情况，要求容许有先后，并保证全村在下一年实现集体化。但是党委不愿听我讲下去。党委接到莫斯科的命令，长长的单子上规定好各地区完成集体化的日期和数字。党委批评我对集体化消极怠工，警告我如果不按指示办，将被开除出党。我回到村里召开全村大会，宣布必须全体加入集体农庄，凡不愿加入的将被流放，财产没收。当天晚上，全村都签名参加集体农庄。当天晚上，他们就回家宰杀牲畜。我拿了新名单前去克林党委，党委很满意。当我把村民宰杀牲畜的情况向党委汇报时，党委对此不感兴趣。我明白，我不能责备党委，因为他们也是奉命办事，正像我也奉命办事一样。"类似情况在其他地区也发生了。

第二，侵犯了中农的利益。全盘集体化前，在全国2450万农户中，中农有1500万户，占61%。1929年秋，大规模集体化高涨起来了，中农基本上还在观望、等待。到1929年底，全国加入集体农庄的中农约50万户，占中农户总数的3.3%，只在个别集体化基础好的地区比例数较高，如俄罗斯共和国主要产粮州集体化的中农户为16.1%，中伏尔加边区为39.9%，乌拉尔为36.2%。由于斯大林仓促作出"中农加入集体农庄了"的普遍结论，导致在全国强迫中农加入集体农庄。有的州甚至提出这样的口号："谁不加入集体农庄，谁就是苏维埃政权的敌人。"毫不奇怪，全盘集体化特别引起中农的不满，在加入集体农庄前普遍宰杀牲畜。1930年的2、3两个月，全国猪的头数减少1/3，羊减少1/4，各种大牲畜共减少1400万头。

第三，在确定集体经济形式时强迫农民跳过农业劳动组合，直接组织农业公社，将农民的住宅、小家畜、家禽、非商品乳畜统统加以公有化，变相剥夺农民。1930年初，下伏尔加的霍泊尔州的阿列克谢耶夫区，所有集体农庄都采用农业公社的章程。上特罗伊察村把所有小牲畜、家禽，包括鸡在内，统统收归公有。

还有的地方一味贪大，在办公室里规划建立"巨型农庄"。下伏尔加边区阿特卡尔地区计划每个集体农庄的播种面积不少于6万公顷；巴拉科夫和萨莫伊洛夫区则计划建立"区集体农庄"。普卡乔夫区把最初建立的353个农庄合并为60个大农庄，最小的农庄的耕地也在1万公顷以上，最大的为15万公顷耕地。这种农庄是个人意志的产物，不适应生产力的发展，结果造成农庄管理混乱，生产无人负责，生产效率下降。

联共（布）中央和斯大林很快就发现了全盘集体化运动中的种种严重情况。1930年3月2日，《真理报》发表斯大林《胜利冲昏头脑》一文，严厉批评某些人"被胜利冲昏了头脑，暂时丧失了清醒的理智和冷静的眼光"①，拿公有化来戏弄农民。同一天，根据党中央政治局的决议，全国公布了农业劳动组合示范章程，对集体经济的性质、组织形式、劳动、分配等方面，都做了较为具体的规定。示范章程规定：从公共土地中划给每个集体农户一小块宅旁园地，供他们个人使用；住宅、农户自有的家畜、家禽和饲养此项畜禽所必要的建筑物，留给农户自用，不实行公有化；每个劳动组合将其成员编成若干田间工作队或畜牧工作队，各种工作按劳动日计算报酬，工作优良者可以加算10%以下的劳动日以资奖励，工作差的扣减10%以下劳动日作为处罚。

1930年3月14日，联共（布）中央还通过了《关于反对歪曲党在集体农庄运动中的路线》的决议，批评集体农庄建设中违反农民自愿原则、强制组织农业公社等错误做法。4月3日，《真理报》又刊登斯大林《答集体农庄庄员同志们》一文，再次批评了集体农庄运动中的错误，并决心纠正这些错误。斯大林的两篇文章和党中央决议的发表，使全国发热膨胀的头脑冷静下来，除对待富农政策问题之外，其余错误大多得到纠正。

造成这些错误的原因是多方面的。客观上苏联是第一个社会主义国家，没有前人的经验可以借鉴；资本主义的包围，要求加速经济建设，等等。主观上是苏联党的主要领导人犯了急性病，急于求成，又破坏了党的民主集中制，改变了党的集体领导原则。斯大林在全盘集体化和消灭富农阶级这些重大政策问题上，任意改变党代表大会、代表会议的精神，事先既不经中央全会讨论，事后也不向党员、干部和群众作广泛的解释。不仅如此，还把对集体化运动有不同意见的布哈林、李可夫等同志作为"右倾投降主义分子""反党集团"加以批判、斗争、撤职。这种情况压制了党内正常的民主生活，使得广大干部面对突如其来的重大政策转变而不知所措，更不敢提不同意见，使全盘集体化运动一哄而起。斯大林虽然及时地纠正了运动中的某些错误，但他坚持对富农阶级扫地出门的过火做法，而且把犯错误的责任推给

---

① 《斯大林全集》第12卷，人民出版社1955年版，第173页。

"地方工作人员"、"个别省委工作人员和个别中央委员"。① 这样，不仅不能总结全盘集体化中的错误，而且引起地方干部的极大慌乱。

由于全盘集体化缺乏坚实的基础，很容易出现波动和反复。1930 年 3 月开始，农民大批退出集体农庄。到 1930 年 7 月 1 日，留在集体农庄中的农户不到 600 万，占总农户数的 23.6%。有些州在年初成立的集体农庄几乎都解散了。这一大反复，又给正在进行的春播工作造成严重损失。

1930 年春天，集体农庄普遍进行了整顿，稳定了基本群众。到秋天又掀起集体农庄运动的新热潮。1930 年最后 4 个月，又有 100 万农户加入集体农庄。此时，农户要自己提出书面申请，经农庄管理委员会讨论，并经庄员大会通过才得加入。有些地方还规定要有三个月考察期。此后，集体化运动才得到比较健康的发展。

在整顿和巩固集体农庄的过程中，苏联党和政府以很大的人力和物力，投入发展农业机器的生产，建设机器拖拉机站，以机械化来促进集体化的巩固。1930 年 6 月 1 日，全国已建立了 158 个机器拖拉机站，拥有各种拖拉机 31100 台。1930 年，由机器拖拉机站播种的集体农庄的土地约有 200 万公顷，1931 年扩大到 1800 万公顷；1930 年机器拖拉机站服务的集体农庄为 2347 个，1931 年扩大到 46514 个。机器拖拉机站是国营企业，它拥有农业机器，但是不拥有耕地。在当时集体农庄一无财力、二无技术力量的情况下，它以合同的形式为邻近的集体农庄提供服务，以实物和货币的形式收取报酬。机器拖拉机站和集体农庄都是按各自的生产计划经营业务的独立单位，两者的关系是协作关系，其基础是合同原则和双方都必须履行的合同规定的义务。

作为国营企业的机器拖拉机站不仅在技术上为集体农庄提供机械服务，更重要的是联共（布）中央和苏联政府把机器拖拉机站作为对集体农庄的生产进行计划经营管理的组织者，作为整顿集体农庄劳动纪律的组织者。1933 年 1 月 11 日，联共（布）中央委员会和中央监察委员会联席会议通过《建立机器拖拉机站和国营农场的政治部的目的及任务》的决议，指出作为最大的社会主义农业企业的机器拖拉机站，是对农业进行社会主义改造和不断加强苏维埃对集体农庄庄员的影响的最重要杠杆，决定在所有机器拖拉机站设立政治部。"机器拖拉机站政治部的首要任务，是保证集体农庄和庄员无条

---

① 《斯大林全集》第 12 卷，人民出版社 1955 年版，第 186 页。

件地按期履行自己对国家的义务，特别是要同盗窃集体农庄财产的行为作坚决的斗争，同集体农庄中抗拒执行党和政府的粮食收购和肉类收购措施的现象作斗争。"

经过几年的整顿和努力，苏联农村的集体化和机械化越来越普及。到1937年底，全国共建立起243700个集体农庄，联合了占农村人口93%的1850万农户，拥有全部耕地的99.1%。同时，全国已有5818个机器拖拉机站，拥有各种拖拉机365800多台。至此，以农业劳动组合为基础经济形式的集体农庄体制在苏联农村确立起来了，农业集体化完成了，同时实行了农业耕作的机械化。

农业集体化本应导致农业、畜牧业总产量的迅速增长，但实际结果并非如是。第一个五年计划执行的结果，1933年农业实际总产值还低于1928年。粮食产量徘徊不前。1928—1929年度全国粮食总产量为453500万普特，1931年降为424200万普特，1933年升到445100万普特，仍低于1928年的产量。1937年虽然增加到594600万普特，耕地面积已从1928年的11360万公顷扩大到1938年的13690万公顷，粮食增产仍十分有限。更为不幸的是畜牧业。在第一个五年计划期间，牛从6010万头下降到3350万头，马、猪、羊的数量都下降了2/3。畜产品生产1933年只有1928年的65%。这些不能不说是严重的教训。

尽管有上述种种问题，苏联农业集体化的意义还是不可磨灭的。

由于实现了农业集体化，把农业纳入计划经济轨道，使得国家工业化的计划得以实现。《农业劳动组合示范章程》第11条规定，集体农庄在分配其实物收入时，首先应履行向国家交纳物品的义务。1933年1月19日，联共（布）中央和人民委员会通过了《关于集体农庄和个体农户向国家义务交售粮食》的决议，规定全国各不同地区按耕地面积确定向国家义务交售的定额，全国实行农副产品义务交售制。这一制度的实行使粮食的商品化率从1929年的13%增加到1933年的40%。1933年，国家得到11.3亿普特的商品粮。由于实现农业集体化，基本满足了国家对粮食的需要，有力地支援了工业化。

苏联农业集体化开辟了一条对农业实行社会主义改造的道路。农业生产关系、生产组织形式和农村的社会关系发生了深刻的变化。它使农村避免了两极分化，使广大农民走上了社会主义道路。农业集体化是改造小农经济，发展社会主义大农业的一种方式，为农业机械化创造了条件。

　　苏联的农业集体化是无产阶级夺取政权的国家对农业进行社会主义改造的第一次尝试，正因为如此，在运动中出现某些偏差和失误是不可避免的，是特定历史条件下的产物。苏联党也犯了一些本来可以避免的错误，结果付出了惨重的代价。无论是成功的经验或失败的教训，都为其他社会主义国家提供了宝贵的借鉴。

苏联的工业化

闻　一

苏联工业化是苏联历史发展中的一个特殊的、十分重要的时期，目的是使苏联从一个输入机器和设备的国家变成生产机器和设备的国家，从而使苏联在资本主义包围环境下绝不会变成资本主义世界经济的附庸，而成为一个按社会主义方式进行建设的独立经济单位，并由于自己的经济增长而能成为使各国工人以及殖民地和半殖民地的被压迫民族革命化的强大工具。

从 1925 年 12 月联共（布）第十四次代表大会提出国家工业化的方针，斯大林于 1926 年初提出苏联整个国民经济的发展"进入直接工业化的时期"，经过三个五年计划的实际执行（由于战争，第三个五年计划于 1941 年中断执行），苏联的工业化过程持续了 15 年左右的时间。

国家工业化方针的提出

发展工业，尤其是发展重工业，是列宁一直关注的问题。他在俄共（布）第十次全国代表会议上明确指出："增加财富、建立社会主义社会的真正的和唯一的基础只有一个，这就是大工业。如果没有资本主义的大工厂，没有高度发达的大工业，那就根本谈不上社会主义，而对于一个农民国家来说就更谈不上社会主义了。"[①]

俄共（布）第十三次代表会议在总结了工业的发展情况后，作出了《关于新经济政策的当前任务》的决议。在这一决议中，提出了在苏维埃俄国发展工业的重要原则，即工业的发展速度一定要同农民经济的发展水平相适应，如不能正确解决这两者之间的关系，将在政治上产生致命的后果。

---

① 《列宁全集》第 32 卷，人民出版社 1960 年版，第 399 页。

俄共（布）第十三次代表大会批准了上述决议，在《关于党的建设》的决议中对这一原则做了进一步的阐述，提出目前的中心任务仍然是国营工业同农民农业的结合，即是说，最重要的是要确立国营工业的产品同农民市场的需要和容量之间的正确关系。此后不久，即 1924 年 4 月下旬，俄共（布）中央全会全面重申了新经济政策的各项主要原则和措施，确定进行经济调整，以便在进一步发展国内商品流转的基础上提高和恢复整个农民经济。对于工业的发展，决议再次重申"应当使国营工业的基本利益同农业发展的最重要利益结合起来，并使它们在经济发展的每一新阶段中相当正确地协调起来"。

上述决议正确地解决了工业发展的两个问题。一是在新经济政策条件下，必须处理好工业发展和农业发展之间的关系，工业恢复、振兴和发展的基础是农民经济的发展；二是社会主义积累是决定无产阶级专政命运的基本因素，用以迅速恢复和扩大固定资本的费用绝不能超过农民群众所能负担的程度。

经过这次调整，整个国民经济获得了迅速的发展。列宁振兴大工业的方针得到实施。"A"组①工业在数量上达到战前的 80.3%，所占工人比重从战前的 51.9% 增加到 54.2%，所占产值从战前的 41.8% 增加到 44.3%。工业投资开始增大。1924/1925 年，工业总产值已接近 1913 年的水平，一些恢复快、产品符合市场需要和资金周转快的"B"组工业已开始有赢利。

1925 年 1 月，俄共（布）中央召开全会。全会从苏联处于资本主义包围之中的局势出发，认为当务之急是增强国防力量，而一切都取决于冶金工业和金属加工工业的发展。最高国民经济委员会主席捷尔任斯基在会上做了关于金属工业的状况和远景的报告。他认为，如果现在不注意这个问题，那苏联在不久的将来将陷入灾难，他要求扩大对金属工业的拨款，迅速兴建大批工厂，因为如果只靠现有的工厂，是永远也建不成社会主义的。全会根据他的报告，通过了发展金属工业的相应决定。

1925 年 12 月中，联共（布）第十四次代表大会召开。大会在《关于中央委员会的总结报告》的决议中，对苏联国内形势作出了新的估计。认为1924 年以来的国民经济蓬勃增长，工业、商业、信贷业和其他经济命脉中的

---

① "A"组和"B"组是苏联国民经济的两大部类，"A"组指生产资料的生产，"B"组指消费资料的生产。

社会主义成分的比重急剧增加，"因此，出现了无产阶级在新经济政策基础上的经济进攻和苏联经济向社会主义方面推进的局面"。大会第一次提出了国家工业化的问题，认为工业化的任务就是要保证苏联经济的独立。工业化方针的重点是发展生产资料的生产。

1926年初，斯大林对国家的工业化方针作出了新的具体的解释。他认为，在新经济政策的第一个时期，整个国民经济的发展是依靠农业的，那么现在"却要依靠而且已经依靠工业的直接扩展了"①，原因是一方面农民市场已成为主要的国内市场，另一方面小农经济的发展潜力已经枯竭。所以，他说苏联已"进入直接工业化的时期"。② 他明确指出，这个时期的工业化，不是发展任何一种工业，尤其不是轻工业，而是重工业。他还说明了直接工业化的资金来源：一是靠本国内部的节约，特别是靠国有化工业的积累，二是"把捐税负担转嫁到有产阶层的肩上"③，以积累资金。

1926年4月上旬召开的联共（布）中央全会同意斯大林对直接工业化方针的提法，并对工业化资金的来源做了明确的规定："剥夺不生产的阶级（资产阶级和贵族），废除外债，把工业、国营商业（对内和对外的）和整个信用系统的收入集中在国家手中等——这一切使我们有可能进行国内积累，以保证社会主义建设所必需的工业发展速度。"

斯大林提出的直接工业化方针和列宁时期的工业化措施有着明显的不同。这些不同表现在从1926年起，尤其是从1926年下半年起，国家工业化迅速向三个方向发展。一是不断扩大对大工业，尤其对新建工程的投资，以尽可能快的速度发展以金属工业为重点的重工业。工业投资总额，1925/1926年为8.3亿卢布（比上年增加116%），其中重工业为6.08亿卢布，轻工业为2.21亿卢布（分别占73.3%和26.7%）；1926/1927年为12.74亿卢布（比上年增加54%），其中重工业为9.03亿卢布，轻工业为3.71亿卢布（分别占70.9%和29.1%）；1927/1928年为16.14亿卢布（比上年增加26.7%），其中重工业为11.86亿卢布，轻工业为4.26亿卢布（分别占73.6%和26.4%）。而且在投资中，用于大修的费用不断下降，而用于改建、扩建和新建的费用逐年上升。

---

① 《斯大林全集》第8卷，人民出版社1954年版，第111页。
② 同上书，第110页。
③ 同上书，第118页。

结果，工业固定资本不断扩大。从 1925/1926 年到 1927/1928 年的三个经济年度内，大工业固定资本分别增长 4.9 亿、7.64 亿和 10.06 亿卢布（1926/1927 年价格），其中重工业分别增长 3.06 亿（占大工业固定资本增长总额的 62.4%）、5.54 亿（占 72.5%）和 7.76 亿（占 77.1%）。这就必然要导致轻重工业之间和工农业之间的比例关系发生根本性的变化。重工业在投资总额中和在工业固定资本中的比重急速增高，轻工业和农业新占比重相对大幅度下降，是这一时期直接工业化的重要特征。

第二个方向是，以最快的速度"把捐税负担转嫁到有产阶层的肩上"，为重工业的高速发展提供资金。1926 年 6 月 18 日，联共（布）中央执行委员会和人民委员会决议，对工商企业的超额利润征收临时税，税率为 65%—70%，从 1927 年起改为定期征收。1926 年 9 月 24 日，联共（布）中央执行委员会和人民委员会作出决议，对所得税税制进行改革，再次重申私人业主的税务负担。一方面降低所得税起征点（原来 300—500 卢布以下不纳税，现在改为 250—400 卢布以下）；另一方面取消纳税的固定标准，提高税率，按收入多寡分级征收（收入 10000 卢布，税率为 20%；收入 20000 卢布，为 30%；收入在 24000 卢布以上，为 50%）。此外，地方还要征收所得税附加税（税率为 24%）。年底，实行新的营业税和所得税，再次提高税率，并且要按当年周转额来计税。同时，对私人业主征收高额房租和子女受教育费。结果，城市有产者的年度纯积累从 1924/1925 年的 9 亿卢布左右下降到 1927 年的 2.5 亿卢布。1926/1927 年，私营商业的约 2/3 的纯收入要作为税款上缴国家。同年，他们的积累也下降到不超过 5000 万卢布；到 1928 年，对有产者的征税率达到最高点，私人积累几乎全部都要上缴国家。

在农村的税收政策，是逐年扩大减税和完全免税的中农和贫农的数量，把捐税负担转嫁到富裕中农和富农身上。1923/1924 年，9.6% 的富裕中农和富农户要承担全部税收的 29.2%。以后几年，这些农户纳税的比重愈来愈大。1925/1926 年，贫农、中农和富农的年纳税额分别为 1.83 卢布、13.25 卢布和 63.6 卢布，1926/1927 年分别为 0.90 卢布（下降 49%）、17.77 卢布（上升 34%）和 100.77 卢布（上升 58% 以上）。到 1928/1929 年，全部农户中减税和免税的达到了 40.8%（其中减税 4.1%，完全免税 36.7%）。

第三个方向是，开始大力加强对整个国民经济、尤其是工业经济的控制和高度集中的领导和管理，这是为了筹集工业化资金，把有限的资金和原材料集中到重工业部门去，必然要采取的强硬措施。1926 年下半年起，最高国民经济委员会开始对原有的总管理局进行改组，建立部门总管理局，负责制定通用于该部门所有企业的技术政策，管理它们的一切生产业务活动。1927年，颁布了《国营工业托拉斯新章程》。这一章程和1923年起执行的老章程有一个明显的差异，过去托拉斯和企业的活动目的是获取利润，而现在一切都是为了完成上级确定的计划任务。

1927年8月9日，联共（布）中央委员会和中央监察委员会联席全会在有关1927/1928年度的经济指示中，第一次使用了"控制数字"这个概念。确定国民经济发展控制数字的目的有两个，一是保证工业化的最高速度；二是保证工业化的重点——重工业。从此，"控制数字"成为苏联高度集中的计划经济的代名词和同义语。

在上述三个方向下的工业化进程中，国家用计划经济的手段，通过对有产者收入的干预、对所有居民收入的干预（1927年首次发行工业化公债7.26亿卢布，约占当年工业投资的一半）和对企业利润的干预（规定企业必须将一定数量的利润长期存入专门银行，控制百分比为9%），对国民收入进行再分配，以达到积累直接工业化所需资金的目的。

第聂伯水电站、土耳克斯坦—西伯利亚铁路、谢米巴拉丁斯克—路戈瓦亚铁路、乌拉尔机器制造厂、列宁格勒的电器工厂和格罗兹内依—图亚普谢输油管道等大型工程都是从1926年开始兴建的，新建工程的地区遍及欧俄中部、乌拉尔地区、哈萨克斯坦和阿塞拜疆等。

尽管如此，直到1928年，苏联的冶金工业和机器制造工业仍很落后。生产的金属切削机床不足2000台，每天平均只能生产2辆载重汽车和3台拖拉机；大量的设备还得靠进口。在1927/1928年，全国有半数以上安装运行的汽轮机、67%以上的金属切削机床、69%的拖拉机和1/4的纺织机械都是从国外进口的。

这时，直接工业化的进程面临两个极为严重的问题。一是工业发展速度问题。1926年，工业的发展达到了年增长率34.2%的高速度；1927年速度明显下降，只增长了13.3%；1928年稍有回升，增长19%。1926—1928年，工业年平均增长率为21.7%。工业的发展，尤其是重工业的发展还能不能和要不要按照这样的速度进行下去？二是积累问题，即资金来源问题。1927年发展速度之所以骤然下降，主要原因是当时的积累几乎中断。作为这一时期资金主要来源的对非生产阶级的剥夺，已经失去作用。随之而来的是"B"组企业的积累大幅度下降。而新建的大型工业企业这时尚不能提供利润。在这种情况下，直接工业化面临两种发展前景：一是根据苏联的国力和各种可能性，放慢工业化的速度，另一是另辟财路，继续保持这种发展的高速度。

第一个五年计划的制订和执行

1927年10月下旬，联共（布）中央委员会和中央监察委员会召开联席会议，作出了关于制订国民经济五年计划的指示，对上述问题作出了答复。

在这一指示中，承认国民经济的发展面临四种不平衡状态：工农业间发展的不平衡；工农业产品价格间的不平衡；工业原料的需求和供应间的不平衡；以及农村劳动力的数量和能实际利用的劳动力数量间的不平衡。解决这些不平衡的办法是：（1）降低工业成本；（2）发展农村中使用大量劳动力的作物和实现农业机械化；（3）吸收小额储蓄，扩大资金来源。

指示提出，制订第一个五年计划的总原则仍然是：加强生产资料的生产，使重工业和轻工业、运输业和农业的发展能以苏联国内的工业生产来保证；要以最快的速度来发展有国防意义的重工业，以保证在最短期间提高苏联的经济实力和国防力量，并在较高的技术和经济集体化基础上促进农业改造。

指示明确提出，必须进一步以最高速度来发展国民经济，并且要长期（不是一年或数年）保持这种发展速度。

同年12月上中旬召开的联共（布）第十五次代表大会确认了上述指示的精神，并且委托中央委员会继续以同样的速度实行已经获得了初步成就的社会主义工业化政策。大会提出第一个五年计划的重点是发展冶金工业和机器制造业。

编制第一个五年计划的工作在第十五次代表大会前就已着手进行。国家计划委员会向大会提供了三个方案供讨论。总负责人是最高国民经济委员会主席瓦·弗·古比雪夫。最后制订出的五年计划有基本方案和最佳方案两种。最佳方案的指标比基本方案要高得多，例如国民经济投资总额要高33%，工业总产值要高13%。1929年4月，联共（布）第十六次代表会议和苏维埃第五次代表大会先后通过和批准了最佳方案。于是，第一个五年计划开始在全国各地执行。

第一个五年计划的主要指标是：国民经济的投资总额为646亿卢布（比

1924—1928 年五年间投资总额的 265 亿卢布增加 144%），其中工业的基本投资为 164 亿卢布（比前 5 年的 44 亿卢布增加 273%），农业的基本投资为 252 亿卢布（比前 5 年的 150 亿卢布增加 55%）；工业产值从 1927/1928 年度的 183 亿卢布增加到 1932/1933 年度的 432 亿卢布；农业产值从 166 亿卢布增加到 258 亿卢布；工业投资的 78% 用于生产生产资料的部门。

苏联坚持贯彻加速国家直接工业化的方针。从 1929 年秋天起，农业全盘集体化运动大规模开展，整个国家的形势发生了重大变化。联共（布）中央认为，农村的这种转变意味着苏联"社会主义建设事业进入了一个新的历史阶段"，"在无产阶级专政国家内建成社会主义事业是可以在最短的历史时期内完成的"。所以，原先制订的最佳方案被认为已不能满足国家发展的需要。修改第一个五年计划的指标被提到了 1930 年 6—7 月间召开的联共（布）第十六次代表大会的议事日程上来。大会提出今后苏联社会主义工业化的任务是集中全党力量实现以大力发展社会主义建设的主要基础——重工业为主的建设方针，"保证以战斗的布尔什维克的速度进行社会主义建设和保证五年计划四年完成"。

"五年计划四年完成"这样一个口号反映了修改计划的全部内容和重点。斯大林在这次大会上说："中央在这方面所做的工作主要是在加快速度和缩短期限方面修改五年计划并使它更加精确……"①

苏联之所以在这个时期要加快工业化的速度，原因是多方面的。主要是由于当时农业全盘集体化运动的蓬勃发展，需要提供更多的工业品和现代技术，以装备农业。国民经济恢复工作的完成，提供了这种条件。而且从国际形势考虑，苏联要在资本主义包围下站稳脚跟，必须加强国防力量，为此必须加强工业化建设。当时资本主义世界发生了大危机，苏联是唯一没有受到世界经济危机侵袭的国家，这给苏联工业化提供了良好的机会。苏联领导人认为，只有加速工业化，才能争取在一国建成社会主义。斯大林说："我们比先进国家落后了五十年至一百年，我们应当在十年内跑完这一段距离。"②关于这一问题党内虽有争论，但斯大林的意见显然占了主导地位。为了加快速度，当时苏联普遍开展了以突击队运动为主要形式的劳动竞赛。

修改后的五年计划，一些主要指标较之原先的最佳方案要高得多。例

---

① 《斯大林全集》第 12 卷，人民出版社 1955 年版，第 300 页。
② 《斯大林全集》第 13 卷，人民出版社 1956 年版，第 38 页。

如，生铁年产量原定为 1000 万吨，修改后提出了"为 1700 万吨生铁而奋斗"的口号；机器制造方面，原定拖拉机年产量为 5.5 万台，修改后增加到 17 万台；原定汽车年产量为 10 万辆，修改后增加到 20 万辆。有色金属工业的年产量也比原计划增加一倍多。

1933 年 1 月上旬，联共（布）中央委员会和中央监察委员会联席会议开会，宣布第一个五年计划在四年零三个月内完成。完成的依据是：工农业产值在国民经济各部门总产值中的比例发生根本变化，工业产值的比重已从 1927/1928 年的 48% 增加到 1932 年的 70%，重工业产值的比重从 1927/1928 年的 44.5% 增加到 1932 年的 53%；工业总产值已在 1932 年达到 343 亿卢布，为计划数的 93.7%，其中"A"组工业为 180 亿卢布，为计划数的 103.4%，"B"组工业为 163 亿卢布，为计划数的 84.9%；工业的基本投资额超过计划数的 124%。

在第一个五年计划执行期间，苏联工业化的特点是：强调高速度，侧重发展重工业生产，尤其是冶金和机械工业。所以在这五年中新建工程项目极多，规模庞大，投资集中，数个或数十个同类工程同时开工，建筑周期长，工人数猛增。

苏联的工业建设取得了重大进展，这是毋庸置疑的事实。第一个五年计划期间，数百个大型工厂、矿山、电站建立起来，其中包括：哈尔科夫拖拉机制造厂、莫斯科汽车制造厂、乌拉尔炼铜厂、乌拉尔重型机器厂第一期工程、高尔基汽车制造厂、萨拉托夫联合收割机厂、马格尼托哥尔斯克和库兹涅茨克的第一座高炉等。但是，工程规模过大、项目过多，必然造成基本建设战线过长，占用资金多，工农业比例和工业内部比例失调，而且导致设备和原材料供应紧张。工程周期长和同类工程重复开工（例如同时建设 10 个生产合成橡胶的大工厂，结果只有三家开工生产），造成长期占用巨额资金，投资效率差，资金周转不快，不能很快提供利润。工人数增长近一倍，造成大城市和工业中心人口猛增，吃商品粮的人也增加近一倍。

上述情况可以从第一个五年计划的执行情况中明显反映出来。实际上，五年计划的一系列重要指标并没有完成。例如，1932 年的生铁产量为 1700 万吨，实际产量 616 万吨；钢计划产量为 1040 万吨，实际只生产了 600 万吨；钢材产量计划为 800 万吨，实际只生产了 443 万吨；发电量计划为 220 亿度，实际只有 134 亿度；煤和泥炭的产量比计划数字少 10%—15%；化肥产量计划为 800 万—850 万吨，实际只生产了 92 万吨；汽车产量计划 20 万辆，实际不足 2.4 万辆；拖拉机产量计划 17 万台，实际不足 5 万台；棉麻毛织品的产量基本上维持在 1928 年水平上下；食糖产量原计划增加一倍，但实际产量却比 1928 年减少 30%；肉类和牛奶的产量比 1928 年明显下降。

资金不足成为这一时期工业化的主要问题。除了加强对"非生产者阶级"的剥夺，全力开展集体化运动，通过种种方法吸收小额储蓄外，国家只好在两个主要方面采取措施，增加资金来源，一是利用资本主义世界的经济危机，利用外国银行提供的信贷引进苏联急需的技术装备。据苏联学者统计，仅 1931 年，苏联从美国引进了美国出口拖拉机的 77%、金属加工机床的 57%、其他金属加工设备的 46%、机引犁的 31% 和采矿设备的约 25%。二是发行货币，以补充建设资金的不足。在此期间，货币发行量逐年增加：1929 年 8 亿卢布，1930 年 15 亿卢布，1931 年 14 亿卢布，1932 年 27 亿卢布，总计进入流通的货币为 64 亿卢布。

第二个五年计划对建设速度的调整和东部地区的开发

1933 年 1 月，联共（布）中央委员会和中央监察委员会联席全会对第一个五年计划执行结果所作的结论是"苏联已由农业国变为工业国"。全会提出编制第二个五年计划，但考虑到在第一个五年计划期间，劳动生产率计划没有完成，新企业建设太多而又长期达不到设计能力等因素，提出要使工业生产值增加的速度略低于第一个五年计划，年平均增长率应从第一个五年计划时期规定的 21%—22%，降低到 13%—14%。

1934 年 1 月下旬至 2 月上旬，联共（布）第十七次代表大会讨论通过了《关于发展苏联国民经济的第二个五年计划（1933—1937 年）》。决议指出，"第二个五年计划期间具有决定意义的基本经济任务，就是完成整个国民经济的技术改造"。

计划规定的经济发展的主要指标是：全部工业总产值要从 1932 年的 430 亿卢布增加到 1937 年的 927 亿卢布，年平均增长率为 16.5%。煤的产量 15200.5 万吨、生铁产量 1600 万吨、钢产量 1700 万吨、钢材 1300 万吨、金属切削机床 4 万台、拖拉机和联合收割机 18.7 万台，汽车 20 万辆等。

第二个五年计划期间，国民经济的总投资为 1334 亿卢布（比第一个五年计划增长 1.6 倍），其中工业投资 695 亿卢布（增长 1.8 倍）："A"组投资 534 亿卢布（占工业投资的 76.8%，增长 1.5 倍），"B"组投资 161 亿卢布（占工业投资的 23.1%，增长 3.6 倍）；农业投资 152 亿卢布（增长 50%）；交通运输投资 263 亿卢布（增长 2 倍）。从这个投资比例可以看出工农业间的投资数额，较之第一个五年计划，明显拉开了距离。"A"组工业投资绝对数字大幅度增加，但"B"组工业投资比例的增长幅度却超过了"A"组工业。

第二个五年计划的特点是，虽然重点仍然放在发展冶金工业和机械工业，但整个国民经济放慢了速度，降低了增长率，加强了技术改造，并且改变了工业布局，大力发展东部地区的工业基地。1935 年，开展了斯达汉诺夫运动，把争取提高劳动生产率作为社会主义竞赛的重点和新阶段，并完成国民经济的技术改造。

第二个五年计划执行的结果，有总值 600 亿卢布的新企业投资。全部工业总产值为 955 亿卢布，年增长率为 17.1%，其中大工业产品的产值为 902 亿卢布。但整个"B"组工业没有完成计划，产品的年平均增长率计划为 18.5%，而实际只完成了 14.8%，尤以纺织工业发展最为困难。

在第二个五年计划期间，工业中对新建工厂的投资有 60% 是用在东部地区，南部地区约 30%，中部地区约 10%。这就极大地改变了工业建设的地区布局。第一个五年计划中开始兴建的 35 个大型重点工程（投资在 1 亿卢布以上的）基本上集中在中南部地区。按重工业比重各地区排列的次序是：乌克兰、莫斯科、列宁格勒、乌拉尔和伊凡诺沃。但在第二个五年计划期间，投资额在 1 亿卢布以上的大企业大都集中在东部地区，而且企业规模要比中南部地区大。例如到 1926 年在乌拉尔、西伯利亚、哈萨克斯坦和中亚建成的 12 个企业的造价就约为前述 35 个大型重点企业投资的半数左右。1932—1939 年间，全苏大工业的固定资本增长 2.5 倍，而同时在中亚各共和国却增长 4 倍以上，在哈萨克斯坦增长 8 倍以上，一些新兴的工业城市在东部建立。

在这一时期，苏联完成了农业集体化。第二个五年计划对农业的技术改造起了积极作用，到 1937 年，苏联在农业中已拥有 45.6 万台拖拉机、12.9 万台联合收割机、14.6 万辆载重汽车。国民经济的技术改造已经完成了。

1936 年通过的苏联宪法宣布建立新的社会主义经济这个最艰巨的任务解决了。苏联在工业生产的结构上已处于最发达国家的水平；工业产品的总产值已超过英国、德国和法国，仅落后于美国，处于世界第二位，而工业化的速度则超过了美国。1939年3月召开的联共（布）第十八次代表大会决议明确指出："苏联已经成为一个能用全部所必需的技术设备保证经济和国防需要的经济独立的国家。"

战争和工业化过程的结束

维·米·莫洛托夫在联共（布）第十八次代表大会上做了制订第三个五年计划的报告。他说："第三个五年计划是第一和第二个五年计划的继续。……在这个五年计划中，要继续贯彻使苏联进一步工业化的路线，这条路线是我们过去取得经济成就的基础，也是国民经济进一步、更蓬勃高涨的保证。"这一计划的首要任务仍是保证工业的进一步发展，产值要增加一倍。

计划规定，生产资料的生产要以比消费资料的生产更快的速度发展，因此基本建设投资的半数以上应用在工业上，主要是用在"A"组工业上。工业中的优先发展部门是化学工业和机器制造与金属加工业。加快在远东地区和东西西伯利亚地区的建设，计划对该地区工业投资的比例从第二个五年计划的12%增加到18%。

第三个五年计划的特点是，在执行过程中，由于国际局势的变化，希特勒法西斯的上台和侵略战争危险的增加，苏联把愈来愈多的支出用在加强国防工业上，准备转入战时轨道。国防支出的变化为：1939年占国家预算的1/4，1940年为1/3，1941年上升到43.4%。同时加快了在乌拉尔以东地区以发展军工生产为主的机器制造和金属加工工业，从而使发展国民经济的计划具有非常的战时性质。

1941年2月，联共（布）代表会议总结了第三个五年计划前三年的执行情况，指出在1938—1940年中，工业产品增长了44%，其中生产资料的生产增长52%，消费资料的生产增长33%，机器制造和金属加工工业增长76%。而国防工业的增长速度又比整个工业的增长速度快一倍。随后，联共（布）中央和人民委员会讨论通过了以发展国防工业为重点的1941年经济计划。1941年6月22日，德寇入侵苏联，第三个五年计划停止执行，整个国家的经济再次转入战争经济的轨道。

苏德战争的爆发，标志着苏联工业化的进程结束了。从1928到1940年的13年中，苏联工业发展取得了很大成绩。苏联把工业生产总值和国民经济发展速度超过先进资本主义国家的水平，当作奋斗的目标，保持了持续的、高速度的发展。苏联人民为此付出了极大的努力。苏联的工业化使苏联建成了强大的重工业基础，与此同时，当时采取的许多政策和方法给苏联经济的其他方面的发展带来了强大的刺激，从而使苏联拥有较强大的经济实力，为以后反法西斯战争的胜利提供了物质基础。但是，另一方面，片面地、高速度地发展重工业，使工业与农业、重工业与轻工业、积累与消费等国民经济各个方面长期处于不平衡状态，对苏联后来的经济发展产生了不良影响。后来，苏联的这种工业化途径被其他社会主义国家看成是高速度发展经济的捷径和必然规律，当作效法的榜样，苏联进行社会主义建设的方式、方法和途径成了一种固定不变的模式，因此，它不仅影响到了苏联历史的进程，而且影响到了其他社会主义国家的经济建设和国家的发展。从这个意义上说，苏联工业化进程中经验与教训是值得总结的。

苏联 30 年代文化建设的成就和
思想理论界的批判运动

马龙闪　陈启能

20 世纪 30 年代是苏联进行大规模经济建设的年代，也是新的政治经济和思想文化体制形成的年代。苏联作为世界上第一个社会主义国家，处在极其复杂的国内外环境中，加上主观工作上的失误以及诸如个人迷信这样一些不良现象的出现，以致在这一时期的文化建设中，既取得了令人欢欣鼓舞的胜利和值得引以为豪的成就，也有令人痛心的挫折和失败。这些挫折和失败特别明显地表现在这一时期在思想理论界开展的一系列批判运动及其造成的严重后果上。

文化建设的成就

苏联 30 年代文化建设的发展，是同第一和第二个五年计划总的发展步调相一致的。它的总趋势是，第一个五年计划期间（1928—1932），在数量上出现了急剧增长的过程，而在质量上却有普遍下降的趋势（文学属于例外）；从 1933 年开始的第二个五年计划则是普遍调整的时期，各个文化部门稍许放慢了发展的速度，而注重了质量的提高，因此相对地说，这是一个较为稳定发展的时期。

苏联 30 年代文化建设的重大成就，突出表现为继续实现列宁提出的文化革命任务，大力推进扫盲工作和普及教育，加强科学技术和文化教育干部的培养，促进科学事业和文化艺术的发展，同时也表现在马列主义思想开始确立，并得到广泛传播。

在 30 年代，苏联基本上完成了在全国范围内的扫盲任务。革命前，沙俄是一个文化落后的国家，文盲平均占全国成年居民的 73%，在农业地区甚至占 85%，少数民族地区占 99.5%—98.5%，有 48 个民族没有文字。对这样一个文盲众多的国家来说，在革命后二十二三年时间里基本在全民中完成扫盲任务，应该说是一个巨大的成就。在苏联党和列宁的推动下，在革命初年和国民经济恢复时期就着手抓扫盲运动，但因面临战争环境和经济困难，这一工作还受着人力、财力的严重限制。到第一个五年计划前夕，在文化发达的俄罗斯加盟共和国，在 9—49 岁的居民中仍有 1/3 以上的文盲，而在其他落后地区，文盲比例就更高。在 1927 年，苏联平均文化水平在欧洲各国还居第 19 位，比西班牙、保加利亚和匈牙利等国还落后。从第一个五年计划开始，由共青团倡导、从萨拉托夫地区首先兴起，然后推向全国的文化教育运动，成了推动全国扫盲工作的新形式。在这个运动中，组成了由教师、医生、工程技术人员、工人、学生、机关干部，甚至家庭主妇广泛参加的志愿扫盲大军，展开了大张旗鼓的扫盲工作。在 1929—1930 年度，全国平均有 75% 的成年人参加扫盲学习。到 1930 年 6—7 月，全国志愿扫盲大军人数达 100 万以上，参加学文化的人将近 1000 万。到 1932 年，全国有近 4000 万人进入扫盲学校。

在第二个五年计划期间，根据党和政府关于限定短期内在 50 岁以下的劳动群众中完成扫盲的决议精神，又进一步加强了扫盲工作。但在 1937 年第二个五年计划结束时，尚未在全民中实现扫盲任务。只是到 1939 年，在 9—49 岁的居民中间，识字人数的比率才达到 89.1%。到这时，苏联才大体上完成了扫盲任务。

30 年代，苏联在普通教育方面也取得了重大成就。这些成就表现在两方面：一是普及了四年制初等义务教育，开始着手实现普及七年制综合技术教育的目标；二是纠正了 20 年代教育改革当中"左"的偏向，确立、稳定了普通学校的教育体制和教学秩序。

普及义务教育是十月革命后苏维埃教育事业的重要目标之一。国内战争后和国民经济恢复时期，限于当时的历史条件，还顾不上实现这个任务。进入工业化和社会主义改造时期以后，普及义务教育刻不容缓地提上了日程。1927 年联共（布）十五大把这个问题作为"文化建设计划的基本原则之一"，提到了全党面前。1930 年，在联共（布）十六大上，普及初等义务教育被列为"党在最近时期的战斗任务"。为贯彻代表大会的决议，联共（布）中央于同年 7 月又进一步通过《关于普及初等义务教育》的决议，要求从 1930—1931 学年起，对 8—10 岁的儿童普及初等义务教育；决议同时还就普及教育所面临的校舍、师资和学生入学问题，规定了具体措施。

为普及义务教育，政府新建了大批学校，并千方百计地解决师资问题：动员青年报考师范；调动离开教育岗位的教师返回学校；提高教师的物质待遇和社会地位等。同时，政府也对生活困难的学生增加了物质帮助。

由于采取了这些有力措施，普及初等义务教育进展很快。在1927—1928学年，8—11岁的儿童入学率还在51.4%，到1932年底，就增加到98%。在头两个五年计划期间，全国新建校舍3.2万所；在1937—1938学年度，苏联全国开课的小学、不完全中学和中学共17.63万所，在校学生达3000万人以上，比革命前增加了两倍。这时，普及初等义务教育的任务基本完成，普及七年制综合技术教育的工作已经开始。

20年代至30年代初，苏联在教育改革中走过一条曲折的道路，也付出了巨大的代价。1931年9月，联共（布）中央通过《关于初等和中等学校》的决议，开始纠正教育改革中出现的极"左"倾向，着手整顿教学秩序。1932—1935年，联共（布）中央就中小学教育体制、内部结构、具体规章制定，甚至包括教科书和文具，都在决议中一一做了明确规定。学制被确定为小学4年，不完全中学7年，中学10年；以教学班为单位进行课堂教学，被定为教学的基本形式；废除了按综合题目编排的《工人课本》，采取了全国统一的标准教科书。至此，苏联普通学校的教学秩序走向稳定，教育体制最后确立，这对为高等学校输送高质量的毕业生，为社会培养有文化的合格人才起了至关重要的作用。

30年代苏联文化事业的另一重大成就，是大力发展普通高校教育和成人高等教育，造就出了一支相当数量的社会主义知识分子队伍。十月革命后，党和政府虽然十分注意吸收旧知识分子，大力培养新知识分子，然而到20年代末，各类知识分子的数量还远远满足不了各部门的需要。在工程技术部门，1928年底全国总计拥有受过高等教育的工程师4.7万人，拥有中等专业教育程度的技术员5.1万人；在农业部门，1929年全国共计仅有农业专家2.9万人；在普通教育部门，1927—1928学年度，在俄罗斯加盟共和国平均每所学校拥有教师2.8名，乌克兰平均3.4名；在科研高教部门，1928年全国才拥有科研教学骨干18328人。知识分子十分缺乏的状况，同经济发展对各类专业技术干部的大量需要发生尖锐矛盾，加上所谓"沙赫特事件"的影响，引起了党对专业干部培养问题的极大关注。1928年7月，联共（布）中央全会在《关于改进新专家的培养工作》的专门决议中，具体规定了发展

技术教育、加强高等学校的方针、措施。决议指出，"培养新专家是全党极
其重要的任务"。

　　为了加速专业技术人才的培养，成立了一大批高度专业化的高等工业学
校，缩短了学制、延长了生产实习时间。与此同时，还广泛推广不脱产教
育，普遍设立专科夜校、函授学院、厂办中专和厂办高等培训班，等等。此
外，为了培训领导干部，在工业计划、交通运输和商业等部门建立了研究
院。由于采取了这些措施，各类高等教育和中专教育在第一个五年计划期间
得到了飞速发展。1927—1928 年度，全国共有高校 148 所、中专 1037 所，
到 1932—1933 学年度，高校发展到 832 所，中专增至 3509 所；培养党政干
部的高等共产主义学校和苏维埃党校分别达到 53 所和 230 所。1928—1932
年第一个五年计划期间，高等工业学校数目增加近 9 倍，中等技术学校增加
3 倍，这些学校的学生，将近 3/4 是工人，受过高等教育的专业技术干部从
9 万人增至 184500 人，为苏联培养了一大批工程师和技术员。

　　由于在第一个五年计划期间存在着片面追求速度和数量的倾向，高等教
育的质量普遍下降。在第二个五年计划期间，调整了高等学校网点，整顿了
教学秩序，从而提高了学生的质量。高等学校数目在 1937—1938 学年度虽
下降到 683 所，但在校学生却由 1932—1933 学年的 50.44 万人增加到 54.72
万人。1933—1937 年，高校共培养出专业人才 37 万人，中等专业学校培养
出 62.3 万人，比第一个五年计划期间增加一倍以上。在整个战前年代
（1929—1940），苏联高校共培养出学生 86.8 万人，中等专业学校 159.2 万
人。在 30 年代后期，苏联受过高等教育的专家在数量上已跃居世界前列，
1937—1938 学年度，苏联高校在校学生已超过英、德、法、意、日各国的总
和，工程技术人员在工人、职员中的比例已由 1928 年的 3.15% 上升
到 8.2%。

　　在 30 年代，由知识分子经过"工业党"① 和"联盟局"② 等重大政治案
件的震动，开始放弃"不问政治"的倾向。同时，巨大的工农业建设规模，

------

　　① "工业党"案件的审判于 1930 年 11—12 月在莫斯科举行。当时的审判结论认为"工业党"
是旧的资产阶级上层技术知识界的一个反革命集团，它同白俄大资本家勾结在一起，按照法国总参
谋部的直接指示活动，旨在推翻苏维埃政权。

　　② "联盟局"系指俄国社会民主党（孟什维克）中央的"联盟局"。该审讯案于 1931 年 3 月在
莫斯科进行。被告人多在 1921—1922 年退出孟什维克党，并在苏联经济和计划机关担任重要职务。
他们被指控在 20 年代末又秘密加入孟什维克党并组成该党在苏联国内的领导总部，在国家经济计划
部门，如计委、最高国民经济委员会、国家银行、消费合作总社等进行破坏活动。

给他们提供了发挥聪明才智的广阔天地，加上党和政府给他们提供优厚的物质生活待遇，使他们日益坚定地靠拢苏维埃政权，转到了拥护社会主义的立场。

30 年代高校造就的新知识分子同转到社会主义立场的旧知识分子，在业务知识和政治思想上相互影响，彼此补充，到 30 年代末便汇合成了一支社会主义的知识分子大军。

在 20 年代成就的基础上，科学技术在 30 年代进一步得到重大发展。这个时期，新建了许多科学研究机构，成倍地扩大了科研人员的队伍，实现了科学研究的计划管理，建立了学位（副博士和博士）和学衔（初级研究员，高级研究员；助教，副教授，教授）的授予制度；同时，也取得了一系列重大科学技术成就。

苏联 30 年代的科技成就主要表现在物理、数学、化学和生物学领域，同时在地质、航空方面也取得了许多重要成果。

这个时期，苏联物理学家卓有成效地研究了原子的电子层结构、原子核的性质、物体的分子结构和电波的产生、传播等重要理论问题。Д. B. 斯科别里策研制出了发现宇宙线的方法，Д. Д. 伊万年科提出了为现代物理学广泛承认的关于原子核由质子和中子构成的理论。约费院士通过晶体研究发现多层绝缘体，为现代半导体物理学奠定了基础；物理学家伊·叶·塔姆和伊·米·弗兰克解释了所谓"P. S. 切连科夫效应"，对后来激光技术的发展起了重要作用。此外，由伊·库尔恰托夫领导的研究小组设计出了好几种基本粒子加速器，研制出了欧洲第一台回旋加速器。这时期，苏联数学家在分析数论、概率论和微分方程论方面取得了卓越成果。化学家研制出了用乙醇合成橡胶的方法，为人造橡胶工业打下了基础。生物学家在遗传学、植物培育方面取得了重要成就，并且培育出了一些果树的新品种。另外，在地质勘探、火箭理论、航空技术、征服北极等方面，都获得了一系列重要成就。

文学艺术在 20 年代末至 30 年代上半期出现了发展繁荣的局面。其主要标志是，这个时期产生了一系列优秀长篇巨著。其中，以国内战争为题材的作品有：肖洛霍夫的《静静的顿河》（第 1—3 部）（1928—1933）、法捷耶夫的《最后一个乌克格人》第一部（1929 年）；反映农业集体化和工业化建设的作品有肖洛霍夫的《被开垦的处女地》（1932）、藩菲洛夫的《磨刀石农庄》第一部（1928）、莎吉娘的《中央水电站》（1930—1931）、列·列昂诺夫的《索契》（1930）和瓦·卡达耶夫的《时间呀，前进!》（1932）；描写共产主义新人的道德面貌和知识分子转变过程的作品，有奥斯特洛夫斯基的《钢铁是怎样炼成的》（1932—1934）和阿·托尔斯泰的《一九一八年》（1928）、《苦难的历程》三部曲的第二部。同时，历史小说也开始发展起来，最著名的是阿·托尔斯泰的《彼得大帝》。这个时期诗歌已退居于散文之后。戏剧涌现出了一些好剧目，如列·列昂诺夫的《翁季洛夫斯克》（1928）、弗·维什涅夫斯基的《第一骑兵队》（1929 年）等；新建了一批专业剧院。这个时期电影艺术也有长足发展。30 年代初，苏联出现了有声影片，这对电影思想艺术的提高起了很大推动作用。1934 年《夏伯阳》的上映，标志着苏联电影思想艺术发展的新阶段。

30 年代中期以后，斯大林个人迷信盛行和肃反扩大化造成的紧张的社会政治气氛，严重影响了文艺事业的发展。这个时期，除 20 年代末 30 年代初问世的那些长篇巨著的续篇以外，没有出现什么具有重大影响的作品。相反，由于社会政治原因，原来写现代题材的作家，开始转向发掘历史题材。这个时期，戏剧、电影、音乐和绘画有所发展。剧本《带枪的人》、影片《列宁在十月》代表着这个时期的成就。但这个时期反映工业化和农庄生活的较有深度的作品为数不多。相反地，这时上演的一些戏剧、电影作品，特别是历史传记题材方面的，则打着个人迷信的烙印。

30 年代苏联文化发展的突出特点是，马列主义思想在思想文化领域开始确立，并得到广泛的传播。与社会政治经济结构进行革命改造的客观进程相适应，苏联党和政府为在思想文化领域确立马列主义思想进行了多方面的努力。整个 20 年代，特别是 20 年代下半期至 30 年代初，除了党内争论外，在意识形态领域，包括文、史、哲、经等主要人文学科，都在进行着广泛而深入的理论争论和探索。为适应在争论中学习和研究马列主义的需要，马列主义经典著作在这个时期开始系统出版和大量发行。1928 年，《马克思恩格斯全集》俄文第一版开始问世，到 1940 年已基本编辑完毕。1925—1932 年《列宁全集》第二版（共 30 卷）同广大群众见面。为满足群众购买学习的要求，还同时发行了普及版即第三版。通过各学科的理论争论，马列主义思想为越来越多的人所掌握，并且渗透到各个学科。当然，那时人们对马列主义的理解水平还受时代条件的限制，存在着这样那样的片面性和错误，但就传播的深度和广度而言，已大大超过了前一时期。

马列主义思想在思想文化领域开始确立的表现是：社会主义现实主义文艺理论在文学艺术领域得到确立；当时歪曲马列主义的主要形态——庸俗社

会学，开始为学术界所认识，并且对它展开了深入的清算；正处于形成过程中的社会主义知识分子队伍，在各个思想文化领域接受并传播着马列主义。

思想理论界的批判运动

30 年代，苏联在文化建设上取得重大成就的同时，在思想理论界发动了一系列批判运动。这些批判运动是在反右倾斗争后"左"倾指导思想抬头和个人迷信形成的情况下进行的，严重影响了思想理论和科学文化的发展，造成不良的后果。

1929 年 11 月召开的中央全会认为，宣传右倾投降主义观点者不能留在党内，全会决定撤销布哈林政治局委员职务，并向李可夫、托姆斯基提出严重警告。反右倾斗争以布哈林的失败而告终。在此之前曾作为党在一个时期内的总路线和总政策的新经济政策被终止执行，转向了向资产阶级的"全面进攻"。在这种情况下，全面清除布哈林在思想文化领域的影响成了当务之急。因为布哈林作为党的主要领导人之一和卓越的理论家，一直是列宁制定的新经济政策的权威解释者，在思想文化界享有很高声誉和影响。同时，反右倾斗争的结局也为斯大林个人迷信扫除了最后的政治障碍。斯大林已成为党内唯一的领袖。一般认为，1929 年 12 月斯大林五十寿辰的庆祝活动是个人迷信产生的显著标志。为庆祝斯大林寿辰而出版的纪念文集，收编了国家重要领导人的回忆文章，书中不乏不顾事实的夸大和过分颂扬之词。

把反右倾斗争推向意识形态领域，在思想理论界发起批判运动的动员令，是1929 年 12 月 27 日斯大林在全国马克思主义者土地问题专家会议上作的演说中发出的。斯大林在这篇题为《论苏联土地政策的几个问题》的演说中，要求对新经济政策时期的几乎所有重大问题，包括阶级问题、建设速度问题、工农业结合问题和党的一系列政策问题，甚至新经济政策问题本身，"都应有新的提法"；并且号召同所谓"资产阶级和小资产阶级理论"展开"不调和的斗争"，以"彻底战胜阶级敌人"。[①] 斯大林强调苏联的思想理论落后于实际工作的成就，二者之间存在"脱节"。他针对布哈林，批判了国民经济成分"平衡"论、社会主义建设"自流"论和小农经济"稳固"论等，还点名或不点名地批判了格罗曼、查扬诺夫和巴扎罗夫等经济学家。随

---

① 《斯大林全集》第 12 卷，人民出版社 1955 年版，第 127 页。

后，经济学界就展开了对这些经济学家和其他学者的批判，其中有些人是在国家计委工作的。

批判运动很快就扩及其他学界，其中影响较大的是哲学界对德波林的批判。这场批判最早是由红色教授学院内以米丁和尤金为首的一批年轻人发动的，开始时围绕着如何估计哲学现状展开争论。他们认为，以德波林为首的哲学界领导只注重德国古典哲学的研究，脱离国家政治经济领域的实际斗争，因而哲学战线同样存在理论思想落后于"社会主义建设的实际成就"的"脱节"现象。德波林的支持者反驳说，德波林派前不久反对机械论的斗争成绩显著，哲学战线的形势是好的；深入研究理论是哲学的基本任务，不能以政治取代哲学。当时米丁、尤金等人虽在政治上批判有力，但理论功力不足，因而处于守势。1930 年 3 月，中央监委委员叶·雅罗斯拉夫斯基出面支持年轻人。他在一次讲话中对德波林学派反对机械论的斗争做了重新估计，认为两者都有错误。米丁、尤金等人接着发表《关于两条路线斗争的任务》一文，在指出机械论错误的同时，强调德波林学派没有揭露托洛茨基主义的方法论，忘记了社会主义建设的迫切问题，开始把政治斗争的内容注入哲学斗争。德波林学派不同意这种估价。双方各自发表文章进行针锋相对的论争。米丁、尤金等人在论争中调子越来越高，除了抓住德波林学派对托洛茨基和右倾分子的态度问题外，还指责德波林学派贬低列宁作用，忽视马克思主义哲学发展中的列宁主义阶段。到 1930 年秋，正常的论战气氛已消失。在 10 月下旬就哲学论战举行的共产主义研究院主席团会议上，双方冲突达到白热化。正当难解难分之际，雅罗斯拉夫斯基出面公布了德波林在 1908 年还是孟什维克时写的一篇反对布尔什维克的文章。同时另一个人又揭发了德波林 20 多年前在流放中的政治表现。他们抓住德波林的政治历史问题把他压了下去。12 月 9 日，斯大林在接见红色教授学院支部委员会时，给德波林学派定了调，称之为"孟什维克化的唯心主义"。这样，哲学论争就完全变成了政治批判。1931 年 1 月 25 日，联共（布）中央又作出《关于〈在马克思主义旗帜下〉杂志的决议》，决定解散以德波林为首的原编辑部，批准成立以米丁、尤金为主要成员的新编委会。然而，即使在这样的压力下，德波林也并没有立即承认错误。

哲学界对德波林学派的批判进程表明，运动受到重重阻力，进展缓慢。当时在各个学界虽然批判已经展开，但大都采取争论的形式。这同 20 年代苏联学术理论界的气氛比较松动，自由讨论的空气比较浓厚有关。这种传统不是一下子能转过来的。为了大大推动批判运动向前发展，需要采取更有影响、震动更大的重大政治行动。这个行动就是斯大林在1931年10月底发表的给《无产阶级革命》杂志编辑部的信。

斯大林这封信题为《论布尔什维主义历史中的几个问题》，内容主要是抗议《无产阶级革命》杂志在一年半之前（1930年6月）刊登历史学家斯卢茨基的论文《布尔什维克论战前危机时期的德国社会民主党》，并对斯卢茨基做了极其尖锐的批判。斯卢茨基的论文是在当时苏联史学界关于战前德国社会民主党问题的争论过程中发表的。这个问题虽然因为德国社会民主党领导在十一月革命中的叛变行为等事件的发展而具有迫切的现实意义，但还是作为当时展开讨论的一系列学术问题中的一个而进行争论的。斯卢茨基在论文中提到，战前列宁对以考茨基为代表的中派主义有某种程度的估计不足。斯大林正是抓住这点进行严厉批判的，并且立即上纲到"反党""反列宁主义""半托洛茨基主义"的高度。这里要说明两点：一是20年代以来，苏联学术界对即使像党的领袖列宁有没有错误这样敏感的问题也是可以讨论的，同以后个人迷信时期这个问题成为"禁区"的情况是完全不同的。譬如，在关于战前德国社会民主党问题的争论中，不仅斯卢茨基，而且别的学者也有类似的看法。二是斯大林这封信本身也有错误。苏联历史学家后来指出，斯大林这封信至少有两个大错误：（1）斯大林说列宁从1903年、1904年起，也就是从俄国形成布尔什维克派的时候起，就对第二国际（包括德国社会民主党）采取分裂的路线。斯大林在这个问题上批判斯卢茨基，实际上正确的却是斯卢茨基。（2）斯大林完全贬低了德国左派（尤其是罗莎·卢森堡）的历史作用，甚至毫无根据地说卢森堡是"不断革命论"的编造者之一。可见，在问题的探讨过程中，谁都难免会犯错误，真理并不一定在权威手里。

斯大林这封信的目的并不在于批判斯卢茨基本人，而是尖锐地提出斯卢茨基的"反党的半托洛茨基主义的论文""反列宁主义的私货"为什么能公然发表出来，为什么"腐朽的自由主义"能够盛行，连"我们党的布尔什维克历史学家……也不免犯了替斯卢茨基之流和沃洛谢维奇之流助长声势的错误。可惜这里连雅罗斯拉夫斯基同志也不例外"。[1] 这样，斯大林的信的发表就把当时的批判运动推向了高潮，其锋芒所向很快越出史学界的范围，而

---

① 《斯大林全集》第13卷，人民出版社1956年版，第90页。

涉及整个思想文化界和自然科学界。史学界自然首当其冲。这次运动和以前的不同，已经不只是思想上的批判，甚至不仅是政治上的批判，而且采取了行政上的惩罚措施。不少被点名的历史学家或被解除职务，或被开除出马克思主义者历史学家协会或研究机构。斯卢茨基还被开除出党。苏联著名历史学家明茨 1962 年在谈到此事时说："斯大林的信发表以后，开始了对历史学家干部的歼灭。许多历史学家遭到了诽谤，后来遭到镇压；许多人被迫承认错误"，"就这样，歼灭干部的时期被说成是为马克思列宁主义纯洁性进行斗争的时期"。

批判很快扩及各个领域，使一些领域原已开始的批判运动急剧升级，也使一些原先沉寂的领域卷入旋涡。在哲学界，批判的调子又升高了，除了原先的"孟什维克化的唯心主义"之外，又多了一顶"托洛茨基主义的私货"的帽子。一直拒不承认错误的德波林也不得不在 1931 年 12 月 16 日的《真理报》上发表自我批评的信。在文学界，从 1930 年起再次明显"左"转的"拉普"（"俄罗斯无产阶级作家协会"简称），却被指责犯了"右倾机会主义"。1931 年 11 月 24 日，《真理报》编辑部书记列夫·麦赫利斯著文，指责"拉普"落后于"新形势提出的要求"，在"党的一般路线"上同全党步调"不够一致"，没有表现出足够的"列宁主义的不调和性"。一直以"左"倾著称的"拉普"，尽管努力检查自己的"右倾"，还是被认定"走上了丧失前途的道路"。1932 年 4 月 23 日，联共（布）中央通过《关于改组文学艺术团体》的决议，宣布解散"拉普"。由此可见，在文学界，这种"左倾"的批判气氛是何等的浓烈。卢那察尔斯基因为给一本有错误的书写序言而被指责犯了"腐朽的自由主义"的错误。他不得不在会议上公开承认错误。在经济学界，批判运动也加剧了。原已遭到批判的格罗曼、鲁宾、孔德拉季耶夫等人自然逃不了继续挨批的命运，甚至连被认为是总路线捍卫者的瓦尔加也受到了批判，并不得不承认错误。法学界的情况也是如此。著名法学家帕舒卡尼斯承认，由于没有阅读斯大林的著作而导致对布尔什维克的历史做了错误的解释。自然科学界也在劫难逃。譬如，高级神经活动研究所的领导因有"右倾机会主义倾向"而被解职。在自然科学协会发现了一个"右倾分子和'左倾分子'的联盟"。在生物学界，同达尔文主义有关的问题被说成"同托洛茨基的反列宁主义政策不可分地联结在一起"，甚至在旅游组织中也发现了右倾机会主义。

30 年代中期，思想理论界的批判运动连续不断，如史学界批判波克罗夫斯基，教育界进行对儿童教育学的批判，文学界对自然主义、形式主义、庸俗社会学进行批判，法学界批判帕舒卡尼斯等。在自然科学界，批判运动也未停歇，其中影响最大的是遗传学界对瓦维洛夫的批判。在其他许多领域，如农业生物学、医学，甚至物理学、数学等，也有学者被作为"唯心主义者"加以批判。所有这些批判运动，除了在个别问题上（如文艺学中对庸俗社会学的批判）取得若干积极的思想成果外，大都是以粗暴的方式进行的，特别是到30年代下半期又同肃反扩大化连在一起，致使很多学者被捕风捉影地牵连进暗杀集团和刑事谋杀案之中，遭到逮捕、监禁或杀害，这就给整个思想文化领域和科学技术界带来十分严重的不良后果。

各个领域这时的批判运动的规模和影响是不尽相同的，其中影响较大的是史学界对波克罗夫斯基的批判。1932年去世的波克罗夫斯基，是一位老布尔什维克，十月革命后不仅是史学界最有权威的领导人和学者，而且身为副教育人民委员，实际上是整个思想理论界的主要领导人之一。波克罗夫斯基早在帝俄时代，就尝试用唯物史观来系统地叙述俄国历史，并写出5卷本的《远古以来的俄国历史》，十月革命后写的《俄国历史概要》曾受到列宁的赞许。波克罗夫斯基在批判地主资产阶级史学思想方面建树甚多。与剥削阶级的旧史学不同，他强调人民群众在历史上的作用，强调阶级斗争，注意经济发展和着力揭露沙俄政府的对外扩张。这些都是波克罗夫斯基对苏联史学早期发展所作的贡献。他的另一个功绩也必须提到，那就是对年青的新一代历史学家的培养。与此同时，也应指出他的错误和不足。简单说来，这些错误可以概括为简单化和片面性。譬如，在理论上波克罗夫斯基错误地夸大商业资本在俄国历史上的作用，甚至杜撰出一个商业资本主义的社会形态。这说明经济唯物主义对他的影响。又如，对资产阶级史学的批判也有简单化的地方，以致否定过多，不注意批判继承，甚至对优秀的民族遗产也持一定的虚无主义的态度，等等。由于波克罗夫斯基在史学界的领导地位，他的错误对历史科学的发展影响就比较大。随着史学的进一步发展和年青一代史学家的成长，这种不良的影响越来越显著。还在波克罗夫斯基生前，就已有一些他的学生对他提出批评。这本来是正常的事情，可是在当时批判运动已经开始的情况下，问题就变得比较复杂。波克罗夫斯基在世时，虽然没有受到点名批判，但一场针对他的风暴显然已在酝酿中。他的不少追随者已经遭到批判。

对波克罗夫斯基的正式批判是在他死后开始的，而且是同历史教学的整顿结合在一起的。这是因为波克罗夫斯基一直是历史教学的主要负责人，而当时的历史教学的确存在许多问题。譬如，中学里的历史课基本上没有作为一门独立的科目讲授，大学里的历史系也被取消，改为社会科学系。学生们听到的只是抽象的社会发展史，而不是系统具体的历史知识。这种情况亟待改变。联共（布）中央和苏联人民委员会直接出面来解决这个问题。1934年 5 月 16 日，党和政府作出著名的《关于苏联各学校讲授本国历史的决定》。采取两项措施，一是规定在 1935 年 6 月以前编写出五本新的中学历史教科书，并确定了各编写小组的人员名单。二是决定从 1934 年 9 月 1 日起恢复莫斯科大学和列宁格勒大学的历史系。但是，历来编写出来送审的教科书不能满足要求。于是，党和政府于 1936 年 1 月 26 日再次作出决定，认为教科书之所以写得不能令人满意，是因为"教科书的编著者继续坚持那种已经不止一次被党所揭穿了的、并且显然是不可靠的历史判断和论点——其实就是尽人皆知的波克罗夫斯基的错误"。这是第一次公开点名批判波克罗夫斯基，并且把"波克罗夫斯基历史学派"的观点定为"反马克思主义的、反列宁主义的、而在实际上是对历史科学的取消主义和反科学的观点"。从这以后，对波克罗夫斯基及其学派的批判就很快发展起来，且越演越烈。在报刊上公开点名批判的历史学家越来越多，尤其是波克罗夫斯基的学生。1938 年以后随着肃反扩大化的发展，对波克罗夫斯基及其学派的批判达到高潮。1938 年 11 月 14 日，联共（布）中央在《关于〈联共（布）党史简明教程〉出版后党的宣传工作》的决议中再次点了波克罗夫斯基的名。从此，他的名字被从苏联历史科学的发展史上抹去了，直到 1961 年苏共二十二大给他恢复名誉。波克罗夫斯基的许多学生被说成是托洛茨基分子、暗害分子、恐怖分子或间谍而遭到迫害。1939 年和 1940 年出了两本批判波克罗夫斯基的论文集，对他做了全盘的否定。

对波克罗夫斯基的批判，由于采取了不正常的搞政治批判运动的方式，因此虽然有纠正波克罗夫斯基的错误和整顿历史教学的一面，但造成的不良后果却是严重的。同时对错误的纠正也不彻底，反而产生了一些新的不良倾向。譬如，苏联历史学家杜勃罗夫斯基就指出，由于对波克罗夫斯基错误的批判方法不当和对他一笔抹杀，造成一些不正确的历史观点重又抬头，像人民群众的作用被缩小，个别公爵、沙皇、皇室走卒的活动被理想化；有时用非阶级观点论述革命前民族解放斗争，把民族利益和阶级利益对立起来，把真假爱国主义混淆起来，等等。这里还可补充一点即苏联史学中大国沙文主义的倾向有所滋长，沙皇政府对外扩张行径常被掩盖。

对波克罗夫斯基的批判只是 30 年代许多批判运动之中的一个。通过思想理论界这一系列批判运动，20 年代比较自由的学术讨论的气氛不复存在，而形成了许多错误的做法，诸如用行政手段干预学术研究，用政治批判代替学术讨论，抑制学术民主，强行推行一种学术观点，领导人裁决学术是非，搞批判运动乃至进行迫害，等等。这些错误的做法由于 30 年代苏联高度集中的政治经济和思想文化体制的形成和个人迷信的盛行而显得特别严重，其危害也就更大。苏联这种高度集中的体制有其两面性：一方面，这种体制便于集中和调动人力、物力、财力，因而在发展文化教育事业方面，能够在较短期间内取得很大成绩；另一方面，又容易在思想理论界推行上述种种错误做法，从而为这些成绩的取得付出极其沉重的代价。

罗斯福"新政"

邓蜀生

从 1933 年起，美国总统罗斯福为了对付和缓解 1929—1933 年经济危机及其产生的严重后果，采取了一系列行政和法律措施，这就叫作"新政"。"新政"是在不触动资本主义制度的前提下对某些弊病加以抑制，对垄断资本造成的紊乱加以调节。

"新政"的提出

1929—1933 年空前严重的资本主义世界经济危机首先爆发于美国。作为最大的资本主义国家，它的经济受到了极为沉重的打击。面对工农业和财政金融总危机的局面，当时的总统胡佛实施了一些解决危机的措施，例如，在农业方面采取了收购部分农产品和发放信用贷款等政策，并对农产品提高了进口税率；在财政金融方面组成复兴金融公司以调节和扩大信贷；大幅度削减行政开支，发展联邦公共工程等，但是其结果只是使大农场主和部分垄断资本家受益，危机的损失都转嫁到了劳动人民身上，他们生活更加贫困。1933 年失业大军达 1700 万人，比"繁荣"时期增加了 1400 万。工人们为抗议失业，在全国范围内举行声势浩大的罢工斗争，1929—1933 年，罢工次数达 2700 次之多。1931—1932 年，全国还举行了两次反饥饿大游行。农业工人也进行斗争反抗大农场主的解雇，小农则反对当局压低农产品价格和抵制强迫拍卖他们的农场。经济危机使美国国内阶级矛盾异常尖锐，政府束手无策，社会混乱，人心惶惶。

1932 年 7 月 2 日，纽约州州长富兰克林·罗斯福在民主党全国代表大会上接受总统候选人提名时宣称："我向你们保证，也为自己立下誓言，要为美国人民实行新政。"这一句听来平淡无奇的话，在当时当地，却抓住了悲观失望、人心思变的千百万美国选民的心理，不仅使民主党获得了一个有力的竞选口号，而且"新政"这个新词，日后成了罗斯福本人的一个标志。1932 年来，罗斯福以 2280 多万张选民票和绝大多数州的选举人的巨大优势，当选为总统。1933 年 3 月 4 日，富兰克林·罗斯福作为美国第三十二届总统入主白宫时，即将离开白宫的共和党下台总统赫伯特·胡佛，在陪同这位当选总统乘车去国会宣誓就职前的片刻，喃喃地叹息："我们是山穷水尽无法可想了。"

罗斯福临危受命，他有信心，但并没有成竹在胸的办法。他在就职典礼上，给予眼巴巴等着他拿主意的美国人开出的第一剂药就是"无所畏惧"。面对美国的经济机构几乎停止转动，人民指望新总统带来某种希望，他说："这个伟大的国家，将像它已经持续下来的那样持续下去。""只有恐惧本身才是我们感到恐惧的东西。"首先是罗斯福本人开始实践他的这一信条。他向国会要求准许他使用对付危机的大权——"向非常状态开战的广泛行政权力，就像在实际遭受外部敌人入侵时所应授予我的大权。"国会给了他这种大权，罗斯福运用这个权力开始实施他的"新政"。

根据"新政"在不同时期的重点的不同，大体上可以划分为两个阶段。第一阶段是从罗斯福 1933 年 3 月就职起到 1935 年初止，主要目标是医治由于严重经济危机造成的创伤，提出了一些目的在于复兴经济的法案和计划；第二阶段是 1935—1939 年，制定了某些有深远意义的新的立法，侧重于改革。救济措施则贯穿始终。因此，"新政"的主要内容可以用"三 R"来概括，即 Recovery（复兴）、Relief（救济）和 Reform（改革）。而这三者实际上往往是重叠交错的。

"百日新政"

"百日新政"指的是 1933 年 3 月 9 日至 6 月 16 日，"新政"初期美国国会应罗斯福的要求制定的一系列应急的立法。这些法案提得快，通过也快，批准更快。其中最重要的立法有 15 件，有关金融的法律占了 1/3。

这次大危机是从疯狂证券投机活动引起的金融危机开始的。银行一个个倒闭，迫使各个州的州长下令让本州银行全部或部分暂停营业。到 3 月 3 日，总统就职前一天，已有 23 个州处在"银行假日"之中。国家黄金储备急剧减少，已从 1933 年 1 月的 13 亿美元减至 4 亿美元。银行关门，对美国经济生活和居民的日常生活造成的混乱和威胁是灾难性的。罗斯福上台时，全国银行实际上都已关门。他因势利导，在就职的第三天即 3 月 6 日发布全国银行"休假"的命令，由国会授权他对银行进行整顿、审查、淘汰、扶持，让基础较好的银行尽快复业，以稳定人心。整顿工作是以极高的效率进行的。财政部官员日夜加班，制定出一项紧急银行法，几小时后，总统签署了这项法案，对银行立即进行整顿清理。1933 年 3 月 13—15 日，有 14771 家银行领到执照重新开业，另有 10797 家银行被淘汰，停止清理。

3 月 12 日，罗斯福通过广播发表了他第一次"炉边谈话"（即就大家普遍关心的问题发表无线电广播讲话，这种形式成了罗斯福联系群众的一个固定方式，后来在夏天发表的谈话也叫作"炉边谈话"），向全国惊魂未定的百姓说："我可以向大家保证，把钱存在重新开业的银行里，要比放在床褥子下面更为安全。"6 月，国会通过法律，对 5000 美元以下的存款，由政府保证其安全，并成立联邦储备局，对私人银行进行监督，扩大联邦政府管理货币和信贷的权力。如设立调查小组，对金融界的可疑活动进行广泛的调查；通过 1933 年银行法即《格拉斯—斯高蒂尔法》，使商业银行与其附属的投资公司分离，防止从事投机活动；通过《证券信实法》等。这是联邦干预经济的有力步骤。到 4 月份，存回银行的通货已达 10 多亿美元。

在整顿银行的同时，还采取了一系列加强美国对外经济竞争地位的行动，从 1933 年 3 月 10 日宣布停止黄金出口开始，接连采取重大措施；禁止私人储存黄金及黄金证券，美钞停止兑换黄金，放弃金本位，美元贬值 40.94%。罗斯福的这一套敢于打破美国习惯势力和传统观点的做法，增强了美国在世界市场上的竞争力，得到了金融巨头们的支持。J. P. 摩根公开发表声明赞成放弃金本位和美元贬值。整顿金融起到了疏导国民经济生活的血液循环系统的作用。

"百日新政"期间的重要立法中，还有两根有力的支柱：农业调整法（AAA）和全国（工业）复兴法（NIRA）。

农业调整法是罗斯福企图把农业纳入某种计划轨道的一个尝试。是由农业部长亨利·A. 华莱士和农业巨头经过一系列会谈后制定的，1933 年 5 月 10 日国会通过，5 月 12 日总统签署批准。但是由于资本主义固有的生产社会化与私人所有制之间的基本矛盾的规律的作用，调整农业是通过大规模破坏生产力来进行的。这就是用"减耕"来解决农产品"过剩"问题，用"计划"种植来改变"自由"种植。其中心内容就是限制几种主要作物的生产，凡对此合作的农场主给予补贴。根据 1933 年 5 月农业调整法，采取了以下措施。

1. 实行耕作份额制。由农场主、农业部和地方农业机构共同商定每种农作物应该种植多少，才能保证供求平衡，规定每个农场主的耕作份额。减下来的耕作面积，由农业部给予某种补偿。不遵守规定者，课以重税。

2. 已经下种，来不及减少的耕作面积，就采取毁耕的措施，由国家补偿一定的费用。为了犁掉"多余"的 1000 万英亩棉花，国家付出 1 亿美元的补偿费。1934 年，减少农作物面积达 4000 万英亩。在大规模毁耕和减耕的同时，还大量屠宰"多余"的家畜。1933 年上半年杀掉 600 多万头小猪和 22 万头母猪。

3. 发放农产品储存贷款，不让农产品集中涌入市场。

在实施 1933 年和 1935 年的两次农业调整法后，在提高农产品价格从而提高农户收入上，取得了一些进展。农户收入 1932 年为 18 亿美元，1936 年为 50 亿美元。尽管如此，在美国全国有千百万人忍饥挨饿的时候，却要采取毁灭粮食和牲畜的方法来保证收入和利润，简直是不可思议的。这是把负担转嫁到消费者身上。用大规模破坏生产力来应付生产过剩的经济危机，突出地说明了资本主义制度的腐朽和荒谬。

1933 年夏天出现的"蓝鹰"热，是罗斯福开展工业复兴运动的一个别开生面的花样。1933 年 6 月 16 日，国会通过了《全国工业复兴法》，罗斯福宣称，这是"美国国会制定的最重要、最具有深远意义的立法"。"蓝鹰"是全国复兴法（全国工业复兴法的简称）的标志（NIRA）。凡是接受全国工业复兴法各项规定的企业，一律发给"蓝鹰"标志挂在显眼处。凡是挂上这个标志的就是"自己人"。罗斯福在 1933 年 7 月 24 日的第三次"炉边谈话"中做了一番颇为生动的解释："在打仗的时候，在朦胧夜色里进行战斗，士兵们都在肩上戴上一个耀眼的标志，便于相互识别，以免误伤自己人。根据这个原则，对于那些与全国复兴计划合作的人们，必须要一眼就能互相看清楚。为此，我们设立一种设计很简单的荣誉的标志：书写有'我们一定尽本分'字样的徽记。我要求所有那些和我合作的人，都把这个标志放在显眼的地方。这对实现我们的目标是至关重要的。"

罗斯福如此看重的《全国工业复兴法》的主要内容是：

1. 要求资本家遵守"公平竞争"的规则，订出包括"公平竞争"，调整工资、工时的守则和法规。

2. 消灭童工劳动。

3. 雇员有权加入工会，并选出代表与雇主集体谈判合同。

这个计划的中心思想是想把资本主义生产的无政府状态，纳入加以控制的轨道内，通过资本家的某种"让步"以及对劳工权利的某种满足，来实现罗斯福领导下的"合作"，减少和缓解阶级矛盾。根据该法，部分停止实施反托拉斯法，决定建立全国复兴总署，领导和监督实施这一法案，由休·约翰逊将军负责。

在各种压力下，美国90%的企业自愿或被迫参加到"蓝鹰"运动中，不同行业制定了多达750种的本行业"公平竞争"法规。他们勉强地接受了罗斯福的解释："如果在每一个互相竞争的集团内所有的雇主都同意付给其工人同样的工资——合理的工资，并且规定同样的工时——合理的工时，那么，高工资和短工时就不会伤害任何雇主。不仅如此，这样干，比失业和低工资对雇主还更好一些，因为这造成更多的买主去购买他们的产品，这就是工业复兴法的真正核心的简单概念。"对于劳工权利，资本家认为罗斯福的办法是把工人当中蕴藏的不满情绪和巨大能量引导到"法律范围"的轨道上来，也是可以接受的。但是，随着经济危机的缓和，市场的某种复苏，企业界和他们的政界代言人对复兴法的勉强支持，很快变为尖刻的反对。这种反对在1935年5月27日最高法院判定《全国工业复兴法》违宪达到了高潮。

《全国工业复兴法》并没有完全达到罗斯福所期望的复兴工商业的目标，但是美国工人运动某些斗争成果通过这个法律得到某些反映。例如，根据复兴法与南方工厂达成的协议，是走向废止童工劳动的一个开端；就工资、工时进行集体谈判的规定，是有利于改善工人经济条件的一个有意义的进展；对工资低、劳动条件恶劣的血汗工厂，采取了一定的整顿和制裁。此外，工人还利用有关规定趁势扩大了工会组织。

以工代赈

"新政"的主要方面之一是救济工作。1933年5月，国会通过了《联邦紧急救济法》，并建立紧急救济署，由哈里·霍普金斯负责。从1933年到1936年发放的直接救济款大约为30亿美元。但救济的一个主要方式，通过以工代赈的方式支付的工资则远远超过此数。

罗斯福上任后，一开始就倾注了极大的力量兴办大规模的公共工程，一方面是以扩大政府开支来接替私人投资下降而出现的空白，另一方面是为了解决部分就业问题。

在胡佛任内后期，也开始兴建公共工程，但是胡佛的指导思想是把它当作"止痛片"，完全是权宜之计。罗斯福则把兴办公共工程当作促进国民经济运转的动力的一部分，是战略性的。下面举几件主要项目做些说明。

田纳西流域工程计划（TVA）：早在第一次世界大战期间，美国政府在亚拉巴马州麻梭浅滩田纳西河上，建筑了一个高坝和两家硝酸盐工厂。战后标卖，无人承购，因为无利可图。罗斯福接受参议员诺里斯等的建议，决定由联邦投资兴办水力发电和大规模的灌溉工程，结果获得很大成功。这个地区用电的农村家庭从 1933 年的 30%，增加到 40 年代的 90%。流域的平均收入在工程发挥效益后增长达 4 倍。美国制造第一颗原子弹的电力也是靠田纳西工程提供的。

民间护林保土工作队（CCC）：这是受到攻击最多的一项就业计划。它吸收 18—25 岁的失业青年，从事造林、森林防护、防治水患、水土保持、道路建筑等方面的劳动，每月工资 30 美元，其中以 25 美元作为赡家费，一共成立 1400 多个营区，采取半军事组织的管理方式。参议员艾伯特·托马斯认为这些营区将成为"集中营"；劳联主席格林认为它有点"法西斯主义、希特勒主义"的味道。这个组织在美国参战前的 8 年多中，先后吸收了 150 万青年，开辟了数百万英亩的国有林区和公园等。罗斯福得意地宣称："我对我执政的成就没有比这件事更感到自豪的了。"

公共工程署（PWA）：1933 年 6 月建立，由内政部长伊克斯领导，从事长期目标的工程计划，8 年中共拨出款项 40 多亿美元。罗斯福在 1944 年透露，他在 1933 年使用了公共工程署的款项执行了一个海军扩充计划，其中包括建造新式航空母舰"企业号"，这条军舰后来在太平洋战争中发挥了重大作用。

民用工程署（CWA）以及 1935 年成立的工程兴办署（后来改名为工程规划署，两者均简称 WPA）：均由罗斯福的亲信顾问霍普金斯领导。这些机构从事的项目不是长期的，而是工程比较简单，交工快，吸收大批非熟练和半熟练的失业工人参加。1936 年 3 月，在册工人和职员人数达 340 万人，工人工资每月大约 50 美元，相当于救济金的两倍，从 1935 年到 1943 年的 8 年中，兴建了 125000 幢公共建筑（学校、医院、体育馆、美术馆等），建造了 65 万英里的公路、道路和街道，124000 多座桥梁，8000 多个公园。美国公路首次出现的立体交叉桥就是他们兴建的。WPA 的特点是它不仅为体力劳动者提供劳动机会，还为艺术家、音乐家、演员和作家提供帮助，让他们有创作和演出的机会。

美国资本家对罗斯福的以工代赈计划是持批评态度的，认为是得不偿失，特别对霍普金斯领导的工程兴办署指摘更多，嘲笑工程兴办署工人是"懒汉"。罗斯福极力为它辩护，指出它的工资少于私人企业，而且尽可能不与私人企业争利。它去干的事，大都是私人企业不愿干的，如打扫整理贫民区、兴建农村住宅、发展农村电力事业、造林、水土保持、开垦贫瘠土地、消灭公路平面交叉等，这些都是社会所需要，但是被私人企业所忽视的项目。

罗斯福还从提高失业者自尊心的角度，来说明以工代赈的特殊意义。他在 1935 年 11 月的一次演说中，尖锐地批评了反对以工代赈的人。他说："我能够理解那些身居温暖舒适、酒食充足的俱乐部里的先生们会议论政府的开支，议论由于政府实行以工代赈给他们带来的损失……这些先生们中有人对我说，发放救济要比以工代赈更为经济。这话不假。但是，不幸得很，说这种话的人对美国的真实情况实在接触太少。他们不理解，在救济工作中，我们是同有正当自尊心的美国人打交道。对他们来说，单纯地施舍会伤害要求保持个人独立的一切本能。大多数美国人都想为他们所得到的东西付出点什么。这里所说的付出点什么，指的就是老老实实地工作，而这种工作是防止他们精神上颓废的屏障。"罗斯福的这番话是有见地的。胡佛在这方面就比罗斯福差得很远，他只是跟着大资本家的后面指摘失业工人是"懒汉"，相比之下，更显出罗斯福的机灵。

罗斯福的以工代赈给资本家带来的不是损失，而是利润。从 1933 年 1 月到 1939 年 6 月，联邦政府支出的各项工程费用共达 1786800 多万美元（其中直接救济款只有很小一部分，约占 1/6）。这笔钱经过工人的手，通过不同的渠道，以消费的形式，交到了资本家那里，这就是以政府投资作为刺激私人投资的"唧筒引动水"。

社会改革

罗斯福"新政"的第二阶段（1935—1939）除了以工代赈的活动外，另一个对美国社会有重大意义的项目是社会保险立法——对失业者、老年人、病人和无依无靠者提供社会保险形式的救助。

1935 年 8 月 14 日通过的《社会保险法》，改变了过去由小团体自助自救或由慈善团体提供救助的老传统，开始了罗斯福所津津乐道的"福利国家"的试验。主要精神是由联邦和州共同承担社会保险的责任。参加社会保险的人不包括农业工人、家庭仆役、临时工、联邦政府和州政府的雇员、宗教性教育和慈善机构工作者、个体经营者（在以后年代的修正案，对上述限制有了放宽，范围有了扩大）。

1935 年社会保险法分为三部分：（1）养老金制度；（2）失业保险制度；（3）对无依无靠者提供救济。

年满 65 岁领取退休工资的劳动者，根据不同工资水平，每月可获 10—85 美元的养老金。这个数目就 30 年代的币值来说，也是很有限的。

关于失业保险，其保险金一半是由在职工人和雇主各交付相当于工人工资 1% 的保险费（限于 8 名工人以上的工厂和年工资超过 3000 美元的工人），另一半由联邦政府拨付。此外，各州还有各自的失业保险制度，并从联邦得到资助。

1935 年的《社会保险法》，当然不是出自什么人的恩赐，而是美国工人阶级长期斗争的又一成果。这个法律一直延续到今天，现在从工资中扣除的保险费已不是当年的 1%，而是为平均工资的 12% 了。

上述社会保险制度的联邦经费来源，主要依靠个人所得税、公司累进所得税和 1933 年恢复征收的附加税（过分利得税），以及 1935 年征收的遗产税。5 万美元纯收入和 4 万美元遗产征收 31%，500 万美元以上的遗产可征收 75%。公司税过去一律是 13.75%，根据 1935 年税法，公司年收入在 5 万美元以下者，税率降为 12.5%，5 万美元以上者增为 15%，另外加征累进附加税。

新的劳工立法

在罗斯福的"新政"中，劳工关系是他特别关注的领域。他懂得，如果得不到有组织的劳工的支持，社会动荡局面就无法稳定，更谈不上刺激私人投资。还应该指出，在支持他的选民中，有组织的劳工是特别有力的集团。

罗斯福把美国"劳资合作"叫作"全美联队"（他喜欢用打橄榄球来打比喻）。最高法院把《全国工业复兴法》取消了，连带把该法中有关劳工权利的第七条第一款也废除了，从而激起工会组织的激烈抗议。在罗斯福的坚决要求下，国会迅速采取行动，在《全国工业复兴法》被取消后不到40天，1935年7月5日又通过了《全国劳工关系法》（《瓦格纳—康纳利法》）。它规定禁止雇主干预或图谋控制劳工组织，工人有组织工会的权利，雇主不得拒绝与工人集体谈判合同，不得禁止罢工，不得歧视工会会员，并成立全国劳工关系局，处理劳工对雇主的申诉。它有权对雇主发出强制性命令。雇主们向法院控告《全国劳工关系法》违宪，但是，工人阶级的强大压力，以及罗斯福对最高法院的强硬态度，迫使最高法院于1937年4月12日作出此法"符合宪法"的裁决。

另一个重要立法是关于最低工资和最高工时法。罗斯福在1937年5月24日向国会致送了关于这项立法的咨文。他指出："当我们工人的一大部分还没有就业的时候，超时工作和低水平的工资是不利提高国民收入的。"他再一次反对童工制。经过了一年多的幕后折冲和缓慢的法律程序，直至1938年6月14日国会才通过《公平劳动标准法》（又称《工资工时法》）。其主要内容是每周40小时工时，每小时40美分最低工资，禁止使用16岁以下童工（关于最低工资的规定，以后陆续有所调整。1955年调整为每小时一美元。部分由于通货膨胀的因素，在60年代和70年代提高得比较快。以建筑工人为例，1965年每小时工资为4.64美元，1976年为9.92美元）。

这些社会立法是属于社会改良的范畴。但在资本主义制度下，工资劳动者争取到这类改良立法，是有积极意义的。

"新政"的影响

"新政"作为挽救1929—1933年资本主义经济大危机的救急药方，早已结束了它的历史作用。但是，它留下了深远的影响。概括起来有三个方面。

1. 以资产阶级民主范围内的国家干预，解脱了由于经济危机造成的法西斯势力在美国得势的潜在威胁。美国在30年代出现的法西斯趋向，在程度上比欧洲要小一些，但并不是不存在法西斯主义得势的危险。美国的种族歧视就是滋生法西斯主义的温床。美国的种族主义组织就是30年代如雨后春笋般冒出来的法西斯或半法西斯式团体的基础。除了那些叫作什么黑衣社、银衣社、白衣社、褐衣社、民兵团这类组织外，更大的危险是政治上的右翼势力，其中包括一些极端派的社会蛊惑家，如参议员休伊·朗和查理·库格林神父等公然鼓吹用法西斯方式来解决美国的危机。更严重的是，有成千上万的感到没有出路的群众追随他们，在美国还不存在无产阶级领导的革命的形势下，"新政"在资产阶级民主的框架内，对某些资本主义的极端弊病加以改革和抑制，对暂时改善劳动人民和中小资产阶级的社会和经济地位，还是有积极意义的。它可以起到"降压阀"的作用，不让法西斯主义利用群众的绝望情绪以售其奸，使美国避免走上法西斯道路。

2. 为美国式的"福利国家"奠定了基础。罗斯福在 1935 年提出社会保险计划以来的约半个世纪中，美国社会福利范围逐渐扩大，福利费用的支出成了美国联邦预算赤字的三大根源之一（另外两个是军事费用的上升和税收的相对不足）。1980 年普遍性的福利费用支出达 2270 亿美元，占国民生产总值的 8.8%。这一开支，已经成了联邦的一个包袱。里根政府力图甩包袱，但很难改变近 50 年来形成的所谓"福利国家"的格局，充其量，只有进一步发展"劫贫济富"政策，一方面削减以穷人为对象的福利，一方面对大企业减税。

3. "新政"大大扩大了联邦和总统的权力，其程度远远超过南北战争时期的林肯，因为林肯领导的是一个分裂的国家；也超过第一次世界大战时期的威尔逊，因为威尔逊控制不了国会。罗斯福是第一个大胆运用美国宪法为他的权威服务的总统。共和党总统尼克松曾经直率地批评"罗斯福的改革导致华盛顿的权力越来越大"。但是，批评归批评，用权归用权。第二次世界大战结束后近 40 年来的美国总统，不论是属于哪个党的，都毫无例外地、也毫不勉强地运用在罗斯福手中开创的越来越大的总统权力。

关于"新政"的几个争论问题

首先是对"新政"的评价。"新政"究竟是成功还是失败？过去有一种说法，"新政"是美国统治集团为了挽救垂死的资本主义制度而采取的一系列措施，它压制了人民民主权利，加重了对劳动人民的剥削，最后以失败告终。但笔者认为，以下数字可以作为参考；以 1933 年 3 月罗斯福上台到 1936 年底作比较，工农业和社会状况有很大变化。首先，金融危机控制住了，农业收入增加了近 1 倍，许多工业部门恢复到了 1929 年的水平。国民收入 1936 年为 640 亿美元，比 1933 年的 396 亿美元增加了 50% 多。公司利润 1933 年亏损 20 亿美元，1936 年获利近 50 亿美元。大企业获益最大。汽车制造业 1936 年是 1929 年以来生产最高的一年。通用汽车公司 1936 年营业额比 1935 年增加 50%，杜邦公司 1936 年上半年营业额比 1935 年同期增加 70%。罗斯福在 1936 年 10 月 14 日发表的一次演说中宣布他的"新政""挽救了被拖到毁灭边缘的私人利润和自由企业制度"。也就是说，他给他的政府规定的挽救当时濒于崩溃的资本主义制度的目标，已经完成。

但是，"新政"是救急药方，它不可能治疗资本主义痼疾。它在解决带根本性的失业问题上是失败的。尽管罗斯福千方百计地创造和提供就业机会，但就业情况是不稳定的。罗斯福就职时失业人数是 1400 万，1937 年 8 月减到 500 万，1938—1939 年又增加到 1000 万左右。这时，美国又面临一次新的经济危机的威胁。只是在 1939 年爆发了新的世界大战，才使美国经济获得意外的推动力。失业之于资本主义制度，就像影子跟着人一样。资本主义的基本矛盾以及社会生产的无政府状态，必然使失业成为经常现象。罗斯福通过公共工程以低于一般工资水平使失业者维持起码的生活条件，局部解决失业问题。在资本主义制度下，更多的就业机会，还得靠私人企业提供。所以，罗斯福的"法力"是十分有限的。

关于"新政"的性质和作用，"新政"的实质是什么，这是国内外学术界争论较多的问题。不同阶级、不同的政治集团、不同的利益集团，答案不可能是一致的。

大资产阶级的代言人，"报业大王"赫斯特说"新政"（New Deal）是"苛政"（Raw Deal）。

美国共产党在罗斯福上台后的头两年，谴责"新政"是资本主义的诡计，是披着自由主义外衣的法西斯主义。1936 年以后调子有所降低，不再说它是法西斯主义，因为真正的法西斯主义已经在欧洲出现，并形成了新的战争策源地。

美国著名记者约翰·根室说，他所听到的对"新政"所下的最好定义是"那是一些没有骨气的自由派为了那些失魂落魄的资本家而去拯救资本主义的一种企图"。

1928—1948 年曾五次参加总统竞选的美国社会党候选人诺曼·托马斯对"新政"做了全面评价，指出"新政"绝对不是社会主义，"罗斯福的口号是：'工人和小有产者联合起来，扫掉华尔街'。这个口号至少同安德鲁·杰克逊一样古老"。

罗斯福本人一再申明，他的"新政"不是社会主义，不是共产主义，也不是法西斯主义，而是解决实际问题的一种实际政策。

过去，国内的一些研究者认为，"新政"是为垄断资产阶级服务的，目的是为挽救垂死的资本主义制度。最近几年，一些研究者认为，"新政"是采用资产阶级改良主义的办法，将美国私人垄断资本迅速而全面地推向非法西斯式的国家垄断资本主义，从而局部地改变了社会的生产关系，相当程度地改善了美国劳动群众的政治经济处境，暂时缓和了阶级矛盾。有的同志还指出，不能以分析"新政"的阶级实质来代替对"新政"的全面评价，"新政"是美国历史上的进步现象。

笔者认为，"新政"不是罗斯福一个人头脑中冥想出来的。"新政"的一些主要措施，反映了美国中小资产阶级和有组织的劳工、广大黑人及其他少数民族，要求抑制大公司、大资本对国民经济无孔不入控制的愿望。罗斯福在一些资产阶级自由派的知识分子（所谓"智囊团"，其主要的核心人物如哥伦比亚大学教授雷蒙德·莫利、雷克斯福德·特格韦尔和小阿道夫·伯利斯及休·约翰逊将军和霍普金斯等）的协助下，采取了缓和阶级矛盾、抑制一下垄断资本的利润贪欲的措施（某些劳工立法和社会立法），此外，采用了联邦干预的手段，对经济和社会生活进行某种"调节"。罗斯福不是一个激进主义者，当然根本谈不上是一个社会主义者。他从来没有向美国现行社会制度挑战过。他要求保持资本主义，改革一些弊端而不是摧毁它。他一再否认他对大资产者怀有敌意。他对美国人说："向私人垄断的斗争，不是反对美国企业，而是为了美国企业。这是保持个人企业和经济民主的一个斗争。"

罗斯福十分愿意别人把他放在中小资产阶级代言人的位置上。他提出的所谓公平竞争，反对私人垄断，实际上是19世纪南北战争结束后不久自由资产阶级提出的口号，在美国早已是历史陈迹。罗斯福实行的"新政"，特别是联邦政府对社会、经济生活的大规模干预（罗斯福称之为"有组织的政府权力"），是美国类型的国家垄断资本主义在国家生活中发挥调节和杠杆作用的一个重要阶段，但并没有从根本上改变"私人企业是美国经济的主心骨"这一形态。尽管罗斯福本人"偏爱有计划、有纪律的企业制度"，但是，正如斯大林所说"在资本主义条件下不可能实行计划经济……在最好的情况下，也不过意味着稍微抑制一下个别最不受抑制的资本主义利润的代表者，稍微加强一下国民经济的调节原则"。[①] 斯大林讲这话是1934年7月23

---

① 斯大林：《和英国作家赫·乔·威尔斯的谈话》，《真理报》1934年8月8日。

日，"新政"还没有进入第二阶段（一些社会立法和劳工立法都是在这一阶段中出现的），它的影响和结果还没有全部显示出来，但是斯大林的基本估计是正确的，因为"新政"的全部措施，归根结底，都没有脱离"抑制"和"调节"的范畴。

许多"新政"研究者认为"新政"的理论根据是凯恩斯主义。这也是一个可以进一步研究的问题。"新政"带有凯恩斯主义的痕迹，或者说，受到凯恩斯主义的一定影响，这都是事实，"新政"规划班子中有一些人在不同程度上接受了凯恩斯的观点，不可避免地会对"新政"计划产生一定影响。但是"新政"与凯恩斯的学说在许多方面包括赤字财政、赋税、价格、工资等方面是不一致的。在最重要的一点上，即政府干预经济生活上，罗斯福在实践上比凯恩斯的理论走得远得多。国内外学者都在对此作进一步研究。

关于"新政"的分期和延续年限的问题。国内外学术界亦有不同看法。对"新政"分期一般有四种说法：一是把"新政"分为"第一次新政"和"第二次新政"；二是把"新政"分为初期（第一阶段）和后期（第二阶段）；三是把"新政"分为三个阶段，具体分法上也不尽一致；四是根据"新政"各项措施的性质和"新政"实施过程中的连续性，不分阶段地综合叙述和加以分析。至于说到"新政"何时终结，众说纷纭。有的学者把1937—1938年作为"新政的终结"；有的学者则说罗斯福在"百日新政"之后，"罗斯福的新政，这时已是强弩之末"；有的则说，罗斯福在1941年停止实行"新政"；有的同志认为，"新政"不但在第二次世界大战前未消失，在大战中也基本保存下来，在战后又继续发展，构成美国社会制度的特色和根基，指出："肯尼迪继承了新政传统，并扩大其规模，到约翰逊时代，更将新政推行到最高峰。""新政"究竟什么时候结束，美国官方实际上没有正式宣布过。但在1938年以后，"新政"已经没有过去六年的锋芒，因为罗斯福及其政府的注意力已经转到国际事务上去了。罗斯福在1943年底德黑兰会议后的一次记者招待会结束后，对留下的记者说，希望报刊不要再用"新政"这个词了，因为现在不需要"新政"了。后来他又解释说："'新政大夫'用特别的药方来医治内部的严重无秩序的失调状态。当它复原以后，病人遭到一次很糟糕的意外事件——珍珠港事件，遭受很严重的打击，'新政大夫'对此就无能为力了。"就这样，宣布了"新政"的"光荣退役"。

印度 1930—1934 年民族解放斗争

尚会鹏

1930—1934 年的印度民族解放斗争是在代表印度民族资产阶级利益的国大党领导下，由各阶层人民参加的群众性反英斗争。运动曾提出摆脱英帝国主义统治、要求印度独立的口号。由于英政府的残酷镇压和民族资产阶级的软弱，斗争未能达到预期目的，但进一步动摇了英国在印度的统治。它是印度民族解放运动中一个重要的发展阶段，使印度向最终获得民族独立又迈进了一步。

经济和政治背景

20 世纪 20 年代的印度，处在英帝国主义的殖民统治之下。在政治上，印度是英联邦的一个成员，完全受英国的摆布；在经济上则遭受着严重的殖民掠夺和剥削。20 年代中期，英国垄断组织在一定程度上恢复了它们在第一次世界大战时期在印度经济中已动摇的地位。英国在印度的财政资本，1926—1927 年度是 57490 万英镑，到 1928—1929 年度已上升到 10 亿英镑。印度每年必须为此向英国汇出巨额红利。第一次世界大战后，英国银行和经理行（英国在印度的垄断组织）活动很积极。1923—1927 年，在印度营业的英国银行集中了印度全部存款的 70% 以上。对外贸易拨款也由英国银行垄断，由印度银行控制的外贸拨款还不到 15%。经理行不仅控制了很大一部分印度资本，还把在印度榨取的超额利润再投资于印度。英国人通过这些组织，控制着印度的经济命脉，吸吮着印度人民的血汗。

在工业方面，1923—1927 年印度民族工业有了一定程度的发展，工厂数目由 5144 家增至 7515 家，就业人数由 136.1 万增至 153.3 万，但印度的工业结构仍未改变其殖民地性质，工业发展只限于那些同殖民掠夺直接有关的部门（如铁路、采矿以及黄麻工业等），而机器制造、冶金等工业则几乎没有发展。英国统治者采取种种办法，阻止印度民族工业的发展。1927 年，殖民当局不顾印度资产阶级的反对，提高卢比对英镑的汇兑率，把原来的一卢比等于一先令四便士提高到一卢比等于一先令六便士。卢比汇兑率的提高，便于英国工厂主扩大对印度的输出，降低了印度工业品的竞争能力，从而打击了印度的民族工业。1929 年爆发的世界性经济危机，进一步打击了印度的民族工业。危机期间，印度资本占优势的棉纺织业的股息由 10.4% 降至 6.7%。许多印度企业竞争不过资本雄厚、有政府保护的英国企业而纷纷倒闭。到 1933 年 1 月，属于印度资本的 353 个采矿企业中有 243 个破产。经济萧条加剧了印度资本的积累和集中，旧有的垄断联合组织加强了，例如成立于 1907 年的塔塔钢铁公司的产品在印度钢铁市场上所占的比重由 1927 年的 30% 增加到 1934 年的 72%。还出现了一些新的垄断组织。如 1930 年在水泥工业中出现了一个新的统一组织"印度水泥经销公司"，不仅垄断水泥价格，还对几乎所有工厂都规定生产限额。这个时期印度企业的数目虽有所减少，但他们在国家经济生活中的作用明显提高了。他们对政府采取的压制印度工业发展的政策日益不满，要求摆脱英国统治、独立发展民族工业、自己管理国家事务的呼声越来越高。

随着工业的发展，印度的工人阶级队伍不断壮大。然而，工人的经济状况却普遍恶化。英国垄断资本家和印度工厂主在工厂推行"合理化"生产，使工人劳动强度增加，就业人数减少。而大批贫困农民进城谋生，充斥劳动力市场，更使工人工资下降，失业人数增加。经济危机则加剧了这种状况。1921—1931 年间，有工作能力的男子失业人数从 1030 万—1420 万增至 1150 万—1770 万。从 1926 年到 1933 年，孟买纺织工人的工资几乎减少了 17%。这一切激起了印度工人阶级对英帝国主义和印度大资产阶级的仇恨。20 年代中后期，印度各大工业中心不断发生有组织的工人大罢工。1925 年，孟买爆发了纺织工人的总罢工，有 16 万工人参加，时间延续了近 3 个月。1928 年，孟买纺织工人再次举行大罢工，要求资方停止降低工人工资，停止实行"合理化"等。1928 年共发生 203 起罢工风潮。

在农业方面，由于帝国主义的掠夺和严重的封建残余的存在，印度农业极端落后，土地集中在少数人手里。根据对孟买管区的统计，1924—1925 年，12% 的土地所有者占有该区 86% 的土地。土地集中的现象越来越严重，1921—1931 年，以地租为生的人数从 370 万增至 410 万。殖民政府为了维持庞大的行政和军事开支，不断向农村增收田赋和各种捐税。1927—1928 年，国家征收的田赋达 38530 万卢比。田赋的增加使土地所有者的利益受到损害，而受害最大的是佃农和无地的农业雇工，因为地主通过提高土地租金和降低雇工工资等办法，把很大一部分负担转嫁到他们身上。从 20 年代中期起，农业债务的增长说明广大农业雇工和贫农因收入减少而经济状况恶化。1923—1924 年，英属印度（包括缅甸）的农业债务为 60.4 亿卢比，而 1929年英属印度 11 个省的债务就达 80 亿卢比。旁遮普省农民的债务在 1921—1929 年增加了 50%。经济危机也给印度农业带来严重影响。农产品价格下跌，农民收入减少，而他们缴纳的土地租金和其他支出却没有减少，有的甚至增加了。1928—1933 年，联合省的地主所收的租金总额由 1.87 亿卢比增至 1.94 亿卢比。在沉重的赋税和高利贷利息的压榨下，千百万农民破产。20 年代末期，印度许多地方爆发了农民运动。1927 年，孟买管区政府宣布把该区田赋平均提高 20%—25%，于是在古吉拉持的巴尔多利地区，农民掀起了拒缴田赋的有组织的群众运动，迫使政府不得不恢复旧的田赋制度。

总之，20 年代末期，英国殖民统治者不仅同印度资产阶级，而且同印度工人、农民以及其他劳动群众之间的矛盾日益尖锐起来。印度资产阶级正是在民族矛盾加剧的形势下领导了一场群众性的反帝斗争。

印度资产阶级参加并领导的 1919—1922 年非暴力不服从运动的失败使印度资产阶级经历了一次严重的危机，代表资产阶级利益的印度国大党的威信下降了，一些对国大党政策失望的群众脱离了该党。在党内，围绕斗争方式问题发生了尖锐的分歧。20 年代中后期，国大党内部形成以贾瓦哈拉尔·尼赫鲁（1889—1964）和苏巴斯·昌德拉·鲍斯（1897—1945）为代表的左翼民主主义派。他们对以莫罕达斯·卡拉姆昌德·甘地（1869—1948）为首的温和派仅仅争取印度获得自治领地位的主张表示不满，提出了争取完全的民族独立的口号，在同英帝国主义的斗争中主张采取较为激进的政策。他们还同群众运动有着密切的联系。在民族矛盾日趋尖锐的情况下，左派势力逐步壮大，国大党开始对英帝国主义提出越来越激进的要求。

然而，英帝国主义无视印度资产阶级的要求和广大劳动群众日益增长的不满情绪。20 年代初，迫于群众斗争的压力，英国政府在 1919 年的印度政府组织法中不得不对印度资产阶级做出某些让步（如让印度人参加政府的立法机关等）。在以后的年代里，殖民政府的行为把这些微小让步也践踏殆尽。印度总督有否决立法机关任何决议的权力，当决议不符合英国利益时，总督就行使否决权。1922 年立法议会否决了一项旨在镇压土邦民主运动的所谓"保护土邦、反对教唆叛乱"的法案，但总督却行使否决权，下令实行这项法案。立法议会在讨论 1923—1924 年度预算时，否决了一项提高盐税的议案，但总督则根据授予他的特权，下令把盐税提高了一倍。这些做法越来越激起印度资产阶级的不满。按照 1919 年的印度政府组织法，10 年后将派一个专门调查团赴印，研究修改印度法律问题。1927 年 11 月，英国政府突然任命一个以自由党人西蒙为首的调查团，准备前往印度，修改一部决定印度未来命运的法律，然而竟无一个印度人参加调查团，这是对日益觉醒的印度人的蔑视，引起了各阶层的反对。委派西蒙代表团一事，成了印度民族解放斗争再次高涨的导火线。

全印"不服从运动"的掀起

1927 年 12 月，国大党在马德拉斯召开大会。会上通过了抵制西蒙调查团的决议，号召全国居民在西蒙调查团到达印度之日举行群众性的抗议示威游行，并号召国大党把这种游行活动变成争取印度自治的民族斗争。为了对抗西蒙调查团，1928 年 5 月，成立了一个以莫提拉尔·尼赫鲁为主席的制宪委员会，负责制定一部印度新宪法。1928 年 7 月，该委员会向全印和各省政党代表会议提交了新宪法草案（又称"莫提拉尔·尼赫鲁宪法草案"）。宪法草案要求给印度以英帝国内的自治领地位，给人民以言论、出版、集会、结社等自由，反对宗教和种姓歧视等。这部宪法对英帝国主义的温和态度，引起了国大党左派的不满。1928 年 11 月，由一部分左派国大党成员组成"全印独立大同盟"，领袖是贾瓦哈拉尔·尼赫鲁和苏巴斯·昌德拉·鲍斯，该组织积极要求印度完全独立。

委派西蒙调查团，也引起了工人阶级的极大愤怒，1927 年 11 月召开的"全印工会大会"通过了抵制调查团的决议，并选出了一个起草未来宪法的委员会。

印度的伊斯兰教徒在抵制西蒙调查团问题上有分歧。为此，1928 年"全印穆斯林联盟"分裂。以穆罕默德·阿里·真纳（1876—1948）为代表的穆斯林集团反对同英国人合作，积极抵制调查团的活动。

1928 年 2 月，当西蒙调查团抵达孟买时，居民以抗议性罢业来对抗。这一天，各大工业中心在"西蒙滚出印度去"的口号下，举行了强大的示威游行。调查团在德里也受到冷遇。中央立法议会通过一项决议：任何时候也不和这个调查团进行任何形式的合作。

1929 年 12 月，国大党在加尔各答会议上讨论莫提拉尔·尼赫鲁宪法草案。国大党左派对草案提出了严厉批评；为了避免分裂，仍投票表示赞成，但保留"进行印度完全独立的宣传"的权力。会议向殖民政府提出最后通牒：在一年内（截至 1929 年底）政府一旦拒绝承认这一宪法草案，将发动新的"非暴力不服从运动"。

不服从运动是印度资产阶级用来反对英国殖民统治的非暴力斗争策略。运动要求对敌人的暴行不要以怨报怨，要按照非暴力的原则，采取不同殖民政府合作的行动。如不在政府中任职、放弃政府授予的各种荣誉称号、不在政府办的学校读书、抵制外国商品等。这种方法最早由甘地提出，20 年代初，国大党曾发动过一次这样的运动，极大地震撼了英国在印度的殖民统治。在民族矛盾日趋尖锐的情况下，国大党准备再次拿起这个武器，同英帝国主义作斗争。

尽管新宪法草案极其温和，英印当局仍不肯作出任何让步，拒绝以这个草案为基础进行谈判。于是，国大党在 1929 年底举行的拉合尔会议上通过了开展不服从运动的决议，指派甘地为这个运动的领导者。贾瓦哈拉尔·尼赫鲁被选为党的主席。会议宣布争取完全的独立是这一运动的主要目标。会议还规定，1930 年 1 月 26 日为"印度独立日"，在这一天全国要举行集会、升国旗和为独立宣誓等活动。

1930 年 1 月 26 日，数千名大学生、职员、商人和知识分子在贾瓦哈拉尔·尼赫鲁等国大党领袖的率领下走上孟买街头，举行示威游行。游行队伍打着巨幅标语，上面写着"非暴力革命万岁！"等口号。女爱国者恰托巴蒂雅不顾警察的拦阻，冒着生命危险在国大党的大厦上升起一面国旗。随后，10 万工人参加了游行。印度其他大城市也在反帝的口号下举行了人数众多的集会和游行。国大党工作委员会在这一天作出的决议中说道："英国政府不仅剥夺了印度人民的自由，而且把剥削人民作为自己统治的基础。它使印度在经济上破产，在政治上削弱，阻碍了印度的文化发展……所以我们认为印度应当摆脱英国的一切束缚，争取完全的独立……我们认为继续服从使我国遭受无穷灾难的政府，乃是对人类和对神的犯罪行为。但是，我们认为争取自由的最有效的道路就是非暴力道路。我们准备发动公民不服从运动，包括抗税。"

1 月 27 日，甘地在《印度时报》上发表了"十一点要求"，声称政府如能满足这些要求，可以不开展全国性的不服从运动。这些要求是：（1）把卢比对英镑的兑换率降低到 1 卢比等于 1 先令 4 便士；（2）降低田赋 50%；（3）减少军费至少 50%；（4）减少英国官员的薪金 50%；（5）实行保护关税，限制外国布匹和服装进口；（6）给印度船队以内河运输的特权；（7）取消政府设立的刑事侦缉局或对其确立监督；（8）给印度公民以带枪自卫的权利；（9）废除政府的食盐专营政策和取消盐税；（10）禁止出售酒类；（11）释放全部政治犯，但杀人犯和教唆杀人犯例外。

这些要求，大部分反映了印度地主、资产阶级对英国经济政策的不满以及民族资产阶级与英国垄断资产阶级之间日益加深的矛盾。同时，也反映了广大农民和其他下层劳动人民的一些要求（如降低田赋、减少军费和英国官员的薪金、取消盐税等）。但是这些要求暴露了印度资产阶级的局限性，如最后一条规定，那些被英政府控告犯有谋用暴力罪的革命者，不属于能释放的政治犯之列，此外，要求中也没有提到印度独立的问题。

尽管如此，殖民当局还是拒绝作出任何让步。于是，甘地宣布开始不服从运动。他决定选择违抗政府盐业专营政策，进行一次"食盐进军"作为反英运动的开始。甘地的这一选择是经过深思熟虑的。在气候炎热的印度，人们对食盐的需要超过一般人的想象，政府征收很高的盐税，并规定盐业由政府专营、私人不得熬盐，这直接损害了各阶层人民的利益。从反对盐专营、拒绝缴纳盐税来开始反英斗争，最能为广大群众所理解和接受。

1930 年 3 月 12 日，甘地带领他精心挑选的 79 个信徒，从阿默达巴德出发，步行前往孟买沿岸附近的丹迪村熬盐。一行中有学者，有手纺织工，还有"不可接触者"。[①] 既有印度教徒，也有耆那教徒；既有像甘地这样的 61 岁的老者，又有年仅 16 岁的少年。他们一律身着白服，步伐坚定，充满了必胜的信心和对英国殖民统治者的蔑视。队伍经过沿途村庄，都受到盛大欢迎。甘地利用一切机会，向农民群众宣传不服从运动的理论。在他的鼓动下，有 200 名村长放弃自己的职务，自愿参加了进军。4 月 5 日，进军队伍到达丹迪村，他们不经政府允许就熬起盐来。熬盐仪式一直进行了三个星期。食盐进军的目的，首先，是要殖民当局知道，民众是反对食盐专营政策

---

① 不可接触者是印度社会中的"贱民"，不属于任何种姓，从事被认为低贱的职业（如清扫、屠宰等），印度教法规对他们有种种限制，如不得同其他种姓共食、见到其他种姓要回避等。

的。其次，甘地企图通过这一行动，影响全国人民，以掀起更大规模的反英斗争。

不服从运动的高涨和
英帝国主义的残酷镇压

食盐进军的消息很快传遍了全印度。进军结束后，违反食盐专营的现象已具有群众性质，并扩展到其他省份。不服从运动在全印度开展起来。

甘地根据新的形势，对这次不服从运动规定了下列内容：违背政府的法令（首先是政府的"食盐专营法"）；放弃所担任的政府职务；不遵守对不可接触者的各种限制；抵制英国商品，提倡土布和手工纺织；不饮酒（因为酒类是殖民政府最赚钱的商品）；在要求印度独立的口号下举行群众性罢业和示威游行；抵制英国政府的各种委员会（其中包括西蒙调查团）和个别官吏；最后，把拒绝向政府纳税作为万不得已的手段。

国大党员号召大城市和乡村在 1930 年 4 月中旬举行一天罢业或群众性的反政府示威游行，来庆祝对当局的不服从运动的开始。4 月 9 日，甘地向国大党各地方委员会发出指示，要他们普遍组织纠察队，不让人走进酒店和出售英国商品的商店，组织罢业和实现其他形式的同政府的不合作。由于1930 年 4 月的反政府罢业，贾瓦哈拉尔·尼赫鲁和他的父亲莫提拉尔·尼赫鲁均遭逮捕，这更激起了群众反英情绪的高涨。

这次运动同 1919—1922 年的运动相比，有很大的不同。从 20 年代初到 20 年代末，国大党的力量不断增强，国大党在群众中尤其是农民中的影响逐渐扩大。因此参加这次运动的群众更为广泛，积极性更为高涨。除了工人、农民、手工业者和学生外，还有许多作家、诗人、新闻记者和教师。这些知识分子进行了广泛的宣传和教育工作。广大妇女也投入了斗争。她们不分种姓和地位的差别，组织起来，散发传单，张贴标语。许多妇女在丈夫、儿子、兄弟被捕入狱后，挺身而出，代替他们继续工作。在开展不服从运动的日子里，人们辞退官职，离开学校，抵制外货，举行罢业和示威游行。国大党还指示银行、海运和保险业抵制外国企业，致使英国垄断资产阶级损失巨大。1930 年秋，英国棉纺织品的出口额比 1929 年减少 1/3—1/4。孟买有 16 家英国人办的工厂倒闭。

殖民政府对运动进行了疯狂的镇压。运动的参加者遵守甘地规定的非暴力原则，对于当局的镇压，一般不积极抵抗，而是自愿地走进监狱。但也有这种情况：警察的暴力行动甚至激起甘地最忠诚的信徒的愤怒，和平的示威游行便演变成与警察的冲突。甘地极力阻止群众使用暴力手段，声称他对于那些以暴力手段行动的人，比对英国人的统治和迫害更害怕。然而，敌人并没有因为运动的非暴力性质而放松镇压。1930 年 5 月 4 日，当局逮捕了甘地。所有反对政府的组织，包括国大党，都被宣布为非法。甘地被捕前，曾计划用非暴力手段袭击和占领达哈尔萨纳盐库。他被捕后，他的信徒于 5 月 21 日行动，结果遭到警察的残酷镇压。领导人被捕，许多人受伤流血。

白沙瓦事件更为触目惊心。不服从运动开始后，这个地区信奉伊斯兰教的巴克同人组织了十分活跃的义勇队。义勇队成员皆身着红服，故称"红衣党"。4 月 23 日，为了抗议不服从运动领导人被捕，红衣党人举行了示威游行。英国殖民军队竟向手无寸铁的游行者开了枪。游行者没有反抗，也没有躲避，反而向着枪口方向前进。前面一排人倒下了，后面一排人又跟上来。有几百人死在敌人的枪弹之下。印度教徒士兵曾拒绝向游行者开枪（后来这些人被军事法庭判终身监禁），成为印度现代史上印度教徒和伊斯兰教徒团结反抗英帝国主义的象征。

尽管甘地和其他国大党领导人力图把运动局限在和平抵抗的圈子内，但运动的发展又是他们难以驾驭的。许多地方的斗争发展成为暴力行动。其中，最著名的暴力事件是吉大港起义和绍拉普尔的工人起义。

20 年代末期，一部分小资产阶级知识分子青年出自对英国殖民主义者的痛恨和对国大党非暴力主义的失望，开始在恐怖主义中寻找出路。一些地方出现了恐怖主义集团，孟加拉的"吉大港共和军"就是其中的一个。吉大港是英国军队在孟加拉的重要基地，恐怖主义者准备在全国开展不服从运动的同时，在这里举行武装起义，使该地区英国行政当局的活动陷于瘫痪。他们明白这次起义不可能把英国人驱出印度，终究会被镇压下去。但是，他们希望这一行动能给印度人作出积极斗争的榜样。1930 年 4 月 18 日，共和军袭击了英国人在吉大港的军火库，杀死了那里的守军，夺取了全部武器，并进而控制了整个吉大港市。起义者消灭了全部武装警察哨，并颠覆军用列车，散发反英传单。吉大港区的行政长官也遭枪击，险些送命。殖民政府急忙调动大批边防军前来镇压，在敌众我寡的情况下，起义者不得不撤退到深山中继续抵抗，但共和军是个恐怖组织，没有群众基础，因得不到增援而彻底失败。1930 年，吉大港共和军的 30 名成员被交付法庭审判。

几乎是在同时，在孟买省的纺织工业中心绍拉普尔，也爆发了反英起义。不服从运动的开始成了绍拉普尔劳动者起义的信号。1930 年 5 月初反英示威游行的参加者与前来阻止的警察发生了冲突。警察开枪打死五名游行者，100 多人受伤。被激怒的绍拉普尔人举行了暴动，以报复当局的迫害。起义者烧毁一处军火库、六个警察局和大部分英国人的机关和酒店。城市上空升起国旗。该市所有官吏被免职，工人建立了自己的政权，成立了委员会，选举出了领导这次起义的代表。殖民当局调动 2000 名英国士兵进行镇压，起义者顽强抵抗。经过激烈的巷战，起义被镇压下去，新政权的全体代表被逮捕。许多工人领袖被绞死，其余参加起义或被怀疑参加起义的人均判处长期监禁。

印度其他各大工业中心也举行了工人罢工和罢业。在孟买，有 5 万多人参加了反英罢业，49 个企业的工人参加了罢工。在举行群众大会时，警察向聚会者开枪，约有 500 人被打死，600 多人被投进监狱。在加尔各答和其他大城市，工人们筑起街垒，和警察发生了多次武装冲突。

广大农民和手工业者也参加了这次运动。1930 年农民运动的最大策源地是联合省的奥德地区。1930 年 3 月，联合省国大党委员会通过了关于开展降低田赋运动的决议，号召农民为争取降低田赋 50% 而斗争。阿拉哈巴德行政区的农民开始了抗税运动，这个运动很快扩大到其他地区。参加运动的基本群众是有永佃权的佃农和小土地所有者。在斗争中，佃农们并不仅仅局限于用非暴力手段，他们还常常采取更积极的行动，如捣毁地主庄园等，来反对英国当局、地主和高利贷者。

奥德地区的抗税运动很快扩及其他省份，孟加拉省基绍尔基地区的农民，由于黄麻价格暴跌，开始了抗租运动。加尔各答的工人支持农民的要求，运动声势浩大，孟买省的贝拉尔种棉区，也发生了农民反封建骚动。农民建立了自己的协会，来领导抗租和抗缴高利贷利息的运动。在农民协会的领导下，开始建立起义农民的队伍。他们积极反抗英国税收官，包围高利贷者和地主的住宅，抢夺他们的财物，焚烧他们的住宅。

英国政府企图通过镇压把革命运动淹没在血泊里。1930 年末至 1931 年初，当局接二连三地颁布特别法令。英国当局根据这些法令，可以在任何时候不经侦查和审讯而逮捕任何人。法令还规定，某一地区如发生不执行法令的事，须由该区居民集体负责。当局对抗税的农民一律判长期监禁，对起义者实行了逮捕和枪杀，对参加不服从运动的人也都采取了严厉的报复手段。

在农民运动开展得较广泛的西北边省和联合省，殖民当局设立了特别法庭，可以作出非法律所规定的任何判决。在甘地被捕以后的几个星期里，大约有10万人进了监狱（其中有许多是自愿走进去的）。在 1930 年 10 个月和 1931 年全年里，被当局判有罪的达 9 万多人，其中包括许多妇女和儿童。所有监狱都人满为患。被监禁者受尽了各种侮辱和毒打，他们像牛马一样服苦役，稍有不满，便被处以体罚。

英帝国主义在对运动实行血腥镇压的同时，也准备作出某种妥协，声称愿意同国大党举行谈判。1930 年 11 月，第一次圆桌会议在伦敦召开，国大党拒绝参加。参加会议的是英国各政党代表、各土邦王公、英属印度代表，其中包括印度教徒、"穆斯林联盟"（以阿里·真纳为首）、"印度教大斋会"和不可接触者的代表。会议未取得任何结果。英国政府觉得，没有国大党参加谈判，就不可能停止不服从运动。便准备作进一步的妥协。1931 年，政府宣布解除国大党为非法组织的戒令，并释放了在押的国大党领导人。对印度资产阶级的经济要求也做了一些让步，如对某几种商品实行保护关税的政策，并作出了同甘地及国大党代表直接谈判的决定。

伦敦第二次圆桌会议和印度民族运动的衰落

1931 年，由于政府的严厉镇压，群众运动日趋低潮，参加反帝罢业、反对食盐专营法和抵制英国商品的人数有所减少，运动的前景令国大党人担忧。另一方面，在发生农民骚动的地区，形势却仍很紧张，农民不断用暴力的形式同英国官吏、地主和高利贷者作斗争。如捣毁殖民政府的邮政、铁路设施，焚烧地主和高利贷者的房屋等。这使领导这次运动的资产阶级担心，运动若进一步发展下去，将会酿成暴力革命。所以，在国大党方面，也产生了同当局谈判的要求。1931 年 3 月初，印度总督欧文和不服从运动的领袖甘地在德里举行谈判，签署了"德里协定"（又称"甘地—欧文协定"）。根据协定，政府保证停止镇压活动，释放全部政治犯，不再征收盐税；国大党方面则停止不服从运动，并答应参加 1931 年夏在伦敦召开的第二次圆桌会议。英帝国主义虽然做了一些让步，但德里协定基本上是国大党向英帝国主义妥协的产物。因为在这个协定中，国大党在运动开始时提出的要求大部分没有得到满足。当群众运动一旦越出资产阶级规定的非暴力界限而有可能发展成大规模阶级对抗时，资产阶级就断然决定停止群众运动。德里协定引起了印度各阶层群众的失望和惊恐，遭到所有爱国者的谴责。印度各大工业中心都举行了示威游行，抗议协定的条款，抗议国大党停止群众性的反英斗争。

由于印度社会存在着深刻的宗教信仰矛盾和森严的等级划分，印度人在政治上分成许多种姓和教派集团。这些集团在对待英国人统治以及国大党开展的不服从运动问题上存在着严重分歧。英帝国主义不断挑拨各集团间的矛盾，破坏群众运动，以达到其"分而治之"的目的。1931年夏，第二次圆桌会议在伦敦召开。参加者有英国各政党代表、各土邦王公、国大党代表（以甘地为首）、"穆斯林联盟"代表（以真纳和伊克巴尔为首）、不可接触者代表（以安贝德卡尔为首），还有锡克教、耆那教、英印混血种、印度基督教徒的代表。在这次会议上，印度各教派之间的矛盾进一步尖锐起来。

会议一开始，甘地首先指出，应先讨论印度的自治问题，至于各教派间的分歧，可以在获得自治这一条件下得到解决。而英政府则宣称，只有各民族、各宗教团体和种姓的权利得到保障后，才能讨论印度的自治问题。英国政府企图以照顾少数派利益为幌子，把会议的目标从讨论印度自治转移到选举制、议席名额分配等细节问题上。甘地要求早日实现印度自治，并主张国大党应是包括一切阶级、一切宗教的人的政党，但穆斯林代表和不可接触者代表不同意这一点。甘地提出的建议一条也没有通过，而其他各派的代表则联合起草了与甘地建议针锋相对的协议，要求按宗教信仰把印度居民分成若干选举单位，并规定了各教派团体在中央和省宪政机构中的席位。各派之间的分歧，对于英帝国主义继续统治印度是十分有利的。英政府借口印度代表不能达成协议，建议仍由英国当局解决印度问题。会议无任何结果，甘地拒绝继续参加会议，于1937年12月28日返回印度。

还没有等甘地回到印度，殖民政府就撕毁了德里协定，恢复了对群众运动的大规模镇压。甘地刚回到孟买，首先听到的是前来欢迎他的国大党领导人尼赫鲁等人被捕的消息。这次镇压比1930年末和1931年初更为严厉。1931年9月，政府颁布了特别出版法，禁止发布任何反英运动的消息。1932年1月，又颁布授予殖民当局特别权力的法令。印度大部分省都实行了戒严，运动的参加者遭到逮捕。

为了抗议英国政府对德里协定条款的破坏，国大党于1932年1月宣布再次发动不服从运动。甘地赞成这个决定，但是号召只限于国大党个人的不服从。这是因为资产阶级不相信它能在现存的条件下把有革命情绪的群众掌握在自己的领导下。此外，国大党也看到了政府残酷镇压手段和群众的疲惫情绪。然而，敌人的镇压并未因此而放松。运动宣布开始后不久，国大党再次被宣布为非法组织，国大党领袖一个个被捕，甘地回到印度才一个星期，就被当局关进了监狱。

1932 年 8 月 17 日，英国政府就宗教团体和种姓在未来中央和省立法机关中席位分配问题，发表了所谓"宗教团体决议"。该决议把印度人划分为12 个选举集团，即印度教徒、伊斯兰教徒、耆那教徒、英印混血人、印度的欧洲人、被压迫阶级、印度的基督教徒、工商业者、地主及资本家、工人、大学人员、妇女。英国政府这样做的目的，是在维护少数派的名义下，把印度社会固有的宗教、种姓之间的矛盾固定化、合法化，加剧各种姓、各宗教团体之间的对立，以瓦解印度的民族解放运动。

在狱中的甘地听到这个决议后，立即给印度总督写信，要求政府撤回决议，遭到拒绝。9 月 20 日中午，甘地宣布绝食，以示抗议。这次绝食①有两个目的：一是抗议英政府的"宗教团体决议"，二是呼吁印度国民端正良心，弥合种姓、教派间的分裂。甘地在群众中有很高的威信，被印度教徒称为"圣雄"，他的绝食行动引起了很大震动。许多印度教徒纷纷仿效，以绝食方式抗议英政府。各党派、各宗教团体一时抛弃意见对立，向政府提出了抗议。一些地方的不可接触者也被允许进寺院、使用公共水井和在大街上行走，有的地方甚至出现了不可接触者和其他种姓共餐的现象。不可接触者的领袖安贝德卡尔也作出让步，同意在确保不可接触者议席的条件下，不再坚持在低种姓中实行分别选举制度。甘地听到这一消息后才停止绝食。

在第二次圆桌会议上及其以后出现的印度各派势力之间的矛盾表明，印度的民族解放必然要走一条艰难曲折的道路。甘地和国大党领导人认为，为了反对英国政府的"分而治之"政策，有必要做好印度各宗教团体和各种姓的工作。根据狱中甘地的倡议，国大党在开展第二次不服从运动的同时，还开展了反对不可接触制度的运动。国大党把 1932 年 12 月 18 日定为印度全国"反对不可接触制日"，把 1933 年 1 月 8 日定为"不可接触者进庙日"。这样，国大党领导人把主要精力都放在反对不可接触制和调解各宗教团体、各种姓之间的矛盾上去了。民族解放运动离开了反帝这一大目标。

1933 年 2 月，英国政府发表印度政府组织法草案。它规定，印度仍处于完全依附英国的地位，立法和行政大权仍操纵在殖民主义者手里。这一草案

---

① 甘地一生共进行过 18 次绝食，在南非两次，在印度 16 次。

不仅遭到国大党激进派的反对，连资产阶级最温和的代表人物也对此极为不满，但是，国大党的领导并没有打算发动新的群众性反帝运动。因此，第二次不服从运动一直未形成群众运动的声势。1933 年 5 月，狱中的甘地宣布停止这次运动，但运动仍在各地继续进行。8 月，甘地获释，出狱后，他不再像以前那样立即投身到反英和争取独立的斗争中去，而是离开城市，到农村致力于反对不可接触制度的活动。他四处游说，宣传在神的面前人人平等，反对歧视"贱民"和其他低种姓。他办起了为不可接触者说话的报纸《哈里真》，并亲收不可接触者的女儿为义女。他对印度自治问题的兴趣淡薄了，认为消除农村的贫困和愚昧更重要，声称消除了农民的贫困，就等于获得了自治。

甘地从反帝第一线退出，大大削弱了运动的领导力量。另一方面，甘地和国大党对帝国主义的软弱态度，使运动的参加者失去了希望和热情。而甘地出狱后的行动，更使群众的希望彻底破灭，运动急剧衰落下去。只有一些零散的、个别的不服从活动还在一些地区进行。1934 年 4 月，甘地再次下令完全停止不服从运动，这一命令由 1934 年 10 月召开的国大党第四十八次会议批准通过，第二次不服从运动才最后结束。此后，甘地一直致力于宣传他的所谓"建设性纲领"，要点是：生产土布、反对不可接触制度、争取改善印度教徒和伊斯兰教徒之间的关系等。印度的民族解放运动又暂时进入了低潮。

运动虽然失败了，但它的意义是巨大的。通过这次群众运动，使英国在印度已经动摇的殖民统治进一步衰落。慑于群众的力量，在这次运动之后，英国不得不开始考虑让印度独立的问题。运动中国大党表现出的软弱，使许多普通党员和民众对国大党的非暴力斗争策略再次提出怀疑，并开始寻求新的反帝斗争的道路、方式和方法。而在这探索过程中，国大党内部左派势力壮大起来，他们分析了以往人民群众斗争的教训，主张最大限度地吸引工人和农民参加斗争，以达到推翻帝国主义统治的目的。反对英帝国主义的立宪阴谋以及同英政府的谈判斗争，锻炼了印度的资产阶级和人民群众，为后来的印度独立做了政治上的准备。

墨西哥卡德纳斯改革

林 宁

1934—1940 年拉萨罗·卡德纳斯（Lázaro Cárdenas，1895—1970）在墨西哥执政时期的资产阶级改革，是 20 世纪 30 年代拉丁美洲历史上最重大的事件之一。这是一场反帝反封建性质的变革，通过土地改革、国有化运动以及对封建独裁制度的打击，使墨西哥社会向前迈进了一大步。它不但对墨西哥当代社会经济的发展具有巨大的促进作用，而且对第三世界民族民主解放运动产生了深远的影响。

改革的前提与准备

墨西哥自 19 世纪 20 年代建国以后，便开始了半殖民地化和半封建化的过程。随着帝国主义时代的到来，也就是到了波菲里奥·迪亚斯统治时期（1877—1880，1884—1911），这一过程给墨西哥民族带来的深重灾难已达顶点。这个半殖民地国家，被比作"外国人的亲娘，墨西哥人的后娘"。这个时期的墨西哥，1% 的人口占有 97% 的土地，而 96% 的人口仅占 1% 的土地。迪亚斯长达 30 余年的独裁统治，使帝国主义与墨西哥民族的矛盾、封建主义与人民大众的矛盾空前尖锐。

1910—1917 年的资产阶级民族民主革命，推翻了帝国主义、封建主义的总代表迪亚斯反动政府。社会阶级力量对比的变化，集中反映在新政权的构成上。民族资产阶级虽因先天不足而未能解决所有制问题，但却利用广大工农的力量，使政权性质发生了变化，建立了以资产阶级为主体的资本家—地主联合专政。墨西哥人民的三项要求——"土地与自由"、"墨西哥人的墨西哥"和"有效选举，不得连任"，作为革命的重要成果，写进了 1917 年宪法。新宪法虽未立即完全付诸实施，但它却标志着墨西哥历史发展的新方向。这场革命中断了半殖民地化和半封建化的进程。

革命胜利后，墨西哥开始了两个过渡：由半封建社会向资本主义社会的过渡；由半殖民地向主权国家的过渡。过渡时期（1917—1934）阶级矛盾的特点是：封建势力仍在农村占主导地位；而在城市和北部乡村，资本主义已占优势，所以就全国经济而言，资产阶级和封建势力保持着力量上的均势。民族矛盾的特点则是：帝国主义凭借租让制，仍操纵着墨西哥的经济命脉，但外国侵略军在墨西哥国土上为所欲为的日子已一去不复返。与此同时，在政治体制上，贝努斯蒂亚诺·卡兰萨（1915—1920）、阿尔瓦罗·奥夫雷贡（1920—1924）、普卢塔乔·埃里亚斯·卡列斯（1924—1928）等任总统期间，仍进行着军事独裁统治，谁也无法打破"不得连任"的规矩。这个新政权虽带有妥协性、软弱性，却推行了一系列维护新秩序的措施，导致政府统治基础的逐渐扩大，国家资本主义的初步建立，城乡资产阶级的发展壮大，全国中央集权的巩固强化。随着阶级力量对比的变化，到30年代初，解决土地所有制问题的客观历史前提已经具备。

由于1929—1933年的世界经济危机，以封建大地产为基础的商品化农业发生严重萎缩，全国农业生产产值从1928年至1932年减少了1/3强。外国公司控制的墨西哥石油产量从1929年至1933年下降了24%；铜、铝、锌的产量下降了50%以上。大批企业不得不缩减生产，甚至关闭停产。到1932年，工农业工人和职员中共有将近100万失业者。罢工浪潮、农民运动风起云涌，席卷全国，当年发生冲突36781次。充分暴露了大地产制的腐朽、租让制的危害，以及卡列斯独裁统治的残酷。深受其害的中小民族资产阶级终于认识到这些问题的严重性。于是，在资产阶级内部，一个要求改革的左翼进步集团应运而生，他们坚决要求认真实施1917年的宪法。

1933年12月，右翼头子卡列斯为缓和矛盾，在国民革命党代表大会上，别有用心地提出一项激进的六年计划，提名卡德纳斯为下届总统候选人，以便他继续遥控政局。

卡德纳斯是印欧混血种人，出生于米却肯州一个小店主家庭。他年轻时当过印刷工人，参加过1910—1917年革命，1923年晋升为将军，1928年当选为米却肯州州长，1930年出任过国民革命党主席。他是资产阶级左翼的忠实代表，并不甘心当卡列斯的傀儡总统。他把六年计划接受下来，当作他推行社会改革计划的施政纲领。这时，他的改革思想已经形成，被称为卡德纳斯主义。概括地说，那就是要使资产阶级左翼同工农建立联盟。对内，在经济上要彻底变革土地所有制，以村社和小地产代替封建大庄园，在政治上以资产阶级民主代替考迪罗主义。① 对外，要争取经济独立，为本国资本主义经济的发展扫清道路。

1934 年卡德纳斯当选为总统后，立即发动工农群众，着手社会改革，但遭到卡列斯集团的百般阻挠和阴谋破坏。到 1935 年夏，冲突终于公开化，卡德纳斯罢免了塔巴斯科、塔毛利帕斯和科利马等州的反改革州长。年底，卡列斯策划政变，反被逮捕。总统迅速改组内阁，清洗军队，并于 1936 年 4月 10 日，把卡列斯及其主要党羽放逐到美国。盘踞墨西哥政权 10 年之久的卡列斯独裁统治，从此寿终正寝。

这样，产生于危机年代的资产阶级左翼，不仅提出了自己的纲领，为改革奠定了思想基础，而且排除了右翼的干扰，为改革打下了组织基础。与此同时，卡德纳斯政府顺应业已成熟的客观历史条件，开展了声势浩大的改革运动。

土地改革

土地问题是资产阶级民主革命的核心问题。要解决这个问题，卡德纳斯政府就必须进行大规模的土地改革，主要对象是封建大庄园制。

所谓墨西哥封建大庄园制，是以封建土地所有制为基础的，以债役制为主、租佃制为辅的剥削制度。人们常把 1000 公顷以上（北部畜牧业地区 2万公顷以上）的庄园称为大庄园。

1910 年革命前夕，随着商品经济的发展，墨西哥土地关系呈现出新旧因素呈正比发展的独特现象。一方面，印第安公社土地完全封建化，中、南部债役制得到强化。另一方面，从自耕农朗楚主（ranchero）中分化出资产阶级的中大朗楚主，北部债役制②解体，并逐步资本主义化。

1910 年革命以后，1917 年宪法第 27 条和第 123 条虽然规定废止债役制、分割大地产，但一直没有得到认真实施。直到 1930 年，中部地区 53%、南部地区 71% 的土地还在占地 1000 公顷以上的封建大庄园主手中，约 40% 的

---

① 考迪罗（Caudillo）是拉丁美洲的政治术语，原意为首领，后引申为军事独裁者，即以暴力夺取和维持地主资产阶级统治的独裁军人——编者。

② 债役制乃是农奴制的独特变态。印第安人债务要以劳役偿还，而且要世代相传，所以不仅劳动者个人，而且连他的家族实际上也成为别人及其家族的财产。

农业人口仍遭受着债役制的剥削。

解决土地问题，是卡德纳斯主义的重要组成部分。卡德纳斯在总统就职演说中指出："农业是我们的主要财富之一；我国 3/4 的人口以此为生；唯有农业仍旧几乎完全掌握在墨西哥人手中。然而，如果不在农业的更广和更深的方面即土地所有制方面完成变革的话，农业就不会有丝毫进步。"并指出，政府将继续向村社授予土地、组织农业和重建村社的政策，以便进行有效的生产。一句话，在土地问题上，卡德纳斯部分地是以"耕者有其田"为目标的。

卡德纳斯政府为解决土地所有制问题，对封建大庄园制进行了大刀阔斧的改造。既然这一剥削制度的核心是债役制，解放债役农就是改革的首要任务。

1934 年以前，常住庄园债役农一直被排斥于土改法受益者范围之外。1934 年颁布土地法典，规定在墨西哥农村进行土地改革，没收大庄园主、大种植园主的土地，分配给在其间劳动的农民和印第安人。这样他们在法律上才开始有了一点受到严格限制的获取土地的权利。但实际上他们的土地权依旧不易实现。况且，申请获得土地者必须离开原住庄园，大庄园仍难以得到就地改造。

1937 年 8 月 9 日，卡德纳斯总统颁布《关于修改墨西哥合众国土地法典若干条款的法令》，废除了那些限制债役农得到土地的条文。这样，居住在庄园的债役农才争取到获得土地的平等权利。1940 年，又颁布新的《土地法典》，规定凡土地超过 100 公顷者，所超过的土地均予以没收。这些法令和法典的实施，意味着触动或征收封建大庄园更多的土地，使依附于庄园主的土地上的债役农转变为土地的主人，标志着债役制的实际废除。

倘若废除债役制的作用在于解除农民封建义务，那么，分割大庄园的作用则在于剥夺庄园主的土地所有权。

从 1934 年土地法典以及 1937 年法令可看出卡德纳斯政府改造所有制的政策。这就是在保护资产阶级化庄园主，尤其是保护北部牧场主和种植园主的前提下，把斗争矛头指向中、南部封建大庄园主。但目的并不是要消灭这些大庄园主，而是使之转变为非封建性的地主。

土地法规定，大庄园的最高土地限额如下：

水浇地或保墒地不得超过 100 公顷；季节性田不得超过 200 公顷；棉田不得超过 150 公顷；种植香蕉、咖啡、可可和果树等的经济作物田不得超过

300 公顷；其他各类土地不得超过等值土地。所谓等值的标准为：1 公顷水浇地或保墒地等于两公顷季节性田、4 公顷优良牧用土地、8 公顷林用土地或位于土地贫瘠地区的牧用土地。

根据土地法，凡土地面积不超过以上范围者，均属"不受触动的小私有地产"。昔日的大庄园被依法分割而缩小为小地产后，原大庄园主也变成为"小地主"，他们持有"不受触动证明书"，使小地产日后免受征收。

到 1938 年 3 月，总统宣布，今后保证保护"小地产"，不再分给村社。这些大庄园被划小后，大都被迫改变了剥削方式。即使"小地产"上较小的所有者，一般也雇用 6—8 个经常性农业工人。据估计，土改后期，全国有 70 万这类雇佣工人，约占农业劳动力的 20%，受雇于"小地产"上。加上季节工，其数量就更多了。他们都是已同生产资料相分离的农业无产阶级，站在其对立面的是农业资本家阶级。他们经营的所谓"小地产"也就是中型资本主义农场。这样，封建大庄园制便被改造为资本主义化中型农场制。到 1940 年，耕地在 10—200 公顷的 13 万中型农场主拥有耕地 376 万公顷，约占私有耕地的 1/2。

卡德纳斯政府为实现"耕者有其田"的目标，还建立了一种新型的村社制度。

村社这一概念，是在 1911 年"阿亚拉计划"① 中首次打上革命烙印的。它指土改中农民收复的各种公地，后来又指在得到土地前证明其"政治地位"为公社的团体，也指获得土地的农民合作社团。

1910 年革命以后，历届当政者的主导思想是视村社为暂时性、过渡性、辅助性的组织。卡德纳斯却抛弃了这种看法，指出："今天的村社制度具有双重职能：作为一种社会制度，它使农业劳动者摆脱封建制度的剥削和个体（土地占有）制的剥削；而作为一种农业生产制度，在很大程度上，它担负着向国家提供食品的任务。"他还大力提倡建立集体合作制村社。按照卡德纳斯的设想，村社土地所有制可以同村社以外的土地私有制，也可以同农业以外的私有制并行不悖。

墨西哥学者认为，1936 年出现于拉古纳地区的这种新土地制度，标志着

---

① 阿亚拉计划是 1911 年墨西哥南部以农民领袖萨帕塔为首的莫雷洛斯州革命委员会颁布的土地纲领。阿亚拉计划宣布，凡是迪亚斯统治时期被地主侵占的一切土地、森林和水源，均应转归具有有关证件的、由于压迫者掠夺和舞弊而失去这些财产的村庄和公民。

卡德纳斯政府新土地政策的开端，它是墨西哥土地改革史上和集体村社史上一个重要的里程碑。

拉古纳地区是全国最重要的经济地区之一。过去这里的土地多为外国公司所控制。1936 年 5 月当地农业工人总罢工后，总统颁布了著名的 1936 年 10 月 6 日法令。指出，"土地和水流将立即按照土地法规定的条款，授予所有（拉古纳）的乡村居民点"。随后在 45 天内，授予 296 个村社近 35000 个社员（家庭）以 45 万公顷土地。加上次年分配的土地，共分割大庄园地产 46.8 万公顷。

集体村社成员名义上虽是村社土地的共同占有者，实际上却没有对土地和生产的支配能力。他们在分红中得到的收入，不过是其劳动力价值的一部分。他们的经济地位无异于出卖劳动力的农业工人。新建的村社信贷银行，在某种意义上类似原来的农业企业主，向集体村社提供咨询、贷款及技术。这就是说，国家代表着资产阶级的总体利益，通过政府银行间接地管理着这些村社。而那些没有资本主义化的集体村社，并未像卡德纳斯幻想的那样生存下去，它们后来大都转化为小农经济性质的个体村社。

到 1944 年，集体村社仅占全国村社总数的 12.3%，而个体村社则占 86.5%。事实表明，卡德纳斯建立的村社，实际上大都是小农经济性质的个体村社。这种土地关系有如下特点：第一，在形式上村社土地制度是公有制，但在实质上，资产阶级国家对村社土地有最高所有权，并在某种意义上是村社土地的监护者；第二，耕地是村社成员世袭占有而不得出让的私有财产；第三，森林、牧场、荒地等是为私有制国家所控制的个人占有者的公共财产，既是村社成员私有财产的补充，又是村社制度的物质基础。对公地有承袭占有权的村社本身，不过是集体的小生产组织。这种土地关系上的三重性，便是墨西哥村社土地制度的主要特征。

从 1934 年至 1940 年卡德纳斯政府，建立村社的过程中，无偿分给近 100 万户农民 2010.7 万公顷土地。这比以前 20 年所分配的土地的总额还多一倍半以上。到 1940 年，全国已建立近 15000 个村社，占农业人口 42% 的村社成员拥有全国耕地的 47.4%。

由此可见，经过土地改革，一方面，就土地关系而论，在墨西哥农村形成了资本主义、小农经济、封建残余并存的新格局；另一方面，就发展极不平衡的各地区而论，形成了过渡性的中部地区、资本主义化的北部地区和封建残余严重存在的南部地区并存的局面。

这种新格局的形成标志着封建大庄园制在农村的优势地位已被打破。按照墨西哥土改法的规定，占耕地 200 公顷以上者，就可以是土改的对象。到 1940 年，这类地产仅剩 2738 户，拥有耕地 255 万公顷，只占全国耕地总面积的 17%。更何况其中一部分已经资本主义化，另一部分属于外国资本家。虽说资本主义土地关系在农村并未占绝对优势，但资产阶级政权却控制了农村各种社会力量。在全国范围内，城乡私人资本主义同国家资本主义结合在一起，与封建残余相比，显然占据优势。由此可以认为，半封建社会向资本主义社会的过渡基本实现了。

国有化运动

20 世纪初，墨西哥的主要经济命脉铁路、石油、矿山及其附着的大片土地，几乎全部控制在帝国主义者手中。到 1910 年，外资已在墨西哥建筑了 15360 英里铁路。它构成纵横交错的吸血管，吸吮着墨西哥民族赖以生存的血液——石油与矿产。据统计，当时墨西哥 1/4 的土地归外国资本家所有。

1910 年革命后，1917 年宪法第 27 条规定，国家是一切土地、水流和矿藏的原主，有权将迪亚斯政府出卖给外国人的土地和地下资源收归国有。外国人对这些财富的所有权虽被法律否定，但国有化的措施却一直没有得到认真实施。而在过渡时期，租让制则成为帝国主义者继续掠夺该国的主要形式。他们以低微的租金为代价，操纵着墨西哥的经济命脉。

卡德纳斯政府为解决土地、铁路、石油、矿山等主权问题，进行了震撼世界的国有化运动。1936 年 11 月，总统颁布了《征收法》。这项法律比 1917 年宪法更前进了一步。1917 年宪法规定，国家只有为了"公共利益"和在"给予补偿"的条件下，才能征收产权。而《征收法》则规定，国家可以根据任何理由征收产权，补偿期为 10 年。这样，财力不足的弱国有可能随时征收帝国主义强国在墨西哥霸占的财产。

1937 年 6 月 23 日，卡德纳斯政府根据铁路工会的要求，颁布了《铁路国有化法令》，将外国垄断组织控制的铁路全部收归国有。昔日压榨墨西哥人民的条条吸血管，从此成为推动民族经济发展的大动脉，标志着墨西哥朝着摆脱外国控制的方向前进了一步。

墨西哥是世界上主要产油国之一，石油资源是墨西哥国民经济的要害部门。在墨西哥人民心目中，外国公司霸占的石油企业是帝国主义压迫的象征。在这"国中之国",石油工人惨遭剥削,过着极其贫困的生活。卡德纳斯执政以后,各石油工会不仅合并为统一的石油工会,而且向石油公司当局要求提高工资、改善劳动条件。谈判破裂后,石油工会于 1937 年 5 月宣布总罢工。国家仲裁委员会通过调查,责成外国公司增加工资。公司不服,向墨西哥最高法院上诉,后者判定该委员会的裁决符合宪法。但外国公司无视墨西哥国家主权,拒绝执行最高法院的命令。

1938 年 3 月 18 日,卡德纳斯总统发表声明说:"墨西哥经济独立的日子开始了,没有经济独立,政治独立就是一句空话。"这一天,他签发了《没收石油公司财产法令》,将美、英、荷 17 家石油公司收归国有。这些公司占据的 7389551 公顷土地,也随之收归国有。此外,政府还取消了过去给予外国人的 450 多万公顷土地的租让合同。到 1940 年,外国人在墨西哥占有的土地已减至在册土地的 6.5%。

这场轰轰烈烈的国有化运动,标志着租让制在墨西哥的解体。从此,墨西哥石油不再是供养外国资本的食粮,而成为本国民族工业的血液,成为国民收入、外汇和平衡贸易差额的主要源泉。墨西哥石油公司到 1940 年已能满足国内动力需要的 80%,从而促进了其他工业部门的发展。因此,石油国有化象征着墨西哥民族经济独立的开端。"征收日"(3 月 18 日)被宣布为国家的新独立日。

自然,墨西哥经济的独立只是相对于半殖民地经济而言的,由于经济力量对比的悬殊,外资在墨西哥经济中仍占很大比重,后者对前者还有一定的依附性。然而,由于那些最主要的经济命脉已收归国有,墨西哥民族从此掌握了自己的命运。这意味着墨西哥由半殖民地向主权国家的过渡基本上实现了。

体制改革

把封建专制转变为资产阶级民主制,是资产阶级革命的政治目的。要实现这一目标,卡德纳斯政府就必须进行大规模的体制改革。体制改革的主要对象是以军事独裁和地方割据为特征的考迪罗政治。

1910 年革命虽然摧毁了迪亚斯的封建专制,但却没有彻底改变根深蒂固的考迪罗政治。

1929 年,卡列斯为加强中央集权,成立了国民革命党。该党当时不过是个松散的党派联盟，地方首领在各自的辖区有很大权势。为控制各地考迪罗，镇压工农运动，"最高元首"卡列斯顽固地进行着个人军事独裁统治。

卡德纳斯政府为充分实现资产阶级民主，在挖掉考迪罗统治基础——封建大庄园制的同时，对国民革命党进行了根本性的改造。1938年3月，总统将该党改组为墨西哥革命党。过去以地方考迪罗集团为基础的组织形式，改变为以非地域性职能机构为基础的组织系统。新党在中央设劳工部、农民部、人民部和军人部四个部，由全国执行委员会集中领导。劳工部由墨西哥劳工联合会等工会组织组成，以便管理全国工人。农民部由各地农民组织合并成的全国农民联合会组成，包括全体村社成员和部分其他农民。人民部由政府官员、中小资产阶级组成，包括中小土地私有者。军人部由国内武装力量组成，以消除军人对地方党组织的控制。这一形成于卡德纳斯执政时期的新体制，体现了民族资产阶级领导的、工农大众的反帝反封建统一战线。在当时的历史条件下，它所执行的民主改革路线，不仅代表资产阶级的利益，也符合广大人民的愿望。

卡德纳斯认为，根据《宪法》第123条，"保护"工人群众的民主权利，有利于反帝反封建联盟的建立。他指出，"罢工是工人为重建劳资之间协调关系而采取的一种合法手段"。罢工如能得到"合理""公正"的解决，将有助于稳定经济状况，有利于资本主义的发展。于是，在卡德纳斯任内，政府修订了《全国劳工法》、制定了《社会福利法》，认真履行了宪法第123条。劳资关系得到某种调整，工人工资得到一定程度的提高，生活状况有所改善。从1934年至1940年，工业部门的平均工资从每天20美分，提高到每天1美元。同时，政府牢固地确立了八小时工作日和最低工资制，还实行了事故、年老、死亡保险、医院治疗津贴等措施。此外，政府还取消了言论限制，允许党派自由，承认了共产党的合法地位，妇女第一次获得基层选举权。这一切都意味着资产阶级民主政治在墨西哥得到确立。

卡德纳斯不愧为杰出的民主主义者，不但从制度上，而且以身作则地确立了总统一任制。按照新规定，总统即党的领袖，一人只许任一届总统，任期6年，不得重新当选。可见，经过卡德纳斯改革，不仅地方考迪罗主义被消灭，而且中央军事独裁制也终于为资产阶级民主政体所取代。

除上述各项改革以外，卡德纳斯政府还根据宪法第三条，大力普及教育。卡德纳斯不仅反对一切宗教教育，而且通过教育改革来保证社会变革的成功。在政府的指导和推动下，墨西哥教育事业蓬勃发展。1934—1940年，学校增加了两倍，达 14000 所；教育经费增加了 200%。文盲占人口总数的百分比，从 1910 年的 70% 降到 1940 年的 45%—50%。政府还成立了"全国高等教育、科学研究委员会""农村技术教育委员会"，创办了各种研究所、实验室。墨西哥民族文化水平因此得到进一步提高。

卡德纳斯改革的影响与评价

卡德纳斯改革使墨西哥在政治上出现了相对稳定的局面，资产阶级的统治从此比较稳固了。卡德纳斯的后任阿维拉·卡马乔、阿莱曼等，虽转而同地主和外资相妥协，对广大工农实行资产阶级专政，成为更加务实的资产阶级右翼，但与赋有封建寡头色彩的卡列斯等相比有质的差异，至今无人能打破总统一任制和革命党一党长期稳固执政的政治局面。

在经济上，也相应地出现了稳速发展的局面。改革后，1940—1954 年的国民总产值的年增长率为 5.8%，而 1925—1939 年仅为 1.5%。1950 年前后，工业产值在墨西哥历史上破天荒地超过了农业产值。墨西哥开始了从"农业—工业国"向"工业—农业国"的转变。这一转变将随着工业化进程的完成而实现。

然而，关于卡德纳斯改革的历史地位问题，长期以来，在国内外史学界众说纷纭，莫衷一是。

有一种观点认为，经过革命与改革，"土地的根本问题没有解决"；"墨西哥基本上依旧是一个农工业附庸国"。这种观点的代表人物是美国共产党前主席威廉·Z. 福斯特和苏联学者阿尔彼罗维奇、拉甫罗夫等人。我国学者在 80 年代以前，大都接受了这种观点，认为改革并未改变墨西哥半殖民地半封建状态。

美国学者阿伯特·L. 迈克尔斯认为，经过改革，"大庄园制事实上为小地产和集体、半集体的村社所取代"，"国有化当时给墨西哥人带来了有史以来空前的大团结"。因此，"卡德纳斯曾改变了近代墨西哥的历史进程"。可是，他又认为，国有化运动给墨西哥带来了全面的经济危机；土地改革带来的则是农业危机。危机严重伤害了中等阶级，使之对改革大失所望。改革酝酿着一场毁灭一切的内战。

卡德纳斯本人则认为，改革实现了土地再分配，完成了改造所有制的任务；国有化运动的胜利，标志着墨西哥经济独立的开端。他还就改革的性质指出，"墨西哥并不存在一个共产主义政府。我国宪法是民主的和自由的。的确，其中有些温和社会主义的特征，比如有关国家领土和劳资关系的部分。然而，这些并不比其他民主国家甚至那些保存君主制度的国家更激进"。后来墨西哥国内外的进步学者大都接受他的评价。

我们在论述改革的成就和意义时，必须指出其历史和阶级的局限性。在解决土地问题时，既没有彻底解决资本主义和封建主义在土地问题上的矛盾，更谈不上真正满足农民对土地的要求。改革在解决主权问题时，虽然将国家经济命脉收归国有，却未能迅速改变本国在资本主义世界的不平等地位。改革在确立民主体制时，仅仅局限于给资产阶级民主，而未能给广大劳动人民带来真正的民主。

尽管如此，卡德纳斯实行的改革，对维护墨西哥的国家主权和民族独立、保障工农大众的基本政治、经济权益都起了积极作用。他完成的这场社会变革，仍是当时资产阶级领导的最深刻的改革。它较之中国辛亥革命、土耳其凯末尔革命来得彻底。墨西哥从而成为在帝国主义时代最先摆脱半殖民地半封建制度、建立资本主义制度的国家之一，为当代资产阶级民族民主运动开辟了一条成功的道路。

意大利侵略埃塞俄比亚战争

陈祥超　　罗洪彰

1935 年 10 月 3 日，法西斯意大利向埃塞俄比亚发动了一场在非洲殖民史上规模空前的侵略战争。在英、法、美的纵容和纳粹德国的支持下，次年意大利占领埃塞俄比亚首都亚的斯亚贝巴，宣布建立意属"东非帝国"。埃塞俄比亚人民并没有屈服，展开了艰苦卓绝的抗意游击战争。这场战争持续六年多时间，最后于 1941 年 11 月以法西斯意大利战败投降而告终。

侵略计划的提出与战前准备

意大利吞并埃塞俄比亚的野心由来已久。早在 19 世纪末，帝国主义列强激烈争夺非洲时期，意大利就曾于 1887 年和 1895 年两次派兵入侵埃塞俄比亚。结果都遭失败，特别是在 1896 年著名的阿杜瓦战役中，意军死伤共 6500 人，被俘 2500 人，意大利被迫于同年 10 月在亚的斯亚贝巴签订和约，承认埃塞俄比亚的独立和主权，对此，意大利的民族主义者一直耿耿于怀，叫嚷着要"报仇"。

1922 年 10 月墨索里尼上台后，在对内疯狂镇压工人运动的同时，对外加紧发动侵略战争。继 1923 年侵占希腊的科孚岛和 1924 年开始征服利比亚之后，1925 年即把侵略矛头对准埃塞俄比亚。墨索里尼曾多次召集法西斯高级军政人员磋商，因财政困难和军事装备不足，未敢贸然从事。由于入侵埃塞俄比亚将影响到英、法的殖民利益，意大利担心其军事力量遇到英法干预时难以与之相抗衡，所以直到 1931 年仍未决定发动入侵埃塞俄比亚的战争。

1929—1932 年，资本主义世界经济危机沉重地打击了意大利经济。有 55000 多家中小企业倒闭，大批垄断公司破产。意大利工业生产急剧下降，1932 年工业总产值此 1929 年减少 33.2%。为了垄断资本夺取原料产地和销售市场，转移人民对法西斯政权的不满，意大利政府重新把入侵埃塞俄比亚问题提了出来。

1932 年 3 月，墨索里尼派遣殖民大臣德·博诺前往厄立特里亚对埃塞俄比亚的政治、经济和军事情况进行实地考察，以便就发动侵略战争问题做出最后的抉择。德·博诺回国后向墨索里尼提交了一份长篇报告，他认为，意大利向埃塞俄比亚发动侵略战争的时机已到，建议立即着手进行入侵的具体准备。为了避免英、法从中阻挠，在进行军事准备期间，除继续保持同英、法就埃塞俄比亚问题所签订的各项协议外，还要进一步加强同这两个国家的外交关系。

法西斯领导集团研究德·博诺的报告以后决定铤而走险，发动侵埃战争，于 1932 年 7 月委托德·博诺起草《在埃塞俄比亚采取行动的计划》。同年 12 月，德·博诺将计划送交墨索里尼。二人就入侵埃塞俄比亚问题多次进行密谋。

1934 年 2 月 3 日，墨索里尼召集殖民大臣德·博诺、总参谋长巴多里奥、外交副大臣苏维西、陆军参谋长博恩扎尼和国防副大臣巴依斯特洛奇等法西斯军政要人举行秘密会议，讨论对埃塞俄比亚发动侵略战争的时间和步骤等问题。墨索里尼提出于 1935 年发动战争，并决定加速进行战争准备，特别是要加速向厄立特里亚和意属索马里运送部队和武器装备。为了系统地搜集埃塞俄比亚的政治、经济和军事情报，离间各部族与中央政府和海尔·塞拉西一世皇帝的关系，意大利政府在埃塞俄比亚增设领事馆，并派出为数众多的"商务代表"从事这类活动。

1934 年 11 月，法西斯政府为检查侵埃战争的准备情况，派遣德·博诺以陪同意大利国王维托里奥·埃马努埃莱三世视察为名，到意属索马里进行活动。德·博诺回国后，于 11 月 30 日向法西斯领导集团提交《政治—军事报告》，详细汇报了意大利在索马里的战争准备情况，并指出，由于受到苏伊士运河的影响，意大利在这个地区的军事力量还比较弱。他建议，应尽快在这个地区修建一个港口和建立起沿海防御体系。意大利政府接受了德·博诺的建议，决定派遣 10 万名工人加速修建马萨瓦港以及连接港口的公路、桥梁和与此有关的其他军用设施。

在加快进行后勤准备和军队调动的同时，墨索里尼亲自起草了《解决意大利—阿比西尼亚问题的行动方针与计划》，其中确定了侵埃战争的规模和发动战争的时间。1934 年 12 月 30 日，墨索里尼召见意军总参谋长巴多里奥，把侵埃计划交给他，向他解释了计划中包含的内容，分析了意大利有利的国内外形势。墨索里尼说，发动这场战争，"从（意大利）国内方向面来看，无任何可担忧的问题"，在国际上也不会遇到什么麻烦。他认为，国联"不会从根本上阻挠"发动这场战争。他命令巴多里奥在1935年秋季以前做好发动这次战争的一切准备。

为了迅速取胜，在国际上造成既成事实，墨索里尼在上述计划中提出大量使用现代化武器装备进行速决战。他要求在厄立特里亚至少集中250架飞机和150辆坦克；在意属索马里至少集中50架飞机和50辆坦克，并允许在战争中大量使用毒气。

意大利政府于1935年1月16日任命德·博诺为东非高级专员兼东非意军总司令，命令他立即前往厄立特里亚，为战争做好准备。意大利在厄立特里亚和意属索马里集中了大约20多万军队、10万匹骡马、1万多辆汽车、300辆坦克、500架飞机、数量可观的粮食以及大批其他战争物资。

1934年12月，法西斯政府颁布《意大利国家军事化法》，规定所有能够学习的儿童直至能拿起装器的公民都必须接受军事训练。

在军事部署基本就绪之后，意大利政府指使其驻索马里的殖民军在欧加登地区挑起事端。1934年12月5日，意大利军队在坦克和飞机的掩护下，向驻扎在瓦尔瓦尔的埃塞俄比亚部队发动突然袭击，打死埃塞俄比亚军民107人，打伤45人，占领了瓦尔瓦尔。

12月11日，作为侵略者的意大利反诬事件是埃塞俄比亚人挑起的。它有意提出一些使埃塞俄比亚政府无法接受的要求，其中包括要埃塞俄比亚方面正式赔礼道歉和通过在当地向意大利国旗致敬的办法承认意大利占领瓦尔瓦尔的合法性。它还要求把瓦尔瓦尔地区领导人交给意大利方面惩处，向意大利赔偿损失20万埃塞俄比亚银元。

埃塞俄比亚政府断然拒绝了意大利的无理要求，自1935年1月起，它曾多次向国际联盟提出控诉，要求国联对意埃争端进行调查和仲裁。在英、法操纵下，国联最初对埃塞俄比亚的要求未予答复，在拖了8个月之后，于9月3日做了一个偏袒侵略者的裁决。这就助长了法西斯的侵略气焰，加速了战争的爆发。

意大利的外交攻势与法英的姑息纵容

意大利政府意识到，要实现其侵略埃塞俄比亚的目的，必须争取得到法英等国的默许，否则难以如愿。它利用希特勒上台后所引起的法、英的恐惧感和急于把意大利拉到自己一边对抗希特勒的心理，向法、英发动了外交攻势。

法国政府企图以满足意大利对埃塞俄比亚的扩张欲望，达到争取意大利的目的。赖伐尔于 1935 年 1 月 4 日前往罗马访问。在秘密会谈时，墨索里尼向这位法国外长透露了意大利侵略埃塞俄比亚计划的内容。赖伐尔不仅未予反对，反而向墨索里尼暗示，法国将不会阻挠他实现这一计划。1 月 7 日，双方签订了《意法合作宣言》《意法协商协定》和《关于修改法国和意大利在非洲边界的正式协定》等文件。根据后一个协定，意大利从法国手里得到曼德海峡对岸 22 千米的海岸线和杜迈尔岛，并成为由法国修筑的吉布提—亚的斯亚贝巴铁路的大股东。

嗣后，法国总理弗朗丹和外长赖伐尔借 1935 年 4 月在斯特雷萨参加意、英、法三国首脑会议之机，同墨索里尼就两国缔结军事协定问题达成一致意见。同年 6 月 19 日和 28 日，意大利总参谋长巴多里奥和法国总参谋长甘末林先后在巴黎签订了两个秘密军事协定。协定规定，在德国入侵奥地利时，意法双方将通力合作反对德国。协定签署后不久，意大利即从意法边界抽调 15 个师的兵力到东非。

8 月 15 日，意、英、法三国代表在巴黎就德国问题举行谈判。这期间，赖伐尔劝说英国在埃塞俄比亚问题上采取同法国相同的态度。对此，墨索里尼于 8 月 17 日致电正在巴黎参加谈判的意大利外交部办公室主任阿洛伊西，让他以墨索里尼的名义向赖伐尔表示谢意，并向他保证，意大利将继续为加强意法两国关系做出努力。在意大利驻法大使切鲁蒂将上述内容告知赖伐尔时，后者十分欣喜，并请切鲁蒂转告墨索里尼，他将继续为意大利的对外扩张尽力。法国的纵容态度对意大利法西斯发动侵略埃塞俄比亚战争起了推波助澜的作用。

英国的态度比较复杂。意大利外交部于 1934 年底奉命对英国可能采取的态度进行通盘分析与研究。1935 年 1 月，外交副大臣苏维西就此向墨索里尼提出了一份报告。他在报告中对英国的态度和意大利应采取的对策做了全面分析。他认为，由于英国在流经埃塞俄比亚几个重要地区的尼罗河流域有着直接的和突出的利益，所以它对意大利吞并埃塞俄比亚肯定持反对态度，起码不能指望它像法国那样对埃塞俄比亚不感兴趣。但是他说，面对既成事实，英国的反对可能仅限于口头抗议，或者可能采取行动占领根据现有条约属于它的全部或部分领土。有鉴于此，苏维西认为，只要意大利答应把埃塞俄比亚领土的一部分划归英国，或是保证扩大英国在埃塞俄比亚的经济利益，就不排除同英国就此问题达成协议的可能性。报告还对同英国谈判提出两个方案：一是英国从埃塞俄比亚撤走，意大利保证它在这个国家的经济利益；二是同英国采取联合行动，得手后把尽可能少的一块领土划给它。墨索里尼批准就前一种方案同英国举行谈判。

从总体上说，英国对意大利侵略埃塞俄比亚也持姑息纵容态度，但它确实与法国有所不同。它担心，一旦意大利吞并埃塞俄比亚，将动摇英国在东非，乃至埃及和苏丹的殖民统治。因此，英国起初对意大利侵略埃塞俄比亚持反对态度。后来，英国为了把意大利拉到自己一边共同对付德国，并防止意大利吞并整个埃塞俄比亚，也希望同意大利举行谈判。英国国联事务大臣艾登奉派于1935年6月24日访问罗马。他在同墨索里尼会谈时表示，英国政府同意把欧加登的一部分割给意大利，并允许意大利在埃塞俄比亚领土上修筑一条联结厄立特里亚和意属索马里的铁路；而墨索里尼坚持要兼并整个埃塞俄比亚，致使艾登此行未能取得任何结果。

谈判破裂后，英国政府向意大利施加压力，命令军队开始集结，把舰队开赴地中海，英国的军事行动在意大利法西斯领导集团内部引起恐慌，连那些长期以来一直认为对东非的军事冒险必胜无疑的人，这时也对侵埃战争的前景产生了怀疑。意大利政府内部，就入侵埃塞俄比亚问题展开了激烈的争论。

但是，此时在英国政府及议会中绥靖主义占上风。他们一是认为同意大利打仗风险太大，二是企图以牺牲埃塞俄比亚来牵制墨索里尼，使其不与希特勒结成联盟。出于上述考虑，英国决定放弃其在埃塞俄比亚问题上对意大利所持的强硬态度，并于8月底发表声明，宣布英国在埃塞俄比亚除塔纳湖地区外，没有经济利益，以此暗示，它将不阻止意大利侵占塔纳湖地区以外的其他地方。

1935年9月10—11日，英国外交大臣霍尔同法国外长赖伐尔就意大利侵略埃塞俄比亚问题举行会谈。事后赖伐尔透露，他同霍尔很快达成协议，排除对意大利实行军事制裁，不采取任何海上封锁措施，也不准备关闭苏伊士运河。一句话，就是排除一切可能导致与意作战的措施。他们认为，唯一可行的办法是对意大利实行经济制裁。在这种形势下，墨索里尼认为，发动侵埃战争的国际条件已经成熟。

意大利吞并埃塞俄比亚

1935 年 10 月 2 日，墨索里尼向全国发表战争演说，公开宣布要以武力吞并埃塞俄比亚。他说，为了这一天，"我们已经忍耐了 40 年①，再也不能忍耐下去了"。他断言，只要在装备上占绝对优势的意大利侵略军一开进埃塞俄比亚国土，海尔·塞拉西一世皇帝就会屈服投降。

墨索里尼讲话的第二天，1935 年 10 月 3 日凌晨 5 时，意大利军队未经宣战越过马雷布河直扑阿杜瓦。按作战计划，意军从北、南两个方面向埃塞俄比亚发起进攻。北线厄立特里亚方面由东非意军总司令德·博诺指挥，担任主攻，任务是消灭埃塞俄比亚军队，占领这个国家的全部领土。南线意属索马里方面由格拉齐亚尼指挥，任务是牵制埃塞俄比亚南方军，抓住有利战机发动进攻。

意大利在北线投入 17.5 万人的部队，配备了 580 辆坦克和 120 架飞机；在南线投入 5 万人的部队，配备了 70 辆坦克和 38 架飞机。埃塞俄比亚虽然在北、南两线分别集结了 25 万和 5 万军队，迎击侵略者，但因经济落后，武器装备十分缺乏和陈旧，全国仅有 200 门野战炮、500 挺机枪和不能用于作战的 13 架老式飞机，甚至连正规部队也做不到人手一支老式步枪，许多人手持大刀或长矛参加战斗。

10 月 6 日，意军占领阿杜瓦，15 日占领阿克苏姆。但当意军向提格雷地区发动进攻时，陆军大臣穆鲁吉埃塔公爵指挥从首都开来的 10 万埃塞俄比亚军队奋起抵抗，击毙、击伤意军数千人，夺回部分失地，给了侵略者以沉重打击。这使墨索里尼的速决战计划破产。

提格雷战役后，德·博诺为避免遭到更大失败，决定暂停进攻。墨索里尼十分恼火，于 10 月 20 日电令德·博诺尽快向马卡累挺进。德·博诺没有执行墨索里尼的命令，他企图利用安抚政策，把自己打扮成埃塞俄比亚人民的"解放者"，他在占领区宣布废除奴隶制，停止缴纳某些封建捐税，实行"商人有其店，耕者有其田"的政策。然而，德·博诺的欺骗未能奏效。埃塞俄比亚人民高喊着"至死不屈"的口号，配合军队继续打击侵略者。人们把自己的粮食、肉类节省下来支援前线，为在沙漠地带作战的部队运水。意

---

① 意大利在 1895—1896 年的侵埃战争中被击败，到 1935 年刚好 40 年。

军所到之处，群众把粮食运走或藏到"地下"，把水井填死，意大利侵略军的战斗力因少粮缺水而大大削弱。

德·博诺的"安民"措施失败后，在墨索里尼的一再催促下，于11月3日向马卡累—多洛发起进攻，结果遭到由埃陆军大臣穆鲁吉埃塔公爵指挥的埃塞俄比亚军队的顽强抵抗。经过五天激战，意军于11月8日占领这个城市，但因伤亡惨重，兵员和武器装备得不到补充，而失去继续推进的能力。11月6日，墨索里尼命令德·博诺在占领马卡累之后立即向阿姆巴—阿拉吉发动进攻，德·博诺再次拒绝执行墨索里尼的命令。

1935年11月30日，墨索里尼派遣总参谋长巴多里奥接替德·博诺指挥侵埃战争。直至1936年1月底，巴多里奥也因兵员及装备不足、部队士气低落、纪律松弛，未敢发动进攻。

战场上的失利，在意大利国内，特别是在法西斯领导集团内部引起不安，连巴尔博、费德尔佐尼和格兰迪等人①在私下也对墨索里尼发动这次战争持批评态度。巴尔博说，战场上的失利是政治、外交、财政以及军事等方面的准备不足所造成的。齐亚诺甚至认为，要打胜这场战争是不可能的。

面对令人担忧的战局、来自各方面的反对和异议，墨索里尼指示意大利驻巴黎和伦敦大使向法、英两国政府表示，意大利愿意接受霍尔—赖伐尔提出的计划，即埃塞俄比亚把东提格雷以及靠近丹卡利亚—厄立特里亚边界地区和欧加登—意属索马里边界地区的大片土地割给意大利，把埃塞俄比亚南部作为意大利的经济扩张和移民区；意大利给埃塞俄比亚通往阿萨布的出海权。后因英国统治集团认为这一计划严重威胁英国在东非的利益而未予批准。当赖伐尔—霍尔和平计划失败后，墨索里尼认为，只能继续打下去，别无其他选择。他向埃塞俄比亚加紧增派新的部队，补充意军武器装备。1936年1月，侵埃意军达到40万人，大炮增加到1200门，汽车2万辆；飞机和坦克也得到不同程度的补充。

马卡累战役后，埃塞俄比亚政府加紧扩充军队，全国正规部队达到60万人。埃政府调集穆鲁吉埃塔公爵所部10万人、伊米鲁公爵所部7万人、塞乌姆公爵所部3万人和卡萨公爵的一部分部队，共计20多万人，由陆军

---

① 巴尔博系法西斯1922年10月夺取政权时的四巨头之一，后任利比亚总督；费德尔佐尼曾任墨索里尼第一届内阁殖民大臣、法西斯众议院议长等职；迪诺·格兰迪曾先后担任法西斯政府外交大臣、驻英大使和法西斯最高决策机构——法西斯大委员会主席等职。

大臣穆鲁吉埃塔公爵指挥，于 1936 年 1 月 21 日从特姆比恩和恩德尔塔同时向马卡累附近的意军发起猛攻，击毙意军 3000 人，击伤 5000 人，击毁坦克 18 辆，大炮 30 多门。与此同时，埃军又调集一部分兵力从右翼向厄立特里亚挺进。战局对埃军十分有利，意军有可能重蹈 1896 年阿杜瓦惨败的覆辙。埃塞俄比亚政府请求英、法两国提供所需武器，遭到拒绝，埃军因粮草不足和武器弹药得不到补充，伤亡达 4 万多人，被迫于 1 月 24 日撤退。意军乘机反扑，接连进行了两次战役，即 2 月 26—29 日的特姆比埃战役和 2 月 29 日至 3 月 2 日的锡莱战役。此时，埃军在特姆比埃仅有卡萨公爵和塞乌姆公爵指挥的 3 万人，在锡莱仅有伊米鲁公爵指挥的 5 万人。在兵力和武器装备均处于劣势的情况下，埃塞俄比亚军民仍英勇抗击侵略者。埃军伤亡十分惨重，最后终因寡不敌众和意军大量使用毒气，埃军撤到塔卡泽以南地区。战局逆转，出现了完全有利于意军的局面。

配合上述两次战役，意军派出一个骆驼骑兵纵队从红海沿岸的阿萨布出发，通过广阔的沙漠地带，于 3 月 11 日占领萨尔多。意大利的一个摩托化纵队向塔纳湖附近的贡德尔方向推进，于 4 月 1 日占领该地。

特姆比埃和锡莱战役后，海尔·塞拉西一世把埃塞俄比亚北部地区的绝大部分军队调集到阿西安季湖地区，准备与意军决一死战。3 月 31 日，埃军在塞拉西一世亲自指挥下，出敌不意，接连向意军发动四次猛烈进攻。意军出动数百架次飞机轮番轰炸、扫射，新式大炮不间断地轰击。经过四天激战，侵略者虽然遭到沉重打击，埃军也损失惨重，战死者达 9000 多人，部队在撤退时被打散。巴多里奥指挥意军乘胜向南推进，于 4 月 15 日占领埃军大本营所在地——德赛城。北线埃军实际上已不复存在。5 月 1 日，海尔·塞拉西一世离开埃塞俄比亚，流亡到英国。意军长驱直入，于 5 月 5 日占领首都亚的斯亚贝巴。

在北线意军进攻德赛时，南线意军于 4 月 14 日出动三个纵队的兵力，在空军的配合下，向季季加和哈拉尔发起进攻，史称欧加登战役。5 月 5 日意军战领季季加，8 日占领哈拉尔，9 日南、北两线意军在迪雷达瓦会合。同一天，墨索里尼在罗马威尼斯宫的阳台上宣布兼并埃塞俄比亚，建立意属"东非帝国"。意大利国王埃马努埃莱三世加上了"东非帝国"皇帝的称号。

埃塞俄比亚的失败是由国内和国际两方面的因素决定的。埃塞俄比亚政治制度落后，生产力不发达，国力衰微。同意大利相比，实力相差悬殊。埃塞俄比亚军队所需的武器靠从国外进口，在战争最紧急的时候，英、法、美等国拒绝向埃提供必要的防御武器，使埃军难以持续抵抗几十万用现代化武器装备起来的意大利军队。

西方大国对侵略者的姑息纵容，是意大利侵略得逞的国际原因。前面已经谈到，意大利之所以敢于发动侵略战争，是英、法纵容的结果。战争爆发后，它们继续推行绥靖政策。意大利的侵略受到国际舆论的强烈谴责。10月10日，国联大会通过决议，宣布意大利为侵略国。国联协调委员会通过了对意大利实行武器禁运、财政制裁、对意进出口的某些商品实行禁运等项建议。制裁成功与否关键在于英、法两大国的态度。英、法有能力切断意大利通向埃塞俄比亚的交通要道，但英国不但没有这样做，反而把它驻扎在马耳他的舰队撤离到远离意大利的亚历山大和海法等港口。英、法一方面在国联表示同意对意大利实行制裁，一方面又告知意大利，不对它实行军事制裁，不封锁苏伊士运河。

国联宣布的制裁措施本身也不完善，对战争不可缺少的石油、铁、钢和钢材等战略物资，没有列入禁运范围以内。一些中小国家要求实行石油禁运，因西方强国从中作梗，未能实现。英国和法国的一些大公司违背禁令，取道第三国，把飞机发动机等战略物资卖给意大利。美国在意大利发动侵埃战争后，援引1935年8月通过的中立法，不分侵略国和受害国，禁止向交战双方出售武器，但并不禁止出口其他物资。实际上，美国在战争期间向意大利出口了大量石油、废铁、钢、卡车等重要战略物资。仅以石油为例，美国对意大利的输出从1934年的17.5万吨增加到1935年的47.2万吨。在同一时期，美国对意大利非洲属地输出的石油增加了148倍。英、法、美的所作所为完全破坏了国联成员国对意大利的有效制裁。

1936年3月7日，德国军队占领莱因非军事区，加剧了欧洲的紧张局势。这一事件转移了英、法两国的注意力。英、法政府急于同意大利和解，以对付希特勒的威胁，因此已把埃塞俄比亚抛在一边。意大利宣布吞并埃塞俄比亚不久，英国代表艾登于1936年7月1日在国联建议取消对意大利的制裁。7月4日，国联协调委员会决定从7月15日起停止一切制裁措施。

侵埃战争的国际影响与终局

意大利侵略埃塞俄比亚的战争对欧洲国际局势产生了深刻的影响。

1935年12月底，霍尔—赖伐尔和平计划失败和艾登出任外交大臣后，英国扬言要对意大利实行军事制裁。它在直布罗陀、亚历山大港和亚丁三地集结 144 艘（约 80 万吨）舰艇，组成大小三个舰队；更新它在直布罗陀和马耳地的海空军防御设施；并在海法动工修建现代化的人工港和水上机场。还传出消息说，英国要在亚得里亚海建设一个海军基地。尽管此后英国没有采取具有决定性意义的步骤，但由于意大利的经济与军事实力无法同英国相比，英国的上述行动在一定程度上对意大利起了施加压力的作用。墨索里尼认为"英国想要（同意大利）打仗"，曾感到恐慌。

希腊、土耳其和南斯拉夫等国，为防止意大利继续扩张危及自身的安全与独立，于 1936 年初同英、法签订了地中海互助条约。条约规定，当意大利将其在埃塞俄比亚的军事行动扩大，并威胁到某一缔约国时，彼此要互相援助。

英国的武力示威和地中海地区出现的反意浪潮使墨索里尼感到只有希特勒能够成为他的同盟者。他于 1936 年 1 月 6 日接见德国驻罗马大使哈塞尔。墨索里尼暗示，意大利愿以奥地利为代价换取德国在埃塞俄比亚问题上的支持。希特勒听取哈塞尔的汇报后，同意给意大利以一定程度的支持。此后，德国增加了对意贸易和战略物资的供应，鼓励它在非洲继续打下去。在向意大利运送货物的火车上，刷着"你们要坚持，我们同你们在一起！你们不要害怕！"等大字标语。这对在战场上处于困境、在外交上陷入孤立的意大利是很大的支持，也对后来"罗马—柏林轴心"的形成有着重要影响。

意属"东非帝国"建立后，墨索里尼利用英、法等国的恐德心理，迫使国联取消对意大利的制裁，承认意大利占领埃塞俄比亚的既成事实。墨索里尼于 1936 年 6 月 9 日免去苏维西外交副大臣（外交大臣由墨索里尼本人兼任）的职务，任命他的女婿齐亚诺为外交大臣。齐亚诺立即宣布意大利不参加任何针对德国的国际条约和行动，并于同年 10 月 21—24 日访问德国，缔结了一个标志着"罗马—柏林轴心"建立的意德协议。希特勒接见齐亚诺时明确指出了意德势力范围。他说，地中海属于意大利，德国的势力范围在东方和波罗的海。他一再表示，德国支持意大利在埃塞俄比亚的行动。

德国的行动和态度助长了意大利的扩张欲望。为了打通地中海、红海之间的陆上通道，摆脱苏伊士运河和直布罗陀海峡对意大利进入大洋的束缚，墨索里尼在宣布兼并埃塞俄比亚的当天，提出了一个把意属利比亚同东非联结起来的新的扩张计划。为了实现这个计划，意大利一方面加紧进行军事准备，把它在东非和爱琴海地区的驻军增加到 40 多万，配备轻重机枪 14600 挺，大炮 1600 门，坦克和装甲车 500 辆，飞机 386 架，汽车 19000 辆；另一方面，为使埃塞俄比亚屈服，加紧对埃人民进行血腥镇压，这个当时不足 1000 万人口的国家，在战争和沦陷时期，竟有 76 万多人惨遭屠杀。

法西斯的残暴更加激起埃塞俄比亚人民同仇敌忾，他们广泛地展开了抗意游击战争。游击队遍布全国各地，其中阿绍省的游击队力量最大，拥有队员 9 万多人。1937 年夏季，各省游击队联合建立"团结合作委员会"，实行统一的领导。此后，游击队的力量得到迅速发展。到 1939 年，活跃在全国各地的游击队员共达 40 多万人。游击队经常袭击殖民当局和意大利占领军，夺取武器弹药。在亚的斯亚贝巴附近活动的游击队一度攻进首都，使法西斯政权惊恐不安。在游击队的打击下，侵略军只能龟缩在城里。全国 4/5 以上的农村和山区实际上都控制在游击队的手里。

1939 年 9 月，欧战全面爆发，形势对埃塞俄比亚人民抗击侵略者十分有利。1941 年 1 月，15 万英国军队从苏丹和肯尼亚分两路向占领索马里、厄立特里亚和埃塞俄比亚的意大利军队发起进攻。1 月 25 日，海尔·塞拉西一世从苏丹回国，指挥游击队与盟军联合作战。4 月 2 日，游击队配合盟军收复亚的斯亚贝巴。5 月 5 日，埃皇回到首都，重建埃塞俄比亚政府。英埃联军追歼残余意军，于 1941 年 11 月 27 日在贡德尔进行最后决战。意军遭到惨败，死伤 12400 多人。至此，在埃塞俄比亚国土上的意大利侵略者全部战败投降，历时 6 年多的意埃战争以埃塞俄比亚人民的最后胜利而告终。

1936—1939 年西班牙民族革命战争

武克全

1936—1939 年，西班牙人民为了捍卫民族独立和民主自由，同弗朗西斯科·佛朗哥叛乱分子及其支持者德、意法西斯进行了两年零八个月的浴血战斗，这就是有名的西班牙民族革命战争。这场战争是第二次世界大战前，世界反法西斯进步力量同法西斯势力的一次较量，这场革命战争的失败，导致了西班牙共和国的覆亡。

佛朗哥叛乱的开始

西班牙地处西南欧的比利牛斯半岛，20 世纪 30 年代前还是一个社会经济落后的半封建君主专制国家。大部分土地掌握在地主手中，天主教会拥有很大的权势，许多重要工业部门则控制在英、美等外国资本手中，而工农大众在政治上处于无权地位，生活极其困苦。此外，国内还有复杂的民族问题。1929 年 10 月爆发的世界经济危机，给西班牙以沉重的打击，失业工人达 50 万，失业雇农近 100 万，社会矛盾迅速激化。

1931 年 4 月 14 日，西班牙爆发了资产阶级民主革命，宣布成立共和国，建立了资产阶级联合政府。国王阿方索十三世逃亡法国，在人民群众的推动下，新政府颁布宪法，开始实行民主改革，宣布言论、出版和集会自由，允许共产党合法存在，宣布教会同国家分离，禁止耶稣会活动，在某些地区实行土地改革，降低了一些地租，给予加泰洛尼亚族以一定的自治权等。但是，农民的土地问题、工人就业和工资问题以及民族自治权等重大社会问题并没有真正解决，因而工农运动和民族运动继续高涨。

西班牙资产阶级政府的民主改革虽然不彻底，仍引起了保皇派分子、教权派、大地主大资产阶级和军队反动将领的仇视。他们策划反对政府的阴谋活动，伺机夺取政权。在共和国成立之初出现的法西斯组织，受到希特勒在德国夺取政权的鼓舞，也加紧活动起来。1933 年 10 月 29 日，法西斯分子成立"西班牙长枪党"。长枪党鼓吹通过"民族革命"去反对"现行制度"，宣称要"统一被分离运动、党派间的矛盾和阶级斗争所分裂的祖国"，建立"为统一祖国服务的、有效的和有权力的新国家"。次年 2 月，该党与另一法西斯组织"国家工团主义者进军洪达"① 联合为统一的法西斯党——"西班牙长枪党与国家工团主义者进军洪达"。西班牙法西斯缺乏群众基础，合并后的长枪党党徒不过 3000 人，其追随者主要是青年，因而它一成立就同国内的极右派和德、意法西斯建立了联系。军队中的反共和国势力也于 1933 年成立了一个专事武装政变的秘密反动组织——"西班牙军事联盟"。这些反动势力为了镇压不断高涨的西班牙人民革命浪潮而相互勾结起来。

从西班牙共和国成立起，民主势力和反动势力进行了多次较量，政权几易其手，斗争越来越激烈，其形式从议会斗争逐渐转化为武力对抗。

1933 年 11 月议会选举，大地主、天主教僧侣、金融巨头等反动势力联合组成所谓"塞达党"②。该党通过对选民实行欺骗和恐怖手段取得多数议席，并于 12 月成立了以亚历汉德罗・勒鲁斯为总理的亲法西斯反动政府。勒鲁斯政府一成立，就着手清除"共和国的遗产"，大赦保皇派叛乱分子，重新允许耶稣会活动，停止进行土地改革，对人民实行独裁统治。西班牙历史进入"黑暗的两年"。

面对反动势力的猖狂进攻，以何塞・狄亚斯为首的西班牙共产党领导工农群众展开了英勇斗争，推动了西班牙民主力量的联合。1934 年 10 月初，为抗议三名亲法西斯分子入阁，西班牙爆发了 100 万工人的政治大罢工，许多地方的罢工转变为革命起义。北部阿斯土里亚的矿工在共产党和社会党的共同领导下，坚持战斗了 20 多天，才被政府军队镇压下去。

十月起义失败后，西班牙共产党被迫转入地下。它在共产国际第七次代表大会关于建立人民阵线和反法西斯统一战线策略方针的影响下，加强了争取工人阶级统一和建立反法西斯统一战线的工作。同年底，共产党同社会党达成关于共同反对白色恐怖和争取恢复民主自由的协定。1935 年 6 月，西共中央号召西班牙劳动人民成立反法西斯人民同盟。11 月，西共领导的"统

---

① 西班牙语中"洪达"指执政的委员会。
② "西班牙自治权利联盟"的简称。

一劳工总同盟"加入西班牙社会党领导的"劳工总会"，使之成为拥有 65 万以上工人的统一工会组织。共产党、左翼共产党、共和联盟、工团主义党和马克思主义统一工党的代表们经过谈判，于 1936 年 1 月 15 日签订了人民阵线公约，提出包括大赦政治犯，恢复民主权利，改善工农生活，解散保皇党和法西斯组织等内容的人民阵线纲领。

1936 年 2 月 16 日，西班牙议会举行新的选举。参加人民阵线的左翼政党击败共和党保守派、教权派和保皇派，取得选举的重大胜利。2 月 19 日，左翼共和党人曼努埃尔·阿萨尼亚组织新政府。5 月，阿萨尼亚当选为共和国总统，共和党人何塞·希拉尔出任总理。在人民阵线支持下，左翼共和党人政府采取了一系列重要改革措施，释放 3 万名政治犯，实行社会和劳动立法，恢复在"黑暗的两年"中被解雇工人的工作，重新实施土地改革法，恢复加泰洛尼亚的自治，对外则同苏联建立了外交关系。西班牙共产党恢复了公开活动。

当西班牙人民庆祝人民阵线胜利的时候，反动分子却在策划武装叛乱的阴谋。早在 1935 年 6 月，长枪党即在"政治洪达"会议上通过了武装暴动的决议。其他一些反动组组也酝酿着同样的计划，只是它们幻想在新的议会选举中合法地攫取政权，才推迟了暴动计划的执行。1936 年 2 月议会选举的结果打破了反动派通过合法手段夺取政权的幻想，他们决定用武力推翻共和国政府。长枪党的武装集团、传统派分子卡洛斯派的战斗组织以及军事同盟等，对武装叛乱的准备起了特别重要的作用。一些反动将领如何塞·圣胡尔霍、佛朗哥、埃米略·摩拉等，也都参加了阴谋的策划。反动分子凭借他们在国家机关和军队中占据的要职，在大地主大资产阶级、教会和外国势力的财政援助下，迅速建立了遍布全国的秘密组织。他们加紧在军队中特别是在西属摩洛哥的驻军中进行策反工作，并定圣胡尔霍将军为"新国家"的领袖。7 月上旬，西属摩洛哥的驻军举行军事演习。许多天主教神父和僧侣脱下长袍，换上普通衣服，参加叛乱的准备工作。一些地区的教堂和寺院变成了暴动的中心。大资本家则把资金转移到国外。大商人哄抬物价，扰乱市场。大地主宁愿不收割庄稼也要解雇雇农，以破坏国家的正常经济生活，损害共和国的威信。

西班牙法西斯分子策划武装暴动阴谋时，直接得到希特勒和墨索里尼的支持和援助。1936 年 3 月，圣胡尔霍将军专程前往柏林，同纳粹头子进行有关德国援助西班牙反革命军事组织的谈判，最后商定向德国"商行"购买大批军事装备。德国在西班牙的间谍直接参与了军事暴动计划的制订。至于墨索里尼，早在1934年3月底就已答应给西班牙反动分子以物质上的援助，许诺在反动分子发难时提供1万支步枪、2万颗手榴弹、200挺机关枪和150万比塞塔。

1936年7月中旬，不断传来法西斯即将叛乱的警报，形势危急。7月15日，西共总书记狄亚斯在议会警告说："大家要当心！反动派准备叛乱！"可是，左翼共和党人政府对平定叛乱过于自信，未能采取有效措施来制止叛乱的发生。

7月17日深夜，在位于西属摩洛哥的休达电台播放"整个西班牙晴空万里"的暗语指挥下，叛军在西属摩洛哥、加那利群岛和巴利阿利群岛首先发难，另一叛军将领摩拉则在西班牙北方的纳瓦拉、旧卡斯蒂亚行动。次日叛乱迅速蔓延到西班牙各地的驻军。7月20日，叛乱首领圣胡尔霍从葡萄牙回西班牙途中因飞机失事身死，1935年5月担任西班牙军队总参谋长、1936年2月调任加那利群岛部队司令的佛朗哥便充当了叛军的魁首。当时，共和国军队的80％、约12万名官兵和大部分国民警卫军倒向叛乱分子方面。叛乱头子计划从南北夹击马德里，在几天内夺取政权。但是，佛朗哥的叛乱遭到西班牙人民的迎头痛击。工人、农民、学生、职员和知识分子响应共产党和人民阵线的号召，纷纷拿起武器，奋起保卫共和国。几天之内，就有30多万人报名参加人民警卫队。经过爱国军民的英勇战斗，马德里、巴塞罗那、巴伦西亚等大中城市的叛乱很快被镇压下去。空军和几乎整个海军站在共和国方面，水兵和下级指挥官们把大部分军舰和潜水艇开进了共和国的港口。叛军只控制了南方的加的斯、韦耳发、塞维利亚和北方的加利西亚、维瓦拉、旧卡纳蒂亚及阿拉贡等地区，南、北方叛军被巴达霍斯省隔开。

德意武装干涉和国际进步力量对共和国的声援

佛朗哥派人于1936年7月21日、22日到罗马和柏林，请求这两个法西斯国家给予援助。就在叛乱分子面临失败的关键时刻，希特勒和墨索里尼几乎同时作出了援助佛朗哥、对西班牙进行武装干涉的决定。希特勒对里宾特洛甫说："德国无论如何不能容忍出现一个共产主义的西班牙……如果西班牙真的成为共产主义的，法国也将布尔什维克化，那么德国就完蛋了。"除了仇视共产主义和民主共和外，德意法西斯武装干涉西班牙还有其征服全欧的长远打算。他们若控制了西班牙这个地中海的西部门户和直布罗陀海峡这个咽喉，对英法在地中海的战略基地将构成威胁，英国将不能借此要道直达中、近东，法国则将面临腹背受敌的困境。

7 月 28 日，德、意飞机来到得土安，协助佛朗哥把叛军和军用物资空运到西班牙南方。同时，他们通过海路把大批武器弹药和军事技术人员运送给叛军。7 月底，德国建立援助佛朗哥的"W"特别司令部。8 月，意大利政府设立"赴西班牙作战委员会"。据统计，佛朗哥叛乱开始后的 3 个月，德、意空军协助佛朗哥向西班牙前线运送了 24000 多名士兵、400 余吨军用物资，并轰炸西班牙城市 462 次之多。站在佛朗哥一边的，还有葡萄牙萨拉查独裁政权和梵蒂冈等国际反动势力。

德、意的武装干涉，改变了西班牙内战的性质，使西班牙人民的斗争转变为反对法西斯侵略及其走狗的民族革命战争。

德、意武装干涉西班牙直接威胁到英、法的利益，如果西班牙和西属摩洛哥落入法西斯国家之手，英国通向中东和远东的地中海航线将有被截断的危险，而法国则会腹背受敌，陷于法西斯国家的包围之中。从这个意义上讲，英、法是不情愿让西班牙落入法西斯国家之手的。另一方面，英、法统治集团以为，西班牙人民阵线是受共产党操纵，并得到苏联支持的，怕共产党和民主力量在西班牙执政会引起国内革命力量的高涨，因此，对人民阵线政府非常敌视；英、法政府对德、意还抱有幻想，企图同德、意进行交易，把德国的侵略矛头引向东方，更想把意大利拉到自己一边，因此不想同德、意进行军事对抗。英、法统治者在这种矛盾心理支配下，决定采取"不干涉"政策。

1936 年 7 月 25 日，法国勃鲁姆政府宣布停止供应西班牙武器，单方面撕毁《西法通商协定》。8 月 2 日，经同英国政府策划，法国又提出所有欧洲国家严格执行"不干涉"西班牙事务的建议。8 月 15 日，英、法两国互换照会，相互承担义务，不向西班牙或其属地输出武器和军事物资。9 月 9 日，27 个欧洲国家在伦敦成立实施关于不干涉西班牙冲突协定的国际委员会。英、法采取的"不干涉"政策貌似公正，其实，正如西班牙共和国外交部长阿尔瓦雷斯·德尔·瓦约后来在国联大会上所控诉的，它是"对叛乱分子有利的、真正公然而直接的干涉"。德、意虽然在不干涉协定上签了字，但根本无意执行协议的条款，相反，在"不干涉"的烟幕下，变本加厉地对西班牙进行武装干涉。8 月 27 日，即德国政府宣布同意"不干涉"协议的第二天，其驻马德里的代办就报告说，容克式飞机刚轰炸了当地的机场。英、法操纵的"不干涉委员会"对德、意违背协议的行为不闻不问，而对西班牙共和国政府却实行严密的封锁和禁运，实际上剥夺了它抵抗侵略者的正当权利。

然而，西班牙人民反对德、意法西斯侵略者和佛朗哥叛乱的斗争，一开始就得到世界无产阶级和进步力量的广泛同情和支持。

佛朗哥叛乱发生后，居住在西班牙的反法西斯侨民和参加国际工人奥林匹克运动会的工人运动员等，就自动组织起来，与西班牙人民一起投入抗击叛乱分子的战斗。世界各地掀起了声援西班牙人民的群众运动。8 月 13 日，在巴黎召开保卫西班牙共和国、民主与和平代表会议，并成立援助西班牙共和国的专门委员会。许多著名的社会活动家、作家和科学家，如罗曼·罗兰、萧伯纳、爱因斯坦、约里奥—居里、毕加索等以他们在国际上的威望，呼吁保卫西班牙共和国。在拉丁美洲、非洲和亚洲的许多地方成立了"西班牙共和国之友协会"。

苏联人民和政府更是在道义上和物质上给予西班牙人民以重大援助。西班牙战争一爆发，全苏联掀起了声援西班牙人民的巨大浪潮，各地开展了募捐活动。苏联参加了"不干涉委员会"，其目的在于揭露德、意和葡萄牙违背不干涉协定的行为，防止帝国主义国家把该委员会变成反苏集团。10 月 7 日，苏联政府向"不干涉委员会"主席指出："在任何情况下不能同意把不干涉协定变为掩护某些协定参加国向叛乱分子提供军事援助的幌子"，并严正声明：如果这种做法不停止，苏联政府"将认为自己不受协定义务的约束"。10 月 23 日，鉴于英、法操纵的"不干涉委员会"对德、意的武装干涉不采取任何有效措施，苏联驻伦敦全权代表迈斯基通知协定参加国：苏联政府决定"恢复西班牙政府购买武器的权利和可能性"。这样，从 1936 年 10 月起，苏联开始在物质上和军事上援助西班牙共和国，并根据西班牙共和国政府的要求，派出了自己的军事专家和军事顾问。

共产国际是当时世界进步力量声援西班牙人民正义斗争的组织者。共产国际执委会多次讨论了援助西班牙共和国的问题，并采取各种措施在道义上和物质上支援西班牙人民。1936 年 9 月，在征得西班牙政府同意后，共产国际作出了在各国招募受过军事训练的志愿人员的决定。在共产国际和各国共产党的号召下，苏联、法国、意大利、德国、美国、加拿大、中国等 54 个国家的共产党员和进步人士 4 万余人，冒着生命危险，克服重重困难，来到西班牙组成了举世闻名的"国际纵队",同西班牙人民一起并肩战斗。100多名中华民族的优秀儿女参加了国际纵队的战斗行列。国际纵队战士的誓言是:"为拯救西班牙和全世界的自由而战斗到最后一滴血。"为了加强对国际志愿人员的组织和领导,共产国际和各国共产党派出了许多重要的政治和军事干部。除了共产党人以外,还有许多社会党人、共和派和无党派人士,甚至天主教徒也都参加了国际纵队。这充分体现了世界人民反对法西斯的国际团结。

国际和平民主力量声援西班牙人民的斗争,特别是国际纵队战士直接在西班牙战场上参加战斗,其意义远远超过了西班牙战争本身,它是国际和平民主力量与法西斯力量在战场上的第一次较量。

马德里保卫战

德、意法西斯的武装干涉,英、法政府的"不干涉"政策,使西班牙战争中双方的力量对比发生了不利于共和国的变化。叛军得以重新集结力量,于7月30日在布尔戈斯成立了名曰"国防洪达"的政权机构,并开始发动新的进攻。8月5日,叛军占领巴达霍斯,南北方叛军得以汇合。不久,叛军又占领伊伦和圣塞瓦斯提两个据点,隔断了共和国北部和法国的联系。从9月起,叛军开始向马德里进逼。10月1日,佛朗哥被叛军推举为"西班牙国家元首"和叛军最高统帅。

叛军进攻马德里前夕,德、意两个法西斯国家在武装干涉西班牙的过程中实现了新的勾结。10月25日,意大利外交大臣齐亚诺访问柏林,双方达成在西班牙采取共同行动的协议,从而形成了"罗马—柏林轴心"。德、意开始派出正规军团以"志愿人员"的形式到西班牙作战。11月初,拥有100余架战斗机和5000名士兵的德国"秃鹰军团"开进西班牙。佛朗哥扬言要在十月革命节占领共和国首都。担任进攻指挥的叛军将领摩拉也夸口说:马德里将由四个进攻的纵队在市内"第五纵队"的协助下加以占领。"第五纵队"从此就成了内奸和间谍的代名词。

9月4日,希拉尔政府因无力抵抗法西斯的进攻而辞职,社会党人拉戈尔·卡巴列罗组成新政府。人民阵线各党派,包括共产党代表都参加了政府。为了动员群众保卫共和国,人民阵线政府采取了一系列社会改革措施:实行土地改革,没收参加叛乱的地主近500万公顷土地,无偿地分给无地农民，并废除农民的债务；对企业主离开的工厂企业，由政府代表领导工人监督和管理生产，实行劳保制度，提高工资；改革国家机构，保安、警察和其他机关都补充了人民代表。最重要的是，人民阵线政府建立了正规军。这些措施的实施，增强了人民阵线的基础，激发了西班牙人民群众捍卫民族独立和抗击法西斯的斗争热情。由于马德里局势危急，西班牙政府迁至巴伦西亚，但广大爱国军民万众一心，决心保卫首都。

1月7日清晨，佛朗哥叛军在德国坦克的配合下，对马德里发起总攻，马德里保卫战开始了。共和国刚刚组建的30万人民军投入战斗。马德里凡能拿起武器的群众几乎都上了前线，各种党派的人在一条战壕里抗击法西斯。西班牙共产党在这场保卫战中起到了中流砥柱的作用。共产党人参加了"马德里保卫委员会"，实际上掌握了首都军事活动和经济生活的几乎全部领导权。共产党提出了"不让敌人前进"的口号，马德里的25000名共产党员中有21000人在战壕里战斗，其组建的人民军第五团在战斗中发挥了突击队的作用。11月8日，刚刚组成的国际纵队第十一国际旅在战斗最炽烈的时候到达前线，第十二国际旅也于11月17日投入战斗。战斗进行得残酷而激烈，市郊的大学镇被摧毁，曼萨纳雷斯河的河水被鲜血染红，但法西斯分子未能前进一步。11月11日，马德里的保卫者由守势转入反攻。11月25日，法西斯的进攻被击退。马德里城巍然站立在反法西斯斗争的前哨。

第一次马德里保卫战之后，敌对双方都加紧积蓄力量，准备继续战斗。德国和意大利进一步加强了对叛军的援助，11月18日正式承认佛朗哥政权。11月28日，意大利与叛军达成一项秘密协议，意大利保证继续援助"西班牙民族主义政府"。这时，西班牙的主要反动力量——保皇派、卡洛斯派和长枪党合并为统一的"西班牙传统长枪党与国家工团主义者进军洪达"，佛朗哥正式成了西班牙法西斯主义的领袖，并建立了一支相当强大的、装备精良的正规军。共和国方面继续实行经济、军事、政治和文化的改革，以增强反法西斯的力量。

1937年2月，意大利远征军以四个师的兵力在南线马拉加地区发起攻击，企图合围马德里。意军攻破分散在该地区的共和国部队的抵抗，于2月8日占领马拉加。随后，法西斯军队在德国坦克、炮兵和航空兵支援下，从马德里以南的哈拉马河发动大规模进攻，再次企图包围和占领马德里。驻守在这里的共和国军队和国际纵队经受住了法西斯的攻击，并在2月18日转入反攻，把敌人赶回出发地。哈拉马河之战是共和国军队赢得胜利的第一次重大战役。敌人对首都的第二次进攻又归于失败。

3 月 8 日，法西斯军队从北面的爪达拉哈拉地区对马德里发动了第三次进攻。这次进攻以意大利远征军为主，墨索里尼派遣亲信罗阿塔直接担任指挥。在德国飞机、坦克和大炮的支援下，5 万名意军一度突破防线，向马德里推进。共和国军队用顽强的防御消耗了敌人的力量，然后实施反突击，于18 日攻克爪达拉哈拉东北的布里乌埃加镇，使意大利法西斯侵略军遭到惨重损失。马德里再次经受了考验。

马德里保卫战从 1936 年 11 月 6 日开始，到 1937 年 3 月 18 日，前后经历了 133 天，谱写了英勇反击法西斯的光辉篇章。

西班牙人民的浴血奋战和失败

由于佛朗哥攻占马德里的企图未能得逞，根据德军总参谋部的指示，从1937 年年中开始，把进攻的重点转向西班牙北部，以便占领重要工业区——巴斯克和阿斯土利亚。共和国军队和法西斯军队的主要力量遂在这里展开了激烈的战斗。

这年 6 月，法西斯集中了 15 万名官兵，其中包括 10 万名意大利干涉军，对巴斯克区首府毕尔巴鄂发起进攻。共和国军队仅 6 万人，但他们进行了坚决的抵抗。6 月 20 日佛朗哥军队攻陷毕尔巴鄂。8 月 26 日意大利干涉军进入桑坦德。9 月，法西斯军队以步兵 150 个营、大炮 400 门、坦克 150辆、飞机 200 多架的绝对优势，猛攻阿斯土利亚，并且用海军封锁了希洪港。共和国方面仅有大炮 80 门、少数坦克和飞机，弹药和粮食也很不足。阿斯土利亚的处境岌岌可危。

为了援助北方战线，6—9 月，共和国军指挥部在中部和东战线实施了两次重大的进攻战役：一次在马德里西北部的布鲁内特，另一次在萨拉戈萨东部。共和国军队虽在这两地取得了一些胜利，但未能制止住法西斯军队对北方战线的进攻。10 月 22 日，佛朗哥军队占领了共和国在北方的最后一个支撑点希洪港。北方是西班牙的工业区和经济重心所在地，它的陷落对共和国是一个沉重的打击。

1937 年 10 月 28 日，西班牙政府从巴伦西亚迁至巴塞罗纳。12 月，共和国军队在东线的特鲁埃尔附近发起重大战役，试图制止法西斯军队对马德里的进攻。为了组织这个战役，共和国方面抽调了 12 万装备精良、训练有素的军队。根据原定计划，共和国军队应把叛军占领区分割成两部分然后深入到敌人薄弱的后方。国防部长普列托却坚持要把在特鲁埃尔地区的进攻进行到底。1938年1月初，共和国军队占领特鲁埃尔，但吸引了大批法西斯军队前来决战，结果于2月22日被迫放弃特鲁埃尔，共和国军队受到重大损失。

法西斯军队占领特鲁埃尔后，就把主力调往东部战线，进攻加泰洛尼亚地区。佛朗哥集中了5个军团精锐兵力，德国的"秃鹰"军团和意大利远征军团也参加了这次进攻。共和国在这个方向上作战的军队只有11个师。3月9日，法西斯军队发起猛烈进攻，突破了共和国军队的防御，于4月5日占领加泰洛尼亚第一大城市——莱里达。在前线局势不断恶化的情况下，1937年5月17日接替卡巴列罗组织政府的社会党人内格林改组政府，罢免了普列托的国防部长职务，亲自兼任国防部长。人民阵线的所有党派都参加了新政府。但是，法西斯军队这时已掌握了战略主动权，正向地中海方向进攻。4月15日，法西斯军队前出至地中海，占领沿海城市维纳罗斯和贝尼卡尔洛，切断了西班牙中南部同加泰洛尼亚以及与外界的联系，苏联的援助更加困难了。

1938年6月，法西斯分子开始猛攻巴伦西亚。共和国军队在7月25日发动了西班牙战争中最大的一次战役——埃布罗河战役。它强渡埃布罗河，夺取了河右岸强大的登陆场。法西斯军队把最精锐的兵力投入战斗，迫使共和国军队于11月15日撤回埃布罗河左岸。埃布罗河战役持续四个月之久，叛军伤亡达8万多人，损毁飞机200架，消耗了大量武器弹药。共和国方面也受到重大损失，其精锐部队就此一蹶不振。

1938年12月23日，法西斯军队进攻加泰洛尼亚。其时，双方力量对比极为悬殊。共和国军队在这里不足12万人，要抵抗30万法西斯军队。共和国军队的武器装备与叛军相比，飞机、机关枪、大炮的数量各为1:20、1:15、1:30。共和国军队只能一面抵抗，一面退却，被迫于1月26日放弃巴塞罗纳。2月9日，内格林政府迁往法国。两天后，加泰洛尼亚全境陷落，20万左右的共和国军队进入法国边境后，被法国解除武装。

共和国在这期间内军事上的失利归因于它内外交困的处境。长期战争引起的精神疲惫、物质匮乏、食品供应不足等，严重削弱了西班牙军民的抵抗力量。更为严重的是，人民阵线中的右翼势力加紧了投降妥协活动。1937年5月担任国防部长的普列托把共和国的前途寄托于英、法统治集团，追求同叛乱分子妥协媾和，并在军队中排斥共产党人，因而削弱了共和国武装力量的战斗力，导致共和国军队在前线的失利。

在国际上，除了德、意法西斯的公开武装干涉外，英、法、美政府奉行绥靖政策，纵容侵略，甚至公开出卖西班牙。1937 年 11 月 16 日，美国政府同佛朗哥互派代表，实际上承认了佛朗哥政权。1938 年 4 月 16 日，英国同意大利签订协定，正式承认意大利对埃塞俄比亚的主权，至于意大利对西班牙的武装干涉，意大利仅允诺"按比例"撤退"外国志愿军"，在战争结束后全部撤出意大利"志愿军"和军事物资。5 月间，西班牙政府要求国际联盟按盟约第十六条采取反侵略的集体行动。在表决时，英、法都投了反对票。6 月 13 日，法国达拉第政府封闭法西边界，使共和国政府在国外购买的飞机、大炮、机枪等大量军用物资无法运回国，损害了共和国军队的作战能力。7 月，伦敦"不干涉委员会"作出从西班牙撤出一切外国志愿人员的决定。西班牙共和国政府在英、法的压力下，为了换取德、意撤走武装干涉军，被迫于 9 月同意撤走国际纵队。但是，德、意法西斯的"撤军"纯粹是一种诡计：他们撤走被打败的部队，而派出新的部队，直到西班牙战事结束后才把全部军队撤离西班牙。

美国在西班牙事件发生后没有参加"不干涉协议"，但以所谓的"中立派"扮演了同英、法同样的角色。1937 年 1 月 6 日，美国会通过决议，禁止向"西班牙交战的各方"出售武器。5 月，国会通过"永久中立法"，宣布禁止向交战国，包括发生内战的国家输出军火、武器。但是美国并不禁止叛乱分子从美国购买汽油等重要物资，也不禁止德、意把在美国购买的武器弹药和各种军事物资转卖给叛乱分子。

英、法、美等国的政策助长了德、意的武装干涉，切断了西班牙共和国的武器弹药供应，涣散了西班牙共和国军队的斗志，并滋长了西班牙政府内部的失败主义情绪。

加泰洛尼亚失陷后，共和国丧失了精锐部队、大量武器和主要工业基地，只能控制占全国领土 1/4、人口约 1000 万的中部和南部地区。但共和国仍有一定实力，还拥有 70 万人的武装力量、280 辆坦克和装甲车、100 架飞机以及坚固的设防地带，继续抗战还是有可能的。可是在这最后关头，由于英法政府的破坏，共和国内部右翼分子的叛乱加上内格林政府的摇摆不定，共和国终于失败。

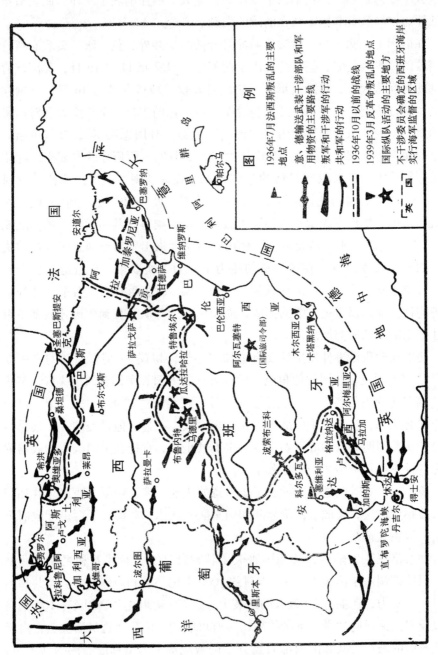

图例

1936年7月法西斯叛乱的主要地点

意、德输送武装干涉部队和军用物资的主要路线

叛军和干涉军的行动

共和军的行动

1936年10月以前的战线

1939年3月反革命叛乱的地点

国际纵队活动的主要地方

不干涉委员会确定的西班牙海岸执行海军监督的区域

西班牙民族革命战争（1936—1939）

1939 年 2 月 11 日，内格林政府从法国迁回马德里。内格林虽然表示了继续抵抗的决心，但后方和前线已越来越不稳定，内格林本人也变得消极和摇摆不定。这时，英、法统治集团已完全揭下"不干涉"的假面具，进行着公开出卖西班牙人民的罪恶勾当。2 月 27 日，英法政府宣布承认佛朗哥政权，并断绝与西班牙共和国的外交关系。英法的这种举动不仅严重损害了西班牙共和国的国际地位，而且在精神上瓦解了西班牙军民的斗志。月末，阿萨尼亚在巴黎辞去共和国总统职务。

在共和国处境危急的紧要关头，内部的投降派和妥协分子策划了反对共和国的叛乱。3 月 3 日，共和国海军在卡塔里纳基地叛变，叛军虽然被忠于共和国的军队所击溃，但他们把舰队开到了突尼斯的比塞大港。3 月 5 日，原中部集团军司令塞希斯孟多·卡萨多上校、右翼社会党头目贝斯太罗在马德里发动政变，组成以前马德里守军司令何塞·米亚哈将军为首的所谓"国防委员会"。内格林和他的政府再次逃亡法国，西班牙人民阵线政府瓦解，共和国各地陷于一片混乱。

在西班牙战争的最后时刻，首都的共产党人同卡萨多为首的反动分子进行了战斗，终因大多数部队正在前线而失败。3 月 19 日，卡萨多控制的"国防洪达"同佛朗哥谈判停战条件。佛朗哥要求立即无条件投降。于是，卖国贼卡萨多和"国防委员会"的其他人员乘英国驱逐舰逃往英国，通往马德里的整个战线洞开。

3 月 28 日，佛朗哥军队和几个意大利师进入马德里。3 月 30 日，共和国全境被法西斯军队占领。4 月 1 日，佛朗哥正式宣告"战争结束"。

坚持了两年零八个月的西班牙民族革命战争，就这样在内、外反动派的夹击下失败了，西班牙共和国被颠覆。

西班牙民族革命战争的失败原因及其历史意义

西班牙战争是第二次世界大战爆发前欧洲流血最多的战争之一，西班牙人民遭受了巨大的苦难。很多城镇被夷为平地，大批难民逃亡国外，有 100 多万人死于战场和佛朗哥分子的占领区。西班牙民族革命战争的失败，导致了严重的国际后果。由于德、意法西斯在武装干涉过程中结成侵略集团，佛朗哥政权后来也加入了德、日、意反共产国际协定，因而造成了欧洲政治关系和战略格局的重大变动，加剧了国际紧张局势。

西班牙民族革命战争的失败，是由一系列主客观因素造成的。德、意法西斯的武装干涉以及英、法、美统治集团的"不干涉"政策，是最重要的外部因素。德、意法西斯是扼杀西班牙共和国的罪魁祸首。在整个西班牙战争期间，先后站在叛乱分子方面作战的外籍士兵共达30多万人，其中德国有5万多人，意大利有15万人，葡萄牙和欧洲其他国家的各种法西斯分子2万人，还有近9万名摩洛哥人。战争头两年，德国派出了650架飞机、200辆坦克、700门大炮；意大利提供了近2000门大炮、750万发炮弹、近241000支步枪、32500万发子弹、7633辆汽车、950辆坦克和装甲运输车、1000架飞机。德国在西班牙战场上进行了新式坦克和军事战略战术的试验，对它准备人战起了一定作用。在西班牙战争中，意大利耗资140亿里拉，德国花费5亿马克。

英、法统治集团充当了德、意法西斯扼杀西班牙共和国的帮凶。英、法的"不干涉"政策表面上不偏不倚，实际上有利于叛乱分子。在"不干涉"政策下，合法的共和国政府被剥夺了购买武器的权利，而叛军却可以从德、意得到充足的军火。当时的一些有识之士就指出，"不干涉"政策实际上是对西班牙共和国的干涉，对德意武装干涉的不干涉。所以从一定意义上说，西班牙共和国同捷克斯洛伐克、奥地利等国一样，都是战前英、法绥靖政策的牺牲品。

西班牙民族革命战争的失败，也同反法西斯民主力量内部的一系列因素直接有关。第一，西班牙人民阵线各党派之间一直未能实现坚强的团结，从而严重削弱了抵抗法西斯的力量。叛乱发生时，共和国本应建立一支统一的武装力量，进行全国有组织的抵抗，但各党派当时都忙于建立自己本派的军队，致使这种统一的抵抗力量迟迟没有建立起来，丧失了迅速平定叛乱的有利时机。当时西班牙共和国的领土上成立了几个政府，即除马德里的中央政府外，还有加泰洛尼亚政府、巴斯克政府、阿斯土利亚和莱昂委员会，中央政府和一些地方政府在政令军令上很不统一，甚至有的自行其是，这也给叛军提供了可乘之机。

第二，人民阵线政府于1936年9月成立后，虽然进行了认真的抵抗并实行了一些民主改革，但整个战争期间，它不信任群众，没有发动人民战争。政府重用不称职的军队将领，实行消极防御战略，拘泥于正规战，死守大城市，以致共和国军队取得的军事胜利不能持久。同时，它也没有重视建立支持革命战争所必需的战时经济，军备生产效率很低，不得不依赖外援。

　　第三，人民阵线政府在处理关系到战争成败的一些重要问题时表现得软弱和动摇，它没有及时识破并清除混进政府和军队中的敌对分子，对战争期间不断发生的反革命叛乱镇压不力，因而使共和国经常处于内外敌人的夹攻之下。

　　第四，工人阶级中某些派别之间的敌对情绪，特别是无政府工团主义者的极左政策，也对革命战争造成了不小的危害。

　　第五，西班牙共产党人虽然参加了政府，但它没有掌握对反法西斯统一战线，特别是军队的领导，对资产阶级妥协势力未能进行坚决斗争，因而不能依靠人民群众的力量来制止政府的动摇，保证革命战争的胜利。

　　西班牙民族革命战争虽然失败了，但其历史意义是不可磨灭的。第一，它是西班牙人民长期以来反对反动势力、争取民族独立和民主权利斗争的一个重要阶段，西班牙爱国军民在这场战争中所表现的艰苦卓绝的斗争精神，为全世界人民树立了光辉的榜样。第二，西班牙人民历时 986 天的英勇斗争，牵制了德、意法西斯对其他国家的侵略活动，推迟了第二次世界大战的爆发。第三，西班牙人民的斗争为各国人民的反法西斯斗争提供了宝贵的经验教训，其中各阶层人民建立反法西斯统一战线的形式，后来在欧洲不少国家的抵抗运动中得到运用和发展。第四，西班牙民族革命战争体现了世界无产阶级和进步人类在反法西斯斗争中的国际团结，前来参加保卫西班牙共和国的国际主义战士受到了锻炼，当法西斯挑起第二次世界大战时，他们中的许多人成了反法西斯战争的著名领导人。

法国人民阵线的建立及其活动

戴成钧　张忠其

法国人民阵线是 20 世纪 30 年代法国各左翼政党派别间的阶级联盟，是工人、农民、知识分子以及中小资产阶级的反法西斯统一战线的一种形式。它的建立及其活动，对于制止法国走上法西斯化道路、推动社会经济改革、促进国际反法西斯统一战线运动的发展，都具有重大的历史意义。

反法西斯统一行动的发展

法国人民阵线的建立，是法国各阶层人民反法西斯统一行动的结果。

1930 年来，法国卷入了资本主义世界经济危机的旋涡。法国的经济危机虽然比其他资本主义国家晚一年多才爆发，它持续的时间却长达五六年。危机期间，工农业受到严重破坏，1932—1936 年工业生产指数降到最低点，直到 1939 年才恢复到 1929 年的水平。商业萎缩凋敝，财政混乱不堪。赤字连年增长，1936 年竟达 168 多亿法郎，黄金储备源源外流，从 1931 年至 1937 年共流失 350 亿法郎。法国政府颁布了"特别法令"，采取"紧缩政策"，增加税收、降低工资、裁减职工、减少养老金等支出，向人民转嫁危机。广大人民深受危机之害，工人农民受危机打击最为惨重。失业人数逐年增加，到 1934 年 3 月，失业人数达 120 万人，还有半失业者 150 万—200 万人。1931—1935 年小麦价格下跌 40%，酒价比战前下跌 60%。全国约有 500 万中、小农民破产。危机也使中产阶层受到严重损害。据官方统计，1934 年 12 月，有 998 家企业破产，1440 家企业变卖家产以清偿债务。

在危机年代里，法国工人开展了反对政府当局和资本家转嫁危机的斗争，罢工运动有所发展。1931 年罢工次数为 276 次，1934 年为 383 次。在罢工斗争中，各派工人的联合倾向有所增长。

　　由于阶级斗争与社会斗争日趋尖锐，议会制度与政治制度的危机日益深重、政局动荡。从 1929 年 11 月至 1934 年 1 月，更换了 13 届内阁。在 1932 年选举中，左翼党派取得胜利，激进社会党与其他较小的左翼党派组成联合内阁，但在 19 个月中，内阁更换了 6 次。

　　法国大资产阶级极右派为了摆脱经济危机和政治危机，对传统的议会制度感到失望，就趋向法西斯主义，企图消灭资产阶级的民主自由。于是，"火十字团""法兰西行动""束棒""爱国青年"和"法兰西团结"等法西斯的或半法西斯的组织相继出现，加强活动。① 拉罗克上校领导的"火十字团"是最大的法西斯组织。它不仅从化妆品巨头科蒂那里得到津贴，也得到右翼政府的支持②，因此迅速扩展，1934 年 2 月有成员约 35000 人，1936 年初达到了 45 万人。

　　1933 年 1 月希特勒法西斯专政的建立，对法国法西斯分子的猖獗活动起了推波助澜的作用。10 月开始，法国法西斯分子利用"斯塔维斯基案件"③向议会展开了新的进攻。《法兰西行动报》公开号召，要求结束正在召开的议会和"腐朽"的议会制度。1934 年 1 月 9 日，"火十字团""爱国青年""法兰西行动"等组织在巴黎举行了第一次反议会的法西斯示威。27 日，旭丹总理被迫辞职。

　　1 月 30 日，激进党领袖达拉第组阁。达拉第迫于形势，免去同斯塔维斯基案件有牵连的巴黎警察局长夏普的职务，遭到右翼议员、部长的反对。2 月 5 日，各法西斯集团号召人们在 2 月 6 日晚举行示威："反对左派的政变，反对政治家专政，反对共济会专政！"6 日下午，正当达拉第内阁向议会发布宣言，要求对他进行信任投票时，在"火十字团""法兰西行动"等组织的煽动下，约 4 万人在协和广场列队游行，企图迫使政府辞职。晚上 7 时，

---

　　① 有些法国历史学家否认法国有法西斯组织的存在，他们认为"集团"（Ligues）是法国的极右翼，不是真正的法西斯分子。勒内·莱蒙认为："那些集团只不过借用了法西斯的装饰，穿上法西斯的旧服，然而去掉了法西斯的精神。集团的运动无非是波拿巴主义、恺撒主义、专制主义和主张公民投票的旧内容的最后变形而已，按当今的看法就是民族主义，模仿者只是叫人用罗马式的法西斯主义灰浆粉刷他的门面罢了。"

　　② 从 1929 年至 1932 年，"火十字团"从塔迪欧政府获得至少 2 万法郎的"秘密资金"，又从赖伐尔政府得到了 1 万法郎，以后又从塔迪欧那里得到了 15 万法郎。

　　③ 这是一起政治财政丑闻。斯塔维斯基是法籍乌克兰犹太人。他在一些部长、议员的庇护下，开设一"市政信贷"公司，以假的珠宝为基金，发行 2 亿多法郎的股票，并诱使殖民地部长阿尔贝·达里米埃写推荐信出售股票。1933 年 10 月，他带着现金逃跑，公司宣布破产。12 月，斯塔维斯基在追查中自杀。与此案有牵连的有议员、部长、巴黎警察局长以及内阁总理、激进党人旭丹等。

"法兰西团结"的 2000 人游行队伍冲进国民议会。共和国保安队和警察开枪还击，武装冲突迅速扩大，战斗持续到凌晨。在这次冲突中，有 17 人身亡、2329 人受伤，几个叛乱的头子被捕。法西斯分子企图解散议会、夺取政权的阴谋破产。

法西斯集团煽动的骚乱，激起了左翼各党派和群众的愤怒。2 月 6 日，共产党组织工人进行反击。共产党率领的游行队伍响亮地喊出"法西斯主义休想通过"的口号。在议会里，达拉第要求进行信任投票，而左派主张会议延期，斗争十分激烈。社会党领袖勃鲁姆宣布：社会党赞同政府。他说："这不是我们给予你的信任票，而是战斗的一票。在现在发生的战斗中，我们愿意站在第一线。"达拉第内阁由于内部矛盾重重，无能为力，于 2 月 7 日宣告辞职，由杜梅尔格组成右翼激进党人的联合内阁，企图以此平息事件。

但是，群众性的反法西斯斗争不断高涨。2 月 7 日，在巴黎、马赛、里昂、里尔、尼斯、南特等城市，工人群众在共产党和社会党的发动下，举行了保卫共和的游行。2 月 8 日，法共中央号召巴黎无产阶级于 2 月 9 日在共和广场游行，要求逮捕夏普、解散法西斯组织，杜梅尔格内阁辞职。可是，社会党、总工会领导拒绝参加共产党准备的游行，决定于 2 月 12 日举行"保卫议会共和制"的游行和总罢工。为此，法共决定先举行 2 月 9 日示威，再支持社会党 2 月 12 日的总罢工。

2 月 9 日，杜梅尔格宣布巴黎戒严，数以万计的军警封锁共和广场。但是，约 6 万工人响应共产党号召走上街头，他们高唱《国际歌》，高呼"打倒法西斯""拥护统一行动"等口号，列队游行，示威群众遭到军警的袭击。巴黎近 1/3 的地方筑起了街垒，双方发生冲突。许多社会党和无党派的工人群众同共产党人一起参加 2 月 9 日的示威，它表明了反法西斯的工人统一战线的扩大。

2 月 12 日，在社会党和总工会发动下，法国全国各地举行 24 小时总罢工和游行。共产党和统一总工会领导的群众参加了这次罢工和游行。这一天，有 350 多个城镇举行了群众游行。全国有 450 万人罢工，主要生产部门的 80%—90% 的工人卷入罢工斗争，很多小商人、手工业者也参加了。仅在巴黎，就有 15 万余人参加示威。下午 3 时，共产党组织的游行队伍和社会党、总工会的游行队伍从万森林荫大道的左右两边一起进入国民广场。示威者都高呼："统一！统一！"2 月 12 日的示威游行表明，反法西斯的统一行动进入了新的阶段。

几乎与此同时，国际反法西斯统一战线运动也广泛发展起来，这是对法国反法西斯统一行动的有力推动。1932 年 8 月，在法国著名作家亨利·巴比塞和罗曼·罗兰的倡议下，国际反战反法西斯代表大会在阿姆斯特丹召开。大会号召全国人民联合起来，为反对战争、反对法西斯而斗争。1933 年 6 月 4 日，在巴黎普勒耶尔大厅召开了欧洲反法西斯代表大会。共产党、社会党和改良主义工会的活动家一起参加了这次大会。大会通过法国反战委员会反法西斯委员会联合的决议，正式成立了法国反战反法西斯委员会。这种新的联合运动，在法国通称为"阿姆斯特丹—普勒耶尔运动"。

1934 年 2 月 6 日事件之后，"阿姆斯特丹—普勒耶尔"委员会进行了广泛的活动，它在全国有 650 个地方委员会。它们在宣传鼓动、组织群众、团结各个党派组成广泛的反法西斯统一战线中起了重要作用。

共产党和社会党的统一行动公约

反法西斯统一行动的发展，要求法国共产党制定新的策略路线。

长期以来，法共由于受到宗派主义、教条主义的影响，削弱了党的队伍。1931 年，虽然清除了巴尔贝—塞洛的宗派主义集团，但它的影响还存在。1932—1933 年，法共仅有党员 3 万人，等于社会党党员人数的 1/5。在二六事件中，《人道报》把达拉第内阁称为"刽子手的内阁"，提出了"打倒刽子手达拉第、弗罗"的错误口号。中央委员马尔蒂还提出：不反对政府，不反对社会民主，人们就不可能进行反法西斯集团的斗争。这些方针和口号阻碍了同社会党的统一行动。

1934 年 3 月，法共中央委员会总结了二六事件的教训，谴责某些共产党人的宗派主义错误，着重指出：不同政治观点的工人统一行动，应该在共同的反法西斯要求的基础上建立和巩固。

1934 年 4—5 月，共产国际两次邀请多列士去莫斯科。季米特洛夫在同多列士的会谈中建议他同陈旧的公式决裂，强调指出："分割共产党工人和社会党工人的城墙应当拆除。"6 月 14 日，在共产国际七大筹备会议第一次会议上，共产国际正式放弃"阶级反对阶级"的路线，它指出：从策略上来说，社会民主党不再是敌人，在反法西斯主义的斗争中，他们成了完全可接受的甚至是必不可少的同盟者。共产国际为法共建立广泛的人民阵线指明了方向。

6月23—26日，法共伊夫里全国代表会议讨论了反法西斯的统一战线问题。多列士在报告中着重指出：共产党是反法西斯统一战线的坚定的、热烈的拥护者；"统一战线是无产阶级生死攸关的问题"。伊夫里代表会议确立了党的统一战线的策略路线，对于实现与社会党和其他左翼党派的联合，团结广大人民进行反法西斯的共同斗争，具有重大意义。

随着法共的策略转变，以及社会党内左派力量的壮大，社会党对反法西斯统一行动的态度也表现得积极了。社会党的许多地方组织和党员参加了"阿姆斯特丹—普勒耶尔"委员会的地方组织。在塞纳省和巴黎地区，社会党和共产党的地方组织还在3月就进行了统一行动的谈判。左翼社会党人提出"协调巴黎地区反法西斯斗争的协调草案"，并准备参加"阿姆斯特丹—普勒耶尔"委员会组织的全国反法西斯大会，但遭到社会党领导的拒绝。

5月30日，多列士在《人道报》上发表文章，表示了"与一切反资本主义和法西斯匪帮的人们并肩战斗"的愿望。第二天，法共向社会党的活动分子和社会党常设行政委员会发出呼吁，为拯救德国共产党领导人台尔曼而共同行动。社会党提出以共产党停止对他们的批评、攻击为条件，同意进行讨论。6月11日，法共总书记多列士、统一总工会总书记弗拉商与社会党主席勃鲁姆、该党左派塞纳省联盟领导人齐罗姆斯基进行了第一次会晤。6月25日，法共向社会党提出一份统一行动公约草案。7月2日，在布里野大厅，塞纳省的社会党人与巴黎市的共产党人举行了共同集会。左翼社会党人齐罗姆斯基、共产党人加香和杜克洛出席了大会。两党发言人都要求释放台尔曼，解散法国的法西斯集团，在阶级行动基础上进行反对杜梅尔格政府及其反社会政策的斗争。

6月底，勃鲁姆与齐罗姆斯基一起与多列士重新会晤。勃鲁姆提出许多疑问。多列士则表示："我们愿以一切代价实现统一行动。我们不提任何条件，我们不愿玩弄手段。"经过多次争论，7月15日，社会党全国非常会议以3471票对366票的绝对数通过了共同行动的提案。1934年7月27日，共产党和社会党签订了《统一行动公约》。《公约》指出："工人阶级的利益，需要社会党和共产党组织反法西斯主义的统一行动。"《公约》第一条规定，两党保证共同组织并以它们的一切方式参加一场旨在发动全体劳动人民的全国运动，反对法西斯组织，以便解除其武装和解散这些组织，保卫民主自由，反对军备，反对特别法令，反对在德国和奥地利的法西斯恐怖活动，争取释放台尔曼等。《公约》还规定两党"相互间不进行任何攻击和批评"。为了组织统一行动，两党各派 7 名代表组成协调委员会。两党《统一行动公约》的签订，为人民阵线的建立迈出了重要的一步。

人民阵线的诞生

法国无产阶级两大政党统一行动的实现，奠定了反法西斯统一战线的基础。但是，要扩大反法西斯统一战线，还必须团结一切可以团结的力量，特别是团结中间阶级的力量。因此，能否联合中小资产阶级的政治代表激进党，就成为建立人民阵线的关键。

激进党的社会基础是农民和中间阶层。它作为法国主要的执政党，长期以来反对与法共的任何联合行动。但在 30 年代，它经历了党内危机。"青年激进党人"主张与党内右派决裂，与国内民主力量接触，以革新党的政策。虽然当时激进党对待人民阵线的基本态度还在犹豫动摇，但它希望在选举中获胜。鉴于这一点，在 8 月的地方选举运动中，法共向激进党建议与法共、社会党结成统一战线，得到激进党左派的响应。

10 月 9 日，在共产党、社会党协调委员会上，多列士提出扩大社会党与共产党的阵线以实现"工人阶级和中产阶级的联盟"。次日，在布里野大厅的集会上，多列士提出了扩大统一战线的思想，他说："我们在建立一个为争取面包、自由与和平的广泛的人民联盟的概念。"24 日，在激进党南特全国代表大会前夕，多列士又发表演说，号召反法西斯力量的广泛联合，建立人民阵线。

激进党代表大会拒绝了法共的建议，但该党的地方组织在左派影响下却与共产党、社会党一起参加各地的反法西斯统一行动，地方的反法西斯委员会迅速增加。在反法西斯委员会基础上，巴黎的某些区还出现了人民阵线委员会。1935 年 1 月 18 日，在布里野大厅举行了反法西斯的群众集会，共产党代表加香、社会党代表勃鲁姆以及激进党塞纳省联盟代表塞纳克参加了大会。在会上，人权同盟主席激进党人维克多·巴什公开宣布：人权同盟同巴黎地区反法西斯行动统一中央委员会合作，与激进党巴黎联盟在统一行动范围内建立联系。这一集会表明，扩大统一战线，建立人民阵线，已成为不可阻挡的历史潮流。

1935 年 5 月初，法国与苏联签订互助条约。接着，斯大林与赖伐尔会晤。斯大林表示："完全理解和赞同法国政府旨在根据自己安全需要而使武装力量达到相当水平的国防政策。"法共也表示赞同。这就为法共与激进党的统一行动扫除了障碍。在 5 月的市政选举中,所有主张统一行动的候选人获得了多数票。共产党在市政选举中取得了很大胜利,共产党人占多数的市政局由 38 个增加到 90 个。在塞纳省,共产党领导的市政局达 26 个,塞纳—瓦兹省达 20 个。在巴黎第五区成立了第一个人民联盟(即人民阵线)委员会。按照共产党人的建议,提出统一候选人社会党人保尔·里韦,取得了重大胜利。这样,就开辟了建立人民阵线的现实道路。6 月,社会党的三十二大通过建立广泛的人民联盟的决议,赞同法共的人民阵线口号。激进党领袖达拉第同勃鲁姆、多列士一起参加了庆祝市政选举胜利的大会。达拉第发表演说表示:"我代表小资产阶级,并且声明,资产阶级与工人阶级是天然的同盟者。"至此,三个主要左翼政党在人民阵线问题上已趋向一致。

1935 年 6 月 7 日,亲法西斯的赖伐尔组织内阁,赖伐尔草拟了缩减国家开支的特别法令,反对在议会谴责法西斯组织的活动。赖伐尔的反动政策引起左派和广大人民的不满和反对。6 月 8 日,"阿姆斯特丹—普勒耶尔"全国委员会发出于 7 月 14 日即巴士底日举行统一大示威的号召,"使 7 月 14 日成为显示法国人民团结力量的日子"。

6 月 9—12 日在牟罗药举行的社会党代表大会,以绝对多数通过了主张工人政党与激进党联合的决议。6 月 17 日,在反法西斯知识分子警惕委员会副主席朗之万的主持下,召开预备会议,原则上通过了 7 月 14 日共同示威的意见,建立了人民联盟全国委员会。随后,激进党、社会党和其他组织都正式成了它的成员。

7 月 14 日上午,69 个党派和团体的 1 万名代表在布法罗赛车场举行盛大集会。广场上红旗和三色旗高高飘扬,全国人民联盟主席维克多·巴什宣布:"我们大家大都相信,这一天在民主法国的历史上占有它重要的地位,可与 1789 年 7 月 14 日这一光荣的日子相提并论。"巴比塞、杜克洛都在会上发表演说。最后由人民联盟委员会秘书共产党人拉巴特宣读誓词:"我们宣誓:我们要为捍卫民主,为解除叛乱集团的武装并解散它们,为使我们的自由权利免遭法西斯主义的损害而保持统一。在这个使共和国的首次胜利重放光辉的日子里,我们宣誓:捍卫法兰西人民赢得的民主自由权利,给劳动者以面包,给青年以工作,给世界以人类的伟大和平。"

下午 2 时，在红旗和三色旗的指引下，约 50 万人参加了游行，人们高唱《国际歌》和《马赛曲》胜利前进。同日，全国各地也举行了大游行。

7 月 14 日的集会和游行是一次反法西斯的大示威，法国左翼党派大团结的象征。它标志着法国人民阵线的正式形成。8 月，共产国际第七次代表大会对法国人民阵线的建立给予了很高评价。季米特洛夫在报告中赞扬说："法国工人阶级的反法西斯斗争，是国际无产阶级反法西斯斗争的榜样。"

1936 年 4—5 月的选举和勃鲁姆政府的建立

人民阵线的建立，推动了反法西斯斗争的发展。1935 年 7 月 26 日，全国 50 个城市的铁路工人举行集会，抗议赖伐尔的特别法令。9 月，统一总工会和总工会在斗争过程中实现了最终的统一。

为了迎接 1936 年的议会选举，人民阵线的各个党派决定在共同纲领基础上参加选举运动，9 月 23 日，社会党和共产党首先发布《共同行动纲领》，它成了人民阵线纲领的基础。10 月，激进党代表大会也主张支持起草人民阵线纲领。

经过多次讨论，1936 年 1 月 6 日，参加人民阵线的 98 个组织最终通过了人民阵线纲领。

1 月 10 日，人民阵线纲领在《人道报》《人民报》等报上公开发表。纲领在政治上要求民主自由，反对法西斯主义，解散法西斯组织和解除它们的武装；经济上提出了同经济危机作斗争的策略，主张改善信贷组织，健全财政，以保证劳动人民的生活；外交上主张保卫和平，实现在国联范围内的合作，建立欧洲集体安全体制，制裁侵略等。人民阵线纲领反映了工人农民和中小资产阶级的利益，对于动员和团结人民，巩固和发展人民阵线的胜利，具有很大意义。

1936 年 1 月 22 日，由于激进党人拒绝支持赖伐尔政府，赖伐尔内阁倒台。接着，萨劳内阁上台。议会决定于 4 月 26 日—5 月 3 日进行议会选举。人民阵线各个主要党派为争取选举的胜利，进行了积极准备。1 月 22—25 日召开的法共八大通过了《拯救法国人民》宣言，作为第一轮选举中的纲领。4 月中旬，竞选活动紧张地展开。右翼各党派建立了"宣传中心"，进行反人民阵线的蛊惑性宣传。几乎一切大报刊都站在反人民阵线一边。法共派出大批宣传员深入城乡各地，争取选民群众。4 月 17 日，多列士第一次在国家广播电台发表演说，向一切人们包括参加"火十字团"的退伍军人发出呼吁，"为了一个自由、强盛和幸福的法国"而共同战斗。

共产党、社会党和激进社会党在大选以前达成一个选举协议，一致商定：在第一轮选举中，三个联合党派每一方都提出自己的候选人参加竞选。如果要进行第二轮选举，那么得票较少的两个候选人应撤出竞选，转而支持得票最多的候选人。4月26日第一轮选举结果，在候选人中，174人当选，424人落选。虽然投左翼政党的票数有所增加，但议员都不足法定人数。因此，再进行第二轮选举。27日，激进社会党、共和社会联盟、社会党和共产党发出共同呼吁，号召在第二轮选举中投人民阵线候选人的票。法共为争取人民阵线候选人的胜利，提出了"一切为了人民阵线"的口号，并让出一些候选人给社会党和激进党等。5月3日第二轮选举结果，人民阵线各党取得了巨大胜利。在议会中，人民阵线各党占了376席，而中右、右派和极右派只占了238席。与1932年选举相比，法共在选举中取得了很大成功，选票由397000票增至1502000票，席位由10席增至72席。社会党的席位由97席增加到174席，成为议会中最大的党团。激进党人赫里欧当选为议长，共产党人杜克洛为副议长。

人民阵线在议会选举中获胜后，勃鲁姆以议会中席位最多的社会党名义请求组阁。他邀请共产党和激进党参加政府。共产党表示支持社会党领导的人民阵线政府，但拒绝参加政府，以免"由于共产党人入阁，给人民敌人的惊慌失措的运动提供借口"。在这一段时间里，萨劳内阁实际上处于瘫痪状态，而新政府尚未组成。大资本家因人民阵线的胜利而忧心忡忡，他们企图进行对抗，抽逃资本，使黄金大量外流。1936年5月，工人阶级为了警告大资产阶级，并敦促未来的新政府实现人民阵线的纲领，举行了规模空前的占领工厂大罢工，人们称之为"五月浪潮"。

这场或多或少地带有自发性质的罢工运动始于1936年5月11日。那一天，勒阿弗尔的布累格工厂800名工人为抗议资方于"五一"节无理解雇两名工人，进行了占领工厂的罢工。图卢兹和布罗歇的两家飞机工厂工人也先后于13日、14日占领工厂，以后迅速发展到整个巴黎地区的冶金、航空工业。5月24日，在社会党、共产党协调委员会的号召下，五六十万工人在拉雪兹神甫墓地和公社社员墙前列队游行。罢工浪潮迅速波及外省工业城市和港口，席卷整个法国。不仅主要工业部门处于停滞状态，而且大商店、保险公司、咖啡馆、餐厅和加油站等都陷于瘫痪，连巴黎的许多燃料库都被占领，面包店因此而停止供应。到 6 月初，约 1000 个企业被占领，12000 个企业因罢工而倒闭，罢工人数约 200 万。右派攻击罢工运动是"按莫斯科旨意发动的"，而托派与极左派却鼓吹"五六月的罢工是无产阶级革命第一个强大浪潮的信号"，"具备了革命的形势"，"一切是可能的"，托派甚至组织"国际主义工人党"。大资产阶级被罢工和托派的煽动吓倒，迫切要勃鲁姆尽快组阁，以稳定局势。

6 月 4 日，萨劳内阁辞职，勃鲁姆在爱丽舍宫被总统勒布伦召见，正式受命组阁。这是法国现代历史上由社会党人任总理的首届内阁，它包括 21 名部长和 14 名副国务秘书。其中社会党人 18 名、激进党人 15 名、独立的社会主义者 2 名。有 3 名副国务秘书是妇女，著名的科学家约里奥—居里任负责科研的副国务秘书。新政府组成后，不等国会举行信任投票，勃鲁姆就急于行使职权，于 6 月 5 日上午主持第一次人民阵线政府会议，讨论政府的声明。从午后到晚上，三次广播勃鲁姆的号召书，宣布人民阵线政府的成立，声明"它的纲领就是人民阵线的纲领"。同日早晨，法国产业总联合会的领导人通过第三者告知勃鲁姆说，他们强烈希望政府刻不容缓地组织一次劳资双方的谈判。晚上，勃鲁姆在总理官邸马蒂尼翁宫先后接见了以总工会主席儒奥为首的工人代表和法国产业总联合会的代表，商定举行劳资双方的谈判，以迅速平息罢工运动。

6 月 7 日下午 3 时，在勃鲁姆主持下，谈判在马蒂尼翁宫开始举行。出席谈判的有雇主组织产业总联合会主席勒内·杜什孟为首的 4 名代表，总工会方面有 6 名代表，政府方面还有内政部长萨朗哥等 4 人。谈判于晚 6 时 1 刻暂停，在劳资双方代表分别征得各自的委派组织同意后，于夜里 11 时继续进行。最后，在提高工资方面的一点争议由勃鲁姆裁决。至深夜 1 时（已是 6 月 8 日了），终于签署了《马蒂尼翁协定》。《协定》共有 7 项条款，主要有：立即订立劳动集体合同；工人有加入工会的自由；工人工资普遍增加 7%—15%，但一个企业调整工资的总额不得超过 12%（包括 5 月 25 日以来增加的工资）；在 10 人以上的企业建立选举工人代表的制度；一俟企业领导接受协定，或劳资双方开始进行有关执行协定的谈判，工人即复工等。

《马蒂尼翁协定》的签订是工人阶级的重大胜利，然而资本家对该协定耿耿于怀，竭力反对并拖延执行。因此，从 6 月 8 日开始的这一周，罢工浪潮非但没有平息，反而达到了顶峰。而托派、极左派继续鼓吹"一切是可能的"冒险主义口号，号召"在工厂、街道建立工人政权"。为了防止人民阵线分裂的危险，6月13日，法共中央委员会发表声明说，"不是一切都可能的"，党的主要口号仍然是"一切为了人民阵线，一切通过人民阵线"，号召工人一旦满足要求，或即使没有完全满足，就应结束罢工。13日，雷诺汽车厂复工后，整个罢工运动的趋势走向低潮。

在罢工运动的推动下，勃鲁姆政府制定和实施了一系列进步的、有利于劳动人民的法律和法令。仅在1936年，就颁布130多项，其中主要包括以下几点。

1. 政治方面：关于解散"法国社会运动"（前"火十字团"）等四个法西斯组织的四项政府法令；关于大赦的法令。

2. 社会方面：每周劳动40小时法；假期照发工资法（每个工业或商业企业单位的职工，凡工作满一年后，均享有15天工资照发的假期，假期中乘火车旅行减价40%）；集体合同法（订立劳资间的集体合同，当劳资双方发生矛盾时，劳工部长可进行调解、仲裁）；规定小学生在校时间将延长一年。此外还有提高国家公务员工资、增加复员军人抚恤金、对农民多子女家庭实行补贴、给小商人以优惠贷款等法律。

3. 财政方面：改组法兰西银行，修改法兰西银行的章程。原由200家大财团（股东）组成的全体会议及其任命的15人董事会，分别由4万个股东组成的全体会议和由国家高级官员、技术人员和信贷用户组成的20人理事会取代，改革陈旧的税收制度，制定征收制度和新的会计制度。

4. 经济方面：实行军事工业国有化，法律规定所有军工生产均置于国家的监督之下。此外，可通过赎买或以公债利息换取产权的方式，全部或部分地征收军火制造和军火贸易的企业。设立国家谷物局，谷物局每年规定生产者可提供的商品谷物的数量和价格，控制谷物国内销售和对外贸易，同时还通过一项需款200亿法郎的三年市政工程计划。

这些社会经济改革的措施，也有人称为勃鲁姆的"新政"。这是在勃鲁姆关于"社会主义者能够在资本主义制度下执政"，通过"议会""行使政权"的理论指导下实施的。因此，国外的一些史学家通称它为"勃鲁姆试验"。这种"试验"带有社会民主主义的改良性质，并没有在根本上触动资本主义制度。但是，这些法律措施的实施，对于打击国内法西斯势力、限制大资产阶级，改善人民生活，促进社会进步，具有一定的积极意义。勃鲁姆政府在它的初期，取得了重要的业绩，这是人民阵线的重大胜利。

人民阵线的瓦解

勃鲁姆政府的政策措施，受到大资产阶级和右派的攻击。1936 年 8 月，法国产业总联合会改名法国企业主总联合会，撤换了参加签订马蒂尼翁协定的领导成员，由一些年轻的右派取代。他们反对人民阵线，公开提出，"为了秩序和尊重所有权"，"反对政府和被共产党控制的总工会"。10 月 16 日，巴黎及外省约 300 家报纸发表了连篇累牍的谴责文章，他们攻击说："6 月 6 日在国会宣誓就职的人民阵线政府实际上在一个社会党人的主持之下，是共产党人的俘虏的社会党政府。"

大资产阶级利用一切手段竭力分裂人民阵线。他们用"红色危险"吓唬小资产阶级。"钢铁委员会"建立了 200 万法郎的特别基金，专门资助各种反人民阵线的活动。法西斯集团改头换面，以政党形式继续它们的活动。如"火十字团"改名为"法国的社会党"，"爱国青年"改为"人民民族党"，被共产党开除的多里奥组织了"法国人民党"。极右分子还成立了称作"喀古尔"的组织，从事阴谋活动。1937 年 3 月，在有些地方，法西斯集团与人民群众发生流血冲突。人民阵线面临着大资产阶级和右派的新挑战。

随着国内阶级矛盾和社会矛盾的加深，人民阵线内部的裂痕日益明显。对西班牙事件的不同态度和立场，暴露了对外政策的严重分歧。1936 年 7 月 18 日，西班牙发生佛朗哥反政府叛乱。西班牙共和国总理吉拉尔致电勃鲁姆请求武装支援。起初，勃鲁姆表示愿意提供武装，但遭到右派的坚决反对。英国也进行了干预，施加压力。勃鲁姆自己则顾虑法国会单独作战，更害怕爆发国内战争。因此，勃鲁姆政府于 8 月初宣布实行"不干涉政策"，在"中立"名义下纵容德、意对西班牙的侵略。右派把"不干涉政策"的宣布当作伟大的胜利，有的竟欢呼"勃鲁姆——战争——推迟了！"激进党，社会党赞成勃鲁姆政府的行动。社会党左派齐罗姆斯基等少数人表示反对。

12 月 5 日，在议会就对外政策举行信任投票时，法共弃权。多列士表示："共产党现在不赞成，将来永远不赞成政府的有害倡议，因为这一倡议实际上组织了对西班牙共和国的封锁。这是个错误，是不公正的行为。"这是人民阵线在议会中的第一次破裂。

在社会经济政策上，人民阵线各个党派的分歧不断加深。当时，法国正陷于经济危机的深渊。大资产阶级对抗人民阵线，隐瞒自己的收入，拒交累进所得税，千方百计抽逃资金。据财政部估计：抽逃的资金达 600 亿法郎，其中 260 亿法郎流往国外，这就加重了财政上的困难。1936 年 9 月，勃鲁姆政府通过法郎贬值的决定。法郎的含金量和汇价格降低 30%。贬值引起了物价上涨。1937 年初，物价上涨 15% 以上，失业工人达 30 万—40 万。

2 月 13 日，勃鲁姆借口财政困难，宣布对人民阵线的纲领实行"暂停"，指出"暂停"的时间是必需的。激进党欢迎勃鲁姆的"暂停"，法共表示反对。2 月 27 日，多列士声明说："财政困难即使是严重的，但也绝不是不可克服的。"他建议设立"税务卡"，制止漏税，"迫使富人纳税"，对有巨额财产的人抽以"特别税"，并警告政府说："停滞不前将是后退。"

"暂停"并未中止资本外逃和解除国库的困境。6 月 10 日，勃鲁姆向国会提出提高关税税率的法律草案。15 日，向国会要求有处理财政的全权，并宣布增加 50 亿新税，提高所得税，提高邮政、铁路、烟草继承税税率等健全财政的措施。勃鲁姆的建议遭到右派路易·马兰等人的反对。法共为防止政府分裂，表示重新支持政府。众议院以多数通过了政府的计划，但参议院以大多数否决了勃鲁姆的财政全权。1937 年 6 月 22 日，勃鲁姆宣告辞职。

23 日，总统勒布伦根据勃鲁姆的建议，任命激进党人旭丹组阁。旭丹政府表面上允诺实行共同纲领，实际上继续实行"暂停"。旭丹政府倒行逆施，遭到广大工人的反对，于 1938 年 1 月 15 日被迫辞职。21 日，旭丹又组织了没有社会党人参加的内阁。第二届旭丹内阁期间，法国国库空虚，财政危机愈益严重。旭丹要求得到社会党人的协作，遭到拒绝。3 月 10 日，执政不到三个月的第二届旭丹内阁宣告下台。

3 月 10 日，总统又要勃鲁姆组阁。勃鲁姆对记者说：他将尽力"组成一个稳定的、持久的和强大的政府"。共产党、社会党、共和社会同盟和激进党都声明忠于人民联盟。于是，勃鲁姆准备建立"从多列士到路易·马兰"的联合内阁，但遭到右派的反对。13 日，勃鲁姆便组成了社会党人占绝大多数的第二届内阁。为挽救国内财政经济的困境，缓和阶级矛盾，勃鲁姆准备了一份改革财政的方案。如对有 15 万法郎以上的资本抽取 4%—7% 的特别税，普遍增加所得税，对公债券抽税 7%，与国防生产、公共服务事业有关的企业税收予以优惠，对一些小商或小工业免税，反对通货膨胀，控制物价等。这一方案遭到了大资产阶级和右派的激烈攻击。4 月 6 日，勃鲁姆向国会要求处理财政、货币和经济的全权，右派坚决反对。弗朗丹指出："这是对公共信贷的谋杀！"有的高呼"辞职！""扒手！""打倒犹太人！"某些议员强调说："法国是法国人民的法国！"4月8日，参议院以214票对47票拒绝了勃鲁姆的方案。于是，勃鲁姆再次被迫辞职。这时，人民阵线已名存实亡，各党已停止联合行动。

4月10日，右翼激进党领袖达拉第组织中派、右派参加的内阁。达拉第获得了财政全权，颁布特别法令，进一步实行法郎贬值，并以加强国防为名，公然违反40小时工作制，9月底，达拉第参与签订《慕尼黑协定》。10月28日，在激进党马赛代表大会上，达拉第公开指责法共反对《慕尼黑协定》就是"反对法国"。大会还以法共"破坏人民联盟其他各党间的团结"为理由，要求激进党在人民联盟全国委员会中的代表采取决裂行动。接着，激进党宣布退出人民阵线。至此，人民阵线最后瓦解。

法国人民阵线是在法共的推动下和其他左翼党派共同努力下成立的。人民阵线的策略思想为国际反法西斯统一战线提供了有益的历史经验，受到了共产国际"七大"的重视和高度评价。人民阵线政府所实行的社会经济改革措施，尽管未能取得预期的成绩，但顺应了历史发展的要求，对于改善人民生活、适当调节生产关系，具有积极意义。但我们并不同意国外某些史学家把人民阵线说成是"一次革命"或"一次不成功的革命"，因为当时法国并不具备革命的客观条件。人民阵线击退了法西斯主义和极右反动派的进攻，保卫了资产阶级共和国，实行了符合勃鲁姆的"结构改革论"的一系列改良措施，正如勃鲁姆的秘书所说的那样，勃鲁姆的纲领在于"把最大剂量的改良主义注射到像法国这样的民主资本主义社会中去"。从这个意义上说，人民阵线是在新的历史条件下的"保卫共和联盟"。左翼各党派在这种联盟中由于代表的阶级利益不同，不可能保持真正的一致。社会党坚持自己的纲领路线，并竭力限制共产党。激进党虽然参加了人民阵线，但当人民阵线的社会经济改革措施侵害了它所代表的阶级利益时，就反对改革，进而反对人民阵线。而法共在这种广泛的联盟中，过于迁就、妥协，不能坚持独立性，缺乏必要的斗争。在这种情况下，人民阵线的分裂和失败是不可避免的。

布哈林和"布哈林案件"

郑异凡

布哈林是国际共产主义运动的著名活动家、苏联党和国家早期重要领导人、马克思主义理论家和经济学家，曾被列宁誉为"党的最可贵的和最大的理论家"和"全党所喜欢的人物"。[①] 在俄国十月革命、苏联社会主义建设和社会主义建设理论上都作出过重大的贡献。不幸的是，这样一位杰出人物，在苏联 30 年代大镇压的浩劫中身遭诬陷，最后含冤死去。

近半个世纪以来对布哈林这样一个历史人物一直存在着不同的评价，布哈林这个冤案也没有得到正式平反，但是布哈林问题已在世界各国引起了广泛的注意。

革命家—理论家

尼古拉·伊万诺维奇·布哈林 1888 年 9 月 27 日生于莫斯科，父母都是教员。知识分子家庭对布哈林起了良好的熏陶作用，为他的博学多才打下良好的基础。布哈林思想活跃，少年时代就同宗教决裂。上中学时开始阅读地下出版物，参加社会革命党人和社会民主党人的学生组织。

1905 年俄国爆发轰轰烈烈的第一次民主革命，布哈林积极投身革命运动，参加游行示威，接受革命的洗礼。同时在思想上也作出抉择，决定信仰马克思主义。1906 年，正当俄国革命失败、全国一片白色恐怖之际，17 岁的布哈林毅然加入布尔什维克党，开始从事地下工作，组织工人罢工。

1907 年秋布哈林考入莫斯科大学法律系经济专业。马克思主义的政治经济学深深地吸引了他，他后来写道："研究经济理论起初给我以沉重的感觉：

---

① 《列宁全集》第 36 卷，人民出版社出版 1959 年，第 617 页。

在'崇高和美好'的后面是商品—货币—商品。但是一旦深入到马克思主义理论的中心，我感到了它那非同寻常的逻辑严格性。"相形之下，他觉得社会革命党人的理论是一团混乱。然而，对布哈林来说，大学与其说是学习的课堂，不如说是革命活动的场所。他利用大学作为秘密接头的地点，在课堂讨论上对一些自由派教授发动某种理论"袭击"。他积极参加莫斯科党的工作，1908 年被遴选入党的莫斯科委员会，次年被正式选入。1909 年 5 月布哈林在莫斯科委员会开会时被捕，先被关押在莫斯科，后被流放到奥涅加，随即逃往国外。在莫斯科时，革命正处于低潮，党内思想十分混乱，出现了取消派、召回派等机会主义派别。波格丹诺夫等还在大肆鼓吹经验批判主义，思想历来活跃的布哈林对此十分感兴趣，读了用俄文出版的所有这方面的书籍。波格丹诺夫的某些观点，他所使用的某些术语，无疑在布哈林后来的理论研究上留下了某些痕迹。但是在政治上布哈林始终是坚定的，既非取消派，也非召回派。

从 1911 年 10 月起，布哈林开始了国外流亡生活，先侨居德国汉诺威，1912—1913 年冬移居维也纳，在此期间收获颇丰。首先，1912 年秋他在克·拉柯夫会见了列宁，从此同列宁建立了密切的关系。布哈林在自传中说："他自然给了我巨大的影响。"其次，他广泛利用各国图书馆，进行经济学和马克思主义理论的深入研究，用他本人的话说，国外图书馆给他提供了"固定资本"。最后，他掌握了数种外语，通过实际参加和考察，获得了欧洲工人运动的实践知识。这样，他在国外开始了多产的著述活动。

特别值得一提的是布哈林对经济学理论的研究。流亡维也纳期间，他听了著名奥地利学派的代表人物柏姆—巴维克和维泽尔的课。他不是简单地吸收，而是边听边批判他们的边际效用理论。正是在此期间布哈林写出了像《食利者的政治经济学》《无价值的政治经济学》《柏姆—巴维克的主观价值论》《司徒卢威先生的魔术》等使他享有国际声誉的一系列经济学著作，对奥地利学派、对俄国的司徒卢威、杜冈—巴拉诺夫斯基等人的经济学观点进行了批判。这是在马克思以后对资产阶级最新经济学派所作的全面批判。如他本人所说："马克思主义应当对最新的理论作出全面的批判，这种批判既要包括社会学的批判，也要包括方法论的批判，包括对整个体系的各个部分的批判。"这期间布哈林还为党的《启蒙》杂志和《真理报》写作了许多文章和通讯。

1914 年第一次世界大战爆发后，布哈林开始了颠沛流离的生活。就在宣战前夕，奥地利警察把他当作"间谍"逮捕，并驱逐到瑞士。不久，他取道法国和英国赴瑞典，途中遭英国警察拘留。在瑞典又被当作"列宁的间谍"逮捕，在斯德哥尔摩监狱被关押和强迫劳动了一个半月，然后被驱逐到挪威，赴丹麦，于1916年10月秘密抵达美国。在整个流亡生活中，布哈林一面充分利用当地的图书馆研读，一面直接参加当地的工人运动，为左派报刊撰稿。

在瑞士—斯堪的那维亚时期，布哈林在理论研究上取得了重大进展。他写了一本名为《世界经济和帝国主义》的专著，对资本主义的新阶段——帝国主义做了深入的分析，他从分析世界经济入手，考察帝国主义这一新现象，批驳了资产阶级辩护士以世界经济代替资本主义，从而抹杀帝国主义阶段的企图。他断定帝国主义是一种与金融资本主义生产关系相适应的，从世界经济观点看来是"资本主义竞争扩大再生产"的特殊政策。1915年12月，列宁为此书写了序言，给这本书以很高的评价。应该说，列宁的帝国主义理论形成过程中，是有布哈林的一份贡献的。

布哈林从研究帝国主义的经济过渡到考察帝国主义的政治制度，特别是国家问题。他发现帝国主义时代的一个重要现象，即国家对经济生活的直接干预越来越强烈，国家的职能从在政治上维护统治阶级的利益、维护他们对劳动人民的剥削转变成直接进行剥削，这就是新出现的国家资本主义。1916年他写了一篇引起过争议的论文《论帝国主义国家理论》，由于这篇文章没能在列宁主编的《社会民主党人》文集上发表，布哈林把此文的观点扼要地改写成一编短文《帝国主义强盗国家》，发表在《青年国际》杂志上。在这里布哈林提出了原则上敌视国家、"炸毁"国家的主张。列宁曾对此持不同意见，后来布哈林也因此被指责为"无政府主义"或"半无政府主义"。其实布哈林这里所针对的是帝国主义国家，而不是任何国家，因为布哈林看到，在帝国主义时代，国家的触角已伸入社会政治经济的所有领域，国家成了前所未见的利维坦，无产阶级面临的是整个资产阶级的联合力量，即帝国主义国家。因此无产阶级的斗争必然要变成反对国家政权的斗争。其次，大战期间，社会爱国主义泛滥，它以"保卫祖国"为号召驱使工人互相残杀。正是针对这两点，布哈林提出敌视和"炸毁"国家的主张。实际上他在文中曾多次强调在向社会主义过渡时期无产阶级利用国家的必要性。"只有在无产阶级专政的过渡时期才保存国家政权的形式，因为这是阶级统治的形式，在这里统治阶级是无产阶级。国家存在的最后形式将随同无产阶级专政的消失而消失。"布哈林对国家问题的探讨，引起了列宁对这一问题的重视和注意。随着列宁对问题研究的深入，他同布哈林的分歧也逐渐消失。1917 年7—8 月布尔什维克党召开第六次代表大会，会上克鲁普斯卡娅向布哈林转达了列宁的话："弗·伊·列宁要我转告您，在国家问题上他现在和您没有意见分歧了。"就在这时候，列宁完成了对国家问题的研究，写出了马克思主义的巨著《国家与革命》。1927 年出版的第一版《苏联大百科全书》指出："正是布哈林的著作促使弗·伊·列宁从事马克思主义关于国家理论的有重大价值的深入研究。"

这一时期布哈林在某些问题上确实有颇为激进的"左"的观点，例如他认为俄国已进入帝国主义时代，因此俄国面临的问题不是民主革命，而是无产阶级社会主义革命。在民族问题上，他否认"民族自决权"的口号，在这些问题上他确实同列宁有分歧。

俄国二月革命的消息传到美国后，布哈林立即离美取道日本回国。回来后，他当选为莫斯科苏维埃执行委员会委员和党的莫斯科委员会委员。编辑《社会民主党人报》和理论刊物《斯巴达克》。在党的第六次代表大会上当选为中央委员。十月革命期间是莫斯科武装起义的主要领导人之一，主编领导起义的机关报《莫斯科军事革命委员会消息报》。在立宪会议解散时，以布尔什维克党团名义在会上发表了宣言性的演说。从 1917 年 12 月底主编党的中央机关报《真理报》，在这个岗位上一直勤奋工作了 10 多年。

"左派"领袖

十月革命胜利后的俄国经济濒于破产，反革命活动猖獗，士兵不愿打仗，因此必须马上停止战争，以便把力量集中于解决国内问题。但是在战争与和平问题上党内出现不同的态度：以列宁为首的一派从俄国的实际出发，主张立即停止战争，同德国缔结和约。以布哈林为首的"左派共产主义者"反对同德国媾和，而主张进行坚决的革命战争，以激起德国革命，以至世界革命。处于这两派之间的则是托洛茨基，他主张"不战，不和，复员军队"。他的观点更接近于布哈林的观点。后两派加起来在党的中央委员会中曾一度占有多数。

这是一场涉及俄国无产阶级革命命运的争论，根本分歧是策略分歧。

布哈林的基本论点是，无产阶级夺取政权后应当高举革命的大旗，把内战推向国际范围，开展反对帝国主义的革命战争，而不应在敌人的逼攻下，同国际资产阶级妥协；同德国签订割地的屈辱和约是阶级战争中的投降行为，布哈林把这叫作"全线投降，对外投降，对内投降"，其结果就是使苏维埃俄国不再成为国际社会主义革命的先锋队。

布哈林有一个错误的估计，认为德军不敢进攻，如果它敢向无产阶级的俄国进攻，那么德国无产阶级一定会立即发动革命来推翻资本家的统治，援助苏维埃俄国。布哈林一再声明，俄国革命的唯一救星是国际革命，首先是德国无产阶级的革命。因此，俄国必须以革命战争推动、支援德国无产阶级。

寄希望于德国革命，指望德国很快爆发革命，这是当时布尔什维克党内非常流行的观点。十月革命后，列宁也一再说过，"没有德国的革命我们就灭亡了，这是一个绝对的真理"，"在一切可能发生的事变中，如果德国革命不爆发，我们无论如何总是会灭亡的"。[1] 尽管如此，列宁和布哈林得出的策略结论却截然不同。布哈林主张为此不惜任何代价，甚至可以冒丧失苏维埃政权的危险；而列宁认为，为此就必须千方百计地设法同德国媾和，以赢得喘息时机，巩固苏维埃政权，等待德国和其他国家胜利的无产阶级革命的支援。而且，要进行革命战争，必须有愿意并且能打仗的军队，而当时旧军队在瓦解，新军队有待建立，因此革命战争只是一句空话。另一方面，也绝不能用革命战争去"强行推动国际革命"，因为当时德国国内并不存在爆发革命的可能。

当时在许多基本问题上双方并没有很大的分歧，列宁在党的第七次代表大会的报告结论中实事求是地指出了真正的分歧所在："我们的分歧在于：德军会不会进攻；我们是否应该宣布战争状态已经结束；为了革命战争的利益，是否应该做实际上的退却，放弃领土，以便赢得时间。战略和政策要求我们签订最耻辱的和约。如果我们承认这个策略，我们的分歧就会完全消失了。"[2] 列宁认为，说德军不会进攻，是一种冒险主义，布哈林"散布了幻想，他实际上——虽不是他所愿意的，——用这种幻想帮助了德国帝国主义者，并且阻碍了德国革命的发展"。[3] 这是一种十分有害的革命空谈。

---

① 《列宁全集》第27卷，人民出版社版1958年版，第86页。
② 同上书，第105页。
③ 同上书，第68页。

布列斯特和约时期布哈林所犯的错误是他一生中最严重的政治错误。对这个错误，布哈林本人是承认的。1918 年 7 月在苏维埃第五次代表大会共产党党团会议上，奥新斯基曾代表"左派共产主义者"发表声明，承认错误，接着解散了"左派共产主义者"组织。以后，布哈林本人也一再在公开场合承认这一错误。1926 年出版的布哈林自传中还写道："在我的政治生活的最主要阶段中，我认为有必要指出布列斯特时期，那时我领导了'左派共产主义者'，犯了极大的政治错误。"

在战争与和平问题上的左的方针只是布哈林十月革命后"左"倾表现的一个方面，这不是偶然的，他对当时的社会政治经济也有一整套完整的"左"的设想。

在夺取政权之初，布哈林照搬传统观点，提出一整套相当激进的社会主义措施。1918 年春他同奥新斯基、普列奥布拉任斯基等起草了一个《关于目前形势的提纲》，主张实行"彻底的社会化"，把大大小小的工厂统统收归国有，彻底消灭生产关系中的资本主义和封建主义残余，取消商品货币和市场关系，以便"立即实行计划经济"。这个提纲中的一些论点曾受到列宁的批评。列宁在《论"左派"幼稚性和小资产阶级性》一文中指出，他们的观点不是从发展生产力出发，而是从改变生产关系出发。其实，无产阶级夺取政权之后，要想使新的社会制度站住脚，首先必须发展生产，提高劳动生产率。

布哈林在这方面的"左"的思想并没能得到克服，一则由于缺乏社会主义的实践，对当时的所有领导者来说，社会主义到底是什么样的，他们都不很清楚；二则迫于国内战争的形势，苏联很快就实行军事共产主义制度，使直接过渡的思想从理论转向实践。正是基于三年左右的军事共产主义的实践，加上原来已有的对社会主义的传统观念，布哈林在 1920 年写成了著名的《过渡时期经济学》一书。书中所表述的否定商品货币、市场关系的观点是对军事共产主义所作的理论总结。这是我们看到的第一个系统地探索过渡时期经济规律的一本专著。

列宁阅读这本书时在书的边页写了详细的评注，对布哈林的论点既有批评、否定，也有赞成、肯定，而从全书整体看则是基本肯定的。列宁在总评全书时称赞"这本出色的书的出色的质量"，同时又指出两方面的不足：一是作者的假定缺乏足够坚实的实际材料作为基础；二是作者对动的经济过程的观察不够具体，常常落入"玩弄概念"的陷阱，特别是常常使用波格丹诺夫的术语。列宁认为再版这本书"是很必要的，并能为科学院带来更大的荣誉"，但希望再版时能"消除这些不大的缺点"。

在这期间布哈林还写了两本引人注目的著作。

一本是他和普列奥布拉任斯基合著的《共产主义ABC》。书的第一部分"资本主义的发展及其灭亡"以及第二部分的部分章节是布哈林执笔的。这本书深入浅出地介绍了共产主义的基本知识。列宁在全俄苏维埃第八次代表大会的报告中曾给此书以很高的评价，他指出："我们已经有了一个党纲，普列奥布拉任斯基和布哈林两同志在一本篇幅不大但是极有价值的书中做了极好的解释。"

1921年布哈林出了一本《历史唯物主义理论》，这是一本自成体系的哲学著作，提出了不少新观点，其中包括他的著名的"平衡论"。后世对此书颇多非议，往往以"机械论"一词以概之，实际上很多问题仍有待于实事求是地进行深入探讨，而这本书当时作为启蒙读物，是发挥了一定的历史作用的。

社会主义建设的几点理论

1921年春苏联实行新经济政策。这是布哈林作为政治领袖、理论家和经济学家的最光辉的时期，是他对社会主义建设理论作出重要贡献的时期。这期间他经历了以下几个阶段：自我反省和总结教训、批评托洛茨基的错误观点、同斯大林争论。

新经济政策是对企图直接过渡的军事共产主义的否定。布哈林写道："胜利的无产阶级，由于面临的任务复杂、新颖、独特、困难，使它在实践中产生了很多错误、幻想、不正确的估计和目标错误的尝试。然而由此也产生了冷静的自我批评，从这种自我批评中得出正确的行动路线。幼年时期的幻想在这种自我批评的烈火中烧尽，并且消失得毫无踪迹……""向新经济政策的过渡是我们幻想的破灭。……是军事共产主义制度破灭了，是军事共产主义的思想破灭了。"这是布尔什维克转变的写照，也是布哈林本人思想认识转变的写照。

从这个时候开始，布哈林和全党一道认真分析了俄国的国情，对苏联未来的社会主义提出自己的独特设想。俄国在革命前是一个落后的封建帝国主义国家，在这个国家里现代资本主义工业同大量的落后的小农经济并存，在这样一个经济技术极端落后的国家建立起来的社会，必然具有它自己的特色。布哈林认为，它"在发展的长时期内将是一种落后的社会主义"，或者叫作"亚细亚形式"的社会主义。这种社会主义的特点是发展速度较慢、过渡时期较长、必须集中注意力去解决农民问题，吸引广大农民来参加建设事业。1925年他发表了一个著名的声明："我们不会由于国内的阶段差别和我们的技术落后而灭亡，甚至在低下的技术基础上我们也能够建设社会主义，社会主义的这种发展将非常缓慢，我们将以乌龟速度爬行，但我们终究在建设社会主义，并且我们定将建成它。"当然，布哈林并不认为这种状态是固定不变的。这是一种暂时的状态。"这种差别将随着无产阶级世界统治的增长，随着社会主义意义上的世界生产的增长而归于消失。"

布哈林关于社会主义建设（准确点说，是过渡时期建设）的设想在列宁逝世后先后同托洛茨基和斯大林等人发生了严重的分歧以至冲突，最后导致布哈林被排除出党和国家的最高领导岗位。在这一时期，布哈林写作了许多著名的文章和小册子。例如1925年写的《到社会主义之路和工农联盟》，1924—1926年同普列奥布拉任斯基争论的《论过渡时期的规律性问题》，1928年9月发表在《真理报》上的《一个经济学家的札记》，1929年为纪念列宁而写的《列宁的政治遗嘱》，此外还有一系列在联共党和共产国际的各种会议上作的报告。

这段时期布哈林的基本观点和主张大体上可以归结为三个方面，这三个方面也是他同托洛茨基、斯大林的基本分歧。

1. 合作社是农民走向社会主义的康庄大道。

布哈林在1926年说道："我国社会主义的主要特点就是，它将在一个农民国家内建设起来，因此，吸引农民参加社会主义建设事业在我们这里就特别重要。"最根本的一条是不能对农民施加暴力，实行强制。据布哈林说，列宁在重病期间曾同他谈过，"可以不再对农民使用暴力而达到社会主义"。布哈林根据列宁晚年的思想和《论合作社》一文的指示，论证了通过合作社把农民组织起来的必要性，同时反复强调，列宁所说的合作社首先指的是流通领域里的消费合作社、供销合作社。用这种合作社，通过贸易把城乡联系起来，实现工农的结合。长期禁止小生产者自由贸易是不可能的，不使之合法化，他们就会搞非法经营，唯一的办法是通过流通领域的合作社把他们组织起来。"农民从自己的私有经济即军事的小农户的利益出发，必然会走上自身联合的道路，从而越来越和睦地同无产阶级的国营工业结合起来"，会自然而然地从消费领域的合作社逐渐转到在生产领域的合作社。"这个过程将随着向电气化的过渡而彻底完成。"

布哈林强调把流通领域的合作社放在首位，并没有排斥其他形式的合作社。他认为，农民参加什么性质的合作社要根据具体情况决定。例如广大中农和富裕农民有剩余产品出售，也需采购一定的生产生活用品，因此可以先通过采购、销售和信贷合作社组织起来，这种形式的合作社在当时的苏俄农村应占多数。广大贫农和雇农缺乏生产资料，也没有剩余产品出售，他们首先需从生产上组织起来，成立生产合作社，即集体农庄。而富农由于有大量闲置资金，可以组织信贷合作社，国家通过银行同他们联系起来，进行领导和控制。

布哈林认为，要做到自愿入社，社内必须实行民主制，即管理委员会和一切负责人员的选举制，因为农民不会把股金放心地委托给"完全由上面委派的人"，而希望有他们所认识、所信赖的人。"对农民来说，合作社应当成为提高他们经济的机关"，只有这样才能在经济上巩固合作社和吸引群众参加合作社建设事业。

合作社将在无产阶级国家的资助、扶植下，在社会主义工业的大力援助下长入社会主义。"农民合作社必然长入无产阶级经济机关的体系中去，正如在资产阶级制度的条件下它长入资本主义经济机关的体系中去一样。"

2. 国民经济必须平衡发展。

经济建设中必须保持经济平衡，努力做到按比例分配劳动，这是布哈林经济思想中的基本出发点。

20世纪20年代中期，布哈林在同普列奥布拉任斯基争论中提出了一条"劳动消耗规律"。这条规律是以马克思的一段话为依据的，"要想得到和各种不同的需要量相适应的产品量，就要付出各种不同的和一定数量的社会总劳动量。这种按一定比例分配社会劳动的必要性，决不可能被社会生产的一定形式所取消，而可能改变的只是它的表现形式"。[①] 这就是说，任何一个社会都要按一定的比例来分配社会劳动，布哈林认为这就是"按比例的劳动消耗规律"，是保持社会平衡的必要条件。问题是如何实现。在资本主义社会只能由价值规律来自发调节。在由资本主义向社会主义过渡时期，则逐渐由价值规律调节向计划调节过渡。到了社会主义社会，劳动消耗规律才能和自

---

① 《马克思恩格斯全集》第32卷，人民出版社1974年版，第541页。

觉实行的劳动消耗额相符合，实行有计划按比例的分配劳动。在过渡时期，"我们迫使价值规律为我们的目的服务，价值规律'帮助'我们……并准备自己灭亡的条件。"

布哈林要求按照劳动消耗规律，利用价值规律，尽量做到国民经济的平衡发展——工农业之间的平衡发展、工业内部和农业内部各部门之间的平衡发展。布哈林警告说，国民经济如果违背基本的比例，各部门之间失去"动的经济平衡"，那么在无产阶级专政条件下也会出现经济危机：资本缺乏、商品荒、求过于供，等等。

国民经济平衡的一个根本问题是工农业之间的平衡。这一问题的关键是把农业和农民放在什么地位上：托派主张把农村当作殖民地，从中取得工业化所必需的资金；斯大林把农民当作剥削对象，从中取得"贡税"。布哈林反对这种观点，认为应当把农村看作发展社会主义工业所必需的最主要的市场，要全力发展农村经济，不怕农村富起来。"如果没有农民经济中的积累，社会主义工业中的积累是无法长期进行的。"唯有工农业互相促进，共同繁荣，无产阶级才能在经济上起领导作用，从而为其政治领导奠定基础。正是出于这种考虑，布哈林号召农民："发财吧！积累吧！发展自己的经济吧！"他说："农民积累就意味着对我国工业品的需求日益增长。这种需求能引起我国工业的巨大发展，而这种发展反过来又能使我国工业对农业起到良好的促进作用。"

相反地，如果把农村看作殖民地，看作剥削对象，用不等价交换的扩大剪刀差的办法从农村大量攫取资金，虽然短期内能得到一笔可观的资金，但从长远看必然缩小市场容量，使工业失去广阔的农村市场，最后造成工业本身停滞甚至倒退，"导致社会主义工业和整个国民经济崩溃和破产"。

布哈林也反对那种要求取消用于工业的一切扣款，以保护农业的主张。他指出，农业的发展要依靠工业的发展，如果没有拖拉机、化肥、电气化，农业就要陷于停滞状态，工业是迅速改造农业的杠杆，没有工业的领导就不可能消灭农村的落后、野蛮和贫困。

3. 走和平渐进的发展道路。

国内战争结束，实行新经济政策之后，布哈林对苏俄通过新经济政策向社会主义过渡的道路进行了深入的研究，根据列宁的几个简短的提示，设想了一条和平的、渐进的道路，并用"长入社会主义"来说明自己的设想。这就是在社会主义过渡时期，无产阶级首先必须通过一系列社会化措施剥夺剥夺者，镇压剥削阶级的反抗，在这之后，新社会即开始有机的进化发展，即长入社会主义的过程。

"长入"理论涉及几个方面：一是整个社会通过有机发展长入社会主义；二是广大劳动农民通过合作化长入社会主义；三是富农的长入，也就是富农的信贷合作社通过信贷关系长入国家银行、信用机关的体系，但是它们并不因此而成为社会主义成分，而"将是国家资本主义成分"。他认为最后解决城乡资本主义问题的办法主要是经济竞争。无产阶级国家还可以采取诸如征收高额税等行政措施去对付城乡资产阶级。这里所说的"长入"都是在无产阶级夺取政权之后，在无产阶级领导下进行的，说的是发展的有机性质，而不是发展的自发性。

同斯大林的分歧

上述三个基本点是当时批评托派的有力论据，但在以后的发展中又成了同斯大林的重要分歧。

分歧的导火线是1927年底1928年初出现的严重的粮食收购危机。1927年只收购了3亿普特粮食，比上一年度少收1亿多普特，这直接影响到居民的粮食、工业的原料以及粮食的出口。

对产生危机的原因当时有不同的看法。斯大林认为这是由于富农囤积居奇，以反抗苏维埃政权，以及小农生产的商品率低造成的。出路在于采取"非常措施"，施行刑法第107条，没收囤积的粮食；而从根本上讲则是加速农业集体化，把分散的个体小经济改造成为能生产大量商品粮的集体农庄。布哈林不同意这种估计和措施。他认为危机是在农民经济缩小的情况下，由于谷物业的稳定甚至下降造成的。而造成谷物业生产下降的原因是政策不对头：谷物价格下降，技术作物和畜产品价格上涨，粮食生产无利可图，因而农民不愿直接出售粮食，而宁愿用粮食饲养牲畜，然后出卖畜产品，宁愿种经济作物，也不愿种谷物。税收也不合理，大田作物占农民纯收入的39.5%，却占赋税额的66.59%，而非农业收入占纯收入的27.8%，仅占赋税额的5.2%。最后，货币不够稳定，只起支付手段、流通手段的作用，未能成为农民的积累手段。当然富农也利用工作中的失误兴风作浪。因此布哈林认为，要解决粮食危机，必须调整政策，在价格、税收等方面鼓励谷物生产，使谷物业、畜牧业和技术作物的生产保持平衡发展。需要大力扶植个体农户。苏联当时约有 2500 万小农户，占农村居民的大多数，粮食的绝大多数也是他们生产的。必须关怀这些农户，改善他们的个体经济，但改善的办法不是立即把他们组织进集体农庄，而是继续实行列宁指示的合作化方针，即把农民组织进各种类型的合作社中去。布哈林认为，非常措施仅仅是权宜之计，其实施结果不仅打击了富农，也损害了广大中农和富裕中农的利益。

1928 年 5—6 月布哈林两次给中央和斯大林写信，对非常措施所产生的后果提出不同看法。6 月 27 日布哈林在政治局会议上就国内形势宣读了一个文件。7 月全会通过了一个以布哈林观点为基调的决议。为了堵住布哈林的嘴，政治局在 7 月发表了一个"政治局内部没有任何意见分歧"的声明，11月全会再次发表政治局委员内部意见一致的声明。布哈林方面也采取措施，设法把自己的观点告诉全党。9 月 30 日他在《真理报》发表了《一个经济学家的札记》一文。这是一篇很有价值的文章，对当时苏联的工农业关系、工业化速度、基本建设、投资和后备军问题进行实事求是的分析，也从经济学的角度对过渡时期、社会主义时期提出许多值得重视的问题。斯大林则指责布哈林擅自发表文章，宣传折中主义，反对党中央。

随着分歧的加深，斗争也越来越激烈，以斯大林为首的中央多数派指责布哈林同当时的人民委员会主席李可夫、全苏工会中央理事会主席托姆斯基结成右倾反党联盟。1929 年 4 月全会撤销了布哈林《真理报》主编和共产国际内的职务，7 月共产国际第十次扩大全会正式撤销他的执行委员会主席团委员和政治书记处书记的职务。由于布哈林坚持自己的观点，不承认有什么错误，联共 11 月全会决定撤销他的政治局委员职务。与此同时开展了批判布哈林"右倾机会主义"的声势浩大的运动。

从这以后布哈林作为一个政治领袖的作用就结束了。1930 年他出任国家计划委员会科研工作规划局局长，1933 年任重工业人民委员部主席团委员、科学院院士。在联共党第十七次代表大会上当选为中央候补委员，1934—1937 年初任《消息报》编辑。1935 年 2 月宪法起草委员会成立，布哈林任委员，是著名的 1936 年宪法的主要执笔人。这是他作为理论家留下的最后一笔遗产。

"布哈林案件"的主犯

1934 年 12 月 1 日，苏联党和国家领导人基洛夫遭暗杀，以此为契机，苏联开始了"托洛茨基—季诺维也夫分子恐怖中心案"的审讯。8月22日《真理报》上发表总检察长维辛斯基的声明，说在前几次庭讯中一些被告在供词中指出，布哈林等人在某种程度上"参与了被告现在本案负有罪责的那些反革命罪行"，因此发布命令，开始侦察被告关于布哈林等人的声明。但是侦察并未发现什么罪证，9月10日苏联检察院发布公告称："侦察没有发现应使布哈林和李可夫承担法律责任的法律依据，因此停止对本案的继续侦察。"尽管如此，布哈林的境况并未得到改善，12月2日公布的宪法修改委员会名单中再没出现他的名字。12月15日《真理报》发表没有署名的文章《左派叛徒——复辟资本主义的辩护士》，回顾1925年起反布哈林的斗争。1937年1月17日《消息报》总编辑易人。2月25日—3月5日联共召开中央全会，"研究了关于布哈林和李可夫的反党活动问题，决定把他们开除出联共（布）的队伍"。实际上布哈林不仅被开除出党，而且被直接从全会投入了监狱，一年后举行了震惊世界的公开审讯。

布哈林案迄今没有正式平反，但是在同案的21人中间至少已有8人死后恢复了名誉。由于给全部被告定罪的依据是相互间的口供，而缺乏物证，所以一旦其中某些人获得平反，其口供即被自然推翻，整个案子据以定罪的旁证也就势必被彻底推翻。现略举数例如下。

布哈林曾受到"组织暴动、恐怖活动"的指控，其根据是霍扎也夫的供词，他供称：1936年8月他在一个别墅里曾同布哈林商量过"加强破坏"，"转向组织暴动、恐怖活动，等等"。霍扎也夫现已正式平反，可见这一"密谋"纯属子虚乌有！

叶努基泽是密谋案重要证人，好多"密谋"都有他在场，有一些供词说，叶努基泽参加了由李可夫、托姆斯基和布哈林组成的秘密总部，他和李可夫一道参加过讨论杀害基洛夫问题的总部会议，作出行动的决定后，他又把此决定告诉亚哥达。但是，叶努基泽已正式平反，这就推翻了这一总部的存在及其暗杀基洛夫的指控。

维辛斯基曾指控布哈林有一个从事间谍活动的、由"阴谋分子"戈洛杰德、切尔维雅科夫和沙兰戈维奇领导的同波兰侦查机关有联系的集团。由于戈洛杰德和切尔维雅科夫已平反，有关阴谋集团的指控也就不能成立。

克列斯廷斯基是"右派和托派联盟"中按照托洛茨基指示来往于德国和联盟之间、从事间谍活动的关键人物，在审讯中他曾公开翻供，否认自己的一切罪行，但在某种压力下，在以后的庭讯中又不得不重新"认罪"。现在他已得到平反，这就使整个间谍活动失去关键性的一个环节。

布哈林还被指控为依靠图哈切夫斯基军人集团，阴谋用暴力推翻苏联政府。现在苏联元帅图哈切夫斯基也已正式平反，并出版了他的传记，这一指控显然也就因此失效。

早在审讯时，布哈林曾针对这一点指出，依据被告的招供定罪，"这是一条中世纪的法学原则"！

布哈林本人在法庭上的表现颇耐人寻味。他在法庭上抽象地笼统地承认了指控的全部"罪行"，但接着就一条条地予以具体否定。他承认自己是"右派和托派联盟"的领导人，表示"对联盟的一切活动都负有责任"，包括政治责任。但是他接着就指出，要结成一个匪帮，其成员应当"相互认识"，而且保持"比较密切的关系"，但是他对该集团的成员沙兰戈维奇、马克西莫夫、普列特涅夫、卡扎科夫等人素昧平生，甚至是在法庭上才第一次见面的。他也没有同拉柯夫斯基、罗森霍尔茨、捷连斯基谈过反革命的事。他作出结论说："由此可见，在这里受审的被告们不是一个集团。"这样，布哈林只不过是为一个并不存在的阴谋集团承担空洞的责任！这种一边承认，一边推翻的例子是很多的。他承认"犯了组织一个阴谋进行'宫廷政变'的罪"，但马上表明，"有许多具体事情我不可能知道，而且我的确不知道"。他承认"在政治上和法律上都对失败主义的方针（使苏联在战争中失败。——引者注）负有责任"，但接着就指出，他"个人并不持这个立场"，向敌军"打开防线"的话不是他说的。他承认"在政治上和法律上都对破坏活动负有责任"，但随即加上一句："我个人并不记得曾发出过关于搞破坏活动的指示。"

对另一些指控，布哈林则直接予以否认，他否认从事过间谍活动，否认同外国侦探有联系，否认参与杀害基洛夫、明仁斯基、古比雪夫、高尔基和他的儿子马克西姆·彼什科夫，否认1918年曾企图杀害列宁、斯大林和斯维尔德洛夫。他在反驳给他罗织的诸如此类的罪名时指责总检察长，"是把有待于证明的东西当作已经证明的东西接受下来"，他斩钉截铁地说："在这个案子中，真正的逻辑完全在我这一边。"

这样，事实上布哈林就成了一个不从事间谍活动的"间谍"，没有背叛行为的"叛徒"，没有谋杀行为的"凶手"，不从事反革命活动的"反革命分子"。布哈林的这些辩白和申诉并没有使他幸免于难，1938年3月中旬布哈林被判处死刑，立即执行。

布哈林问题的重新提出

据说，布哈林在被捕前预感到形势对他极为不利，因而给他的妻子安娜·拉林娜留下遗书，其中写道："我从 18 岁起就在党内，我毕生的目标始终是为工人阶级的利益、为社会主义的胜利而斗争。""如果说在建设社会主义的方法上我不止一次犯过错误，望后代对我的批评不要严于对弗拉基米尔·伊里奇的批评。我们是第一次走向一个共同的目标，走在人们未曾走过的道路上。时代不一样，风气也不同。那时《真理报》上设有争论专页，大家争论，寻找道路，争吵了又和好了，继续一起前进。"他斥责严重破坏法制的现象，同时表示坚信，"历史的净化器早晚必然会除去我头上的污秽"。他说，我从来没有当过叛徒，为了列宁的生命我会毫不犹豫地献出自己的生命，我热爱基洛夫，没有做过什么反对斯大林的事情。他请求党的新一代领导人宣布他无罪并恢复他的党籍。他悲壮地写道。"同志们，你们知道，在你们胜利地走向共产主义的旗帜上也有我的一滴血。"

从发出这一呼吁以来，时间已过去近半个世纪，布哈林的妻子拉林娜和儿子尤里·拉林 1956 年从劳动营放出来以后，曾多次要求给布哈林平反，但一直未能如愿。然而，1959 年苏联出的《苏联共产党历史》已不再提 30 年代的包括"右派和托派联盟案"在内的几次审讯案。1962 年 12 月，在全苏历史学家会议上有人递条问布哈林是不是外国间谍，苏共中央委员彼·波斯伯洛夫回答说："我可以宣布，只要仔细地研究一下苏共第二十二次代表大会的文献，就能得出结论，无论布哈林还是李可夫，当然都不是间谍和恐怖分子。"

要求为布哈林平反的呼声不仅来自他的亲属，而且来自一些老党员。1965 年包括列宁秘书斯塔索娃在内的四名老布尔什维克联名给苏共中央主席团写信，要求正式撤销对布哈林的判决，恢复他的党籍。信中指出，废除非法判决和恢复布哈林的党籍，不仅是为一位杰出的活动家个人伸张正义，而且"对有关时期历史的进一步研究有着重要作用"，关于布哈林只能写坏不能写好，这就导致对党史的歪曲。他们呼吁说："被列宁誉为'全党所喜欢的人物'的人，是不能留在叛徒和被党所抛弃的人的名单之中的。"

从 50 年代起，布哈林的理论遗产引起了世界各国学者的注意，出了不少有分量的研究布哈林的著作。从 70 年代末起，国际上也出现要求为布哈林平反的运动。

共产国际后期活动及其解散

宋洪训

　　共产国际后期一般是指 1935 年 7 月共产国际第七次代表大会至 1943 年 6 月共产国际解散为止的这段时期。在这个时期里，反法西斯斗争和反战斗争像一条红线贯穿着共产国际的整个活动。国际形势的复杂多变使七大制定的反法西斯统一战线和人民阵线的策略，经历了正确贯彻、错误否定和最终得以纠正的曲折过程。这条策略路线曾使各国无产阶级和人民群众的反法西斯斗争取得重大胜利。后来，由于国际反法西斯斗争的需要，共产国际于 1943 年决定解散。

德国法西斯执政后的形势

　　1933 年 1 月，希特勒在德国上台执政，使资本主义国家的法西斯分子活跃起来，加强了活动。法西斯政权残酷迫害共产党和一切民主组织，镇压和剥夺劳动人民的权利和自由。希特勒上台后不久，于 2 月 27 日制造了"国会纵火案"，一夜之间逮捕了 1 万多名共产党员，3 月 3 日逮捕德国共产党领袖台尔曼，3 月 9 日又逮捕共产国际西欧局领导人季米特洛夫。6 月 22 日，纳粹党宣布禁止社会民主党的活动，该党在国会的议员资格被褫夺，有的议员被关进法西斯集中营。事实说明，德国法西斯的上台是对包括共产党和社会民主党在内的整个社会主义运动和民主运动的重大打击。希特勒政权对外积极谋划争夺世界霸权的战争，动员军事、经济和意识形态等一切手段加速扩军备战，例如，从 1933 年至 1936 年，全面改组经济，使其完全纳入战争经济的轨道。因此，法西斯专政与世界各国无产阶级、劳动人民和一切民主力量之间的矛盾是 30 年代中期国际政治形势中的主要矛盾。反对法西斯、保卫民主和自由则成为各国无产阶级和广大劳动群众的首要任务。

希特勒法西斯上台的事实给共产国际和德国共产党以极大的教训。这同当时德国工人阶级的严重分裂状况有密切关系。一方面，德国社会民主党对法西斯势力实行妥协政策，另一方面，德国共产党在实行统一战线策略时犯了"左"倾宗派主义和关门主义的错误，致使德国工人阶级未能阻止德国法西斯上台。而德国共产党在统一战线策略上所犯的错误又是同共产国际当时总的指导方针分不开的。

共产国际自 1921 年第三次代表大会提出"到群众中去""争取无产阶级大多数"的口号并初步确立实行统一战线的策略以来，一直十分重视统一战线的策略问题，并把此看作适合于整个历史时代的战略方针。它在争取第二国际、第二半国际和阿姆斯特丹国际对资产阶级采取共同行动中作出了不小的努力，也取得了一定的成果。但是，在贯彻统一战线策略长达 8 年的过程中，一直存在"左"的宗派主义和关门主义倾向的干扰。尤其是从 1928 年共产国际第六次代表大会以来，由于对形势的错误估计，实际上导致了统一战线策略的中止。

共产国际认为从 1928 年以来，资本主义稳定已告结束，工人群众已向左转，革命高潮正在形成，因此出现了资本主义制度总崩溃的时期，也就是"准备工人阶级去迎接即将到来的阶级搏斗"的新时期。由于对形势的这种过分乐观的估计，共产国际在确定无产阶级的基本任务、在对社会民主党的评价以及统一战线的策略方面都作出了错误的决策。第六次代表大会把社会民主党和法西斯相提并论，六大通过的《共产国际纲领》认为，"社会民主党在自身的发展进程中，表现出法西斯主义的倾向"，把社会民主党看作"帝国主义在工人阶级中的主要支柱"，其右翼是"公开的反革命"，左翼是"最危险的一派"。次年召开的共产国际执委会第十次全会又把社会民主主义正式称为"社会法西斯主义"，将"阶级反对阶级"的策略正式载入决议，并成为共产国际许多支部的策略。第十次全会还提出共产国际及其各支部面临的任务是："坚决加强反对社会民主党的斗争，特别是反对社会民主党的'左'翼，因为它是共产主义在工人运动队伍中的最危险的敌人，是妨害工人群众发挥战斗积极性的最主要的障碍。"这样，直到 1934 年以前，共产国际一直把反对社会民主党，特别是反对"左"翼社会民主党作为"最危险的敌人"而提到极其重要的地位。尽管在 1931 年前后，在社会民主党内部已经开始明显出现左转的趋势，这一局面本来对于实行统一战线以进行反对法西斯、反对战争危险的斗争是有利的。

德国法西斯上台执政后，共产国际及其许多支部总结了以往几年的经验教训，特别是根据法国、意大利、奥地利等国开展反法西斯运动的经验，深深感到必须适应新的形势，尽快调整统一战线的策略和改变对社会民主党的态度，以便把一切反法西斯力量和爱国力量团结起来，反对共同的敌人法西斯主义。

共产国际的重大策略转变

1934 年 5 月共产国际执委会主席团召开会议，选举季米特洛夫为执委会主席团委员，并由他担任共产国际主要领导职务。与此同时，共产国际执委会主席团还就法国共产党党内在统一战线问题上的意见分歧作出决定，谴责多里欧借口法共中央不执行反法西斯统一战线政策而进行的分裂党的行为。5 月 23 日《真理报》发表以《争取统一，反对分裂》为题的文章，讲到建立统一战线的问题时指出："共产国际和法共中央一致认为，在面临法西斯威胁时向社会民主党领导提出这样的建议不仅是允许的，而且在一定条件下是必要的。"文章回顾法国共产党中央委员会 1933 年 3 月向法国社会民主党领导提出关于建立统一战线的建议说："这个建议不仅是对'下层'的，而且也是对'上层'的。"这是共产国际在统一战线问题上改变方针的一个信号。

在这以前，共产国际执委会主席团会议曾通过即将召开的共产国际第七次代表大会的议程，并委托季米特洛夫就"法西斯的进攻和共产国际在争取工人阶级统一、反对法西斯的斗争中的任务"问题准备报告。1934 年 7 月 1 日，季米特洛夫在准备报告的过程中向共产国际七大第二项议程委员会写了一封信，对社会民主主义、统一战线和共产国际的领导等问题提出了富有创见的建议，要求执委会考虑。季米特洛夫就社会民主主义问题提出："（1）笼统地把社会民主主义说成是社会法西斯主义，是否正确；（2）认为社会民主主义无论在哪里，无论在任何条件下都是资产阶级的主要社会支柱，是否正确；（3）认为社会民主党的一切左翼集团在任何条件下都是主要危险，是否正确；（4）笼统地把社会民主党和改良主义工会的全体领导干部都说成工人阶级自觉的叛徒，是否正确。"关于统一战线问题季米特洛夫认为，"（1）由于局势发生了变化，我们的统一战线的策略也必须加以改变。我们不应当把统一战线的策略仅仅当作揭露社会民主党的手段，而不认真设法在斗争中建立真正统一的工人队伍；我们应当把这一策略变成开展反对法西斯进攻的群众性斗争的有效因素。（2）必须抛弃那种认为统一战线只能在下面实行的观点，同时必须不再把向社会民主党领导发出的一切呼吁看成是机会主义"。关于共产国际的领导问题，季米特洛夫提出"考虑到莫斯科要在一切问题上有效地领导处于各种不同情况下的共产国际的 65 个支部是不可能的……所以必须改变共产国际的工作方法和领导方法。必须集中注意力于：对共产主义运动实行总的政治上的领导；在基本的政策和策略问题上给予各国共产党以指导；在各地建立起共产党的坚强的布尔什维克领导；以精简共产国际执委会的庞大官僚机构来加强各国共产党的工作人员"。

季米特洛夫提出的这些问题对克服共产国际领导在统一战线问题上长期存在的左倾宗派主义错误起了十分重要的作用。

1935 年 7 月 25 日—8 月 20 日在莫斯科召开了共产国际第七次代表大会。代表大会通过的《法西斯的进攻和共产国际在争取工人阶级统一、反对法西斯的斗争中的任务》的决议指出：德国法西斯是新的帝国主义战争的主要挑拨者和国际反革命势力的突击队；为了战胜法西斯，必须建立广泛的统一战线；在资本主义国家建立工人阶级反法西斯的统一战线和各民主阶层反法西斯的人民阵线，在殖民地半殖民地国家建立反对帝国主义侵略的民族统一战线。

代表大会还通过了《关于共产国际执行委员会的工作》的决议，建议共产国际将重心转移到制定国际工人运动基本政治路线和策略路线方面去，并指出：共产国际在解决工人运动的一切问题时，需要"从每个国家的具体情况和特殊条件出发，一般地避免直接干涉各国共产党的内部组织事务"。

第七次代表大会的各项决议是符合当时的客观形势的，是正确的。这次大会在共产国际的历史上是一次具有重要意义的大会，它实现了重大的策略转变，从指导思想上克服了统一战线问题上的"左"倾宗派主义错误，促进了国际范围内反法西斯统一战线和人民阵线的建立，开始了国际无产阶级和人民群众反法西斯斗争的新阶段。

第七次代表大会以后，许多国家的共产党根据大会决议，制定了新方针，结合本国的具体情况，团结不分党派和宗教信仰的一切反法西斯人士和爱国人士，开展了声势浩大的反法西斯群众运动，结成了广泛的统一战线和人民阵线。

中国共产党根据抗日运动的新形势并考虑到共产国际第七次代表大会的

新方针，经过不断努力和斗争，实行了政治策略上的重大转变，在中国建立了包括国民党在内的广泛的抗日民族统一战线。

西班牙共产党开展了广泛的人民阵线运动。1936 年 1 月，共产党、社会党、共和党和其他民主党派正式宣布成立反法西斯人民阵线，公布了人民阵线的纲领。同年 2 月，人民阵线在议会选举中取得重大胜利，共和党左翼和共和同盟组成政府，初步实行了民主改革。

法国共产党于 1936 年 1 月召开第八次代表大会，通过了进一步扩大争取人民阵线的斗争的决议，并与社会党、激进党一起成立了人民阵线，公布了人民阵线的共同纲领。1936 年 4—5 月，人民阵线在议会选举中获得重大胜利。6 月，参加人民阵线的社会党领导人勃鲁姆开始执政。

在英国、美国、意大利、德国等国家也都开展了建立人民阵线的运动，对法西斯展开了强大的攻势。

1936 年 3—4 月，共产国际执委会主席团召开会议，讨论了第七次代表大会决议的实施情况，并就当时面临的世界大战危险的局势通过了《关于战争危险问题的决议》，指出"制裁法西斯战争罪魁祸首，维护和平，乃是整个国际无产阶级现时的中心任务"，"各国共产党要以共产国际第七次代表大会的决议为指针，发挥最大限度的主动性和刚毅精神，要考虑到本国工人运动的具体条件和情况，找出胜利完成国际无产阶级这项中心任务的必要途径和方法"。决议还指出，维护和平的运动"一定要在争取共产党与社会民主党统一行动的口号下进行"，共产党人"要尽一切可能巩固各地共产党与社会民主党的工人群众在联合反对共同敌人的斗争中建立的联系"，而那些直接遭到法西斯侵略威胁的国家的共产党人"要把保卫祖国的问题同扩大工农民主权利和维护其切身利益的要求密切地联系在一起"。总之，这次执委会主席团会议是继第七次代表大会之后完整地确立争取人民阵线、争取和平和反对法西斯侵略的战略方针的一次重要会议。它的决议是对第七次代表大会确立的"广泛发动群众，建立反法西斯统一战线"的基本方针的补充和发展。

在 1935 年 8 月第七次代表大会以后的几年中，共产国际通过各种不同的方式帮助许多支部制定了具体的斗争任务和策略措施，纠正了在贯彻统一战线策略方面的"左"、右倾偏向。共产国际和苏联还对遭受法西斯侵略的国家进行了道义上和物质上的支援，如遭到意大利法西斯侵略的埃塞俄比亚和正进行抗日战争的中国。特别是在西班牙遭受德意法西斯武装干涉时，共产国际制定了援助西班牙人民运动的纲领，由共产国际的一些领导人、许多国家的共产主义活动家和反法西斯进步人士组建的国际纵队约 35000 名战士直接到西班牙国土上同法西斯展开英勇斗争，其中有意大利共产党领导人陶里亚蒂、隆哥，加拿大共产党员诺尔曼·白求恩，在反法西斯斗争的历史上写下了可歌可泣的一页。

但是，在战争紧张的年代里，共产国际和各支部之间的联系非常困难，有时甚至无法进行。从 1935 年第七次世界代表大会到共产国际解散为止，在长达 8 年的过程中，一直没有召开世界代表大会和执委会全体会议。1938 年，联共（布）党内开展的大规模肃反运动涉及共产国际机构中工作的外国共产党干部和活动家，使一些国家共产党的领导人遭到清洗，给一些支部造成了难以弥补的损失。共产国际还对有些支部进行了毫无根据的指责和组织处理。例如，1938 年共产国际执行委员会根据当时提出来的关于敌对分子已经广泛渗入波兰共产党领导队伍中的指责，作出解散波兰共产党及其组成部分——西乌克兰共产党和西白俄罗斯共产党的决定。历史证明，这个决定是完全错误的。

策略反复及其后果

英、美、法三国的帝国主义者把共产国际广泛开展统一战线和人民阵线的策略看作危及自身统治的"共产主义瘟疫"，企图予以扑灭。

英国、法国统治集团从希特勒于 1936 年公然破坏《凡尔赛和约》，进军莱茵兰非军事区以来就纵容德国侵略势力。在东方，国际联盟，特别是美国、英国政府对日本侵略中国实行绥靖政策，不仅在政治上纵容日本侵略者，而且在经济上不断供给它大批战略物资。

1936 年 11 月 25 日，日本和德国签订了《反共产国际协定》（即"防共协定"），结成"东京—柏林轴心"。1937 年 11 月，意大利也参加"防共协定"。面对德国、意大利、日本法西斯的崛起，英国、美国、法国政府为了维护本国的帝国主义利益，一直对法西斯侵略采取所谓"不干涉政策"，并希望把希特勒这股祸水引向东方，鼓励希特勒去攻打苏联；而希特勒则利用英、美、法的"不干涉政策"和"祸水东引"的阴谋，施展了"声东击西""先西后东"的策略，用反苏反共的叫嚣来麻痹和取悦于英、美、法。

面对第二次世界大战前夕的这种复杂形势，共产国际的整个活动受到苏联政府对外政策的很大影响。苏联当时对外政策的中心点是竭力避免战争。1939 年 3 月 10 日斯大林在联共（布）第十八次代表大会上说，党在对外政策方面必须"保持谨慎态度，不让那些惯于从中渔利的战争挑拨者把我国卷入冲突中去"。①

在希特勒步步紧逼的态势下，苏联政府曾向英、法提出建立反法西斯联盟的建议并进行了多次谈判，但英、法对此并无诚意。苏联政府为了推迟苏德战争的爆发和防止英法与德国勾结进行反苏战争，于 1939 年 8 月 23 日与德国签订了互不侵犯条约。9 月 28 日，又签订了友好和边界条约。

1939 年 9 月 1 日，法西斯德国向英、法的盟国波兰开刀。9 月 3 日，英、法向德国宣战，第二次世界大战就此在欧洲战场上全面爆发。

苏联政府对希特勒侵犯波兰而导致的严重局势做了不正确的估计，把第二次世界大战的性质和第一次世界大战的性质相提并论。由于苏德之间签订了互不侵犯条约，苏联政府当时不是把矛头对准法西斯德国，而是主要对准英、法，并通过共产国际要求各国共产党支持苏联的对外政策。1939 年 10 月，莫洛托夫在最高苏维埃会议上谈到苏联对外政策时说，"自从苏德互不侵犯条约签订以来，多年来存在于苏联和德国之间的不正常关系结束了"，"德波之间开始的这场战争已变成了以德国为一方和以英、法为另一方的战争"，鉴于这种形势，"像'侵略''侵略者'这样一些概念有了新的具体内容，有了新的意义"，"德国现在已经是希望立即结束战争和希望和平的国家，而昨天还主张反对侵略的英国和法国则成为主张继续战争和反对签订和约的国家了"。

共产国际根据苏联对外政策的变化相应地改变了自己的策略。1939 年 10 月共产国际执委会发布一份《迎接伟大十月社会主义革命二十二周年》的宣言，阐述了国际形势，规定了各国共产党的任务。《宣言》指出，英国、法国和德国的统治阶级正在为夺取世界霸权而进行战争，各个资本主义国家的政府，首先是交战国的统治阶级对这场战争都负有罪责。苏联和德国签订友好和边界条约给和平事业作出了新的贡献，而英、法那些标榜民主的人们正在鼓吹新的战争，他们不是为了各国人民的自由，不是为了把民主从法西斯主义下拯救出来，不是为了持久的和平而战，而是为了奴役各国人民、为了反动制度的胜利、为了帝国主义的掠夺而战。

---

① 《斯大林文选》，人民出版社 1962 年版，第 220 页。

季米特洛夫在《共产国际》杂志上发表了《战争和资产阶级国家的工人阶级》一文，文中指出："第二次帝国主义战争的进程可以明显地分为两个阶段。在第一阶段，意大利、德国、日本是侵略国，它们是进攻的，而其他资本主义国家是退却的，竭力避免与自己的竞争对手发生决定性冲突……现在，英、法帝国主义者则转入进攻，把本国人民投入反德战争……现在，英、法帝国主义者正扮演着疯狂鼓吹继续战争和进一步煽动战争的角色。"季米特洛夫在文章中进一步指出，"业已变化的形势和工人阶级的新任务要求相应地改变共产党的策略。近年来实行的无产阶级统一战线和人民阵线的策略使无产阶级和劳动群众有可能暂时制止一系列国家内资本和帝国主义反动派的进攻……人民阵线的政策现在在中国以及殖民地和附属国是适用的……但是这个政策对其他国家已经不可能适用了"。

共产国际提出的这个方针同第七次代表大会的方针背道而驰，实际上回到了第七次代表大会以前的老路。强调工人阶级统一战线的策略只有从下层、只有在坚决反对社会民主党上层、反对本国资产阶级的条件下才能实现。共产国际的这一策略反复使一些国家的共产党陷于政治上的窘境。因为在此以前，这些国家的共产党都结合各自国家的具体情况执行着建立广泛的反法西斯人民阵线的策略。例如法国共产党在 1939 年 8 月 25 日的声明中，号召法兰西民族团结起来，反对希特勒的侵略，主张政府采取一切必要措施来保卫国家。而现在又根据共产国际的指示，要放弃人民阵线的策略，坚决反对社会党上层，反对本国资产阶级政府。这样，在短短一两个月时间里，在实行统一战线的策略上来了如此急速的 180 度大转弯，怎能不引起法共党内的思想混乱呢？

中国共产党在整个抗日斗争中，独立自主地制定了自己的战略策略，在某种程度上抵制了共产国际的错误方针，使中国人民的抗日斗争没有经历曲折的道路，坚持了正确的方向。

共产国际的解散

1941 年 6 月 22 日，希特勒背信弃义，对苏联发动了进攻，事变进程本身纠正了共产国际的错误方针。

6 月 22 日，共产国际执委会书记处召开会议，讨论了共产党由于德国进攻苏联而面临的任务。为适应当时的战争条件，执委会书记处决定，立即改组共产国际整个领导工作，成立由季米特洛夫、曼努伊尔斯基、陶里亚蒂组成的三人小组，负责共产国际执委会的日常领导工作。同时，执委会向各国共产党发出一封呼吁书，指出，德国侵略苏联不仅是对社会主义国家的一个打击；而且是对全世界各国人民的自由和独立的一个打击。因此，保卫苏联人民就是保卫被希特勒匪帮奴役的各国人民，也是保卫遭受法西斯威胁的其他各国人民。共产国际执委会书记处还建议正在同法西斯进行斗争的各个国家的共产党，支持本国政府为保证开展反对法西斯德国的斗争而采取的一切措施。

在战事紧张的年代里，共产国际帮助和指导所属支部，根据本国的具体情况，实行了比较灵活的政策，采取了不同的措施，动员广大爱国人士和和平人士投入反法西斯斗争。由于受战时条件的限制，共产国际把无线电广播作为从事宣传工作的主要手段，以此与各国党保持联系，沟通消息，并揭露纳粹侵略者的政策和暴行，鼓舞人民群众的斗志和信心，从而促进各国抵抗运动的发展。在这期间，共产国际还配合苏联政府在战俘中间进行政治教育工作，并组织和训练在苏的侨民归国参加反法西斯的武装斗争。反法西斯抵抗运动在各国波澜壮阔地开展起来。各国共产党人站在反法西斯抵抗运动的最前列，为击败德国法西斯、为人类的正义和进步事业作出了自己的贡献。

1942 年底 1943 年初世界大战的形势发生了根本转折，法西斯德国军队在苏德战场上的战略进攻转入战略防御，但希特勒并不甘心，妄图夺回战略主动权，因此，苏联迫切希望英美盟国在欧洲开辟第二战场，然而英美尚未采取积极态度。

共产国际执委会主席团考虑到整个国际形势和共产国际的内部状况，于 1943 年 5 月 13 日召开会议，讨论解散共产国际的问题。5 月 15 日，共产国际执委会主席团作出了《关于建议解散共产国际的决定》。5 月 22 日《真理报》向全世界公布了这项决定，决定指出："由于各个国家的内部形势和国际形势变得极其复杂，要由某个国际中心来解决每个国家工人运动的任务将会遇到不可克服的障碍"，因此建议"解散国际工人运动的指导中心——共产国际，解除共产国际各支部因共产国际章程和历次代表大会决定所负的义务"。《决定》号召共产国际的一切拥护者"集中自己的力量来大力支持和积极参加反希特勒联盟的各个民族和国家的解放战争，以便尽快摧毁劳动人民的死敌——德国法西斯主义及其同盟者和附庸"。

斯大林在共产国际执委会主席团公布关于建议解散共产国际的决定后，

于 1943 年 5 月 28 日在答英国路透社驻莫斯科首席记者问时说，解散共产国际"便于一切爱好自由的国家组织共同进攻去反对共同的敌人"，"将使盟国和其他联合起来的国家的统一战线，在争取战胜希特勒暴政的斗争中，得到进一步的巩固"。[1]

共产国际执委会主席团提出解散共产国际的建议也是出于共产国际内部状况的要求。共产国际所属各支部处于各种不同的情况下，有些党在宗主国，有些党在殖民地，有些党是合法的，有些党是非法的，各国的政治、经济、文化以至民族条件差别甚大，加之世界战争使各国情况的差异变得更加突出，共产国际作为工人运动指导中心这种组织形式已经不能适应，甚至已经成为进一步发展的障碍。早在战前，不少党已逐渐认识到这种国际范围内集中制领导的危害性，并有所抵制。同时，共产国际所属各支部的领导干部在革命斗争中业已成长，在政治上已经成熟，他们已经能够根据本国的革命实际独立地进行革命斗争，不再需要一个统一的、集中的世界性组织了。

在共产国际解散以前，美国共产党已声明退出共产国际。1940 年 11 月共产国际批准美国共产党退出共产国际的队伍，正是出于上述考虑。古巴共产党于 1939 年同古巴革命联盟合并而成立古巴革命共产主义联盟。由于古巴革命联盟无论从法律上和事实上都不是共产国际的一个支部，因此合并后的古巴革命共产主义联盟也已不能认为完全是共产国际的一个支部，虽然它表示始终同情共产国际。

共产国际执委会主席团关于建议解散共产国际的决定公布后，陆续收到了 32 个支部的决定，表示赞同解散共产国际。

1943 年 5 月 26 日，中国共产党中央委员会作出了《关于共产国际执委会主席团提议解散共产国际的决定》，表示完全同意共产国际执委会主席团的提议。毛泽东同志在延安干部大会上做了《关于共产国际解散问题》的报告，他指出，共产国际在它存在的整个历史时期中，在帮助各国组成真正革命的工人政党上，在组织反法西斯战争的伟大事业上有其极端巨大的功劳，在帮助中国革命事业中也有功劳；现在共产国际这个革命的组织形式已经不适合斗争的需要了，为了迅速地与有效地组织一切国家的反法西斯斗争，国际性的集中组织早已感到不大适宜。这种情况，至近来乃特别显著；共产国际的解散将使各国共产党更加民族化，更加适应于反法西斯战争的需要。

---

① 《斯大林文选》，人民出版社 1962 年版，第 348 页。

　　1943 年 6 月 8 日，共产国际执委会主席团在最后一次会议上审理了各支部的决定，6 月 9 日季米特洛夫代表主席团签署了《共产国际执委会主席团通告》。《通告》指出："一、解散共产国际的建议得到下列政党的赞同：澳大利亚共产党、奥地利共产党、阿根廷共产党、比利时共产党、保加利亚共产党、英国共产党、匈牙利共产党、德国共产党、爱尔兰共产党、西班牙共产党、意大利共产党、加拿大共产党、加泰洛尼亚统一社会党，中国共产党、哥伦比亚共产党、古巴革命共产主义联盟、墨西哥共产党、波兰共产党、罗马尼亚共产党、叙利亚共产党、苏联共产党（布尔什维克）、乌拉圭共产党、芬兰共产党、法国共产党、捷克斯洛伐克共产党、智利共产党、瑞士共产党、瑞典共产党、南斯拉夫共产党、南非联邦共产党、青年共产国际（以支部身份加入共产国际）。二、共产国际现有的支部中没有一个支部对执委会主席团的建议提出异议。鉴于以上情况，共产国际执委会主席团宣布（1）关于解散共产国际的建议已得到共产国际现有的和能够送交决议的各支部（包括最重要的支部）的一致同意。（2）共产国际执委会、执委会主席团和书记处以及国际监委会自 1943 年 6 月 10 日起撤销。（3）委托季米特洛夫（主席）、曼努伊尔斯基、皮克和埃尔科利成立一个委员会，具体处理共产国际解散的善后事宜、机构、机关人员和财产。"

　　至此，存在将近 1/4 世纪的共产国际正式宣告解散。

日本二二六事件和五相会议

李树藩

1936年发生的二二六事件和广田内阁成立后召开的五相会议，是日本法西斯主义分子煽动军国主义狂热、推行侵略扩张政策的两起严重事件，在日本现代历史上占有重要的一页。

二二六事件

二二六事件是由日本法西斯军人、皇道派军官发动的一次武装叛乱，它的发生有着深刻的历史背景。

20世纪30年代初，在世界经济危机的冲击下，日本陷入严重的经济危机。工业生产降低30%—70%，几十万工人失业，加上农村失业者，失业人数高达300万人以上。受经济危机影响最深的是农村，全国农民负债累累，其债务总额从1929年的40亿日元，剧增到1931年的60亿日元。农民的困难成了严重的社会问题，出现了要求救济农村的请愿运动。

严重的经济危机，加深了政治危机，它不仅使国内阶级矛盾逐步尖锐化，而且激化了日本同朝鲜和中国台湾的民族矛盾。面对如此严重的局势，日本统治阶级力图以扩大军阀势力，对内加强剥削和镇压，对外加速发动侵略战争的步伐，来寻求出路。

1931年九一八事变后，日本并没有摆脱危机，相反危机更加深刻了，统治集团建立法西斯专政的步伐更加快了。早在1930年10月，参谋本部和关东军中的少壮派军官就曾谋划政变未遂。1931年3月，大川周明及桥本欣五郎等"樱会"分子打算举行政变，推倒政党内阁，拥戴陆相宇垣一成组织军部独裁政权，结果因宇垣"中途变心"而流产。10月，大川周明再度会同桥本等樱会分子及西田税等人筹备发动"十月事件"。面对当时的紧迫局势，政友会总裁、内阁首相犬养毅表示要坚持政党政治，甚而抨击军部的法西斯活动，但并不能阻止事态的发展。1932 年 5 月 15 日，海军军官和陆军士官学校中的一伙人，抱着所谓"对政党及其财阀伙伴予以袭击，促进国家改造的气氛"的目的，闯进了首相官邸，杀死犬养毅，发动了五一五事件。① 相继发生的三月事件、十月事件和五一五事件，都是法西斯右翼军人所为。这几次事件，对日本政治产生了很大冲击。它们反映出政党势力的腐败无力，表明了法西斯势力正在猖獗。五一五事件后，军部借口"时局非常"，拒绝政党继续组阁，恢复由元老出面商得军部首脑同意，提出组阁人选，由天皇任命组阁。自此，护宪三派内阁②以来持续的"政党内阁时代"（1924—1932）结束，军部对政治的影响力迅速加强，它意味着军事法西斯体制正在形成。到 1933 年，日本已有数百个法西斯团体，其中较大的就有 80 多个。1934 年 7 月，以海军大将斋藤实为首相的内阁辞职，另一个海军大将冈田启介继任首相。其内阁中虽有政党出身的大臣参加，但不过是在军部控制下，装潢"举国一致"内阁的门面而已。

随着国际战争危机的加深，特别是侵略中国华北的步步得逞，日本法西斯势力的气焰更加嚣张。为扩大对外侵略，国内加紧强化战争体制。当时盛行的"非常时期"的论调，就是为了进一步实行高压政策，以便把人民驱赶到战场上去。1934 年 10 月，陆军省发表了一本题为《国防的根本意义和提倡强化国防》的小册子，其基本内容是阐述国防的概念、国防力的构成以及把物质和精神力量集中于国防的必要性。它叫嚣："战争是创造之父，文化之母"，鼓吹法西斯独裁政治，认为日本"必须芟除无视国家的国际主义"，动员建立国防国家的总体战体制，表明了加强军部法西斯独裁的倾向。

在如何建立军部法西斯独裁的问题上，日本法西斯军人内部分成两大派，即皇道派和统制派。两大派系之间的斗争，到 30 年代中期激化起来。

---

　　① 五一五事件：1932 年 5 月 15 日下午，以士官学校学生为主体的陆海军法西斯分子袭击首相官邸、内大臣官邸、警视厅、政友会本部、日本银行、三菱银行总店等，政友会总裁、首相犬养毅被枪杀，史称五一五事件。这是日本法西斯分子制造的一系列恐怖暴乱事件之一，事件后，政党内阁时期结束，是日本军事法西斯体制开始形成的标志之一。

　　② 以加藤高明为首的"宪政会"、联合"政友会"、革新俱乐部，在民主运动和工农运动高涨的形势下，接过民主势力的口号，提出"打倒特权内阁""实行普选""改革贵族院和枢密院"等政纲，自称"护宪三派"，并将其活动称为"第二次护宪运动"（第一次"护宪运动"即"大正政变"）。1924 年 5 月，"护宪三派"在大选中获胜，加藤高明组阁（1924 年 6 月 11 日至 1925 年 8 月 2 日），被称作"护宪三派内阁"。

双方都要建立军部法西斯独裁统治，但皇道派以"新兴财阀"为靠山，强调以天皇为中心的绝对精神主义，认为对政党、重臣的势力必须给予坚决的打击。他们主张用政变、暴力以至暗杀等恐怖手段，来实现这一目标。这一派以荒木贞夫、真崎甚三郎等为中心，在军队青年军官中颇有影响，其成员主要是少壮军人。与之对立的统制派，同旧财阀合作，以树立国家"总体战体制"为其特点。他们主张用合法手段，在陆军中央机关将校的统制下，注意策略，实行"断然改革"。他们强调加强现有国家机关，使天皇制法西斯化。《国防的根本意义和提倡强化国防》小册子，就集中代表统制派的政治军事观点。这一派以永田铁山和东条英机等人为中心。皇道派攻击统制派是财阀的走狗，应予打倒；统制派企图镇压皇道派，加强以它为核心的军队的统一。两派的对立，由于人事上的钩心斗角而变得更加激烈。

　　1934 年 11 月，皇道派军官策划军事政变未遂。虽因证据不足未予起诉，但第二年，参与策划政变的村中孝次、矶部浅一等仍以乱发怪文之罪被免职。这在皇道派少壮军官中种下了仇恨的种子。皇道派认为这是统制派捏造出来的。1935 年 7 月，荒木贞夫辞去陆相职务，代表统制派的新任陆相林铣十郎，又罢免了在皇道派军官中享有很高威望的真崎甚三郎的陆军教育总监的职务，由渡边锭太郎接任。皇道派认为，这是陆军省军务局局长永田铁山策划的，便散发了攻击永田铁山的秘密文件，使两派的对立更加激化。1935 年 8 月 12 日，皇道派军官相泽三郎中佐闯入军务局局长办公室，杀死了统制派的核心人物永田铁山少将，这一事件标志着两派的对立已达到顶点。皇道派军官策划把公审相泽三郎的军法会议改变为攻击统治派的舞台。

　　正当两派斗争白热化的时候，1936 年 1 月，日俄战争后常驻东京的第一师团接到秘密派往中国东北的命令。这个师团是皇道派军官的巢窟，他们认为，正当审判相泽三郎之际调走该师团，是调虎离山。当时国内形势对法西斯军人集团也极为不利。1936 年 2 月，在冈田内阁之下举行了大选，这次大选中所有的法西斯组织都遭到惨败，它们总共得到 26 万张选票，在议会中只占有 5 个议席。而社会大众党，由于提出了反战、反法西斯的口号，获得52 万张选票，在议会中占有 18 个议席。民政党也由于提出了"反对法西斯主义，建立立宪政体"的口号，而增强了自己的地位。在日本政界影响很大的政友会，由于提出了法西斯口号，一下子失掉了 150 万张选票。昭和会和国民同盟等右派组织也都遭到失败。大选表明：法西斯军人冒险政策遭到广大群众和社会各阶层越来越强烈的反对。面对如此严峻的形势，加上相泽三郎事件的刺激和派往"满洲"的行期将近，皇道派军官决定立即起事，建立以真崎甚三郎为首的法西斯独裁政权。

1936 年 2 月 26 日拂晓，皇道派军官以"昭和维新"为目标，发动武装叛乱。晨 5 时，村中孝次、野中四郎、矶部浅一、安藤辉三大尉和栗原安秀中尉等，率领东京驻军步兵第一师团第一联队、第三联队、近卫师团第三联队和野战重炮兵第三联队的 1473 名官兵，分几路袭击东京市内的首相官邸、内大臣私邸、教育总监私邸、侍从长官邸、大藏（财政）相私邸、警视厅、朝日新闻社以及在汤河原的前内大臣牧野伸显所住的旅馆等。冈田启介首相侥幸从官邸逃出。他的妹夫、私人秘书松尾传藏大佐等被杀。内大臣斋藤实、教育总监渡边锭太郎、大藏相高桥是清等均当场被害。天皇的侍从长铃木贯太郎也身负重伤。第一步袭击成功后，叛乱部队迅速占据包括首相官邸和国会议事堂在内的东京政治活动中心——麹町区永田町一带，切断以永田町为中心的麹町区西南部的交通。叛乱者拟就了《奋起趣意书》，包围了朝日新闻社等各报社，阻止报纸的正常发行，要各报社发表他们的《奋起趣意书》，并对陆军上层开展政治攻势。

26 日晨 6 时许，叛乱部队的代表会见陆相川岛义之，向他宣读了《奋起趣意书》，该文件阐述了叛乱者对形势的看法、起事的原因以及要达到的目的。其核心是"诛戮破坏国体之不义逆臣、铲除遮蔽皇威、阻止维新之奸贼"，说他们的行动"体现了国体之真姿"，等等。叛乱者要陆相"迅速奏闻陛下，仰待圣上之裁断"。与此同时，还要陆相对统制派以至反皇道派的将军、幕僚们予以"保护性"的拘留，等等。当时任军事参议官的真崎甚三郎和荒木贞夫大将，都站在叛乱者一边，称颂叛乱部队为"维新部队"。统率第一师团和近卫师团的东京警备司令官香椎浩平对叛乱者也深表同情。

在真崎甚三郎、荒木贞夫等起草的文件基础上，陆军统帅部于 26 日午后 3 时 30 分，公布了含有五项条款的《陆军大臣告示》，承认叛乱者的行动。《告示》宣称："一、关于起事的宗旨将上奏天皇"；"二、承认各位行动之真意，基于显现国体之深情"。并宣布："五、上述之各项静待圣上之意决。"

此时，日本内阁处于一片混乱状态。后藤新平内相被任命为临时代理首相，因为传说冈田启介首相已在叛乱中被杀。27 日晨 3 时，根据紧急敕令，东京地区宣布实行戒严。叛乱部队在东京警备司令官香椎浩平的指挥下，成为麹町地区的"警备队"，叛乱者所占领的地区成为他们的守备区。

陆军军官的叛乱，极大地震动了日本统治集团。陆军统帅部虽然最初有过动摇，甚至发表了《陆军大臣告示》，但很快做出了对叛乱部队进行讨伐的决定，这是多种因素促成的。

首先，具有"绝对尊严"的天皇，因部队叛乱和亲信近臣被杀，感到十分震惊和愤怒。他曾言道："将朕最信赖之老臣，悉数杀害，如同把绞索套在朕的颈上一样。"故而从一开始就主张坚决镇压。事件发生后，天皇每隔二三十分钟就召见一次侍从武官本庄繁，要他督促尽快平息叛乱。27日，当天皇知道对叛乱部队尚未采取行动时，愤怒地对本庄繁说："朕将亲率近卫师团，平息叛乱。"这当然对军队首脑产生了影响。

其次，作为日本军队重要组成部分的海军，从一开始就对叛乱部队极为仇视。这不仅因为几个被杀或被袭击的大臣如斋藤实、铃木贯太郎、冈田启介等都是海军大将，更主要的是，他们担心叛乱成功，军政权建立，会导致陆军的独裁。所以他们在军令部总长伏见宫博恭王的主持下，断然采取坚决镇压方针，把正在九州训练的联合舰队开进东京湾和大阪湾，并从横须贺调来海军陆战队为海军省警卫，以此牵制陆军。

政界和财界都反对叛乱，并通过宫廷集团提出了严厉镇压的意见。广大国民也反对这次事件，他们通过这次事件更加感到法西斯和战争的威胁，从而增加了对陆军的反感。

陆军内部意见并不一致。陆军参谋本部次长杉山元和作战课长石原莞尔大佐以及武藤章大佐等军内主流派，坚决主张对叛乱部队实行讨伐。他们掌握着戒严司令部的实权。由于以他们为首的陆军省幕僚层主要是属于统制派和倾向于统制派的势力，因而对真崎甚三郎等人一贯抱有反感。这些人迅速地集结在一起，实行坚决镇压的方针。上述这些错综复杂的因素，促使陆军省首脑部门迅速地采取了讨伐方针。

从叛乱者来说，其致命之弱点在于，叛乱发动后没有任何明确的行动方针。27日午前9时许，杉山元进宫，接到天皇的敕令。敕令要求"戒严司令官务必占领三宅坂附近，迫使军官以下人等迅速撤离，回归各所属师团管辖之下"。天皇敕令一下，叛乱军官们立刻陷于混乱状态。"归顺"还是"抵抗"？举棋难定。而天皇则再三要求本庄繁严厉下达平息叛乱的命令，不准违抗。

叛乱军官们经过一段时间的摇摆后，决定抵抗。这期间，同情政变的香椎浩平司令官曾向参谋本部提出，如果能得到天皇"昭和维新"的"圣旨"，就可以使事件和平解决，遭到杉山元的坚决反对。青年军官方面，说是要抵抗，甚至要以"剖腹自刃"向天皇"谢罪"，实际已开始撤退。叛乱部队的这种行动，使香椎浩平极为愤怒，于是决心以武力伐之。

28日下午5时30分，戒严司令官香椎浩平向第一师团和近卫师团下达了如下命令："叛乱部队终于不服圣上之命，故坚决采取武力，以恢复治安。"为执行此项命令，调集仙台的第二师团和宇都宫的第十五师团来东京。29日晨，戒严司令部出动24000多官兵，包围了武装叛乱部队的驻地。在战斗的态势下，从飞机、战车和无线电广播里，发出了《告下级官兵书》，要求叛乱部队立刻放下武器投降，并警告说："凡抵抗者全部视为逆贼，格杀勿论。"本来就不理解这次起事意图、也没有战意的士兵们，在天皇敕令的"召唤"下，很快就"归顺"了。29日下午2时，领导这次武装叛乱的军官们，聚集在陆相官邸。结果，除野中四郎大尉自杀外，其他均被逮捕。这样，经历了四天的武装叛乱，未经任何抵抗就被镇压下去了。他们的法西斯主义的理论指导者、参与策划并进行指挥的北一辉和西田税也相继被捕。

二二六武装叛乱失败后，皇道派军官们曾期待法庭公开进行审判，以便把法庭变成攻击统制派和宣传法西斯主义的讲坛。但是，由统制派控制的陆军首脑部，却策划借机打击皇道派势力。为避开非难，根据天皇的紧急敕令，由非公开的特设军法会议对叛乱的头头们实行强行审判，且实行一审制，不设辩护人。审判从4月28日开始，进行到7月5日才结束。17名武装叛乱的"首犯"被处死刑，北一辉和西田税以"思想主谋"的罪名处死。杀死永田铁山的相泽三郎也同时被处死。另有70名"少壮军人"被判处不同期限的徒刑，很多军人被调充后备役，或被派往边远地区。久原财阀头面人物久原房之助，也曾因与此案有牵连而被"检举"，结果无罪释放。这次事件后，皇道派亦随之瓦解。

二二六事件的发动者、皇道派军官是些狂热的天皇主义分子。当时，在国情恶化、内外交困的形势下，特别是自日本帝国主义发动九一八事变侵占中国东北后，不断扩大侵略，从1935年又以种种借口侵入华北，制造傀儡政权，引起中国人民更加激烈的反抗，到处受到沉重的打击，仅侵占中国东北的日军关东军的死亡人数，到1935年就达到54700多人，连日本统治者都不得不承认："满洲非日'满'提携之国，乃日'满'斗争之国。"由于侵略活动的升级，军费和扶持傀儡集团的费用则不断增加，这导致国内经济状况开始恶化，对国内各方面产生了深刻的影响，致使二二六事件前，反军反法西斯的情绪不仅在国民中间已相当强烈，就是在政界公开批判军方言行者亦不乏其人。在这种形势下，加之军方内部矛盾的公开化和白热化，他们就产生了一种天皇制军队"势将崩溃"的危机感，认为日本八纮一宇之"国体"已遭破坏，"维新"已被阻止，而"元老重臣军阀官僚政党"则是"破坏国体的元凶"，势应诛灭。这些人也反对垄断，但他们的目的是要使垄断资本和国家结成一体，由绝对主义天皇制机构的核心——军部独揽大权，即由皇道派军人来建立军部的法西斯统治，断然进行"昭和维新"，以打破日本所处的"内外重大危机"的严重局面。叛乱者的目的就在于此。

二二六事件是日本法西斯化的开始，是日本军部法西斯力量的重新组合和调整，是它逐步上台执政的起点。二二六事件虽然以失败而告终，但皇道派军官们所要求的，由军部掌握国家大权的天皇制法西斯专政政权，却由统制派法西斯军阀建立起来了。

广田内阁及军部法西斯独裁的确立

二二六事件后，军部最初曾企图最大限度地利用政变的结果，来成立一个军事独裁内阁，由于种种因素使其未能得逞。但表现在政变上面军部的压力已非常明显，各政党，不待说对于继任内阁人选问题已完全丧失了发言权，元老、重臣和宫廷势力也不得不在考虑军部意图的前提下进行决定继任内阁人选的工作。也就是说，作为继任首相的首要条件，必须是军部所同意的人物。广田弘毅正是在这种形势下，经过军部同意被推出组阁的。军部对组阁进行了露骨的干涉，在它的控制下，寺内寿一大将被任命为陆相。广田内阁一开始就接受了军部提出的"庶政一新"和"广义国防"的要求，开始推行准战时体制。

1936 年 3 月 17 日，广田内阁发表政纲，提出了所谓"全面革新政治"的任务。这是以军部提出的加强国防、明征国体①、安定国民生活（农村政策）和刷新外交四条大纲为中心的。其实质是要建立用天皇权威来统制一切，以军部为轴心，大力加强军事和国防的准战时体制，为在亚洲的侵略扩张铺平道路。至于陆军提出的充实军备、调整税制、加强国防、明征国体、统制经济机构、振兴民间航空事业、加强情报宣传等项"改革"要求，广田

---

① 明征，即明证，明确；国体，指日本国家是近代天皇制政体。明征国体，即日本右翼势力为压制学术、思想自由而明确强调日本"国体"是天皇制的口号。

内阁也一一予以接受，从而开辟了军部操纵政府干预政治的道路。

广田内阁成立后，陆军内部，特别是陆军的中央层进行了"整肃"。这当然是取得军部的同意、按军部意图进行的。在"整肃"的名义下，统制派排斥和打击皇道派，迫使皇道派的上层支柱、军事参议官真崎甚三郎和荒木贞夫大将等七人引退，一扫皇道派掌握军部高级领导权的形势。对军队实行整肃，本来是二二六事件后最重要的政治问题。但这种以打击皇道派势力为目的的"整肃"，与当时日本广大民众在二二六事件后，为杜绝军队干预政治和阻止日本法西斯势力发展而实行肃军的要求，有本质的不同。实践证明，经过广田内阁"整肃"后的军部，对日本政治的支配力非但没有减弱，反而更加强了。

军队内部清算派系后，以寺内寿一陆相以及杉山元、梅津美治郎等为首的新统制派，作为主流派掌握了军部的实权。这一班人趁势要求实现国家全面法西斯化，并且毫不隐讳地要挟政府："政治主导权如不让给军部，就会发生第二、第三个二二六事件。"

通过肃军，军部和广田内阁完全成为一体，推动了广田内阁走向战争和法西斯化的道路，这突出地表现为军部大臣现役武官制的恢复。陆海军大臣现役武官制从明治时期以来就是军阀干预政治的最有力的武器。经过大正初期开始的第一次护宪运动的斗争，于1913年（大正二年）把它废除了，其目的就是力图使内阁摆脱军部的控制。现在，在军部的强烈要求和高压下，广田内阁于5月18日决定修改陆、海军两省的官制，即恢复被一度废除了的军部大臣现役武官制：任命现役的大、中将担任陆、海军大臣，中、少将担任次官，以保障军部特权。从此，法西斯军阀便可以通过陆、海军大臣左右内阁，从而掌握了后来内阁的存亡命运。他们有了对政府的控制权，即可以对内放手实行法西斯独裁统治，又可以对外随意扩大战争。

广田内阁还顺从军部之命，公布了"危险文件临时取缔法""思想犯保护观察法"，解散了军事企业的工会组织，禁止五一国际劳动节的纪念活动，并缩小了议会权限，等等。

这一系列反动措施的制定和实行，反映了二二六事件后军部的要求和国家法西斯化的政治倾向。

二二六事件后的广田弘毅内阁，标志着日本军部法西斯独裁政权的确立。这一独裁政权，从一开始就为夺取亚洲和太平洋地区的霸权、建立"大东亚共荣圈"，加紧制定对外扩张的根本国策。

二二六事件发生前后，日本所处的国际环境发生了重大变化。1933 年日本退出国际联盟。1936 年 6 月它又退出伦敦裁军会议。日本的举动严重地打击了凡尔赛—华盛顿体系，也加深了同欧美一些国家之间的矛盾。侵入华北更激化了中国人民的反抗情绪。面对这种纷繁的国际局势，日本统治集团急待制定出下一步的行动方针。

如前所述，二二六事件后，军部同意以天皇为首的政界、财界提出的"整肃"军队的要求，并以此为条件，强化军部政治上的发言权，迫使政府建立战时体制，按照军部的国防方针，来决定国家的国策原则和外交政策。然而关于国防方针，陆军和海军持有不同的修改意见：陆军把对苏作战作为第一目标，海军则把对美作战作为第一目标。双方经过激烈争吵和秘密讨论，意见方始趋于一致。1936 年 6 月，它们共同拟定了《帝国国防方针》第三次修改方案，并据此提出了《用兵纲领》；6 月 30 日又制定了《国防国策大纲》。上述文件，对帝国战略目标、扩军备战、作战方针以及帝国战时国防所需要的兵力等，都做了新的决策。这是陆军和海军经过长时间的讨价还价，相互妥协的结果。

修改后的《帝国国防方针》，决定"以美国、俄国为目标，并防备中国和英国"，即把苏联和美国并列为第一位的假想敌国、同时准备进攻中国和英国的属地。为实现这一方针，确定国防所需的兵力：常备师团为 20 个，战争初期所需兵力陆军为 50 个地面师团，陆军航空兵为 142 个飞行中队；海军对外作战部队应配备战列舰 12 艘，航空母舰 10 艘，巡洋舰 28 艘，其他舰只 179 艘，海军常备基地航空兵为 65 个飞行队。陆军以此兵力为目标制订了扩充军备的六年计划，海军制订了在五年内充实必需兵力的第三次补充计划。为了实现陆海军的这个扩充计划，必须实行以大规模扩充军需产业为中心的经济战时体制化。这样，日本的国策必须也来个大转变。正是在这种形势下，广田召开了五相会议。

五相会议的召开

1936 年（昭和十一年）8 月 7 日，广田弘毅首相召开了有陆相寺内寿一、海相永野修身、外相（广田兼）、藏相马场瑛一等参加的五相会议，决定在新形势下实行国策的大转变。五相会议以军部提出的《国防国策大纲》为基础，通过了一个决定日本国策的纲领性文件——《国策基准》。

　　《国策基准》一开头便提出：日本国的根本国策是"在大义的名分下，内求国基之巩固，外谋国运之发展，使帝国在名义上和实质上都成为东亚的安定势力"。一言以蔽之，就是要牢固确立日本帝国主义在东亚的统治地位。从这一点出发，《国策基准》确定的基本国策是，"在外交国防密切配合之下，在确保帝国在东亚大陆地位的同时，向南洋发展"。为此，《国策基准》提出了四项原则性纲要，分别规定了大陆政策和海洋政策的基本方针。大陆政策的基本方针在于："谋求满洲国的健全发展，巩固日满国防，消除北方苏联的威胁，并防范英、美，实现日、满、华三国的紧密合作。"海洋政策的基本方针在于："向南洋，特别是向外南洋方面，谋求我国民族的经济发展，力图避免刺激其他国家，逐步以和平手段扩张我国势力。"

　　《国策基准》所规定的大陆政策和海洋政策，明确地肯定了海军长期以来所力主的"南进"要求，清楚地表明了侵略南洋，以至进行太平洋战争的计划。实际上，这正是根据修改过的新的《国防方针》，不折不扣地采纳了陆军的"北进"和海军的"南进"，南、北并进的国策方针。

　　五相会议所制定的《国策基准》，是日本帝国主义总体战的根本国策。它在规定侵略扩张的基本方针的同时，还提出"以上述根本国策为基础"，"统一调整内外各项政策，以期适应现今的形势而全面革新政治"。《国策基准》在扩充陆海军国防军备、外交和"庶政一新"等方面，提出了八项具体纲要，规定"陆军军备以对抗苏联在远东所能使用的兵力为目标，尤甚要充实驻在满洲的兵力，使其能在战争开始时，立即对苏联远东兵力予以痛击"；"海军军备应以对抗美国海军，确保西太平洋的制海权为目标，充实足够兵力"。

　　日本统治集团在认识到同美、英的对立越来越尖锐的情况下，仍然这样提出问题，当然不是"出于单纯的军人的征服欲望，而是侵略满洲以来的战时经济的必然结果"。日中战争对于日本来说，不论在军事上还是在经济上都是难以负担的。随着战争的扩大，军需物资需求的迅速增加，和国内经济状况的不断恶化，日本统治集团不能不决定到南洋去谋求"民族经济的发展"以"充实和加强国力"，为此不惜激化同美、英、法、荷等帝国主义各国之矛盾。这正是五相会议决定"防备英美"之原因所在。

　　《国策基准》提出要在外交政策上"全面加以革新"，其实质就是使外交活动完全操纵在法西斯军阀手中。此外，《国策基准》在行政、教育和舆论宣传等方面也提出了旨在强化军人政权的原则性规定。

　　在举行五相会议的同一天，还举行了一个四相（首相、陆相、海相、外相）会议。四相会议进一步地确认了《帝国外交方针》，它在把"粉碎苏联侵犯东亚的企图，特别要消除军备上的威胁，阻止赤化的发展"作为当前"外交政策的重点"的同时，还提出了与德意志"相提携"的方针。

五相会议所通过的《国策基准》，是法西斯军人依靠和利用天皇制，推行国家法西斯化的必然产物，它充分暴露了日本帝国主义称霸远东进而向太平洋扩张的狂妄野心。

五相会议标志着日本帝国主义已经走上了国家战争总动员的道路。

五相会议后，日本军部法西斯政权，根据《国策基准》和新修订的《帝国国防方针》等规定的原则，加紧对中国扩大侵略。五相会议后不久，即8月11日，广田弘毅内阁根据《国策基准》通过了《对中国实行的策略》和《第二次处理华北要纲》，进一步重申要使华北五省"特殊化"，以达到对华北五省实行"政治分治"的侵略目的。《第二次处理华北要纲》还提出了对中国侵略活动的具体方案，规定要在中国华北地区内策划"成立一个牢固的防共、亲日'满'的地带，以便取得国防资源，扩充交通设施，借以防备苏联'侵入'和奠定日'满'华三国互助的基础"。方案规定了扶持"冀察政务委员会"和"冀东防共自治政府"等傀儡政权的"指导方针"，分别规定了对山东、山西、绥远三省的"指导方针"，所有这些都是为了达到"分而治之"和"经济开发"的侵略目的。

五相会议后，为扩大对外侵略，实现《国策基准》的要求，陆军以大力充实与加强空军和在中国东北的兵力为中心；海军制订了包括"大和"号和"武藏"号在内的73艘军舰的庞大造舰计划。军部法西斯政权还制定了惊人的军事预算，提出：1937年度的军事预算将为前一年度的1.3倍，占当年度国家总支出的一半。这些措施使日本在建立高度国防化的国家体制方面又大大前进了一步。

五相会议所确定的基本国策，也使日本军事法西斯主义集团向国际法西斯主义集团靠近了一大步。五相会议后不久，在国际上深感孤立的广田弘毅内阁，为摆脱孤立地位，并在未来的世界大战中实现它的称霸野心，于1936年11月25日，同在欧洲和苏、英、法、美对立的希特勒德国缔结了《日德反共产国际协定》。一个月后，日本和欧洲另一个法西斯国家意大利缔结了承认意大利占有埃塞俄比亚，意大利承认伪满洲国的协定。1937年11月6日，意大利正式加入《反共产国际协定》。这样，日、德、意三个法西斯国家公开结成政治同盟，从而加剧了世界大战的危险。

德日意轴心国集团的形成

陈 兼

轴心国集团是德、日、意三国为发动战争、争霸世界而结成的侵略性政治军事同盟。从 1936 年至 1937 年间《反共产国际协定》的签订到 1940 年 9 月 "三国同盟条约" 的缔结，前后经历了一个曲折的形成过程。这一过程，又是同第二次世界大战由局部向全面战争的转变有着同步发展与相互制约的关系。

《反共产国际协定》的签订

德、日、意三国在发动第二次世界大战的过程中逐步勾结起来，并不是偶然的。这是由于它们在历史传统、社会政治制度、意识形态等方面存在着相似之处，而且第一次世界大战后，它们在帝国主义争霸斗争的过程中，有着共同的利益关系。

1931 年九一八事变后，日本帝国主义悍然侵占了我国东三省，并不断扩大侵略战争，企图独霸中国。这不仅激起了中国人民的反抗，也加剧了日本与欧美列强在中国的矛盾。1932 年 1 月，美国国务卿史汀生发表 "不承认主义" 的声明，表示美国 "不能承认" 日本侵华所造成的 "任何既成事实的合法性"。1933 年 2 月，由英法操纵的国联通过决议，申明不给予伪 "满洲国" 以事实上或法律上的承认。日本随之于 1933 年 3 月 27 日退出国联，在国际上的处境比较孤立。为了同欧美列强相抗衡，进一步发动全面的侵华战争，日本急需在国际上寻找盟友，其目光投向了正在欧洲崛起的希特勒德国。当日本退出国联时，外务省欧亚局长东乡茂德便提议："在日德关系上，利用（德国）极右党掌权的机会，努力使它了解我国在远东的立场……以便把德国引向我方。"1934 年 3 月，日本派出 "德国通" 大岛浩为驻德武官。临行前，陆军参谋本部情报部欧美课长饭村穰曾指示大岛，要着重探索日德间进行情报合作的可能性。

希特勒德国也有与日本接近的愿望。1933 年 1 月希特勒上台后，德国还受到《凡尔赛和约》的重重束缚，军事上孱弱，外交上孤立。希特勒还刚刚上台，羽毛未丰，他早在《我的奋斗》一书中将自己对内政策的主要任务规定为"铸造神剑"，对外的任务是"寻觅战友"。所谓"铸造神剑"，就是扩军备战；所谓"寻觅战友"，就是寻找同盟者，组织侵略性集团。1933 年初，希特勒曾与后来出任德国外长的里宾特洛甫商讨过与日本结盟的可能性。1933 年 10 月德国退出国联前夕，希特勒在同德国驻日大使狄克森的谈话中表示，德国"要与日本建立更为紧密的联系"。当时，意大利作为第一次世界大战的战胜国，同英、法等国还保持着比较密切的关系。意大利法西斯头子墨索里尼向来以奥地利的"保护者"自居，不许希特勒德国染指奥地利，对于希特勒建立"大德意志"的叫嚣很不以为然。1934 年 7 月，当奥地利总理陶尔斐斯被纳粹分子暗杀时，墨索里尼曾下令在勃伦纳山口增兵；德意在巴尔干的南得罗尔和的里雅斯特问题上也有利害冲突，一时还妨碍着德意接近。于是，德日之间首先开始勾结的尝试。

1935 年五六月间，日本驻德武官大岛浩同里宾特洛甫[①]的助手哈克就德日结盟问题开始接触。哈克提议在两国间缔结针对苏联的防务协定。大岛向日本参谋部请示后表示，不反对德国的建议，希望就协定的范围、内容和形式作更详细的研究。1935 年底，日方派出参谋本部情报部欧美课德国组组长若松前往德国活动，先后与里宾特洛甫和德国国防部长勃洛姆堡进行了会谈。里宾特洛甫提出缔结《反共产国际协定》的建议。若松表示，日本陆军方面亦有同样意图。回东京后，若松向参谋本部汇报了会谈情况。

1936 年 2 月 26 日，日本发生二二六政变[②]。一小撮法西斯军人集团皇道派的青年将校发动叛乱，杀死前首相斋藤等人，政变失败后，统制派在军部占了上风，日本国内政治和社会生活进一步法西斯化。为了发动全面侵华战争，日本与德国勾结的愿望更加迫切。日本陆军主动与外务省联系，以推进与德国的谈判。同军部关系密切的有田八郎于 4 月 2 日出任日本外相后，日

---

① 里宾特洛甫当时虽非外交部部长，但他奉希特勒的命令设立了里宾特洛甫办事处，处理重大或特殊的外交问题，其权力不在外长牛赖特之下。

② 参见本书李树藩的《日本二二六事件和五相会议》一文。

德之间的谈判便由日本驻德大使武者小路和里宾特洛甫通过正式外交途径进行。7月上旬，德方正式向日方提出经希特勒亲自审定的《反共产国际协定》草案和秘密附件。8月7日，日本广田弘毅内阁五相会议通过《基本国策纲要》，确定了"一方面确保帝国在东亚大陆的地位，另一方面向南方海洋发展"的侵略方针。同日，又通过《帝国外交方针》，决定"实行日德合作"。于是，日本对与德国合作表示了十分积极的态度，德日谈判也进展顺利。

1639年11月25日，德国与日本签订《反共产国际协定》。协定包括序言、三项条款和一个附属议定书，它规定：双方"相约对于共产国际的活动相互通报，并协议关于必要的防止措施"；双方将邀请"因共产国际的破坏工作而国内安宁感受威胁的第三国"加入协定；协定有效期为五年。据第二次世界大战后远东国际军事法庭审讯日本战犯时揭露，德日双方同时还签订了一个秘密附属协定，规定缔约的一方同苏联作战时，另一方不得采取实质上会改善苏联处境的任何行动，双方并保证不同苏联缔结同《反共产国际协定》精神相违背的政治协定。

德日签订《反共产国际协定》是双方在侵略道路上开始勾结的一个重要步骤。这一协定显然是公开针对苏联的。同时，也是打着"反共"旗号针对英、法、美等西方民主国家的。里宾特洛甫在协定签订后曾表示："形式上我们还要把俄国作为敌人。然而实际上，我们完全应该把英国作为敌人。"日本驻英大使吉田茂直言不讳地说："尽管军部说防共协定只不过是反共的意识形态问题，但这完全是表面上的借口，骨子里显然是和德意联合起来对抗英法并进而对抗美国。"

在德、日进行谈判的同时，德、意关系也开始接近，促成这种接近的契机是两个重大的国际事件：1935年10月意大利入侵埃塞俄比亚和1936年7月后德、意共同干涉西班牙内战。意大利悍然入侵埃塞俄比亚后，只有德国对意大利的侵略行径表示公开支持。而英法虽然对意大利提出谴责，却并没有采取有效的制裁行动。这就使素来有"食尸兽"之称的意大利帝国主义窥破英、法的虚实，决定更快地与希特勒德国联合起来。1936年7月西班牙内战爆发后英、法采取不干涉政策，而德意法西斯都站在佛朗哥叛军一边进行公开的武装干涉，双方的立场更趋接近。在这种情况下，双方都感到有必要调整在奥地利和巴尔干问题上的利害冲突，以便为发动重新瓜分欧洲和世界的战争而加紧合作。

1936 年 10 月下旬，意大利外交大臣、墨索里尼的女婿齐亚诺访问柏林。希特勒在同齐亚诺谈话时表示，意大利和德国联合起来，不仅可以对付"布尔什维主义"，而且可以同包括英国在内的西方对抗。如果德、意联合起来，英国"不仅将抑制住自己不同我们打仗"，"还将寻求同这一新政治体制（指德意联盟）"的妥协。齐亚诺访德期间，于 10 月 25 日同德国外长牛赖特签订了一份秘密议定书。其主要内容为：德国承认意大利对埃塞俄比亚的吞并，而意大利在德国吞并奥地利问题上"听其自然发展"，不再干预；德、意两国在多瑙河流域和巴尔干划分势力范围；两国在重要国际问题上采取共同方针，并承认西班牙佛朗哥政权，进一步加强对西班牙叛军的军事援助。这个议定书是德、意两国建立侵略同盟道路上的重要里程碑。几天后，墨索里尼在米兰发表演说，公然把这个协定称之为构成了罗马—柏林的"轴心"。

德国与日本缔结《反共产国际协定》后，意大利曾表示希望加入。它并为此作出一个重要的姿态：在沈阳开设总领事馆，事实上承认伪"满洲国"。可是，日本有自己的打算，它担心过早与意大利接近会给西方民主国家以不必要的刺激，因而没有立即同意让意大利加入协定，但同意两国于 1936 年 12 月订立协定，彼此承认对中国东北和埃塞俄比亚的占领。1937 年七七事变后，意大利对日本的侵略行径表示声援，不仅在布鲁塞尔九国公约会议上替日本辩解，还停止向中国输出武器。日本为了打破在国际上的孤立处境，终于在 10 月 20 日同意接受意大利参加《反共产国际协定》。11 月 6 日，意大利正式加入《反共产国际协定》。

严格地说，《反共产国际协定》还算不上军事同盟，缔约各方尚未承担在军事、经济、外交等各方面合作的义务。但它的签订表明，德、日、意三个法西斯国家在各自对外侵略扩张的过程中，感到互相接近和联合的必要，并逐步付诸于行动。希特勒把这个联盟说成是"伟大的政治三角"，"三个国家联合起来了。起初是欧洲轴心，现在是世界的大三角"。因此，《反共产国际协定》的签订，是德日意侵略同盟初步形成的标志。

德日关于军事同盟的谈判

1937 年 7 月，日本发动了全面的侵华战争。希特勒在 11 月 5 日召集由纳粹德国军事、外交核心人物武装部队总司令勃洛姆堡、陆军总司令弗立契、海军总司令雷德尔、空军总司令戈林、外交部长牛赖特参加的秘密决策会议上，提出了发动世界大战的战略计划和时间表。德日两国都希望加快相互勾结的进程。

对德国和日本来说，两国在华利益的冲突还阻碍双方进一步勾结。从 20 年代开始，德国便同中国国民党政府保持着较密切关系。德国向中国派遣军事顾问、供应武器装备，德国以此换取所缺乏的工业原料和外汇。日本发动全面侵华战争后，1937 年 7 月，德国国务秘书魏茨泽克对日本驻德大使武者小路指出，德国不能"帮助日本进行可能导致""鼓励中国的共产主义"和使中国与苏联接近的活动；日本威胁说，如果德国不停止向中国提供军用物资，日本准备废除《反共产国际协定》，但并没有起到什么作用，德国仍继续对华提供军事援助。

1938 年 1 月 2 日，里宾特洛甫向希特勒呈送了一份重要备忘录，其中提出，德国以武力改变中欧现状的行动，势必导致与英法的冲突。为了牵制英国的军事力量，使其无法给法国以有效的支持，德国必须同日本和意大利结成紧密的军事同盟。希特勒对这一备忘录极为赞同，并于 2 月 4 日任命里宾特洛甫为德国外长。德国为了维护在华利益和改善同日本关系，1938 年 2 月正式承认伪"满洲国"，7 月停止向中国出售武器，召回军事顾问；另一方面，从 1938 年 1 月开始，通过日本驻德武官大岛浩，向日本提议缔结一个既针对苏联，又针对西方列强的德日意三国军事同盟条约，德国提出"缔约双方应当无条件地对进攻缔约一方的敌人宣战"。

接到德方的提议后，在近卫首相、宇垣外相、池田大藏相、板垣陆相和米内海相参加的五相会议上，讨论了有关德日同盟条约的问题，日本统治集团内部产生了严重的意见分歧。外务省和海军认为，日本发动全面侵华战争已深陷于"中国泥淖"，外交上十分孤立，不宜再同西方国家为敌。他们希望同盟条约只针对苏联，不应针对英法。陆军认为，日本要独占中国，必然导致其与苏联及西方国家的矛盾尖锐化。同德国结成军事同盟，利用德国牵制苏联和西方国家，将有助于日本顺利解决"中国事变"，并进而在东亚放手行动。这实际上反映出，日本统治集团在陷入中国人民抗日战争汪洋大海的情况下，战略指导思想上发生了严重的混乱。

经过激烈的争论，外务省等方面的意见占了上风。1938 年 8 月下旬，日本五相会议决定了关于缔结日、德、意军事同盟的方案，其实质内容是：把同盟的目标只限定于苏联，这是日本的保留条件；在德国与苏联或其他国家开战时，日本将不承担"自动参战"的义务，是否提供军事支援，则要

"协商决定"，会议还决定由驻德大使而不是武官同德国进行谈判。可是，外务省和陆军在会外各自向驻德大使和武官下达了不同的指令，致使日方未能形成统一的方案，日德谈判也就无法顺利地进行。

这时，欧亚两大洲局势都发生着重大变化。在欧洲，希特勒通过1938年9月的慕尼黑协定，兵不血刃地控制了捷克斯洛伐克的苏台德区，完成了占据中欧战略要地的战略步骤。德国下一步的侵略计划将要在西线同英法正面列峙，以建立在整个欧陆的霸权地位。希特勒清楚意识到，无论德国的下一个具体目标是什么，都必然会导致德国与英国矛盾的尖锐化，再要重演"不流血的征服"也将变得极为困难，因而，希特勒希望利用日本牵制英国。

在亚洲，日本近卫内阁于1938年11月3日发表建立"东亚新秩序"的声明，其独霸亚洲—太平洋地区的意图暴露无遗。美、英法等国先后发表声明，抗议日本的行动。1939年1月3日，近卫内阁辞职，新首相是平沼，他竭力主张和德、意合作，缔结军事同盟。在这之后，日本对三国同盟的态度有些改变。

早在1938年10月27日，里宾特洛甫为打破德日谈判的僵局，曾非正式地向日本新任驻德大使大岛浩提出德国新方案，在坚持德、日、意军事同盟应针对英法的同时，又在提供军事支援问题上对日本做了让步，同意日方原先提出的视情况"协商决定"的意见。1939年1月6日，德方正式向日方提出这一方案，只是文字上略有修改。1月19日，日本五相会议通过了日方的对策，其主要内容为：三国同盟主要是针对苏联的，但根据情况也可以针对第三国；在针对苏联的情况下，缔约国互相提供军事援助是不成问题的；在针对第三国时，是否互相提供军事援助，则须视情况而定。这表明，德日双方对于条约内容的态度都有改变，但仍存在重大分歧，因而谈判依然进展缓慢。

1939年3月，德国公然撕毁慕尼黑协定，出兵侵占捷克斯洛伐克剩余部分，接着又对波兰发出战争威胁。英、法向波兰等国作出安全保证。英、法、苏也开始就制止德国侵略扩张问题展开谈判。在欧洲局势急遽紧张、大战迫在眉睫之际，德国与日本缔结军事同盟的愿望更为强烈。5月，德国外交部条约局局长高斯向日方提出妥协案，其中包括两套供选择的方案。第一套以日方意见为基础，加进一些德方要求；第二套以德方意见为基础，加进一些日方要求。5月7日，日本五相会议基本上同意以第一套方案为谈判基础。

6月5日，日方向德方提出最后提案，其要旨为：如发生德意反对苏联一国或与苏联结合在一起的其他国家的战争，日本将明确地站在德意一边，并提供军事支援；如发生德意反对苏联以外国家的战争，日本将支持德意而不是英法，但在苏联未就此表态前，为有利于阻止苏联参战，日本也可能不表态，并就表态问题同德意协商；在发生德意反对苏联以外国家的战争时，日本无力提供有效的军事援助，但将就此问题同德意协商。

日方的提案显然仍未满足德方的要求，因为德意坚持要求日本无条件加入三国军事同盟。虽然德国对日本加紧施加压力，日本的一些军方法西斯分子催促政府同德国缔结同盟条约，坚决主张满足德意提出的一切要求。直到1939年8月7日，陆军大臣板垣还晋见平沼首相，要求重新考虑三国条约问题，他提出，"军方认为，局势的变化表明有必要缔结进攻和防御条约"，否则板垣将宣布辞职。与此同时，欧洲形势又发生了巨大变化。希特勒为了避免发动欧战时陷于两线作战的困境，主动向苏联伸出橄榄枝。苏联为了打破英法挑动苏德战争的阴谋，确保自身安全，于1939年8月23日同德国签订了互不侵犯条约。这样，德国暂时已无必要继续与日本的结盟谈判。日本则"像打开信箱却猛地碰上一群黄蜂飞来一样"，不啻挨了当头一棒。平沼政府把苏德条约的签订看成德国对《反共产国际协定》的背叛和拒绝同日本结成军事同盟，社会舆论对该条约表示震惊。8月25日，日本五相会议决定停止三国同盟条约的交涉，德日结盟谈判暂时中断。

德意"钢铁盟约"的缔结

就在德日进行谈判的同时，德意之间也在就缔结军事同盟条约问题进行频繁磋商。在慕尼黑会议期间，希特勒曾向墨索里尼提出意大利参加德日军事同盟的问题，墨索里尼原则上表示同意。1938年10月28日，里宾特洛甫访问罗马。他在同墨索里尼会谈时表示，德日意军事同盟缔结后，一旦同西方列强开战，德意两国可投入战场200个师；而日本"即将完成控制中国"，利用它来对西方国家作战将"极有价值"。墨索里尼提出："我们要建立的绝不是一个仅仅防御性的联盟……恰恰相反，我们要建立一个足以改画世界地图的联盟。"

德意两国在推行扩张政策时，互相给予支持。1939年1月1日，墨索里尼对齐亚诺说，他决定接受德国关于把三国《反共产国际协定》变成一项同盟条约的建议，他还提议在 1 月份就签订这项同盟条约。在里宾特洛甫、齐亚诺和日本驻德大使大岛直接磋商后，还曾草拟了一个三国条约的文本。但由于日本政府坚持三国条约的保留条件，三国条约问题迟迟没有解决。1939 年 3 月 17 日，齐亚诺对德国驻意大使马肯森表示，意大利"无保留地同意"德国占领捷克斯洛伐克剩余部分的行动。4 月 7 日，意大利入侵阿尔巴尼亚，希特勒随即表示支持。4 月中旬和 5 月初，德国空军司令戈林和外长里宾特洛甫先后访问意大利，讨论德意两国建立双边同盟的问题。经过一连串幕后交易，5 月 22 日，里宾特洛甫和齐亚诺在柏林签订德意同盟条约，这个被称为"钢铁盟约"的军事同盟条约规定：德意互相承担义务，在涉及它们共同利益和整个欧洲局势的问题上进行磋商，如果一方的安全和其他重大利益受到外来威胁，另一方将给予充分的政治和外交支持，如果一方卷入同一国或数国的军事冲突，另一方将立即以全部军事力量给予援助；双方共同作战时，必须在互相取得完全一致的情况下，才能缔结停战协定与和约。

"钢铁盟约"的缔结，无疑是德意勾结、发动战争的重要步骤，其内容比《反共产国际协定》大大前进了一步，双方都承担了军事义务。然而，德意两国的"团结"并不如他们自己吹嘘的那样"坚如钢铁"。当时，意大利面临的迫切问题是强化对埃塞俄比亚和阿尔巴尼亚的占领，它在军事上、经济上尚未为参加德国所准备发动的欧洲战争做好准备。同时，在争霸斗争中惯于依附强者的意大利帝国主义，并不愿意在欧洲局势发生有利于法西斯国家的重大转折前就把赌注全部押到德国一方。墨索里尼在 1939 年 5 月 30 日的一份备忘录中即表明，由于"需要有一个准备时期"，意大利希望三年以后再打仗。8 月下旬，在德国入侵波兰的前夕，意大利又临阵退缩。墨索里尼致函希特勒说，如果德国进攻波兰，而冲突又保持局部化，意大利将对德国提供政治和经济援助；如果英法向德国展开反攻，意大利由于准备不足，不能在军事上采取主动行动。这样，尽管德意缔结了"钢铁盟约"，但在 1939 年 9 月德国入侵波兰、英法对德宣战后，意大利却宣布自己是"非交战国"。

侵略性军事同盟的最终形成

德国入侵波兰后，凭借经济、军事装备和战术上的优势，不到一个月便以"闪电战"打垮了对手。随后，它又趁英法对德宣而不战之机，调兵北上，征服了丹麦和挪威，然后于 1940 年 5 月，在西线向荷兰、比利时、卢森堡和法国发动大规模进攻。号称欧陆"第一军事强国"的法国，同德国正面交锋一个多月，于 6 月 22 日就投降了；20 多万英国远征军在敦刻尔克丢盔弃甲，退到英伦三岛。希特勒德国在军事上取得暂时的胜利。

希特勒打败法国后，根据其既定的侵略计划，准备挥戈向东，入侵苏联。7 月 31 日，他在高级军事会议上宣布了第二年春天进攻苏联的决定。于是，对德国来说，同日本缔结军事同盟，利用日本的力量牵制美、英，夹击苏联的问题又提上了日程。意大利看到德国在西欧的胜利，在法国败局已定的时刻，于 6 月 10 日匆匆向英法宣战，完全站到了德国一边。

法国败降后，日本对于缔结三国军事同盟问题的立场也发生了重大变化。1939 年 8 月苏德签订互不侵犯条约，使日本外交政策受到猛烈冲击。德国入侵波兰后，日本政府奉行"避免卷入"政策，实际上是企图等欧洲局势明朗化以后再作决断。随着法国败降，日本统治集团一方面为德国在欧洲发动"闪电战"的战果所鼓舞，认为南洋一带殖民地已由于法国、荷兰等宗主国的败降而成为"真空地带"，因而是实行"南进"、建立"大东亚共荣圈"的天赐良机。另一方面，侵华战争使数十万日本军队被拖在中国战场上，造成日本战略上的严重失调和经济上的沉重负担，日本侵略者又企图通过"南进"攫取东南亚丰富的战略资源，维持侵华战争，促进"中国事变的解决"。在这样的背景下，日本统治集团内部的"南进"论甚嚣尘上，与德意缔结军事同盟重新成为紧迫的问题。

1940 年 7 月 22 日，发动侵华战争的罪魁之一近卫文麿组成第二届近卫内阁。就在受命组阁前三天，近卫同即将上任的外相松冈洋右、陆相东条英机和海相吉田善吾在东京的近卫官邸举行了一次重要决策会议。会议留下了一份题为《组阁中四巨头会议决定》的文件，决定要加强日、德、意轴心关系，实行"南进"方针。7 月 22 日，在日本政府与大本营联席会议上，通过了《适应世界局势发展处理时局要纲》。其中规定："首先要把对德、意、苏三国的政策作为重点，特别要迅速加强同德意两国的政治团结。"

德日之间再次开始关于缔结军事同盟的谈判。7 月 30 日，日本外务省制订了德日合作的新方案："如德意方面要求军事援助以对付英国，帝国将在原则上表示同意。"8 月 1 日，日本外相松冈邀请德国驻日大使奥特参加茶会，围绕同德国结盟问题进行了试探。此后，德日双方在东京和柏林通过外交途径进行了一系列会谈。为了加速谈判的进程，9 月 7 日，德国派遣特命全权代表施塔默尔前往东京，9 月 9 日，施塔默尔和驻日大使奥特代表德国同松冈外相举行会谈。德方的基本立场是：德日缔结军事同盟后，日本应在东亚牵制美国，并阻止其投入欧战，并吸引苏联的几十个师和空军；德国则同意向日本提供武器和军事物资，并承认日本在东亚的"政治领导权"。这是日本方面大致可以接受的。因此，德日谈判进展顺利。9 月 19 日，日本天皇裕仁在全体内阁成员和陆海军最高首脑出席的会议上，认可了施塔默尔—松冈会议所产生的三国同盟议定书。

9 月 19—22 日，德国外长里宾特洛甫访问罗马，同墨索里尼、齐亚诺举行会谈，就德意双方在政治和军事上进一步互相支持达成了协议，并说服意大利接受三国同盟条约。

1940 年 9 月 27 日，德、日、意三国在柏林签订了为期 10 年的同盟条约。其主要内容为：日本承认并尊重德国和意大利在欧洲建立"新秩序"的领导权；在缔约国一方遭受尚未参与欧战或中日冲突的国家攻击时，三国保证以政治、经济、军事之一切手段互相支援。

谈判期间，德、日两国就南洋问题签署了秘密协定，商定一旦日本与英国发生冲突，"德国将尽其可能，以所拥有的一切手段援助日本"。德国同意曾处于日本委任统治下的德国过去在南洋的殖民地，仍由日本管辖，但德国得到一定的补偿。

与此同时，德、日、意三国还签署了建立三个委员会（总委员会、军事委员会和经济委员会）的协议。总委员会的任务在于协调三国的大政方针；军事委员会和经济委员会的任务则是解决三国间协同作战和相互进行经济援助的问题。

这样，德、日、意三国终于在发动侵略战争的道路上全面勾结起来，结成了比较紧密的军事同盟。此后，1940 年 11 月 23 日罗马尼亚安东尼斯库政府签署了罗马尼亚加入三国条约的协定书；1941 年 11 月 20 日匈牙利霍尔蒂政府签署了加入三国条约的协定书；斯洛伐克傀儡政权也于 1940 年 11 月 24 日宣布加入三国条约；1941 年 3 月 1 日保加利亚正式宣布加入，南斯拉夫则在 1941 年 3 月 25 日签署了加入这个条约的议定书，两天后又宣布取消。另外，西班牙佛朗哥政权虽然没有正式签署协定，但在实际上参加了这个集团，从而形成了一个以德、日、意为核心的侵略集团。

德、日、意之所以能结成侵略性军事集团，原因是多方面的。

从历史上看，德、日、意三国走上资本主义道路后，其社会政治制度仍在不同程度上都带有军事封建专制主义的色彩。第一次大战后，法西斯主义与法西斯运动的祸水分别在三国国内泛滥开来。从 20 年代到 30 年代，三国又以不同的方式先后建立起了法西斯专制统治。

从第一次世界大战后形成的国际格局来看，德国是第一次世界大战的战败国，在战争中失去了全部殖民地和传统势力范围。日本和意大利虽然是战胜国，但在战后对世界的重新瓜分中未能达到自己的要求和目标，自认为吃了大亏。因此，它们在不同程度上对第一次世界大战后形成的由英、法、美等国所操纵的凡尔赛—华盛顿体系极为不满。随着法西斯政权的建立，德、日、意三国都把以武力改变世界现状、重画世界地图，规定为自己的基本战略目标，它们因此而成为新的世界大战的策源地。

再从经济、军事潜力来看，德、日、意三国同英、法、美等国比较起来，它们的财政经济力量有限，军事力量起初也并不雄厚。更何况，它们的侵略行动与战争政策势必使它们遭到全世界一切爱好和平或希望维护和平的力量的反对。这就决定了谁都没有力量单独从一开始就发动一场世界性的全面战争，而须在采取局部性侵略行动、发动局部战争的过程中勾结起来，结成侵略性的政治军事同盟。

如果说，以上所述揭示了德、日、意三国在采取侵略行动、发动侵略战争时结盟的可能性与必要性的话，那么，在历史的实际发展中，这种结盟又并非一下子便由可能变为现实的，这还要取决于诸多的因素，如整个国际局势的发展变化，遭受侵略的弱小国家的抵抗，西方"民主国家"的反应，以及法西斯国家自身各个时期的实际战略需要与内外处境等。因此，德、日、意三国从最初采取侵略行动时基本上各自为战，然后逐步接近，最终结成了侵略性的政治军事同盟，经历了一个复杂而曲折的历史过程。

三国同盟条约签订的第二年，德国法西斯就悍然发动侵苏战争，接着日本发动太平洋战争。1942 年 1 月 18 日，德日意又签订军事协定，以东经 70° 为界，规划了各自的作战区域，第二次世界大战的战火终于燃遍了全球。

德国吞并奥地利

曹增寿

1938 年 3 月 11 日，希特勒下令德军入侵奥地利。3 月 12 日，奥地利作为法西斯德国征服欧洲计划中的第一个牺牲品被鲸吞了。这一悲剧是在第二次世界大战前夕国际形势日益紧张的情况下发生的，也是英、法等帝国主义国家的当权者采取对法西斯德国妥协让步、姑息养奸的绥靖政策的结果。德国吞并奥地利，在中欧地区首先拉开了大战的序幕。

希特勒吞并奥地利的野心

第一次世界大战后，奥地利联邦共和国是一个独立的国家。1919 年 9 月 10 日所签订的《圣日耳曼和约》规定，奥地利的独立不可改变，禁止奥地利和德国合并。同时，《凡尔赛和约》规定德国应严格尊重奥地利的独立。希特勒强占奥地利的意图蓄谋已久，早在他上台之前，就主张建立一个包括奥地利在内的大德意志帝国。1924 年，在他所写的臭名昭著的《我的奋斗》中就曾提到：德国"将从 6 个世纪以前中止的地方重新开始"，直到"中世纪时曾沦为德国殖民地的那些地区"，建立一个北起日德兰半岛、南迄勃伦纳山口、西至斯特拉斯堡、东达里加湾的大德意志国家，为整个日耳曼民族在欧洲夺取一个"生存空间"。吞并奥地利、占领捷克斯洛伐克，把这两个邻近国家中的 1000 万日耳曼人并入德国，则是德国向东南欧扩张和征服欧洲计划中的第一个重要环节。希特勒还在书中说："日耳曼的奥地利早就应该回到伟大的日耳曼祖国来。"希特勒把德奥重新合并看成他"终身为之奋斗"的重要任务之一。

第一次世界大战后，奥地利国内政治不稳，经济混乱，社会动荡。战争刚结束，奥地利民族主义者就宣扬德奥合并。他们宣称奥地利"缺乏生命力"，只有同德国合并，形成"统一的大德意志"才有出路。1918 年 11 月 12 日，在奥地利共和国宣布成立的同时，奥地利国民议会几乎一致同意奥地利和德国合并。这一要求，当时遭到协约国的坚决反对。

1922 年 10 月 4 日，奥地利政府为了解决国内财政危机，与英、法、意、捷缔结了日内瓦协定。奥地利政府在取得 6.5 亿金克朗贷款的情况下，再次保证不与德国合并。协定还规定，由四国保证奥地利的独立，这才暂时平息了奥地利境内喧嚣一时的合并声浪。

1929—1933 年，奥地利在世界经济危机的猛烈冲击下，社会更加混乱，政府更迭频繁。1932 年 5 月，在法西斯组织"祖国保卫团"的支持下，恩格尔贝特·陶尔斐斯组阁，统治集团内部的激烈斗争导致政治上的分裂。受大资产阶级和法西斯意大利支持的"祖国保卫团"公开反对议会制度，主张投靠意大利，实行法西斯专政。依靠天主教教会势力和军官团的大地主集团力图恢复哈布斯堡君主专制，反对德奥合并；而以德国法西斯为靠山的奥地利民族社会主义工人党（以下简称民社党即奥地利的纳粹党组织——作者）则积极主张与德国订立关税同盟，解决经济危机，然后实现德奥合并。

陶尔斐斯政府公开依靠"祖国保卫团"实行反民主的政策。1933 年 3 月，宣布解散国会，取缔共产党和反法西斯组织"保卫同盟"，议会民主制灭亡，法西斯势力遂日益抬头。1934 年初，奥地利反动势力对工人阶级展开了进攻。"祖国保卫团"在林茨以搜查武器为借口，袭击工人住宅，挑起"二月流血事件"。共产党和"保卫同盟"号召工人举行总罢工，抵抗法西斯分子的挑衅。陶尔斐斯政府出动军警镇压各地的工人罢工。共产党和"保卫同盟"被迫处于地下状态，削弱了国内反法西斯的力量，奥地利共和国的独立也就失去了最可靠的保障。

自 1933 年 1 月，希特勒在德国建立起法西斯独裁政权后，就千方百计破坏国际条约，企图强行吞并奥地利，而奥地利政局的混乱恰好为希特勒德国吞并奥地利提供了良好条件。他加紧扶植奥地利的民社党，煽动暴乱，酝酿吞并奥地利的阴谋活动。希特勒委任亚奥多·哈比希特为奥地利纳粹党督察，煽动在维也纳的党徒进行暗杀活动和爆炸事件，并批准成立由几千人组成的奥地利军团，沿奥地利边界驻扎，使德、奥矛盾突然尖锐起来。陶尔斐斯企图借助意大利的支持，排除国内的亲德势力，维持奥地利的独立。1933 年 6 月 19 日，他下令取缔民社党的一切活动，法西斯德国则乘机用武器、炸药支持奥地利纳粹党徒，发动反陶尔斐斯政府的暴乱，夺取政权。1934 年 7 月 25 日，一群纳粹暴徒闯进总理府，杀害了总理陶尔斐斯。

但是，希特勒的合并阴谋未能得逞，维也纳纳粹党徒的暴乱很快被镇压下去，新任总理许士尼格很快控制了局势。墨索里尼根据 1934 年 3 月 7 日意、奥、匈签订的《罗马协定》中关于"奥地利发生内乱，意大利有权进行干涉"的规定，立即出动四个师陈兵勃伦纳山口，使柏林感到不安。英、法驻柏林大使也照会希特勒政府，提醒它遵守关于对奥地利独立的国际保证。希特勒尚未做好开战准备，不敢贸然出兵奥地利而缩了回去。德国政府连夜发表声明，宣称维也纳暴动完全是奥地利内政，对陶尔斐斯被刺表示遗憾。然而，希特勒并未就此罢休，而是采取较隐蔽的手法来破坏奥地利的独立。他召回原驻维也纳大使李耶特，派冯·巴本为"执行特殊命令"的特使前往维也纳，去和奥地利重修"正常和友好的关系"。希特勒准备通过冯·巴本的活动，推行把奥地利纳入德国的政策。

1936 年德奥协定

1934 年 7 月，希特勒颠覆奥地利的阴谋破产使他意识到，德国在军事上还很软弱，外交上还很孤立，吞并奥地利的条件还不成熟，他决定用"和平"谎言来掩盖实际上的扩军备战，而在外交方面，则加强在意大利、日本法西斯集团勾结，以改变德国军事、外交上的软弱状态。因此，在奥地利问题上，希特勒开始唱低调，以"改善德奥关系"的方式诱骗奥地利签订德奥协定，把它纳入德国的势力范围。1935 年 5 月 21 日，希特勒在国会宣称："德国既不打算也不希望干涉奥地利内政，并吞奥地利，或者来一次合并。"

德国要扩充军备，加强军事实力，首先必须撕毁《凡尔赛和约》，把它对德国的军备限制和其他约束置之不顾。1935 年，德国重新建立起陆、海、空三军。1936 年 3 月 7 日，公然违反《凡尔赛和约》和《罗加诺公约》，出兵占领莱因非军事区。1936 年 11 月，希特勒政府宣布收回对基尔运河以及交由国际共管的其他德国河流的全部主权，这就使法西斯德国挣脱了《凡尔赛和约》对它的最后一道束缚。接着，德国着手在莱因地区重新设防，牵制法国的兵力，以便腾出手来向中欧集结军队。希特勒在"把莱因兰消化掉"以前，尽可能不公开煽动奥地利的民社党徒闹事。实际上，是等待在莱因地区重新设防完毕，能有效地防御法国进攻时，再着手吞并奥地利。

意大利自 1935 年 10 月发动对埃塞俄比亚的侵略战争以来，与英、法的矛盾激化了，迫切需要德国的支持，它对奥地利问题的态度发生了很大的转变。意大利改变政策，影响到德、奥之间的关系。为了拉拢德国，1936 年初，墨索里尼向希特勒表示，只要德国政府保证勃伦纳山口的德、意边界，不向亚得里亚海扩张，意大利就无意反对德、奥关系的改变。在墨索里尼看来，根据当时意大利所处的国际形势，与其阻挠德、奥合并，开罪于希特勒，倒不如敦促德奥缔结协定，以保奥地利的独立，对自己更为有利。

陶尔斐斯被刺后，基督教社会党右翼分子许士尼格出任奥地利总理。他执政以后，为保全奥地利的独立，一方面依靠墨索里尼，另一方面对德国采取姑息态度。许士尼格自己在回忆中承认："我知道为了保全奥地利的独立，我不得不采取一条姑息的道路……必须避免一切能使德国作为干涉借口的事情，必须尽一切努力来设法使希特勒容忍现状。"巴本根据德国政府的外交方针和许士尼格的政治态度，在维也纳频繁展开活动。他在奥地利网罗有势力的天主教人士，对许士尼格政府施加影响；利用许士尼格同副总理施塔海姆贝格争夺权势的矛盾，拉拢许士尼格。巴本和奥地利总理会晤时，声称德国"要以善意和真诚合作来恢复两国间的和谐关系"。许士尼格提出，两国亲善的首要条件是保证奥地利的独立，巴本满口答应这一要求。许士尼格轻信德国政府的"亲善和真诚"，产生一种虚假的安全感，决心和德国妥协。他甚至把奥地利看作"第二个日耳曼国家"。1936 年 5 月，许士尼格通过内阁改组，把施塔海姆贝格排挤出政府；他消除了亲意分子对政府的影响之后，便准备同德国正式谈判，缓和德奥关系。

1936 年 7 月 11 日，希特勒授命冯·巴本同奥地利政府缔结关于"恢复两国正常友好关系"的协定。这个德奥协定一部分是公开的，一部分是秘密的。协定规定，德国承认奥地利主权完整，并保证互不干涉内政；奥地利则保证它的外交政策的基础必须按照它承认自己是"一个日耳曼国家"的原则行事，这就是说，奥地利的外交政策必须始终追随德国。协定的秘密条款规定，奥地利政府大赦民社党政治犯；政府成员中必须增添两名具有"民族情绪"的部长。这实际上是让纳粹党人参加政府。

许士尼格落进了希特勒的圈套，他为了避免德奥合并而签订德奥协定，实际上等于亲手放弃了国家的独立。因为这个协定为德国法西斯势力渗入奥地利提供条件，成为德国吞并奥地利的一个新起点。这个条约表明墨索里尼失去了对奥地利的影响。

协定签订不到五天，希特勒就自食其言，指使亲纳粹分子格拉斯·霍斯特瑙和吉多·施密特参加许士尼格政府，前者当上内政部长，后者担任外交国务秘书，推行亲德政策。还指令德国参谋部着手拟订代号为"奥托"的占领奥地利的军事计划。同时，还派遣间谍、特务到奥地利配合民社党恐怖分子进行阴谋活动。7月23日，巴本向希特勒报告，已有17000名政治犯获赦，其中许多是纳粹分子和德奥合并的支持者。

7月29日，在德国法西斯的煽动下，纳粹恐怖分子在维也纳组织示威游行，狂呼"打倒许士尼格！""一个民族、一个国家、一个元首"的口号。恐怖分子的示威激起奥地利人民的普遍不满，打破了许士尼格凭一纸协定，保全奥地利独立的幻想。许士尼格认为，奥地利的三大敌是共产主义、国内纳粹运动和失败主义，因此他下令逮捕肇事的纳粹党徒。希特勒贼喊捉贼，指责许士尼格违反德奥协定。从此，德奥关系逐步恶化，每况愈下。德国的威胁、警告、攻击接踵而至，强迫奥地利政府作出新的让步。1937年1月，德国外长牛赖特访问奥地利，他告诉许士尼格，"只要奥地利继续迫害民社党"，两国关系就不可能改善。4月，许士尼格去威尼斯会见墨索里尼。墨索里尼强调，必须使"奥地利的独立与罗马—柏林轴心协调起来"。此时，许士尼格企图呼吁英、法、意抑制德国，可是国际形势的变化已不可能使它们对奥地利的独立问题采取一致的行动了。在这种情况下，许士尼格政府只得周旋于德、意之间，在夹缝中求生，一面对德国委曲求全、步步退让，一面向意大利曲意逢迎、争取支持，结果是把脆弱的共和国逐步拖向危险的深渊。

希特勒吞并奥地利的最后决策

1936年夏到1937年冬，希特勒抓住德奥协定签订后的有利时机，在国内加速扩军备战的步伐，同时在国际上加强外交活动，进一步拉拢意大利，为吞并奥地利采取最后决策作准备。

1936年6月29日，德国驻罗马大使哈塞尔向墨索里尼示意，德国准备承认意大利对埃塞俄比亚的占领。7月底，德国伙同意大利支持佛朗哥法西斯分子，武装干涉西班牙。经过多次的外交活动，德、意外长就两国合作问题进行了磋商，于1936年10月25日签订一项秘密协定，形成了所谓"柏林—罗马轴心"[1]

---

① 参见本书陈兼《德日意轴心国集团的形成》一文。

但是，"柏林—罗马轴心"只是体现德意两国友好关系的协定，它并没有明确许诺德奥合并。奥地利问题对意大利来说，仍然是一个敏感的问题。1937年1月15日，戈林访问罗马，当他露骨地向墨索里尼提到德奥合并不可避免的时候，意大利独裁者立即宣称意大利坚持尊重奥地利独立的原则，并且在一段时期内对德国表现出明显的冷淡。希特勒不顾在这个问题上破坏刚刚建立起来的"友好"基础，他力图把意大利拉进1936年11月25日德国同日本签订的《反共产国际协定》，建立真正的同盟关系。所以，1937年6月，他派外交部长牛赖特去罗马，向墨索里尼保证德国将遵守1936年的德奥协定，同时邀请墨索里尼访德。

1937年9月底，墨索里尼访问德国，希特勒为他的访问精心安排了军事检阅和军事演习。墨索里尼深信胜利的前途在希特勒德国的一边，便决心把自己的命运和希特勒连在一起。

1937年11月6日，意大利参加德、日《反共产国际协定》，三国正式结成法西斯侵略集团。在签订协定后，当里宾特洛甫提及奥地利问题时，墨索里尼立即明确表示，他为奥地利独立"站岗"已感到厌倦。如果奥地利发生危机，意大利不会采取任何行动。他还劝告德国让奥地利的事态听其自然发展，以免引起国际争端。到这时，希特勒已经肯定，墨索里尼再也不会妨碍他对奥地利下手了。

1937年底，由于外交上和日、意法西斯已结成联盟，国内"要大炮不要黄油"的经济政策日趋奏效，希特勒感到解决奥地利问题的时候到了。

在德、意、日三国签订《反共产国际协定》的前一天，即1937年11月5日，希特勒召集他的军事将领和外交部长开了一个极其重要的秘密会议。参加会议的有作战部长兼武装部队司令冯·勃洛姆堡元帅、陆军总司令冯·弗立契上将、空军总司令戈林上将、海军总司令雷德尔上将、外交部长冯·牛赖特和希特勒的军事副官霍斯巴赫上校六人。希特勒向他们说明了一项绝密计划，他说：德国"有权力比别的民族获得更大的生存空间……因此德国的前途完全决定于如何解决生存空间的需要"。希特勒把这一决策看成决定德国未来命运的根本方针。

在会上，希特勒提出当前首先要着手解决欧洲本身的问题，要调整德国的疆界，把势力伸张到中欧，吞并奥地利和捷克斯洛伐克则是这一计划中必须达到的第一个目标。希特勒认为1938年以前一定要充分做好武装占领奥地利的军事准备。

　　勃洛姆堡、弗立契和牛赖特听了希特勒的冒险计划感到震惊，他们对他的政策表示怀疑，提出不同看法，认为德国在中欧的行动很可能导致欧洲战争。但他们并不是根本反对希特勒吞并奥地利的计划，只是对德国还没有做好两线作战的充分准备这一事实感到担心。希特勒顽固地坚持自己的主张，认为要战争就不能不承担风险，他决定不惜任何代价去发动一次新的军事冒险，这样，1937 年 11 月 5 日的秘密会议就决定了奥地利未来的命运。

　　为了进行新的军事冒险，希特勒需要进一步加强独裁统治，对凡是妨碍他的人都要加以清除。不久，勃洛姆堡元帅被迫辞职；弗立契被免除陆军总司令职务；里宾特洛甫代替牛赖特出任外交部长；戈林接替了沙赫特的经济部长职位，此外还有 16 名国防军高级将领被解职。1938 年 2 月 4 日，希特勒把作战部改组为武装部队最高统帅部，他自己担任德国武装部队的最高统帅。通过 2 月 4 日的改组，希特勒把政治、经济和军事大权高度集中于自己手中，使他拥有了发动新的军事冒险的直接指挥权。

武装吞并奥地利

　　1937 年，更迭后的英、法政府所推行的政策，对法西斯德国加速吞并奥地利的步伐也是一个重要因素。5 月 28 日，尼维尔·张伯伦接替鲍德温继任英国首相，此人比前任首相更醉心于绥靖政策。张伯伦极力避免同德国的战争，只要希特勒不危及英国的殖民地利益，就尽量满足希特勒对中欧国家的领土野心，把战争祸水引向东方，来"拯救欧洲的和平"。所以张伯伦一上台，便讨好希特勒，训令新任驻德大使、亲德分子汉德逊与纳粹德国合作，取得妥协，改善英德关系。用汉德逊自己的话说，他出使柏林"不是去咒诅，而是尽可能地祝福"。汉德逊在发表亲德演说时曾公开表示"奥地利应并入德国"，为此而引起许士尼格政府对英国的抗议。

　　1937 年 11 月，张伯伦派遣枢密院大臣哈里法克斯去德国与希特勒谈判。他们在贝希特斯加登就国际形势和英、德相互谅解问题进行了讨论。在谈到中欧问题时，希特勒针对英国的要害问题——海上霸权和殖民地提出条件：倘若英国考虑德国在奥地利和捷克的利益，让其自由行动，德国则愿意迎合英国的意愿。哈里法克斯向希特勒表示，"英国方面并不认为在任何条件下都必须维持现状。它认识到，必须迁就新的条件，纠正先前的错误。承认业已变更的形势。英国只要求这种变更保证不使用武力来实现"。

　　张伯伦政府还竭力拉拢法国，企图把法国的外交政策纳入英国的轨道。实际上，1937 年 6 月取代勃鲁姆的旭丹政府，已经走上和德国妥协的道路。同年 11 月，德国特使冯·巴本途经巴黎时，受到旭丹的秘密接见。旭丹向巴本表示，法国赞同德、奥在经济和文化方面建立更密切的关系，奥地利、捷克境内的日耳曼人应有更广泛的自治权。旭丹还保证要使法国在中欧的政策转入一个新方向。英、法对德国的态度是基本一致的。1937 年 11 月 28—30 日，两国政府首脑张伯伦和旭丹在伦敦进行秘密会谈，双方达成一项重要协议：英、法政府保持对中欧争端的不干涉政策。这充分表明英、法已实际上放弃了它们对奥、捷所承担的国际义务。

　　英、法绥靖主义者的外交政策，使希特勒进一步摸清了它们的底细，证实了他在 11 月 5 日秘密会议上的估计。希特勒认为奥地利的问题实际上已经解决，就像成熟的果子已经落进了他的手心。

　　自 1937 年夏季起，奥地利纳粹党徒在德国的资助和唆使下，大肆进行恐怖活动。取得"合法"地位的民社党头目，则力图挤进政府，窃取对奥地利政策的控制权。维也纳的法西斯组织"德国俱乐部"公开叫嚣"德奥合并"，并阴谋策划暗杀许士尼格。奥地利形势岌岌可危。许士尼格政府决定解散维也纳的民社党组织。1938 年 1 月，奥地利警察搜捕到一个非法的民社党地下组织的中央机构——"七人委员会"。据查获文件证实，它企图在德国幕后操纵下，策划一次代号叫"塔弗斯计划"的阴谋，准备在 1938 年春组织公开叛乱，杀害德国使节，以便为德国武装入侵制造借口。许士尼格政府下令逮捕了这个组织的首领。这件事大大触怒了希特勒，他立即派外交部长牛赖特去维也纳施加压力，德、奥关系顿时紧张。

　　1938 年 2 月 12 日，许士尼格在无可奈何的情况下，到德国访问，同希特勒进行秘密谈判。他怀着侥幸心理，想通过谈判取得德国对 1936 年德奥协定的保证，尊重奥地利的独立和不干涉奥地利的内政。但是，他在希特勒的官邸伯希特斯加登受到了粗暴的对待。希特勒无理地指责奥地利政府出卖民族利益，在德、奥边境修筑工事，对德国不友好。他声言"要设法解决奥地利问题"，威胁、恐吓许士尼格，"也许你某一天早上在维也纳醒来时发现我们已经到了那里，就像春季的风暴一样，说到就到"，奥地利不要指望能得到英、法、意的援助，"我同墨索里尼是一致的"，"英国不会为奥地利动一动指头"。最后，德国外长把一份事先炮制好的"协定草案"塞给许士尼格，逼迫他同意在 2 月 18 日以前执行 10 项具体措施。其中包括：许士尼格政府赦免和释放所有被监禁的纳粹党徒，取消禁止纳粹党活动的法令；任命亲纳粹党分子赛斯—英夸特为内政部长；汉斯·菲许包克为财政部长，格拉斯—霍尔斯特瑙为国防部长，德奥有步骤地交换100名军官等。希特勒威胁许士尼格"必须原封不动地在这个文件上签字"，并限定在三天之内得到米克拉斯总统的同意后实施这个协定。这不是什么"协定"，而是一份最后通牒，接受这样的"协定"，就是意味要葬送奥地利的独立。许士尼格在希特勒的淫威面前表现得极其怯懦。最后，在文件稍作修改后，经过里宾特洛甫和冯·巴本软硬兼施的劝说，他终于屈服了。2月12日晚11点钟许士尼格在这份"奥地利死亡宣制书"上签了字，同意他"将在1938年2月15日星期二提出关于这些措施具有约束力的答复"。

为了迫使奥地利政府有效地实施所签订的协定，希特勒责令武装部队最高统帅部长官凯特尔在德奥边境采取模拟式军事行动，对奥地利施加军事压力。在武装入侵的威胁下，奥地利总统威廉·米克拉斯被迫于2月16日宣布大赦纳粹罪犯，改组政府，任命赛斯—英夸特为内政部长。

希特勒认为奥地利已是囊中之物，他于2月20日在国会发表了咄咄逼人的演说，宣称在德国之外的两个邻近的国家里有1000万日耳曼人，德国对他们的命运不能漠不关心，德国有责任保护他们获得政治上和精神上的自由。他在演说中直言不讳地提出，为了整个日耳曼民族的利益，德国必须和奥地利合并在一起。

2月12日的协定和2月20日希特勒的国会演说，在奥地利引起强烈的反响。纳粹党徒不断举行示威，煽动德奥合并；爱国人士发起大规模的签名运动，抗议德国破坏奥地利的独立，反对许士尼格政府的卖国政策。许士尼格在国家生死存亡的关头，打算用公民投票的方式来决定国家的前途。3月9日，他宣布在3月13日举行公民投票。

当天深夜，希特勒听到从奥地利传来关于将要举行公民投票的消息，顿时"处于一种接近于歇斯底里的状态"，悍然决定用武力解决奥地利问题。他立即下令实施武装占领奥地利的"奥托方案"。3月11日凌晨2时，发布关于"奥托"军事行动的第一号指令，20万法西斯德国正规军向奥地利边境集结。

3月11日是奥地利多事的一天，也是最后决定其命运的一天。这一天，从早到晚来自柏林的电话、电报忙个不停，一道道最后通牒接踵而至。先是勒令奥地利取消公民投票，随之是强迫许士尼格辞职，跟着是威胁奥地利总统任命赛斯—英夸特为总理……在这紧急关头，许士尼格被吓得胆战心惊，对德国提出的无理要求丝毫不敢违抗，只得取消公民投票，几小时后又发表辞职演说，宣称"为了避免流血，我们已经向武力屈服了"。紧接着，赛斯—英夸特以临时政府首脑的身份向人民讲话，命令军队不要作任何抵抗。奥地利总统米克拉斯拒绝任命赛斯—英夸特为总理，希特勒为此大发雷霆，于当晚8时45分下达了"奥托"军事行动的第二号指令，借口为了避免奥地利继续流血，命令德国武装部队于3月12日拂晓进入奥地利。同时命戈林立即通知赛斯—英夸特，要他按照德国事先拟就的内容，急电请求德国尽快发兵奥地利。然而，赛斯—英夸特担心此举会引起国怒民怨，不敢遵照主子的意图行事。希特勒便指使他的邮电部长以赛斯—英夸特的名义伪造了一份请求德国出兵、"帮助奥地利防止流血事件"的急电。事实上，在希特勒的第二号指令下达之前，第一支德国军队已于3月11日下午6时踏进了奥地利的国土，希特勒伪造请求出兵的急电只不过是为他武装占领奥地利取得借口而补办一个手续而已。

希特勒德国对奥地利的侵略行动在国际上没有引起强烈抗议。英、法、意等国对奥地利的不幸遭遇非常冷漠。张伯伦政府得知希特勒的军队向奥地利边境集结的消息后，11日下午就电谕驻奥大使不要劝告奥地利人抵抗。德国军队入侵奥地利时，法国正当旭丹政府垮台，11日下午收到英国劝它不要干涉希特勒行动的照会，便立即宣告奥地利事件与法国无关。11日中午，墨索里尼接到希特勒向他解释德国对奥地利采取军事行动的信件后，连忙表示奥地利对他无关紧要，意大利不干涉它的内政。捷克斯洛伐克驻柏林公使马斯特尼也于11日晚上向戈林保证，捷政府不会因德国武装占领奥地利而进行动员。总之，所有过去保证过奥地利独立和主权的国家，现在都抛弃了它。

奥地利总统米克拉斯绝望了，他痛心地感到自己"在国内外都被完全抛弃了"。11日深夜11时，他终于屈服，正式委任赛斯—英夸特组阁。一天以后，由于他拒绝签署德奥合并草案，在新总理的"请求"下被迫把总统职权移交给总理，实际上米克拉斯总统悄然辞职了。

德国军队不费一枪一弹，未遇任何抵抗，在一天之内武装占领了奥地利。3月12日，希特勒随军队来到林茨。当天，奥地利新总理赛斯—英夸特就赶到这里拜见他的主子，称希特勒为"我的元首"，并说："我们奥地利人宣布，我们自由地、公开地、自豪地、独立地永远忠诚于元首的领导。"

他当即宣布《圣日耳曼和约》中有关保障奥地利独立的条款无效。其实，《圣日耳曼和约》早被希特勒撕得粉碎。13 日，赛斯—英夸特在德国炮制好的法律草案——《奥地利同德国重新统一法》上签字，正式宣布奥地利和德国合并。在另一项法令中规定，奥地利联邦陆军必须宣誓效忠希特勒，成为德国武装力量的一部分，然而被分散编到德军各个不同部队去。奥地利共和国从此丧失了它的独立和主权。

3 月 14 日，希特勒进入他曾在青年时流浪过的维也纳，看到自己的军事冒险得逞，兴奋得如醉若狂。几天后，他返回柏林，18 日在国会演说中中伤许士尼格，说他对举行公民投票自食其言，强调要在第三帝国、包括奥地利在内，举行一次公民投票。4 月 10 日，他强奸民意，根据"德奥重新统一法"的规定，在德国和奥地利进行了公民投票。其结果在德、奥投赞成票的都达 99% 以上。这个虚假的多数并不能表达真正的民意。因为这次所谓"自由而秘密的公民投票"是在纳粹党徒、党卫队和盖世太保的严密监视下进行的。

奥地利被强行并入第三帝国版图后，希特勒为在奥地利人民心目中抹掉这个古老国家的名称，5 月 24 日下令将奥地利分割为七个行政区，统称"东部边疆区"。这样，奥地利作为一个独立国家在历史上暂时消失了。

德国吞并奥地利事件，无论对奥地利，还是对国际形势都产生了严重的恶果。它给奥地利本身带来了无穷的灾难，成千上万的德国纳粹党人蜂拥到奥地利掠夺财富、霸占产业，曾经担任过希特勒经济部长的沙赫特代表德国国家银行接管了奥地利国家银行，使德国的经济潜力大为增加。德国党卫队首脑希姆莱和盖世太保首领海德里希在奥地利建立起庞大的毛特豪森集中营，肆意进行恐怖活动，在德国统治期间，有 12 万多奥地利人被投进集中营，35000 余人惨遭杀害。

法西斯德国不仅因吞并奥地利增加了 700 多万人口，取得兵源和大量的战争物质，而且打开了通向东南欧的战略要地，为下一步侵占捷克斯洛伐克和进攻波兰准备了条件，加强了希特勒德国在中欧和东南欧的阵地。

希特勒通过吞并奥地利事件，进一步看清了英、法绥靖主义者的妥协本性，他们为了保全自己，不会用武力来制止德国对弱小国家的吞并。希特勒已完全明白，当他把手伸向下一个猎获物时，英、法等西方国家的政治家将仍然会袖手旁观，不加阻拦，从而使他有恃无恐，扩张野心日益膨胀。4 月 21 日，在奥地利公民投票后的第 11 天，希特勒便迫不及待地着手制定武装侵略捷克斯洛伐克的"绿色方案"。不到一年，法西斯德国在英、法绥靖政策的支持下，便实现了它的计划。半年后，希特勒又出兵进攻波兰，终于导致第二次世界大战全面爆发。

慕尼黑协定

周尊南

1938 年 9 月 29 日①，英、法、德、意四国政府首脑张伯伦、达拉第、希特勒和墨索里尼在慕尼黑签署了《关于捷克斯洛伐克割让苏台德领土给德国的协定》，即《慕尼黑协定》，它对纵容法西斯的侵略扩张，加速第二次世界大战的爆发，起了极其恶劣的作用。正如捷克斯洛伐克著名的民族英雄尤·伏契克所说："慕尼黑政策直接引起世界大战。"

"绿色方案"

慕尼黑协定的出现有着深刻的国际和历史背景，它是希特勒侵略扩张政策和当时西方国家推行绥靖政策的结果。

捷克斯洛伐克位于欧洲中心，它西邻德国，东近苏联，北连波兰，南通巴尔干，战略地位相当重要。俾斯麦早就声言，"波希米亚的主人就是欧洲的主人"。占领捷克斯洛伐克不仅可以建立威胁和进攻苏联的桥头堡，扩大侵略东南欧和巴尔干地区的前进基地，而且可以掠夺捷克斯洛伐克发达的工业和丰富的人力物力资源，加强希特勒的战争机器。因此，侵占捷克斯洛伐克，是希特勒侵略计划的重要一环。

早在 1937 年 6 月 24 日，希特勒就命令他的国防部长勃洛姆堡制订代号为"绿色方案"的突然进攻捷克斯洛伐克的计划。方案指出，"在东方的战争，可能以德国对捷克斯洛伐克进行突然袭击为开始"，而且"为这样一个行动在政治上和国际法方面找到必要的借口，必须事先制造好"。对捷克必须"从一开始就予以消灭"和占领。同年 11 月 5 日，即在柏林—罗马—东

---

① 慕尼黑协定上写的日期是 1938 年 9 月 29 日，实际上是到 9 月 30 日凌晨才签字。

京轴心最后形成的前一天，希特勒召集他的军政头目举行秘密会议，宣布他的政策的目的就是"争夺生存空间"。希特勒要动手的"第一个目标，必须是同时夺取捷克斯洛伐克和奥地利"。在这个会上，希特勒还说，"德国的政策必须认真对付两个充满仇恨的敌人——英国和法国"，而它对奥地利和捷克斯洛伐克采取武力冒险的战略目的也正是为了"在可能对西方进行的战争中解除我们侧翼的威胁"。希特勒的第一步鲸吞奥地利，在1938年3月13日已正式实现，接下来就该轮到捷克斯洛伐克了。

正当德国积极策划向外扩张的时候，英国首相张伯伦于1937年11月派遣他的亲信哈里法克斯出访德国，吹捧希特勒"不仅对德国作出了伟大的贡献"，而且"通过摒弃共产主义于自己国家之外，也使共产主义不能继续向西方扩张"，因此德国"有权自命为西方反布尔什维主义的屏障"。当希特勒提出要求承认德国的大国权利，改变凡尔赛条约所确定的现状时，哈里法克斯马上表示同意，并承认但泽、奥地利和捷克斯洛伐克的问题都属于"大概迟早会发生的欧洲秩序变更问题"。英国希望，任何领土的变更都应以和平方式来实现，而不要诉诸武力。1937年4月，张伯伦又派遣汉德逊出使柏林，向希特勒重申英国政府力求"同德国建立诚挚的友谊"，英国准备举行改变欧洲现状的谈判，只要求德国同意这些变更要用"和平方式"。

英国推行绥靖政策绝非偶然。战后英国经济一蹶不振，长期处于萧条状态，政府财政困难，被迫紧缩国防开支，军事力量孱弱，英国执政集团竭力避免在国际上采取军事对抗的政策。国内和平主义思潮盛行，执政党为争取选票，高唱和平颂歌，对来自德、日、意等国的战争危险不敢进行针锋相对的斗争。英国经济对海外的依赖性很大，保持正常的对外贸易是维持经济稳定的重要条件，因此需要相对稳定的国际环境，维护欧洲的安宁尤为重要。第一次世界大战后，战胜国分赃不均，英国是分赃较多的国家，德国因战败而被剥夺了海外殖民地，当后者经济恢复，重新开始争夺销售市场和原料产地的时候，英国为维护自己的既得利益，企图把德国的扩张矛头从自己身边引开，准备靠牺牲中、东欧弱小国家和苏联来满足德国的扩张欲望。上述各点就是英国推行绥靖政策的主要原因。

法国走上绥靖道路的情况与英国不尽相同。德国的扩张对法国的安全造成直接威胁，30年代前半期法国曾力图通过联合小协约国与苏联、英国和意大利结成联盟等方式来对付德国。但在经济危机的袭击下，法国经济长期萧条，久久不能复苏，国防费用减少，军事实力远远落后于德国。1935年，法国同苏联签订互助条约，但法国统治集团对苏联存有戒心，担心联苏会使国内革命势力抬头。在法国看来，联合东欧小国，是不足以与德国相抗衡的，只有同英国一道行动。在国力衰弱的情况下，法国的对德政策从 30 年代后半期开始逐渐由积极转向消极，企图以退让求生存，保住其在世界和欧洲范围的既得利益，它舍弃了同苏联和东欧小国的互助安排，转而同英国一道对德国采取绥靖政策。

法国政府追随英国，主张改变捷克斯洛伐克边界的现状。美国统治集团亦提出在损害弱小国家利益的情况下，修改欧洲边界和国际条约

正是在西方绥靖政策的纵容和鼓励下，希特勒加快了他的侵略步伐。

“苏台德问题”与五月危机

希特勒在制订侵略捷克斯洛伐克的计划时，曾经明确规定，“对捷克人的突袭”应当“以闪电式的速度来进行”。希特勒想为入侵捷克斯洛伐克制造的借口就是所谓苏台德问题。

捷克斯洛伐克是一个多民族国家，约有 350 万日耳曼族居民住在西北边境的苏台德地区。在奥匈帝国瓦解以前，他们从未归属过德国。捷克斯洛伐克共和国成立后，在议会和政府中都有日耳曼少数民族的代表。但是，在日耳曼族的大资产阶级同捷克大资产阶级之间存在矛盾。奥匈帝国时期，日耳曼大资产阶级在国家生活中处于支配地位，而在现在的国家中，处于支配地位的是捷克大资产阶级。对此，日耳曼族大资产阶级是不满意的。希特勒正是利用了这一点，在日耳曼少数民族居民中进行挑拨和分裂活动。早在 1933年 10 月，希特勒就唆使法西斯分子汉莱因拼凑了一个“苏台德日耳曼人党”，作为他颠覆与侵略捷克斯洛伐克的工具。

德国于 1938 年 3 月强行兼并奥地利之后，希特勒立即掀起了一场反捷运动。3 月 27 日，汉莱因被召到柏林接受希特勒的指示。希特勒要他向捷兑政府提出少数民族权利及其他不能接受的条件。3 月 29 日，戈林和里宾特洛甫召集会议，决定立刻制造一个反对“捷克政府虐待日耳曼人”的骚动，然后由汉莱因的党提出苏台德地区“自治”的要求。如果捷方接受，就提出新的要求，总之要使“苏台德问题”不断发生尖锐危机，以便为德国入侵制造好口实。

4 月 24 日，汉莱因的党即在卡尔斯巴德召开的代表大会上提出了要求苏

台德地区"自治"的 8 条纲领，即"卡尔斯巴德纲领"。其主要内容是：在捷克斯洛伐克境内划定日耳曼区，通过立法承认其疆界，在日耳曼区内实行充分自治；所有日耳曼区由日耳曼人担任公职，确立"日耳曼人党"的统治；日耳曼人享有公开主张和信奉日耳曼精神的充分自由；释放被监禁的纳粹政治犯等。这实质上是要在捷克斯洛伐克国内制造一个纳粹国家。

不仅如此，汉莱因还要求捷政府改变追随法苏、对抗德国的对外政策，指责捷克斯洛伐克迄今为止的外交政策已把该国置于"与日耳曼民族为敌的地位"。他首先要求取消法捷条约和苏捷条约，转而完全依附德国。

1924 年和 1935 年签订的法捷同盟条约规定，当捷克斯洛伐克的独立和领土完整受到威胁时，法国有义务提供援助。1935 年 5 月 16 日，捷克斯洛伐克同苏联签订的瓦助条约也规定，一旦捷克斯洛伐克受到攻击，苏联应该给予援助。但苏捷条约有附加条件，只有当法国给予受攻击的一方提供援助时，这一条才能生效，也就是说，苏联的援助必须以法国提供援助为前提。

英法两国政府对德国的挑衅性政策采取了姑息和纵容的态度。3 月 24 日，张伯伦在下院演说，声称英国对捷没有承担任何义务，也不准备向捷提供任何保证。他"劝告"捷政府同汉莱因妥协，在"宪法范围内"满足他们的要求。4 月 28—29 日，法国总理达拉第和外交部长庞纳到伦敦同英国政府讨论捷局势。张伯伦对达拉第说，英国绝不会为捷而战，他赞同把苏台德地区划归德国，并建议英法采取联合行动，迫使捷政府对汉莱因让步。会谈结束后，英国外交大臣哈里法克斯马上告诉德国大使狄克森，英法不久将在布拉格采取外交步骤，其目的在于劝贝奈斯对汉莱因表示最大限度的和解。庞纳也对德国驻法大使韦尔茨克表示，英法将施加最大限度的影响，以诱导布拉格政府采取随和的态度。5 月 7 日，英法驻布拉格公使正式要求捷政府对汉莱因的要求作出让步，努力同汉莱因达成"全面持久的解决办法"，并威胁说，否则英法不承担抗击德国进攻的任何保证。

在英法的压力下，捷政府表示愿意就日耳曼少数民族地位问题同汉莱因谈判。它提出了把汉莱因分子的要求考虑在内的少数民族地位法案，并决定特赦 1200 名政治犯，但迫于人民的压力，它拒绝了汉莱因的党提出的卡尔斯巴德纲领。

于是，希特勒决定进行武力威胁。

5 月 14 日，德国外长里宾特洛甫向汉德逊放风："如果捷克斯洛伐克事件导致流血，德国将进行干预。"5 月 19 日，德国军队在捷克边境集结，做好入侵准备。5月20日，里宾特洛甫突然约见捷驻柏林公使马斯特尼，对捷方提出了一大堆无端的指责。他谎称捷克斯洛伐克境内出现了攻击苏台德日耳曼人事件，说德国再也不能容忍。他还倒打一耙，责难捷正准备反德挑衅。里宾特洛甫威胁说，如果有证据证明捷克斯洛伐克真打算采取某种举动，德方将集中军队进行闪电进攻。

面对希特勒的侵略威胁，捷克斯洛伐克人民表现了团结抗战的决心。捷克斯洛伐克共产党号召人民保持警惕，积极准备抗击侵略。捷各个党派和无党派的进步作家、画家、文化活动家联名发表了"我们永远忠诚"的宣言，号召保卫民族独立和民主自由，反对外国干涉。宣言得到了热烈的响应，很快就有100多万人签名支持。

捷政府迫于人民的压力，于5月20日夜宣布局部动员，召集一定年限的后备役人员和某些技术人员入伍，下令军队进驻边境工事。

德捷边界局势立即紧张起来，双方军队对峙，战争大有一触即发之势，形成了所谓"五月危机"。

在危机时期，苏联采取了坚定的立场。早在4月下旬，斯大林就在克里姆林宫主持召开了有莫洛托夫、伏罗希洛夫等人参加的重要会议。会后苏联政府向捷公使费林格发表了权威性的声明，表示只要捷向苏提出请求，"苏联将同法国和捷克斯洛伐克一起采取一切措施来保证捷克斯洛伐克的安全"。4月26日，加里宁在苏联最高苏维埃声明："条约并不禁止任何一方不等法国援助就径行提供援助。"5月中旬，斯大林又通过捷共领导人哥特瓦尔德转告贝奈斯，即使法国不进行援助，苏联也准备给予捷军事援助，当然，苏联援助的条件只能是捷自己将进行抵抗，并请求苏联援助。

但危机的局势吓坏了英法绥靖主义者，他们赶忙对捷克斯洛伐克施加压力，坚持要捷政府取消动员令，进一步向汉莱因让步。同时，英法政府迫于舆论压力，向德国提出警告，如德国侵捷，法国将履行法捷条约；如果法国被卷入战争，英国将站在法国一边。英法这样做，一方面是为了应付舆论，另一方面是不想让希特勒如此轻易地就攫取捷克斯洛伐克。他们要希特勒付出一定的代价，就是要德国同意以此为筹码，调整德国同英法的关系，把德国的侵略矛头引向东方。

由于捷克斯洛伐克人民抵抗侵略的决心和苏联坚定的援捷立场，也由于希特勒还没有做好充分的军事准备，当时他还不敢同捷、法、苏开战。因此，他不得不暂时退却。5月23日，希特勒指示德国外交部告诉捷公使，说

德国对捷没有任何侵略意图。德军在捷边界集结的传闻毫无根据。5 月 26
日，希特勒命令汉莱因恢复同捷政府的谈判。

通向慕尼黑之路

希特勒虽然不得不暂时退却，但他并没有放弃侵捷计划。5 月 28 日，希
特勒修改了"绿色方案"，开头的第一句就是："我的不可变更的决心就是
在最近的将来以军事行动粉碎捷克斯洛伐克。"5 月 30 日，希特勒签发关于
"绿色方案"的新指示，规定"绿色方案"实施的最后期限是 1938 年 10 月
1 日。

五月危机过后，英法绥靖主义者没有改弦更张，反而更加积极地准备出
卖捷克斯洛伐克，以求同法西斯德国妥协和勾结。

5 月 23 日，张伯伦在下院辩论中公开宣称，"五月危机是一场大灾难，
把五月危机公之于世更是如此"，这样一来"给了希特勒考虑用武力解决问
题的借口"。

也就在张伯伦发表演说非难捷克斯洛伐克的同一天，达拉第对德国大使
韦尔茨克说，他担心可能会发生欧洲战争，欧洲文明可能会遭到彻底毁灭。

5 月 23 日，庞纳对英国大使说，他准备对捷施加一切压力，目的在于迫
使捷克人变得聪明些。他应允，如果捷克人不想变得聪明些，他就将明白无
误地向他们（指捷克人）声明，法国不认为自己受条约义务的约束。

三天后，庞纳又向德国大使重申，正是 5 月 21 日使他确信必须完全抛
弃捷克斯洛伐克，任凭德国处置。

美国驻法大使布利特在 5 月 22 日给罗斯福的报告中建议采取措施，使
法国从对捷承担的义务中"解脱"出来。他认为，为了解决捷克问题，必须
由罗斯福提出召开四国会议的建议（如果他们希望，美国也可参加）。为了
使希特勒同意参加上述会议，他建议罗斯福对柏林说，这一会议将把布尔什
维克阻止在苏联与欧洲分界的沼泽地那边。

希特勒肢解捷克斯洛伐克的决心和英、法、美当权人物的纵容逐步铺平
了通向慕尼黑之路。

绥靖主义者认为，出卖捷克斯洛伐克的障碍有法捷条约和苏捷条约。英
国政府从 4 月起，就开始策划使捷克斯洛伐克"中立化"。英国计划的目的，
一方面使法国援捷的义务失效，避免在对德冲突中把英国拖进去（因为英国

对法国负有条约义务），另一方面则是要消除有可能阻碍德国向东扩张的条约体系，使捷克斯洛伐克孤立无援、束手待毙，听任希特勒宰割，进而挑起苏德冲突。

　　为了压捷屈服，英法政府决定对贝奈斯总统使用大棒。7月26日，张伯伦在下院宣布，英国议员伦西曼勋爵作为调解人到布拉格，为"普遍绥靖敞开道路"。伦西曼是英德亲善协会的骨干成员，他于8月3日到达布拉格。在所谓调解活动中，他公开为汉莱因谋划，劝汉莱因不要仅仅限于要求苏台德地区"自治"，应当要求把这一地区从捷克斯洛伐克分割出去。伦西曼向英国政府提出了一份报告书，建议把日耳曼人占多数的地区割让给德国，在占半数的地区由公民投票决定归属。这是公开肢解捷克斯洛伐克的方案，也是未来慕尼黑协定的蓝图。

　　在西方绥靖政策的鼓舞下，希特勒又蠢动起来。9月3日，他召集会议，讨论实施"绿色方案"的具体措施，决定德军在9月28日前进入战备状态。尽管此时捷政府在西方的压力下，已经作出了最大的让步，全盘接受了卡尔斯巴德纲领。9月5日，贝奈斯总统接见苏台德区的领袖孔特和西伯科夫斯基，表示不论他们提出什么要求，他都将全部接受。但是，9月7日，希特勒指使汉莱因再次中断同捷政府的谈判。9月12日，希特勒在纽伦堡发表演说，叫嚣德国不能容忍捷克斯洛伐克的现状继续下去，德国要出面支持汉莱因的要求。如果这些要求得不到满足，就要产生严重的后果。汉莱因此时已偷渡去德国，宣布唯一的解决办法是把苏台德地区割让给德国。当晚，汉莱因分子在苏台德地区发动武装暴乱。捷政府在人民的支持下出动军警迅速平定了暴乱，并宣布边境地区处于紧急状态。希特勒立即召回驻捷公使，在边界集结军队。捷局势再次趋于尖锐，出现了九月危机。

　　其实，希特勒的威胁主要是虚声恫吓。英国驻柏林大使汉德逊在8月21日给伦敦的报告中说，"希特勒的战争挑衅在军队和居民中引起了不安，动摇了法西斯制度的基础"。他还指出，"如果从外部对希特勒施加压力，希特勒经受不了这一打击，他的制度就会垮台"。一天后，汉德逊又报告说，"如果我们在今年或明年为苏台德问题同希特勒开战，完全可以相信，我们会把他打败"。但是英法政府避战求和心切，唯恐同德国发生冲突。张伯伦的顾问霍拉斯·威尔逊说，"从冲突中得利的只有布尔什维克，而这是应当防止的。应该承认德国人向东南扩张的权利"。威尔逊的这一段话道出了英法在捷克斯洛伐克危机中所采取的政策的动机。

9月13日，法国内阁举行紧急会议，认为形势极端严重。当晚达拉第与英国大使埃立克·菲普斯紧急磋商，要求张伯伦亲自出马，去同希特勒谈判。张伯伦决定利用这一机会，直接同希特勒会谈，达成英德谅解。于是，张伯伦向希特勒发了十万火急的求见电报。他不顾高龄，风尘仆仆第一次乘飞机前往德国。9月15日，张伯伦和希特勒在伯希特斯加登举行会谈。在会谈中希特勒提出割让苏台德区等捷克斯洛伐克边境地区给德国的要求，并以战争相威胁。张伯伦当场明确表示，他"承认苏台德脱离（捷克斯洛伐克）的原则"。为了掩饰自己的叛卖立场，他诡称需要回国取得内阁的批准，并要同法国政府协商。张伯伦向希特勒保证，英国无论如何不会对德国开战。同日，戈林与汉德逊进行会谈。戈林更加露骨地进行威胁，声称"德国尚可静待第二次会谈，但这是最后一次会谈，决意不再拖延。如果英国竟对德国作战，前途将如何殊难设想。只有一件事是有把握的，就是到战争结束的时候，能够活下来的捷克人一定不会多，伦敦能保持完整的东西也有限了"。

9月16日，张伯伦返回伦敦，当即召集内阁会议，提出只有把苏台德地区割让给德国，才能劝阻希特勒诉诸武力。同一天，伦西曼代表团自布拉格返回伦敦，也提出把日耳曼人占多数的地区不经公民投票立即移交德国。

9月18日，英法政府领导人在伦敦举行会议，一致决定压捷对德国让步。19日，两国政府照会捷政府，要求捷立即把边境地区割让给德国，说什么"如果把苏台德区继续保留在捷克斯洛伐克国境内，就一定会使捷克斯洛伐克的本身利益以及欧洲和平的利益受到威胁"。英法建议设立有捷代表参加的国际委员会来主持交割手续，划定新边界。英国还表示它准备对捷新边界提供"国际保证"，其条件是要废除捷同其他国家，首先是同苏联的条约。两国政府要求布拉格迅速接受他们的这一"建议"，以使张伯伦好再次同希特勒会谈。

9月20日晚，捷外长克罗夫特答复英法政府，捷政府愿意促进世界和平，但指出接受英法建议将给捷带来灾难性的后果。照会要求根据1925年德捷仲裁条约，由英国仲裁。

英法政府为了使捷屈服，决定施加更粗暴的压力。9月21日凌晨2点一刻，英法公使把贝奈斯从床上叫起来，强要捷政府收回复照，火速采取另外一种决定，并威胁说，捷的复照一公布，就会立刻引起德方进犯，而捷政府也会因"不是无条件地和立即地接受英法提案，那就要在全世界面前对因此而引起的战争负全部责任"。贝奈斯回答英法公使，他把他们的声明视作

"一种最后通牒"。在这一天的 24 小时内,英法公使 5 次会见贝奈斯,对他施加压力。英国公使牛顿竟公开威胁说,"捷政府如再顽固不化,英国就不管它的命运了"。法国公使也说,如果挑起一场战争,法国将不履行它的条约义务。

在此危急关头,苏联政府采取了支持捷克斯洛伐克抗击侵略的坚定立场。9 月 19 日,捷政府接到英法建议后,曾向苏联提出询问,如果法国给予援助,苏联是否履行它的条约义务? 如果捷请求国联行使盟约第十六条、十七条,苏联是否将根据这些条款给予捷援助? 9 月 20 日,苏联给予了明确肯定的答复。不仅如此,苏联政府还表示,"在任何情况下"都准备履行自己的义务。

9 月 21 日,苏联代表李维诺夫在同联大会发言,声明苏联将根据条约义务援助捷克斯洛伐克,并呼吁所有大小国家集体支持捷反对侵略。

但是,正如哥特瓦尔德所说,不幸,捷克斯洛伐克的资产阶级统治集团宁可耻辱地投降,也不接受苏联伸出的援助之手。

捷克斯洛伐克的统治集团也像其他欧洲国家的统治集团一样,害怕布尔什维主义的传播。捷农民党领袖贝兰就公开表示,捷政府拒绝苏联的援助,"因为它不能在欧洲的眼里扮演布尔什维克前卫的角色"。右派社会党领袖杰雷尔表示了相同的态度。

9 月 21 日,捷政府接受英法建议。

9 月 22 日,张伯伦再次飞往德国,到戈德斯堡同希特勒举行会谈。这次,希特勒又提高要价,提出了戈德斯堡备忘录和一张标有捷克斯洛伐克新国界的地图,要求在日耳曼人占多数的地区,由德国军队实行军事占领。其余地区由公民投票决定归属。捷应于 9 月 26—28 日两天内自苏台德地区全部撤退,并不准带走任何物资。同时,捷还必须满足波兰、匈牙利提出的领土要求。同一天,匈牙利向捷提出了对卢西尼亚的领土要求。在此之前,波兰已提出了对特申地区的领土要求。波、匈均在边界集结军队,企图趁火打劫,参与瓜分捷克斯洛伐克。

张伯伦苦苦哀求希特勒接受原来的方案,以后再商量其他要求。希特勒一口拒绝,只答应将占领苏台德地区的时间宽限到 10 月 1 日。希特勒对张伯伦表示,占领苏台德地区是他在欧洲提出的"最后一次领土要求",并保证对英国友好,不同英国进行战争。9 月 24 日,张伯伦带着戈德斯堡备忘录和标有捷克斯洛伐克新国界的地图返回伦敦,设法说服内阁接受希特勒的新要求。

希特勒的无理要求激起了捷克斯洛伐克广大人民的无比义愤，捷政府在人民压力下于 23 日宣布总动员。动员进展非常顺利，获得了捷人民的广泛支持和世界民主舆论的同情。在捷许多驻外代表机构处出现了成千上万的志愿人员，表示愿同捷人民一道，抵抗希特勒的侵略。9 月 23 日，苏联警告华沙政府，如果波兰侵捷，苏将废除 1932 年的苏波互不侵犯条约。罗马尼亚和南斯拉夫政府也在人民压力下发表声明，如果匈牙利发动进攻，他们将援助捷克斯洛伐克。

9 月 25 日，苏联政府通知法国：30 个步兵师和骑兵师已经在苏联西部边界集结，空军和坦克部队也处于战备状态，只等捷发出求援的信息。

同一天，英法政府在伦敦再度进行密谈，英国内阁的大臣们和法国外长庞纳都主张对希特勒全面让步，达拉第最后也表示同意。会谈期间，张伯伦心腹霍拉斯·威尔逊带着他的私人信件急飞柏林，建议召开有英国代表参加的德捷直接谈判，商讨"移交这块领土的办法"，但希特勒拒绝了。

9 月 26 日，希特勒在柏林体育馆发表演说，宣称他要"立即解决"捷克斯洛伐克问题，并威胁说："现在捷克只有两条路可走，或者接受，或者拒绝，如果推脱，我的大军就要在 10 月 1 日冲进去。"

9 月 27 日，牛顿向贝奈斯转交了张伯伦的信。该信宣称没有任何东西可以制止德国军队入侵，劝捷投降，让德国占领苏台德地区。同一天，英国政府照会捷外交部，准备提出一个当时局势"唯一可行的解决问题的计划"。这个计划规定：德军于 10 月 1 日前占领苏台德地区；捷、德、英三国代表于 10 月 3 日会晤，召开三国会议来确定新国界，根据全权代表的裁决修正边界和在个别地区举行公民投票；英、法、德、捷四国进行关于以"中立"保证条约代替捷同其他国家的条约体系的谈判。照会威胁捷方说："这个计划如果不能实现，贵国除遭到武力侵略和武力肢解外，将别无其他出路。"与此同时，英法分别宣布进行局部动员。9 月 25 日，达拉第声称，如果捷遭入侵，法将根据法捷条约，履行对捷的义务；次日，英国政府也声明说，德国如果对捷发动进攻，其直接结果是法国必然援助捷，而英国和俄国自必支持法国。在伦敦，政府下令在公园里挖战壕，向居民分发防毒面具，在众目睽睽的繁华路口和桥梁上架设高射炮，并散布即将向乡下疏散居民的空气。在巴黎也玩弄了类似的把戏。

英、法两国政府采取这样的措施，一方面是为了对要价越来越高的希特勒施加一点压力，以便达成妥协；另一方面则是为了用战争恐怖气氛来吓唬群众，为它们在捷克斯洛伐克事件中推行的叛卖性政策制造舆论。

在这种情势下，张伯伦大谈什么必须尽一切力量来"拯救和平"，宣扬若要避免战争，唯一的办法是同希特勒达成妥协，并表示他准备为此目的第三次去会见希特勒。

9月26日，罗斯福在专门的私人信件中呼吁希特勒、贝奈斯、张伯伦和达拉第继续进行谈判，不要用武力解决争端。他说，"冲突将意味着欧洲成百万人生命的消灭，并置现代社会结构于威胁之下"，希望他们尽力达成协议。美国总统把这一步骤通报给墨索里尼，要他出面斡旋，以促成用谈判或其他和平手段解决争端。9月27日晚，罗斯福又单独给希特勒发函，建议在欧洲某一中立国家举行有关国家会议，以便在"持久的基础上"解决捷克斯洛伐克问题。

同一天上午，墨索里尼出面要求希特勒把总动员时间推迟24小时，并建议举行国际会议。下午2时，希特勒同意于次日在慕尼黑召开国际会议，并向英法意三国发出邀请，可是当事国捷克斯洛伐克却被排除在会议之外。

慕尼黑协定及其恶果

四国首脑会议于9月29日晚12时45分在慕尼黑柯尼斯广场元首宫开幕。30日凌晨，四国首脑正式签署《慕尼黑协定》。协定由正文、附件和三个声明组成。协定规定，捷领土苏台德地区，以及同奥地利接壤的南部边境地区割让给德国。自10月1日起10日内由德国军队分期占领。上述地区内的一切军事设施、厂矿企业、交通运输工具及所有一切建筑物，都必须完整无损地无偿移交给德国；日耳曼居民是否占多数尚不能确定的地区，由国际委员会占领，举行公民投票确定其归属，并划定最后边界；捷政府应在四周内解除在其军队和警察中任职的苏台德日耳曼人的职务；释放苏台德日耳曼人政治犯。英法对捷新边界提供保证。只有当捷境内的波兰和匈牙利少数民族问题"解决"之后，德意才同意提供保证。

协定签字后，张伯伦叫人把捷克代表捷克驻柏林公使伏伊特赫·马斯特尼和外交部代表休伯特·马萨里克博士喊进会议厅，霍拉斯·威尔逊代表张伯伦不耐烦地宣读了协定的内容，然后交给他们一张地图，责令他们通知本国政府照此执行。当捷代表询问是否要由捷政府对这一协定作一项答复或发

表一项声明时，得到的回答说，并不要求捷政府答复，因为"这是无权上诉和不能修改的判决词"。

随后，张伯伦同希特勒举行了单独会谈。张伯伦拿出一张预先准备好的宣言，请希特勒签字。宣言说："我们，德国元首兼总理和英国首相，今天再次举行了会谈并一致认为，英德关系的问题对两国和对欧洲都具有头等重要的意义。我们认为，把昨夜签字的协定和英德海军协定看成是我们两国人民永不彼此交战的愿望的象征。我们也已决定，以协商的办法作为处理任何其他涉及我们两国的问题的办法，我们决心继续努力，消除可能引起纠纷的根源，为确保欧洲和平作出贡献。"希特勒看后，认为这对麻痹英国，继续玩弄声东击西的策略有用处，就在宣言上签了字。12 月 6 日，法德两国也签订了类似的宣言，宣称两国将保持"和平和善邻关系"，承认"两国之间目前的疆界乃是确定的边界"，保证今后双方将就一切有关两国的问题交换意见。这就清楚表明，英法决意出卖捷克斯洛伐克的目的是求得同希特勒的谅解和勾结。

9 月 30 日中午 12 时 50 分，捷政府不顾人民的反对，接受了丧权辱国的慕尼黑协定。10 月中旬，由英、法、德、意、捷五国代表组成的"国际委员会"决定干脆取消关于日耳曼人是否占多数尚不能确定的地区举行公民投票的规定，而把凡是德国提出要求的地区都划归了德国。在德国的支持和唆使下，波兰和匈牙利也趁机抢占了特申和卢西尼亚南部地区，捷克斯洛伐克就这样被肢解了。

当天，张伯伦回到伦敦，在白金汉宫受到英王接见之后，驱车来到唐宁街 10 号，他踌躇满志地在二楼阳台上向激动的群众发表讲话。他说："我的好朋友们，在我国历史上，这是第二次把体面的和平从德国带回唐宁街。""我相信这是我们时代的和平。"

历史证明张伯伦鼠目寸光，慕尼黑协定带来的不是和平，而是加速了战争的到来，导致了非常严重的恶果。

慕尼黑协定大大加强了法西斯德国的经济和军事实力，它迫使捷克斯洛伐克把居住着 300 余万日耳曼人和 80 万捷克人的 11000 平方英里的土地割让给德国。该地区有大量的军事工程，构成了仅次于马奇诺防线的欧洲的坚固防线。失去这一地区就使捷克斯洛伐克失去了一道防御侵略的坚固屏障。慕尼黑协定使捷克斯洛伐克丧失了 66% 的采煤工业、86% 的化学工业、70% 的钢铁工业、80% 的水泥工业和纺织工业、70% 的电力和 40% 的木材工业。希特勒吞并奥地利和苏台德地区，使纳粹德国增加了 1000 余万人口和一大片具有重要战略意义的领土，为德国向东南欧扩张打开了大门。

1938 年 10 月 5 日，丘吉尔在谈到慕尼黑协定的后果时说："我们未经战争就遭到了一次可耻的失败，其后果将对我们有着深远的影响。我们已经达到历史上的一个可怕的里程碑。欧洲的平衡被打乱了，不要以为这种事会从此结束，这不过是算账的第一步，只不过是以后每年还要送给我们的苦杯的第一口，第一次尝尝味道罢了。"他还说："我们正处在头等大祸之中，从多瑙河的门户……到黑海的门户已经打开了，所有中欧的和多瑙河流域的国家将一个接着一个落入……以柏林为中心的庞大的纳粹政治体系中。"

慕尼黑协定巩固了希特勒在德国的地位。"希特勒用和平手段取得的胜利，给他带来'永远不会错'的名声，以致使德国统治集团内部那些害怕希特勒冒险会给德国带来灾难的反对派无法再反对希特勒了。"汉德逊在 1938 年 10 月 6 日给哈里法克斯的信中不得不承认："我们挽救了希特勒和他的制度。"

慕尼黑协定使苏联的集体安全政策受到沉重的打击。在整个捷克斯洛伐克危机期间，尽管苏联竭尽全力为集体安全而斗争，都遭到西方国家的反对和抵制。不仅如此，它们还千方百计将德国的侵略矛头引向东方。慕尼黑协定把苏联排斥在解决欧洲事务之外，具有明显的反苏性质。

伏契克指出："慕尼黑，这是政治上惊人的目光短小的表现，是旨在反对一切弱小民族的反苏政策的一部分。"

慕尼黑协定也使英、法，特别是法国，受到了很大的打击。慕尼黑协定毁坏了法国的安全和同盟体系，法国出卖了自己最忠实的盟国，丧失了自己在东欧的重要支柱，失去了在欧洲大陆的强国地位。同时，欧洲大陆各弱小国家因不能再指望得到西方大国的支持，无法联合起来共同御敌，只得自谋安全之策，因而为希特勒对这些国家软硬兼施、分化瓦解、各个击破创造了机会。

总之，慕尼黑协定的签订大大加强了纳粹德国的地位，刺激了希特勒的侵略胃口，给了他悍然挑动世界战争以巨大的推动力。

慕尼黑肮脏交易拍板成交以后，张伯伦曾宣扬什么慕尼黑协定"拯救了欧洲"，"拯救了捷克斯洛伐克"，"争取到了一代人的和平"。历史证明这完全是欺人之谈。半年之后，希特勒就吞并了整个捷克斯洛伐克。一年之后，希特勒进攻波兰。再过了几个月，他又挥戈西进，向西方国家发动了闪电进攻。张伯伦的"一代人的和平"成了泡影，人类陷入了一场浩劫的深渊，这就是慕尼黑阴谋所酿成的悲惨的结局。正如毛泽东同志所说："'搬起石头打自己的脚'，这就是张伯伦政策的必然结果。张伯伦以损人的目的开始，以害己的结果告终。这将是一切反动政策的发展规律。"①

---

① 《毛泽东选集》，人民出版社 1964 年版，第 570 页。

1939 年英法苏三国谈判

顾学顺

1939 年 3—8 月，正当德意法西斯的侵略活动不断升级，欧洲局势日趋紧张的时刻，英、法、苏三国就共同制止侵略的问题进行谈判。这是当时举世关注的大事。一切爱好和平的人们都希望三国谈判取得成功，以制止侵略，防止新的世界大战。由于各种原因，谈判没有成功。三国谈判的失败，给欧洲以至整个世界局势造成极为严重的恶果。

三国谈判的历史背景

1939 年 3 月 15 日，希特勒悍然撕毁慕尼黑协定，出兵侵占捷克斯洛伐克全境。接着，希特勒把侵略矛头指向波兰，一场新的世界大战的阴影笼罩着整个欧洲。

早在 1938 年 10 月下旬，即慕尼黑会议结束不到一个月，德国就向波兰提出领土要求，要波兰把凡尔赛和约规定的属于波兰通往波罗的海的一条狭长地带——波兰走廊以及但泽自由市"归还德国"，德国要通过"走廊"建造一条双轨铁路和超级公路，把德国同但泽和东普鲁士连接起来。实现这个要求，就等于扼住波兰的咽喉，因而遭到波兰的拒绝。此后，德国一面同波兰进行谈判，一面准备诉诸武力。1938 年 11 月 24 日，希特勒向三军司令发布命令："准备利用政治上有利的形势，对但泽实行准革命式的占领。"

1939 年 3 月 21 日，德国对立陶宛发出最后通牒，强行索取默默尔港。第二天，希特勒同海军司令雷德尔乘军舰前往进行武力恫吓，迫使立陶宛屈服。3 月 23 日，德国占领默默尔，对波兰的威胁进一步加强。

1939 年 4 月 3 日，希特勒给德国武装部队下达了进军波兰的"白色方案"，要求军队做好准备，"在 1939 年 9 月 1 日以后的任何时间内，（对波兰）发动军事行动"。

就在希特勒加紧准备侵略波兰的时刻，1939 年 4 月 7 日，他的法西斯侵略伙伴墨索里尼出兵侵占阿尔巴尼亚，并以阿尔巴尼亚为基地，窥伺南斯拉夫，威逼希腊，妄图实现其梦寐以求的变地中海为"意大利湖"的狂妄计划。

德国和意大利于 1939 年 5 月 22 日在柏林签订了所谓的"钢铁盟约"。这个条约抛出了《反共产国际协定》的反共烟幕，具有公开的侵略性军事同盟条约的性质。在条约的序言中，宣布两国"决心并肩协力行动以取得它们的生存空间"。作为该条约核心的第三条规定："如果与缔约双方的意愿相反，发生了双方中一方被卷入同其他一国或数国的军事纠纷，则缔约另一方将作为一个同盟国立即予以协助，并以陆海空军支援。"这项条约的签订，是德意法西斯互相勾结，准备发动世界大战的一个重要步骤。

5 月 23 日，即"钢铁盟约"签订后的第二天，希特勒召集戈林、雷德尔等 14 名陆海空高级将领开会，作发动大战的战略部署，决定"一有合适的时机就进攻波兰"，并命令做好同英法作战的准备，希特勒在会上说，"必须破釜沉舟，有进无退"。

德意法西斯，特别是希特勒德国的这一系列侵略和战争行动，预示一场空前严重的战祸已迫在眉睫，这对包括英、法、苏在内的欧洲各国都构成了严重威胁。在这关键时刻，各"非侵略国家"特别是当时对欧洲局势具有重大影响的英、法同社会主义的苏联的当务之急是，立即行动起来，结成联合战线，以制止法西斯侵略的战火进一步扩大，防止世界大战的爆发，

为了遏阻法西斯侵略，维护欧洲和平与安全，苏联政府从 20 世纪 30 年代初起，一直致力于建立欧洲集体安全体系，争取同英、法、美等"非侵略的民主国家"组成联合阵线，但是，由于英法当权集团的一再阻挠和破坏，这一目标未能实现。

英国的张伯伦政府和法国的达拉第政府一贯推行反对苏联、绥靖德国的政策，它们千方百计地排斥和孤立社会主义的苏联，姑息、纵容侵略者，不惜以出卖别国领土和主权为代价，换取同侵略者的妥协，并力图把法西斯的侵略矛头引向苏联。1938 年 9 月的慕尼黑协定就是绥靖政策的集中表现。

英法两国绥靖主义者的目标是维护本国的既得利益，而德国法西斯的目标是要称霸欧洲和全世界。英法同法西斯德国之间的矛盾是不可调和的。希特勒德国吞并捷克斯洛伐克，进逼波兰，充分暴露了它独霸欧洲的野心。德

国占领捷克斯洛伐克后，军事、经济实力和战略地位都大大加强，这对英法的霸权地位无疑是沉重的打击。

英法统治阶级从维护其帝国主义利益的目的出发，不能不正视这个现实。当德国吞并捷克斯洛伐克的消息传到英国，英国议会和社会舆论都作出了强烈反应。许多过去支持张伯伦绥靖政策的议员和内阁占半数的阁员都起来反对进一步姑息希特勒，主张对德实行强硬政策。但是，张伯伦政府却一意孤行。1939 年 3 月 15 日下午，即德军开进布拉格的当天，张伯伦借口"斯洛伐克议会宣告斯洛伐克独立"①，捷克斯洛伐克国家"因内部分裂而被消灭"，在下院宣布英国政府不再承担保障这个国家独立的义务。他还说，尽管发生最近事态，"但不能因此而偏离我们的方针"，即决心要把绥靖政策贯彻到底。

张伯伦的讲话当即遭到反对党议员和一部分保守党议员的猛烈抨击。自由党议员辛克莱谴责绥靖政策"无非是奉行最不抵抗的方针，既不考虑道德原则，也不考虑把有利的地区和巨大资源交给这些可怕的侵略国家去掌握的后果"。艾登批评政府的外交政策使英国面临一场近乎悲剧的严重局势。他要求成立各党派联合内阁，以便同侵略者作有效的斗争，并主张同其他爱好和平的国家紧密合作，共同抵抗法西斯的侵略。

过去一向极力鼓吹绥靖政策的《泰晤士报》《观察家报》也强烈谴责纳粹德国对捷克斯洛伐克的侵占。《每日写真报》指责希特勒的侵略行为是对慕尼黑协定的践踏，它呼吁同法国、苏联、美国联合起来，共同抵抗法西斯侵略者。

以丘吉尔、劳合·乔治和艾登等为代表的有识之士力主建立包括苏联在内的反德联盟。

在法国，"必须坚决回击德国侵略"和联苏抗德的呼声也日益高涨。

正是在希特勒的步步紧逼和国内抗德舆论的压力下，张伯伦政府和达拉第政府被迫对其外交政策做了某些调整。

1939 年 3 月 17 日，张伯伦在伯明翰发表了一篇被西方称为"外交革命"的演说。他一方面为自己的慕尼黑行为进行辩解，一方面公开谴责希特勒的侵略行为，并且警告说：如果以为英国"在受到挑战的时候也不会尽其全力来同其他国家一起进行抵抗，那就大错而特错了"。同一天，英法驻德大使

---

① 1939 年 3 月 13 日，在希特勒策动下，斯洛伐克宣告脱离捷克"独立"，由德国"保护"。

分别就德国占领捷克斯洛伐克向德国政府提出抗议。

3 月 21 日，法国总统和外长应邀访问伦敦。英法双方都认为，对德国在欧洲的下一步扩张活动，都必须认真加以对待。3 月 23 日，正当德国军舰占领默默尔港时，英法互换照会，正式结成军事同盟，宣布它们愿意对荷兰、比利时等国的安全提供保证。3 月 31 日，张伯伦在下院声称："如果发生任何显然已威胁到波兰独立的行动，而波兰政府因此也认为必须动员全国力量进行抵抗时，英王陛下政府将认为自己有责任立即支持波兰。"他还宣布，法国政府在这个问题上与英国政府持同样立场。4 月 6 日，波兰外长赴伦敦，缔结英波互助条约。法国政府同时重申忠于法波同盟。1 月 13 日，英法对希腊和罗马尼亚的安全作出保证。4 月 16 日，两国对荷兰、丹麦、瑞士作出安全保证。5 月 12 日，英国与土耳其签订双边互助协定。5 月 19 日，法波正式签订军事协定，宣布如果德国进攻波兰，法国将在全国总动员 15 天之后，向德国发动进攻。5 月 23 日，法国也与土耳其缔结了互助协定。这样，英法便从北海到黑海、爱琴海，组成了对抗德国的联盟。

英法在对苏联的关系上，改变了过去那种不与苏联进行任何合作的僵硬态度，开始主动同苏联接触，作出愿意同苏联改善关系、联苏抗德的姿态。但是，英法当权集团、特别是张伯伦之流的目光短浅，偏狭固执，对社会主义苏联极端仇视和疑惧。他们与苏联接近并不意味着改弦更张，而是企图把同苏联的谈判当作对德国施加压力的一种筹码，迫使德国让步。

至于苏联，鉴于希特勒吞并捷克斯洛伐克后国际形势的急剧恶化，从维护本国和整个欧洲安全的大局出发，决定摈弃前嫌，同意与英法通过谈判结成抗德联盟。同时，苏联根据英法两国政府的一贯表现，对英法保持高度警惕，提防着英法挑动苏德冲突、从中渔利的阴谋。

1939 年春开始的英、法、苏三国谈判，就是在这种背景下进行的。

三国谈判的序幕

三国谈判的第一阶段从 1939 年 3 月 18 日到 4 月 1 日。这是三国谈判的序幕。谈判是围绕所谓"罗马尼亚问题"进行的。3 月 16 日、17 日两天内，罗马尼亚驻英公使蒂列亚接连访问英国外交部，向英国政府通报：罗马尼亚已接到德国的"最后通牒"，即将遭到德国的进攻，要求英国给予援助。3 月 18 日，英国外交大臣哈利法克斯电示英国驻苏大使西兹，要他将此消息立即转告苏联政府并征询，如果罗马尼亚遭到进攻，苏联是否同意给予援助。同一天，哈利法克斯在伦敦召见苏联驻英大使迈斯基，就英苏在援助罗马尼亚问题上如何协同行动交换意见，明确表示了希望苏联予以援助的意向。当天晚上，苏联政府便做了答复，建议立即召开有苏联、英国、法国、罗马尼亚、波兰及土耳其参加的六国会议，共同商讨如何制止侵略的问题。

3月19日，哈利法克斯约见迈斯基，以召开此种会议"为时尚早"为理由，拒绝了苏联的建议。他同时宣称，英国政府将同法国政府一起另行提出一个方案以代替苏联的建议。3月21日，英法向苏联提议，由苏联同英法及波兰一起发表了一个四国共同宣言，声明"因为欧洲的和平与安全可能为任何构成对某一欧洲国家政治独立的威胁的行动所损害，我们相应的政府现在约定，立即讨论关于为共同抵抗这种行动而应当采取的步骤"。对此，第二天苏联又迅即做了回答："我们对英国政府的立场表示同情并且接受它的宣言草案的措辞。如果法国和波兰接受英国的建议并答应签署，苏联政府的代表马上签署宣言。"

这时，英法方面却又变卦。3月22日，即苏联复文同意参加宣言的当天，在伦敦举行的英法会谈中，张伯伦扬言："苏联加入公开宣言，将使波兰和其他国家的参加变得很困难。"3月26日，张伯伦在他的日记中写道："我必须承认对俄国极不信任，我不相信它有能力维持有效的攻势，即使它想这样做。而且，我怀疑它的动机。在我看来，这些动机同我们的自由思想几乎没有什么联系，并且只关注于把别人搞得人人不和。"3月31日，英法撇开苏联，单方面发表了援助波兰的声明。4月1日，西兹通知苏联政府：由于"波兰拒绝同苏联一起签署宣言"，英国政府认为"关于宣言的问题已经过去了"。就这样，"四国宣言"由于英法出尔反尔流产了。三国谈判的第一个回合到此结束。

莫斯科政治谈判

三国谈判的第二阶段从1939年4月15日开始到7月底，其主要内容是关于缔结三国互助条约问题。谈判在莫斯科举行。

英法国内要求建立包括苏联在内的欧洲抗德联盟的呼声越来越高。两国的有识之士都很清楚，如果没有苏联的参加，就不可能建立起强有力的抗德阵线。3月31日，张伯伦在下院宣布对波兰的保证后，当天晚上在与劳合·

乔治会见时，劳合·乔治便尖锐地批评了张伯伦忽视苏联的态度，他明确指出："没有苏联的积极援助，任何'东方战线'都是不可能的。""在缺乏同苏联有可靠的协议的情况下，我认为您今天的声明是不负责任的赌博，可能结果十分坏。"4 月 13 日，当张伯伦在下院宣布英法把安全保证扩大到罗马尼亚、希腊，仍没有提到苏联时，议员们纷纷叫喊"俄国怎样?!"英国报纸 4 月份举行民意测验，92% 的人赞成跟苏联结成同盟。

张伯伦政府迫于形势和社会舆论的压力，才不得不重新同苏联对话。4 月 15 日，英国政府致函苏联，说它已经给波兰和罗马尼亚提供了安全保证，希望能得到苏联"某种程度的合作"。它建议苏联政府单方面发表一个声明，宣布"在发生针对苏联任何一个欧洲邻国的侵略行动时，只要这个国家抵抗侵略，都可以指望得到苏联的援助"。当时苏联的欧洲邻国有芬兰、爱沙尼亚、立陶宛、拉脱维亚、波兰、罗马尼亚。在这六个国家中，波兰和罗马尼亚已得到英法的安全保证，因此，按照这个建议，如果德国侵略波兰、罗马尼亚，苏联必须同英法一起对这两个国家进行援助；而如果德国撇开波兰和罗马尼亚，把侵略矛头转向芬兰或波罗的海沿岸国家时，则苏联将单方面给这些国家以援助，英法却不承担任何义务。因此苏联认为这个建议很明显的是把苏联置于不平等地位，是极不合理的。

4 月 17 日，苏联向英法提出在平等互惠基础上缔结三国互助条约的八项反建议。其主要内容是："(1) 英国、法国、苏联缔结为期 5—10 年的盟约，承担在欧洲一旦发生针对任何一个缔约国的侵略时，互相立即给予包括军事的一切可能的援助。(2) 英国、法国、苏联约定，在发生针对分布于波罗的海与黑海之间同苏联接壤的东欧国家的侵略时，给予这些国家包括军事的一切可能的援助。(3) 英国、法国、苏联约定，在最短的时间内讨论和确定，在执行第 1 和第 2 点时给予这些国家中每个国家的军事援助的规模和方式。"

对于苏联这个合理的建设性的建议，英法政府拖延了三个星期，迟迟不予答复，直到 5 月 8 日，苏联政府才收到英国的复文。英方虽然在形式上稍微改变了一下它 4 月 15 日的建议，提出当英法为了履行其对比利时、波兰、罗马尼亚、希腊、土耳其等国的义务而卷入军事行动时，苏联应立刻给予对方愿意接受的一切援助，但对在波罗的海沿岸诸国遭到侵略时，英法是否也应同苏联一道给予这些国家以一切援助的问题，则仍只字未提。

5 月 14 日，苏联答复英国，指出英国建议"不能作为爱好和平国家组织反对侵略势力在欧洲进一步扩张的抵抗阵线的基础"，因为"英国的建议不包含对苏联的互惠原则，并且置苏联于不平等的地位"。它重申必须以 4 月 17 日苏联所提八项建议中的三项主要内容为基本条件，缔结苏、英、法三国互助条约，只有这样才能真正制止侵略。

英法政府对苏联的建议依然采取拖延态度，说明它们对谈判缺乏诚意，因而遭到国内公正舆论的强烈谴责。5 月 19 日英国下院就三国谈判问题进行了一场激烈辩论。丘吉尔、艾登和劳合·乔治等人都强烈地批评张伯伦的态度，主张接受苏联建议，立即根据平等互利原则同苏联结盟。丘吉尔明确指出，苏联的建议"是公平的建议……这是一个更为简单、更为直截了当和更为有力的建议"。他还说："没有强大的东战线，我们在西欧的利益就不能有令人满意的防卫；而没有俄国，也就不能有强大的东战线。"艾登在辩论中也力主建立英、法、苏三国同盟，"如果英法俄能够达成谅解，就是和平的一大收获，协定越快，越全面，影响越大，就越好。"劳合·乔治强烈呼吁本国政府"立即在平等的条件下，同苏联缔结有远见的协定"。

国内舆论的压力、德意"钢铁盟约"的签订和"德国在莫斯科伸出触角"的消息，迫使英法政府作出让步。5 月 27 日，英法向苏联提交一份关于缔结三国互助条约的新建议。与过去的相比，它前进了一步，放弃了要求苏联单方面承担义务的条款，承认了三边互助的原则，但是在互助条约的内容上仍做了许多保留，其中最重要的是两点：其一，依然没有把波罗的海沿岸国家列入三国提供安全保障的范围；其二，关于三国间相互援助的规模和方式，只是说："一旦出现可以要求履行互相援助和支持的义务的情况，三国政府应立刻开始就既成局势进行会商"，这是非常抽象和不肯定的。

6 月 2 日，苏联又提出一个互助条约草案，作为对英国建议的修正和补充。它明确规定，三国提供安全保障的国家为：比利时、希腊、土耳其、罗马尼亚、波兰、拉脱维亚、爱沙尼亚、芬兰八国，并且指出，除这些国家外，欧洲任何一国遭受侵略时，都将给予援助，只要这个国家提出要求；三国要尽快就提供援助的规模和方式缔结相应的军事协定，与互助条约同时生效；一旦开始反侵略战争，三国必须共同协商后才能停战与媾和。

对于苏联这个提案，英法表面上持积极态度。6 月 3 日，达拉第在会晤苏联驻法全权代表时表示，他认为"莫斯科的要求是合理的"。6 月 8 日，哈利法克斯会见迈斯基时也说，苏联"关于波罗的海国家的要求实际上是正当的"，他还建议用"圆桌会谈"来代替"远距离交换照会方式"，以"使最后协议尽快达成"。可是当莫洛托夫邀请哈利法克斯到莫斯科参加谈判时，他却托词拒绝邀请，只派了外交部中欧司司长斯特朗前往，这同 1938 年 9 月慕尼黑会议期间，张伯伦为了同希特勒达成协议三次亲赴德国，形成鲜明对照。

6 月 12 日，斯特朗前往莫斯科。从 6 月 15 日到 6 月底，又经过半个月的谈判，7 月 1 日，英法代表向苏联递交了一份关于三国条约的修正案。英法接受了苏联关于三国共同对波罗的海沿岸各国和芬兰提供安全保证的要求，谈判取得了较大进展。可是接着双方又在"间接侵略问题"上发生分歧。7 月 3 日，苏联提出一份修改案作为对英法提案的答复。苏联提案除基本上采纳了英法修正案的内容外，要求指明"侵略行为"包括直接侵略和间接侵略，苏联解释说："'间接侵略'一语系指上述任何一国在另一大国的武力威胁下或无此种威胁而同意的，并且导致利用该国领土和军队侵略该国和某缔约国，因而使该国丧失独立或中立地位的行为。"

苏联提出间接侵略问题是有根据的。德国对奥地利和捷克斯洛伐克的侵略证明，希特勒的侵略行为绝不限于直接侵略，他也可以通过其代理人发动法西斯政变，扶植傀儡政权，"自愿"要求德军入境的方式，侵略波罗的海沿岸国家并把它们变为反苏基地。况且在这以前，英法政府也曾明确提出过防止间接侵略问题。1939 年 4 月 6 日英波联合公报中就写道："大不列颠和波兰无论哪一方在受到任何直接或间接威胁的情况下相互援助。"可是，当苏联提出这个问题并对其含义加以解释时，英方却以"必须避免被解释为有意要干涉另一国内政"为理由加以拒绝。英国这种态度的实质是，它虽然同意在波罗的海各国遭到直接侵略时，同苏联一道给予援助，但拒绝在它们遭到间接侵略时给予援助。

双方在这个问题上未能达成协议，谈判陷于僵局。8 月 4 日，斯特朗奉调回国。三国谈判的第二阶段到此结束。

莫斯科军事谈判

三国谈判的第三阶段从 1939 年 8 月 12 日至 8 月 21 日，其主要内容是关于三国联合军事行动方案问题，谈判仍在莫斯科举行。

鉴于欧洲战争有一触即发之势，为了促使三国谈判取得成果，苏联政府于 7 月 23 日建议，在政治谈判达成协议之前，同时举行军事谈判，即就三国军事援助的规模和方式进行谈判。英法政府表面上同意，实际上采取了拖延、阻挠的态度。苏联派出了以国防人民委员伏罗希洛夫为首的代表团参加谈判，而英法派出的代表却是一些没有实权的次要人物。英国代表团团长德拉克斯是个退役的海军上将，法国代表团团长杜芒克中将也只是法国最高军事委员会的一名委员。尽管形势十分紧张，英法代表团却拖延赴莫斯科的时间，他们故意乘了一艘航速很慢的邮船，整整走了一个星期，于 8 月 11 日才到达莫斯科。当 8 月 12 日谈判开始时，苏联代表首先向英法代表团出示了苏联政府授予的全权证书。德拉克斯却宣称，英国政府未给他全权证书，"他只受权进行谈判，但未受权签订条约"。

谈判开始后，苏联主动提出一项关于三国共同抗击侵略的联合军事行动方案：战争一开始，苏联将在欧洲反侵略前线部署 136 个师、500 门大炮、10000 辆坦克和 5000 架飞机；如果英法两国遭到侵略，苏联将以相当英法用以抵抗侵略者的 70% 的兵力投入战场，波兰应提供 40—50 个师的兵力集中在波兰西部和面对东普鲁士的地区；如果波兰和罗马尼亚遭受侵略，这两国应以全部武装部队投入战斗，苏联将以和英法相等的兵力投入战斗；如果侵略者通过芬兰、拉脱维亚和爱沙尼亚进攻苏联，英法则应以相当于苏联在欧洲前线抵抗侵略者的 70% 的兵力投入战场，波兰也必须参加战斗。

英法代表团的态度与苏联截然不同，他们在谈判中空谈军事合作的"共同目标"和"一般原则"，闭口不提具体的军事行动计划。英国代表团来莫斯科前接到英国政府的指示："英国政府不愿意承担任何可能会束缚自己手脚的义务。因此，应该尽力把军事协定局限在最笼统的条款上。"当苏方一再追问英国能够提供多少兵力参加共同对德作战时，英国代表吞吞吐吐地说，它只能派出 5 个步兵师和 1 个机械化师。

在相互援助的方式上，由于苏联和德国没有共同边界，一旦战争发生，苏联要援助英、法、波、罗，则必须通过波兰和罗马尼亚的国土，才能直接参加战斗。因此苏联要求英、法同波、罗两国磋商，促使其同意苏军过境。英、法推托此事应由苏联自己向波、罗两国交涉；苏联认为，由于英、法已对波、罗两国提供安全保证并同波兰存在同盟关系，此事理应由英、法向这两国提出。在苏联的坚持下，8 月 15 日，英、法表示将通过本国政府去征询波兰、罗马尼亚的意见，直到 8 月 20 日仍没有答复。实际情况是，波兰和罗马尼亚断然拒绝让苏军过境，而英法政府没有促使它们改变立场。苏联政府认为，"过境权"问题是苏联同英法实行反侵略军事合作的一个关键，英法的推诿、拖延，证明它们没有同苏联进行认真和有效的军事合作的愿望。8 月 21 日，苏联代表团团长伏罗希洛夫宣布：由于谈判中的基本问题得不到应有的答复，苏方只好决定无限期地休会，并且声明，军事谈判的延宕及其中断，责任全在英国和法国方面。

至此，进行了五个多月的英、法、苏三国谈判，终于以完全破裂而告终。

三国谈判失败的原因及其后果

综观英、法、苏三国谈判的全过程，十分清楚，在整个谈判期间，苏联的基本态度是积极的。它力求在平等互惠原则的基础上同英法缔结反侵略的互助协定，但是苏联的努力没有得到英法方面应有的响应。英法，特别是张伯伦政府虽然在德国日益严重的威胁和国内舆论的强烈要求下，不得不同苏联进行谈判，但是在谈判中设置了重重障碍，不愿按平等互惠原则同苏联达成协议，阻挠和破坏了三国谈判的顺利进行并导致其最后破裂。

已公布的大量历史文件和材料证实：在三国谈判期间，英法在幕后同纳粹德国进行着签订广泛的政治和经济协定的秘密谈判。1939 年 6 月 8 日，张伯伦在克利夫登英国皇家国际关系研究院主席阿斯托勋爵的别墅，同德国人佐尔兹进行秘密会谈。张伯伦明确表示，"只有通过柏林—伦敦路线，欧洲问题才能得到解决"。相比之下，他目前采取的措施是一种应急措施，他始终不忘使这种应急措施与德英和解协调起来。6 月 13 日和 27 日，英国驻德大使汉德逊两次拜会德国外交部国务秘书威兹萨克。据威兹萨克的备忘录记载，汉德逊"似乎通知说，伦敦已经做好同柏林谈判的准备"，"只要德国人决定开始同英国谈判，英国就停止莫斯科的谈判"。

6 月 29 日，哈利法克斯在英国皇家国际关系研究院的宴会上发表讲话声称，英国决心同德国商讨一切问题。"可以考虑殖民地问题、原料问题、贸易壁垒问题、生存空间问题、限制军备及其他有关欧洲人的一切问题。"从 7 月到 8 月间，张伯伦的首席经济顾问霍拉斯·威力逊和英国外贸大臣哈德森分别同德国四年计划办公室官员沃尔塔特、德国大使狄克逊多次举行秘密会谈。据狄克逊 7 月 21 日写给德国外交部的一份报告，在威尔逊同沃尔塔特的谈话中，讨论了包括政治、军事和经济在内的各项内容。在讨论中，英方向德国人提出了一系列和解建议。这些建议概括起来有两个方面：一是缔结互不侵犯条约。英国人表示，如果这一条约得以实现，英国将立刻解除其对波兰、土耳其等国的安全保证，停止同苏联的谈判，并促使法国取消法苏互助条约。二是缔结英德在全世界划分势力范围的协定。英方要求德国不干涉英帝国事务，英国则尊重德国在东欧和东南欧的"利益范围"。而且，在英国的建议中，居然把苏联和中国当作英德两国的"扩张空间"。

这些事实证明，英法，特别是张伯伦政府在三国谈判中所持的消极怠工、推诿拖延的态度不是偶然的。归根结底，在于它们仍没有放弃其对德姑息妥协、挑动德苏冲突的政策。这是导致三国谈判失败的根本原因。

英国同德国的勾结，加上英法两国在谈判中的种种表现，使苏联对英法的意图越来越怀疑，对谈判的前景越来越失望。面对日益紧张的国际局势，苏联不得不自谋安全之策。

苏联是希特勒侵略计划的重要目标，但苏联有强大的军队，又有广袤的国土和众多的人口，希特勒知道是不能把苏联一口吃掉的。因此，希特勒决定，在进攻苏联以前，先消灭法国，解除后顾之忧。为了在未来的战争中避免两线作战，德国决定先稳住苏联，使其在德国对英法的战争中保持中立。在德国的倡议下，还在 1938 年，德苏两国就开始进行扩大贸易信贷的谈判。从 1939 年 5 月起，德国一再向苏联试探签订德苏互不侵犯条约的可能性，两国进行了一些秘密接触。

对苏联来说，最好的选择当然是同英法结盟，共同对付侵略者，但英法的态度使三国结盟的前景变得十分渺茫。这时，德国方面表示愿意在有利于苏联的条件下同苏联缔结条约。苏联如果拒绝德国的建议，德国有可能改变先西后东的战略，首先拿苏联开刀，那就会正中绥靖主义者挑拨苏德战争的诡计，陷于对德、对日两线作战的不利境地。

8 月 20 日，希特勒直接打电报给斯大林，表示愿派德国外交部长到苏联签订苏德互不侵犯条约。苏联为了争取时间加强国防，决定答应德国的请求，于 8 月 23 日同德国签订了《苏德互不侵犯条约》。条约规定，缔约双方互不诉诸武力；不参加或援助任何第三国对另一方的武装进攻；不参加旨在反对另一方的国家集团；双方以和平方式解决彼此间的纠纷。苏联被迫放弃欧洲集体安全的政策，英、法、苏三国谈判彻底失败。

英、法、苏三国谈判的失败给欧洲以至全世界的局势带来了极为严重的恶果。它阻碍了欧洲反法西斯联合战线的建立，造成了欧洲反侵略力量的分裂，使力量对比发生了有利于法西斯侵略者方面的变化，使希特勒各个击破的策略得逞。结果，反法西斯力量失去了及时制止法西斯国家发动世界大战的可能性，这是值得人们永远记取的历史教训。

苏德互不侵犯条约的缔结

李巨廉

1939 年 8 月 23 日，苏联和纳粹德国签订了互不侵犯条约，这一举动在当时震惊了欧洲和世界，以后又一直成为苏联和西方史学界争论的热点。苏联学者和政治家褒之为打破帝国主义祸水东引阴谋的"英明决策"和"崇高行动"。西方学者和政治家则常常贬之为"魔鬼联盟"和世界大战的"直接契机"。无疑，苏德条约的缔结是第二次世界大战全面爆发前的重大历史事件。

慕尼黑会议后的欧洲

苏德互不侵犯条约的出现是同整个 30 年代，尤其是 1938 年 9 月慕尼黑会议之后，欧洲局势的发展分不开的。30 年代，在亚洲和欧洲先后形成了两个主要的战争策源地。日本、德国和意大利三个法西斯国家，相继发动一连串的侵略，在中国、埃塞俄比亚和西班牙点燃了战火。1938 年，以英国首相张伯伦为代表的绥靖主义者，牺牲了奥地利，出卖了捷克斯洛伐克。他们满以为在慕尼黑为西方争得了"光荣的和平"，实际上却加速了战争的爆发。

英国和法国所推行的绥靖政策，破坏了 30 年代初以后苏联和世界民主力量争取建立反侵略阵线的努力，鼓励了希特勒的侵略，为纳粹德国发动战争创造了条件。希特勒看透了英法害怕战争的弱点，在慕尼黑会议之后大大加速其侵略步伐，开始从建立囊括中欧的"大德意志"，迈入夺取欧洲大陆霸权的新阶段。1939 年 3 月 15 日，纳粹德国出兵侵占整个捷克斯洛伐克就是其标志。在这一阶段，纳粹德国先要确立对东欧和东南欧（首先是波兰）的控制和统治。但谁都清楚，夺占波兰等国，还不足以确立欧洲大陆霸权。希特勒要称霸欧洲，就必须打败法国，消灭苏联，把英国的势力排出欧洲大陆。

除掉法国和苏联是希特勒这一阶段扩张侵略的总战略目标。先向西打英法，还是先向东进攻苏联？那就看哪一边好打。希特勒早在 1937 年 11 月就基本确定了先西后东的扩张方针。[①] 这是德国同英法争霸欧洲的冲突逐步尖锐化的结果，是帝国主义之间矛盾发展的合乎规律性的现象，同时也是英法软弱退让的结果。英法害怕打破自己第一次世界大战后在欧洲形成的霸权地位，对希特勒的侵略实行绥靖政策，瓦解了自己的阵线，给德国造成了首先击西的有利时机。

如果说希特勒在扩张侵略的第一阶段，追求的主要是"不流血的征服"的话，那么当他迈进第二阶段时，就一心以武力征服了。1939 年 5 月 23 日，希特勒在新帝国办公厅的秘密高级军事会议上说，"今后不流血再也不能获得成功了"，"我们不能期待重演捷克斯洛伐克事件"，"对英法的战争将是生死的搏斗……我们应当破釜沉舟"。希特勒要打仗了，这是 1939 年的基本特点，是当时稍有一点政治眼光的人都清楚的。希特勒要打仗，就必须造成一个有利于自己的、避免两线作战的战略态势。希特勒准备首先击西，因而他就收起一贯"反布尔什维克"的叫嚷，着手改善同苏联的关系，伸出外交触角，开始同苏联谈判，以便从东方寻求避免两线作战的条件。

英国自从张伯伦取代鲍德温担任首相后，设想了一套比较完整的绥靖德国的政策，打算以有限的让步换取德国放弃向西方的扩张，维护英国的世界霸权地位。在欧洲大陆上，张伯伦打算让出奥地利、捷克的苏台德区、波兰的但泽等德意志人占多数的地区，并把东南欧作为德国经济扩张的势力范围，以满足希特勒建立"大德意志"的愿望和对原料、市场等的需求。根据这一设想，英国默认了德奥合并，纵容侵略者肢解了捷克斯洛伐克，以为这样就消除了英德冲突的根源，"一代人的和平"就能得到保证。

1939 年 3 月 15 日布拉格的枪声，打破了张伯伦之流的迷梦。绥靖派感到自己低估了希特勒的扩张野心，意识到已经面临着德国发动战争的严重局面。他们发觉自己的战略地位十分不利，战争准备非常不足，而一味妥协退让并不能使希特勒放弃侵略，必须改换手法。张伯伦政府迫于形势，在舆论的压力下，不得不采取一系列应付措施。在国内方面，开始加紧扩军备战，

---

① 这是希特勒在 1937 年 11 月 5 日的高级秘密军事会议上提出的，由当时的元首副官霍斯巴赫写成备忘录。纽伦堡国际法庭确认这份材料，并以此作为希特勒侵略计划的铁证。

设立军需部，实行征兵制，通过义务军训法，决定把陆军从 6 个师扩充到 32 个师。在外交方面，通过互换照会同法国结盟，改变过去不在欧洲大陆承担军事义务的传统政策，先后向波兰、比利时、荷兰、罗马尼亚、希腊、土耳其、丹麦、瑞士等欧洲中小国家，作为单方面的安全担保，力图建立起西线以法国为主体、东线以波兰为主体的对德"遏制圈"。但是，正如丘吉尔所说："没有苏联，也就不能有强大的东战线。"在这种形势下，张伯伦不得不调整对苏联的政策，开始同苏联进行谈判。

苏联在 1939 年所面临的是一种十分特殊而又紧迫的局势，既存在着巨大的机会，也包含着极大的风险。从某种意义上看，苏联也是一个在慕尼黑被别人叛卖了的国家。自从德国法西斯上台并走上扩军备战和扩张侵略道路之时起，苏联为了维护世界和平和自身的安全，积极致力于建立集体安全体系（即国际反侵略统一阵线）。由于英法政府顽固推行绥靖政策，苏联的努力未能奏效。德国的扩张政策和英法的绥靖政策相得益彰地发展起来，结果导致了宰割捷克斯洛伐克的慕尼黑会议。捷克斯洛伐克是一个同苏联有利害关系和条约义务的国家，早在 1935 年，苏联就同它缔结了互助条约。1938 年捷克危机期间，苏联一再表示关心捷克斯洛伐克的命运，保证履行援捷的条约义务，呼吁英法共同行动，制止德国对捷克斯洛伐克的侵略。但是，英法政府竟把苏联完全排斥在解决事关欧洲安全大局的捷克问题之外，使苏联成了当时欧洲唯一被孤立的大国。现在希特勒进一步把手伸向苏联的近邻波兰，侵略的战火逐渐蔓延到苏联边境；加上西方国家关于"希特勒将要东进夺取乌克兰"的叫嚣，这些都使斯大林不得不特别警惕起来，并实行极力使苏联避免首先被推入战火之中的政策。这就是 1939 年 3 月 10 日，斯大林在联共（布）第十八次代表大会上所强调的："保持谨慎态度，不让那些惯于从中渔利的战争挑拨者把我国卷入冲突中去。"[①]

现在，希特勒德国和张伯伦英国，各自从不同的目的出发，都想争取苏联，苏联一下子由被孤立和隔绝的状态，跃上了具有举足轻重意义的中心位置。这种情况对苏联是十分有利的，也正因为如此，又隐伏着十分严重的危险。英法政府这时同苏联进行谈判，目的是要把苏联拉入冲突的旋涡，让苏联去承担战争的主要重担，避免自己同德国直接对抗。希特勒追求改善德苏关系则是为了避免两线作战。如果希特勒无法从东边取得避免两线作战的条

---

①　斯大林：《列宁主义问题》，人民出版社 1964 年版，第 882 页。

件，德国完全可能转而再同英法妥协，首先东进攻打苏联。面对这种既有机会而又异常险要的形势，斯大林同时与英法及德国两方面进行十分谨慎的外交谈判。

微妙的双重外交谈判

苏、英、法谈判是在德国占领捷克斯洛伐克之后，从英苏外交接触开始的。在欧洲战云密布的 1939 年春，任何稍有政治头脑的人都十分清楚，可以推迟或制止战争的，就是英法同苏联立即结成可靠的强有力的同盟。因此，苏联开始时对苏、英、法谈判寄予一定的希望，态度是积极的。从 3 月中旬开始，苏联先后就召开苏、英、法、波、罗、土六国会议和发表苏、英、法、波四国宣言，提出过积极的建议。英国坚持要苏联同它一起发表对波、罗提供保障的声明，但拒绝在德国对与苏联接壤的芬兰和波罗的海沿岸国家发动进攻时承担援助义务。4 月 11 日，希特勒下达进攻波兰的《白色方案》，制造了但泽危机。苏联为了推动谈判，于 4 月 17 日向英法提出八点建议。[①] 苏联的要求是明确的：英法必须下决心同苏联结成可靠的、落实到军事义务的反侵略同盟。仅仅是进行谈判的姿态，仅仅是发表一般性的互助声明，仅仅是一个不承担明确军事义务的松散同盟，是不能制止希特勒侵略的；对苏联来说，这无异于引火烧身，是十分有害和危险的。

苏联同德国的谈判，虽然开始接触的时间较早（1938 年双方就有过一些试探性的外交接触），但同苏、英、法谈判相比，不仅内容起点低，而且长期停留在经济贸易问题上。苏联对于同德国的谈判，态度一直比较冷淡。1939 年 4 月 17 日，即苏联向英法提出八点建议的同一天，苏联驻德大使梅利卡洛夫以询问斯科达兵工厂订货问题为由，前往德国外交部会见德国外交国务秘书恩斯特·冯·威兹萨克。两人的谈话从经济问题入手，逐渐转向政治问题。苏联驻德大使表示："意识形态方面的分歧几乎没有影响苏联同意大利的关系，它也不应该成为苏德关系的绊脚石"；"对苏联来说不存在不能和德国在正常基础上相处的理由，而且从正常基础出发关系会变得越来越好。" 5 月 3 日，苏联由人民委员会主席莫洛托夫接替李维诺夫兼任外长。这显然是为了在日益紧张的局势中，便于同时与英法及德国两方面作外交周

---

①　参见本书顾学顺的《1939 年英法苏三国谈判》——编者。

旋。5 月 14 日，莫洛托夫正式向英法重申了苏联 4 月 17 日的建议，敦促英法政府赶快下决心缔结反侵略同盟。5 月 20 日，莫洛托夫接见德国驻苏联大使弗雷德里希·瓦尔纳·冯·德·舒伦堡。在谈到两国经济谈判时，莫洛托夫表示：如果不建立相应的"政治基础"，经济谈判是不合时宜的。当舒伦堡问"政治基础"作何解释时，莫洛托夫说"这是双方政府都必须考虑的事"，不作明确答复，结果苏德谈判在 6—7 月间陷于停顿。

　　在这期间，英法政府并未以积极态度同苏联谈判。相反，英德之间进行了一系列令人生疑的秘密谈判。与此同时，德国一方面同拉脱维亚和爱沙尼亚签订"互不侵犯条约"（6 月 7 日），把魔手伸向波罗的海国家；另一方面加紧同日本就缔结军事同盟进行秘密谈判。日本内部本来一直存在着"南进"和"北进"之争，这时"北进"的呼声甚高。日军从 5 月起大量集结在蒙古边境，不断挑衅，终于在 7 月初向苏蒙军队发动大规模进攻，爆发了诺门坎事件。这一切表明，如果苏联一旦在欧洲同德国发生对抗，必定同时面临日本在东方的进攻。苏联受到德日东西夹击的危险是严重存在的。因此，苏联在同英法的谈判中，不仅要求解决保障波罗的海诸国问题，而且在 7 月间提出了防止"间接侵略"和政治条约必须有军事协定来保证的问题，建议三国开始军事谈判。

　　十分明显，苏联对苏、英、法谈判是积极的，但同时也是严峻的。苏联要求从英法方面得到确实的保证，不留任何缝隙，避免替人火中取栗，确保自身的安全，同时建立一座总的集体安全大厦。可是张伯伦政府对于苏、英、法谈判三心二意，它既要同苏联谈判，又不愿同苏联结盟；既想组成一条防德阵线，又害怕同德国打仗；一方面在形势逼迫下犹犹豫豫地同苏联进行谈判，另一方面又继续同德国拉拉扯扯，幻想重温慕尼黑旧梦，这就埋葬了制止战争的最后机会。

　　7 月 22 日，苏联宣布正式恢复苏德经济谈判。

苏德互不侵犯条约的签订

　　7 月下旬，欧洲局势日益紧张，德国即将进攻波兰的情报不断传来。苏、英、法谈判陷于僵局，苏德又正式恢复经济谈判。加上这时英德的秘密谈判被揭露出来，引起舆论的轰动，伦敦几乎所有报纸都发出"不允许第二次慕尼黑"的呼声，张伯伦政府不得不采取措施，应付国内舆论，防止苏、英、法谈判破裂，阻挠苏德接近。于是在 7 月 25 日，英法正式通知苏联，同意不等待政治谈判的结束立即在莫斯科开始三国军事谈判。8 月 2 日，苏联确定了以国防人民委员伏罗希洛夫为首的拥有全权的军事谈判代表团，但是张伯伦政府并不打算认真对待莫斯科军事谈判。英法代表团仅仅由一些没有全权的二流官员组成，他们蓄意拖延，8 月 11 日才抵达莫斯科。而在这段时间里，苏德谈判却急速发展。

已经确定 8 月底进攻波兰的希特勒，急于避免两线作战，决定对苏联作出重大让步。7 月 26 日。德国外交部东欧经济政治司司长、德苏经济谈判的德方代表尤利乌斯·施努尔，奉命向苏联驻德临时代办力格·阿·阿斯塔霍夫和商务代表伊·巴巴林表示，"德国的政策是针对英国的"，"根本不存在威胁苏联的问题"；德国可以让苏联"中立并置身于可能的欧洲冲突之外，如果莫斯科愿意，德苏还可以对相互的利益达成谅解"。阿斯塔霍夫则表示，苏联关切波罗的海国家、波兰和罗马尼亚的安全。29 日，威兹萨克指示舒伦堡向苏联表示：在波兰问题上德国准备"保全苏联的一切利益并且同莫斯科达成谅解"，德国"将调整对波罗的海国家的态度，以尊重苏联在波罗的海的重大利益"。8 月 2 日，德国外长里宾特洛甫向阿斯塔霍夫声明，德苏之间在从黑海到波罗的海的整个地区没有不可解决的问题，建议签订一个"划分两国利益的苏德议定书"，并表示如果苏联也愿意"把苏德关系置于新的基础上的话"，里宾特洛甫"随时准备参加这种会谈"。

8 月 12 日，苏、英、法军事谈判正式开场，会议一开始就暴露出英法的谈判代表根本无权签订军事协定，英国代表团甚至连进行谈判的全权证书也没有，苏联对同英法谈判所抱的最后一丝希望完全破灭了。也就在同一天，阿斯塔霍夫通知施努尔，苏联同意就过去所提出的一系列问题，除了悬而未决的经济问题外还包括报刊问题、文化合作、波兰问题和原苏德政治条约问题，同德国进行谈判，建议以莫斯科为谈判地点，但表示谈判只能逐步地或分阶段地进行。

苏联的答复被立刻送交希特勒。8 月 14 日深夜，里宾特洛甫电示舒伦堡，要他向苏联领导人作出关于加强苏德友好关系的声明，并表示他（里宾特洛甫）本人准备到莫斯科，"以元首的名义把元首的观点转告斯大林先生"。8 月 17 日，苏联复照德国，回顾了德国对苏联曾经采取过的敌视政策，指出正是这种政策迫使苏联作反侵略的防御，准备并参与组织反侵略阵线，表示欢迎德国政策"朝着认真改善苏德政治关系的方向改变"，建议改善关系的第一步就是缔结一个商业和贷款协定，然后可在不久后走第二步，缔结一个互不侵犯条约或者重申 1926 年的苏德中立条约，与此同时"缔结一个规定缔约双方关于这个或者那个对外政策问题上的利益的特别议定书作为条约的组成部分"。

第二天，德国全部接受苏联的要求（即缔结互不侵犯条约、共同保障波罗的海诸国、德国对日本施加影响来改善苏日关系），并且表示"第一步"（即缔结贸易协定）已在当天（8 月 18 日）完成，应该马上走"第二步"，要求苏联立即接待德国外长的访问。19 日晚，苏联同意德国外长可以在贸易协定签署后一周到莫斯科，并提出一份互不侵犯条约的草案。急不可耐的希特勒第二天马上致电斯大林，表示接受苏联提出的条约草案，强烈要求苏联至迟到 23 日接待德国外长的访问和签订条约。

在这段时间里，苏、英、法在莫斯科的军事谈判一直纠缠在关于苏军为履行援助义务而通过波、罗领土的问题上。8 月 21 日，苏、英、法军事谈判举行最后一次会议，苏联代表团要求"无限期休会"。当天晚上，斯大林复电希特勒，同意德国外长 23 日到莫斯科，签订互不侵犯条约。

8 月 22 日，里宾特洛甫带着希特勒亲笔写的全权证书，乘飞机动身赴苏，第二天中午到达莫斯科，晚上签订了苏德互不侵犯条约。全文如下：

苏维埃社会主义共和国联盟政府和德国政府从加强苏德间和平事业的愿望出发并以 1926 年中立条约的基本条款为基础达成以下协议。

第一条　缔约双方保证决不单独或联合其他国家彼此间进行任何武力行动，任何侵略行为或者任何攻击。

第二条　如果缔约一方成为第三国敌对行为的对象时，缔约另一方将不给予该第三国任何支持。

第三条　缔约双方政府今后将彼此保持联系，以便对它们共同利益有关的问题交换情报进行协商。

第四条　缔约任何一方将不加入直接或间接旨在反对另一方的任何国家集团。

第五条　如果缔约双方间在某种问题上或其他问题上发生分歧或抵触时，缔约双方应当只通过和平方法，友好地交换意见或者必要时设立调解委员会，以资解决这些争端或抵触。

第六条　本条约有效期为 10 年，除非缔约一方在期满前一年通知废止，本条约将被认为自动延长 5 年。

第七条　本条约应尽早批准。批准书应在柏林互换。本条约签字后立即生效。

1939 年 8 月 23 日订于莫斯科，共两份，用俄文及德文写成。①

苏联和德国在条约上签字的代表分别为莫洛托夫和里宾特洛甫。

近几年来，我国史学界就苏德互不侵犯条约的评价问题进行了热烈的讨论，发表了不同的见解，归纳起来主要有三种观点：一是基本肯定；二是基本否定；三是认为有利有弊。

持第一种观点者认为："苏联签订条约是苏联外交的一大胜利"，"条约粉碎了英法挑动苏德战争，孤立苏联的阴谋，不仅保障了苏联的安全，并且扩大了帝国主义之间的矛盾，为最后击败法西斯德国加强了自己的战略地位，赢得了时间。"

持第二种观点者认为，"苏联与德国缔结条约是真正的祸水西引，实行了比英法更甚的绥靖政策"。它"使希特勒解除了后顾之忧"，"导致战争的爆发"。使苏联外交政策发生了有利于德国的转变，"致使 1939—1941 年没有建立反法西斯统一战线"。

持第三种观点者认为，苏联同德国缔约是在英法对莫斯科三国谈判采取拖延和破坏政策的情况下，不得已而采取的"唯一现实的正确选择"。条约粉碎了英法挑动苏德战争的阴谋，为苏联赢得了加强国防的时间，但它包含的秘密条款"背离了社会主义的原则"，使苏联转而"执行亲德的方针，从

---

① 第二次世界大战后，西方国家公布了苏德条约的附加秘密议定书，苏联根本否认其存在。西方所公布的该附加秘密议定书如下：

"在签订苏德互不侵犯条约时，双方下面署名的全权代表就确定各自在东欧的势力范围的界限问题在绝密的情况下进行了讨论，结果达成以下结论：

一、属于波罗的海国家（芬兰、爱沙尼亚、拉脱维亚、立陶宛）的地区如发生领土和政治变动时，立陶宛的北部疆界将成为德国和苏联势力范围的界限。在这方面，双方承认立陶宛在维尔诺地区的利益。

二、属于波兰国家的地区如发生领土和政治变动时，德国和苏联的势力范围将大体上以纳雷夫河、维斯杜拉河和桑河一线为界。

维持一个独立的波兰国家是否符合双方利益的需要问题以及这样一个国家将如何划界的问题，只能在进一步的政治发展过程中才能确定。

三、在东南欧方面，苏联关心它在比萨拉比亚的利益。德方宣布它对该地区在政治上完全没有利害关系。

四、双方将视本议定书为绝密文件。"

而使苏联在一个短时期内抛弃了反法西斯的旗帜","造成了国际反侵略阵线的混乱",妨碍了国际反法西斯统一战线的建立。

苏联签订苏德互不侵犯条约,是在战火逼近而同英法结盟又难以实现的情况下,出于保障本国安全而采取的一项非常措施,造成这种局面的是英法的绥靖政策。如果说发动第二次世界大战的罪魁祸首是希特勒,那么在每一步上都帮助了希特勒,从而加速战争到来的,正是推行绥靖政策的张伯伦和达拉第。但是,苏联当时从力争集体安全退向中立自保,并通过共产国际把这一方针贯彻到各国共产党,也产生了不良影响。使避免了两线作战的希特勒可以集中力量迅速侵占波兰,击败法国,席卷西欧,仅仅过了一年又十个月,纳粹德国就回过头来大举进犯苏联。

德国入侵波兰

陈　石

1939 年 8 月 31 日晚上 8 点钟，在靠近波兰的德国边境城镇格莱维策，一批穿着波兰陆军制服的德国党卫队员"攻占"了广播电台，用波兰语广播反德演说，并放了几枪，"宣告"波兰已经对德"开战"。次日凌晨 4 时 45 分，德国军队在"抵御波兰进攻"的借口下，向邻国波兰悍然发动大规模全面进攻。第二次世界大战从此爆发。[①]

德国侵波战争的直接导火线——但泽危机

但泽危机是纳粹德国为了侵略扩张，利用复杂的民族、归属和权益问题而蓄意制造的。

但泽（今称格但斯克），位于波兰西北部，南扼维斯瓦河河口，北濒波罗的海，是一个战略重镇。它早在 12 世纪就已属波兰管辖，以后波兰三次遭到俄国、普鲁士和奥地利瓜分，但泽也屡经战事，归属几经改变，民族构成发生重大变化，渐渐以日耳曼人为主。第一次世界大战前，它匍匐在德皇的脚下。1917 年俄国革命推翻沙皇的统治，1918 年德国在第一次世界大战中失败，被列强瓜分了近 150 年的波兰终于复国。根据凡尔赛和约和波（兰）但（泽）协定，但泽被划为国联保护和监督下的"自由市"，其关税和外交隶属波兰，允许波兰使用港口设施，内政保持独立，由国联派员协助草拟新宪法，并充当波、但之间的仲裁者。该地区的东边（东普鲁士）和西边都是德国的领土，波兰只得到一条狭长的地带作为出海口，直通波罗的

---

① 关于第二次世界大战爆发时间的问题，国内史学界看法不一，有 1931 年 9 月说、1937 年 7 月说、1935—1937 年说等。本文采用国内外史学界较普遍的看法，即 1939 年 9 月说。

海，这一地带叫但泽走廊或叫波兰走廊。

这种处理并没有能防止20世纪20年代德波双方在但泽的归属和权益问题上的争执。

到了30年代，但泽的纳粹分子逐步掌握内政大权。那时希特勒德国的羽毛未丰，它的扩张目标首先指向奥地利和捷克斯洛伐克，然后才轮到波兰。所以它采取了安抚波兰的政策，多次保证尊重波兰在但泽现有的民族权利。波兰被希特勒的"和平"言辞所迷惑，而且觉得法国不太可靠，决定调整亲法的外交方针，于1934年与纳粹德国签订互不侵犯条约，德波关系一时趋向缓和甚至亲近起来。1938年捷克斯洛伐克危机中，波兰当局竟在希特勒的拉拢下，对邻国趁火打劫，侵占了捷克斯洛伐克的特申地区，德波关系达到"高峰"。

但是好景不长，经过德奥"合并"和慕尼黑的肮脏交易，希特勒德国占据了中欧战略要地，实力大增，战略地位明显增强，它加快了侵略扩张的步伐。波兰既是东侵苏联的必经之路，又是西攻法国的战略后方，具有重要的战略价值。但泽是波兰的咽喉，是一个由纳粹掌权、日耳曼人居绝大多数的"自由市"，无论从制服还是侵占波兰的角度考虑，它都是下手的最佳地点。1938年10月24日，即慕尼黑协定签订不到一个月，纳粹德国外交部长里宾特洛甫向波兰驻德大使约瑟夫·利普斯基提出，德国要求"收回"但泽，并在但泽走廊修建享有治外法权的公路和铁路运输线，"报酬"是延长德波和约，保证德波边界现状和共同反苏、反犹，这标志着存在已久的但泽问题已越出德波之间一般的领土和权益纠纷的范围，演变成但泽危机。1939年1月5日，希特勒在接见波兰外长贝克时明确说，"但泽是德国人的"，"而且迟早要成为德国的一部分"。在希特勒的扩张计划中，宰割的屠刀该指向波兰了。

波兰已故"国父"毕苏斯基曾严肃指出，但泽是衡量德波关系的试金石。波兰政府慑于人民的反对和舆论的压力，拒绝了德国的无理要求，贝克回答说，他"看不出有什么可能达成协议"，此后的几个月，德波要人多次会晤，始终没能达成妥协，德波关系从"合作顶峰"上跌落下来。

1939年3月15日，纳粹德国武装占领捷克斯洛伐克的残余部分，开始腾出手来对付不肯让步的波兰，手段也从诱骗转为威逼。3月21日，里宾特洛甫第一次以非常严厉的口气向利普斯基重提10月24日的要求。高压并没有见效，反而迫使波兰实行局部军事动员，并加快向英国和法国靠拢。英国为了尽早组建以波兰为主体的"威慑"德国的东部战线，于3月31日破例对波兰的独立和安全承担保证义务。张伯伦在下院宣布，如果波兰受到进攻并进行抵抗，英法"将给予波兰政府全力支持"。波兰外长贝克马上出访伦敦，于4月6日签订了英波临时互助协定，与法国也达成了类似的协议。波兰匆匆忙忙地钻进英法的保护伞，这是其外交方针的又一次重大调整。

纳粹德国吞噬整个捷克斯洛伐克以后，抛开了不流血制服波兰的念头，决定一举摧毁主要敌手英法在欧洲大陆的这个战略侧翼。4月3日，希特勒下达了一个代号为"白色方案"的绝密指令。它指出："目的是歼灭波兰武装力量，并且在东方造成一种能满足国防要求的局面。"指令规定德国武装部队的任务是，"为达到这一目的，必须准备进行突然袭击"。政治上的任务"是在可能范围内孤立波兰"；军事准备"务须做到能在1939年9月1日以后的任何时间内发动军事行动"。4月28日，希特勒在国会宣布，废除1935年英德海军协定和1934年德波和约，并首次公布德国对但泽的要求和准备给波兰的"报酬"。

但泽危机的公开化、国际化和尖锐化，使德波关系也朝着对抗的方向急速滑去。

入侵波兰的战争准备

1939年5月23日，希特勒主持召开了战前第二次最高级秘密军事会议，重申并发挥了"白色方案"的基本想法。纳粹德国战争机器的各个部件，都根据"白色方案"迅速而紧张地转动着。

为了"在可能范围内孤立波兰"，希特勒德国适当地调整了外交政策，进行多层次的部署和活动。它加强了法西斯国家之间的勾结，5月22日与意大利结成军事性的"钢铁同盟"。① 两国决心"并肩协力行动以取得它们的生存空间"，规定如一方陷入军事纠纷，另一方则全力予以援助和支持，它还开始引人注目地把外交重点转到探求与苏联谅解的可能性和破坏正在进行的英、法、苏三国谈判上，力争在较大范围内避免两线作战。它利用日益紧张的国际形势，与英国秘密接触，试探重演慕尼黑丑剧的可能性，以便离间英、法、波兰的关系，在较小范围内避免两线作战。希特勒德国还唆使但泽

---

① 参见本书陈兼《德日意轴心国集团的形成》一文。

纳粹分子破坏但泽现状，恶化波、但关系，使但泽成为侵波战争的引爆点。它在进行战争威胁的同时，间或施放"和平"烟幕，麻痹英法和波兰，于是，在英、法、苏公开谈判和德苏、德英秘密谈判的伴奏下，但泽危机不断升级。

5月20日，波兰海关人员正当阻拦从德国偷运来但泽的军事物资，受到但泽纳粹分子的无理寻衅，造成流血事件，致使波、但关系急剧紧张。5月23日，希特勒召集军事领导人开会，决心用武力解决波兰，希特勒指出，根本不存在放过波兰的问题，只有一个决定要做：一有合适时机就进攻波兰。

对于希特勒来说，但泽算不了一回事，那不过是一个借口。6月下旬，但泽出现全面军事化的高潮，整个城市好像成了一个火药桶，随时都有爆炸的可能。德国人一直在把武器偷偷运入但泽，并让正规军官去训练当地警卫队使用这些武器。波兰则增加海关人员与边防部队。

7月份，进展缓慢的英、法、苏谈判在不信任的气氛中陷入僵局，张伯伦政府仍未彻底摒弃同希特勒和解的幻想，正与德国秘密接触，这表明其"威慑"战略实际上是"拖延"战略。波兰政府仍固执偏见，拒绝接受苏联可能的援助，幻想战争一旦爆发，英法的"远水"能救近火。这时，希特勒决定，不失时机地利用英法与苏联之间的不信任，花大代价同苏联缔约，同时打但泽这张牌，进一步制造战争气氛。

8月4日冲突达到高潮，但泽议会挑衅性地禁止波兰海关人员执行例行公务。波兰政府驻但泽外交代表要求撤销禁令，并指出，妨碍海关人员执行任务，将被认为是对波兰官员的"暴力行为"，波兰政府将"毫不延迟地对自由市采取报复"。希特勒趁机发难，于8月9日照会波兰，声称"这将使德波关系恶化，其后果应完全由波兰政府承担"。8月11日，希特勒接见国联驻但泽代表布克哈特，警告波兰："如果波兰人敢动一个小指头的话，我就将用我手中的武器以雷霆万钧之势压下去。"这是纳粹德国第一次从后台走到前台，公开、直接地干预波但关系。

就在希特勒德国频繁开展多层次外交活动的同时，入侵波兰的军事、经济等方面的准备也在紧张进行。5月，通过扩充陆军的1939—1940年度动员计划，规定将动员前的51个步兵师和坦克师猛增一倍，6月，陆军总司令部和最高统帅部拟定了军队进攻的具体时间表、路线和部署。同月下旬开始，准备侵波的法西斯军队以体育比赛、军事演习、修筑边境工事以及庆贺德军在坦能堡战胜俄军25周年等各种名义，源源不断地开到靠近波兰的指定地点，进行战略性的集中和展开。德国特务机关则派遣大批间谍潜入波兰，发展和加强以日耳曼人为主的"第五纵队"，刺探情报，造谣惑众，扰乱治安。

为了进一步动员全国的人力和物力资源，纳粹德国编制了国家战争经济动员计划。6月23日，在纳粹第二号人物戈林的主持下，召开由党、政、军各主要部门负责人参加的国防会议，计划在4350万有劳动能力的居民中，征占1/6用于国防军，5/6用于经济和其他部门，甚至考虑"利用65岁以上的男子和十三四岁的少年"，会议还讨论了改善运输条件等问题。7月份，又召开两次国防会议。希特勒在国防会议之下专设中央计划委员会，统管全国经济，对原料供应、生产、消费等环节作更严格的控制。此外，纳粹大肆进行战前极端民族主义和黩武精神宣传鼓动，把一批批有反战和反法西斯活动嫌疑的公民关进集中营，强化对各阶层居民的法西斯管制。到1939年8月份，纳粹德国在经济、社会方面的战争准备已大体完成。

8月下旬，德国入侵波兰的外交和军事方面的准备有了突破性进展。8月21日，希特勒得到苏联同意缔结条约的权威性答复。次日，他主持了第三次即战前最后一次高级秘密军事会议，指出："波兰现在已处在我要它处的地位了……我已经完成了政治上的准备，底下的路要由军人来走了。"从这一天开始，一批战列舰、驱逐舰、潜艇、扫雷艇相继"应邀"驶进但泽港。8月23日，德国与苏联缔结互不侵犯条约；但泽纳粹头子福尔斯特废除了名存实亡已达两年的但泽宪法，建立德国式的法西斯独裁统治。当天傍晚，希特勒规定了进攻波兰的时间：8月26日，星期六，拂晓4点30分开始。8月25日下午，纳粹德国军事当局发出军事总动员的命令。

由于8月25日英波正式互助协定的签订，英国保证一旦波兰受到攻击，英国将参战，以及意大利盟友的怯阵，希特勒临时改变了进攻波兰的日期，最后于8月31日中午下达9月1日凌晨执行"白色方案"的第一号作战指令。第二天，福尔斯特迫不及待地宣布但泽"自由市""归并"纳粹德国。

德国侵波战争的过程

1939年8月31日晚，德军进入波兰边境的前沿阵地，9月1日破晓，德军分北、南、西三路大举入侵波兰，进逼华沙，德波战争终于爆发了。

投入这场战争的德军总数约150万，分为北方集团军群和南方集团军群，实行南北合击，从南部的西里西亚、西部的波美拉尼亚、东北部的东普鲁士三个方向实行对华沙的大包围，企图依靠空军、坦克和海军的突袭，以闪电战征服波兰。德军配备有1万门大炮、2800辆坦克、2000多架飞机。

波兰投入第一线对德作战的部队，总数约100万人，包括30个步兵师、9个预备步兵师、11个骑兵旅、2个摩托化旅。分为：波莫瑞、莫德林、波兹南、罗兹、克拉科夫、喀尔巴阡6个集团军及1个后备的普鲁士集团军，布防在各条战线上。波兰装备只有210辆坦克、670辆装甲车、4300门大炮。波军飞机有1000架，但只有400架能参加作战，海军为数不多。

这场战争主要是陆空战。它从9月1日开始，到10月5日最后一批波兰正规军停止抵抗为止，历时一个多月。大约经过以下三个阶段。[①]

第一阶段，波兰边境防御崩溃（9月1—6日）。9月1日，德国法西斯军队从空中、陆地及海上向波兰发起立体的全线进攻，波军仓促应战，只有12个师和12个旅投入了战斗。德国的歼击机和俯冲轰炸机直扑波兰的军用机场，猛烈轰击，不到48小时，就消灭了波军1/3的飞机，其中许多飞机还没来得及起飞。德军取得制空权后，对重要军事、行政设施以及工业区、铁路、交通枢纽等进行狂轰滥炸，骚扰波军的第一梯队和预备队，破坏波军的集结、展开和防御。在空军的有力配合下，纳粹陆军以组成楔形队形的装甲部队为先导，突击穿插，分割合围，快速推进。停泊在但泽港的德国舰艇也向沿岸地区开火，支援陆军。希特勒的"第五纵队"趁机策应，他们制造恐怖，占领厂矿、机关，充当德军向导，伪造命令，破坏波军的指挥系统和程序，甚至夺取电台，配合德国宣传机构，散播令人沮丧的消息，进行所谓"神经战"，力图瓦解波兰军民的斗志。英勇顽强的波兰军队，挡不住法西斯军队的凶猛攻势，伤亡惨重，通信联络一片混乱，大多数部队陷于孤军奋战。波兰虽然进行了维斯特拉普特保卫战，但无济于事。9月5日晚，波军统帅部下达总撤退令。至9月6日，德军在一周内摧毁了波军主要防线，占领"走廊"地带、波兹南、西里西亚地区，并攻入波兰腹地，直接威胁华沙。9月6日波军放弃主要防御阵地。同一天，总统伊·莫希齐茨基和波兰政府撤离华沙，波军总司令雷兹—西米格威元帅带着大部分工作人员迁往布列斯特，只有总参谋长斯塔希耶维将军和少数工作人员留在华沙，至此，波

---

① 国际史学界一般持三阶段说，但对每个阶段的起讫日期说法不一。例如，格列奇科主编的《第二次世界大战史》认为，第一阶段：9月1—8日，第二阶段：9月9—16日；第三阶段：9月17日—10月5日。普拉托诺夫等编的《第二次世界大战》和伊万诺夫的《战争初期》也各执一说。米歇尔和利德尔·哈特的《第二次世界大战史》则含糊其辞。本文阶段划分属本人管见，仅供参考。

兰边境防御已经崩溃。

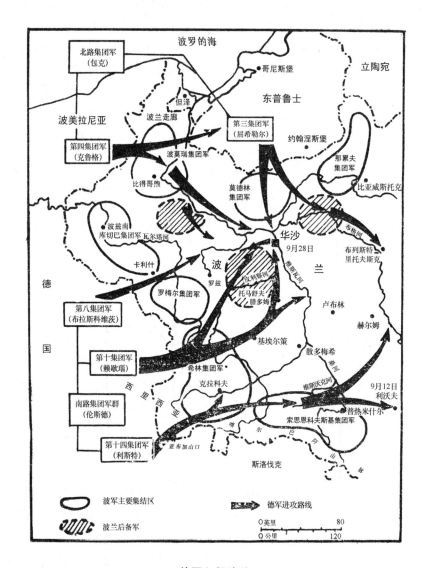

德国入侵波兰

第二阶段：波兰腹地基本被占（9月7—14日）。

由于边境交战失利，波军统帅部总撤退令决定，将主力部队撤到那累夫河、维斯瓦河和桑河一线，建立新的战略防线。可是，在通信联络混乱甚至部分中断的情况下，波军统帅部既无法及时将命令下达到各部队，不能有效地指挥退却和重新部署，又缺乏足够的战略和战术预备队，加上部队机动能力差，交通线受到敌机骚扰和纳粹"第五纵队"的破坏，所以波军撤退行动滞缓，未能实现计划。9月10日，波军统帅部再次发布命令，要求退却的部队到波兰东南部靠近罗马尼亚的边境区域集结，建立新防线。命令还没来得及执行，波军的退路就被切断。纳粹德国军队正按照9月6日德军统帅部的训令，准备包围维斯瓦河以西的波军主力，占领波兰腹地和首都华沙。在实施中，德军击退波军的多次反击，于9月8日进抵华沙郊区，开始进攻华沙。从9月9日开始，波兰军队在华沙西边的布祖腊河展开保卫战，这是9月波兰保卫战中规模最大的一次战役。至9月14日，德军包抄、拦截维斯瓦河以西的波军主力，占领波兰中部地区，切断了华沙同外地的联系，基本完成了9月6日训令所规定的任务。

第三阶段：波兰从全面瘫痪到彻底战败（9月15日—10月初）。

9月15日，德军一面围攻维斯瓦河以西的波军主力，一面向河东的波军发起新的钳形攻势。9月16日，"北方"集团军群的古德里安坦克部队攻占波兰东部重镇布列斯特。9月17日，它与"南方"集团军群的部队会师，完成了纵深的钳形合围。波军残部被分割成若干孤立的抵抗集团，散布全国；波兰政府和统帅部已失去统一指挥和部署全国军民抗击德寇的实际能力。波兰陷于全面瘫痪。

9月18日，波兰政府和统帅部越过罗马尼亚边界后发回电报，命令波军残部继续抵抗。虽然大多数部队没有接到命令，但他们同当地爱国群众一起，同仇敌忾，英勇作战。在德寇重点进攻的华沙、工人、职员，知识分子和其他阶层的市民主动组成"志愿军"，在爱国将领和市长斯·斯塔任斯基的指挥下，积极配合正规军，用鲜血和生命进行了华沙保卫战，捍卫祖国的独立、自由和尊严，从9月8日一直坚守到9月28日弹尽粮绝。但泽港的"门卫"——韦斯特普拉特半岛上的280名波军，坚守的时间更长。从开战以来，这个弹丸之地就不断遭受来自德军海陆空的猛攻。爱国官兵在亨·苏哈尔斯基少校指挥下，与3400名德军坚持浴血奋战，缺粮断水后，仍坚守七昼夜，可歌可泣的战例不胜枚举。

就在波兰整体防御崩溃的时候，苏联通知波兰大使："波兰国家及其政府已不复存在。这种形势构成对苏联的威胁，迫使它无法再继续保持中立。"9月17日，苏联军队越过波苏边界，向西推进；9月18日，与德军在布列斯特相会。

此后，即从 9 月 18 日至 10 月初，波军残余部队在卢布林省、华沙、莫德林和赫尔半岛，进行孤立无援和顽强的抵抗，直至被迫投降。

英法两国在德国侵波的第三天即 9 月 3 日，宣布履行援助波兰的诺言，对德宣战。然而，它们并没有像波兰所期望的那样在德国西线发起大规模进攻，只是在大西洋和法德边境上，与德国有几次小规模交火。对波保证履行的义务和军事援助，实际上是一纸空文。

在这场法西斯侵略与反法西斯侵略的殊死搏斗中，弱小而勇敢的波兰几乎是单独抗击最凶恶的德寇，结果全军覆没，敌方仅伤亡 4 万多人。从此，波兰人民的抗德斗争进入地下抵抗阶段。

波兰在一个月零五天的时间内迅速败亡，并不是偶然的。因为这是一场双方军事思想、作战方案、军队部署和实力差异极大的战争。

纳粹德国军事理论的主要内容是"总体战"和"闪击战"。入侵波兰的各种作战计划都是以此为理论依据和指导原则。这些军事方案，很注重"闪击战"学说中所谓突然性、快速机动和重点突破三要素，决定集中使用既快速机动，又便于重点突破的坦克和摩托化部队，在空军的大力支援下，突然进攻，以华沙为总方向，南北夹击，纵深合围，从速消灭波兰军队。为此，建立了两个集团军群。担任主攻任务的是伦斯德上将指挥的"南方"集团军群，辖有第八、第十、第十四集团军，共 33 个师，包括 4 个坦克师、4 个轻装师和 2 个摩托化师，第四航空队负责提供空中支援。它在西里西亚和捷克斯洛伐克西部展开，从西面和西南面向华沙进击。另一个是包克上将指挥的"北方"集团军群，由第三、第四集团军组成，共 21 个师，其中有 2 个坦克师、2 个摩托化师，并配有第一航空队。它在波美拉尼亚和东普鲁士集结，从北面和西北面南攻华沙。同时，两个集团军群还抽调部分兵力南北夹攻波兰东部重镇布列斯特，对波军实施纵深包围。此外，在德波边境上部署边防部队和预备部队，在捷克斯洛伐克东部部署了傀儡军队。海军执行辅攻任务。

波兰的军事思想是保守和落后的。它主张先防御、再进攻，即战争初期以阵地防御为主，一俟军队全部动员、集结和展开完毕，就发动进攻。这种理论只注重 1920 年波苏战争的经验，让骑兵担任主攻，严重忽视装甲兵、航空兵等新的军兵种在未来战争中的地位和作用，忽视法西斯国家的"总体战""闪击战"的理论，而且战线长、分兵把口、固守待援，根本无法抵御德军的闪击战。

波兰的地理环境也很不利。它一马平川，适合机械化部队的运动。它三面被围，与德、捷接壤的国境线长达 2000 多公里，主要工矿企业集中在西部和南部，靠近边境，难以防守。于是波兰期望英法盟国在战争爆发后，履行对波援助的诺言，在德国西线发动进攻，牵制德国攻波行动。

基于上述理论和考虑，波军统帅部于 1939 年 3 月开始制定对德作战的"西方方案"，决定先进行战略防御、全线布防、全力固守，特别是在敌人可能先行动手的但泽和走廊地区及最重要的经济区，一直坚守到军队全部展开和两线英法盟军把部分德国侵略军吸引过去，再适时总攻。据此，波军主力组编成 7 个集团军和 4 个战役集群，其中，6 个集团军和一个战役集群作为战略防御的第一梯队，配置在漫长的边境附近，余下的 1 个集团军和 3 个战役集群作为统帅部的战略预备队。这样的防御纵深不够，重点不突出，也没有针对性地设置坚固的反坦克防线；况且，波兰的军事动员、集结和展开远没有德国那样迅速。1939 年 3 月 22 日，波兰第一次进行针对德国的秘密局部军事动员，共动员 5 个兵团。第二次是在 8 月 13—18 日，动员了 9 个兵团。8 月 23 日，波军主力开始秘密动员。总动员令是在 8 月 31 日下达的。由于时间紧、部队机动能力差、运输条件差等原因，一些部队没有能及时完成组建和集结、展开的过程，因而影响了防御能力。

在德国侵波战争中，双方的军事实力相差悬殊。当时德军与波军军事力量的对比是：步兵 1.8∶1，坦克 6.5∶1，空军 7∶1，显然，德方占全面优势。在各个主攻方向上，更占有压倒性优势。双方的差距不仅在于数量，还在于质量。德军的武器装备基本是新式的，官兵的战斗训练水准很高，战略战术意识较强。而波军的武器装备多数陈旧不堪，官兵虽然英勇，却缺乏先进的军事理论的指导和战斗训练，军事素质较差。

军事实力的差异是以经济、政治实力的差异为前提的。纳粹德国有近 7000 万人口（不包括它侵占的奥地利和捷克斯洛伐克），是欧洲工业强国之一，而且早就动手搞经济军事化。波兰人口只有德国的一半，是欧洲较落后的农业国，尽管它在 1936 年就成立了权力很大的全国防御委员会，制订了发展国民经济的四年计划和发展武装力量的六年计划，然而到战争爆发前夕，经济发展未能如愿，军工生产只能勉强满足和平时期军队的日常需要。政治上，希特勒的法西斯独裁统治不断强化，波兰则比较软弱，以一批将军、上校为政治代表的波兰地主资产阶级普遍保守、骄横甚至腐败无能，因而民族纠纷和群众示威不断，社会动荡，政治不稳。

还应当指出，在主观因素上，波兰统治集团把希望寄托在英法的保护伞上，以为希特勒可能会停留于威吓和局部争端，而不至于导致全面入侵；战争爆发时，又指望英法的援助，开辟西线战场，因而尽管早已做了动员，仍仓皇失措，处置失当，调动不灵，根本无法组织有效的抵抗。

毋庸讳言，在军事思想、作战方案、军队部署和军事、经济、政治实力差异如此显著的情况下，加上英法虽然在 9 月 3 日对德宣战，但在波兰战争期间，西线大约 110 个法国师和英国师对峙着德国 23 个师，竟完全按兵不动，仍然推行安抚、纵容的绥靖政策，没有对波兰履行自己"保证"的义务，也没有给予任何实质性的援助。英法的"静坐战"使德国得以集中兵力对付波兰，波兰失败是必然的。

德国侵波战争的严重后果和影响

如何处置战败的波兰呢？希特勒德国与苏联在 8 月 23 日互不侵犯条约的基础上，经过谈判，确定了两国在"前波兰国家"境内的"各自民族利益的范围"。整个波兰基本上被一分为二：德国占领西部约 18 万多平方公里土地和 2214 万人口；东部约 20 万平方公里土地和 1320 万人口归苏联。此外，立陶宛和德国傀儡斯洛伐克也分得一杯残羹。

10 月 8 日，希特勒下令将但泽走廊、西里西亚等 8 万多平方公里的波兰领土直接并入德国版图，其余 10 万平方公里由德国占领并"督辖"。主管"总督辖区"的大刽子手弗兰克曾疯狂地宣称："……我接到的非常命令是把这个地区作为战争区，作为掳获地而毫不留情地加以毁灭。我应把这个经济、社会、文化和政治结构变成一堆瓦砾。"在这种方针下，"总督辖区"同直接兼并地一样，惨遭法西斯匪徒的蹂躏。他们肆意掠夺波兰的财富和资源，霸占银行、企业、森林、农田，破坏学校教育，摧残波兰文化和知识分子。更有甚者，他们屠杀了成千上万的波兰官兵、公务员、技术人员等，而将更多的波兰人或押送德国充当苦力，或作为劣等民族迁离家园前往不毛之地，为德国移民腾出地方，或留下当德国移民的奴隶。纳粹分子还专门建立了一批犹太人隔离区和集中营，用令人发指的现代化手段成批成批地杀害波兰人和犹太人。纳粹统治下的整个波兰西部成为德国的新殖民地，推行"种族灭绝"政策的现代化地狱，进行新的侵略扩张的重要基地。

　　纳粹德国侵略波兰，不仅使波兰人民陷于难以言表的苦难，而且对欧洲和世界形势产生了严重、巨大和灾难性的影响。出于德国迫使它争霸的主要敌手英法两国宣战，这场战争已越出民族国家的范围，直接影响和牵动全局，成为欧洲乃至世界大战爆发的标志。德国第一次"流血征服"得逞，更使国际法西斯国家与反法西斯国家和人民之间的实力对比发生重大变化。北欧和东欧一批小国的中立甚至亲法西斯的倾向增强了；英法匆忙营建的"威慑"德国的东战线已经解体；意大利和日本则受到鼓舞，加快了侵略和掠夺的步伐；德国基本消除了西攻的后顾之忧，又从战败的波兰夺得新的人力和物力，尤其是腾出了作战的基本兵力，处于十分有利的战略地位。在这种情况下，希特勒在波兰战败还不到一个星期，就正式向三军下达了《西线作战的备忘录和方针性指示》。10 月 19 日，陆军总司令签署了关于在西线集结和展开兵力以进攻法国、比利时、荷兰等国的训令，代号为"黄色方案"。1940 年春，北欧和西欧相继遭受法西斯的战争浩劫和蹂躏，第二次世界大战的战火愈烧愈烈。

第二次世界大战初期的西线战事

金重远

　　1939 年 9 月 1 日，希特勒对波兰发动突然进攻，9 月 17 日，波兰在德军的强大攻势下败亡。1940 年春，希特勒发动北欧战役，接着又全面进攻西欧。半年多时间内，丹麦、挪威、荷兰、比利时、卢森堡和法国相继沦陷。西线战事的演变宣告了英法绥靖政策的彻底破产。除英国孤军奋战外，西欧各国处于德国的铁蹄之下。第三帝国在欧陆的势力达到了顶峰。这样，就为它在挥师东进苏联时避免两线作战扫清了道路。

波兰的溃败和北欧战役

　　1939 年 9 月 1 日清晨，54 个德国精锐师团在 2000 架飞机和 2800 辆坦克的掩护下越过波兰边境，自西南和西北两个方向迅速朝波兰内地挺进。第二次世界大战开始了！仓促应战的波兰仅能动员 39 个师和 870 辆轻型坦克来对付德国的入侵，并在德军锐利的攻势下节节败退。

　　遭到德国侵略的波兰理应得到它的西方盟国的援助。对此，英法曾做过多次慷慨允诺：1939 年 3 月 31 日，张伯伦在下院宣布英国将保障波兰的独立；4 月 6 日，英波签订互助协定（不久法国也加入），8 月 25 日，英波签订同盟条约，答应给波兰"一切可能的援助和支持"；5 月，法波军方达成协议，规定一旦德国进攻波兰，法国空军应立即出动支援，至迟在开战后第 15 天，法国陆军也应转入进攻。然而在整个波兰战争期间，英法的所谓"援助"却始终停留在口头和纸面上。英国外交大臣哈利法克斯对波兰大使拉钦斯基表示，英国政府"不能分散为采取决定性行动所需的兵力"。法军总司令甘末林于 9 月 3 日致电波兰政府，声称将于次日在陆上发动攻势，但 9 月 4 日依然是"西线无战事"，这是明目张胆的欺骗。在波兰政府的一再催促下，英国政府竟然回答说，只有到次年春天，英法才能提供有效的援助。但是 9 月 17 日，随着波兰政府流亡罗马尼亚，波兰作为一个独立国家已不复存在。这对一向自我标榜为小国保护者的两个西方大国英法来说，该是一个多么辛辣的讽刺。

现在已经有足够的史料表明，就在德国进攻波兰后，英法仍然希望再一次用牺牲小国的办法去制造新的"慕尼黑"。两国政府都曾通过意大利外交大臣齐亚诺和瑞典资本家达列鲁斯祈求德国停止在波兰的军事行动。英国政府为顾全面子，还要求德军全部撤出波兰，然后再开始和平谈判。法国方面连这一点最起码的条件也放弃了。希特勒早在签署慕尼黑协定时，就曾恶意讥笑张伯伦和达拉第，现在则更傲慢地声称，假如他们胆敢到贝希特斯加登来，就毫不客气地将他们赶走，还要让尽可能多的记者来看热闹。只有在和谈的大门都已关闭后，英法两国才硬着头皮于 9 月 3 日向德国宣战。

英法和德国既已处于战争状态，那么在德军主力投向东线的情况下，自然就为英法在西线发动攻势创造了有利的条件。9 月 1 日驻守在所谓齐格菲防线内的德军一共只有 31 个师，9 月 10 日才增至 43 个师，并且几乎一辆坦克都没有。面对着它们的，则是配备有近 2000 辆坦克的法军 90 个师。戈培尔大事吹嘘的齐格菲防线尚处于初建阶段，根本谈不上什么"固若金汤"。不少深知内情的德国军官都认为，如果法军大举进攻，"那么，他们几乎毫无疑问会突破边界……可以肯定毫无困难地推进到莱茵河，还很可能越过莱茵河，以后战争的进程也就会很不一样了"，因而对法军的按兵不动均深感奇怪。即使希特勒身边的高级将领对此也不讳言，如希特勒最高统帅部作战部长约德尔说："我们之所以能摆脱困境，完全是由于在西线没有军事行动。"希特勒最高统帅部长官凯特尔则声称："假如法国进攻，那么他们所遇到的将只会是一道德国的军事纸屏，而不是真正的防御。"

的确，自 9 月 1 日后在西线出现了人类战争史上少见的现象：成百万配备精良的盟军稳坐在工事里，面对着近在咫尺的敌人，几个月内几乎一枪不发。英法两国不仅坐视波兰的覆灭，而且在此后也毫无作为。9 月 9 日，甘末林为欺骗舆论，下令法国在萨尔地区的 10 个师向前推进了 3—8 公里。尽管没有遇到任何抵抗，但 12 日英法最高军事会议还是作出决定，把这次象征性的攻势也中止了。直到 12 月 9 日一支英国巡逻队遭到流弹袭击，才开始了联军在西线伤亡的记录。

曾经到过前线的法国记者多热莱斯对那里的情况做过以下的记述：

"……我对那里的宁静气氛感到惊讶。驻守在莱茵河畔的炮兵悠闲地观望着德国运送弹药的列车在河对岸来往行驶，我们的飞行员从萨尔区工厂冒烟的烟囱上空飞过也不投掷炸弹。"为了使成千上万的士兵不致在战壕里感到过分乏味，法国政府特地在军队中设立"娱乐服务处"，决定增加士兵的酒类配给，还为他们购买了 1 万多个足球。于是在德军的炮口下，盟军便以看电影、踢球、进行各种文娱活动来消磨时光。人们唱着"我们要到齐格菲防线去晒衬衣"的轻松歌曲，逐渐对这场战争是否真会继续下去产生了怀疑。这和 1914 年的边境血战和马恩河上的拼搏恰成鲜明对比①，无怪乎大家要用"奇怪的战争""静坐战"或"假战争"来称呼这种微妙的"对峙"了。

不管如何去称呼这场"战争"，它实质上仍是英法战前推行的绥靖政策的继续。绥靖主义者虽已多次碰壁，但在两国统治集团内，妄图用牺牲苏联的办法同德国达成妥协的顽固派确仍大有人在。1939 年 11 月底苏芬战争爆发后，英法掀起了新的反苏浪潮。英法对芬兰慷慨解囊，给予大量经济和军事援助。1940 年 1 月 19 日，达拉第责成甘末林和达尔朗共同制定袭击苏联油田的方案。2 月 22 日甘末林建议通过黑海进攻苏联南方，并在高加索穆斯林中策动反对苏维埃政权的叛乱。4 月 5 日，法国空军参谋部进一步计划在短期内摧毁巴库等地的炼油设施和码头。1940 年 2 月 27 日，英法最高军事会议决定组成所谓"援芬志愿军"，打算直接插手苏芬战争。3 月 12 日苏芬和约的签订，导致达拉第下台和雷诺组阁。德国对北欧的入侵，完全打乱了英法的部署。

波兰败亡后，希特勒把贪婪的眼光转向北欧。在他看来，只有控制住斯堪的纳维亚半岛，才能封锁波罗的海，为侵苏战争作准备，同时又可自东北方向威胁英国。尽管在德国军界有人反对分兵进击北欧，主张集中兵力准备西欧战役，希特勒仍固执己见。由于瑞典向德国提供大量铁矿，奉行追随法西斯德国的对外政策，因而行将发动的北欧战役主要目标为侵占挪威和丹麦。

----

① 第一次世界大战初，1914 年 8 月，德军根据"施里芬计划"在占领了几乎整个比利时后，企图从北方袭击法国。从 8 月 20 日开始，德军同法军在边境展开了战斗，在阿登地区和沙勒罗瓦战役中德军取胜，并向巴黎进逼，法军为避免包围不得不暂时撤退。1914 年 9 月 6—9 日，德军和以霞飞将军为首的法军在马恩河展开了大会战。协约国的 56 个步兵师和 9 个半骑兵师对抗德军的44 个步兵师和 7 个骑兵师。经激烈的战斗，德军阵线动摇，马恩河战役以协约国胜利告终，"施里芬计划"遭到破产。

　　1940 年 1 月 10 日，希特勒就提出入侵北欧的初步设想，1 月 27 日，为此在德国统帅部内设立了工作参谋部。3 月 1 日，希特勒亲自批准命名为"威塞演习"的入侵计划。丹麦国土狭小，无险可守。挪威土地辽阔，达 30 余万平方公里，全国有 2/3 的面积均为群山和森林所覆盖，易守难攻，所以德国决定用空降和登陆双管齐下的办法来加以占领。"威塞演习"计划的特点是突然袭击和巧妙伪装，一切准备工作都是在针对英国的幌子下进行的，所有参加这一战役的德国舰艇均奉命悬挂英国旗帜，借以迷惑对方。

　　4 月 9 日凌晨，德军同时对挪威和丹麦发动突然袭击，惊慌失措的丹麦政府在入侵一小时后就决定投降。当天晚上，丹麦议会投票表示赞同。这样，德国只花了一天时间，就兵不血刃地占领整个丹麦，所付出的代价仅为 2 人死亡、10 人受伤。当德军列队进占哥本哈根时，不少市民还以为这是在拍摄一部战争影片哩！

　　挪威战事前后延续了两个多月。4 月 9 日清晨，德国驻奥斯陆公使公然胁迫挪威政府投降，同时德军在挪威沿海大举登陆。当挪威政府尚犹豫不决时，德寇已长驱直入，在当天即一举占领奥斯陆、卑尔根、纳尔维克等重镇。由于希特勒在挪威的代理人吉斯林[1]及其"第五纵队"的配合，挪威国内局势更加混乱。在几天的激战中，挪威军队蒙受重大损失，到 14 日，6 个步兵师中只有 3 个师尚部分保存战斗力。英法虽早就计划在挪威建立据点，却被希特勒捷足先登。它们到这时才仓促派出远征军，于 4 月下半月在特隆赫姆和纳尔维克登陆。一经德军抵抗，即转向挪威中部和南部，在那里也未得手。于是，英法又把主力投向纳尔维克，到 5 月 10 日，在该地区集中兵力 25000 余人，28 日攻克该城。但此时两线形势已发生急剧变化，英法两国自顾不暇，遂于 6 月 7 日撤走全部远征军，残存的挪威军队于 6 月 10 日投降。挪威国王和政府流亡到英国，挪威遂告沦亡。

西线的闪电战和敦刻尔克大撤退

　　正当英法陶醉在西线的和平气氛中时，德国参谋部已在忙于制订西进计划了。波兰战役刚结束，希特勒就力主乘胜挥师西进，达到他独霸西欧的

---

　　[1]　吉斯林（1887—1945），挪威法西斯分子，投靠希特勒德国，挪威被占领后出任总理等职，1945 年 10 月被处决。

目的。

1939 年 10 月 19 日，德国制订了"黄色计划"的初步方案，打算集中 43 个师的兵力突破比利时境内的防线，直抵索姆河。这不过是第一次世界大战中"施里芬计划"的翻版。但在德军进攻计划落入英法手中，以及德方不在阿登地区设置重兵后，根据德军 A 集团军参谋长曼施泰因的建议，果断地改变了这一设想，决定主攻方向改在阿登山。1940 年 2 月 24 日，经过修订的"黄色计划"规定，由龙德施泰特上将率领的 A 集团军群担任主攻，它应越过位于卢森堡和比利时南部境内的阿登山区，进抵马斯河，并在迪南和色当间强渡，进而突破法军防线。该集团军群由 45 个师组成，其中有 7 个坦克师、3 个摩托化师，机动性强，战斗力居 3 个集团军群之首。阿登山区及马斯河虽为天险，但法军在那里的防务特别薄弱，一旦奇袭得手，即可实现将分割开来的敌军驱向海边的计划，以便歼灭英法联军的主力。由包克上将率领的 B 集团军群共 29 个师，应占领荷兰，将联军逐过安特卫普及那慕尔一线。而李勃的 C 集团军群仅有 19 个师，其任务为牵制坐守在马奇诺防线内的英法大军。

英法方面的迎战计划纯从防御角度出发，如果说德国的进攻方案已摆脱了"施里芬计划"的旧模式的话，那么英法的战略思想依然停留在第一次世界大战的水平上。按联军总司令甘末林主持制订的"D"作战计划，英法联军共 103 个师，分三面迎敌。第一集团军群辖法军第七、第一、第九、第二集团军和英国远征军，共 51 个师，配置于法比边境，由布朗夏尔将军指挥；由普雷塔将军指挥的法军第三、第四、第五集团军组成第二集团军群，共 25 个师，配置在从瑞士到卢森堡的马奇诺防线之后；第三集团军群由贝森将军指挥，辖法军第六、第八集团军，共 18 个师，配置在瑞士边界。另外还留有 9 个师的预备队。

德国仍把制胜的希望寄托在闪电战上，但在它发起进攻前已有种种迹象表明暴风雨即将在西线来临。1940 年 1 月 10 日，德国空军少校赖因贝克的座机因气候恶劣迫降于比利时境内，从他身上查获未及时销毁的"黄色计划"的残片。1940 年 3 月，法国情报机构获悉德军可能选择阿登山区作为突破口，并向法国军方提出过警告。所有这些动向，均未引起英法政府的重视。德国一面加紧准备实施"黄色计划"，一面千方百计制造假情报，散布所谓 1940 年"施里芬计划"的谣言，完全迷惑了对方。

　　1940 年 5 月 10 日清晨，在如法炮制了类似格莱维茨事件的丑剧①后，德国在西线发动了大规模进攻，数以千计的德国轰炸机发出雷鸣般的轰响掠过天空，把成吨成吨的炸弹倾泻在大地上。成百万装备精良、训练有素的法西斯士兵在数千辆坦克的掩护下横冲直撞，践踏着荷、比、卢等国的领土。投入这一战役的德军多达 136 个师，拥有 2580 辆坦克、3824 架飞机和7378 门火炮；应战的联军共为 147 个师（其中法军 104 个师、英军 10 个师、比军 23 个师和荷军 10 个师），共拥有 3099 辆坦克、3791 架飞机和 14544 门火炮。尽管关于两军的实力迄今仍有着不同的说法，大体上是旗鼓相当，而且联军在人数和装备上还略胜一筹。② 然而只要对比一下双方的具体部署就可看出，德军在主攻方向上占有压倒性优势，而在其他方向上则"以少胜多"，与马奇诺防线内 50 个联军师对垒的德军仅有 19 个师。

　　德军在西线发动攻势有如晴天霹雳，这时英法政府才从迷梦中清醒过来，发现祸水东引未成，反而出现在自己的家门口。长期推行绥靖政策的张伯伦只得下台。匆匆组阁的丘吉尔通过电台向英国人民宣称："我能奉献给你们的只有热血、汗水和眼泪。"法军总司令甘末林在开战后还蒙在鼓里，依然不慌不忙地摆开阵势，命令第一集团军群按原计划进入比利时去迎击来犯之敌，然而从荷兰和比利时很快就传来了令人不安的消息。

　　5 月 10 日，德军 B 集团军群向荷兰、比利时北部展开进攻；A 集团军群在阿登地区实施突击。在第一天的战斗中，德军虽未能一举占领海牙，却使荷兰政府乱成一团。到处出现的德国伞兵全盘打乱了荷军的部署，使他们无法进行有效的抵抗。英法援军迟迟未到，德军锐利攻势导致荷兰防务迅速解体。14 日，荷兰女王威廉明娜登上英舰，仓皇避难至伦敦。残余的荷军宣布投降。尽管荷兰已停止抵抗，但 14 日那天，德国仍出动大批飞机，对鹿特丹狂轰滥炸，造成近 2000 市民死亡。德国法西斯显然企图通过大规模屠杀和平居民的办法来迫使整个欧洲屈服于它的淫威。这样，在既没有出现长期的消耗战，也没有出现开放水闸使全国变成一片汪洋的悲壮情景的情况下，荷兰就退出了战争，这对英法自然是一个沉重的打击。

---

　　① 1940 年 5 月 9 日深夜，德机轰炸边境小城市弗赖姆堡，声称是荷兰、比利时飞机所炸，作为在西线发动闪电战的借口。

　　② 在亨利·米歇尔的《第二次世界大战》中，德军初为 114 个师，后增至 137 个师，联军则为 135 个师；甘末林的《服役》中，德军为 140 个师，联军为 144 个师，里埃的《1940 年 5—6 月的法国之战》中，德军为 145 个师，联军为 135 个师。从各种数字看，双方兵力大致相等。

比利时动员了 60 多万军队，抵抗的决心比荷兰大。由于英法联军未能及时驰援，它一开始就陷于被动地位。艾伯特运河边上的埃本—埃迈尔炮台地势险要，驻有 1200 余名守军，系比利时边境的著名要塞。10 日凌晨，85 名德国伞兵乘坐滑翔机出其不意地在要塞区降落，并于次日中午将其全部占领。埃本—埃迈尔炮台的陷落迫使比军全线退却。5 月 13 日，德法两军坦克部队首次遭遇。结果法军损失 105 辆，德军则有 164 辆被击毁，这是第二次世界大战中第一次大规模的坦克战。

这时，整个战线的中部出现了更紧迫的形势，战局发生了重大的转折。龙德施泰特的 A 集团军群携其强大的装甲部队，克服重重障碍，迅速穿越阿登山区。亲率坦克先行的克莱斯特将军在其手令中说："不得休息，不得松懈，不得左顾右盼，只得随时警戒，日夜兼程前进，利用首战出奇制胜，务使敌人乱作一团……心中只有一个目标：突破。"12 日，德军几乎未遇抵抗即抵达马斯河。乔治将军向甘末林报告说："目前马斯河整个战线的防御已有可靠的保障。"但 13 日深夜，霍特将军和克莱斯特将军的坦克便分批在迪南和色当地区渡河成功。14 日，德军继续以迅雷不及掩耳之势向西挺进。这时甘末林才意识到德军主攻的方向原来在战线的中部，慌忙下令进入比境的英法联军向后撤退。遭到突然打击的法军纷纷溃散，同大批被迫离开家园的难民混杂在一起，涌向法国内地。

面对这种局势，法军指挥部顿时惊慌失措。甘末林除责怪乔治将军无能外，竟报告本国政府说防线已被突破，无法对巴黎的安全负责。雷诺急电丘吉尔："……通向巴黎的路已打开，请你们把可以调动的全部飞机和军队都派来。"5 月 16 日发生的两件事可以说对整个战争的进程产生了很大的影响。一是雷诺把年逾 83 岁的驻西班牙大使贝当和 73 岁高龄的驻中近东法军司令魏刚紧急召回。这两个投降派的回国以及他们不久后的独揽军政大权无疑加速了法国的败亡。二是丘吉尔带着他的幕僚匆匆赶到巴黎。他一方面对法军的迅速溃败和甘末林手中竟然没有预备队深表惊讶，另一方面强调英国为了自身的安全已无兵可派。英法两国本系仓促结盟，除最高军事会议外，连一个统一的指挥部都没有，在法国境内作战的英国远征军事实上只听本国政府的调遣。一旦战局恶化，英法同盟随即出现了裂痕，丘吉尔首先考虑的自然是大英帝国本身的利益。

5 月 18 日，法国政府进行改组。雷诺除总理一职外还兼任国防部长，这似乎表示他要继续抗战的决心，但贝当出任副总理却无疑加强了投降派的势力。5 月 19 日，魏刚奉命取代甘末林，就任法军总司令一职。他立即飞往前线，匆匆制订了所谓反击计划，扬言"德军坦克师已坠入陷阱，只要盖子一关上，它们必将就歼"。然而不到两天，这个反击计划就告吹了，大批联军纷纷向北溃退，很明显，整个战线已被分割为两部分，被逐向海边的英法部队正面临着覆灭的命运。

5 月 23 日古德里安指挥的德军坦克部队进抵距敦刻尔克 20 余公里的地方。5 月 25 日和 26 日，布伦和加莱经过血战相继易手。敦刻尔克遂成为英法联军渡海北逃的唯一途径。在这紧急关头，感到绝望的比利时于 5 月 28 日单独向德国投降。

英国自 26 日起，开始执行将远征军撤退回国的"发电机计划"。为了完成"发电机计划"，英国共集中 861 艘舰船，其中不仅有战舰，还有商船、渔船。许多英国平民闻讯驾着帆船、游艇渡过海峡前来担任营救工作。法国也动员 35 艘军舰和 200 余艘民用船只参加救援。德国空军共出动 300 余架轰炸机和 500 余架歼击机在敦刻尔克地区狂轰滥炸，仅 5 月 27 日一天就投下 15000 余枚高爆炸弹和 3 万余枚燃烧弹，使各个船舶停靠处整日处于浓烟烈火之中。英法舰船的损失共达 224 艘，仅 6 月 1 日那天就有 31 艘被击沉、11 艘遭重创。到 6 月 4 日，共有 338000 余人得以横渡海峡抵达英国，其中英军 215000 余人，法、比军 123000 令人。有 4 万余名法国士兵未及撤退而被俘。敦刻尔克海滩上到处是英军抛弃的辎重，计有 1200 门大炮、1250 门高射炮及反坦克炮、75000 辆军车……换句话说，英军是在遗弃全部装备后才得以脱身的。

在第二次世界大战史上，有人把敦刻尔克大撤退说成是"悲剧"，也有人把它描绘为一种"奇迹"。至今还围绕着德国装甲部队为什么会在 5 月 24 日突然停止前进的这个谜进行着激烈的争论。不少当事人纷纷出来发表意见，如率领三个英国师断后的亚历山大将军说："是希特勒自己救了远征军。"许多前纳粹将领大事指责希特勒的失策。在哈尔德的日记中，我们可以看到这个赌徒在意外来到的胜利面前失去了理智："……元首非常心神不宁，被他自己的战果吓住，害怕冒险……他狂怒，嚎叫……"看来，希特勒特别担心德国的装甲部队会遭到突然的挫折。还有些人则认为这是由于戈林想抢头功和希特勒过分信任德国的空军。然而最重要的还是 5 月 24 日希特勒在龙德施泰特司令部所发表的一大通议论。他赞赏大英帝国，并认为在迫法求和后"与英国达成协议的道路也畅通了"，他"所要求英国的就是承认德国在大陆上的统治"，"目的是要和英国在其认为是不损名誉的基础上签订和约"。比起他的将军们来，希特勒确实更具有"政治头脑",他熟悉德国统一时的三次王朝战争史,也懂得俾斯麦当时反对占领维也纳,主张不要过分使奥地利受到屈辱是完全必要的。何况 1940 年夏天希特勒又在酝酿更大规模的对东方的冒险了。

贡比涅和约和法国的沦亡

敦刻尔克撤退后,英国在大陆上只留下一支象征性的军队:一个步兵师和一个不满员的装甲师。法国被迫以残存的 71 个师来迎击德国的 140 个精锐师。战局急转直下,所谓"魏刚防线"很快就被突破;更为严重的是法国统治集团内早就弥漫着失败主义的情绪,高级将领中的投降派比比皆是。战争伊始,普雷塔拉将军就丢下所指挥的 4 个军,只身逃往尼斯,第一集团军群司令布朗夏尔将军还在 5 月 26 日就公开谈论向德国投降。贝当就任副总理后,露骨地鼓吹必须保留一支军队来"维持内部秩序",否则"就不可能有真正的和平"。6 月 8 日,魏刚在见到戴高乐时对面临的失败处之泰然,但是却忧心忡忡地说:"啊!要是我能有把握使德国人给我留下必要的部队来维持秩序的话,那就好啦!"这位在前线屡战皆北的败将竟公然散布多列士已夺取爱丽舍宫的谣言。巴黎公社的历史困扰着法国的上层人物,他们宁愿蒙受战败的奇耻大辱,也不愿再看到巴黎落入起义人民的手中,当然也就对法国共产党在 6 月 6 日提出的进行全民抗战的建议全然置之不理了。

6 月 10 日,法国政府仓皇逃离巴黎,先后迁都图尔和波尔多。同一天,意大利宣布对法作战。作为法西斯德国的伙伴,墨索里尼一直在窥伺着参战的最好时机。1939 年 8 月 25 日,他感到跟随希特勒进攻波兰会冒过大的风险,便以准备不足为理由拒绝立即卷入战争。在这以后,墨索里尼摆出一副待价而沽的架子。1940 年 5 月 10 日后,英法竞相讨好意大利,向后者建议就地中海地区划分势力范围问题进行谈判,并且表示"什么都可以讨论"。丘吉尔也宣称他"从不与意大利的强盛和伟大为敌"。然而这一切都满足不了墨索里尼的贪欲。他认为随着法军的溃败,攫取胜利果实的时机已到,私下对人说:"……我只要付出几千条生命作代价,即可作为战争参加者坐列和会桌旁。"为此意大利动员了 32 个师,计 325000 余人从勃朗峰到地中海 200 多千米的战线上向法国大举进攻。法国只能以 6 个师,共 175000 余人来与之相抗。在十多天的时间内,毫无士气的意大利军队竟不能越雷池一步,这更加暴露了意大利帝国主义的虚弱。

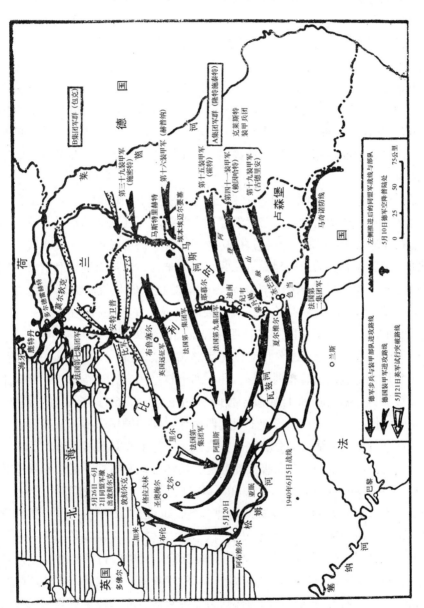

法国败降（1940）

处于南北夹击中的法国接连向英国告急。丘吉尔曾于6月11日和13日两次来法紧急磋商，并宣称即使在敦刻尔克后也愿与法国共存亡，但他并不增派一兵一卒。自6月15日起，又陆续将所有英国士兵全部调遣回国。6月16日，正值法国崩溃前夕，丘吉尔建议英法合并，成立所谓"两元帝国"，遭到法国拒绝。

雷诺也曾一再向美国求援，他在6月14日致罗斯福的急电中更是大声疾呼："拯救法兰西民族的唯一希望……是今天就将举足轻重的强大美军投入战争。"美国政府除空头的同情和安慰外，只是再三告诫法国在任何情况下都不得将它的舰队和殖民地交给德国，这事实上也正是英国政府唯一真正关心的事。

尽管孤立无援，法国仍可依靠自己的力量继续为民族的独立和生存而战。著名的抗战派如内政部长芒代尔等便主张将政府迁至北非继续抵抗。当时法国在北非有10个师，国内另有50余万后备兵，可以重建一支有战斗力的军队。法国在非洲的殖民地幅员辽阔，资源丰富，又拥有舰队和黄金，完全可以自成一体，凭借地中海的天险与德国对抗，但是投降派越来越占上风。6月12日，魏刚在内阁会议上公开要求停战，并且威胁说："……假如不立即要求停战，对军队以及对老百姓和难民就将失去控制。"次日，贝当向内阁提出一份备忘录，断然反对以任何形式继续抵抗。一向动摇的雷诺虽确曾在5月下旬建议退居布列塔尼，并在那里筑垒固守，以待时机，此时不仅全然放弃这一计划，而且屈服于投降派的压力，于6月16日宣告辞职。贝当立即就任总理，并在当天晚上通过西班牙大使向德国试探停战条件。17日，他在电台发表讲话，命令法军放下武器，同时正式向德国求和。

贝当的讲话在全国引起了极大的混乱，还在各地坚持战斗的法军被迫放下武器，而德国故意不立即作复。直至20日，双方才就停战问题进行正式会晤。6月22日，在贡比涅森林的雷通车站，也就是22年前德国向协约国投降的地方，在当年福煦所乘坐的同一辆车厢内（由德军特地从历史博物馆内拖出），法国代表亨茨格将军和德国代表凯特尔元帅签订了停战协定。同一地点、同一车厢，只是战胜国和战败国互换了位置。停战协定将法国的东部、北部、中部划为占领区；西南部则为非占领区，亦即此后贝当傀儡政府偏安之处。占领区包括巴黎在内，约占全国总面积的2/3，集中了65%的人口，并是煤、铁、钢、小麦的主要产地，法国的主要工业也都位于这个地区。德军控制整个占领区，强迫法国人民支付沉重的占领费用。除一支"维持社会秩序”所必需的军队外，法国应全面解除武装。即使在非占领区，所有的武器和弹药也均交德国管理。法国政府投降后，7 月 1 日迁都维希，这就是所谓的维希政府，它实际上是德国的附庸。

希特勒没有一口把整个法国都吞下去，那是因为他认为：“假如法国政府拒绝德国的建议，并退到伦敦继续抵抗，那么情况就要糟得多……”通过贝当还可控制住法国的舰队，不占领全部法国对德国有利。从里宾特罗甫的一次谈话中，可以清晰地看到希特勒的想法：“领袖希图用这种办法得到用其他手段无论如何也得不到的东西。关键是利用贝当使非洲殖民地不致脱离维希，因而也不致脱离西班牙和德国，因为否则就只有在反对英法军队的苦战中才能把它们重新夺回。”那时希特勒确实想使贝当发挥作用，在“欧洲新秩序”中占一席位。但一年以后，希特勒就恶狠狠地对德国驻巴黎高级专员阿贝茨说，只要一解决苏联问题，他就准备同“那些维希先生们坦率地讲话了”。

6 月 23 日，法国和意大利签订停战协定。墨索里尼想攫取里昂、阿维尼翁等城市，并企图吞并科西嘉、突尼斯和法属索马里，后来只得到法意边境上的一小块土地，面积为 832 平方公里。这位意大利的法西斯头子懂得，既然在战场上未能前进一步，那么也就休想在和谈谈判桌上捞到太多的东西。

6 月 21 日，希特勒曾亲自到雷通车站参加同法国代表团会晤的仪式，他在离开时情不自禁地跳了一段小步舞。他为意想不到的胜利而兴高采烈，有点飘飘欲仙了。战胜法国可以说是法西斯德国达到了它势力的顶峰。

苏日中立条约

王斯德　侯振彤

1941 年 4 月 13 日，苏联与日本签订了《苏日中立条约》，当时世界各种政治力量围绕侵略与反侵略展开尖锐复杂的较量，处于欧亚两个战争策源地包围之中的社会主义苏联，为维护国家安全进行了艰苦的斗争。苏日中立条约的签订便是世人为之震惊的一幕外交战。

从对抗到妥协

苏联和日本这两个社会制度根本对立、外交路线迥然不同的国家，在第二次世界大战进入关键时刻突然签订中立条约，绝不是偶然的，它有深刻的历史背景，经历了曲折而复杂的酝酿过程。

20 世纪 30 年代初，苏联的国际环境十分险恶。欧洲和亚洲两个战争策源地对它构成了东西受敌的严重威胁。在当时，最现实的直接危险来自东方的日本。两个战争策源地"表现得最积极的是远东的战争危险策源地"①。如何防止日本的武装进攻，有效地捍卫边境的安全，成了 30 年代初苏联的重要战略任务。莫洛托夫一再强调远东问题"乃是我们外交政策最重要的问题"。

当时苏联正在执行第一个五年计划，开展大规模的社会主义建设，迫切需要有一个和平安定的国际环境。苏联党和政府一再强调对日本要"坚决执行和平政策并力求改善和日本的关系"。② 1931 年日本发动侵华战争后，苏联对日本采取极为慎重的立场。一方面庄严声明"在道义上、精神上、感情

---

① 《斯大林文选》，人民出版社 1962 年版，第 72 页。
② 《斯大林全集》第 13 卷，人民出版社 1956 年版，第 270 页。

上完全同情中国，并愿作一切必要的帮助"。与此同时，仍继续谋求改善苏日关系，避免两国矛盾的加剧。1931 年 10 月 28 日，日本驻苏大使广田访问苏联副外交人民委员加拉罕，公然对"满蒙事变"后日苏邦交的融洽表示欣慰，同时指出，他风闻中国东北游击队马占山部队有苏联顾问并接受苏联的军火援助，希望苏联不要在中东铁路沿线屯兵，以免引起严重事态。第二天，苏联政府发表声明，指出"苏联所采取的乃是严格的不干涉政策"。为了避免触怒日本，苏联拒绝参加国联以及美国对日本侵占中国东北所采取的行动。苏联外交人民委员李维诺夫指出，苏联这样做主要是不想同日本发生武装冲突。他反复强调，苏联要求日本的只有一件事：尊重苏联在中东铁路的商业利益，因为苏联在中国没有别的利益。

为了"消除互相间的猜疑"，稳定两国关系，苏联政府曾先后于 1931 年 12 月、1932 年 11 月、1933 年 1 月，多次建议日本缔结苏日互不侵犯条约，但都被日本政府以"时机还不成熟"为由加以拒绝。

鉴于中东铁路事实上已沦于日本控制下，无法正常活动，为了消除日本制造反苏挑衅的借口，1933 年 5 月 2 日，苏联提议将中东铁路出售给日本，经过多次谈判，1935 年 3 月，苏联同伪满达成协议，以 14000 万日元将苏联在中东铁路的权益出售给伪满。同时，苏联还在库页岛石油开采和渔业协定上做了一定的让步。

苏联的忍让立场并未得到日本的响应。关东军不断挑起边境冲突，仅 1935 年就发生 80 次。针对日本的军事威胁，苏联采取了一系列加强远东防御的实际措施。苏联远东军从 1931 年的 6 个师增加到 1936 年的 16 个师，并在苏满边境全线构筑防御工事。

1936 年，苏日关系急剧恶化。8 月，广田内阁把北进政策列为日本国策。《帝国和外交方针》明确指出"目前把外交重点置于粉碎苏联侵犯东亚的企图，特别消除军备上的威胁，阻止赤化的扩展"。11 月，日本和法西斯德国签订《反共产国际协定》，在反共产国际的旗号下，对苏联构成包围的态势。

1937 年 7 月，日本发动全面侵华战争，"北进"的声浪日高。法西斯德国在英法绥靖政策的纵容下加快了侵略步伐，国际形势的变化，为日本提供了"北进"的有利时机。1938 年 5 月。近卫内阁改组，7 月，朝鲜驻屯军在位于临近朝鲜的中苏边界的张鼓峰挑起武装冲突。同月，日本参谋本部下达的《战争指导要点》规定："要尽快抓住结束（对华）战争时机……下一期的军备对象，确定是苏联。"1939 年 5—8 月，关东军在中蒙边境制造了诺门坎事件，对苏联发动了大规模军事挑衅，日苏关系空前紧张。

在新的国际形势下，苏联的远东战略做了必要的调整。一方面，本着"以打击回答战争挑拨者的打击"的原则，对日军两次大规模武装进攻给予毁灭性打击。另一方面，大力加强对中国抗日战争的援助，以牵制日本的"北进"。1937 年 8 月，苏联同中国政府签订了《中苏友好同盟条约》，给"日本蛮牛的颈项上插入了第一支利箭"。同时，在物质、财政和军事人员等方面扩大了对中国的援助。1937—1939 年苏联先后给中国 45000 万美元的贷款（比同时期的美国贷款多 6 倍多）、价值 3 亿多美元的武器和军用物资，并克服种种困难开辟了从中亚到新疆、甘肃的运输线。约有 2000 多名苏联飞行员参加了保卫中国的空战。苏联代表团在 1937 年 11 月举行的布鲁塞尔会议和在其他场合有力地声援中国正义的抗战，呼吁各国对日本侵略者采取集体制裁。

但是，这一时期苏联对日本仍然奉行避免冲突、力争和平相处的方针。苏联拒绝在英美不参加集体行动的条件下单独对日本进行制裁。外交人民委员李维诺夫曾说过："苏联不可能也不会独自加入中国一边，只有作为集体安排，获得其他大国的支持下，才会采取行动。"

1939 年秋，苏日关系发生新的转机，开始由紧张对抗转向缓和妥协。诺门坎战斗的惨败和 8 月 23 日苏德互不侵犯条约签订给日本的北进政策以沉重打击。8 月 20 日，在一片混乱中日本内阁改组，出现了"停止原定的政策，另行制定新政策"的呼声。9 月 1 日，德国发动对波兰的突然袭击，第二次世界大战全面爆发。在新形势下，日本战略重点开始转向南方。"北守南进"论成为基本国策，北进政策在远东战略中逐渐降到次要地位。

1939 年 12 月，日本《对外政策的方针纲要》明确指出，停止北进，对苏暂时不诉诸武力，同苏联缔结互不侵犯条约，以确保日苏间"平静无事"。1939 年 12 月 31 日苏日签订协定，日本保证向苏联付清中东铁路最后一笔欠款。苏联政府同意将苏日渔业协定延长到 1940 年 12 月 31 日。《真理报》评论苏日协定时指出，苏联政府和舆论界十分重视苏日关系的正常化，苏联方面愿意促进它的实现，表达了苏联对改善苏日关系的热情。

1940 年夏，荷、比、卢、法等西欧各国相继败亡，大英帝国岌岌可危。一向为英、法、荷老牌帝国主义霸占的南洋地区成了防御虚弱的"真空地带"。日本军阀被法西斯德国的暂时胜利所鼓舞，叫嚷"不要误了公共汽车"，加快南进步伐，夺取资源丰富的南洋地区，并借南进寻找解决中国事变的出路。

7月22日，近卫第二次组阁，全力推行"从中国事变走向大东亚战争"的新政策。7月26日内阁会议制定的《基本国策纲要》和7月27日大本营政府联席会议制定的《适应世界形势演变的时局处理纲要》规定南进为主要侵略方向。强调即使中日战争不能结束，也要抓紧有利时机，对南方行使武力，并做好对英美开战准备。这是日本首次把与美英交战提到扩张日程上。8月1日，日本外相松冈洋右发表"大东亚共荣圈"的声明，把南到新西兰、澳大利亚，西到印度的广大地区都圈到日本的统治范围中。9月23日，日军进驻印度支那北部，迈出了南进的第一步。

此时，日本在外交上采取了三个重要步骤。首先，于1940年9月27日签订德意日三国同盟条约，正式建立三国轴心军事同盟。日本力图用三国同盟牵制美国，阻止美国参战；加强在日美谈判中的地位，迫使美国放弃援华政策，放松经济封锁；并借助与德国同盟关系推进日苏关系的改善。

其次，举行日美谈判。企图通过和平谈判麻痹美国，并对美国施加压力，推动侵华战争的早日结束，以减少南下阻力。

最后，调整日苏邦交。当时日本驻德国大使来栖曾说，"日本的未来在南方。把北方的敌人必然转变为朋友的看法，在国内逐渐高涨起来"。第二届近卫内阁把改善日苏关系，签订日苏互不侵犯条约作为施政的方针之一。日本谋求改善同苏联的关系。一是为了解除南进的后顾之忧；二是为了加强日本在日美谈判中的地位；三是间接对中国施加压力，促使苏联中止援华，从而"摧毁重庆政权的抗战意志，以图迅速使其屈服"；四是为了从苏联获取显得日益紧缺的石油等战略物资。基于上述多种原因，日本政府作出了两项决策。其一，企图和德国配合"从东西两面牵制苏联，并因势利导，使之符合日德意三国共同利益，设法使其势力范围向较少直接影响日德意三国利害关系的地区，比如向波斯湾方面（根据情况可以承认苏联向印度方面发展）发展"。并把苏联拉入德日意三国同盟。1940年9月7—8日松冈外相和德国特使斯塔玛在东京会谈时就上述计划交换意见并取得共同看法。1940年11月，苏联人民委员会主席兼外交人民委员莫洛托夫应邀访问德国，在会谈中德方曾向苏联代表团提出缔结四国协定的建议，遭到苏联政府的严正拒绝。其二，重开日苏谈判，迅速缔结双边条约。

1940年，德日意三国同盟的建立进一步形成对苏联的夹攻态势，苏联的战略地位严重恶化。1941 年春，德军大量东调，德国对苏联的武装进犯已箭在弦上。为了集中力量对付西方最危险的敌人法西斯德国，苏联在东方迫切要求稳住法西斯日本。这一时期苏联采取了两个重要行动来改善其远东战略地位。

第一，进一步援助中国抗日斗争，防止日蒋媾和。"积极利用中国来对付日本人"，使日本陷于中国战场而无力北上。这一时期，苏联除了扩大物资援助外，还派出高级指挥员组成的庞大的军事代表团，协助中国对日作战，几乎所有国民党战区都派有苏联的顾问。斯大林在对崔可夫指示赴华使命时曾明确地说："你的任务，我们全体驻华人员的任务就是要紧紧束缚日本侵略者的手脚。只有当日本侵略者的手脚被捆住的时候，我们才能在德国侵略者一旦进攻我国的时候，避免两线作战。"当然，苏联对中国的援助仍以不卷入对日作战为前提。

第二，利用日本南进的意向，缓和日苏关系，通过缔结双边条约来束缚日本的行动。

综上所述，在 1940 年夏到 1941 年春国际形势急剧变动的历史背景下，苏联和日本出于各自的战略需要，彼此要求同对方改善关系，迁延整整 10 年的苏日中立条约终于瓜熟蒂落。

谈判桌上的斗争

缔结苏日中立条约的谈判是在米内光政内阁时期由日方主动提议而展开的。

1940 年 5 月 12 日，日本对缔结日苏中立条约进行研讨，通过《日苏中立条约方案》。7 月 2 日，日本驻苏大使东乡茂德向莫洛托夫表达日本政府的意愿，提议就缔结日苏中立条约进行谈判，并提交日本拟定的条约草案。莫洛托夫表示原则上同意进行谈判。8 月 14 日，莫洛托夫召见东乡大使，提出对日本草案的修改意见。他指出，苏联不同意以 1925 年日苏基本条约作为谈判的基础，因为该条约以 1904 年朴茨茅斯条约为依据。他同时要求撤销 1925 年日苏条约规定的日本在北库页岛建立的石油和煤炭租让企业，但以五年内向日本提供北库页岛的石油作为补偿。日本政府接到苏联的答复后，决定暂时中止日苏条约的谈判。

德日意三国轴心同盟条约签订后，日本政府又致力于日苏中立条约的谈判，在 10 月 4 日制定《日苏邦交调整要纲方案》，并起用陆军中将建川美次为新任驻苏大使，加速谈判步伐。10 月 30 日，建川拜会莫洛托夫，提交日本政府草拟的《日苏互不侵犯条约方案》。此草案不再提及 1925 年日苏基本条约，而建议将中立条约升格为互不侵犯条约，同时要求将日苏两国间一切争议问题放到缔约后再解决。莫洛托夫当即表示，解决北库页岛的有关权益问题是缔约的先决条件，不能回避，而对要求签订互不侵犯条约一事不予明确表态。11 月中旬，莫洛托夫赴柏林举行苏德谈判。松冈训令日本驻德大使来栖向德国提出要求，希望他在与苏联谈判中为签订日苏互不侵犯条约进行斡旋，并要求德国力促苏联宣布希望蒋介石政权同日本媾和。11 月 13 日，德国外交部长里宾特洛甫向莫洛托夫转达了日本政府的愿望，表示德国政府愿做改善日苏关系的中间人，并强调指出如"签订互不侵犯条约的话，日本将对其他问题的解决持宽大的态度。……对于解决在北库页岛的石油和煤炭开采权就变得容易多了"。莫洛托夫仍然强调必须首先解决北库页岛的有关权益问题，指出"悬案问题必须解决"。

莫洛托夫返回莫斯科后，11 月 18 日立即召见建川大使，提交苏联政府对日本政府 10 月 3 日建议的复文。复文提出苏联拟定的苏日中立条约草案，再次明确指出，"不收复失地而签订互不侵犯条约对苏联舆论界来说，是不可想象的，而把南库页岛和千岛作为问题来解决，日本则会感到不适当，因此目前进行中立条约的谈判比较妥当"。在中立条约草案的附属议定书草案中，苏联要求解除日本在北库页岛的石油和煤炭开采权，对此苏联政府愿支付公平的赔偿和在五年内以一般贸易方式向日本每年提供 10 万吨石油。日本政府拒绝了苏联的建议。日本外相松冈训令建川大使向苏联表示"考虑解除北库页岛的有关权利是困难的，日本要求收买北库页岛"。莫洛托夫对此严加拒绝。

12 月 12 日，日本政府和大本营联席会议讨论了苏联的意见。松冈洋右坚决主张，"以权利为代价进行日苏邦交的调整是不可行的"。这样，苏日谈判暂遭搁浅。

为了打开日苏谈判的僵局，日本政府决定采取重大外交行动，派松冈外相出访德、意、苏三国，企图再次借助德意力量促进日苏关系的改善。1941年 2 月 3 日，日本政府和大本营联席会议通过了松冈起草的《对德意苏交涉方案要纲》，确定了这次出访的基本方针。其要点是：使苏联同以打倒英国为目标的日、德、意三国的政策统一步调，以期实现日苏邦交的调整，依靠德国的调停，促使苏联出卖北库页岛；如苏联不同意出卖，日本则有偿地放弃北库页岛的有关权益，苏联在今后五年内供应日本250万吨石油，这两种办法视情况发展而取其中一种；日本承认苏联在新疆和外蒙的地位，苏联承认日本在华北和蒙疆的地位；促使苏联放弃援蒋政策，日本享有在大东亚共荣区的领导地位；极力阻止美国参战；苏联一旦进攻满洲国和日本，德意立即进攻苏联。联席会议责成松冈外相同德、意、苏谈判时努力贯彻要纲精神，并强调松冈出访的主要任务是缔结日苏条约，而对德意的访问是辅助性的。松冈在出访前又根据联席会议指令拟定了三点行动准则：（1）努力使苏联采取与日德意同一步调；（2）若第一点不能实现，则缔结日苏中立条约；（3）不妨对北库页岛权利作必要让步。

1941年3月12日夜，松冈洋右在日本外务省欧亚局局长阪本瑞男等陪同下，离开东京，到中国长春换乘苏联派出的专车"红矢号"横越西伯利亚，于3月23日下午抵达莫斯科。松冈在谈判中避免触及实际问题，表示在访德意归来时再进行具体谈判。苏联对松冈来访十分重视，斯大林在谈判进行中短暂会见了松冈洋右。3月26日松冈一行到达柏林。从3月27日到29日，松冈和里宾特洛甫会谈三次，同希特勒会谈一次。3月28日，里宾特洛甫强调现在是轴心国"危险最小的时机"，强烈要求日本尽速进攻新加坡，以促使英国投降，并阻止美国参战。松冈在谈判中向里宾特洛甫询问希特勒对建立"四国同盟"可能性有何考虑。里宾特洛甫回答说："签订德日意苏条约绝对不可能。"他始终隐瞒了德国决心对苏开战的真实意图。松冈没有觉察德苏关系即将彻底破裂的底细，进一步表白将"同苏联进行缔结互不侵犯条约或中立条约的谈判"。

4月6日，当松冈乘坐的列车刚进入苏联境内，广播中传来德军入侵南斯拉夫和希腊的消息。松冈听后十分得意地对同行人说，"我们要用这个同莫斯科进行谈判"，流露了利用苏德关系恶化对苏联施加压力的心情。

4月7日中午，松冈一行抵达莫斯科。7—9日，松冈和莫洛托夫举行了两次会谈。当松冈出访欧洲前夕，苏联从在日本的谍报人员佐尔格发回的电报中得知日本有意签订中立条约，因此在谈判中态度强硬。首先莫洛托夫断然拒绝把北库页岛出卖给日本。当松冈提出签订一个不涉及北库岛权力问题的中立条约时，莫洛托夫坚持在签订中立条约的同时，一定要签订解除日本在北库页岛权利的附属议定书。双方为此争执不下，松冈又提出在缔结中立条约的同时，可以签订将中国华北、内蒙划为日本势力范围，把外蒙和新疆划为苏联势力范围的秘密议定书。对此，莫洛托夫表示"希望改日再谈"。谈判暂时休止。

10 日，松冈向日本政府发出电报，说可能签订一个涉及北库页岛权利问题的中立条约。日本政府立即给松冈发出指示，要他注意不要招致改变日德意三国同盟条约的结果，并应取得德国的充分谅解，通过签订中立条约应为解决中国事变打好基础。

11 日下午 4 时，莫洛托夫与松冈举行第三次会谈。莫洛托夫对 1940 年 1 月苏联政府提出的中立条约方案的第一条加以补充，即在"两缔约国声明维护和平和友好关系，并互相尊重彼此之间的领土完整"之后加上"互不侵犯，并尊重与缔约国同盟的满洲国和外蒙古的领土完整和不可侵犯"。松冈表示，对尊重满洲国和外蒙古的领土完整和不可侵犯这一点没有异议，但以日苏之间互相保证的形式提出，会使"满洲国的独立性及该国居民的自尊性"受到影响，建议采用日苏之间发表声明书的方式加以处理，并希望"迅速缔结贸易协定和渔业协定，设立日苏两国组成的委员会处理日苏间及满洲国和外蒙之间的问题"。关于北库页岛权利的附属议定书双方也互不相让，谈判无法取得进展。

面对莫洛托夫的强硬态度，松冈颇为沮丧，感到"条约无论如何也签不成了"。为了对苏联施加压力，松冈直接向斯大林表示，准备于 13 日离开莫斯科回国，摆出中止谈判的姿态。11 日晚上，松冈突然接到电话，告知第二天斯大林接见。12 日下午 5 时，斯大林在克里姆林宫办公室接见了松冈。松冈深知同苏联最高领导人会谈是决定谈判成败的最后关头，抓住机会再次提出，苏联占据了 16 世纪以来就属于日本的北库页岛，日本国民长期来迫切要求将北库页岛卖给日本。斯大林针锋相对地要求日本将南库页岛卖给苏联，"东从堪萨加，西到滨海省，一掐住咽喉，我们不就是束手待毙了吗？"松冈对此回答说："苏联不好向印度、伊朗方面发展吗？日本对此可不予过问。"松冈见斯大林仍不动声色，无可奈何地表示，此行未能取得外交闪电战的胜利，深为惋惜。斯大林听后突然笑着对松冈说："那么把'闪电战'还给你吧。"当即表示接受松冈在会谈中提出的两国声明书的方式来处理满蒙边界问题的建议，并同意暂不签订有关北库页岛权利转让的附属议定书。关于北库页岛权利的解除问题在签订中立条约后几个月内再行协商解决。松冈对斯大林的意见立即表示同意。于是形势急转直下，打开了几天来濒于破裂的僵局，十几分钟内立即达成协议。

4月13日下午2时，在克里姆林宫举行了苏日中立条约的签字仪式，斯大林等苏联领导人出席。莫洛托夫和松冈洋右、建川美次分别代表苏联和日本政府在条约上签了字。随后，苏联政府为庆贺条约的签订举行便宴，宴会气氛友好热烈。松冈离苏返国时斯大林破例率领苏联领导人亲往火车站送行，在归途中，松冈向斯大林发出致谢电。

4月22日下午，松冈一行回抵东京，在下午9时召开的政府大本营联席会议上报告日苏谈判的情况。4月24日，日本枢密院通过苏日中立条约，天皇立即批准。4月25日，苏联最高苏维埃主席团亦批准苏日中立条约。同日，苏联和日本政府代表在东京交换条约批准书，宣布苏日中立条约正式生效。

条约的内容和影响

苏日中立条约共四条。第一条："缔约双方保证维持他们之间的和平友好关系，并相互尊重缔约另一方的领土完整和不可侵犯。"第二条："如果缔约的一方成为第三者的一国或几国的战争对象，缔约的另一方在整个冲突过程中将保持中立。"第三条规定，条约自双方批准之日起生效，有效期五年，如缔约任何一方在期满前一年未通知废止该条约，则条约应视为自动延期五年。苏联和日本政府在签订中立条约的同时发表声明，宣称"苏联政府和日本政府庄严声明，苏联保证尊重满洲国的领土完整和不可侵犯，日本政府保证尊重蒙古人民共和国的领土完整和不可侵犯。"苏日双方还交换信件，规定日本应在六个月内撤销在北库页岛的租让企业。

日苏中立条约在日本的反应十分强烈。日本首相近卫听到条约签订的消息后说："现在好歹可以安心了。……松冈这个人是有能力的。"日本参谋本部认为："由于中立条约的签订……对日本的南进有利。"日本统治集团中也有人批评松冈洋右执行"脱离常规的外交"。前外相币原喜重郎不无感叹地说："克里姆林宫唆使鹬蚌相争的巧妙艺术实在是惊人的"。日本舆论界普遍认为，日苏中立条约"使日本在政治上感到北方大体上安定下来"，同时有助于"中国问题"的解决，有助于在日美谈判中"保持对美国的均势"。

事实上，条约对日本来说并未收到预期效果。在军事上，仍然没有摆脱苏联在远东的"沉重的军事压力"。大本营陆军部不敢因签订中立条约而削减对苏的军事准备，日军在中国东北境内始终保持30万以上兵力，不敢冒险把兵力转用于其他战线。日本原想借助日苏中立条约迫使苏联停止援助中国，从而早日解决侵华战争的企图，以及增强对美国谈判的地位等打算都未兑现。

日本统治集团从签订条约的第一天起就没有履行的诚意。日苏中立条约在4月24日提交枢密院审查时，顾问官南弘曾质问道："如果发生苏德战争，日德军事同盟和日苏中立条约有无矛盾？"松冈回答说："在法理上会有矛盾，但日本要凭独自的立场来决定。"陆相东条更直言不讳地说："尽管有了这个条约，日本对苏军备要日益充实。对苏必须不断施加威压，违反条约是各国都有的实际情况。"5月8日，松冈在给天皇奏折中更明确地说："或许德苏的冲突即将发生，到那时，日本就必须放弃中立条约，站在德国方面进攻伊尔库茨克。"松冈对德国驻日大使奥特说："如德苏开战，没有一位日本首相或外交大臣能使日本保持中立。无论如何，日本都将同德国联合进攻俄国，任何中立条约都不会改变这种情况。"6月2日德国对苏联发动突然袭击，第二天松冈立即进宫，奏请天皇赶快对苏开战，指出："在德苏开战的今天，日本也应同德国合作进攻苏联，为此以暂时推迟南进为宜。"6月27日松冈在政府大本营联席会议上辩论时说："最初不签订中立条约就好了。……我们必须在德苏战局胜败未定时就动手。"枢密院长原加道在辩论时说："日本打苏联不会被人说成是不守信义，但愿打苏联的良机早日到来。"7月13日松冈在回答苏联驻日大使斯梅塔宁关于日本是否继续信守中立条约的询问时露骨地说："我认为日苏中立条约不适用目前进行的战争。"

6月28日和7月14日，里宾特洛甫两次电告德国驻日大使奥托，要他力促日本"尽快投入对俄战争"，"冬季之前在横贯西伯利亚的大铁道上同日军握手"。松冈积极响应德国的建议，坚决主张立即对苏作战。他在政府大本营联席会上扬言："英雄要善于回头，我辈曾主张南进，但今天却必须立即转向北方。"

后来日本始终没有对苏作战，并不是因为签订了苏日中立条约，而是因为大量日本陆军被牵制在中国战场，而"北进"苏联主要依靠陆军，因而力不从心。关东军在1938年和1939年曾对苏发动过两次试探性的大规模行动，但都遭失败，因此日本不敢贸然对苏进攻；日本在中国战场资源消耗巨大，日本必须"南进"，掠夺南洋地区丰富的战略资源，以充实国力，建立"自给自足"的经济体系，维持和扩大战争；日本统治集团始终把确立东方霸主地位、实现"大东亚共荣圈"作为首要战略目标，这就势必在东南亚和西南太平洋同美、英、荷等殖民帝国发生冲突，与日苏矛盾相比，日美矛盾是主要矛盾。

7月末，美、英、荷宣布冻结日本资产，南方形势突然紧急，大本营的注意力便转向应付南方事变。8月5日接替松冈继任日本新外相的丰田贞次郎向苏联驻日大使保证："日本将忠诚地履行中立条约中所规定的各项义务。"8月9日大本营陆军部在《帝国陆军作战纲要》中决定"无论德苏战争如何演变，1941年内放弃解决北方问题的企图，专心于南方的方针"。年底，太平洋战争爆发，日本陷入自掘的陷阱，再也无力顾及北方。到1943年，第二次世界大战发生根本转折，德、日、意陷入被动挨打的局面，"北进论"从此束之高阁，转而被迫乞求用中立条约来维护北方的安全。

苏日中立条约是苏联外交活动的一个重大胜利，它巧妙地利用了日德和日美间的矛盾，有利于分化敌人，有助于摆脱东西两线作战的威胁，巩固东部边境安全。苏联对苏日中立条约给予了高度评价。1941年4月15日，苏联《真理报》和《消息报》发表社论，指出"苏日中立条约是苏联和平外交政策的巨大胜利"，"是争取和平的重大步骤"，"是苏日关系的历史性转折"，"加深了德意日之间的矛盾"。强调"苏日中立条约的签订，巩固了我们祖国远东边境的安全，在希特勒德国的威胁日益增长的情况下，它有助于维护远东的和平"。

在苏日中立条约签订后两个多月，法西斯德国就发动了侵苏战争，这时显示了苏联断然签订条约的重要意义。苏德战争初期，苏联很关心苏日中立条约的作用和命运。6月24日、7月2日和7月13日，苏联驻日大使斯梅塔宁一再前往日本外务省探询日本是否继续信守苏日中立条约。

苏联虽然重视苏日中立条约，却并没有把保障远东边界的安全寄托在中立条约上，它同时采取了一系列加强远东国防的实际措施。1941年下半年，苏联在远东新组建了第三十机械化军、第五十九坦克师和第六十九摩托化步兵师。到1941年6月，远东方面军已拥有1737架飞机，扩建了远程轰炸航空兵第五军，太平洋舰队拥有近300艘舰艇。在整个卫国战争期间，苏联在远东的驻军一直保持在50万人以上。正是这支强大的防御力量，使日本不敢贸然侵犯苏联。

苏联也没有被苏日中立条约完全束缚自己的手脚。苏日中立条约规定，缔约一方与第三国交战时，另一方在整个战争过程中保持中立，但苏联在太平洋战争爆发后却同英美中等正在和日本交战的国家结成反法西斯同盟关系。1943 年 11 月 28 日，斯大林在德黑兰会议上保证，在取得对德战争胜利后，不管苏日中立条约是否逾期，一旦苏联远东军事力量得到必要的增援，苏联将参加对日作战。1944 年 10 月 15 日，斯大林进一步对美国军事代表团团长迪恩将军说，苏联将在欧战结束后三个月内在远东发动对日战争。1945 年 2 月 8 日，苏联与英美签订了《关于日本的协定》，同意在取得比苏日中立条约更有利条件的保证后参加对日作战。1945 年 4 月 5 日，苏联外交人民委员莫洛托夫通知日本驻苏大使佐藤，苏联决定不再延长苏日中立条约的期限，因为"日本援助其盟国德意对苏作战，并同苏联的盟国英美处于交战状态，在这种情况下，日苏中立条约已失去意义，不可能继续存在"。1945 年 8 月 8 日，苏日中立条约尚未满期，苏联就出兵中国东北，给日本致命一击，加速了日本的投降。

但应当指出，苏联政府关于满洲国的声明损害了中国的领土主权，伤害了中国人民的尊严和感情，也违背了 1937 年 8 月 21 日签订的《中苏互不侵犯条约》第二条的规定："倘两缔约国的一方受一个或数个第三国侵略时，彼缔约国约定，在冲突全部时期内，对于该第三国不得直接或间接予以任何协助，并不得为任何行动，或签订任何协定，致该侵略国得用以施行不利于受侵略之缔约国。"1941 年 4 月 14 日，中国政府外交部长王宠惠发表声明，宣布中国四省是中国领土，满洲国是非法的，中国政府决不承认苏日中立条约，苏日共同宣言对中国无效。

1941 年 4 月 16 日，中国共产党针对国内外因签订苏日中立条约而泛起的反苏逆流以及寄抗战胜利于苏日交战的论调，庄严声明："苏日中立条约的意义，首先在于巩固了苏联东面的和平，保证了社会主义建设的安全发展，而苏联这种和平发展也即是全世界劳动人民与被压迫民族的利益。"

苏联在签订苏日中立条约后，并未改变对中国抗战所持的正义立场。4 月 16 日，苏联外交人民委员莫洛托夫接见中国驻苏大使邵力子，郑重宣布："此约完全与中国无关，对华政策更无变更。"同时，苏联驻华大使潘友新也向蒋介石本人阐明了苏联的立场，苏联继续在物资和军事顾问等方面对中国进行援助，来华军事顾问团直到 1942 年 2 月下旬才回国。

反法西斯战争是世界人民共同的事业。苏联出于先欧后亚的战略需要及时签订了苏日中立条约，这对最后战胜法西斯侵略集团、争取国际反法西斯战争的胜利是有利的。归根到底，对支援中国抗战，最后打败日本法西斯也是有利的。因此，中国共产党和中国人民对苏联这一外交措施是采取支持态度的。

苏日中立条约在美英的反应比较复杂。有些人指责苏日中立条约是"对美国的严重威胁","是松冈外交的胜利","日本可以在太平洋自由行动了"。但美国舆论界普遍认为签订苏日中立条约是苏联面对希特勒的威胁而想去巩固它东翼的一种努力。美国国务卿赫尔 4 月 14 日在记者招待会上说,"中立条约的意义被过高地估计了。这个协定只不过是反映日苏两国已经存在的状态的文件,用不着任何惊奇"。英国驻苏大使克里普斯也认为苏日中立条约是"反德的,因为它唯一的目的是当德国可能进攻苏联西部边境时维护俄国东部边境的和平"。事实证明,苏日中立条约并未影响苏联和美英两国的合作关系。苏德战争爆发后,英美都公开表示援助苏联抗击德国的侵略,太平洋战争爆发后,美国舆论界仍认为苏联对日本保持中立,集中力量打希特勒德国是正当的、合理的。美英政府都没有要求苏联立即参加对日作战,相反,都继续支持苏联集中力量同德国搏斗。

苏日中立条约从签订到废除,苏联始终处在主动地位。苏联善于把握复杂多变的国际局势,巧于利用帝国主义之间的矛盾,大大改善了战略地位,这无疑是外交上的出色成就。

希特勒德国进攻苏联

张兴伯

1941 年 6 月 22 日，希特勒德国背信弃义地进攻苏联。苏德战争的爆发扩大了第二次世界大战的规模，它使全世界爱好和平的国家和人民更加看清了法西斯国家侵略的危险性，促进了世界反法西斯同盟的建立。苏联人民的卫国战争加强了世界反法西斯阵营的力量，预示了法西斯阵营的必然灭亡。

"巴巴罗沙计划"

占领社会主义苏联是希特勒侵略计划的一个重要目标。1939 年 8 月苏德互不侵犯条约的签订，并不意味着希特勒侵苏计划的改变。当时，希特勒决定首先向英法及其盟国开刀，为了避免两面作战，才与苏联签订上述条约，而把对苏联的侵略放在了下一步。希特勒曾明确地指出：他同斯大林结盟，"纯粹是为了取得但泽市和走廊而采取的一个策略步骤"。"只有我们在西线腾出手来的时候，才能够反对俄国"。

法国投降后，希特勒于 1940 年 7 月 16 日下达"海狮作战计划"，企图征服英国。但因英国握有制海权，英吉利海峡是难以逾越的障碍，致使"海狮计划"搁浅。6 月和 7 月，希特勒几次向英国提出和平建议，遭到丘吉尔政府拒绝。8 月，希特勒对英国发动大规模空战，遭到重大损失。在这种情况下，希特勒决定暂时放弃征服英国的计划。

1940 年 11 月和 1941 年 3 月，德国胁迫罗马尼亚、匈牙利和保加利亚先后加入德意日三国同盟条约，随后又同意大利一起占领了希腊和南斯拉夫，控制了整个巴尔干半岛，形成了对苏联的半月形包围。截至 1941 年 6 月，德国占领欧洲 14 个国家，实力大增，基本上消除了后顾之忧。这时，希特勒认为，进攻苏联的时机已经成熟。他指望一举攻下苏联，利用苏联丰富的资源来加强自己，然后再回过头来攻打英国。

1940 年 7 月 21 日，希特勒向三军总司令指出："必须密切注意苏联动向，应该考虑制订一个进攻苏联的计划。"希特勒曾打算在 1940 年秋对苏联发动进攻，但因尚未准备就绪，于 7 月 29 日把进攻日期改为 1941 年春天。7 月 31 日，希特勒亲自向三军总司令和总参谋长宣布了这一决定，特别指出，占领俄国大片领土是不够的，"要消灭俄国生存的力量！这才是目的！"负责制订侵苏战争计划的是陆军总参谋部、最高统帅部的作战局以及经济和军备局。7 月中旬开始工作，到 11 月已基本完成。11 月 28—12 月 3 日，德军统帅部进行了战役演习，以检验作战计划的可靠性。1940 年 12 月 5 日，希特勒与陆军总司令勃劳希契和陆军总参谋长哈尔德共同解决了制订侵苏计划中出现的分歧意见。希特勒特别强调，进攻苏联时，"计划应该是把苏联战线分割为几段，迫使他们投降当俘虏，因此必须找好可以进行大规模围剿战的出发位置"。

1940 年 12 月 18 日，德国元首大本营发布 21 号指令，即代号为"巴巴罗沙计划"的侵苏战争计划。"巴巴罗沙"是红胡子之意，是德意志国王、神圣罗马帝国皇帝腓特烈一世（1125—1190）的诨号，用它作为代号，意即要实现腓特烈一世妄图征服周围国家、称霸欧洲的野心。

"巴巴罗沙计划"总的战略目的是："在对英国的战争结束以前以一次快速的战役击溃苏联。"准备工作应在 1941 年 5 月 15 日以前完成，1941 年 5 月中开战。计划规定，"用装甲部队纵深楔入的大胆作战摧毁俄国西部的俄国陆军主力"，攻占列宁格勒、莫斯科和顿巴斯，推进到阿尔汉格尔斯克，囊括伏尔加河至古比雪夫、斯大林格勒至阿斯特拉罕一线，并在那里建成防线，入冬前结束战斗。计划规定在三个方面发动进攻："北方"集团军群自东普鲁士的哥尼斯堡以东向陶格夫匹尔斯、普斯科夫、列宁格勒总方向进攻，歼灭波罗的海沿岸苏军，阻止苏军东撤，在有利的条件下向列宁格勒推进。"中央"集团军群自波兰华沙地区向布列斯特、明斯克方向突击，围歼白俄罗斯的苏军，再向斯摩棱斯克方向进攻，直指莫斯科。"南方"集团军群自波兰的赫尔姆、热舒夫向科罗斯坚、基辅方向进攻，占领基辅和第聂伯河渡口，沿右岸向东南进攻，协同从罗马尼亚开来的军队，消灭右岸乌克兰的苏军，再强渡第聂伯河，进攻顿巴斯。

为了严格保密，"巴巴罗沙计划"只印了九份，三军各一份，其余由最高统帅部保存；对高级战地指挥官，也只能口头传达。希特勒采取了一系列迷惑手段，以掩护"巴巴罗沙计划"。德军最高统帅部于 1941 年 2 月 15 日下达了《制造假情报欺骗敌人的命令》，执行这一命令的德军总参谋部情报处和反间谍处策划了多种活动，制造入侵英国的假象。完成"巴巴罗沙计划"军事部署的德军大量东调，被说成是"为了隐蔽入侵英国的最后准备工作而采取的有史以来的最大行动"。德国大量出版英国地图，军队配备了英语翻译，到处流传着那个不存在的空降军的消息。海岸上配置了假火箭，军队流传一种说法是，他们正在进行入侵英国以前的休整，另一种说法是军队将经过苏联进攻印度。为了使人相信登陆英国之说，制订了暗号为"鲨鱼"和"鱼叉"的特别作战计划，宣传完全中止了平常那种对苏联的攻击。

希特勒发布消灭布尔什维克政委、苏联国家政治保卫局人员和共产主义组织分子的《政治委员命令》，为发动反苏战争在军队中制造舆论。

希特勒采取了一系列外交和军事措施，创造对苏战争的有利条件。

1940 年 9 月 27 日，德国同日本和意大利在柏林签订三国军事同盟条约，企图利用这一条约牵制苏联远东军的军事力量。1941 年 3 月 5 日希特勒签署的《关于同日本合作》的 24 号指令明确规定："三国同盟的合作旨在促使日本在远东尽快采取积极的行动。"1940 年 6 月至 1941 年上半年，希特勒与墨索里尼和齐亚诺进行了多次会谈，并在北非、希腊、南斯拉夫和阿尔巴尼亚同意大利采取共同军事行动，帮助意军挽救了败局。这些行动使意大利增加了对德国的依赖，德国则乘机渗透控制，维持德国在北非和欧洲的优势，把意大利的军事行动纳入德国的计划，以保证"巴巴罗沙计划"的实行。

希特勒竭力拉拢苏联的周围国家以孤立苏联。德国挑拨芬兰与苏联的关系，1940 年 9 月，德芬参谋部之间达成协议，共同进行侵苏战争准备，使芬兰成了德国发动反苏战争的伙伴。德国胁迫瑞典同意将铁矿砂的 80% 运往德国，允许德军和军用物资过境运入芬兰。德国对土耳其施加压力，迫使其于 1941 年 6 月 18 日与德国缔结《友好和互不侵犯条约》，允许德、意军舰通过黑海海峡。

为了保证"巴巴罗沙计划"的实施，希特勒不顾海空军关于增产飞机、鱼雷和潜艇的强烈要求，给托特下达命令：要千方百计地增加陆军装备的生产，为 1941 年发动侵略战争作准备。

德国攻占欧洲大片领土后，经济实力大为增强。1941 年，德国生产钢 1900 万吨，生铁 1400 万吨，煤 25700 万吨，飞机 11030 架，坦克 4000 辆，火炮 34000 门（比 1940 年增加 2.4 倍），冲锋枪 325000 支（比 1940 年增加

1.9 倍），步骑枪 1359000 支。如果加上已占领的国家的人力物力，就远远超过上述数字。1941 年德国及其占领国共生产钢 3180 万吨，生铁 2430 万吨，煤 43900 万吨。此外，德国从战败的英、法、荷、比、挪等国军队那里缴获的武器装备可装备 150 个师。德国可从它占领和控制的地区取得它所缺乏的战略物资。德国利用雄厚的经济潜力，为对苏战争做了比较充分的准备。

德国在西线取得胜利后，军事力量大为增强。德国在陆军和空军的人数、装备及作战经验方面，都超过了任何资本主义大国。为了准备发动侵苏战争，德国在 1941 年上半年又扩建陆军 58 个师。到 1941 年 6 月，德国陆军共 214 个师又两个旅（其中有 19 个坦克师和 14 个摩托化师），约 500 万人；空军有 5 个航空队、国土防空军和空降兵，约 168 万人，海军共 3 个联合编队，约 40.4 万人；此外还有党卫军 15 万人。以上陆海空三军正规军加上党卫军，总计 723.4 万人。如果加上陆军中的 90 万编外人员和 35 万其他部队，德国的武装部队总人数达 850 万人。德军拥有 5639 辆坦克、1 万余架飞机、6 万余门大炮和迫击炮、217 艘舰艇。这就是发动侵苏战争前夕，德国战争机器的实力情况。

希特勒进攻苏联的军事准备，早于"巴巴罗沙计划"的出笼。德军的军事部署有以下两个阶段。

1. "巴巴罗沙计划"出笼前的军事部署

1940 年 8 月 9 日，武装部队最高统帅部发布了"奥托"指令，实际上是为东线作战制订运输和给养计划，其中包括在波兰总督区建立后勤军事设施；开辟训练场地；改进公路网和铁路网；在东普鲁士建立一个指挥作战的总部。1940 年 7 月起德军开始开进东普鲁士、波兰、挪威北部和罗马尼亚等地。至 1941 年 1 月，向东线集中了共 44 个师（其中有 3 个坦克师）和 12 个军的司令部。

2. 1941 年 1—6 月的军事部署

参加"巴巴罗沙计划"的德军，分为 5 个梯队调至苏德边境，除第五梯队为预备队外，其他 4 个梯队都是直接参加进攻的部队。第一梯队有 7 个步兵师和 1 个摩托化师，要在 2 月 4 日—3 月 12 日集中在但泽、卡托维兹一线。第二梯队有 18 个步兵师，要在 3 月 16 日—4 月 3 日抵达哥尼斯堡、华沙、塔尔努夫一线。第三梯队有 16 个步兵师，要在 4 月 10 日—5 月 10 日调至沃耳希廷、腊多姆一线。第四梯队有 19 个步兵师和 28 个坦克和摩托化师，要在 5 月 25 日至 6 月初到达各指定地点，这是实施首次突击的主力。当上述调遣完毕，在入侵苏联前的最后几昼夜，各突击集团才进入进攻出发地区。第五梯队有19个步兵师以及3个坦克师和摩托化师，6月22日后才开始调集。

6月19日晚，德军共300万人进入邻近苏联边界的阵地。

6月21日，德军及其仆从军队全部进入阵地，完成了进攻苏联的军事部署。

苏联抗击法西斯入侵的准备

苏联对法西斯国家的侵略威胁和绥靖主义者挑拨战争的危险有充分的估计。苏联政府加紧推行工业化建设，加强经济实力，并采取了一系列巩固国防的措施。

为了粉碎绥靖主义者挑拨苏德战争的阴谋，苏联于1939年8月23日与德国签订了互不侵犯条约，并利用这个条约赢得了有限的和平时期，准备自己的反击力量。

1939年9月17日，苏联以"保护西乌克兰和西白俄罗斯居民"为名，出兵占领了波兰东部。9月28日，苏联与德国签订边界友好条约，划定了苏德在波兰的临时分界线。

为了改善西北边境的防御地位，苏联于1939年10—11月向芬兰政府提出调整苏芬边界的建议，提出把靠近列宁格勒的卡累利阿地峡地区的苏芬边界向北推移几十公里，以确保列宁格勒的安全，为此苏联准备以领土作交换。苏联还提出租借芬兰湾入口处的汉科半岛作为海军基地，此建议遭到芬兰拒绝。苏联于11月28日和29日，先后宣布废除苏芬互不侵犯条约（1932年签订）和断绝外交关系。11月30日，苏军分五路进攻芬兰，开始了苏芬战争。1940年3月，芬兰战败求和。根据3月12日的苏芬和约，卡累利阿地峡地区的苏芬边界向芬兰方面移动了150公里。同时，苏联以每年800万芬兰马克的代价租用芬兰的汉科及附近岛屿为海军基地，为期30年。

1939年9月28日、10月5日和10日，苏联先后与爱沙尼亚、拉脱维亚和立陶宛缔结互助公约，取得在三国驻扎军队和建立海空军基地的权利。1940年6月15—17日，苏军相继占领立陶宛、拉脱维亚和爱沙尼亚三国。7月14日，三国通过选举建立苏维埃政权，8月，苏联最高苏维埃通过决议，接纳三国加入苏联。1940年6月28日，苏军进驻当时属于罗马尼亚的比萨拉比亚和北布科维纳，把比萨拉比亚并入摩尔达维亚，把北布科维纳并入乌克兰。这一系列事件被称作建立"东方战线"。

"东方战线"的建立，使苏联西部边界向西推移了300—400公里，扩大466000平方公里土地，增加近2200多万人口。关于这一"战线"所发挥的作用，苏联官方指出："把自己的国界远远向西推进，得以遏阻了德国侵略势力之毫无障碍向东锐进的道路，致使希特勒军队在向东方进犯时，不是从纳尔瓦—明斯克—基辅之线开始，而必得从更西几百公里的线上开始。"对这一历史问题，西方资产阶级历史学家长期进行猛烈抨击，我国史学界也存在不同看法。

苏联为加强国家实力，一直把发展重工业和国防建设放在首要地位。早在1937年，苏联已由落后的农业国变成了一个工业化和农业集体化的社会主义强国。1940年，苏联的主要工业产量是：生铁1500万吨（比1940年德国生铁产量多50万吨）、钢1830万吨（与1940年德国钢产量相接近）、煤16600万吨（比1940年德国煤产量少3000万吨）、石油3100万吨（大大超过德国的产量）、电力483亿度（少于德国）。

苏联政府调整了工业布局，在东部建立起新的工业基地，并把西部地区的一些国防工业迁往上述地区。到1940年，上述新的工业基地提供了32%的钢、28.5%的生铁、36%的煤和12%的石油。农业生产布局也发生了变化，伏尔加河流域、乌拉尔、哈萨克、中亚和西伯利亚地区的粮食作物占全国的25%。此外，农业战线上拥有71万台拖拉机和联合收割机，还有22.8万辆载重汽车。这些车辆及其驾驶人员，对于战备有重要的意义。

苏联的国防工业有了迅速的发展，第三个五年计划期间，年产量增加了39%，这是和平时期经济的极限。为了完成重工业和国防工业的任务，苏联最高苏维埃主席团于1940年6月26日通过了《关于改行每天工作8小时、实行7日工作周和禁止企业、机关职工任意旷工的命令》。1940年军事拨款为国家预算的32.2%，1941年增至43.3%。1941年3月，总参谋部建议将工业转入战时军事生产的轨道。1939年至1941年6月22日，生产了坦克7000多辆、大炮和迫击炮92578门、飞机17745架、舰艇600艘。

上述工农业生产能力和巨大的国防潜力，是苏联抗击法西斯侵略的经济基础。物资储备从1940年到1941年6月，由40亿卢布增加到76亿卢布。

由于战争迫在眉睫，苏联于1939年9月颁布了《普遍义务兵役法》，延长服役期。苏联军队从1939年1月的194.3万人增至1941年6月的500余万人，但陆、海、空三军都还处在加强和组建过程中。1941年春，陆军有

303 个师。机械化军 1940 年有 9 个，1941 年 3 月决定再建 20 个。1941 年实行战时编制，1 个师应有 14500 人。实际上，内地各师仍为简编师，刚刚组建；就是西部边境的 170 个师和两个旅，编制也都不满，有 144 个师每师缺员 6500 人，有 26 个师每师缺员一半以上。各师更缺乏大炮、反坦克炮、防空武器以及坦克和汽车。空军在 1939 年初有 3 个集团军、38 个旅。1940 年底航空工业比 1939 增长了 37%。1941 年 2 月，苏共（布）中央通过了《关于改编红军空军的决定》，要求在一年内组建 25 个航空兵师的指挥机关和 106 个航空兵团，并有 1/2 用新式飞机装备。但到 1941 年 6 月，只组建成了 19 个齐装满员的航空兵团。西部地区要求修建 190 个新机场，直到 1941 年 6 月绝大部分尚未竣工。已组成的 5 个空降军，因技术兵器不足，大部分只能当作步兵使用。防空部队虽按当时各军区的界线划分若干防空区，但装备不足，一直未解决。全国防空统一领导和集中指挥直到 1941 年 11 月才做到。在战争前夕，海军有 600 艘作战舰艇，其中包括战列舰 3 艘、巡洋舰 7 艘、驱逐舰 49 艘、潜艇 211 艘、鱼雷艇 279 艘、海岸炮 1000 门以上，飞机 2500 架以上，由于新的海军基地的修建和新的舰艇的补充，海军进一步控制了波罗的海、北海和黑海的海域。但对北方舰队重视不够，对海岸防御和对空防御以及对鱼雷和鱼雷武器重视不够，是海军中存在的缺点。

希特勒席卷西欧，大量德军集结在东普鲁士、波兰和巴尔干，法西斯侵略威胁日益逼近的时候，苏军总参谋部对已制订的保卫苏维埃领土的作战计划和动员计划，在 1940 年秋和 1941 年 2—4 月进行了两次修改。1941 年 2 月，批准了军队动员计划（组织问题和物资问题）的最后一个方案，要求各军区在 1941 年 5 月 1 日前完成原动员计划的修改。1941 年 3 月，总参谋部完成了工业转为战时军事生产的动员计划的拟制。由于当时苏联军事生产与需要量的差距，斯大林批准只能满足弹药申请量的 20%。以后，斯大林又责成作出专门决定，大大增加 1941 年下半年和 1942 年的弹药生产。

苏联于 1929—1937 年间在西部边界修筑了堡垒，这是老的筑垒地域，永久发射点在 1935 年以前基本上是机枪，1938—1939 年装备了火炮。1940 年决定，立即将西部各军区的部队部署到建立"东方战线"合并的新地区去，在那里没有防御工事，部署着西部各军区的第一梯队。因此，从 1940 年初起，每年调动 14 万人在西部新国境建造筑垒地区，到德军入侵前建成钢筋混凝土工事 2500 个，其中 1500 个装备有机枪，1000 个装备有要塞炮。旧的筑垒地域中的重要地段和方向上的工事没有拆除并考虑予以加强，只是将次要地段的部分火炮拆下运往西部和西南部去装备新建的筑垒地域。这些筑垒地域中，有的地段如乌克兰的腊瓦鲁斯卡亚和彼烈梅什耳筑垒地域，在抵御德军入侵时起过极其有益的作用。

1941 年三四月份，苏军总参谋部为进一步确定西部国境掩护计划和战时动员计划进行了紧张的工作。法西斯开始侵占南斯拉夫后不久，总参谋部又指示对国境掩护计划作重要修改，修改应于 5 月 10 日前完成，各军区要扩大国境掩护部队的编成。

在确定和修改掩护计划的同时，苏军总参谋部认为波罗的海沿岸军区、西部军区、基辅军区和敖德萨军区的现有部队不足以抗击德军的突击，要求于 5 月内从内地调若干集团军予以加强。军队用野营集训名义，采取战役伪装措施，往乌克兰和白俄罗斯各增调两个简编集团军。4 月下半月，红军领导机关加紧采取措施加强各边境军区的力量，其中包括组建新兵种的师和旅。

1941 年 6 月，苏联在从巴伦支海到黑海的西部漫长防线上，除海岸线由海军负责外，其余 3300 多公里由陆军负责，共分 5 个军区，有 170 个师又两个旅（其中有 32 个坦克师、16 个摩托化师和 7 个骑兵师），共约 268 万人，拥有 1540 架新式飞机和 1800 辆重型和中型坦克。5 个军区的兵力分布如下所示。

列宁格勒军区，共有 21 个师又 1 个旅，编成第七、第十四和第二十三集团军，由波波夫中将任军区司令员，负责苏芬国境从雷巴奇半岛至芬兰湾的掩护任务。

波罗的海特别军区，共有 25 个师又 1 个旅，编成第八、第十一和第二十七集团军，由库兹涅佐夫上将任司令员，负责苏联与东普鲁士边界的掩护任务。

西部特别军区，共有 44 个师，编成第三、第四、第十和第十三集团军，由巴甫洛夫大将任司令员，负责从立陶宛南端至乌克兰北端的掩护任务。

基辅特别军区，共有 58 师，编成第五、第六、第十二和第二十六集团军，基尔波诺斯上将任司令员，负责从多玛切夫至朴卡纳的掩护任务。

敖德萨军区，共 22 个师，编成第九集团军和独立步兵第九军，切列维钦科中将任司令员。第九集团军负责苏罗边境的掩护任务，独立第九军驻守于克里米亚。

5 个军区以兵力的 2/3 担任掩护任务，但是它们并没展开兵力，更没有占领各防御地区；只有少数师在国境线上，大部分师只部署一个团在边境工事内，各师主力多驻扎在距边境 5—20 公里以内的地带。至于驻扎在各军区纵深的部队，距离边界 150—500 公里不等，开始向边界集中。当希特勒发动进攻时，边境线上的兵力很少，无法实现掩护计划。军队按掩护计划向前线移动，必须经斯大林批准。6 月 13 日、14 日，铁木辛哥和朱可夫曾要求批准下令边境军区部队进入战斗准备，根据掩护计划展开第一梯队，要求部队进入一级战备状态。斯大林不同意，主要是怕引起德国的误会。此后，铁木辛哥建议各军区司令员举行兵团战术演习，使军队向掩护计划规定的展开地域靠近。各军区都这样做了，但大部分炮兵部队正在进行打靶训练，而未能随行，所以当法西斯入侵时大部分炮兵不在前线。

　　1941 年 6 月 21 日晚，有一个德军事务长（捷克斯洛伐克共产党党员）越过利沃夫地方的边界线，向苏军提供了德军将于 6 月 22 日晨发动进攻的消息。这一日期与苏联从各渠道获得的情报完全一致。事态的严重，使苏联领导人不得不认真对待。1941 年 6 月 21 日晚，斯大林批准了各边境军区部队进入战斗准备的命令，西部 5 个军区进入一级战斗准备，以防德军或其盟军的突然袭击。6 月 21 日 24 时，又有一个德国兵向基辅军区投降，报告德军将于 22 日 4 时开始进攻。苏军总参谋部立即将此消息通告各军区。

法西斯德军入侵苏联与苏德战争的爆发

　　1941 年 6 月 22 日凌晨，希特勒撕毁苏德互不侵犯条约，未经宣战，向苏联发起全面进攻。德方进攻的兵力，有德军 153 个师（其中有 19 个是坦克师），芬、罗、匈三个仆从国家 37 个师，共 190 个师，坦克 3700 辆，飞机 4900 架，大炮与迫击炮 47000 多门，舰艇 193 艘。战争是以突然袭击开始的。在地面部队越过国境之前，炮兵猛轰苏军的工事和驻地，空军则深入纵深轰炸机场、港口、交通枢纽等战略要地。德机在 3 时零 7 分袭击黑海舰队，3 时 30 分袭击白俄罗斯城市，3 时 33 分袭击乌克兰城市，3 时 40 分袭击波罗的海沿岸的考那斯等城市。在半天之内就炸毁了 66 个机场和 1200 架飞机。4 时左右，在波罗的海到匈牙利的苏联边界线，有多处被突破。24 小时内，德军在不同战线侵入苏联境内 25—50 公里。

　　6 月 22 日 5 时半，德国驻苏大使舒伦堡才向苏外长莫洛托夫递交宣战书。此后，芬兰、罗马尼亚、匈牙利和意大利相继对苏宣战。6 月 23 日，希特勒到达东普鲁士拉斯登堡以东的大本营（"狼穴"）指挥战争。

法西斯侵略军根据"巴巴罗沙计划"，由北方集团军群、中央集团军群和南方集团军群分三路向苏联领土推进。

北方集团军群由第十八集团军、第十六集团军、第四装甲集群和 3 个保安师组成，共计 29 个师，还有第一航空队 1070 架飞机的支援；冯·李勃元帅任指挥。这一路德军从东普鲁士哥尼斯堡向苏联波罗的海沿岸地区进攻，它的任务是歼灭波罗的海地区的苏军，进攻列宁格勒。

中央集团军群由第四集团军、第九集团军、坦克第二集群、坦克第三集群（共 50 个师又两个旅）组成，还有第二航空队 1600 架飞机的支援，冯·包克元帅任指挥，它的任务是围歼白俄罗斯的苏军。

南方集团军群由第六、第十七、第十一集团军、坦克第一集群，以及罗马尼亚第三、第四集团军和匈牙利 1 个快速军（共 57 个师又 13 个旅）组成，还有第四航空队和罗马尼亚空军共 1300 架飞机的支援；由冯·龙德斯泰特元帅指挥。它的任务是进攻基辅，在第聂伯河以西歼灭在乌克兰的苏军主力。

战争初期的胜利，使希特勒认为 3 个月征服苏联的美梦即将实现。希特勒的得意忘形，"狼穴"内充满了欢乐气氛，一些法西斯将军一度失去了理智。哈尔德"甚至认为对苏战争在 14 天内即使不能结束，至少也能胜利"。7 月 19 日，希特勒成立了新的"东方部"，专门管辖俄国和巴尔干地区，任命罗森贝尔为部长。

战局并没有按照希特勒希望的那样发展。德国进攻开始以后，以斯大林为首的苏联政府，立即采取了一系列紧急措施，动员全国一切人力、物力资源，进行伟大的卫国战争。

6 月 22 日 7 时 15 分，苏联国防人民委员发布第二号命令，要各军区立即用所有的兵力歼灭入侵之敌，但当时的实际条件已不可能执行这一命令。上午 10 时，斯大林提交最高苏维埃主席团批准动员令：从 6 月 23 日起，除中亚、外贝加尔和远东军区外，在 14 个军区，对 1905—1918 年出生的有服兵役义务的公民实行动员，并在欧洲部分实行军事管制。12 时，莫洛托夫发表广播讲话指出，德国背信弃义，撕毁苏德互不侵犯条约，对苏突然袭击，是侵略者；他号召苏联全体军民粉碎法西斯的进攻，将侵略者赶出国土。12 时左右，国防人民委员发布第三号命令，要求苏军转入反攻，粉碎主要方向上的敌人，并向敌人国土挺进。这一命令当时实际上是办不到的，朱可夫后来说下达这样的命令是犯了错误。12 时许，波罗的海特别军区改组为西北方面军，西部特别军区改组为西方方面军，基辅特别军区改组为西南方面军。13 时，统帅部派朱可夫到西南方面军任统帅部代表，派沙波什尼科夫和库利克去西方方面军任统帅部代表，以加强方面军的领导力量。

6 月 23 日，组成苏军统帅部：铁木辛哥任主席，其他成员为朱可夫、斯大林、莫洛托夫、伏罗希洛夫、布琼尼和库兹涅佐夫。同日，总参谋部预先制订的动员计划、弹药生产计划开始生效。

6 月 24 日，列宁格勒军区改编为北方方面军。此外，还组建了南方方面军。同日，联共（布）中央和苏联人民委员会决定，建立疏散委员会，领导全部疏散工作，其中包括大企业的东迁。

6 月 26 日，斯大林命令组成预备队方面军。

6 月 27—29 日，联共（布）党中央动员共产党员和共青团员上前线，加强苏军的政治思想工作。

6 月 30 日，成立国防委员会，斯大林任主席，领导战时的全部工作。

至 7 月 1 日，已动员了 530 万人组建新的战略预备队。在列宁格勒、莫斯科等城市建立了民兵组织。在沦陷区成立游击队，开展游击活动。

7 月 3 日，斯大林代表党中央发表广播演说，说明前线情况，号召全国人民立即重新安排全部生活和国家经济，以适应战时要求，号召党和人民奋起保卫祖国，捍卫每一寸苏联国土，为保卫苏联的城市和乡村战斗到最后一滴血。

法西斯德军的突然袭击，使苏联边境线上的防御体系陷于瘫痪。苏军仍然奋战，打击敌人。希特勒的副官尼·冯·贝洛在回忆录中写道："头几天的交战表明，苏联对战争的准备工作比我们预料的要充分。""苏联人的仗到处打得很漂亮，有些打得很顽强、很坚决，迫使我军不得不与之激战。""南方的俄国人抵抗是剧烈的，仗也打得漂亮。在那里指挥作战的龙德斯泰特说，在整个战争中还没有遇到如此精良的对手。"战争开始后，西方方面军面对的"中央"集团军群，在所有主要突击方向上，敌人都拥有 5—6 倍的优势，又不断地得到空中支援。其他方面军面临的敌我力量对比，与此类似。在这样力量对比悬殊的情况下，苏军节节败退。

德军的闪电战在战争初期取得了很大成功。德北方集团军群于 6 月 26 日夺取了西德维纳河的渡口，7 月 1 日占领里加，7 月 5 日攻占奥斯特罗夫。6 月 29 日，德中央集团军群攻占白俄罗斯首府明斯克，合围苏联两个集团军，苏军损失惨重。6月30日，德南方集团军群攻占利沃夫和罗夫诺，7月9日攻占日托米尔，直趋基辅。

6月22日至7月中旬，德军的各集团军群推进300—600公里不等，占领了拉脱维亚和立陶宛的全部，白俄罗斯、乌克兰、摩尔达维亚的大部和第聂伯河以西的乌克兰地区，威胁着列宁格勒、斯摩棱斯克和基辅。苏军被歼28个师，遭受重大损失的有70个师，30万人被俘，损失大炮3000门、坦克1500辆、飞机2000架和2000车皮的军火。在苏军的反击下，法西斯德军丧失近10万人，损失了1000多架飞机和1500辆坦克。

战争初期，苏军的严重失利不是偶然的，主要有以下几个方面的原因。

第一，苏联领导人对德国入侵的时间估计错误，主观地认为在1942年前德国不会发动进攻。这种估计导致战备时间表安排不当，对德军的突然袭击准备不足。苏联领导人认为，德国为了避免两线作战，在征服英国以前，不会贸然进攻苏联。苏联情报部门早在1941年初就获悉德国准备进攻苏联的"巴巴罗沙计划"，德国反纳粹地下活动小组领导人哈罗·舒尔茨·波森把该计划的详细部署和执行日期及时地报告到了苏联情报中心。苏联的谍报人员、英美官方和情报部门向苏联当局提供了几十份有价值的情报。苏联领导人对这些情报的准确性做了错误估计。当时英国特别希望德国进攻苏联，以摆脱孤军作战的危险境地，因此，斯大林对英国方面提供的情报始终持怀疑态度，深恐中了英国挑拨苏德战争的诡计。苏联还没有做好反侵略战争的准备，竭力推迟战争的爆发。为了不给德国入侵造成口实，苏军主力部队未进入边境阵地，而是驻扎在远离国境线的地区。当德军发动突然袭击时，边界线上守军力量薄弱，使敌人的闪击战易于奏效。

第二，苏军统帅部在战略战术思想上对现代化战争准备不足。苏军领导机构以为，战争仍可能像第一次世界大战那样，开战后双方在边境交战几天，然后投入主力，而主力部队的展开至少需要两个星期，在此期间，苏军掩护部队可以进入阵地，完成抗击敌人的任务，为以后的大反攻创造条件。苏军对以机械化部队为核心的德军的闪击战缺乏准备。德国调集70%以上的主力于苏德战场，集中使用坦克、飞机等技术兵器，以优势兵力发动闪电式的进攻，苏军对此准备不足，原以为德军最多只能在苏德战场上投入50%的兵力。战争爆发前，苏军领导人仅仅研究并准备以进攻性回击来对付敌人的进攻，将战争推移到敌国领土进行；对于强敌闪击战的对策、战略退却，反合围和遭遇战都缺乏理论上的研究，更没有具体的准备和部署。苏军把军需储备置于靠近前沿的地方，结果当德军向纵深突入时，大批军需物资陷于敌手。苏军未建立战时通信系统，战争爆发后，在敌人炮击、空袭和特工人员的破坏下，通信系统遭到破坏，以致中央和各军区之间、军队与所属部队之间失去联系，造成各自为战的混乱局面。

第三，苏军尚未完成战争准备。西部新占领地区的防御工事和一批新建的机场尚未完工。1937—1938 年苏联肃反扩大化清洗了大批有经验的军事干部，虽然各集团军在 1941 年夏季前进行了大规模的干部训练，但未能及时补上军队缺乏的指挥干部。战争爆发时，苏军正处在改组军队、重新训练、建立军事物资储备和后备力量的阶段，国家还在执行和平时期的经济计划，战备工作要到 1942 年才能完成。苏军装备陈旧，在军事技术装备方面的生产能力跟不上需要，新型飞机和坦克很少，67％ 的坦克需要大修或中修，弹药储备不足。

第四，力量对比过于悬殊。如上所述，苏联在战争爆发时尚未完成作战准备，主力部队没有进入防御阵地。德国的情况则完全不同，它已占领了欧洲 14 个国家，掠夺了大量的战略物资、武器装备和财富，经济和军事实力空前膨胀。希特勒军队拥有现代化的武器、技术装备，积累了丰富的实战经验。德军能利用突然袭击的有利条件，在突袭时间、突袭地点等方面握有主动权。德军在发动进攻后的短时间内，摧毁了苏联大量飞机、坦克、大炮和军事设施，使红军有生力量受到重创，打乱了苏联的战略部署，而拆迁工厂、重新组织防御等都需要时间。

为了扭转战场的被动局面，苏联当局及时地调整了指挥机构和战略部署。7 月 10 日，国防委员会把统帅部改组为最高统帅部，由斯大林任主席。7 月 19 日，斯大林被任命为国防人民委员。8 月 8 日，斯大林被任命为苏联武装力量最高统帅。国防人民委员部也进行了改组，建立了新的机构。斯大林出任最高统帅，受到了人民和军队的热烈欢迎。

在斯大林领导下，最高统帅部总结了卫国战争开始以后战略策略方面的错误，并及时地予以纠正。6 月 22 日—7 月 9 日的战斗历程表明，第一线的苏军无法阻止德军的全面进攻，也不能消灭入侵之敌。苏军采用的迅速反攻将战争推向敌国领土上的战略，是不符合卫国战争初期的实际需要的。苏军最高统帅部及时地改变了战略指导思想，由实施战略进攻改为战略防御，彻底地修改了作战计划。新的作战计划是破坏敌军的进攻，进行积极的防御，稳定战线，赢得时间以组建战略预备队，不断地消耗敌人的有生力量，不断地削弱敌人的暂时优势，改变力量对比，夺取主动权，为战略反攻创造条件。

为了适应战略防御的需要，调整了军队的组织结构、后勤机关及其工作，加强了战时生产和政治工作。在斯大林为首的联共（布）中央领导下，这些问题都很快地得到解决。"一切为了前线，一切为了胜利"已成为全体军民的发自内心的呼声和衡量自己工作和思想的准绳。苏联进入了战略防御阶段。在这一战争阶段中，苏军彻底粉碎了法西斯的闪击战，取得了几次重大防御战的辉煌胜利，沉重地打击了敌人，为最后反法西斯战争的胜利奠定了基础。

法西斯德国侵略苏联，遭到了全世界人民的反对和反法西斯各国政府的谴责。苏联的伟大卫国战争，得到了全世界人民的支持和反法西斯各国政府的声援。1941年6月22日21时，英国首相丘吉尔发表声明，支持苏联对德作战。23日，美国代理国务卿桑奈尔·威尔斯代表美国总统罗斯福发表声明，支持苏联的反法西斯斗争。6月23日，中国共产党发布了毛泽东起草的《关于反法西斯的国际统一战线》文件，提出组织反法西斯国际统一战线，支援苏联的反法西斯战争，号召用将日本帝国主义驱逐出中国的实际行动来支援苏联。

苏德战争使第二次世界大战进入一个新阶段。苏联人民的伟大卫国战争大大地加强了反法西斯阵营的力量，从而使国际反法西斯统一战线迅速形成和加强。

大西洋会议和大西洋宪章

李铁城　武　冰

1941 年 8 月 9—13 日，美国总统罗斯福和英国首相丘吉尔在纽芬兰阿金夏湾的军舰上，举行了自第二次世界大战爆发后的第一次会晤，史称大西洋会议。这次会议最重要的成果，是双方签署了一项阐述战争目的和战后和平目标的文件，全名为《美国总统和英国首相的联合宣言》，即历史上著名的大西洋宪章。大西洋会议的召开和大西洋宪章的发表是大战初期的重要事件，它对国际反法西斯联盟的形成和壮大发生了积极的影响。

大西洋会议的背景

大西洋会议是在大战爆发初期的一个危急和关键时刻举行的。

1939 年 9 月欧洲战争爆发后，希特勒疯狂地向外扩张，在不到两年的时间内，几乎席卷了除苏联之外的整个欧洲大陆。德国实行的"海狮计划"，使英国本土遭到空前严重的打击，英国在地中海和中近东的势力范围也受到了很大威胁。英国承受着纳粹的重压，形势严重，危如累卵，但它仍苦斗不休，在接连失败中顽强抗击。尽管英国人还能坚持下去，但远不能单独打赢这场战争。丘吉尔急切地想扩大反纳粹联盟和开辟新战场，以摆脱孤军奋战的严重困境。美国虽没有参战，但已成为纳粹的打击目标，多方面地遭到德国的威胁。1941 年 1 月初，罗斯福在致国会的咨文中把当时形势称作美国"历史上空前未有过的一个时刻"，"因为在以前任何时候美国的安全也没有像今天这样严重地受到外来的威胁"。同年 5 月，他在宣告全国处于非常状态的讲话中又明确指出，纳粹发动的欧洲战争已"发展成为一场企图征服世界的世界战争"，"战争正在接近西半球的边缘，离家越来越近了"。在这种形势下，英美双方迫切需要进一步加强联合，共同商讨反法西斯的战略决策。

1941 年 6 月 22 日，希特勒把空前强大的战争机器开向东方，悍然发动了侵略苏联的全面战争。苏联参战使第二次世界大战的形势发生巨大的变化，加强了战争的正义性，扩大了国际反法西斯统一战线。7 月 3 日，斯大林在著名的告苏联人民书中指出：“我们为争取祖国自由而进行的战争，定会与欧美各国人民为争取独立和民主自由而进行的斗争汇合在一起。这将是所有维护自由、反对希特勒法西斯军队奴役和威胁的各国人民的统一战线。”英美统治集团当时对是否要与苏联结成反法西斯联盟的问题，曾有过各种不同的意见。丘吉尔和罗斯福的态度是明确的，还在苏德战争爆发前夕，丘吉尔、罗斯福从各自国家利益出发，就决定如果纳粹进攻苏联，便站在支持苏联一边的对策。苏德战争爆发后，英、美迅速表态支持苏联，并表示要给予苏联一切力所能及的援助。因此，斯大林在 7 月 3 日的演说中对“英国首相丘吉尔先生关于帮助苏联的历史性的演说和美国政府帮助我们的宣言”表示“衷心的感谢”。苏德战场的开辟，使法西斯的主要力量从西线东移，解救了英国的燃眉之急。英国庆幸东线的拼死厮杀给它提供了难得的喘息之机。但英美军事当局却对苏德战场普遍作出了悲观的估计，它们认为，在纳粹的闪击战下，苏联只能抵抗几周的时间，乌拉尔以西的苏联将不可避免地被占领。大西洋会议前夕，苏联人民浴血奋战，创造了战争史上的奇观，战斗进程不断证明英美军方的估计是错误的。罗斯福和丘吉尔当时急需摸清苏联情况，以解开“俄罗斯之谜”，否则就无法在即将举行的会晤中协调对苏政策和扩大反法西斯联盟，而且很可能会导致大西洋会议一事无成。当时正在伦敦安排大西洋会晤事宜的美国总统顾问霍普金斯主动提出要去苏联访问，他在取得罗斯福的同意后，于 7 月底亲自飞往莫斯科拜会斯大林，以了解苏联的实际情况，为罗斯福、丘吉尔在大西洋会议上制定对苏决策提供第一手材料。

当时，日本在远东的侵略气焰非常嚣张，它正在积极准备扩大侵略战争，与英美的矛盾日益尖锐化。日本无法灭亡中国，又把侵略锋芒指向东南亚。1941 年 7 月，日军开始在印度支那南部登陆，直接威胁英、美在南洋的殖民地。7 月 26 日美、英、荷相继宣布对日本实行经济制裁，断绝对它的石油供应，美国还中断了同日本的谈判。日本与英美的战争迫近，英国首当其冲。当时丘吉尔为守卫英伦本土而自顾不暇，无力他顾，因此迫切希望在大西洋会议上协调英美对日战略，促使美国采取强硬的预防战争措施，把美国推上对抗日本的第一线，以减轻对英国的严重威胁。

在这种急迫的形势下，罗斯福和丘吉尔一致认为举行一次会晤实属必要，并定于8月9日在大西洋东北部纽芬兰岛的阿金夏湾上举行。正如丘吉尔所讲，英美对这次会晤都寄予莫大的期望。

会议的经过

大西洋会晤是在极端保密的情况下举行的。7月底，罗斯福声称他要去进行一次"钓鱼旅行"，休假巡游。8月3日，罗斯福及其随行人员乘"波托马克号"游艇从新伦敦启航，然后换乘"奥古斯塔号"巡洋舰。罗斯福一行首先抵达阿金夏湾。8月4日，丘吉尔及其随行人员会同从莫斯科赶回来参加会议的霍普金斯，乘坐英国"威尔士亲王号"巨型战列舰也从英国启航，于9日上午到达会晤地点。罗斯福和丘吉尔分乘的"奥古斯塔号"和"威尔士亲王号"及其护航舰队联舷而泊。当天上午，在双方海军互致例行的敬礼以后，丘吉尔登上"奥古斯塔号"拜会罗斯福。罗斯福搭着他的儿子、侍从副官伊利奥·罗斯福的臂膀站起身来，以表示对丘吉尔的最大敬意。在奏完两国国歌后，罗斯福致热烈的欢迎词，丘吉尔把英王的一封信交给罗斯福。双方介绍了各自的随行人员。美国方面有霍普金斯、哈里曼、韦尔斯和三军首脑斯塔克、马歇尔、金、阿诺德等。英国方面有卡多根和三军首脑庞德、迪尔、弗里曼以及国防部的彻韦尔等。从9日开始，双方连续几天都一直在紧张地工作。会谈在罗斯福和丘吉尔之间、在双方的外交官员与三军将领之间分头进行。会谈所涉及的内容和领域十分广泛，大体归纳为：(1) 对付日本可能发动的进攻问题；(2) 援助苏联的问题；(3) 美英双边关系，包括美国对英国供应军事物资等问题；(4) 双方拟定一项联合宣言。前面三项内容讨论的情况和结果简述如下。

(1) 双方在讨论远东局势时，丘吉尔最担心日本将在西南太平洋方向发动对英国殖民地的进攻，他想从美国手中搞到一份最强硬的对日最后通牒，让美国以不惜诉诸战争的办法来遏制日本继续南侵，以便把日本的战争力量限制在中国战场上。8月11日，丘吉尔在发给外交大臣艾登的电报中还说，美国总统"大约在一个星期的时间内回去，届时，他将把一份照会交给日本大使。他将在照会的结尾加上我起草的这段话：'日本在西南太平洋区域任何进一步的侵略，将造成一种局势，使美国政府不得不采取对抗措施，即使由此引起美国和日本之间的战争，也在所不计'。"

罗斯福从美国的战略全局出发，坚持认为纳粹德国对美国利益威胁最大，只有希特勒才有力量进犯美洲，美国在远东的利益同它在欧洲和西半球的利益相比只能是第二位的。罗斯福提出先欧洲后亚洲的战略方针。他认为，"应当不遗余力地防止同日本战争的爆发"，要给日本一个"保全面子"的办法，否则就等于必定要打仗。8月17日美国国务卿赫尔给日驻美大使野村的照会十分温和，以向日本显示美国并无挑衅之意。照会并没有丘吉尔所渴望的那种强硬态度，会议对远东问题的讨论结果使丘吉尔大失所望。

（2）关于援助苏联问题，霍普金斯在同斯大林的两次谈话中，取得了有关苏联实力和苏联士气的大量第一手材料。霍普金斯的莫斯科之行，得出了与当时西方流行看法完全不同的结论，他相信苏联能够顶住德国的进攻。正如他给罗斯福的电报中所说："我对这条战线非常有信心，有夺取胜利的无限决心。"霍普金斯把他所获得的印象和资料带到大西洋会议上，他还编造了一份苏联最急需的武器和军需品的清单。美国学者麦克尼尔认为："霍普金斯的报告起了很大的作用，使罗斯福深信，把可以匀出的尽可能多的军用物资运往俄国去是明智的。"霍普金斯访问苏联是战时美英对苏关系的转折点。大西洋会议决定美英两国以武器供应苏联。8月12日罗斯福和丘吉尔联名致电斯大林，电文中说，他们两人曾"一起商量了我们两国如何能对贵国对纳粹进攻所进行的辉煌保卫战给予最大帮助的问题"。电文指出"为了使我们大家能就我们的共同资源的分配问题迅速作出决定，我们建议，我们准备在莫斯科举行一次会议，我们将派遣一些可以直接和您讨论这些问题的高级代表出席"。英美分别任命了比弗布鲁克勋爵和哈里曼为全权代表。哈里曼认为，"大西洋会议最重要的动作是决定派遣一个英美使团赴莫斯科，把霍普金斯同斯大林的匆促进行的、有些序幕性质的会谈进行下去"。当时苏联迫切需要美英援助，因此欣然接受了大西洋会议的这一建议。美英从自身安全和利益出发需要有一个强大的反法西斯的东线，也迫切希望与苏联合作。正如9月11日美国在一份由马歇尔和斯塔克两位参谋长签署的重要文件中所讲："在俄国维持一条活跃的战线，无疑为向德国发动一场成功的地面进攻提供了绝好的机会，因为只有俄国拥有充足的人力，并位于有利地接近德国军事力量的中心地区。"哈里曼从苏联回国后讲："坦率地说，只要做到这场战争远离我们的海岸，无论花费多少，都将是微不足道的代价。"

（3）关于加强美英联盟和研究美国对英国供应军事物资等问题。美国除按照租借法案向英国继续提供援助外，双方军事人员对战略的讨论没有产生什么重要结果。在保护大西洋海上通道问题上，美国前进了一步。会后，美国总统用行政命令办法解决了美国军舰在大西洋海上通道的护航问题。美国海军接管了美国至冰岛间的大西洋海域。罗斯福讲，美国向英国供给的大部分物资，都经由北路运送，即靠近格陵兰及其附近的冰岛。德国的严重攻击恰在北路。美国军舰在冰岛以西对商船护航，在海上航行途中熄灯备战，而且所护送的货船不只是美国的，任何国家的船只都可以搭伴而行。9 月 11 日罗斯福下令，美国海空巡逻部队如果发现德国或意大利军舰进入美国防务所必须保卫的水域，立即开火作战。实际上这开始了美国与纳粹在海上的不宣而战。美国向战争走近了一步，但它仍然不肯宣战。霍普金斯在莫斯科时，斯大林就曾提过希望美国能参加对德战争，当时霍普金斯以授权有限婉言相拒，并表示美国参战的事主要取决于希特勒自己和他对美国根本利益的侵犯。在这次大西洋会议上，丘吉尔也提出了这个问题，他曾向罗斯福的下属说过："我倒宁愿美国现在宣战而在六个月内得不到物资，而不愿获得加倍的供应物资而美国没有宣战。"当人们把这句话重复说给罗斯福听时，罗斯福"认为这是一句苛刻的话"。美国不肯宣战的原因除国内的孤立主义情绪外，还由于希特勒对美国根本利益的侵犯尚未达到足以使美国宣战的程度。罗斯福正在选择对美国有利的时机，他仍然想用援助欧洲盟国的办法来消耗纳粹力量，尽可能地拖延美国宣战的时间。

大西洋宪章

　　大西洋会议上最重要的一件工作，是美英双方要拟定一项联合宣言。

　　签署联合宣言的建议，是由罗斯福在同丘吉尔最初会晤的谈话中提出来的。他认为，两国最好能够拟定一项联合宣言，规定一些广泛的原则，以便沿着同一道路引导两国的政策。丘吉尔表示赞同"这项极其有益的建议"，并在第二天提交给罗斯福一篇包含有五点内容的宣言大纲。据丘吉尔讲，随后罗斯福又搞了一份修正稿，并以此稿作为讨论的基础，责成美国代理国务卿韦尔斯和英国外交部常务次官卡多根具体起草宣言初稿。8 月 12 日，罗斯福、丘吉尔在"奥古斯塔号"正方形大船舱内与双方有关人员一起，逐字逐句地对宣言初稿进行最后修改、定稿。13 日由罗斯福与丘吉尔签署。14 日在华盛顿、伦敦同时公布。

《美国总统和英国首相的联合宣言》，通称为大西洋宪章，全文如下：

美利坚合众国总统罗斯福和联合王国国王陛下政府代表首相丘吉尔经过会晤，认为它们两国国策中某些共同原则应该予以宣布。它们对于世界所抱有的一个美好未来局面的希望是以此项政策为根据。

（一）两国并不追求领土或其他方面的扩张。

（二）凡未经有关民族自由意志所同意的领土改变，两国不愿其实现。

（三）尊重各民族自由选择其所赖以生存的政府形式的权利。各民族中的主权和自由权有横遭剥夺者，两国俱欲设法予以恢复。

（四）两国在尊重它们的现有义务的同时，力使一些国家，不论大小、胜败，对于为了它们的经济繁荣所必需的世界贸易及原料的取得俱享受平等待遇。

（五）两国愿意促成一切国家在经济方面最全面的合作，以便向大家保证改进劳动标准、经济进步与社会安全。

（六）待纳粹暴政被最后毁灭后，两国希望可以重建和平，使各国俱能在其疆土以内安居乐业，并使全世界所有人类悉有自由生活，无所恐惧，亦不虞匮乏的保证。

（七）这样一个自由，应使一切人类可以横渡公海大洋，不受阻碍。

（八）两国相信世界所有各国，无论为实际上或精神上的原因，必须放弃使用武力。倘国际间仍有国家继续使用陆海空军军备，致在边境以外实施侵略威胁，或有此可能，则未来和平势难保持。两国相信，在广泛而永久的普遍安全制度未建立之前，此等国家军备的解除，实属必要。同时，两国当赞助与鼓励其他一切实际可行的措施，以减轻爱好和平人民对于军备的沉重负担。

弗兰克林·罗斯福

温斯顿·丘吉尔

大西洋宪章不像威尔逊的十四点原则那样是一个单方面的政策声明，而是美英共同签署的一项联合文件，尽管它没有采取对双方更具有约束力的条约形式出现，但它的重要意义和影响远不亚于一项条约的价值。宪章所宣布的八点原则，被美英两国标榜成为是重建战后世界和平和秩序的政策依据，它体现了资产阶级民主政治的一般原则，贯彻了罗斯福在 1940 年 1 月提出的所谓"四大自由"的精神。用罗斯福的话讲，大西洋宪章所体现的原则是，"解除侵略者的武装、各个国家和民族的自决权，以及四大自由——言论自由、宗教信仰自由、免于匮乏的自由和免于恐惧的自由"。大西洋宪章是英美观点的妥协，其中美国的观点得到了更多的反映。丘吉尔承认，"只有以美国提出的条件为基础，才可能赢得和平"。

尽管当时英国不能不与美国保持一致，但由于两国所处境况相异，大战中所追求目标也不尽相同，因此在起草文件过程中存在着明显的分歧和矛盾。突出的有如下几点。

第一，对战后世界设想方面的分歧。虽然当时世界上战火弥漫，烽烟滚滚，距打赢战争还有一段漫长和艰难的路程，但这两个西方大国并没有忘记对战后世界的争夺，它们极力要透过战争的浓雾把有利于自己的设想强加给对方。美国希望把它一贯标榜的"自由贸易""机会均等""海上自由"等原则都放入文件中，这样就可以凭着它的强大经济实力自由地打入英帝国的内部。它对英国草案第四点关于取得原料的问题，提出要加上"不加歧视，并享受平等待遇"的内容。英国方面则认为这"不加歧视"等词，就等于宣布把 1932 年在渥太华签订的"帝国特惠制"协定变为一纸空文，而"帝国特惠制"又一直是防止美国势力侵入大英帝国的一件法宝，所以丘吉尔立即表示"碍难接受"。但美国代理国务卿韦尔斯反驳说，这就是问题的核心，他表示这一段内容体现着美国在过去 9 年中所力求实现的理想。尽管表面上罗斯福说，他心中最不屑于考虑的问题，莫过于企图利用租借法作为交易的武装来对付帝国特惠制，丘吉尔也表示他对帝国特惠制"缺乏热情"，但他们谁也没有忘记所代表的本国资产阶级的利益，谁也没有忘记向对方争取想得到的东西。双方争论最后所达成的妥协，是把美国的条文加上一句有利于英国的先决条件，即加上"在尊重它们的现有义务"的同时，删除"不加歧视"，并以"贸易"代替"市场"的字样。但两国在宪章中达成的这一字面上的妥协，并没有消除双方在实际利益上的种种矛盾和冲突。

第二，宪章第三条关于尊重各民族拥有自由选择其政府形式的权利的规定，当时主要是针对法西斯的暴政统治，但也包含有美国对英国战后的约束和向英国争夺势力范围的因素。罗斯福想把美国在宪章中所标榜的那一套政治理想完全搬到大英帝国的领域中，以挖英国的墙脚。两国从各自立场出发对这一条的解释出现明显分歧。1941 年 9 月 9 日丘吉尔在下院辩论中说：

"联合宣言决没有限制以前历次发表的关于在印度、缅甸或英帝国的其他属地发展立宪政府的各项政策声明。……在大西洋会议上，我们心里想的主要是恢复目前处于纳粹奴役之下的欧洲国家和民族的主权、自治和民族生活，以及在可能不得不对疆界有所变更时起支配作用的那些原则。因此，这个问题同效忠英王的那些地区和民族的自治机构向前发展的问题是风马牛不相及的。"但罗斯福却把它解释为适用于一切地方，1942年2月23日他在华盛顿诞辰日发表的演说中明确讲："大西洋宪章不仅适用于大西洋沿岸地区，也适用整个世界。"罗斯福的这句话显然"是向遥远的太平洋和东亚的各民族通气说：他对他们的利益和权利的关心并不亚于他对欧洲和西半球各民族的利益和权利的关心"。这一解释不能不包括英帝国统治下的各自治领和殖民地。实际上，美英对战后世界的设想，不论在政治方面或经济方面，英国尽管给自己争得了一个"尊重它们的现有义务"的附加条件，但它已远远抵挡不住美国的政策攻势。此项附加条件已被宪章第三条中的"尊重各民族自由选择"，第四条中的"力使一切国家，不论大小、胜败"，以及其他诸条中的"一切国家""所有人类""一切人类""世界所有各国"等明确无误的提法给大大冲淡了。正如美国历史学家舍伍德所讲，关于"现有的义务"这一个限定短语，"也在牢固地即使不是正式地承担下来的新义务的更高压力之下，变得无关紧要了"。

第三，关于成立战后国际组织的问题。丘吉尔提出的原稿中有这样一段文字："两国寻求和平。这种和平不仅永远消灭纳粹暴政，还要利用有效的国际组织，使一切国家与民族得以在它们自己的疆界内让人民安居乐业……"其中"还要利用有效的国际组织"一句被罗斯福删去。丘吉尔曾要保留下来，他害怕英国舆论会因此而感到失望。据美国代理国务卿韦尔斯记载，罗斯福答复说，他认为难以同意这样做。因为第一，这将在美国引起怀疑与反对；第二，罗斯福自己不赞成建立一个新的国际联盟，新的国际组织至少要等一段时间之后再说，在这段时间里，由美英两国来执行国际警察的任务。罗斯福坚持不把"国际组织"这个词写入文件中，丘吉尔无可奈何。最后双方达成的妥协是在第八条有关解除军备的内容上，加上了"广泛而永久的普遍安全制度"一句话，实际上这与"国际组织"一词无异，后来在战时盟国的国际文件上有时把"建立一个普遍性的国际组织"与创立"普遍安全制度"互相替代，其中讲的都是一件事。

从总的方面讲，在起草大西洋宪章中美英的态度大体是一致的，但在某些根本点上的分歧也是突出的。每当遇到这种情况，英国总是要向美国做些让步。究其原因，正如麦克尼尔所说，是由于英国要依靠美国的生产来满足它的作战需要，美国的官员"渐渐就对英国政府的政策行使起一种潜在的否决权来了"。这种"潜在的否决权"正预示着它们在战后世界的争夺中，英国所必然要陷入的江河日下的境地。

大西洋宪章的历史意义

在当时整个世界面临法西斯侵略和奴役的严重局势下，大西洋宪章是一份具有重要历史意义的文献，它的基本原则反映了第二次大战中反法西斯一方的正义性质，符合时代的精神，它对促进反法西斯战争的胜利起了积极的历史作用。

第一，宪章对于动员和鼓舞世界人民战胜德、日、意法西斯侵略集团起了积极的推动作用。宪章所宣布的八项原则虽然有些空泛，宣传价值要高于实际价值，但它给广大受法西斯奴役的人民带来一些曙光和希望。罗斯福曾说："诚然，大西洋宪章中的原则声明，对于为战争搞得四分五裂的世界的任何错综复杂情势，都没有提出很容易适用的原则。但是，有了我们可以当作目标的原则总是一件好事。"确实，单凭一纸宣言本身不可能打胜仗，但它向世界宣布了这两个西方反法西斯盟国的目标和实现战后和平的设想，它所起的作用是不宜低估的，它唤醒和鼓舞了广大人民起来同法西斯战斗。当时美国在名义上仍属中立国，但罗斯福总统却同一个交战国共同发表了要最终摧毁纳粹暴政的联合宣言，这充分表现出这位资产阶级政治家的远见卓识和政治胆略。丘吉尔对此评论说："这等于一个挑战，在平时这种挑战意味着战争行动。"大西洋会议的结果虽然使英国公众和舆论有些失望，因为他们没有看到浩浩荡荡的美国舰队迅速地驶过海洋与英国风雨同舟，他们认为只要美国还没有参战，战争就不可能尽快地结束。但是，大西洋会晤之后，美国在准备战争方面并没有原地不动。它在大西洋上已与德国海军不宣而战，同纳粹的战争已不可避免。罗斯福提出：抵抗赤裸裸的武力，只能依靠赤裸裸的武力。被动中没有安全，孤立并不是出路。他提出要把美国自己"武装到牙齿"，要竭尽全力粉碎希特勒及其纳粹势力。

第二，宪章的公布有力地推动了国际反法西斯联盟的建立。同年9月24日在伦敦召开了有英国、苏联、比利时、卢森堡、荷兰、南斯拉夫、波兰、捷克斯洛伐克、希腊、挪威和"自由法国"的代表参加的同盟国会议，讨论大西洋宪章，与会各国赞同并接受了这一宪章。9月24日，苏联代表发表声明，宣布苏联政府同意大西洋宪章的基本原则。声明指出，各国人民的任务就是要迅速而坚决地击溃德国及其盟国，建立一种使子孙后代摆脱罪恶的纳粹主义的战后和平体制。苏联"坚决主张每个民族必须有保卫国家独立和领土不受侵犯的权利，有权建立它认为对保证其本国经济和文化繁荣的合理和必要的社会制度及按该原则选择政府"。

紧接着大西洋宪章的公布，1941年9月29—10月1日，在莫斯科召开了苏美英三国会议。这次会议主要是讨论美英向苏联提供武器装备和战略物资分配问题。10月1日，三方签订了苏美英三国第一个议定书。议定书规定，从1941年10月1日到1942年6月30日的9个月内，美英两国每月向苏联提供400架飞机、500辆坦克以及其他各种武器和军用物资，苏联方面将向美英提供某些军工生产的原料。罗斯福政府为了给苏联提供财政援助，宣布从当年11月7日起，把租借法扩大到苏联，并决定向苏联提供10亿美元的长期无息贷款。这样就为美国向苏联提供军事援助创造了更加有利的条件。苏联对美国政府为履行莫斯科会议协议而采取的这一行动给予很高评价，认为它是在反对共同敌人的艰巨斗争中对苏联的重大支持。莫斯科三国会议对加强苏美英三国的合作和团结，对促成和建立反法西斯联盟起了积极作用。

美国租借法案的制定及其实施

朱贵生

第二次世界大战期间，美国通过租借法拨款 500 多亿美元，购买军火、粮食和各种军用物资，援助英、苏、法、中等 38 个同盟国家，对打败德、意、日法西斯起了积极作用。有些受援国家给予美国"逆租借"，有助于美军在海外作战。同盟国竭尽一切人力物力资源，互助合作，共同打败了人类公敌。

租借法的产生

第一次世界大战后，美国经济实力雄厚，仅欧洲各国欠美国的战债就达 100 亿美元左右。美国渴望成为资本主义世界的盟主，然而，老牌的帝国主义国家英、法仍有一定实力，美国的愿望难以实现。因此，美国参议院拒绝批准凡尔赛和约和加入国联。

此后，美国固有的孤立主义重新抬头，拒绝干预欧洲事务。1934 年 4 月 13 日，美国国会通过约翰逊法，禁止任何美国公民或公司借钱给未向美国履行债务的欧洲国家。在意大利侵略埃塞俄比亚之后，美国国会于 1935 年 8 月通过中立法，禁止把武器、弹药和作战工具输往交战国家。1937 年 5 月 1 日，在德、意对西班牙进行猖狂的武装干涉之际，国会又通过新中立法，使其适用于发生内战国家的交战双方。但美国商人却把大量的石油、卡车等战略物资卖给德、意和佛朗哥。而在日本发动全面侵华战争之后，他们仍把废钢铁、石油、飞机卖给日本，牟取利润。所以，美国名为中立，实为助纣为虐。

1939 年 9 月 1 日第二次世界大战爆发。5 日，美国政府宣布中立。鉴于德、意、日侵略日益扩大，总统力促国会修改中立法的武器禁运条款。国会两院先后通过中立法的修正案，确立了参议员皮特曼倡议的"现购自运"原则，即同盟国可在美国以现款购买军火，用自己的船只运输。这样既避免美国参战，又能援助英法。11月4日，罗斯福签署修改后的中立法，此后，英法两国派出采购委员会常住美国，大量采办战火。

1940年6月，法国投降。7月16日，希特勒签署"海狮计划"，准备进攻英国。德国空军对英国进行连续数月的空袭。两国展开激烈的空战，双方损失重大。在大西洋上，德国潜艇组成"狼群"，猛烈袭击英国和其他国家的商船。在5—12月的7个月中，仅英国商船就损失471艘，达210万吨以上。在东非、北非，英军还要与意大利军队鏖战。1940年下半年，英国孤军奋战，历尽艰辛，时刻有遭德国入侵之虞，它唯一的指望就是仰仗美国的援助。

这时美国本身也越来越感到希特勒侵略扩张的威胁。纳粹分子加紧向美国渗透，在巴西和乌拉圭等国蠢蠢欲动，妄图夺取政权。美国还担心，希特勒可能利用法属非洲或加勒比海地区进攻美洲。罗斯福等人认为，对美国来说，最好的防御就是支持英国继续抗德，把侵略者阻挡在大西洋那边。应英国的请求，经过长期谈判之后，1940年9月2日，美英签订协定，规定美国以50艘陈旧的驱逐舰换取英国在大西洋西部八个英属岛屿和殖民地①，作为海、空军基地。这个协议肯定构成了非中立行为，使美国由中立国变成非交战一方。

罗斯福及其部长们还了解到，英国的黄金储备濒于枯竭，必须寻求一种新的途径，使英国能继续从美国获得军火和战略物资。他在第三次当选总统之后，便到加勒比海去作短暂休息，以便在安静的环境中想出一种解决问题的最佳方案。

12月9日，罗斯福在外地收到丘吉尔的一封很不寻常的长信。此信曾由英国参谋长委员会和财政部反复审核，并经战时内阁批准，实属一份官方文件。丘吉尔向罗斯福声称，"美国的安全""是和英联邦国家的生存和独立分不开的"，英美的利益完全一致。接着，丘吉尔列举了英国的困难：商船损失重大，难以弥补，军舰飞机严重不足，军火缺乏，财政拮据，"不能再以现金支付船舶和供应品的时候即将到来"。他表示，即使英国不能立即付

---

① 这八个地方是百慕大群岛、巴哈马群岛、牙买加、纽芬兰、安提瓜、圣卢西亚、特立尼达、英属圭亚那。

款，相信美国政府和人民也会把答应给予英国的军火和商品按期交货。他深信，美国总统和人民"一定能找到将来为大西洋两岸的子孙后代赞扬的途径和方法来"。

丘吉尔的信加速了罗斯福租借方案的形成。他休假归来后，便在 12 月 17 日记者招待会上发表了著名的讲话。他说：

"在当前的世界情势下……合众国目前最好的直接防御就是大不列颠成功地保卫它自己……即使从美国防御的自私观点来看，我们也应该尽力帮助英帝国保卫它自己。"

罗斯福提出他那著名的比喻，假设邻家的房子起了火，我只能把浇园的水龙管子借给他，让他去扑灭火灾，然后还给我；而不能要求他先付给我 15 美元来买这条管子。根据同样的道理，美国也可以借出军火。

12 月 29 日，罗斯福又发表"关于国家安全的炉边谈话"，警告美国人民，"如果英国倒下去"，"在整个美洲，我们所有的人就将生活在枪口的威胁之下"。他号召美国人民生产大量的军火武器去援助欧、亚人民。

罗斯福指示财政部长摩根索主持起草一项法案。摩根索责成财政部法律顾问爱德华·弗利和奥斯卡·考克斯担当此任，并告诉他们："为了效率和速度，罗斯福先生要求有个全面决定的权限，这样分配国防产品时就无须经常去找国会，也可以避免那浪费时间的争论。"考克斯和弗利以 1892 年的一条旧法规①作为法案根据，迅速草拟成法案，经总统等人反复磋商修改，定名为《增强美国防御法》（简称《租借法》）。1941 年 1 月 10 日，租借法案提交参众两院。当天，罗斯福在记者招待会上公开呼吁国会合作，并号召迅速行动。

租借法案公开宣布以后，美国全国上下立即展开热烈的讨论，明显地分为两大派：反对者认为，租借法必然使美国参战，"它将使每四个美国青年中就有一个丧生"；拥护者认为，它将帮助英国保卫住自己，有利于美国腾出时间来备战。

1 月 15 日，众院外交委员会开始举行听证会。应罗斯福之请，国务卿赫尔，摩根索，陆、海军部长史汀生和诺克斯相继去国会作证。他们从国防形势、英国财政状况以及美国国防需要，论证迅速通过租借法的重要性和必

---

① 根据 1892 年法规，陆军部长为了公共利益，可以在职权范围内把陆军部不用的物资租给别的国家。

要性。

反对派的证人也极力争辩，他们的主要理由是：租借法将导致美国卷入战争，总统权力过大，危及美国的民主。

1月27日，参院对外关系委员会开始召开听证会，赫尔等四位部长又相继作证。

参众两院经过激烈的辩论，分别进行表决。众议院以260票对165票通过。参院以60对31票通过。由于参院对法案做了一些修正，众院再次表决，以压倒多数（317对71票）通过。

1941年3月11日下午，美国总统罗斯福签署了租借法，使它正式成为法律，并开始实施。

租借法共分11条，其最主要部分是第三条。这条规定，只要总统认为某一国家的防御对美国防务至关重要，美国就可向这个国家出售、交换、租、借或转让任何军需品。

3月15日，罗斯福发表讲话，警告欧、亚的独裁者们不要怀疑美国的团结一致，租借法是以13000万人的声音宣布的，对每个人都有约束力。

美国对英帝国的援助

罗斯福在签署租借法之后就颁布两个指令，分别宣布大不列颠的防御和希腊的防御对美国防务至关重要。第二天，他建议国会拨款70亿美元，购买军火和其他军需品，援助英、希。两周以后国会如数通过了拨款。租借法正式开始实施，历时四年半。

早在美国讨论租借法案时，英国朝野就翘首以待。"在联合王国的历史上，它破天荒第一次急切地期待着美国通过一项法律，因为它知道，它的命运正系于这项法律的诞生。"

1941年初，英国内外交困。由于商船损失惨重，从欧洲进口的粮食锐减，尽管实行严格的配给制，粮食储备仍降到了危险点。

针对这种情况，美国援英的第一批租借物资就是食品。1941年4月16日，美国总统命令农业部长克劳德·威卡德送给英国10万箱奶粉、11000吨奶酪、11000吨鸡蛋，以后各类食品源源不断地从美国运往英国。到1941年圣诞节前夕，美援食品正好超过100万吨，其中肉类为173500吨、奶粉为237500吨、奶酪是4500吨。

食品虽是重要物资，但英国更需要的还是军火和战略物资。1941 年，美国援助的军火不多，1942 年逐渐增加。

太平洋战争爆发后，美国正式参战。1942 年 1 月 6 日，美英成立"联合参谋长委员会"，以保证全面协调两国的作战努力，包括战争物资的生产和分配，这样便使美国对英租借援助变成共同作战努力的一部分。

1942 年 10 月，英国生产大臣奥利弗·利特尔顿向首相提出一份备忘录，要求取得美国谅解，得到更多的装备。英国这时不仅需要军火供给它自己的 410 万军队，而且要供给自治领（澳大利亚、新西兰、南非）、印度以及其他同盟国的 270 万军队。这个备忘录表明，英国在很多供应方面都依赖美国支援：合成橡胶、装甲运输车（40 吨）、10 吨的卡车、自行火炮、运输机——100% 依赖美国，辅助航空母舰、护卫舰、轻轰炸机、坦克、坦克引擎和履带、海军飞机、合金钢、炭钢——依赖美国的程度以 28% 到 85% 不等。

为了落实美国 1943 年的援英计划，英国生产大臣利特尔顿于 1942 年 11 月访问华盛顿，同美国代表进行会谈。双方就英、美两国陆军地面部队需要的主要部分达成协议。

后经罗斯福指示，美国参谋部计划人员提出了 1943 年联合王国陆军供应计划，请参谋长联席会议考虑和审议。1943 年 1 月 14 日，参谋长联席会议开会审议了 1943 年援助英国的陆军供应计划，其中包括以下方面。

牵引炮：

57 毫米、弹重 6 磅——供给英国 5151 门，英联邦各国 14935 门。115 毫米榴弹炮——供给英国 607 门，英联邦各国 2560 门。

高射武器：

美国对英帝国的租借援助 （以百万美元计）

	1941 年 3—12 月	1942 年	1943 年	1944 年	1945 年		总计
					1—6 月	7—8 月	
军舰、船舶（驶出的）、军火运往地：	65	195	1078	540	160	69	2107
英国	8648	86	987	2797	3807	822	149
澳大利亚	8	152	280	225	180	54	899

续表

	1941 年 3—12 月	1942 年	1943 年	1944 年	1945 年		总计
					1—6 月	7—8 月	
新西兰	—	52	58	21	8	5	144
南非	—	40	88	55	10	1	194
印度	8	230	371	555	227	31	1422
诸殖民地	8	74	129	89	23	2	325
其他战场	76	610	1205	1349	493	169	3902
其他商品运往地：							
英国	576	1404	1782	2405	1094	181	7442
澳大利亚	6	83	165	167	52	10	483
新西兰	1	17	35	28	11	3	95
南非	—	20	29	18	—	—	67
印度	1	87	175	295	157	51	766
诸殖民地	2	20	32	75	97	9	235
劳务	245	786	807	1137	270	99	3344
给英帝国援助总额	1082	4757	9031	10766	3604	833	30073

40 毫米高射炮——供给英国和英联邦各国 16593 门。3.7 高射炮——供给英国 697 门，英联邦各国 2977 门。

战车、装甲车：

空降轻型坦克——500 辆，轻型坦克——1750 辆；重型坦克——115 辆，中型装甲车——4000 辆，装甲侦察车——2125 辆，通用车辆——15000 辆。

弹重 6 磅的 57 毫米反坦克炮——5000 门。

这些数字只反映 1943 年美国对英帝国陆军军火援助的一部分，价值更大的是海、空军装备。美援的具体军火物资包括：飞机及其全套装备，军舰、商船全套装备，其他军火；食品和其他农产品；各种金属、机器，其他工业品，劳务以及石油等。

1943 年，美国援助的上述各类军火、物资总值 903100 万美元。

1944 年是美国战时经济发展高峰，也是对英帝国援助最多的一年，各类军火、物资总值高达 1076600 万美元。

总之，从 1941 年 3 月租借法实施之日起，到 1945 年 8 月 31 日日本投降前夕为止，在这 4 年时间里，美国给予英帝国的援助总值共为 3007300 万美元，约为美国全部租借支出的 3/5。这笔巨款按年度和地区分配可见上表。

在这 3007300 万美元的租借援助中，英国受援最多，为 2702300 万美元，澳大利亚得到 157000 万美元，新西兰受援最少，为 27100 万美元，南非为 29600 万美元；印度得到 91300 万美元。

美国对苏联的援助

早在 1941 年 2、3 月间，美英两国在参谋会谈时就达成协议，确认欧洲和大西洋是占主导地位的战场，德国是头号敌人，一旦美国被迫参战，美英就必须先打败德国。这是美国一项重大的战略决策。而要打败德国没有苏联参战是不可想象的。所以在 1941 年 6 月 21 日，即德国进攻苏联前夕，罗斯福就向丘吉尔保证：如果德国进攻苏联，他（罗斯福）当立即公开支持"首相可能就欢迎俄国为同盟国而发表的任何声明"。

希特勒进攻苏联第二天，美国代理国务卿发表声明支持苏联，罗斯福在审阅这个声明时用铅笔加了一句结束语："在今天，对美洲各地的主要危险是希特勒的军队。"

但美国军政要人对德国侵苏的反应非常混乱。军方首脑持悲观态度，认为德军能在两三个月内打败苏联，史汀生和诺克斯也都同意这种看法。内务部长伊克斯主张积极支援苏联。赫尔改变保守主义方针，主张全力援苏。摩根索也持同样观点。

内阁成员的这种积极态度显然加强了罗斯福的立场。6 月 24 日，他公开声明："我们要给予俄国一切力所能及的援助。"但他尽量回避"租借"一词。当天，美国政府宣布解除对苏联的 4000 万美元资产的冻结，第二天又宣布中立法条款不适用于苏德战争，这就为美国商船进入苏联港口开放了绿灯。

这些声明和行动是对苏联的外交和道义支持。6 月 30 日，苏联大使乌曼斯基正式向美国务院提出援助的请求。但罗斯福这时只是督促各部门加速启运苏联订货，根本不敢把租借援助扩大到苏联。正如乌曼斯基向莫斯科报告的那样：“反动的孤立主义者胡佛、林白和整个反罗斯福的、具有法西斯情绪的集团……已开始向罗斯福施加压力。”有些国会议员公开发出反苏叫嚣，号召天主教徒批判总统的援苏政策。在国务院和其他政府机关里，反苏分子大有人在。

罗斯福力排众议，他清醒地看到美国在两大洋都受到威胁。如果苏联被打垮，希特勒称霸欧洲，那么美洲人民将“生活在枪口之下”。所以他首先考虑的是如何加快援苏步伐。在这关键时刻，前驻苏大使约瑟夫·戴维斯起了积极的推动作用。他认为红军的抵抗将震惊世界，并建议罗斯福直接同斯大林对话，戴维斯的建议推动了霍普金斯的莫斯科之行。7月底，斯大林与霍普金斯的两次长谈以及霍普金斯访苏时亲眼所见，大大坚定了这位特使对苏联坚决抗德的信心。他在离开莫斯科之前致电罗斯福说：“我对这个战场充满信心”，这里士气高昂，决心争取胜利，斯大林渴望金融复兴公司的贷款能尽快安排。

根据霍普金斯的访苏报告以及他与美英两国驻苏大使共同商定的建议，罗斯福和丘吉尔联名致函斯大林，建议在莫斯科召开三国代表会议，研究共同资源的分配问题。可见给予苏联租借援助早已在罗斯福的考虑之中。

在美国国内，采取这种行动的条件也日趋成熟。希特勒的闪电战已被粉碎，红军的英勇血战博得了美国人民越来越广泛的同情和钦佩，甚至一些保守的群众组织也开始主张援苏抗德。九十月里，美国有三艘驱逐舰在大西洋上先后遭到德国潜艇的袭击，并有人员牺牲，这使美国人民感到纳粹威胁的迫近。应总统的请求，参众两院于11月通过中立法修正案，允许武装美国商船，并同意它们进入战区和交战国港口。这样中立法也就被租借法取代了。

罗斯福密切注视着美国公众舆论的动向。9月18日他正式向国会提交了《第二次防务援助补充拨款法案》，请求拨款598500万美元，作为租借之用。10月10日和23日，众参两院先后通过了补充拨款法案。

10月30日罗斯福致电斯大林说，为了消除财政上的任何困难，他已指示立即作出安排，根据租借法运送价值10亿美元的物资给苏联。这10亿美元作为无息贷款，待战争结束后五年才开始归还。

11月7日，总统向租借援助管理署署长斯退丁纽斯发出指示说：“苏维埃社会主义共和国联盟的防御对美国的防务至关重要。因此我授权并指示你立即采取行动，根据租借法把防御物资转让给苏联，并按我在10月30日给斯大林的信中所说的条件办理。”从此租借法便正式适用于苏联。

　　为了实现租借援助，美苏之间先后签订四个议定书①，具体规定了美国（以及英、加）向苏联提供的军事物资的数额和期限。1942年6月11日，美苏还签订了《关于在进行反侵略战争中互相援助的适用原则的协定》。

　　根据这些协议，美国从1941年10月1日到1945年9月20日，通过五条路线，把1642万长吨的物资运往苏联，扣除途中因遭德国海空军袭击和其他原因而损失的以及中途改航运到英国去的，实际到达目的地、交给苏联的物资约为1600万长吨。

　　据美国学者统计，物资品类繁多，其中主要的是军火、战略物资、机器设备和食品。现列举其重要部分如下：

　　各种型号的飞机14018架，卡车和吉普车409526辆，战车（坦克、装甲车、自行火炮）12161辆，摩托车32200辆，铁路车辆（机车、平板车、油罐车等）13041台，各种口径的高射炮7944门，冲锋枪108293支，无烟火药130713吨，TNT132237吨，食品（小麦、面粉、蛋粉、奶粉、肉类、蔬菜等）4291012吨，钢（各种钢材、钢板、钢丝等）2589766吨，铅261109吨，石油产品2622357吨，各种化工产品631017吨。此外，还有各种机器设备、合金、衣服、靴鞋、药品等。

　　战时美国还租借672艘舰艇和商船给苏联。1954--1955年苏联归还了127艘，后经双方同意又销毁了89艘陈旧的舰船。

　　这些物资总价值约为102亿美元，加上各种劳务费，如美国船只的运费、为苏联修船的费用，以及为苏联培训飞行员和海员以驾驶租借的飞机和舰船等所需费用，约为7亿美元。所以美国给苏联的租借援助总值约为109亿美元。②

美国给法、中等国的援助

　　美国决定给予英、苏租借援助是在德、意、日法西斯处于战略进攻阶段的1941年，那时希特勒的侵略气焰极其嚣张，大有吞并整个地球之势。美国援助英、苏抗击德寇，首先考虑的是防止希特勒的军队称霸欧洲，进犯美

---

　　① 第一个议定书于1941年10月1日在苏美英三国莫斯科会议结束时签订，三国代表参加；第二个议定书于1942年10月6日在华盛顿签订，有英国参加；第三个于1943年10月19日在伦敦签订，有英国和加拿大参加；第四个于1945年4月17日在渥太华签订，四国代表参加。

　　② 但据苏联方面统计，美国对苏的租借援助为98亿美元。

洲，危及美国的安全。美国援助法军重建主要是在 1943—1944 年，这时战略主动权已完全转入同盟国手中，所以美国的考虑不同了。

在盟国占领北非、西非问题上，罗斯福的政治意图是窥伺中、近东，攫取那里丰富的石油资源；趁法兰西帝国之危，取而代之。罗斯福对强烈希望恢复法兰西帝国的戴高乐抱有很深的成见，为了实现上述战略意图，罗斯福扶持法国的吉罗将军为北非法国的军政长官，让他号召北非法军与盟军合作。吉罗希望取得美国的装备来重建法军，他派代表团前往华盛顿力争美国能给予更多的援助。

而罗斯福正可利用美援来实现美国的战略目的。1943 年 1 月在出席卡萨布兰卡会议期间，他曾向艾森豪威尔将军倾诉美国的设想。据这位将军回忆：罗斯福"仔细考虑用什么方法去控制他认为法兰西帝国也许再也不可能掌握的那些战略要地"。他指出，"既然法国人迫切地想取得大量军事装备，那么我们就以此为条件，采取要他们服从美国在欧洲方面的战略观点，使用他们的基地，并逐步撤换反对美国政府的法国官员"。

罗斯福这一番心腹之言充分暴露了美国参加第二次世界大战的双重目的：首先是打败人类公敌德、意、日法西斯，其次是以美国的军事和经济实力为后盾，以租借援助为工具扩大美国的势力范围。1943 年 7 月吉罗访美，与美国达成武装法军的协议。

几经协商，最后美国给予法国的租借援助如下：飞机 1400 架、步枪 16 万支、机枪 3 万挺、大炮 3000 门、坦克 5000 辆。美国人还改进了很大一部分法国舰艇，给它们装备了雷达。美国提供的各种装备总计约 30 亿美元，帮助法国装备了 56 万军队。

1937 年 7 月 7 日，日本发动全面侵华战争之后，美国国务卿赫尔发表声明，不提日本扩大战争，只说"武力的敌对行为，对于美国在中国的权益也有影响"，美国主张"通过和平协定调整国际关系"。与此同时，美国垄断资本家却同日本大做买卖，把大量战略物资卖给日本。据日本工商省的统计数字，美国对日军需品贸易占其全部对日贸易的比重 1937 年为 33.5%，1938 年为 34.3%。1940 年美国输日的战略物资总值达 2 亿多美元。所以美国前国务卿史汀生在 1937 年 10 月 5 日给《纽约时报》的信中指出，日本侵略中国受到美国的积极支持，"如果没有这种援助，目前的侵略就可能被制止"。

1938 年 10 月，日寇前后占领广州、武汉等地，严重侵犯美国在华利益。美国担心中国抗战可能失败，遂给予中国少量贷款，以示支持。从 1939 年 2

月到 1941 年 4 月，美国先后给中国 5 次贷款，共计为 1.7 亿美元，其交换条件是中国向美国出口桐油和钨砂、锡等稀有金属。

中国方面一再争取美国给予援助。在罗斯福签署租借法之后的第四天，他在白宫的一次讲话中指出："中国也同样表现出千百万普通老百姓抵御肢解他们古老国家的卓越意志。中国通过蒋介石委员长要求我们援助。美国已经说了，中国一定将会得到我们的援助。"

1941 年 4 月 13 日，苏日签订中立条约，这对美国援华起了推动作用。5 月 6 日，罗斯福正式宣布租借法适用于中国。这时美国经济还没有转入战时轨道，军火生产并不太多，而援助英国又占优先地位。此外，中国唯一的对外通道是滇缅路，路途遥远，运输困难，所以 1941 年对华援助很少，只有 2800 万美元。

1941 年 12 月 7 日，日本偷袭珍珠港，对美、英、荷开战。9 日，中国对日宣战。蒋介石曾邀集美英等国大使、武官，商讨中、英、美、荷、澳五国联合抗日的具体计划。12 月 31 日，罗斯福致电蒋介石，提议组织中国战区，以蒋介石为统帅。蒋复电同意，但请罗斯福任命一位高级将领为参谋长。后经中国外长宋子文和美国陆军部长史汀生交换函件（1942 年 1 月 30 日），大致商定了美国陆军代表的职权。此后美国陆军部宣布史迪威中将来华，身兼六职：美军驻华军事代表、在缅甸的中英美军队司令官、对华租借物资管理统制人、滇缅公路监督人、在华美国空军指挥官、中国战区参谋长。

1942 年 3 月 5 日，史迪威抵华。作为中国战区参谋长，他先后指挥赴缅的中国军队和到印度培训中国驻印军。史迪威也经常到重庆，与蒋周旋，控制租借物资，指导中国远征军的训练工作。

日军占领缅甸后，中国唯一的国际通道滇缅路被切断，美国援华物资只好用飞机从印度的阿萨姆越过喜马拉雅山（即"驼峰"）空运昆明。由于山高路险，空运极其困难。尽管美国空运指挥部和中国航空公司作出了很大的努力，并牺牲了几千名飞行员的生命，军火物资的运输量仍很有限：1942 年仅为 1571 吨；1943 年为 19170 吨；1944 年增加到 174902 吨。

1944 年 8 月，史迪威指挥的中国驻印军占领密支那，缩短了对华空运航线，增加了安全系数，使援华物资有所增加。1945 年 1 月，史迪威指挥的中国驻印军和卫立煌指挥的中国远征军在缅北大败日寇，胜利会师；同时中印公路也建成通车，在八莫与滇缅路衔接起来，使中断两年半的中国西南陆上通道恢复通车，从而使美国援华物资能更多地运到中国。

总之，从 1941 年 5 月到 1945 年 9 月 3 日，美国给予中国的主要租借援助物资有：军火、飞机、坦克和其他车辆、船只，各种军用装备、工具和设备、工业品、农产品以及劳务等，总计价值 845748220 美元零 88 分。这笔巨款是美国援助中国抗日的开支。

1945 年 9 月日本投降以后，美国政府支持蒋介石发动内战，仍以"租借"名义继续援蒋。到 1948 年 6 月为止，战后援蒋各类军事物资总值为 781040922 美元又 32 分。在美国的统计中，他们把战时和战后这两种性质的援助一概列入"租借"账目中，所以通常都把美国对华租借计算为 16 亿美元以上。

在抗日战争期间，美国援华物资主要用于补给直接参加抗日战争的陈纳德指挥的美国第十四航空队，以成都为基地以轰炸日本本土为目标的美国第二十航空队（B—29 战略轰炸机队），以及装备和改建 30 个中国陆军师（主要在昆明和大理训练）。这是符合美国的世界战略的，因为在珍珠港事件后，美国非常重视中国丰富的人力资源和战略地位，想利用中国作为进攻日本的基地。

美国除了给予英、苏、法、中四大国以租借援助以外，还向其他几十个国家提供了租借援助。据《不列颠百科全书》（1964 年版第 12 卷，第 467 页）统计，各国受援情况如下（小数未计算）所示。

受援国	数目 （百万美元）	受援国	数目 （百万美元）	受援国	数目 （百万美元）
美洲各国（19 个）	501	波兰	12	伊拉克	1
比利时及其属地	159	沙特阿拉伯	19	利比里亚	12
英联邦	31358①	法国及其属地	3224	冰岛	4
中国	1627	希腊	82	土耳其	43
捷克	1	埃及	2	苏联	10982
荷兰及其属地	251	埃塞俄比亚	5	南斯拉夫	32
挪威	47	伊朗	5	未指名的国家	1849
				总计 50244 百万美元	

---

① 由于统计援助的截止日期不同，各家的统计数字不一，本文前引英国艾伦教授的统计数为 30073 百万美元。

逆租借

1942 年 1 月 1 日，26 个同盟国签署的《联合国家宣言》载称，每一政府各自保证使用其全部军事和经济资源对德、意、日轴心成员国及其仆从作战。所以接受美国租借援助的一些国家，也向美国提供了援助，史称逆租借。在第二次世界大战期间，英国及其自治领澳大利亚、新西兰以及印度给予美国的逆租借最多。

1942 年 2 月 23 日，英美两国在华盛顿签订租借主体协定。这个协定是美国同其他盟国签订的租借协定的样板，此后中、苏等国也签订了类似的协定。该协定的第一条载明："美利坚合众国政府将继续以总统所准许移交或提供的防御物品、防御服务以及防御情报供给联合王国政府。"第二条规定："联合王国政府将继续对美利坚合众国的防御及其加强作出贡献，并将尽其力所能及提供一切物品、服务、设备或情报。"

4 月间，美国制订的"马歇尔将军的计划"（即美英大军集结英国，准备于 1943 年春天在法国登陆，打击德寇），获得英国政府的原则同意。这就意味着大量美军将进驻英国，他们的后勤保障在很大程度上要依靠英国提供。为此，两国政府又于 1942 年 9 月 3 日以外交换文形式达成了互惠援助协议，规定联合王国保证提供：（1）军火；（2）美军需要的其他各种供应品和劳务；（3）在联合王国或英国殖民地境内的重要工程所需的供应品和劳务……同一天，美国还同澳大利亚、新西兰互换照会，后两国接受了 1942 年 2 月 23 日英美互助协定诸原则，这样它们之间的互助也就有了法律根据。

1942 年 7 月，美军第一个师开到英国。从此，英国政府便为驻英美军修建基地、营房、仓库、餐厅、小卖部、医院等设施，提供军火、其他各种军用物资和石油，供应食品以及各种劳务。随着驻英美军的增多，英国提供的建筑物和补给品也日益增多，节约了美国大量的海运吨位。到盟军在诺曼底登陆时，美国部队为进攻欧洲所获得的补给中有不下 1/3 是逆租借。到 1944 年 11 月，交给美军的现成设施相当于市内 1000 个街区。

除了为驻英美军提供后勤保障以外，从 1943 年底起，英国还从殖民地直接向美国运送原料和食品，这也是逆租借的一部分。

在 3 年零 3 个月里，英国通过逆租借向美国提供了价值 57 亿美元的援助，其中各种建筑设施价值 9 亿美元，军火（包括各种军用物资）20 亿美元，石油为 12 亿美元，其他物资为 4 亿美元，各种劳务价值 12 亿美元。

除英国以外，澳大利亚、新西兰以及印度也像英国一样，为驻在本国的美军提供建筑设施、食品、劳务等，给予美国逆租借。太平洋战争爆发后，美国向澳、新和印度运送物资非常困难。其结果是，美国给予这三国的租借援助的价值，与它们给美国的逆租借的价值相差不多。澳大利亚给美国逆租借的总值是 91700 万美元，新西兰给美国的援助为 21600 万美元，印度给美国的援助是 53600 万美元。[①]

除英联邦各国之外，中、法等国也给美国以逆租借。据《不列颠百科全书》（1964 年版第 12 卷，第 467 页），各国给美国的逆租借如下：

供应国	价值 （百万美元）	供应国	价值 （百万美元）
比利时及其属地	191	法国及其属地	868
英联邦[②]	6752	荷兰及其属地	2
中国	4	苏联	2
总计　78.19 亿美元			

总之，无论是美国的租借援助，还是各盟国给美国的逆租借援助，都为共同打败德、意、日法西斯侵略者作出了贡献。战后，各国没有斤斤计较租借和逆租借的金钱价值。1945 年 12 月 6 日的美英联合声明说："在战败敌人中丧失、毁坏或消费的根据租借协定或逆租借办法提供的物资，并不构成任何一国的财政负担，因此任何一国也没有牺牲别国的利益而在财政上得到好处。"

本着这样的精神，美英两国进行了结算。结果，美国给予英国的 270 亿美元的租借援助，以及英国给予美国的大约 57 亿美元的逆租借援助，都从账目上一笔勾销了。

对于美国留在英国的剩余民用物资，石油、非作战用的飞机以及固定设施等，英国将付给美国 6.5 亿美元，按美国贷款条件在 50 年内付清。

美国给其他国家的租借援助大多数也一笔勾销了。唯独美苏之间在战后

---

① 新、印两国的数字是根据艾伦教授的统计，以 4 美元对 1 英镑折算的。

② 本文根据艾伦教授统计，英联邦给美国的逆租借是 73.69 亿美元。

进行了多次谈判，以求结算租借账目。1951 年 4 月，美国国务院说，美国给予苏联的物资和劳务价值 108 亿美元，但只要求对战争结束时留在苏联手中的民用物资付款。美国官员计算，扣除折旧和损失，这类物资价值 26 亿美元。美国提议以 8 亿美元结账，但苏联只出 2.4 亿美元，苏联还拒绝美国把清账交付仲裁的提议。

租借援助的作用和评价

美国以租借方式援助英、苏、中、法等同盟国家，首先是为了自救，是从美国的安全和防御以及美国的全球战略出发的。在罗斯福提出租借案法时，他就警告全国人民，"美国文明还从来没有遭逢过像现在这样的危险"。战后发表的文件证明，早在 1941 年夏天希特勒就有进攻美国的计划，而日本对珍珠港的袭击更证明罗斯福的远见。然而罗斯福的租借法也有另一面，即乘人之危，以美援控制他国，达到扩大势力范围、为战后世界战略设计创造条件，在对法对华问题上尤为明显。

美国的租借援助对于打败共同敌人确实起了积极作用。以英国为例，美援食品首先解决了粮食危机，从法国投降到租借法通过时，由于粮食供应锐减，英国成年人的体重平均减少 10 磅。而到 1941 年圣诞节前夕，美国援英食品超过 100 万吨。英国粮食部长致电美国政府，感谢它帮助英国渡过了战时最严重的粮食危机。

美援对于战局的影响更为显著。1942 年夏天，隆美尔指挥的德意军队打到埃及境内的阿拉曼，开罗、亚历山大告急，整个中东有失守之虞。到 1942 年 10 月 24 日，即蒙哥马利指挥的英军发动反攻时，美国根据租借法和英国订货，向埃及的英军送去了中型坦克 900 辆、轻型坦克 800 辆、105 毫米反坦克炮 90 门、卡车和吉普车 25000 辆。结果使英国第八集团军在武器装备上占有显著优势，大败敌军。

美国对澳大利亚的援助装备了澳洲海陆空三军近 60 万人，使他们在所罗门群岛和新几内亚重创日军，为打败日本法西斯作出了贡献。

美国援苏的作用也是显著的。美国运到苏联的重要战略物资——铝就有 26 万多吨，这显然有助于苏联制造大量飞机去打击德寇。支援苏联的石油产品是 262 万多吨，这是苏军飞机升空、汽车越野的重要能源。美国送给苏联的卡车和吉普车达 40 多万辆，加强了苏军的机动性能，对苏联的食品供应也有助于改善红军的给养。

美国帮助法国装备了56万人的军队，有助于法军解放自己的祖国。

美国对中国的租借援助是个比较复杂的问题。一方面，美国装备训练的30个美械师有半数曾远征缅甸，为打败日本侵略军作出贡献；陈纳德将军指挥的第十四航空队也在抗日战争中立下了汗马功劳，不少美国飞行员为中华民族的解放献出了生命。但另一方面，在抗日战争胜利后美国仍以"租借"为名援助蒋介石发动内战，中国驻印军和上述的30个美械师曾为蒋氏发动内战的突击力量，这是罗斯福始料所不及的。

总的来说，租借法对于打败人类公敌起了积极作用，它的历史地位是肯定的。美国付出500多亿美元支援同盟国家去战胜法西斯侵略者，同盟国做出巨大的民族牺牲捍卫自己，同时也是保卫美国。它们团结互助，共同打败了敌人。美国租借管理署署长斯退丁纽斯说得好："这种好处是不能用数字来衡量的。……那些在英国、中国、俄国、在亚洲和非洲作战而牺牲的人，是为保卫他们自己的国家而死去的。但是……他们的牺牲正在挽救美国人的生命。……使美国免遭入侵，为我们保存了胜利的可能性和加速了胜利的到来。"欧亚各国人民的牺牲确实重大，仅就军队阵亡人数看，苏联为750万人，中国为220万人，英国为244723人，法国为210671人。苏联的战费支出是5824亿卢布，物资损失达6790亿卢布。

美国通过租借援助达到了它的战略目的：保卫了美国，打败了敌人，大大减少了美国人的牺牲。在整个第二次世界大战中，美国阵亡292131人。所以，杜鲁门说："毫无疑问，租借法所花费的钱拯救了许多美国人的生命。……我们无法收回这笔款，但我们所拯救的许多人今天还在这儿，在美国活着。"

日本偷袭珍珠港

邓蜀生

1941 年 12 月 7 日中午（华盛顿时间，东京时间 8 日凌晨），日本的海空军未经宣战向美国在太平洋上的主要海军基地夏威夷群岛的珍珠港进行突然袭击，挑起了太平洋战争。美国太平洋舰队遭到惨重损失。次日，美国向日本宣战，从此美国正式站到世界反法西斯同盟的行列。

日本"南进"政策的制定

珍珠港事件是突然袭击，但并非意外。

第一次世界大战以后，国际棋盘的布局发生了重大变化，日本和美国成了太平洋上的主要竞争对手。在整个 20 世纪 30 年代，美日关系都处在紧张状态中。

1931 年，日本对中国东北的侵略，对维持太平洋不稳定均势的条约体系（1922 年的九国公约和 1928 年的巴黎非战公约）提出了第一回合的挑战。日本开始以它的独占政策来取代美国的"门户开放"政策。日本发动九一八事变的时机是经过仔细考虑的：苏联正致力于国内事务，无力他顾。西方世界正在经济危机中挣扎，也无力进行干预。美国被经济危机弄得焦头烂额，只能以"不承认主义"来应付局面，表示一下美国无意于退出远东。

1936 年 8 月 7 日，日本五相会议上提出的"国策基准"规定，外交、国防的基本方针是"确保帝国在东亚大陆的地位的同时，向南方海洋发展"，即实行大陆政策的"北进"和向太平洋扩张的"南进"同时并行的侵略方针，规定日本"海军军备应配备和充实兵力，足以抗衡美国海军，确保西太平洋制海权"。

1937 年，日本发动全面侵华战争，妄图速战速决，在短期内灭亡中国。

由于中国爱国军民奋勇抗战，日本不得不在中国战场投入大量兵力，陷入了长期战争的泥潭而不能自拔。日本速战速决迷梦的破产使日本统治集团加紧寻找新的扩张出路。1938年，日本总参谋长杉山元直言不讳地承认，"中国事变照这样下去，没有解决的希望"，"只有向南伸出脚去，才是解决事变的唯一途径"。1940年侵华日军达40个师。中国抗战牵制了日军的主力，使其既不能向北侵犯苏联，又无力向南扩展势力。

然而，希特勒德国闪电战在西欧的成功，英、法、荷在西线的失败大大鼓舞了日本，它感到这是南进的大好时机。1940年6月，日本政府开始考虑暂时放弃"北进"，制定以"南进"为基本内容的方针。这首先是因为"北进"对日本来说相当困难，在1938年的张鼓峰事件和1939年的诺门坎事件中，日本曾对苏联进行过两次军事挑衅，都以彻底失败告终，而且日本大部分陆军都陷在中国战场，不可能抽调北犯苏联。日本统治者明白，苏联是一块不好啃的骨头。于是，日本的北进政策由于军事失败而产生动摇。其次，南洋地区战略资源丰富，战略地位重要，可满足日本为实现"大东亚共荣圈"、建立"自给自足"经济体系的需要，也可在摧毁美英等帝国主义在该地区的军事基地后，向西、南进犯，达到独霸东南亚和西南太平洋的目的。第三，"南进"可占领印度支那、缅甸等地，切断中国的外援之路，迫使蒋介石政府投降，以摆脱日本在华困境。所以在1940年9月23日，日本入侵法属印度支那，开始了南进的试探。1940年7月22日，第二次近卫文麿内阁组成，7月26日，提出一份"基本国策纲要"，企图建立"以日满华的牢固结合为基础的大东亚新秩序"。被"圈"进"大东亚共荣圈"的不仅有中国和朝鲜，还包括印度支那、印度、东南亚各国、澳大利亚、新西兰和西南太平洋的岛屿。

1940年9月27日，日本与德意签订"三国同盟条约"。德意承认并尊重日本在建立"大东亚新秩序"中的领导地位。日本的腰杆子就更硬了。1941年4月13日，《日苏中立条约》签订，消除了日本南进的后顾之忧，避免南北两线作战。

1941年6月苏德战争爆发，日本统治集团关于"南进"与"北进"孰先孰后、孰优孰劣，出现了争论。7月2日的日本御前会议，否定了外相松冈洋右的"先北后南"主张，确立了以南进为主、北进为辅的方针。8月9日，陆军部正式把北进计划搁置下来。1941年9月6日制定的《帝国国策施行要点》规定，如与美国的谈判达不到日方要求，"立即下决心对美开战"。

日本决心"南进"使日美矛盾日趋激化。10 月 18 日，东条英机上台，加快南进步伐，终于迈开了发动太平洋战争的第一步。

罗斯福的对日政策

罗斯福在第一个任期（1933 年 3 月—1937 年 3 月）中，主要是应付经济危机的威胁。国际形势十分险恶，罗斯福难以采取主动行动来对国际局势施加影响。在他本人进入白宫前一个多月，大西洋彼岸的希特勒当上了德国总理。在太平洋这边，日本侵略军一路在中国东北，另一路在淞沪，像两把铁钳紧紧夹住中国。罗斯福在对欧政策上，只能以"警惕地注视"这种模糊不清的语言来表态；在远东方面，除了继承"不承认"原则外，拿不出一点他自己的东西来。

1937 年 7 月，罗斯福第二次总统任期开始不久，日本发动了对中国的全面进攻，目的在于独占中国。这是日本对"门户开放"政策的最严重的一次挑战。此时，罗斯福的"新政"已经收到一些成效，危急时刻已经过去，而且选民在 1936 年的总统选举中给了他很大的信任，使他能够把注意力更多地转到外交事务上来。在对日政策上，从 1937 年下半年开始，增添了罗斯福本人的色彩：对日本进行遏制。罗斯福从他在第一次世界大战时期担任海军部长助理，直到 1933 年就任总统，他从来没有怀疑过日美必将诉诸一战。至于在什么情况下开战，什么时候最有可能开战，自然不能以罗斯福的意志为转移。因为他受到多方面因素的制约，特别是当时在美国孤立主义盛行。

1937 年日本发动全面侵华战争后，禁运几乎是罗斯福手中唯一可玩的牌，但是这张牌还打不出来。因为舆论还不能接受。国务卿赫尔及海军和陆军中许多高级将领都反对刺激日本。罗斯福采取"见机行事，灵活反应"的办法。随着日本侵华战争规模的日益扩大，罗斯福采取了有针对性的反应：1938 年 5 月国会根据他的要求，通过了庞大的海军扩建法（文森法）；6 月，英美法海军订立相互使用港口协调行动的协定，1937 年 7 月，宣布 1911 年美日通商航海条约在 1940 年 1 月到期后不再续约。这些反应都十分有节制，作用也不是日本立即感受得到的。但它们是罗斯福向日本人发出的信息：美国不会对日本在远东的扩张行动毫不做出反应。

1939 年 8 月德苏互不侵犯条约的签订，9 月欧战的爆发，以及希特勒初期的胜利，大大刺激了日本"南进"的胃口。1940 年 4 月 15 日，在希特勒侵入北欧后，日本外相有田发表声明，为进攻荷属东印度制造舆论。美国迅速作出反应。赫尔在4月17日奉罗斯福指示公开声明：对荷属东印度内部事务的干涉和改变其现状，都将损害整个太平洋地区的稳定和安全。与此同时，罗斯福命令原定在5月9日驶回美国西海岸进行训练的美国太平洋舰队留在夏威夷对日本起"威慑作用"。同年7月10日，罗斯福出人意料地延揽共和党人史汀生和诺克斯分别担任陆、海军部长，这表明他的内阁组成的重要变化。这两个人是主张对日本施加更大的经济压力、加强军事准备和更多地援助中国的对日"强硬派"。

1940年9月27日签订的德意日三国同盟条约的第三条规定：如缔约国之一被目前尚未参加欧战或中日冲突中的一国所攻击时，三国应以政治、经济及军事手段互相援助。显然这一条是针对美国的。10月4日，罗斯福在内阁会议上非常严肃地谈到了三国公约签订后美国所面临的局势。史汀生和诺克斯都主张对日本全面禁运，但是美国军方领袖马歇尔和斯塔克反对对日本采取激烈措施，一是因为美国没有在太平洋做好准备，二是因为支持英国对付希特勒，比美国单独去对付日本更为重要。罗斯福支持军方意见。除了军方的两点意见之外，罗斯福还要考虑竞选第三任总统的问题。他向全国选民中的父母们保证："你们的孩子们不会送去参加任何外国的战争。"尽管罗斯福心中明白这不过是竞选语言，但是他懂得选民的情绪。如果罗斯福在1940年提出不惜以武力来制裁侵略者的口号，他就未必能打破美国历史传统，三次连任总统。但是，罗斯福必须保持箭在弦上、引而不发的姿态，一方面有利于争取外交上的主动，另一方面也有利于动员国内舆论。这就是罗斯福在1940年对日政策的几点原则。根据赫尔的表述，那就是：

　　一、避免在太平洋发生公开斗争，以便集中全力援助英国和加强我们自己。

　　二、对日本要维持我们的一切权利和原则，继续我们的经济压力，援助中国，但不要把日本推到使它的军方要求战争的地步。

　　三、让日本了解我们在太平洋是强大的，而且正在加强总的力量。

　　四、不能让日本得到这样的印象，即在需要时我们不会使用我们的力量；但在同时，克制与它的争吵，让讨论和协议之门敞开。

这几条原则是在珍珠港事件以前的美国对日政策的基本态度。罗斯福本人也承认这些原则表明美国在太平洋是处于守势，他手中缺乏可以应用的力量，不能制定坚强而又能立即作出反应的政策，只能见机行事。简言之，就是力不从心。

日美秘密谈判

1941 年 1 月 27 日，赫尔接到驻日大使格鲁的密电，说秘鲁驻日大使舒里巴从多种来源获悉，日本与美国一旦摊牌，日本军方准备对珍珠港进行大规模突然袭击。第二天，国务院向陆军部和海军部通报了格鲁的电报。这是美国获得日本将以珍珠港作为突袭目标的最早情报，而此时正是日本联合舰队司令官山本五十六作出奔袭珍珠港的作战计划的时候。

日本精心策划了对赫尔进行诱惑的试探。与日本金融界和军方有密切联系的在日本"传教"的两个美国人，主教詹姆斯·沃尔什和神父詹姆斯·德劳特充当了说客。他们对赫尔说，日本"温和派"与军方有矛盾，有意"改变与欧洲轴心国的政策和对中国的态度"，"承认在中国的'门户开放'"，如果日本能够与美国达成一个"保证日本安全的协定，'温和派'就会取得对军方的优势"等。这些甜言蜜语打动了赫尔，因为这正是赫尔所追求的。赫尔同意这两个美国神父以个人身份与日方作非官方接触。实际上，这两个人的活动得到日本新任驻美大使野村的完全支持。

1941 年 3 月 8 日，在华盛顿开始了野村—赫尔会谈。这是得到双方政府授权的正式会谈。4 月 9 日，日本方面提出了一个供讨论的非正式方案，一般称之为《日美谅解方案》。起草人就是那两个美国神父和特地到华盛顿来活动的日本的几个神秘人物，日本法西斯团体黑龙会领袖、九一八事变主谋之一的桥本欣五郎，名义上叫作日本驻美大使馆助理武官的日本少壮派军人领袖、陆军大臣东条的亲信岩畔豪雄，近卫首相的密友、合作银行总裁井川忠雄等人。这个方案是份来源不清、措辞含混、用心险恶的文件，主要内容包括：日本同意在西南太平洋不使用武力改变现状；只有在德国受到侵略攻击时，日本才履行德、意、日三国公约的义务。美国方面则出面敦促蒋介石政府与日本议和。如蒋介石政府拒绝，美国即停止援蒋，恢复与日本的正常贸易，协助日本从西南太平洋获得战略物资，美国承认经济领域的"门户开放"，从经济上援助日本。方案还向美国投出诱饵：美日共同宣布"亚洲门罗主义"，不允许第三国改变东亚现状。换句话说，日本自己一方，开的都是远期支票，美国一方却要立即兑现。罗斯福指示赫尔提出四原则的对案：
（1）尊重相互之间的和一切国家之间的领土完整和主权；（2）维护不干涉
他国内政原则；（3）维护平等原则，包括商业机会均等；（4）不得干扰太
平洋现状，除非现状的改变是出自和平手段。

野村将美国的四原则电告东京，东京迟迟不予答复。

5月5日，罗斯福宣布扩大对日禁运项目；

5月6日，罗斯福宣布中国适用租借法案援助条款；

5月7日，赫尔拒绝日本关于缔结美日互不侵犯协定的建议。

这些都是罗斯福对日本施加的小小压力。5月12日，日本政府提出正式
建议。这个方案删去了4月9日非正式方案中"不使用武力"南进的条款，
表达了日本恪守德意日三国公约的决心。关于中国问题，仍要美国迫使蒋与
日本缔和，日本还坚持在中国的驻军权。5月16日，赫尔提出了对案。其中
关于中国问题，赫尔方案提出：如果日美双方达成协议，美国将建议中日进
行和平谈判，根据双方同意的日程撤出日本军队，中日双方采取"平行行
动"，反对"外部颠覆活动""满洲问题通过友好谈判处理"。关于三国公
约，日本应保证在美国对德国采取防卫和自卫措施的情况下，不承担三国公
约规定的义务。

关于日本在中国驻军问题，参加谈判的日本军方代表岩畔豪雄明确地对
赫尔说：日本从中国撤军是指在若干年内（岩畔没有说具体年数，他得到的
指示是25年）从华中和华南撤军，但不包括内蒙和河北、山西、陕西、察
哈尔和绥远以及远至青岛的交通沿线，也就是继续占有"共四十万平方英
里、八千万人口的广大地区"。赫尔拒绝了这一"撤军"方案。

带有强烈绥靖气味的美国5月16日对案，是在4月13日苏日中立条约
签订后提出的。从美国的这一对案中，可以感觉到美国对日本"南进"矛头
的担心。在苏日中立条约里，"满洲"已经被承认是日本的囊中物，美国的
对案暗示日本，美国还不会在"满洲问题"上同日本过不去。就罗斯福来
说，他脑海中考虑的头等重要的事情是坚持欧洲第一、太平洋第二的战略方
针。他认为"保持太平洋的和平，对控制大西洋是绝顶重要的"，他承认
"没有足够的海军分配到各地去，而在太平洋上哪怕出现小小的插曲，就意
味着要减少用到大西洋上的舰只"。

由于日美双方各有所图，会谈陷于僵局，拖了两个多月，7月21日日本
御前会议决定了基本国策：加强压力，迫蒋屈服，逐步南进，不惜对英美作

战，暂不介入对苏战争，相机行事。这个方针一定下来，所谓谈判更是一场自欺欺人的骗局了。

1941 年 7 月 23 日，日本进占印度支那南部，野村—赫尔谈判中断。7 月 24 日，罗斯福警告野村：日本应从印支撤军，如进一步攫取荷印石油，这就是战争。罗斯福宣布停止向日本运送石油。7 月 25 日，罗斯福绕过国会，发布行政命令，冻结日本在美财产，从而实际上使日美贸易完全中止。英国、荷兰也相继采取同样措施。日本对外贸易的 80% 陷于停顿。8 月 12 日，罗斯福与丘吉尔在大西洋上会晤，商讨对日方针。会谈后，罗斯福召见野村，强烈警告日本止步。罗斯福这一系列措施，使日本近卫内阁大吃一惊。他所采取的这些行动，已经使日本有了窒息感。在罗斯福采取了几个强硬步骤后，日本在 8 月 6 日就提出日美首脑会晤的建议，美国原则上同意，但要日本说明它的目标是什么。8 月 28 日，近卫再次提出与罗斯福会晤的建议。罗斯福认为在会晤之前要先解决双方有争执的问题：（1）日本从中国撤军；（2）日本与三国同盟的关系；（3）太平洋地区贸易机会均等。以东条为代表的陆军拒绝考虑任何形式的从中国撤军问题。10 月 16 日东条继任首相。

罗斯福对东条上台十分重视。他接到这个消息后，立即召开一次"战时内阁"会议，包括赫尔、史汀生、诺克斯、霍普金斯、马歇尔和斯塔克，会后斯塔克指示美国各舰队司令采取预防性警戒措施，但是不要构成对日本的挑衅。斯塔克写给金默尔的信说："我们仍将致力于维持太平洋现状。能维持多久，难以逆料，不过总统和赫尔先生在致力于此。"这是因为罗斯福还得考虑马歇尔、斯塔克从陆海空准备角度提出来的意见，不能马上摊牌。

不能马上摊牌，并不等于不摊牌。罗斯福还有一个考虑，那就是不放第一枪，这也是由国内情势所决定的。舆论民心都不允许美国先发制人。罗斯福坚决拒绝了他的亲密顾问霍普金斯关于先发制人以阻止日本突然袭击的暗示。但是不放第一枪，并不等于完全被动，无所作为。据史汀生日记，罗斯福向他的"战时内阁"提出过这样的问题："我们如何调动他们到一种对我们不是过于危险的阵地去发射第一枪？"

罗斯福授权赫尔于 1941 年 11 月 26 日向日本提出《美日协定基本纲要》草案（"十条"备忘录），从实际后果来看，就是这样一种调动。日本在 11 月 20 日提出的"绝对最后建议"（"乙案"）要求"日美两国都不以武力进入东南亚和南太平洋（但不包括印度支那）"，来换取美国解除禁运和停止援华。美国通过破译日本密码电报，获悉日本已将谈判最后限期定为 1941 年 11 月 29 日。在这种形势下，罗斯福知道日本已经箭在弦上，不得不发了，美国的任何进一步让步也无法让日本止步了。赫尔的"十条备忘录"宣告美国在维持原则立场上没有与日本妥协的余地。这十点中最重要的几条是第三条："日本政府从中国和印度支那撤出一切陆海空军和警察力量。"第四条："美国政府和日本政府除了承认以重庆为临时首都的中华民国政府外，不支持（包括军事上、政治上和经济上）任何其他政府。"这当然包括不支持伪满和汪伪政权在内。第九条："两国政府同意不得与第三国或其他一些国家签订可以解释为与本协定基本目标、与建立和保持太平洋地区和平相抵触的协定。"这一条是针对德日意三国同盟的。日本谈判特使来栖说这些条件是要日本"举手投降"。实际上，在日本还没有收到美方条件时，日本的特遣舰队已经离开在千岛的集结地单冠湾，向夏威夷进发了。

1941 年 12 月 1 日由东条主持的御前会议，决定了以东京时间 12 月 8 日（夏威夷时间 12 月 7 日）为开战时间。开战方式，军部坚决主张突然袭击，外相东乡主张事先通知，最后决定在飞机抵达珍珠港上空前 20 分钟，由野村、来栖向赫尔致送日方的 14 点声明，也就是宣战书。这 20 分钟是用来宣读这份宣战书的，按照严格的时间表，读完最后一句，日本飞机的炸弹开始落下。据说，这就不构成偷袭，不是"不宣而战"。可是由于日本驻美使馆译电混乱，耽误了时间，在日本飞机的炸弹已经把珍珠港炸得人仰舰翻时，日本使节才赶去送宣战书。

日军偷袭珍珠港

珍珠港是美国在太平洋上最大和最重要的海军基地，位于夏威夷群岛中心的瓦胡岛南端，距群岛首府檀香山西北约 9 公里。庞大的太平洋舰队即停泊于此。瓦胡岛还拥有飞机 500 多架，陆军两个师 4 万多人。

在日美矛盾尖锐化的形势下，日本早已准备了把珍珠港作为偷袭目标的作战计划。1941 年 1 月 7 日，日军联合舰队司令山本五十六写信给海军大臣及川古志郎，正式提出偷袭珍珠港的设想，抱着对英美必战的决心，主张采取先发制人的突然袭击，"在敌主力大部分泊于珍珠港的情况下，以空军彻底击破之，并封闭港口"。6 月正式提出偷袭方式。10 月中旬，日本军令部正式批准这一计划。日本一面以"和谈"作为掩护，一面加紧准备偷袭珍珠港的实施方案，并多次举行演习，指令在夏威夷的日本间谍搜集珍珠港美军的确切情报。

东条英机一上台，就急于开战，从 10 月 23 日起，一连九天召集政府与大本营联席会议，11 月 1 日联席会议最后决定开战时间。11 月 5 日，军令部发出"大海令第一号"命令。11 月 8 日，"联合舰队机密作战命令"第一号发出，规定以南云忠一指挥的航空母舰特遣舰队为主力，应在 × 日前 16 天从基地出发，对珍珠港实行突然袭击。11 月 21 日，山本五十六下达作战命令第五号，命令特遣舰队 11 月 26 日从单冠湾出发。这时，日本还在继续玩弄"和谈"花招。虽然美国破译了关于日本的进攻迫在眉睫的密电，但因种种原因，均被忽视。对美国来说，一场大祸已不可避免。

当地时间 12 月 6 日，星期六，美军官兵们都离开舰只蜂拥至檀香山享受周末的欢乐去了，到处是一片太平景象。就在这时，由载有 423 架飞机的 6 艘航空母舰为主体，并由 2 艘战列舰、3 艘巡洋舰、9 艘驱逐舰和 3 艘潜艇护航的日本特遣舰队正全速向珍珠港逼近。另有一支日本潜艇特攻部队，包括 20 多艘潜艇、5 艘袖珍潜艇，已大部分潜抵珍珠港外，包围了瓦胡岛。

华盛顿时间 12 月 7 日晨，美国的译电员又破译日本外交部密电，指令野村大使在华盛顿时间下午 1 时将日本一项文件递交美国政府。下午 1 时，正是珍珠港刚刚天亮时分。虽然译电员暗示了这是日本偷袭珍珠港时间的可能性，但仍没有引起海军上将诺克斯和斯塔克的重视，看来只有炸弹才能惊醒美国水兵的美梦了。

12 月 7 日是星期日。当地时间凌晨 3 时 30 分，美国舰艇发现有一艘潜艇的潜望镜露出水面，担任巡逻指挥的驱逐舰判断为敌人潜艇，但很快就失去了目标，于是继续搜索。三小时后，美舰又在水面上发现一艘潜艇的指挥塔。美驱逐舰以炮弹和深水炸弹将其击沉，这时是 6 时 45 分。这场小小的战斗划破了早晨的宁静，但收到报告的夏威夷海军当局并未对此引起重视，甚至怀疑是否看错了，要求美舰再次查明事实。这个可疑迹象就这样又被放过了。

7 时零 2 分，瓦胡岛美国奥帕纳雷达站的两个新兵在雷达屏上看到一堆堆"异常"的闪光斑点。经反复观看，判定在瓦胡岛东北 132 海里上空有一大群飞机正向该岛方向飞来。他们于 7 时 20 分报告陆军基地。值班军官误认为这是一队正从美国大陆飞来的 B—17 轰炸机，对这次警报根本未予重视。

这时天色已亮，同往常的星期日一样，珍珠港的美军官兵有的尚未起床，有的正在用早餐，而太平洋舰队司令、海军上将金默尔正准备要去高尔夫球场玩球呢！7点55分，第一批日本飞机共183架飞抵珍珠港上空，由51架俯冲轰炸机、40架鱼雷飞机、49架水平轰炸机、43架战斗机组成，总指挥官为海军中佐渊田美津雄，俯冲轰炸机和战斗机的目标是陆军希卡姆机场和惠勒机场以及位于珍珠港湾中央的福特岛上的海军机场。它们对各机场轮番轰炸扫射，霎时间，爆炸声四起，机场笼罩在一片火海和浓烟中。仅5分钟，日机基本上摧毁了美国在瓦胡岛的空军力量。鱼雷飞机和水平轰炸机的攻击对象是集中在珍珠港内的太平洋舰队，有98艘各类舰艇在此停泊。福特岛东侧"战舰大街"航道上有8艘战列舰（旗舰"宾夕法尼亚号"正在不远的海军工厂进行小修而暂离航道），岛的北面和西面有很多轻、重巡洋舰和驱逐舰。日本偷袭的主要目标是战列舰，日机由四面八方飞抵"战舰大街"航道上空，进行低空猛袭。美战列舰全被击中，有的沉没，有的熊熊燃烧，爆炸声震耳欲聋。连停在船坞中的"宾夕法尼亚号"也中弹着火，其他各种船舰也有很多被炸沉炸伤。整个珍珠港上空浓烟滚滚，海港水面因燃烧着汽油而变成一片火海。日本指挥官渊田迫不及待地向山本五十六发出奇袭成功的信号："托拉！托拉托拉！"第一次袭击8时25分结束，历时仅半小时。日机轰炸的命中率很高，那是因为日本间谍事前早已摸清珍珠港的情况，对港湾深度，港口设施，港口附近的陆、海军机场，飞机和舰艇的数目、位置都了如指掌。

8时54分，第二次攻击开始。日机有171架，其中以54架水平轰炸机、81架俯冲轰炸机为主体。尽管硝烟弥漫，目标难辨，日机仍尽力寻找遗漏的目标狂轰滥炸，到9点45分才全部撤离。

整个空袭期间，美军极其被动。第一次攻击刚开始时，美军官兵瞠目结舌，不知出了什么事，有人还以为是"特殊演习"，直到8时，美太平洋舰队司令才发出第一次警报："珍珠港空袭，这不是演习。"但为时太晚了：美国空军、海军都已陷于瘫痪。后来，部分美军进行了还击，但抵抗无力，收效甚微。

日本对珍珠港的偷袭使美军损失惨重。美国19艘大型舰只被击沉、击毁，其中战列舰四艘沉没，一艘受重创，三艘被炸伤。美机177架被击毁，其中包括80架海军飞机，97架陆军飞机。机场全部被毁。美国陆海空军人员伤亡共3615人，其中死2343人，伤1272人。美国太平洋舰队只保持了正外出执行各种任务的三艘航空母舰和部分重巡洋舰。由于日军的遗漏，瓦胡岛地面和地下油池群以及海军工厂安然无恙。日本付出的代价极为轻微，被美军击落飞机 28 架，打伤 74 架，有 5 艘袖珍潜艇被击毁。

华盛顿时间下午 2 时零 5 分，野村和来栖来到美国国务院递交一份"备忘录"，实际是最后通牒。日本之所以这样做，就是为了把偷袭珍珠港的秘密保持到开战前半小时，同时又想避免"不宣而战"的臭名。事实上，日本外交部规定的时间是下午 1 时，延误了 1 小时零 5 分钟，也正是日本舰队的第二批飞机飞临瓦胡岛上空的时候。美国国务卿接到这份最后通牒，气得目瞪口呆，他说："在我整整 50 年的公职生活中，我从未看见过任何文件充满了这样无耻的谎言和歪曲。"然而，这一切早已无补于事。当天晚上 8 时 40 分，罗斯福召集内阁会议，接着约见了国会两党领袖和孤立派主要议员。

12 月 8 日，罗斯福在国会做了为时六分半钟的演说，要求向日本宣战。他把 12 月 7 日这一天说成是"一个遗臭万年的日子"。参议院以 82 票对 0 票，众议院以 388 票对 1 票通过了罗斯福的宣战要求。

谁是真正的胜利者

珍珠港的炸弹声，在全世界引起不同的回响。战报传到东京，整个民族似乎都沉浸在胜利的狂热中。无疑，日本偷袭珍珠港获得了巨大成功。从军事角度讲，这场偷袭无论从计划的制订、军事行动的组织和协调、时间的选择、情报的收集和外交的配合上讲，都是相当精确和出色的。但这是战术上的胜利。从战略分析，日本在珍珠港之得，正是它全局之失的开始。它没有能消灭美国的航空母舰，因为其在袭击前夕出港了。此后，美国航空母舰成了日本远洋作战的联合舰队的心腹之患。即使美国太平洋舰队的航空母舰被消灭了，日本也未必能稳操胜券，因为美国的庞大生产能力不是任何偷袭所能消灭掉的。从全局上看，日本袭击珍珠港之举得不偿失，还因为它帮助罗斯福完成了他几乎是难以完成的工作——让美国人民心甘情愿地参加战争。

反观美国，珍珠港事件从战术上来看，是完全的失败，舰毁人亡，损失惨重；但是从战略上看，却是一次意义重大的转折。在珍珠港事件以前，罗斯福在太平洋上的回旋余地很小。他明确表示不打第一枪，他期待日本自己犯"错误"，从而把美国推进战争。什么才叫犯"错误"，日本如果攻打泰国或克拉半岛算不算"犯错误"？据美国舰队司令理查逊海军上将在战后美国国会珍珠港事件调查委员会上作证说，日本攻打上述地方，罗斯福不会因此参战；如果打荷属东印度，罗斯福也不会参战；甚至打菲律宾，罗斯福也拿不准美国会不会参战。可是罗斯福认为战争可能扩大，日本人会犯错误，美国就要参战了。日本却出乎罗斯福意料之外，奔袭美国在太平洋的大本营，这是罗斯福求之不得的。罗斯福对国会的千言万语，上百次对全国发表的"炉边谈话"，用尽心机的政治手腕，也顶不过日本人的一阵炸弹。史汀生在他的日记中欣喜地写道："由于现在日本佬直接在夏威夷进攻我们，整个问题都解决了。""日本进攻我们的消息传来，我的第一个感觉就是如释重负，优柔寡断已是过去的事了，危机以使我全国人民团结起来的方式到来了。"

从第二次世界大战开始到珍珠港事件前的两年，是罗斯福从政生涯中最感到进退维谷的时期，战不能，和不得，现在一举摆脱了困境。

如果说罗斯福对珍珠港灾难感到如释重负的话，那么丘吉尔则是乐不可支。珍珠港遭到攻击时，英国已是星期天晚上。在伦敦首相别墅契克斯，丘吉尔正在用霍普金斯送给他的手提式收音机收听9点钟的新闻。他一点也不知道珍珠港的事。英国广播公司广播员像平日一样地用平静沉着的音调报告了夏威夷受到日本攻击的新闻。当时在丘吉尔那里作客的美国总统特使哈里曼和美驻英大使怀南特听了以后目瞪口呆。在一片沉寂中，丘吉尔迈步进入他的私人办公室，拿起电话与罗斯福通话。丘吉尔问罗斯福："日本是怎么回事？""确实是那样。他们在珍珠港揍了我们，我们是风雨同舟了。"罗斯福回答说。"事情倒变得干脆了。上帝保佑你，总统先生。"丘吉尔的声音有些颤抖。美国报纸上还说这位英国首相高兴得老泪往下淌。他为了要把美国拖进抗德战争费了九牛二虎之力，也只搞到了一个"租借法"，想不到竟是日本帮了这个大忙。

有讽刺意味的是，日本的最大盟友希特勒听到日本袭击珍珠港的消息并不高兴。他在欧洲战场上没有取得决定性胜利之前，是宁愿不给美国以参战借口的。当日本向里宾特洛甫暗示日美战争的可能性时，里宾特洛甫以希特勒在东线为借口，拖了两天才答复。而墨索里尼则相反，他一得到日本大使的通报时，表示非常高兴。

珍珠港袭击后的第三天，日本老百姓还没从奇袭的胜利陶醉中清醒过来，美国老百姓也还没有从震惊中恢复过来，罗斯福在对全国发表的广播讲话中以冷静的语调宣告："我们本不想卷入，可是现在我们卷入了，我们将用我们所能得到的一切去进行战斗。"

珍珠港事件，使美国卷进了第二次世界大战，从而使反法西斯盟国的一边增添了一支极重要的力量。

世界反法西斯联盟的建立

姚昆遗

第二次世界大战期间，面对德、日、意轴心国妄图把世界所有国家和人民置于法西斯奴役下的侵略行径，以苏、美、英为首的世界反法西斯国家和人民经过多年努力，终于实现了空前大联合，结成反法西斯联盟。联盟的建立和发展，对于粉碎轴心国的武装力量起了决定性的作用，并为战后联合国组织的创立奠定了基础。

建立反法西斯统一战线的最初尝试

20 世纪 20 年代至 30 年代中期，日本、意大利和德国先后法西斯化，并走上扩军备战、发动侵略战争的道路。战争的阴云笼罩了全世界。1931 年，日本侵占中国东北。1933 年，德国希特勒纳粹党上台执政，于 1935 年撕毁《凡尔赛和约》，次年进兵莱因兰非武装区。1935 年，意大利侵略埃塞俄比亚。1936 年，意大利和德国对西班牙进行武装干涉。同年，日本和德国签订《反共产国际协定》。一年后意大利加入这个协定，形成柏林—东京—罗马轴心。法西斯国家在亚、非、欧三洲点起了战火。

法西斯专政是具有最强烈的帝国主义野心的垄断资本公开的恐怖专政，是全世界人民的共同敌人。面对法西斯的战争威胁，唯一的社会主义国家苏联向世界各国发出联合起来制止战争的呼吁，并在 1933 年提出了一条依靠各国集体努力共同反对侵略、保障欧洲安全的对外政策路线。苏联大声疾呼"和平是不可分割的"，并积极开展争取建立欧洲集体安全体系的外交活动。1934 年 5—6 月，苏联和法国外交部长路易·巴图就建立反侵略互助体系的"东方公约"进行会谈。该公约拟包括苏联、捷克斯洛伐克、波兰、拉脱维亚、立陶宛、爱沙尼亚、芬兰，并欢迎其他国家参加。拟议中的东方公约的主要内容是,当缔约国之一遭到攻击时,要互相援助。后来由于德国、波兰等国拒绝参加,加上法国在巴图外长遇刺后态度发生变化,缔结东方公约的努力失败。1934年9月,苏联参加国际联盟。1935年5月,苏联和法国及捷克斯洛伐克分别签署互助条约。1937年11月和1938年3月,在德、日、意三个法西斯国家结成联盟并加紧其侵略步骤的形势下,苏联政府两次发表声明,愿意和其他国家一起,参加集体抗击侵略者的行动。

受到法西斯侵略的国家,中国、朝鲜、埃塞俄比亚和西班牙各国人民,奋起开展反抗法西斯侵略的斗争。中国是最早遭受法西斯侵略的国家。中国共产党在1933年1月发表宣言,提出建立全民族的反帝统一战线,和朝鲜、蒙古、日本人民大众联合起来反对共同敌人——日本帝国主义,和苏联结成友谊联盟。1935年中共中央发表"八一宣言",更明确地提出结成最广泛的抗日民族统一战线的主张。中国共产党站在建立世界反法西斯统一战线的斗争的前列。

各国人民的反法西斯斗争,得到共产国际和各国共产党及进步人民的支持。共产国际在1935年的第七次代表大会上,强调"法西斯是国际共产主义运动和工人运动的最直接、最危险、最凶恶的敌人,应当集中各种力量来与之斗争",并号召建立广泛的反法西斯人民阵线。1936年在西班牙人民抗击德、意法西斯武装干涉的战争中,由各国进步人士组成的国际纵队,就是世界反法西斯力量对法西斯的一次联合抗击。

资本主义国家的一些有识之士也认识到,法西斯德国是欧洲各国的共同敌人,要求联合起来阻止德国的侵略。法国外交部长巴图是缔结东方公约的积极拥护者和推动者。后来担任英国首相的保守党著名政治家温·丘吉尔在1934年7月就已公开主张,英、苏两国应该在反对共同敌人——德国的斗争中联合起来。1939年,第二次世界大战爆发前夕,在英国,不但反对党工党、自由党的许多政治活动家,甚至保守党内部以丘吉尔和安·艾登为首、包括200多位政治家的集团,都反对张伯伦政府绥靖德国的政策,主张发展同苏联和法国的合作,共同抵御来自德国的侵略。

所以,在20世纪30年代,随着法西斯国家战争威胁的增长,世界各国人民就已经产生了建立反法西斯统一战线的要求。但是,在30年代的欧洲,绥靖主义思潮盛行。英、法政府中的当权人物斯·鲍德温、尼·张伯伦、爱·哈利法克斯以及皮·赖伐尔、爱·达拉第、乔·庞纳等绥靖主义分子认为,"希特勒总是要打仗,要向某个方向去扩大自己的领土的,就让他最好去用东欧和东南欧的国家来为自己拼裁帝国吧！让他用巴尔干或者乌克兰来取乐吧！只是不要触动英国和法国"。张伯伦之流希望借助德、意法西斯阻遏来自东方的"共产主义危险"。他们的对外政策方针不是去抵抗侵略者，而是通过损害第三国利益，谋求英、法、德、意四大国的所谓"协调"。他们消极对抗直至公开破坏苏联为争取集体安全所作的每一项努力。慕尼黑勾结，是英、法绥靖政策的顶点。正是这个政策，破坏了30年代建立世界反法西斯统一战线的可能性，加速了第二次世界大战的爆发。

世界反法西斯统一战线的初步形成

1939年9月1日，法西斯德国入侵波兰。9月3日，英、法被迫对德宣战，第二次世界大战全面爆发。仍然抱着绥靖政策不放的英、法政府虽然对德宣战，实际上却是宣而不战，坐等德国继续东向进攻苏联。但是，德国在占领波兰后却利用长达7个月的所谓"奇怪的战争"的间隙时间，迅速掉转兵力扑向北欧和西欧，接连占领丹麦、挪威、荷兰、比利时和卢森堡等国。1940年6月22日，英国的主要盟国——法国向德国投降。英国承受着德国海上封锁和空中轰炸的猛烈攻势，孤军作战，岌岌可危。同时，希特勒又转向东南欧，占领了南斯拉夫和希腊，并胁迫保加利亚参加了德日意军事集团，整个欧洲处于法西斯铁蹄的蹂躏之下。

希特勒对西线的闪电战宣告了绥靖政策的彻底破产。随着西欧战火的蔓延，张伯伦在人民的咒骂声中狼狈下台。保守党中以主战著称的丘吉尔上台，组成"战时内阁"。丘吉尔一上台就宣布要用"全部能力和全部力量在海上、陆地上和空中进行战争"，要"不惜一切代价去争取胜利"。但是，由于法国战败，英国已经失去了它的主要盟友，陷于同德国和意大利孤军作战的境地。英国军队和装备在西欧战争中遭到严重损失，据丘吉尔1942年4月在下院一次秘密会议上说，当时"一支十五万人的经过挑选的入侵部队，就可能在我们中造成灾难"。1940年7月16日，希特勒发布在英国登陆的"海狮计划"，并在北海岸调集了大批船舰，集结了13个师的军队。从8月9日开始，德国每天出动成百上千架飞机袭击英国的城市和军事目标，给英国造成重大损失，英伦三岛形势十分危急。

英国迫切需要寻找新的盟友，改变孤立无援的处境。丘吉尔政府支持欧洲大陆沦陷国家流亡英国的政府和团体，使它们继续坚持对纳粹德国的斗争。英国对挪威的哈康国王、荷兰的威廉敏娜女王、捷克斯洛伐克的贝奈斯总统、波兰的西科尔斯基将军和比利时的休・皮埃洛特等领导的流亡政府，以及法国戴高乐将军领导的"自由法国"运动，一律采取支持的态度，并和它们结成盟国关系。

丘吉尔竭尽一切努力要求当时还处于"中立"的美国给予支持和帮助。他一再向美国总统罗斯福陈述利弊，首先希望美国宣布非交战状态，这就是说，除了不实际派遣武装部队参战外，将尽一切力量帮助英国。与此同时，丘吉尔也对苏联作出姿态，派工党活动家斯・克里普斯为驻苏大使，希望改善英苏关系，并建议两国对德国在欧洲逐步扩大侵略问题进行磋商。由于苏联不愿为德国进攻苏联造成任何口实，对英国新政府及其政策也还需要观察，丘吉尔对苏联的呼吁没有得到苏联政府相应的回应。

法西斯德国的进一步扩张，使美国的根本利益受到严重威胁，还在希特勒入侵北欧时，罗斯福总统即向美国人民发出警告："以为我们地处远方，与世隔绝，因而是保险的，不必担心遍及四方的危险，这种幻想已经不复存在。"1940年底，罗斯福进一步强调："如果英国倒下去，轴心国家就会控制欧、亚、非和澳大利亚等各大洲以及各大洋——它们也就处于可以使用巨大陆海军力量进攻本半球的地位。到那时候，在整个美洲，我们所有的人就将生活在枪口的威胁下——装有军事上以及经济上爆炸性子弹的枪口威胁下——这并不是什么危言耸听。"罗斯福认识到，不管英国是战败或者投降，都对美国不利，所以派他的亲密顾问哈里・霍普金斯到英国，向英国政府当面表明："总统下定很大决心，要打败希特勒，他深信英美在这方面有着相互利益。"罗斯福克服国内孤立主义思潮的重重阻力，采取一系列措施，援助英国的抵抗，并加强与英国的合作。1939年11月，美国国会修改禁止向交战国出售武器的"中立法"，通过了"现购自运"的新"中立法"，法国败降后进一步取消了不得用美国船去运输货物的限制；1940年9月，罗斯福以50艘驱逐舰，换取在英属8个岛屿①上建立军事基地的权力，1940年12月29日，罗斯福发表"炉边谈话"，提出美国要"成为民主国家的大兵工厂"；1941年3月，经过长期辩论后美国国会通过"租借法"，规定美国总统有权以出售、转让、租借等形式向那些"总统认为其国防对美国国防至关重要的国家"提供武器、军用物资、粮食，并给予其他各种方便。自然，英

---

① 纽芬兰、百慕大、巴哈马群岛、牙买加、安提瓜、圣卢西亚、特立尼达和英属圭亚那。

国是首先根据租借法得到援助的国家。与此同时，1941 年初，英美两国的参谋人员还在华盛顿举行了长达两个月的秘密会商，制定了《ABC—1 参谋协定》，规定一旦英、美与德、日交战，两国的战略重点将在大西洋和欧洲，首先打败德国，然后再打败日本。所以，到 1941 年春，美国虽然在法律上还没有参战，但事实上已经成为英国在反对德国法西斯战争中的盟国。英国和法国以及后来英国和美国、英国和沦陷国家之间在战争中建立起来的同盟、合作关系，已经初步形成了反法西斯的统一战线。

沦陷国家和受到法西斯侵略的国家的人民在各自国内的抵抗斗争，是世界反法西斯统一战线的重要一翼。在亚洲，中国共产党和国民党结成抗日民族统一战线，开展了轰轰烈烈的抗日战争。以金日成为首的朝鲜"祖国光复会"和印度支那共产党领导的"越南独立同盟"，也领导各阶层人民开展武装抵抗日本侵略者的斗争。在欧洲，捷克斯洛伐克、波兰、法国、阿尔巴尼亚、南斯拉夫以及希腊、比利时、挪威等各国人民都组织游击队，开展抵抗运动，同入侵的德、意法西斯进行艰苦斗争。在非洲，埃塞俄比亚人民一天也未停止过抗击意大利侵略者的斗争。欧、亚、非各国人民的斗争，给了德、日、意法西斯以有力的打击，使得反法西斯战争如火如荼地在世界范围内展开。所以，斯大林曾经正确地指出："反轴心国的第二次世界大战与第一次世界大战不同，它一开始就具有反法西斯的、解放的战争的性质，恢复民主自由也是其任务之一。"[①]

世界反法西斯联盟的确立

1941 年 6 月 22 日，法西斯德国向苏联发动大规模进攻，苏德战争爆发。苏联的参战大大扩大了世界反法西斯联盟的范围。

面对德国法西斯倾全力的进攻，苏联避免或至少推迟卷入战争的希望破灭了，苏联人民必须同全世界爱好和平的国家和人民一道为自己的生存而战斗。7 月 3 日，斯大林发表告苏联人民书。他说："我们为了保卫我们祖国的自由而进行的战争，将同欧洲和美洲各国人民为争取他们的独立、民主自由的斗争汇合在一起。这将是各国人民争取自由、反对希特勒法西斯军队的奴

[①] 《斯大林文选》，人民出版社 1962 年版，第 442 页。

役和奴役威胁而结成的统一战线。"①

希特勒德国对苏联的进攻，使英、美，特别是英国松了一口气。一年多来，英国承受着纳粹军队从空中到海上的凌厉攻势，但现在，正如丘吉尔所说："由于俄国参战，转移了德国对大不列颠的空袭，并且减少了入侵的威胁。"这使英国在地中海区域得到了重大的解救，但是，希特勒"进攻俄国，只不过是企图进攻不列颠诸岛的前奏"，所以，在德国进攻苏联的当天晚上，丘吉尔在广播演说中说："俄国的危难，就是我们的危难，也是美国的危难，正如俄国人为保卫家乡而战的事业，是世界各地的自由人民和自由民族的事业一样。""我们将要对俄国和俄国人民进行我们能够给予的一切援助。"

罗斯福领导的美国政府眼看美国面临的基本现实是"作为一场欧洲战争开始的已经发展成为一场企图征服世界的世界战争"，而法西斯德国对苏联的进攻，只不过是希特勒"统治世界的真正目的和计划"的"进一步的证明"。"德国迅速地战胜俄国，既是英国的也是美国的灾难，因为这种胜利将使德国有可能从大西洋和太平洋来威胁美国。"6月23日，美国政府在《谴责德国侵略苏联的声明》中说，"任何防御希特勒主义的办法，任何集中力量——不论这种力量来自何方——的行动都将加速德国现在领袖逃不掉的失败，并因而有利于我们自己的国防和安全"。次日，罗斯福进一步声明，"美国决定在可能范围以内，全力援助苏联"。

希特勒的进攻和苏联的参战，进一步推动欧、亚、美洲各国共产党和各国人民积极投入反对希特勒、建立反法西斯统一战线的斗争。苏德战争爆发第二天，毛泽东指出，"苏联抵抗法西斯侵略的神圣战争，不仅是保卫苏联的，而且也是保卫正在进行反法西斯奴役的解放斗争的一切民族的。目前共产党人在全世界的任务是动员各国人民组织国际统一战线，为着反对法西斯而斗争，为着保卫苏联、保卫中国、保卫一切民族的自由和独立而斗争"。中国共产党要"同英美及其他国家一切反对德意日法西斯统治者的人们联合起来，反对共同的敌人"。英国共产党发表宣言，提出"我们要求同社会主义的苏联团结一致。我们要求英国同苏联立即签订军事和外交协定……让我们建立起英国人民同世界上第一个社会主义国家人民的强大统一战线"。美国共产党发表了"让我们以全面援助苏联、英国及所有同希特勒战斗的各国人民的行动来保卫美国"的宣言。被德国法西斯占领的欧洲各国人民也积极

---

　　① 《斯大林文选》，人民出版社1962年版，第267页。

开展抵抗运动，以实际行动援助苏联和推动世界反法西斯统一战线建立。

　　苏联、英国、美国和其他反法西斯国家面对共同敌人，产生了联合抗敌的共同愿望。斯大林指出，希特勒原来还想进攻苏联来吸引英美参加反苏同盟，但是，"英国和美国不仅没有参加德国法西斯侵略者的反苏进军，反而同苏联站在一个阵营里来反对希特勒德国。苏联不仅没有被孤立，反而有了新的盟国，如英国、美国以及其他被德国人占领的国家"。① 苏德战争的爆发，加快了反法西斯力量的联合。

　　苏、英、美在战争中的合作关系迅速发展。1941 年 7 月 12 日，英国和苏联签订《为对德作战采取联合行动的协定》，相互承担"彼此给予各种援助和支持"，并且"除经彼此同意外，既不谈判也不缔结停战协定或和约"的义务。这个协定使得苏联和英国在反对希特勒德国的斗争中结成战斗的盟国。7 月底，罗斯福总统派霍普金斯访问莫斯科，了解苏联的抵抗能力和前途。霍普金斯的访问帮助美国政府最后确定了采取实际措施援助苏联抗击德国法西斯的方针。在这基础上，苏美两国于 8 月 2 日互换照会，美国政府决定"给予一切可以提供的经济协助，加强苏联反对武装侵略的斗争"。苏美互换照会正式肯定了美苏合作关系，是 1941 年 7 月 12 日苏英协定的一种"美国等价物"。

　　与此同时，苏联和其他一些宣布对希特勒德国作斗争的国家进行了广泛合作。1941 年 7—9 月，苏联政府和欧洲被占领国家驻伦敦的流亡政府——波兰、捷克斯洛伐克、南斯拉夫、挪威、比利时，以及"自由法国"运动建立了联系并商定相互给予支援和合作。当德国在伊朗加紧渗透，阴谋通过政变建立一个亲德政权，以策动伊朗站在德国一方参与对苏、英作战时，苏联和英国采取联合措施，派出军队进入伊朗，和伊朗缔结了保证伊朗在第二次世界大战时期同反希特勒盟国合作的条约，打乱了德国在中近东的计划，由此向全世界表明英国和苏联的军队已经实际上携起手来。

　　1941 年 8 月，英、美两国首脑在大西洋纽芬兰的阿金夏海湾举行会议。这次会议通过了著名的《大西洋宪章》②，在建立反法西斯联盟的过程中占有重要的位置。这是当时名义上仍属中立的美国和已经作为一个对德交战国的英国发表的联合宣言。《大西洋宪章》在当时的历史条件下，起到了进一

---

① 《斯大林文选》，人民出版社 1962 年版，第 272 页。
② 请见本书李铁城、武冰的《大西洋会议和大西洋宪章》一文。

步动员和团结各个反法西斯国家、促进世界反法西斯联盟形成的作用。中国共产党在 1941 年 8 月 19 日发表声明指出:《大西洋宪章》"表示了英美打倒法西斯主义的决心,这种决心是完全有利于苏联,有利于英美,有利于中国,有利于世界的",它"决定了英美苏三大强国坚固联合这种具有政治远见的政策"。1941 年 9 月,苏联、英国、比利时、捷克斯洛伐克、希腊、波兰、荷兰、挪威、南斯拉夫、卢森堡和"自由法国"等国家的代表在伦敦举行同盟国会议,一致赞同《大西洋宪章》的基本原则。苏联代表团在会议上发表声明,进一步明确反希特勒战争的性质和任务是"要集中爱好自由各国人民的全部经济和军事资源,以便把呻吟于希特勒强盗压迫下的各国人民彻底地、尽可能迅速地解放出来"。

根据大西洋会议的建议,苏、英、美三国代表于 1941 年 9 月 29 日至 10 月 1 日在莫斯科举行会议研究互相援助和物资分配问题。这是已经参战的英、苏和尚来参战的美国在经济上、军事上联合起来的一次同盟国会议。会议达成了关于从 1941 年 10 月 1 日到 1942 年 6 月 30 日这一期间美、英向苏联提供援助的协定。10 月 30 日,罗斯福写信给斯大林,表示美国已同意莫斯科协定的援助项目,并宣布向苏联提供 10 亿美元的无息贷款。11 月 7 日,罗斯福说,苏联的防务,"对美国的防务来说,是至关重要的"。他宣布把苏联列入有资格享受租借援助的国家之内。莫斯科会议及其作出的决定,表明了苏、美、英三国决心用联合的力量来击败希特勒主义。苏联外长莫洛托夫在莫斯科会议的闭幕词中说:"爱自由的各国人民,由苏英美做先锋,已形成了反希特勒的强大阵线。"这样的大联合"预定了我们对希特勒匪徒的斗争必然能取得最后的胜利"。莫斯科会议以后,"英国、美国和苏联结成了一个旨在粉碎希特勒帝国主义者及其侵略军的统一阵营",这已经是一个毋庸置疑的"事实"了。[①]

法西斯集团扩大侵略的行径,促进了反法西斯国家的联合,推动了世界反法西斯联盟的最后形成。从 1941 年下半年起,由于德国潜艇加强在大西洋的活动,罗斯福政府采取一系列果断措施来加强对德"不宣而战的战争"。日本在太平洋地区虎视眈眈,准备南进。英国表示,如果美国同日本处于战争状态,英国就将"毫不犹豫地站在美国一方",甚至"在一小时之内"对日宣战。假如说,直到 1941 年 12 月,罗斯福的行动多少还受到国内孤立主

---

① 《斯大林文选》,人民出版社 1962 年版,第 280—281 页。

义者的掣肘，那么 1941 年 7 月，日本进攻美国的珍珠港海军基地，挑起太平洋战争以后，就使美国彻底地和英国"风雨同舟"了。珍珠港事件导致英、美对日宣战，接着德、美互相宣战。澳大利亚、荷兰、加拿大、新西兰、南非联邦、哥斯达黎加、古巴、尼加拉瓜、巴拿马、萨尔瓦多、"自由法国"民族委员会和波兰政府相继对日宣战，中国也向德、日、意宣战，战争波及世界 4/5 人口。

1941 年 12 月 11 日，德、日、意签订联合作战协定，声称三国"有毫不动摇的决心"，在把这场战争"胜利结束前决不放下武器"，并"紧密合作"建立法西斯"新秩序"。罗斯福说，德国和日本"把不帮助轴心国家的一切民族和国家都当作全体和每个轴心国家的共同敌人，这就是他们简单明确的总战略。所以，美国人民必须认识到，只有类似的总战略才能够抗衡它"。

1941 年 12 月末，英、美首脑在华盛顿会晤（阿卡迪亚会议）。罗斯福倡议由所有对轴心国作战的同盟国家签署一项共同宣言。美国提出的宣言草案经与英国和苏联政府讨论修改后，又通过频繁的函电往来和会晤，通知给各同盟国政府。1942 年 1 月 1 日，美国、英国、苏联、中国等 26 个反法西斯国家在华盛顿签署《联合国家宣言》，签字国政府赞成《大西洋宪章》所载之宗旨与原则。签字国政府宣告：

（一）每一政府各自保证对与各该政府作战的三国同盟成员国及其附从者使用其全部资源，不论军事的或经济的。

（二）每一政府各自保证与本宣言签字国政府合作，并不与敌人缔结单独停战协定或和约。

《联合国家宣言》把代表五大洲绝大多数居民的 26 个自由国家的决心和意志联合起来了。它的发展标志着世界反法西斯联盟经过曲折发展的道路，终于正式形成。随之，在英、美、苏、中等盟国之间签订了一系列双边协定，如《英美关于在进行反侵略战争中相互援助所适用原则的协定》（1942 年 2 月 23 日）、《苏英对希特勒德国及其欧洲与国作战的同盟和战后合作互助条约》（1942 年 5 月 26 日）、《美中抵抗侵略互助协定（租借协定）》（1942 年 6 月 2 日）和《美苏关于在进行反侵略战争中相互援助所适用原则的协定》（1942 年 6 月 11 日）等，这些协定是《联合国家宣言》的具体化和进一步发展。

这样，反对法西斯侵略的国家和人民经过正反两方面的教训，特别是经过战争的洗礼，终于结成广泛的反法西斯统一战线，汇成不可抗拒的历史洪流。世界反法西斯联盟的建立，标志着在希特勒德国强加于各国人民的战争的过程中，力量发生了根本的划分，形成了两个对立的阵营：以德、日、意同盟为核心的法西斯阵营和以英、美、苏同盟为核心的反法西斯阵营。在这个反法西斯阵营中，包括不同的民族和阶层、不同的社会制度和意识形态、不同的战争目的。这个阵营内部，也有各种矛盾和斗争——既有不同社会制度国家、不同意识形态的矛盾，也有帝国主义国家为争夺海外市场和殖民地而引起的矛盾以及它们和弱小国家的矛盾，但是，这丝毫也不排斥它们采取共同行动，去反对使它们受奴役威胁的共同敌人。打败法西斯，就是它们斗争的共同目标，就是它们团结的共同旗帜。

世界反法西斯联盟的建立，其影响"不仅仅是在精神上和决心上，并且还在全面作战的各个阶段上"（罗斯福语）。它使得所有联合国家在人口、资源、生产能力、人心向背和团结互助方面协调合作，从而远远压倒与世界各国人民为敌的法西斯轴心国。反法西斯联盟建立以后，盟国军队在欧、亚、非战场上发起的斯大林格勒会战，北非"火炬"战役、太平洋上中途岛和瓜岛战役的胜利，使第二次世界大战各个战场的形势发生了有利于同盟国的根本转折，而盟国首脑的开罗会议、德黑兰会议、雅尔塔会议和波茨坦会议对推动反法西斯战争的胜利前进和加速最后胜利的到来，都起了重要作用。世界反法西斯联盟的建立和巩固发展，是反法西斯战争取得最后胜利的决定性因素之一。

世界反法西斯联盟建立的影响，甚至还不仅仅限于第二次世界大战。《大西洋宪章》所确立的民主原则，通过《联合国家宣言》而建立起来的由同等尊严和同等重要的独立民族组成的联盟，是战后国际和平与安全组织——联合国的范本和雏形，对战后国际关系产生了深远的影响。

第二次世界大战中的北非战场

王章辉

北非是第二次世界大战中的一个重要战场。对英国来说，控制北非，就能保住通往亚洲殖民地的生命线，也能保住它在中东的石油供应基地。对意大利来说，只有把英国赶出北非和东非，才能实现它建立非洲帝国的梦想。德国也把在非洲战胜同盟国看作实现它的侵略计划的一个步骤。因此，在第二次世界大战中，盟军与德、意法西斯在北非展开了激烈的争夺。

1941 年夏天以前的北非战况

早在 1935 年 10 月，意大利就发动了侵略埃塞俄比亚的战争，并于次年 5 月 9 日宣布将埃塞俄比亚合并到意大利。这样，意大利在东非就把埃塞俄比亚和意属厄立特里亚同意属索马里连成一片。在北非，意大利还占有利比亚。为了实现建立非洲帝国的梦想，意大利在它的非洲殖民地部署了强大的军事力量。到欧洲大战爆发前夕，在那里的意军和意大利殖民军总数已达 50 万人。意大利在非洲的扩张对法国，特别是对英国在北非和东非的殖民地以及地中海航线构成了严重威胁。为了对付日益加剧的危险，1939 年 6 月，英国在埃及的开罗建立中东司令部，任命阿·韦维尔为总司令。他手下的英军有 5 万人，与意大利在非洲的兵力比较起来，在数量上处于劣势，但装备较好，军队素质优于意大利军队。

意大利在非洲的地位并不巩固。英国控制着出入地中海的两条咽喉要道——直布罗陀海峡和苏伊士运河。英国在马耳他岛驻有海军和空军，可以对出入意大利港口的运输船队造成致命的威胁。英国在地中海的舰队也占据着优势。英、法两国如果对意大利采取联合军事行动，可以立即切断意大利到非洲的交通线。有鉴于此，意大利侵占埃塞俄比亚以后，并没有进攻英国和法国的殖民地。

1940 年，形势发生了重大变化。法西斯德国攻占北欧以后，于 5 月 10 日向西欧发动突然袭击。6 月 22 日，法国投降，英国成了一支孤军。这对英国在北非、东非和中东的地位无疑是一个沉重的打击，驻在埃及和东非的英军面临着意军的威胁。

意大利宣布参战以后，便在非洲向英国的殖民地发起了进攻。意军的主要目标是占领埃及和苏伊士运河，建立从本土通向东非殖民地的可靠交通线。1940 年 7 月，意军攻占肯尼亚的一部分领土、苏丹的一系列重要据点，然后又占领了英属索马里。9 月 13 日，格拉齐亚尼指挥的意大利第五军从利比亚攻入埃及，并于 9 月 16 日占领埃及的西北要塞西迪巴腊尼。

英国在埃及的军队有 36000 人，它是由英国军队和澳大利亚、新西兰以及印度的军队组成的。英军于 12 月 9 日发起反攻，意军不堪一击。反攻的第二天，英军即收复西迪巴腊尼等地。12 月底，意军被全部赶出埃及。1941 年 1 月，英军先后攻占利比亚的巴尔迪亚和托卜鲁克等战略要地。2 月 6 日，英军一支快速机动化部队赶到昔兰尼加西部的贝达富姆以南，成功地拦截了后撤的意军，俘获两万人。格拉齐亚尼的部队几乎全军覆没。英军本来可以一直打到的黎波里，把意军赶下大海，只是因为丘吉尔急于派兵去希腊，下令停止进攻，才使意军松了一口气。英军在 62 天的反攻中，一共俘获意军 133000 人，其中包括 19 名将军和 1 名海军上将，缴获 1300 门大炮、大批坦克和军用物资。

丘吉尔政府企图把具有战略地位的巴尔干半岛控制在自己的手中，以巩固英国在地中海和中东的地位。1941 年 3 月 7 日，英国派遣一支由 5 万人组成的英国部队在希腊登陆，只留下少量部队守卫昔兰尼加。在非洲作战的大部分空军也转移去支援在希腊登陆的部队。

希特勒决定抢先攻占巴尔干半岛，以确保南翼的安全。3 月 1 日，德国装甲部队开入保加利亚。4 月 6 日，德军同时入侵希腊和南斯拉夫。德国机械化部队采取迂回战术，分割了希腊军队，从侧翼包抄英军。英军怕被切断退路，于 4 月底从海上撤到克里特岛。5 月 20 日，德国伞兵在克里特岛空降，并用飞机运来大量援兵。英国守军再次告急，于 5 月 28 日晚开始撤退。在这"第二次敦刻尔克大撤退"中，英军丢弃了全部坦克、大炮和其他设备，并把 12000 名士兵留给了德国人。英国海军还损失了 3 艘巡洋舰和 6 艘驱逐舰，另有 13 艘其他军舰受重创。英军在希腊的冒险之举，大大地削弱了英国在北非的军事力量。

2 月 6 日，即格拉齐亚尼部队在贝达富姆被歼灭那天，希特勒召见埃尔温·隆美尔，命令他率领一支德国机械化部队去北非援救意军。希特勒插足北非，有他的战略目的。德意军队如果联合攻下埃及，占领苏伊士运河，就可以挥师向东，占领伊拉克和伊朗，夺取中东的石油资源，并可以西亚为跳板，东进印度，实现与日本会师的美梦。隆美尔是一位年轻将军，曾在法国战役中指挥第七装甲师，为纳粹德国立下了赫赫战功。他勇猛彪悍，善于以灵活多变的战术迷惑对方，被称为"沙漠之狐"。隆美尔的部队是由第五轻装甲师和第十五装甲师组成的非洲军。

隆美尔于 2 月 12 日抵达的黎波里，两天后，一个德国侦察营和一个反坦克营开到北非。3 月 11 日，第五轻装甲师才到达的黎波里。

1941 年春天，如果英军趁隆美尔立足未稳之机，先发制人。本来是有获胜希望的，但英国军队不仅没有发起进攻，反而于 2 月底把精锐的第七装甲师调回埃及休整，接替它的部队缺乏作战经验。希腊的军事冒险调走了昔兰尼加前线的有生力量，结果隆美尔于 3 月 31 日抢先占领了通向的黎波里的咽喉地带阿盖拉，使英军处于不利地位。

4 月 2 日，隆美尔以不多的兵力向英军发动虚张声势的进攻。英军过高地估计了敌人的力量，仓皇撤退。4 月 3 日撤出班加西。4 月 11 日，除了围困在托卜鲁克的一支部队以外，英军被逐出昔兰尼加，撤回埃及边境。英军失败的主要原因与其说是军事上的，毋宁说是心理上的。

德国出兵北非以后，英国军队受到了两方面的威胁，正面是德、意军队，后方是盘踞在埃塞俄比亚、厄立特里亚和意属索马里的意大利大军。为了扫除后方的威胁，英国中东司令部总司令韦维尔于 1941 年 1 月 19 日向厄立特里亚的意军据点发起进攻。2 月，坎宁安指挥的英军向意属索马里发起反攻，于 2 月 25 日占领摩加迪沙。然后，坎宁安的部队转向埃塞俄比亚，于 4 月 6 日解放亚的斯亚贝巴。5 月 5 日，埃塞俄比亚皇帝海尔·塞拉西返回自己的首都。3 月 27 日，英军攻占意大利在东非最坚固的阵地克仑，然后挥师向东，攻下意大利海军基地马萨瓦，把意军逐出厄立特里亚。退到埃塞俄比亚的意军残部于 5 月 19 日投降。在东非战役中，意军被俘 23 万人（包括土著军）。在埃塞俄比亚西南部和西北部的意大利残军在 1941 年夏、秋两季被消灭。至此，意大利的东非帝国便寿终正寝了。

托卜鲁克的陷落

1941 年 6 月 22 日，苏德战争爆发，第二次世界大战的形势发生了重大变化，对北非战场的实力对比也产生了很大影响。

德国的战略重点在苏联，唯恐分散兵力，不愿向北非增派援兵和大量补充作战物资，甚至把驻西西里岛的德国空军调到苏德战场，这就削弱了德军在北非的力量。而英国政府为了保住埃及和地中海的战略地位，竭尽一切力量加强在埃及的兵力。5 月 12 日，载着 238 辆坦克的快速舰队冒着敌人袭击的危险，经地中海航线运到亚历山大港，这使保卫埃及的英军所拥有的坦克多了 3 倍。曾在东非作战的第四印度师也从克仑开到埃及。

1941 年夏季，英国继续向埃及增派援兵，驻埃及的坦克队从 4 个增加到 14 个，还增派了 3 个师。7 月下旬，英国战时内阁改组中东司令部，原驻印度总司令克劳德·奥金莱克接替韦维尔任中东总司令。英国驻北非的部队改名为第八集团军，艾伦·坎宁安任司令。第八集团军下辖第十三军和第三十军。英军所拥有的坦克和飞机数量比轴心国军队多一倍以上，补给力量也比敌人强。

隆美尔的非洲军得到的增援极少，只新拼凑了一个步兵师。意军原有 3 个师（其中一个是装甲师），新增加 3 个小的步兵师，装备陈旧，缺乏运输车辆，机动性很差。德意军队有一个致命的弱点，即补给线太长，装甲部队缺乏燃料和弹药，兵员不足，经不起消耗战。

11 月 18 日，英军实行"十字军"作战计划，集中 10 万大军、1 万辆军车向轴心国军队发动进攻。英军浴血奋战，夺取敌人的军需品仓库所在地奥马尔要塞。11 月 27 日，托卜鲁克的守军和接应他们的新西兰师会师。隆美尔眼见后方受到英军的威胁，已无法实现他雄心勃勃的计划，决定后撤。12 月 4 日夜晚，隆美尔放弃对托卜鲁克的包围，向西撤退。12 月 11 日，撤回贾扎拉防地。英军继续进攻，隆美尔见寡不敌众，决定退到的黎波里塔尼亚边境的卜雷加港咽喉地带。德军于 12 月 16 日晚开始从贾扎拉防线撤退。第二天英军开始追击，因下暴雨，影响了追击速度，失去了歼灭敌人的好时机。

德意军主力撤退以后，被远远抛在后面的德意军的几个边界据点被迫投降。英军在边境地区俘获敌军两万人。在这一战役中，轴心国死伤人数达

33000 人，损失坦克 300 辆。英方死伤不到 18000 人。这是德军在北非遭到的第一次重大失败。

正当英军在北非进行胜利反击的时候，远东爆发了太平洋战争。英国在远东的属地马来亚和香港遭到攻击，缅甸、印度都面临日本进攻的危险。远东的危机迫使英国把原准备增援第八集团军的坦克、大炮和部队调往东方，以致北非英军没有及时得到补充。

德国方面，趁冬天苏联战场暂时沉寂之机，把从西西里岛撤走的飞机调了回来。德国飞机集中轰炸马耳他岛的英国海、空军基地，几乎断绝了马耳他岛的供应，使其处于半瘫痪状态。英国在地中海的舰队遭到重大损失。它的航空母舰"皇家橡树"号和一艘战列舰被击沉。12 月 18 日，停泊在亚历山大港的两艘战列舰遭到意大利鱼雷轰炸机的轰炸，受到严重破坏。英国所遭受的这些重大损失，使英国海、空军对敌人的封锁削弱了。

希特勒为了征服中近东，决定加强在北非的军事力量。1942 年 1 月 5 日，德国护航队偷越英国海军的封锁网，给隆美尔运去 150 辆新式坦克，以后又运去 135 辆，并增派了 11 个营的兵力，这使北非的兵力对比发生了有利于轴心国的变化。

隆美尔撤至昔兰尼加西部边境以后，奥金莱克不相信隆美尔还有进攻能力，没有在前沿建立巩固的防御阵地，没有埋设地雷或设置其他障碍。英军主力部队布置得很分散，供应线拉得很长，援军不易赶上，这为隆美尔的反攻留下了缺口。

奥金莱克本来准备在 2 月中旬发起进攻，攻入的黎波里塔尼亚。隆美尔却抢到了奥金莱克的前面，于 1 月 21 日率先发起反攻。英军遭到突然袭击，指挥部乱作一团，指挥失当。隆美尔猛冲猛打，英军大败而逃，到 2 月 4 日，已退到贾扎拉—比哈尔凯姆一线。

英军在贾扎拉防线重新集结进行阻击。英国军队的实力比敌人强，坦克数量以 1/3 占优势，大炮以 2/3 占优势，空军也不比敌人差。英军统帅部估计敌人会从中路进攻，因而把防御力量重点放在那里。

隆美尔于 5 月 26 日夜晚发起进攻。他带着三个德国师和两个意大利师，集中优势兵力绕过英军的南侧，击溃英军在南侧的两个旅，攻占英第七装甲师的师部，生俘司令官梅塞少将（后来逃出）。6 月 13 日晚上，第八集团军司令里奇放弃贾扎拉防线，退回埃及边境，使托卜鲁克陷于包围。

托卜鲁克是英国重点设防的要塞，那里储存的弹药和物资足够守军用 90

天。英国战时内阁对守住托卜鲁克防线极为重视，一再责令奥金莱克将军坚守，可是前线司令官的防守意志已经动摇。奥金莱克一面下令里奇将军坚守托卜鲁克，一面又嘱咐他不要让第八集团军被围困在那里，实际上是要他必要时撤退。还在2月间，他就下令说："如果敌人一旦有效地包围了这个城市，我就不想继续坚守下去。如果这种情况看来已难避免，我就要撤出该地并对该地进行最大限度的破坏。"结果敌人只围攻了两天，6月21日守军就投降了，35000人成了俘虏。轴心国军队在托卜鲁克缴获大量的燃料、食物和军事装备。对此，隆美尔的参谋长韦斯特法尔将军报告说："战利品极多。其中有足供3万人用3个月的物资和一万余立方米汽油。如果没有这些战利品，在未来的若干月中，我们的各个装甲师简直无法得到足够的粮食和服装。"后来隆美尔用以追击英军的运输工具有80%是缴获的英国车辆。

托卜鲁克的陷落在英国引起了极大的震动。正在华盛顿的丘吉尔听到这一消息大为震惊。他在回忆这一事件时说："这是我在大战期间所能回忆起来的最大打击之一。"议院有人对丘吉尔政府提出了不信任案（被否决）。丘吉尔请罗斯福伸出援助之手，后者立即答应把300辆刚投产的最新式的"谢尔曼"式坦克和100门105厘米口径的自行榴弹炮装上6艘美国最快的船只运往苏伊士运河。罗斯福还答应在8月底派美国第二装甲师支援中东，并将派127架重型轰炸机投入战斗。

隆美尔之所以能以少胜多，主要是英军统帅部指挥失当。英军的进攻时断时续，进攻一次被击退一次，使坦克总数从优势变成了劣势。英军部署分散，在总体上虽然呈优势，但在局部上常常处于劣势，被隆美尔集中优势兵力各个击破。英军士气远不如德军，一遇德军突袭，就纷纷溃逃。

6月24日，隆美尔的非洲军越过埃及边界。他向两个法西斯头子写信，请求允许他直捣开罗。希特勒立即写信给墨索里尼，主张乘胜追击，消灭第八集团军的残余力量。6月24日，隆美尔收到墨索里尼的电报，后者表示"同意德国装甲部队进军埃及追击敌人的计划"。儿天以后，墨索里尼飞到德尔纳，后随的一架飞机还给他运去一匹白战马，他已经准备骑马参加开罗入城仪式了。

第八集团军司令里奇决定放弃边境，退到马特鲁港设防。6月25日傍晚，奥金莱克接替里奇，直接指挥第八集团军。他决定改变在马特鲁设防的计划，退到阿拉曼组织抵抗。

阿拉曼战役

对英军来说，退到阿拉曼已不能再退了。70 英里以外就是亚历山大港和富饶的尼罗河三角洲，若不能阻挡敌军前进，它就会占领整个埃及。

1942 年 6 月 30 日，德军追至阿拉曼防线。英军后方发生了恐慌，英军海军舰队匆忙撤离亚历山大港，开入红海。开罗的指挥所开始烧毁档案，居民们人心惶惶。

隆美尔没有能够越过阿拉曼防线。他的军队已成强弩之末，它的人数太少，且疲惫不堪。德军第十五装甲师只剩 15 辆坦克和大约 200 名步枪手。3 个德国师不过 50 辆坦克和 2000 名左右步兵，而 7 个意大利师只剩下 54 辆坦克和 4000 名左右步兵。隆美尔在 7 月 4 日被迫停止进攻，他需要时间集结兵力，休整部队。这一停止，使他永远失去了进入开罗的机会。

退到阿拉曼以后，英军只有背水一战。在整个 7 月，奥金莱克发动了一系列反攻。双方苦战不休，英军阻止了敌人的前进，消耗了敌人的有限兵力。德意军在托卜鲁克缴获的物资已消耗殆尽。

英国战时内阁对埃及局势惴惴不安，丘吉尔首相偕帝国参谋长布鲁克于 8 月 4 日飞到埃及前线视察，并就地改组中东司令部。8 月 6 日，他任命亚历山大接替奥金莱克任中东总司令，然后任命蒙哥马利为第八集团军司令。

蒙哥马利曾参加过第一次世界大战。第二次世界大战开始后，他率英国远征军开赴法国，参加指挥敦刻尔克大撤退。蒙哥马利足智多谋，善于随机应变，处事谨慎细心，对下属知人善任。他充满胜利的信心，没有他的前任的失败主义情绪。

蒙哥马利于 8 月 12 日飞抵开罗，13 日接过第八集团军的指挥权。他一上任就向部队下令说：一旦敌人向我们发起进攻，我们决不后退，我们将就地据守，与阵地共存亡。他极力鼓舞士气，整饬部队，新建一支能与隆美尔的精锐部队相匹敌的强大的装甲军（第十军），其任务不是防守阵地，而是作为一支进攻的突击力量。为了使空军和陆军协调作战，他成立了一个陆、空军的联合参谋部。

阿拉曼防线北起阿拉曼车站，南至 35 英里外无法逾越的卡塔腊盆地。阿拉曼的正面阵地非常坚固，很难突破。蒙哥马利预计敌人将从南翼包抄，在那里设置了重兵。

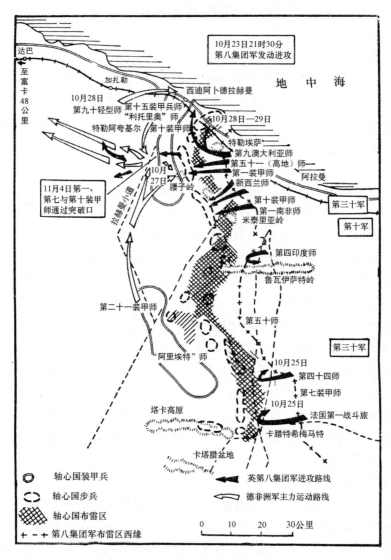

英军在阿拉曼大捷（1942年10—11月）

隆美尔的部队在8月得到支援，于8月31日发起进攻。他企图从阿拉曼的南侧冲过阿拉姆哈勒法岭，插到第八集团军后方，切断其交通线，完成对第八集团军的包围，就地消灭它，然后向开罗挺进。英军对敌人的袭击已有准备。轴心国军队还在出发前就遭到皇家空军的轰炸扫射。英国空军和地面炮火不停地攻击敌人，打退了隆美尔一次又一次的进攻。9月3日，隆美尔被迫撤退，到9月6日，敌军退到原来战线以东6英里的高地防线，组织固守。9月7日，蒙哥马利下令停止战斗，他希望敌军留在阿拉曼阵地南端，以便同隆美尔再作较量。英军也需要时间来提高部队的素质，补充装备。阿拉姆哈勒法岭之战鼓舞了英军的士气，树立了蒙哥马利在军中的声望，为阿拉曼大战做了准备。

丘吉尔从政治上的需要出发，催促第八集团军在9月发起进攻。他希望在英美联合登陆的"火炬"战役开始前大败隆美尔，争取北非的法国人站到盟国的一方来，稳住西班牙，防止德军进入西班牙和西属摩洛哥，以免德军打乱盟军的登陆计划。蒙哥马利和亚历山大坚持要在做好充分准备以后开始进攻。蒙哥马利回答丘吉尔说："如果9月开始进攻，将会遭到失败，如果我们等到10月，我保证将取得重大胜利并粉碎隆美尔的军队。我还要在9月发动进攻吗？"丘吉尔只好同意在10月23日晚上发起进攻，那是一个月盈之夜，进攻一方既可借用月光扫雷，又可使敌人的防御火力不能充分发挥作用。

阿拉曼战役开始时，兵力对比有利于英方。双方各有12个师，师的数目虽然相等，实际兵力相差悬殊。第八集团军有23万人，轴心国方面不到8万人，其中德国人只有27000人。英军拥有1440辆坦克，其中1229辆可以随时投入战斗，另有1000辆在埃及基地仓库或工厂车间里作为后援。隆美尔只有260辆德国坦克、280辆意大利老式坦克。英军所拥有的格兰特坦克和美国新式谢尔曼式坦克的火力和装甲厚度都压倒敌方。英国中东空军拥有1500多架第一线飞机，而德意军总共只有350架飞机可以支援作战。

8月以后，地中海的形势发生了有利于英国的变化。从1942年7月17日至1943年2月2日，苏军和德军在斯大林格勒展开大血战。德国再次把4个德国航空中队从西西里岛调到苏联前线。马耳他遭到的轰炸逐步减少，到11月已完全停止。英国在马耳他的轰炸机和鱼雷轰炸机增多起来，物资供应得到补充。从意大利向北非运送补给品的护航队频频遭到英国海、空军的攻击。从1942年8月到1943年1月，轴心国有43艘船舶被击沉。9月份的供应损失达1/3，10月的损失达44%，12月达52%，致使敌军缺乏弹药和汽油，经不住作战的消耗。

由于给养缺乏，非洲气候恶劣，德意军中疾病流行。隆美尔本人也病倒了，他于9月回欧洲疗养。他的职务由施图姆暂代。在英军开始进攻的第二天，施图姆在英军炮火轰击下因心脏病发作而丧命。在希特勒的催促下，隆美尔于 10 月 25 日返回非洲，负起指挥职责。

在进攻开始以前一个月，英军为了制造从南面发起主攻的假象，传播了各种假情报，铺设了约 20 公里的假输油管；而对物资和军队的真正集结做了巧妙的伪装，以迷惑敌人。

战役开始前夕，蒙哥马利在告全军官兵书中说："我们马上要打的仗将是历史上的决定性战役之一，它将是战争的转折点。""我们每一个人，不论是军官还是士兵，都必须下定决心投入战斗，以战斗和杀敌的实际行动把战争进行到底，取得最后胜利。"

10 月 23 日晚上 9 点 40 分，英军 1000 多门人炮一齐轰鸣，首先轰击敌人的炮群，然后把炮口转向敌前沿阵地。飞机也出动轰炸敌人阵地。经过 20 多分钟的炮火准备，英军地面部队分三路出击。主攻方向在北面，由第三十军担任，目的是从腰子岭和米泰里亚岭打通两条走廊，为第十军扫清前进的障碍。在南翼由第十三军兵分两路进攻，诱使敌人相信南翼是主攻方向。但第十三军的助攻没有达到分散敌人的目的。北面的主攻受到敌人反坦克炮火的阻遏，进展也不顺利。第二天天黑以前，第二装甲旅终于杀出一条通道，冲过布雷区；而在南走廊，第十装甲师仍遭到敌人强大炮火的阻止，无法推进。10 月 25 日黎明，英先头装甲旅设法穿越敌布雷区，前进到 2000 码的阵地上。新西兰的第九装甲旅也冲过布雷区，到达指定目的地。敌军顽强抵抗，并不断发起反攻。

10 月 28 日晚，澳大利亚师在北侧插入特勒埃萨岭附近的海岸公路，猛冲猛打。隆美尔把他的主力调到北侧，企图阻止英军前进。

蒙哥马利根据战场的变化，调整了兵力部署。他把战斗力很强的第七装甲师调到北面，实行"增压作战计划"，于 11 月 2 日凌晨重新发起猛攻。德军拼死抵抗，因兵力过少，经不起消耗战，指挥官和士兵都疲乏到了极点。11 月 2 日晚，隆美尔准备后撤到 50 英里外的富卡，但 11 月 3 日希特勒命令隆美尔，"形势要求你们死守阿拉曼阵地到最后一兵一卒。不准后退，哪怕一毫米也不准后退，不胜利毋宁死！"

3 日晚上，英军的两个师朝偏西南方向猛攻，冲破德意军的接合部。4 日晨，英军 3 个装甲师穿过突破口，掉头向北推进，堵截敌人沿滨海公路后撤的路线。5 日，隆美尔收到希特勒的撤退令便迅速行动。而英军的时间观念太差，行动太慢，加上不愿意夜间行军，结果让敌人溜掉。意军的运输工具被德国兵弄走，6 个意大利师被丢在沙漠里，缺粮缺水，俯首就擒。11 月 6 日下午，沿海地带大雨，英军停止追击。7 日晚，隆美尔从马特鲁港撤退到西迪巴腊尼。

蒙哥马利以第七装甲师和新西兰师组成特别追击队，从 8 日开始长途追击，11 日到达边境，12 日追至托卜鲁克，17 日追至姆苏斯，26 日追到卜雷加港。12 月 12 日晚，隆美尔放弃卜雷加港，撤到的黎波里塔尼亚的布埃拉特阵地。从阿拉曼到布埃拉特，英军前进了 1000 余英里。蒙哥马利不得不暂时停止追击，他需要时间来调动和集结部队，也需要建立新的补给基地。

阿拉曼战役，英军共毙伤敌军 2 万人，俘虏 3 万余人，其中包括隆美尔的助手冯·托马将军和 9 名意大利将军；缴获坦克 450 辆、大炮 1000 多门。英军伤亡 13000 多人。

阿拉曼之战是北非战场的根本转折。丘吉尔写道："在阿拉曼战役以前我们是战无不败，在阿拉曼战役以后，我们是战无不胜。"北非的轴心国军队在这一战役中遭到了致命的打击。蒙哥马利因"战功显赫"，由中将擢升为上将，并被授予巴斯骑士勋章。

"火炬"作战计划

英军在阿拉曼发动进攻两星期以后，美英联军在法属北非登陆，实行"火炬"作战计划。

1942 年 6 月，丘吉尔提出实行由美英联军在北非登陆的"体育家"计划。对英国来说，把作战的重点放在北非，既可以避开德国的主力，减少损失，又可以确保英国在中近东和非洲的战略地位。6 月 17 日，丘吉尔偕同英国三军参谋长飞往华盛顿。丘吉尔在罗斯福面前强调在法国过早登陆的缺点和危险，力主暂时放弃在法国登陆、开辟第二战场的计划，而执行"体育家"计划。

罗斯福考虑到，如果轴心国在北非取得胜利，立即会危及苏伊士运河和中东油田的安全，敌人还可能占领法属北非和西非，使南大西洋航线甚至南美洲西海岸都面临危险。此外，德军有可能利用西班牙、葡萄牙及它们的属地。罗斯福排除了美国三军参谋长的反对，于 7 月 25 日同意实行"体育家"计划，其条件是不放弃 1943 年春天在欧洲登陆的计划。在丘吉尔的建议下，这一计划的代号改名"火炬"。双方同意由美国人担任司令官。

7月26日，马歇尔通知艾森豪威尔出任这次战役的总司令，登陆时间定在11月8日。登陆地点选在卡萨布兰卡、奥兰和阿尔及尔。罗斯福提出，为了减少和避免北非法军的抵抗，应使这次登陆部队保持纯美军的外表。因为英军曾在奥兰、达喀尔和叙利亚同法军发生过武装冲突，法国人敌视英国。丘吉尔同意了罗斯福的意见。

8月12日，丘吉尔飞往莫斯科，向斯大林通报了"火炬"作战计划，并说这就是准备在1942年开辟的第二战场。他解释了1942年不能在法国登陆的原因，企图取得苏联方面的谅解和支持。

法国在北非拥有20万人的兵力，能否把这支部队争取到盟国方面来或使法军的抵抗减弱到最低限度，这是盟军能否顺利登陆作战的关键。为争取法军的合作，美国驻北非的首席外交代表罗伯特·墨菲展开了积极的外交活动。他说服法国驻阿尔及尔防区部队司令马斯特将军、卡萨布兰卡防区司令贝图阿尔将军与盟军合作。应马斯特的请求，艾森豪威尔的副手马克·克拉克将军秘密潜入阿尔及尔以西约60英里的一所别墅与法国代表会晤，商讨策应办法。这次秘密会议决定让吉罗出面号召法军停止抵抗并与盟军合作。吉罗在1940年5月任陆军司令官，曾被德军俘房，越狱逃跑到法国南部。11月7日，美国人设法把吉罗从法国南海岸的一个地方接到直布罗陀艾森豪威尔的临时司令部。盟军许诺让他做北非法国军政首脑。

11月8日凌晨，由650多艘船舰组成的三支特混舰队，浩浩荡荡分别开到卡萨布兰卡、奥兰和阿尔及尔，三路盟军在预定的地点登陆。由于得到马斯特、贝图阿尔等法国将军的策应，登陆比较顺利。

巴顿指挥的24500人的美国部队在卡萨布兰卡附近几个地点同时登陆。由于法国驻摩洛哥总督诺盖将军和实际负责卡萨布兰卡地区防务的米歇勒海军上将开始不愿合作，对登陆做了一番抵抗。但法军的火力很快被压下去。11月10日，诺盖收到达尔朗发布的停火令，遂命令法军停止抵抗。

一支18500名的美军在奥兰东西几个地方登陆，分东、西、南三路向奥兰城进军，在前进过程中遭到不同程度的抵抗。11月10日上午，美军两支轻装甲纵队从南面攻进奥兰城内，法军宣布投降。在3天战斗中，美军伤亡不到400人。

9000人组成的英美联军在阿尔及尔的登陆得到马斯特及其同僚的策应，更为顺利。英美军队在阿尔及尔东西两侧多处海滩同时登陆，法军只在几个地点做了一番抵抗，未能阻止盟军顺利推进。

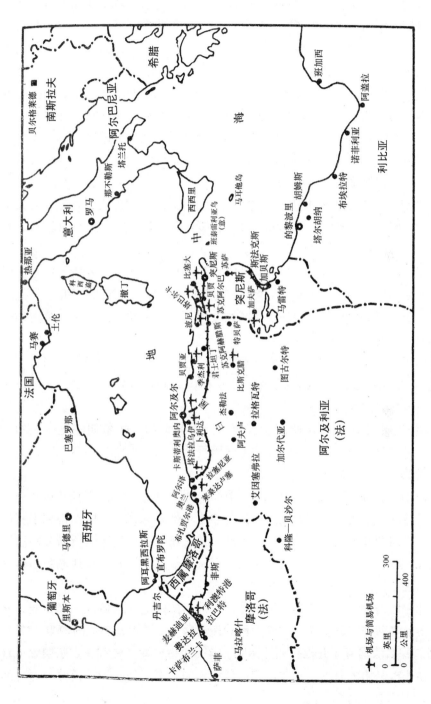

西北非战场

11月9日早晨，克拉克和吉罗飞到阿尔及尔。在此以前，暗通盟军的法国人曾以吉罗的名义，做了一次广播讲话，宣布他将领导法属北非，并命令法军停止抵抗。但北非军政当局不愿接受吉罗的领导，他们要根据达尔朗的指示行事。盟军别无他法，求助于达尔朗。达尔朗是法国战斗部队的总司令，贝当的继承人。他正在阿尔及尔探望得了小儿麻痹症的儿子。在墨菲的周旋下，达尔朗于8日晨向贝当发去电报，说"局势日益恶化，守军将无法支持"，要求贝当授权他便宜行事。贝当复电授予他所要求的全权。8日下午6时45分，达尔朗向阿尔及尔地区的法军和舰只发布停火令。当天下午7时，阿尔及尔投降，达尔朗也落入盟军手中。

10日晨，克拉克要求达尔朗命令法属北非各地立即停火，否则就要扣留他。达尔朗被迫于10日上午10时20分发出停火令，他宣布"以贝当元帅的名义"，掌握法属北非的全部权力。

盟军在北非登陆以后，德国立即向维希政权施加压力，要后者接受德国的"军事援助"。没有等到维希当局正式答复，希特勒就撕毁1940年的停火协定，于11月10日命令他的部队同意大利军队一道在午夜开进未被占领的法国地区。意军占领了科西嘉岛。

德意军侵占法国南部反而有利于盟军稳定北非法国人的情绪。当这一消息于11日传到北非时，达尔朗说，由于德国人破坏了停战协定，他可以毫无拘束地与美国人合作了。

鉴于停泊在土伦的法国舰队有落入敌手的危险，达尔朗应克拉克的要求，打电报给土伦舰队司令，要他把法国舰队开到北非港口。达尔朗还命令突尼斯的法军参加盟军一方作战。

13日，达尔朗与艾森豪威尔达成协议。根据协议，达尔朗任法属北非高级专员兼海军总司令，吉罗任地面部队和空军部队总司令。盟军得到了利用港口、铁路和其他设备的保证，并得到了在法属北非调度军队所需的法律权利和特权。盟军为了把法国人拉到自己一边作战，小心翼翼地避免军事占领的做法。

达尔朗是一个声名狼藉的附敌分子。同达尔朗达成的协议一经传开，立即在英、美两国引起抗议的浪潮。舆论谴责这是一桩卑鄙龌龊的勾当。12月24日，一名法国青年开枪打死达尔朗。这一事件使罗斯福和丘吉尔摆脱了窘境，也为戴高乐的自由法国运动与法属北非的法军合作扫清了道路。达尔朗死后，吉罗继任高级专员。

法国在土伦的主力舰队司令拉博德海军上将，既不愿把舰队交给盟军，也不愿交给德军。11 月 26 日，当德军企图夺取舰队时，法国海军按计划凿沉了军舰。这支被凿沉的舰队有各类舰艇 51 艘，计 22 万吨。盟军没有得到这支庞大舰队非常惋惜，但它没有被德军夺到手却可聊以自慰。

轴心国不肯轻易放弃在北非的阵地，从 11 月 9 日开始，通过海运和空运，大举向突尼斯运兵。到 11 月底，突尼斯的德军增至 15000 人，还有9000 名意军由陆路从的黎波里开来。

盟军在阿尔及尔登陆以后，英国将军安德森按计划接过这支盟军的指挥权。他指挥新建的第一集团军向东推进，去抢占突尼斯。11 月 17 日，安德森命令部队在边境集结完毕后再向突尼斯进军。盟军兵力本来占压倒性优势，因过于小心谨慎、行动太慢，未能在轴心国军队主力开到以前一举消灭它的先遣队，占领突尼斯，因此坐失良机。

12 月 9 日，于尔根·阿尼姆元帅奉希特勒之命接替内林，任当时已称为第五装甲集团军的轴心国部队的最高司令官。他着手把德军占领的突尼斯和比塞大两个环形阵地扩大为一个总桥头堡，用绵亘 100 英里长的一连串哨所联结起来，分北、中、南三区防守。

盟军在 11 月下旬和 12 月发动的一系列进攻进展不顺利，不得不放弃立即攻占突尼斯的计划。而希特勒和墨索里尼受到初步胜利的鼓舞，源源不断地向突尼斯增派兵力，使轴心国的总兵力增至 25 万人以上。这为盟国大量消灭轴心国的有生力量提供了一个机会。

为了讨论结束突尼斯战争后盟国的战略计划，罗斯福总统和丘吉尔首相于 1943 年 1 月 14—24 日在卡萨布兰卡举行重要会议。会议决定，盟军面临的任务是肃清北非的轴心国军队，并为攻占西西里岛、扩大地中海战场作准备。同盟国要在 1943 年动用一切力量打击法西斯国家，并支援苏联作战。会议决定任命艾森豪威尔为盟军总司令，英国亚历山大将军为副总司令，负责指挥突尼斯战线的盟军，在突尼斯战役结束以后，负责指挥西西里战役。

这次会议还促成了吉罗和戴高乐的合作。戴高乐应罗斯福总统的邀请，并在英国政府的催促下，于 1 月 22 日来到卡萨布兰卡，与吉罗商讨联合法兰西力量，争取法国解放的事宜，并于 1 月 26 日发表联合公报。

1943 年 1 月 15 日，蒙哥马利向防守布埃拉特阵地的隆美尔残部发起进攻。隆美尔被迫退到突尼斯的马雷特防线。1 月 23 日，英军在没有抵抗的情况下进入的黎波里。的黎波里港口和机场的开辟，为盟军提供了极为重要的供应基地，也为盟军加强空中攻击提供了条件。第八集团军加快了向西推进到突尼斯的速度。2月16日，蒙哥马利的先头师越过突尼斯边境，迫近有坚固设防阵地的马雷特防线。

2月23日，罗马发布命令，把轴心国在突尼斯的两个集团组成集团军群，交给隆美尔指挥。两个集团军共有兵力约30万人，其中有德军116000人。时过不久，隆美尔见轴心国在北非的败局已定，便于3月9日请病假，把德军交给阿尼姆指挥，飞回了欧洲。

3月20日，蒙哥马利以两倍于敌人的兵力（共约16万人）向梅塞指挥的第一集团军发起进攻，迫使轴心国部队放弃马雷特防线，于4月11日撤退到昂菲达维尔阵地。马雷特战役的胜利使第八集团军与从西向东推进的英美军队会合。盟军的兵力达20个师，30多万人，拥有1400辆坦克，以优势兵力向敌人发起总进攻。

这时，轴心国军队的地位已完全动摇。盟军海、空军的拦截活动几乎完全切断了敌人的补给线。到5月初，敌人的空军已撤到西西里，其地面部队失去空中掩护，燃料和弹药也快耗光，完全陷于绝望的境地。敌人的抵抗崩溃了。5月7日，盟军分别攻下突尼斯和比塞大两个城市。5月9日，防守北部地区的轴心国部队指挥官韦尔斯特率其残部正式投降。盟军在这一地区俘获近4万人。

5月13日，继隆美尔负责指挥轴心国部队的梅塞陆军元帅向第八集团军投降，冯·阿尼姆也带领德军向盟军投降。除了大约100人渡海或乘飞机逃到西西里岛以外，余下的轴心国部队全部被俘，总数达25万人。

盟军在北非战场的胜利，肃清了北非的轴心国军队。这一重大胜利同苏联军队在斯大林格勒战役所取得的伟大胜利以及美军在太平洋战场取得的重大胜利一起，使第二次世界大战发生了有利于反法西斯国家的根本转折。轴心国在北非的失败使意大利丧失了多年经营的海外帝国，动摇了意大利法西斯政权的基础，为最后把意大利从法西斯阵营中分离出来创造了条件。

盟军在北非战场消灭了轴心国部队大量的有生力量。在整个北非战场，轴心国军队被毙伤和俘虏90余万人，损失飞机8000架、船舰240万吨。这一重大胜利挫伤了敌军的锐气，鼓舞了反法西斯国家军队和人民的胜利信心，也在一定程度上减轻了德军对苏联的压力。

北非的轴心国军队被肃清以后，同盟国就可以比较安全地使用地中海航线了。北非的机场为地中海的航行提供了空中保护，北非的一系列港口可资利用。盟国在中东和印度的护航队不必再绕道好望角。这一胜利还确保了中东石油基地的安全，粉碎了纳粹军队通过中东与日本会师印度的狂妄计划。

盟军在北非的胜利使意大利本土和附近的岛屿都暴露在盟军的轰炸机火力之下，为盟军进攻西西里岛和意大利本土，最后打回欧洲大陆铺平了道路。

"火炬"战役显示了同盟国联合作战的可能性。盟军在这一战役中形成了比较完整的指挥系统，为英美联军1944年6月在诺曼底登陆作战提供了经验。

苏军保卫斯大林格勒战役的胜利

朱贵生

斯大林格勒战役从 1942 年 7 月 17 日开始，到 1943 年 2 月 2 日结束，历时 200 天。战场从顿河草原延伸到伏尔加河陡坡，面积约 10 万平方公里。到苏军开始反攻时，德苏双方参战的官兵达 200 万人以上。这次战役以德军及其仆从国军队的惨败而告终。在整个战役中，敌军伤亡、失踪和被俘人数达 150 万，占苏德战场上敌军总数的 1/4。斯大林格勒战役是第二次世界大战中规模最大的战役之一。它是苏联卫国战争的转折点，也是整个世界反法西斯战争中战略转折的主要标志之一。

苏德双方的战略态势、意图和外围防御战

在莫斯科保卫战和 1941 年冬季反攻之后，苏军急需休整。法西斯侵略军更是精疲力竭。随着泥泞季节的到来，苏德战场相对沉寂，双方都在厉兵秣马，准备新的战斗，以争夺战略主动权。

1942 年夏初，苏军作战部队的编制中计有 9 个方面军、1 个独立集团军和莫斯科卫戍区部队：海军有 3 个航队和 3 个分舰队。在苏联作战部队的编制中（不包括国土防空部队和海军），总共有 510 万人，约 3900 辆坦克，44900 门大炮和迫击炮，约 2200 架作战飞机。在北海、波罗的海和黑海舰队中，共有 140 艘基本类型的舰艇：2 艘战列舰、6 艘巡洋舰、32 艘驱逐舰、100 艘潜艇。

德国侵略军在莫斯科城下遭到第一次大败。冬季作战结束时，伤亡总数是 1167835 人，病员尚不包括在内，后备兵不足以弥补这样的损失。希特勒、戈林请求仆从国匈、罗以及意大利提供更多的军队。

1942 年 5 月初，希特勒纠集到苏德战场的兵力是 217 个师和 20 个旅，

其中德军为 178 个师和 8 个旅，芬、罗、匈、意、斯洛伐克和西班牙军共 39 个师和 12 个旅，总计 6198000 人。他们拥有大炮和迫击炮 56941 门，坦克和强击火炮 3229 辆，作战飞机 3395 架，基本类型的舰艇 63 艘。

两军力量对比，德军在兵员、飞机、大炮方面占优势，苏军的坦克和舰艇多于敌人。

双方的战略意图都是夺取战略主动权。德军在冬季战役失败后，已无力在苏德战场发动全面进攻，被迫把兵力集中在战线的南翼，以发动局部进攻。1942 年 4 月 5 日，希特勒签发了第 41 号作战指令，要使用德国及其盟国一切可用的军队，摧毁苏联人的全部防御潜力。为了达到东方战争的最初目的，中线将坚守阵地；北线将夺取列宁格勒，并同芬兰人会师；而南翼军队将突进高加索。

因此，一切可用的军队将集中到南翼的主要战线，其目的是在顿河这边消灭敌人，以夺取高加索油田和穿过高加索山的隘口。

德军最高统帅部的具体作战方案是，从奥廖尔南部发动进攻，夺取沃罗涅什，从哈尔科夫地区发起攻势，向东突破，这些部队将同从塔甘罗格一带发动进攻的德军会师于斯大林格勒地区，然后占领高加索油田。希特勒指示，无论如何，必须竭尽一切努力到达斯大林格勒地区。或者至少使这座城市处于重炮射程之内，从而使它不能再成为工业中心和交通枢纽。

希特勒如此重视斯大林格勒，除了它的重要战略地位以外，还有一个心理上的因素，即该城是和斯大林的名字联系在一起的。

在苏联方面，根据敌情和苏军的状况，斯大林认为苏军还没有足够的兵力、兵器在 1942 年春季欧洲第二战场尚未开辟的时候展开大规模的进攻战役。因此他认为在近期内，整个苏德战场应限于积极防御，但同时在战场的某些地段可以进行局部的方面军进攻战役。

3 月底，斯大林指示，最近期间内在哈尔科夫、克里米亚和其他地域准备并实施进攻战役。

与此同时，敌人也在克里米亚准备进攻。5 月 8 日，德第十一集团军对刻赤半岛发动攻势，15 日占领半岛。

6 月 2 日，德第十一集团军倾其全力攻打塞瓦斯托波尔。7 月 4 日，苏军主动撤离这座要塞。德第十一集团军司令冯·曼施泰因因此被提升为元帅，并被调到列宁格勒方向。

在克里米亚战事正酣时，苏联西南方面军和南方方面军于 5 月 12 日向哈尔科夫地区的敌军发动强大攻势，开始三天进展顺利。但德军也准备从哈尔科夫发动进攻，在兵力、兵器方面都占优势，战局急转直下，苏军处境危急。5 月 17 日，苏军代理总参谋长华西列夫斯基建议停止进攻，但西南方面军军事委员会坚持己见。激战结果，苏军主力被围，据德国将军瓦尔特·格列茨说，有 24 万人当了俘虏，阿尼索夫、鲍勃金、科斯坚科等高级将领壮烈牺牲。

在此期间，苏联的列宁格勒、沃尔霍夫和西方方面军都发动了局部进攻，企图改善哈尔科夫战役的态势。但都相继失利，遭受不同程度的损失。这样，在整个苏德战场上，德军又夺回了战略主动权，处于优势地位，尤其是在战场南翼。

7 月 10 日，德国南方集团军群划分为"A""B"两个集团军群。它们共有 97 个师（其中有 10 个坦克师、8 个摩托化师，总计 90 万人），1200 辆坦克和强击火炮，17000 门大炮和迫击炮，1640 架作战飞机。

6 月 28 日，德寇两个集团军群①先后从库尔斯克东北、哈尔科夫东北、斯拉维扬斯克、斯大林诺一带发动进攻，企图在顿河西岸包围并消灭布良斯克方面军和南方方面军主力。苏军采取了机动灵活的防御战术，且战且退，避免陷入包围。在将近一个月（6 月 28 日—7 月 24 日）的艰苦战斗中，苏军后撤了 150—400 公里。

德寇在沃罗涅什方向突破苏军防线，第四坦克集团军和第六集团军迅速突入顿河大河湾。希特勒本来决定由这两个集团军攻占斯大林格勒。7 月 13 日，他认为斯大林格勒方向上苏军实力空虚，一个第六集团军就足以"在行进中"拿下斯大林格勒。于是他命令第四坦克集团军改属"A"集团军群，继续南下，攻占罗斯托夫，然后突入高加索。同时又把意大利第八集团军调至顿河两岸，布置在巴甫洛夫斯克到维尧申斯卡亚一线，以便第六集团军全力攻占斯大林格勒。

在此紧急形势下，7 月 12 日，苏联最高统帅部建立了斯大林格勒方面军，下辖第六十三、六十四、六十二和二十一集团军，依次布置在巴甫洛夫斯克、克列茨卡亚、苏罗维基诺、苏沃罗夫斯克，直到上库莫雅尔斯卡亚，

---

① "B"集团军群由包克元帅指挥（7 月 13 日改由威克斯元帅指挥），下辖德第二、六集团军，第四坦克集团军和匈牙利第二集团军。"A"集团军群由李斯特元帅指挥，下辖德第十一、十七集团军，第一坦克集团军和意大利第八集团军。

总长 530 公里的顿河防线上。在顿河与伏尔加河之间，有 18 万以上的苏联公民在修筑防御工事，城防委员会大力加强民兵和工人歼击营的组织工作。

7 月 23 日，希特勒签署了第 45 号作战指令，命令"A"集团军群在摧毁顿河南部敌军后占领整个黑海东岸，摧毁黑海各港口和苏黑海舰队，占领迈科普—格罗兹内油田，然后占领黑海西岸和巴库。"B"集团军群的任务是迅速突向斯大林格勒，消灭那里的苏军，占领这座城市。然后向阿斯特拉罕迅猛推进，封锁伏尔加河这条主要航道。

7 月 23 日，德寇以 5 个师的兵力进攻第六十二集团军右翼。25 日又对第六十四集团军的右翼实施突击，企图在卡拉奇附近强渡顿河，直扑斯大林格勒。这一防区的苏军有组织地向东和东北撤退，并沿着苏罗维基诺—雷切科夫铁路和顿河东岸建立防线，挡住了德寇的进攻，从而粉碎了希特勒"在行进中"占领斯大林格勒的妄想。斯大林格勒方面军奉令组建的第一和第四坦克集团军，开始起着越来越显著的作用。

但在力量对比上，敌人占有明显的优势。这时斯大林格勒方面军编有 38 个师，总共只有 107000 人、360 辆坦克、337 架飞机，约 7900 门大炮和迫击炮。而敌人有 20 万人，近 740 辆坦克，1200 架飞机，7500 门大炮和迫击炮。因此，苏军要完成保卫斯大林格勒的任务，就需要每个军人付出巨大的努力。

为了保卫斯大林格勒，总参谋部采取一切措施增派后备部队，这时有 10 个师开到那里。8 月 1 日，斯大林格勒方面军把第五十七集团军调到南面的外围防线。同时第五十一集团军也拨归这个方面军指挥。这样，方面军的防线就延长到 700 公里。

为了便于指挥，8 月 5 日，最高统帅部将斯大林格勒方面军一分为二：斯大林格勒方面军（司令员是戈尔道夫中将）和东南方面军（司令员是叶廖缅科上将），并命令前线部队坚决守住斯大林格勒。

希特勒看到一个第六集团军拿不下斯大林格勒，7 月 31 日又命令正在向高加索推进的第四坦克集团军掉头西进，向科捷利尼科夫斯基—斯大林格勒方向进攻，以配合第六集团军的攻势。法西斯头目们认为，必须首先夺取斯大林格勒，"高加索的命运取决于斯大林格勒战役"。8 月 12 日，斯大林派国防委员会委员、苏共中央书记马林科夫和总参谋长华西列夫斯基飞抵斯大林格勒前线，协助两个方面军司令部采取一些加强防御的措施。8 月 15 日，统帅部决定由叶廖缅科上将统一指挥斯大林格勒地区的两个方面军。

从 7 月 17 日到 8 月 17 日的外围防御战中，无数的苏军英雄用生命和鲜血保卫社会主义祖国，抗击法西斯侵略者，给敌人以沉重打击，希特勒匪军一个月中只前进了 60—80 公里。

在高加索前线，德寇"A"集团军群在 8 月 8 日占领迈科普油田，21 日把法西斯的卐字旗插上高加索山脉最高峰厄尔布鲁士山。25 日，克莱斯特的坦克部队进驻莫兹多克，离最大的格罗兹内油田还有 80 公里。由于苏军的坚强抵抗，德寇始终未能占领格罗兹内和高加索山脉的主要隘口。希特勒妄想分步越过伊朗，封锁美英援苏要道，南出波斯湾与日本军队在中东会师的野心，永远只是一场幻梦。

斯大林格勒近郊防御战

8 月 15—17 日，德第六集团军集中 9 个师的兵力，从北部的特列赫奥斯特罗夫斯卡亚向东突进；在南部，第四坦克集团军也集中 9 个师，从阿布加涅罗沃向北突击。此外，德军还从卡拉奇派出两个师，向东推进。德寇这次进攻总共动用了 21 万人，2700 门大炮和迫击炮，600 辆坦克和 1000 多架飞机。经过七天的激战，8 月 23 日北路德军在拉托申卡、雷诺克地区逼近伏尔加河。这样就把苏军阵地切成两部：第六十三、二十一集团军和第四坦克集团军在北面，与在市区的第六十二集团军和斯大林格勒方面军司令部失去了联系。伏尔加河的航运一度中断。这一天，德寇开始进攻拖拉机工厂，大有一举占领斯大林格勒之势。

8 月 23 日，德国飞机对斯大林格勒进行了疯狂的轰炸，一昼夜出动飞机 2000 多架次。城市遭到严重破坏，满城一片火海。

斯大林格勒方面军调动市内一切可用的兵力以及民兵和工人歼击营，投入保卫拖拉机工厂的战斗。到 8 月 24 日傍晚，苏联军民在拖拉机工厂区把敌人击退了 3 公里。

为了消灭进逼到伏尔加河岸的德第十四坦克军，科瓦连科少将率领的突击集群曾两次进行反突击，这虽使敌军遭受很大伤亡，但未能消灭或赶走他们。德第十四坦克军盘踞在一条长约 48 公里、宽仅 3 公里的狭窄走廊上。

斯大林格勒的形势越来越严重，方面军司令部于 8 月 25 日宣布全城戒严。城防委员会号召全体市民奋起保卫家园，一切能拿武器的人都起来保卫亲爱的城市和故乡。人民群众表现出高度的爱国主义精神，积极响应这一号召，除了已参加民兵的 5 万人以外，几天内又有成千上万人参军。同时，为了减轻供应负担和安全，有 30 万市民疏散到伏尔加河东岸。

斯大林格勒是苏军的强大兵工厂，有 15 万职工为前线生产，直接帮助这个英雄城市的保卫者坚守伏尔加河上的要塞。仅在 8 月份 20 天中，在完成了国防委员会的任务后，拖拉机厂就生产了 240 辆 T—34 型坦克。在战斗最激烈的时刻，工人直接驾驶着坦克出厂，去迎击敌人。

国防委员会和最高统帅部十分关注斯大林格勒的命运，把所有新建的部队都派往斯大林格勒地区。弹药、燃料、粮食和技术装备也源源不断地送去。在防御战期间，仅是送往斯大林格勒方向的弹药，平均每昼夜就有 42 节车厢。

党中央和全国的支援更加鼓舞了苏军的士气，他们以一当十，坚韧顽强地抗击敌军的突击集群。

为了减轻斯大林格勒市区第六十二和六十四集团军所承受的压力，第六十三和二十一集团军于 8 月下旬从北面的谢腊菲莫维奇实行反攻，强渡顿河，在西岸占领了一个登陆场。这为后来的战略反攻准备了非常有利的出发基地。

在 7、8 月间，苏联西方方面军也奉命在尔热夫—维亚兹马一线发动进攻，牵制德寇，使其准备驰援斯大林格勒的三个坦克师和几个步兵师不敢南下，在战略上支援了斯大林格勒方向上的苏军。

在斯大林格勒近郊的战斗激烈进行时，朱可夫大将被任命为最高统帅助理（8 月 26 日），并被派到斯大林格勒前线，就地了解情况和有效地协助作战部队。

朱可夫于 8 月 29 日飞抵前线。他和总参谋长华西列夫斯基以及戈尔道夫、莫斯卡连柯等高级将领研究了战场形势后，决定在 9 月 3 日晨由近卫第一集团军从北面发动进攻，但收效不大。

8 月 29 日，德第四坦克集团军从阿布加涅罗沃发起进攻，逼近第六十四和六十二集团军的后方。9 月 2 日，这两个集团军奉命退到内部防御区。

形势越来越严重。9 月 3 日，斯大林又给朱可夫发电报：“斯大林格勒的形势恶化了，敌人距斯大林格勒仅三俄里。如果北部集团军部队不立即援助，斯大林格勒可能在今天或明天被占领……”

按照斯大林的命令，新近拨归斯大林格勒方面军的第二十四、六十六集团军以及近卫第一集团军，于 9 月 5 日晨从北面对德军发动进攻。激战 5 日，进展甚微。到 9 月 10 日，朱可夫等苏军将领得出这样的结论："以现有的兵力和部署是不可能突破敌人的战斗队形并消除其走廊的。"

9 月 12 日，朱可夫奉命飞回莫斯科，与早先回去的总参谋长华西列夫斯基一起向斯大林汇报了前线的形势，然后说："显然需要找个什么别的解决办法。"斯大林叫他们到总参谋部去，"好好想想在斯大林格勒地区应采取什么措施"。

第二天，这两位大将在总参谋部工作了一整天，根据工作人员提供的资料和他们自己在前线所见，对局势进行了仔细的分析和研究。他俩详细分析了敌情，认为德第六集团军和第四坦克集团军消耗严重，已无力夺取斯大林格勒。仆从国匈、罗以及意大利的军队装备差、经验少，士兵和许多军官都不愿意被法西斯头子派到遥远的俄罗斯土地上为外国干涉者送死。与此相反，几百万苏军指战员是为了保卫自己的祖国和家园而战。在一年多的艰苦战斗中，他们经受了锻炼，学会了很多东西，并成长壮大起来了。同时，苏联的军工生产已有很大发展。最高统帅部正在组建拥有新武器的战略预备队，到 11 月份苏军将增加强大的机械化部队和坦克部队，那时他们将能完成更重大的任务。所以，朱可夫和华西列夫斯基将军认为，苏军的行动计划应该是：第一，继续积极防御疲惫的敌人；第二，着手准备反攻，在斯大林格勒地区围歼法西斯军队。

9 月 13 日晚，朱可夫和华西列夫斯基又向斯大林汇报，呈上他们拟制的"斯大林格勒地区反攻计划的初步草案"，其中建议在谢腊菲莫维奇地域新建一个方面军，以便对敌人的战役后方实施猛烈的突击。他们简单地交换意见之后，斯大林说："对计划需要再考虑一下，而且要计算一下我方资源。现在的主要任务是守住斯大林格勒和不让敌人向卡梅申方向推进。"

正在这时，东南方面军司令员叶廖缅科从前线给斯大林打电话，说德寇正向市区方向调动坦克部队，第二天必然有新的突击。斯大林当即命令向市区增派一个精锐师，并命令空军立即采取行动，地面部队第二天拂晓就要发起冲击，牵制住敌人。

就在 9 月 12 日，希特勒也在乌克兰文尼察的大本营召开会议，要求"B"集团军群"要尽快地把城市拿到自己手中，不让它变成大家长期瞩目的焦点"。9 月 13 日，德军又对斯大林格勒发动新的进攻。

斯大林格勒市区争夺战

德寇攻打斯大林格勒市区的战斗从 9 月 13 日开始，到 11 月 18 日结束。为了侵占这座历史名城，9 月上半月，德寇又从各地调来 9 个师、1 个旅，使展开在斯大林格勒地域的德军达 50 个师。德军用来直接进攻市区的是 13 个师，共 17 万人。

到 9 月 13 日为止，苏联斯大林格勒方面军有 6 个集团军，防守从巴甫洛夫斯克到耶尔佐夫卡一线；东南方面军有 4 个集团军，防守市区和南部的湖泊地带。这两个方面军共有 120 个师，但建制严重缺员。支援他们的作战飞机是 389 架。此外就是主要担负运输任务的伏尔加河分舰队的炮火。负责防守市区和西南一带的第六十二和六十四集团军，共有 9 万人，配有 1000 门大炮和迫击炮、120 辆坦克。在市区争夺战中，德军的兵力和兵器都占优势。

9 月 13 日，德寇向第六十二集团军（从 9 月 12 日起由崔可夫中将指挥）防守的马马耶夫岗和火车站发起攻势，到 14 日下午，占领了斯大林格勒第一火车站，并在库波罗斯诺耶地段突到伏尔加河岸。这样，第六十二集团军就被孤立起来，同南、北两个方面军都失去了联系。从伏尔加河东岸给被围部队输送援兵、给养和弹药的工作也十分困难，这一艰巨任务全靠伏尔加河分舰队完成。

9 月中旬，争夺市中心的激战达到白热化，仅 14 日和 15 日两天就有 2000 多德寇被击毙。到 27 日，德军付出重大伤亡代价，占领了市区一部分——从察里津河到库波罗斯诺耶，并占了马马耶夫岗的一半，在市区中心还进抵伏尔加河岸，苏军被挤到河岸边。

苏军保卫斯大林格勒的英雄事迹引起全世界的瞩目和关注。各国反法西斯人民都和斯大林格勒保卫者同呼吸、共忧乐。苏联各族人民更是竭尽一切努力和采取各种方法支援和鼓舞城市保卫者。寄自全国各地的慰问信，特别是 1918 年察里津保卫者、革命先辈们的信函，对前线将士起了巨大的鼓舞作用。

第六十二集团军的将士们在重围中浴血奋战，有时一天要击退敌人十几次进攻，一有机会他们就进行反突击，为争夺每一个街区、每一条街道、每一幢房屋而展开残酷的搏斗。而在每幢楼房里，每一层楼和每一个房间都是反复争夺的对象。例如，近卫军中士雅科夫·巴甫洛夫领导一个战斗小组，死守"一月九日"广场上的一座六层大楼达两月之久，对苏军的防御作出了贡献。苏军将士为保卫祖国的神圣土地，表现出刚毅果敢的精神和灵活的战术，把法西斯侵略者拖得精疲力竭、一筹莫展。起初，德寇蔑视斯大林格勒保卫者，而遭到苏军的多次痛击和杀伤之后，他们逐渐感到恐惧，最后则失望悲观。德军团长威廉·霍夫曼在9月份的日记中把苏军战士描绘成"疯狂的野兽"，"野蛮主义……不是人，而是魔鬼"。这些记录从反面证明苏军将士有如钢铁巨人的形象。而侵略者的恐惧和悲哀心情，则反映希特勒侵略军已经再三衰竭，其失败的因素与日俱增。

但希特勒不顾德军的重大损失，一心要占领斯大林格勒。到9月底，战斗重心转移到北部工厂区。10月4日，德寇占领了"红十月"和"街垒"工厂的住宅区。

针对这种形势，斯大林于10月5日指示斯大林格勒方面军[①]，要坚决守住斯大林格勒。但守卫市区的第六十二集团军损失很大，只有55000人，1400门大炮和迫击炮、80辆坦克，支援它的飞机也仅有190架。因此，9月底和10月初，苏军有6个步兵师和1个坦克旅渡河去加强第六十二集团军。

敌人也向斯大林格勒增兵，到10月上旬，与第六十二集团军对峙的德国主要突击部队就有8个师，约9万人，配有2300门大炮和迫击炮、约300辆坦克，支援他们的飞机有1000架。

就在这种条件下，两军展开了争夺三大工厂（拖拉机厂、"街垒"和"红十月"）的血战。10月4日，德寇出动5个师猛攻工厂区，并派出飞机2000多架次狂轰滥炸。苏军拼死抵抗，拖拉机厂的工人队伍也英勇参战。但因寡不敌众，敌人于5日傍晚占领了拖拉机厂，并从这里突进到伏尔加河岸。戈罗霍夫上校指挥的一支苏军部队被孤立在斯大林格勒东北角的雷诺克地区。这支孤军奋勇死守，直到最后胜利。

为了削弱德寇对市区的压力，10月19日，顿河方面军突击集群从斯大林格勒北面转入进攻；25日，第六十四集团军从南边对敌军进行反突击。两军的进攻减轻了第六十二集团军的困难处境，并粉碎了敌人占领斯大林格勒的企图。

---

① 1942年9月28日，斯大林格勒方面军改称顿河方面军，由罗科索夫期基指挥，东南方面军改称斯大林格勒方面军，由叶廖缅科指挥。

11 月初，德寇几次妄图消灭市内各个防御点，但都未能得逞。第六十二集团军主力牢牢地守住"红十月"工厂区和狭长的沿河地带，第 138 师捍卫着"街垒"工厂东部。这一阵势一直保持到大反攻时，德寇始终未能完全占领斯大林格勒。

斯大林格勒战役的防御阶段，以德国法西斯的战略计划的失败而告终，他们既未能拿下斯大林格勒，也未能占领黑海沿岸和巴库。从 7 月到 11 月期间，敌人在顿河、伏尔加河地区和斯大林格勒的交战中，损失近 70 万人。德寇在伏尔加河地区总的战役态势也复杂化了。没有师和军的预备队，在"B"集团军群两翼上是战斗力不强的罗马尼亚、意大利和匈牙利军队，他们已开始懂得自己毫无前途的岌岌可危的处境。

就是在这种形势下，苏军最高统帅部准备好了在斯大林格勒地区的大反攻。

苏军在斯大林格勒的胜利

由于苏联共产党和政府的坚强领导，后方广大工农和科技人员的忘我劳动，军工生产有了显著增长。1942 年下半年，苏联生产 73400 门大炮和迫击炮、13268 辆坦克、15692 架飞机，以及数以万计的轻武器。此外，美英也给予苏联一些援助。这就为苏军的反攻创造了物质条件。

大反攻开始时，在斯大林格勒方向上，德军及其仆从国军队组成的"B"集团军群共有 80 个师、3 个旅，总计 100 万人，拥有大炮和迫击炮 10290 门、坦克 675 辆、飞机 1216 架。盘踞在斯大林格勒市区和西郊外围一带的是敌军主力——德第六集团军和第四坦克集团军。掩护其南翼的是罗马尼亚第四集团军；掩护其北翼的是罗马尼亚第三集团军、意大利第八集团军、匈牙利第二集团军以及德国第二集团军。

在斯大林格勒方向上，苏军的 3 个方面军[①]共有 110 万人，15500 门火炮、1463 辆坦克和强击火炮、1350 架作战飞机。在兵力和武器对比上，苏军已占优势，士气高昂。

苏军的最后反攻计划是由朱可夫和华西列夫斯基签署、最高统帅斯大林

---

① 除原有的斯大林格勒和顿河方面军以外，10 月底又组建了西南方面军，司令员是 H. Φ. 瓦杜丁。

批准的。其主要内容是：西南方面军由顿河右岸谢腊菲莫维奇和克列茨卡亚地域的登陆场实施强有力的深远突击。斯大林格勒方面军由萨尔帕地域进攻。两军的突击集团在卡拉奇、苏维埃斯基地域会合，从而完成对斯大林格勒附近德军主力的合围，然后消灭敌人。到 11 月 17 日，反攻的全部准备工作都已完成，而且保密工作做得特好，敌人还茫然无知。

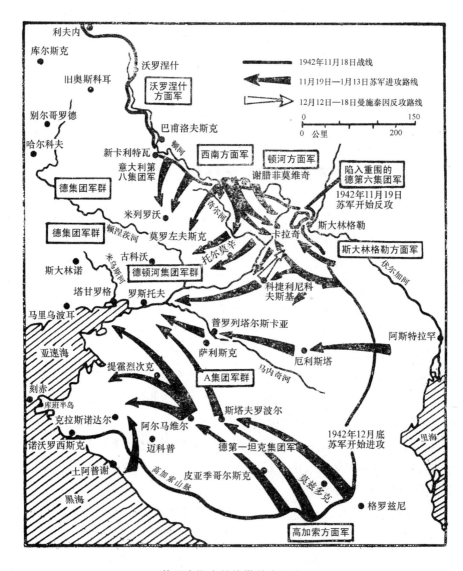

苏军在斯大林格勒的大反攻

　　根据战略性战役任务的特点，这次战役大致可分为三个小阶段：（1）突破防御，粉碎敌军侧翼集团，合围德第六集团军和第四坦克集团军的部分兵力；（2）粉碎敌军解围企图，扩大苏军反攻战果；（3）最终歼灭被围的德军。

　　1942年11月19日晨，在斯大林格勒的西北面，苏联西南方面军的2000门大炮开始怒吼。接着，苏军两路分别从谢腊菲莫维奇和克列茨卡亚出发，向罗马尼亚第三集团军阵地冲击。敌军惊慌失措，开始瓦解。22日凌晨，在夜幕掩护下，由当地居民古谢夫做向导，苏军在卡拉奇市西北面占领顿河上一座大桥，大批渡河，经过激战后于23日占领卡拉奇。

　　11月20日拂晓，斯大林格勒方面军从该市以南发起进攻，突破罗马尼亚第四集团军的防线，向西北迅猛推进，于23日在卡拉奇苏维埃斯基与西南方面军会师。这样便把德国第六集团军全部和第四坦克集团军一部，总共22个师和160多个独立部队包围起来。同时守卫斯大林格勒正北面的顿河方面军，也在顿河—伏尔加河之间发动进攻，打击被围之敌。11月23日，反攻第一阶段顺利完成。

　　苏军强大而迅猛的攻势使德军统帅部晕头转向。他们持有两种观点；一些人主张第六集团军坚守阵地，但必须向斯大林格勒增援；另一派主张向西撤退，避免覆灭。希特勒采取第一种观点。他急电被围的第六集团军司令鲍留斯死守防线，同时许诺空运作战物资，增派援兵去解围。为此，希特勒迅速建立"顿河"集团军群，其编制包括顿河中游以南直至阿斯特拉罕草原所有的德军，以及被围的德军。此外，希特勒还从德法和苏德战场各地调去几个师。冯·曼施泰因元帅被任命为"顿河"集团军司令，为鲍留斯解围。

　　曼施泰因迅速建立两个强大的战役集群：一在科捷利尼科夫斯基地区，一在托尔莫辛地区。

　　12月12日，德军集结大量兵力，从科捷利尼科夫斯基向斯大林格勒进攻，挫败第51集团军的抵抗，进抵阿克赛河，并渡河北上，前出梅什科瓦河，离被围的德军只有35—40公里。

　　曼施泰因原来打算在这支援军前出梅什科瓦河时，第二战役集群就要从托尔莫辛出击。但在12月16日前线情况急剧变化：苏西南方面军和沃罗涅什方面军左翼从顿河中游发动强大攻势，挥戈东南，直指米列罗沃和莫罗左夫斯克。苏军在奇尔河和顿河摧毁敌军的抵抗，粉碎了意大利第八集团军和罗马尼亚第三集团军，重创德军 6 个师。

12 月 24 日，苏军进抵莫罗左夫斯克，开始威胁前出梅什科瓦河的德军左翼和后方。为了阻挡西南方面军的进攻，德军把准备用于托尔莫辛集群的好几个师都投入了战斗，12 月 24 日终于顶住了苏军的进攻。

就在这时，根据苏联最高统帅部的命令，第二近卫集团军火速南下，开赴梅什科瓦河。12 月 19 日，该部前出梅什科瓦河，并立即投入战斗。他们和第五十一集团军协同作战，沉重打击进攻之敌，挡住了德军。

12 月 24 日，第二近卫集团军、第五十一集团军、第五突击集团军等部队，从梅什科瓦河发动决定性攻势，摧毁德军抵抗，迅猛前进。25 日，苏军先头部队到达阿克赛河，德军坦克部队慌忙退到河的南岸。苏军迅速进抵科捷利尼科夫斯基，29 日占领该城。科捷利尼科夫斯基战役集群被歼，其残部退往罗斯托夫。这样，苏军包围圈对外正面与被围德军相距约 200 公里，这样一来，希特勒的解围计划彻底破产，被围德军已成瓮中之鳖，注定了覆灭的命运。反攻的第二阶段到此完成。

到 11 月 30 日，斯大林格勒地区被围敌军所占的面积是，东西为 70—80 公里，南北为 30—40 公里，被围军队粮食、弹药奇缺，伤亡与日俱增。德国陆军参谋长察茨勒向希特勒汇报说，被围德军的士兵饥饿沮丧，对最高统帅部失去信心，因此请求批准突围，但希特勒对此无动于衷。

苏军最高统帅部于 12 月 30 日下达指令，将歼灭被围德军的任务交给罗科索夫斯基中将指挥的顿河方面军，并把原属斯大林格勒方面军的第六十二、六十四、五十七集团军拨归他指挥。斯大林格勒方面军改称南方方面军，其任务是向罗斯托夫方向展开攻势。

到 1943 年 1 月，被围德寇的处境更为狼狈：粮食、弹药供应进一步恶化，伤亡增多。加以严寒袭人，冻死者累累。

苏军最高统帅部从人道主义出发，于 1943 年 1 月 8 日向鲍留斯提出最后通牒，要求其停止无谓的抵抗并投降。希特勒命令他拒绝投降。

1 月 10 日凌晨，苏军用 5000 门大炮轰击包围圈内的敌人，空军也猛烈轰炸敌阵，然后发动冲击。在苏军凌厉的攻势下，被围敌军全线退缩，6 天之内阵地显著缩小。从 1 月 10 日到 25 日，敌人死、伤和被俘者达 10 万人以上，但仍作垂死挣扎。

1 月 26 日，苏联第二十一和六十五集团军从西面、第六十二集团军从东面同时发动进攻。当晚，第二十一集团军和六十二集团军战士在"红十月"

工厂住宅区和马马耶夫岗胜利会师，从而把被围德军分割成两部：南部之敌在市中心继续顽抗，北部之敌在"街垒"和拖拉机工厂区挣扎。

正当德国第六集团军在斯大林格勒废墟上苟延残喘时，希特勒在德国还导演了一场令人作呕的丑剧：为了庆祝法西斯上台执政 10 周年，他授予鲍留斯上将以元帅军衔，同时给被围的 117 名军官各升一级。然而任何军衔都不能挽救这伙侵略者的覆亡命运。1 月 31 日，南部被围之敌，包括第六集团军司令鲍留斯元帅宣布投降。第二天，北部德军也放下了武器。2 月 2 日，斯大林格勒地区的枪声全部停息，苏军在这里取得了伟大的胜利。

在苏军反攻过程中，敌人最强大的战略集群在斯大林格勒被击溃。仅1943 年 1 月 10 日—2 月 2 日，苏军就俘敌 91000 人，其中有 2500 名军官和以一名元帅为首的 24 名将军。在战场上，苏军收集和掩埋了约 14 万具敌军尸体。从 1942 年 11 月 19 日至 1943 年 2 月 2 日止，敌军在斯大林格勒地区损失 80 万人以上，并丢下大量技术兵器和装备。德军有 32 个师和 3 个旅全部被歼，16 个师遭到重创。

苏军在斯大林格勒的胜利具有重大的意义，在国内外都有深远的影响。

胜利的捷报传遍苏联，它鼓舞后方人民以更高的政治和劳动热情去增加生产，支援前线。它使敌占区人民和游击队员看到了胜利的曙光。它给苏联各个方面军的将士们树立了光辉的范例，使他们增强了必胜的信心。

这次胜利也是苏联军事学术的胜利，是苏军战略、战役学和战术的胜利。

苏军在斯大林格斯的胜利，使苏德战场上的战略主动权完全转入苏军手中，直到最后胜利。它迫使德国最后动员所有的人力物力资源来继续进行战争。

这次胜利的国际意义在于，它使德国国际地位发生动摇，其仆从国面临军事、政治危机。1943 年夏天墨索里尼垮台，意大利投降；芬兰和匈牙利的统治集团开始考虑如何退出战争，法西斯侵略集团开始分崩离析。

斯大林格勒的胜利鼓舞了全世界反法西斯人民的斗志，欧洲各国的抗敌斗争风起云涌，抵抗运动进入一个新时期。

这一战役牵制和消灭了轴心国大量的军队，有力地支援了北非的盟军，为英军在阿拉曼的反攻创造了有利的国际条件。西方盟国看到了苏军胜利的前景，因而决定于 1944 年春天在欧洲开辟第二战场。

所以，苏军在斯大林格勒的胜利是苏联伟大卫国战争的转折点，也是整个第二次世界大战中战略转折的重要标志之一。罗斯福在献给斯大林格勒的颂词中说，斯大林格斯保卫者的"光辉的胜利制止了侵略的狂澜，成为同盟国反侵略战争中的转折点"。

第二次世界大战中的太平洋战场

朱贵生

太平洋战争（1941—1945）从日本突袭珍珠港事件开始到日本投降为止，前后经历了三年多时间。它可分为四个阶段；从 1941 年 12 月 8 日日本对美、英、荷开战到 1942 年 6 月 4 日中途岛之战，为日本战略进攻阶段；从 1942 年 6 月 4 日日本在中途岛惨败到 1943 年 2 月 7 日日军退出瓜达尔卡纳尔岛，为战略转折阶段；从 1943 年 2 月 7 日到 1944 年 6 月 6 日中太平洋盟军开始进攻马里亚纳群岛，为盟军有限进攻阶段；从 1944 年 6 月 6 日开始到 1945 年 9 月 2 日日本投降，为盟军战略反攻阶段。

日本的战略进攻

控制太平洋、掠夺东南亚各国的战略资源、占领战略要地，是日本侵略计划的重要环节。为了摆脱在中国战场进退维谷的困境，日本军政当局于 1941 年夏天决定"南进"，11 月 5 日，御前会议正式决定对美、英、荷开战，至此，日本统治集团下定了发动太平洋战争的决心。

早在 1940 年夏天，日本就派出大量特务到东南亚各地收集情报。到 1941 年 9 月，大本营根据搜集到的各种情报分析，估计美、英、荷在马来亚、缅甸、英属婆罗洲、香港、菲律宾、关岛、荷属东印度等地的陆军为 382200 人，海军各类舰艇为 167 艘（包括澳、新，不含以珍珠港为基地的美国太平洋舰队），陆海军航空兵的飞机为 720 架。日方认为，从全局来看，美、英、荷等国兵力部署在广大地区，又隔海分散，联系配合相当困难。对此，日军能够把集结的兵力用于奇袭，各个击破。日本大本营在分析了双方的兵力、装备和素质以后认为，只要陆海军紧密配合，协同作战，就一定会取得胜利。

到1941年12月初，日本陆军共有51个师团和1个骑兵集团，地面部队为202.5万人。陆军航空部队为8.5万人。所以陆军总数为211万人，拥有飞机3500架、坦克1200辆。

日本海军拥有战列舰10艘、航空母舰10艘、重轻巡洋舰38艘、驱逐舰112艘、潜艇65艘、其他舰艇156艘，合计391艘，总吨位为1466177吨。海军航空兵有各类飞机3202架，总兵力为32.2万人。与美、英、荷在太平洋地区的兵力相比，日本占优势。

根据11月5日御前会议关于对美、英、荷开战的决定，天皇亲自任命寺内寿一大将为南方军总司令官，并任命了所属各军区的司令官。南方军参谋长由总参谋部次长塚田攻中将担任。6日，大本营陆军部向南方军和南海支队下达了战斗序列命令，同时命令准备攻击南方要地。投入南方作战的兵力、物资和军需品等，已陆续向印度支那、海南岛、华南、台湾、奄美大、帛硫、小笠原等地输送。

11月5日，大本营海军部向联合舰队司令长官山本五十六发出"大海令第一号"，令其于12月上旬做好对美国、英国、荷兰作战的各种准备。

11月15日，陆海军统帅部进行了御前军事演习，向天皇说明了南方军作战计划。日军准备占领的范围是菲律宾、关岛、香港、英属马来亚、缅甸、荷属东印度、俾斯麦岛、荷属帝汶岛等。

12月2日，经日本天皇批准，参谋总长杉山元和军令部总长永野修身向南方军和联合舰队等部队发出开始进攻的命令，定于12月8日开战。

寺内寿一大将指挥的南方军共辖4个军，含11个师团、9个坦克联队、2个飞行集团和一些直属部队，约40万人。

山本五十六指挥的联合舰队所属各舰队负责海上作战和掩护部队登陆。

1941年12月8日，日本航空母舰机动部队偷袭美国太平洋舰队基地珍珠港。[①] 同一天，日军侵占泰国，袭击马来亚和菲律宾，不久又入侵荷属东印度、缅甸和香港等地。

（一）侵占泰国

战前几年，日本就在泰国进行活动，离间它与英美的关系，培养亲日势力，加强日本的影响。1941年11月24日，大本营指示寺内寿一在12月7日18时至8日（开战日）零时同泰国政府谈判，把"日泰同盟条约"强加

---

① 参见本书邓蜀生《日本偷袭珍珠港》一文。

于它，从而取得合法地位，名正言顺地进军泰国。泰国政府首相銮披汶内怕人民谴责，外怕开罪英美，不敢引狼入室，遂于 7 日夜里离开首都，到东部国境"视察"去了。同时，海军大臣也因公外出。这样，日本大使便找不到谈判对象。而日本大本营的指示是："不管对泰谈判成功与否，都要按预定计划进驻。"于是寺内便在 8 日凌晨 3 时 30 分下令日军向泰国进军。9 日拂晓，日本近卫师先头部队到达曼谷，其他部队也从海上登陆，侵占泰国领土。

12 月 21 日，日本终于把日泰同盟条约强加给泰国，从而把泰国绑在日本的战车上供其驱使，利用泰国作为基地，对泰国资源进行无情的掠夺，使人民处于水深火热之中。

（二）侵占马来亚

攻占马来亚的部队是山下奉文中将指挥的第二十五军，辖 4 个师。海军是由以南遣舰队为骨干的马来亚部队进行助攻。英国守军司令是白西华中将，辖 4 个师，约 10 万人。12 月 2 日，35000 吨的战列舰"威尔士亲王"号和战列巡洋舰"反击"号开到新加坡，组成新的远东舰队，司令是菲利普斯海军中将。12 月 8 日凌晨，日军开始在泰国南端的宋卡、百大年和马来亚的哥大巴鲁登陆。天亮后，日本飞机大举轰炸，两天之内炸毁英国飞机 1/3。12 月 9 日，"威尔士亲王"号和"反击"号出海迎击日本运兵船。10 日正午遭到大量日机空袭，14 时 50 分两舰沉没，菲利普斯阵亡。

英军失去这两艘战舰之后，士气沮丧，不堪一击。1942 年 1 月 7 日，日军占领马来亚首府吉隆坡。2 月 8 日，日军强渡柔佛海峡，在新加坡登陆。15 日下午，白西华向山下奉文无条件投降。

（三）侵占菲律宾

本间雅晴中将指挥的第十四军主攻菲律宾。他辖两个师团和一个旅团，共约 10 万人和 100 辆坦克，海军以第三舰队为骨干进行支援。菲律宾地面守军是麦克阿瑟指挥的美国远东陆军部队，共 13 万人，其中有 13500 多名美国人，其余都是菲律宾新兵，装备很差，训练不足，战斗力很低。远东空军只有 142 架能作战的飞机和 5600 多人。亚洲舰队只有 2 艘巡洋舰、4 艘驱逐舰、28 艘潜艇、6 艘炮艇、28 架飞机和一些小船。

12 月 8 日中午，日本飞机开始轰炸吕宋，炸毁美机近半。接着连日轰炸，取得制空权。12 月 10 日，小股日军在吕宋北部登陆。22 日，日军主力在仁牙因湾、拉蒙湾登陆，攻势凶猛。12 月 24 日麦克阿瑟命令帕克将军在巴丹准备防御阵地，此后部队陆续退向巴丹，据险防守。由于粮食短缺，战士每天只能领到定量口粮的 1/4—1/3，结果营养不良，疾病蔓延，兵无斗志。3 月 17 日，麦克阿瑟奉命去澳大利亚担任西南太平洋盟军司令，把菲律宾的美军指挥权交给了温赖特中将。

3 月中旬日军加强了对巴丹的攻势。4 月 9 日，巴丹部队司令爱德华·金少将率部投降。饥饿不堪的巴丹守军（菲军 45000 人、美军 9300 人）开始 100 公里的死亡行军，被赶到吕宋中部的奥多奈尔集中营。

科里吉多要塞守到 5 月 7 日。这一天温赖特将军向本间雅晴投降。但很多战士（尤其是在棉兰老）拒绝投降，带着武器深入山林，进行游击战。

（四）侵占荷属东印度

1941 年 12 月，东印度的荷兰陆军约 14 万人，主要集中在爪哇。这支军队大多是本地人，装备很差，战斗力很低。海军只有 3 艘巡洋舰，7 艘驱逐舰和 16 艘潜艇，空军有 150 架老式飞机。

日本侵略者早已对东印度的石油垂涎三尺。但因兵力不足，无法于 12 月 8 日发动进攻。12 月 16 日，南方军直属的一个支队开始入侵婆罗洲北部，陆续占领一些重要基地。1942 年 1 月上半月，日军第十六军司令官今村均补充了两个师团的兵力，又得到海空军的配合，于 1 月下旬占领了婆罗洲和西里伯斯的一些重要海空军基地，准备向苏门答腊和爪哇进攻。1 月间，美、英、荷、澳四国武装部队组成了以英国韦维尔将军为首的统一指挥部，以抗击敌军，但收效甚微。

2 月 14 日，日军出动大量飞机对苏门答腊的油田区巴邻旁实施空降突击，攻占机场和炼油厂。18 日，日军占领苏门答腊，这样既控制了油田区，又为进攻爪哇创造了条件。

2 月间，占压倒优势的日本舰队对盟国舰队进行了几次海战，逐渐摧毁了美、英、荷、澳在这一海域的舰艇，为进攻爪哇扫清了障碍。

3 月 1 日和 3 日，日本第十六军主力开始在爪哇东、西两岸登陆。9 日占领万隆，荷军主力投降，接着万隆以东的盟国部队，包括 11000 名英美军队也相继放下武器。12 日，荷兰总督正式投降。日军占领了整个荷属东印度。

（五）侵占缅甸

日本侵占缅甸的战略意图是，击溃在缅英军，加强对华封锁，促使印度脱离英国，保障日本侵略军北翼的安全。

英国在缅甸的军队有 2 个师、2 个旅，共约 4 万人。空军飞机有四五十架。

1942 年 1 月上旬，日军决定向缅甸南部发动进攻，夺取仰光。1 月 4 日，日本第十五军先头部队越过泰缅国界，20 日主力部队发动进攻。3 月 8 日，日军占领缅甸首府仰光。

3 月 7 日，南方军司令官命令第十五军继续作战，在曼德勒地区同英军和中国军队①决战，大体上到 5 月底结束战斗。由于马来战事已结束，南方军又增调两个师团加强第十五军。

3 月 10 日，日军分两路北上，第五十五师团向东吁进发。3 月 18 日，日军在东吁同中国远征军展开激战，30 日占领东吁。第三十三师团沿伊洛瓦底江北上，于 4 月中旬占领仁安羌油田区，然后向曼德勒推进。中、英两国军队抵挡不住日军的进攻，遂在曼德勒商定，中国军队应退到八莫、密支那，以便退回中国，英军退到亲敦江以西，然后再退入印度。

5 月 1 日，日第十八师团占领曼德勒，第五十六师团 3 日占领八莫，8 日占领密支那。这股日军还侵入中国境内，占领畹町、芒市、陇陵，前出怒江，10 日占领腾冲，中国军队凭怒江天险挡住了敌人。

缅甸战役就这样结束了。史迪威在退往印度的途中说："我们进入了挨打的地狱。它就像进地狱那样丢脸。我们应当找出它的原因并且打回去。"

这样一来，从 1941 年 12 月 8 日到 1942 年 5 月 10 日，日本侵略者侵占了泰国、马来亚、菲律宾、荷属东印度、缅甸以及香港（12 月 25 日）、关岛（8 日）、威克岛（23 日）、腊包尔和新不列颠岛、新爱尔兰岛（1941 年 1 月）、新几内亚西北部（4 月）、安达曼群岛、尼科巴群岛；在半年的时间里，他们占领了 380 万平方公里的土地，人口达 1.5 亿。

战略转折

日本对珍珠港的袭击像晴天霹雳，惊醒了美国一些孤立主义者和绥靖主义者的迷梦，使他们也感受到法西斯侵略的危险。1.3 亿人民同仇敌忾，奋起反对法西斯。澳大利亚和新西兰人民也如此。

---

① 1941 年底，中美两国商定组织中国战区，以蒋介石为最高统帅，史迪威任参谋长。1942 年 2 月，应英国政府的邀请，中国派出赴缅远征军，该军含第五、第六和第六十六军，约 10 万人，3 月，蒋派史迪威赴缅，担任中国远征军总指挥。

1942 年 3 月 17 日，美国陆军部宣布麦克阿瑟上将任西南太平洋地区盟军总司令，指挥这一地区（包括澳、新）的陆、海、空三军。27 日，布莱米中将宣布就任澳大利亚陆军司令。

4 月间，美国太平洋舰队司令尼米兹海军上将被任命为太平洋地区总司令（不包括西南太平洋），1941 年 12 月 30 日美国海军作战部长金给他下达的作战命令是：

（1）掩护并控制住夏威夷—中途岛一线，维护它们同（美国）西海岸的交通线。

（2）维护西海岸同澳大利亚的交通线，主要是掩护、保障和控制住夏威夷—萨摩亚一线，这条防线将在实际可行的最早期间伸展到斐济岛。

美国的战略是阻止日本进一步侵略，控制住从荷兰港经中途岛到萨摩亚一线，从这里到新喀里多尼亚和莫尔兹比，再到新几内亚。

1942 年二三月间，日本大本营和政府全面地研究了军事成就，认为陆、海军都取得了重大胜利，除菲律宾外，各条战线都差不多提前一个月完成了计划。他们认为，必须在国力所允许的限度内，抓住现在的战机继续扩大战果，在政治和军事上造成长期不败的局面。

对于下一步的侵略计划，日本海军同陆军有很大分歧。由于在几个月的战争中海军使美、英、荷舰艇损失惨重，而日方损失极小，所以他们的侵略气焰极为嚣张，一心要打败澳大利亚。但陆军坚决反对，理由是澳洲面积大、路远，日本需用很多兵力，且不易取胜。陆、海军争论的结果是取得了妥协：日本不去直接攻占澳洲，但要切断澳洲与美、英的联系，孤立澳洲。为此，海军要攻占萨摩亚、斐济和新喀里多尼亚，进而占领莫尔兹比港，威胁澳洲北部的安全。

由此可见，美日的战略意图正好针锋相对：美国要保持美—澳交通线，日本要破坏这条交通线。

1942 年 3 月 6 日，日军第四舰队护送部队在新几内亚的莱城和萨拉莫亚登陆，7 日，日本肃清了两地的澳军。但 10 日早晨，停泊在两地的舰只突然遭到美国飞机的袭击，4 艘军舰被炸沉、7 艘受伤。原来，美国海军中将弗莱彻指挥的舰队正在这一海域游弋，寻找战机。

　　5月3日，日军占领所罗门群岛的首府图拉吉。第二天美国飞机来袭，炸沉舰艇4艘，5月5日，日本第四舰队从腊包尔出发去攻打莫尔兹比港。7日，在新几内亚东面水域，美国飞机炸沉日本航空母舰"祥凤"号。8日，在珊瑚海东部，日本飞机炸沉美国航空母舰"列克星敦"号。美机重创日本航空母舰"翔鹤"号，并击落日机100多架。

　　珊瑚海海战使日本的侵略锋芒第一次受挫，攻占莫尔兹比的计划被迫推迟。同时大型航空母舰"翔鹤"号受重创，"瑞鹤"号需要补充飞机和重建飞行队，因此它们都未能参加一个月以后的中途岛海战，这些因素都蕴育着战略转机。

　　山本五十六这时气焰非常嚣张，踌躇满志，亟欲同美国舰队决战。3月间他坚决要求攻打中途岛，大本营海军部反对，理由是路途遥远，补给困难，不能固守。4月18日，美国杜立特上校率领的B—25轰炸机队从航空母舰"大黄蜂"号上起飞，轰炸了东京、横滨、名古屋等地，使日本朝野大为震惊，这更加强了山本进攻中途岛、同美国海军决战的论据。5月5日大本营海军部终于同意山本的意见，命令联合舰队占领中途岛和阿留申群岛。

　　中途岛之战发生于1942年6月4—5日。激战结果，日本损失大型航空母舰4艘（"赤城"号、"加贺"号、"苍龙"号、"飞龙"号）、重巡洋舰1艘、飞机322架、兵员损失3500人，其中包括几百名有经验的飞行员。这对日本是个重大损失，影响深远。美国只损失航空母舰1艘、巡洋舰1艘、飞机147架、兵员307人。

　　这时，进攻阿留申群岛的日军占领了阿图和基斯卡两个小岛，但无任何战略意义。

　　中外史学家大多认为中途岛之战是太平洋战争中战略转折的起点，而完成这一转折的则是瓜达尔卡纳尔战役。

　　1942年5月日军占领图拉吉岛之后，发现南面的瓜达尔卡纳尔岛（以下简称瓜岛）上有良好的基地可作为机场，6、7月间遂动工修建，8月初竣工。正在这时，美国参谋长联席会议命令麦克阿瑟在所罗门群岛进行有限的进攻。8月7日，美军在瓜岛登陆，于是揭开了持续半年之久的瓜岛争夺战。美、日两国陆、海、空三军多次鏖战的结果，以日军惨败、撤出瓜岛而告终（1942年2月7日）。6个月中，日军死亡和被俘2.5万人，损失各类军舰的运输船近50艘，飞机800架。由于战线太长，补给困难，官兵仅得规定口粮的1/3或1/5，嗷嗷待哺，难以战斗，死于饿、病者多达万人。舰船损失过大，无法弥补。开战一年之后，资源贫乏、军工生产薄弱、经不起消耗战的日本经济的弱点已暴露出来。1942年12月31日，在御前大本营会议上决定从瓜岛撤退。日本人自己承认："事实上瓜岛作战是陆海军协同作战的第一次大败北。"从此以后，日军转入防御，太平洋战场上的战略主动权已完全转入盟军手中。

盟军在西南太平洋的有限进攻

日军从瓜岛撤退后，太平洋战场暂时沉寂下来，双方都在计划和准备下一步作战。

在卡萨布兰卡会议（1943年1月）上，美英联合参谋长委员会就决定把较大比例的兵员和物资送到太平洋战场上，以保持攻势。在同年5月召开的华盛顿会议上，美英参谋长委员会指定美国参谋长联席会议负责进行太平洋战争。由于英国抽不出兵力来对付日军，所以驱逐日军的战略计划只好主要由美军以及澳大利亚和新西兰的部队来实现。在此阶段，盟军一方面是对日军的海军和商船进行激烈的潜艇战，另一方面是从三个方面发动有限的进攻：

（1）北太平洋的部队要把日本赶出阿留申群岛；

（2）中太平洋的部队从珍珠港向西发动进攻；

（3）南太平洋和西南太平洋的部队协同攻打腊包尔，然后西南太平洋部队沿新几内亚北岸向西推进。

1943年2月，麦克阿瑟指挥的陆军正式编为美国第六集团军，由瓦尔特·克鲁格将军指挥。乔治·肯尼中将指挥美国和澳洲的空军。同时，澳大利亚第一和第二集团军也正式成立，由麦克阿瑟统一指挥。

3月，美国海军作战部长厄内斯特·金把在太平洋作战的美国海军编为三个舰队：以珍珠港为基地的中太平洋海军编为第五舰队；在南太平洋作战的海军编为第三舰队，司令为哈尔西；西南太平洋司令麦克阿瑟所辖的少量海军编为第七舰队，司令是金凯德。金凯德还负责指挥澳大利亚和新西兰的大部分海军。

1943年3月12日，美国参谋长联席会议召开太平洋军事会议，由太平洋战场各部队的参谋长参加，讨论司令官们提出的各种具体作战计划。最后参谋长联席会议做了总结，3月29日，向太平洋战场的司令官们发出一项指令：攻打腊包尔的战事将由麦克阿瑟指挥；第三舰队司令哈尔西在麦克阿瑟的指导下，将直接指挥所罗门群岛战事。所有的海军部队，除参谋长联席会议指定给特混编队者外，都由尼米兹海军上将控制。

3月28日，参谋长联席会议命令麦克阿瑟和哈尔西在特罗布里恩德群岛（新几内亚以东）建立机场，占领新几内亚东部的莱城、萨拉莫亚和芬什哈芬，并征服所罗门群岛，直到布干维尔南部。

这样，在西南太平洋，盟军便实行有限进攻，开始分两路进军：一路沿所罗门群岛北上；一路从新几内亚西进。

日本在瓜岛失败之后，大本营并不甘心，他们要巩固自己在所罗门群岛和新几内亚的战略地位，阻止盟军的进攻。3月初，日本第十八军一支部队（6900人）从腊包尔出发，由海路开往莱城。船队航行到俾斯麦海的达姆波尔海峡时，遭到美国空军3次袭击，10艘舰船被击沉，3664人葬身鱼腹。这次打击使日本大本营把主要注意力转移到新几内亚方向。3月25日，大本营制定了"陆海军在东南方作战的中央协议"，责成第八方面军①和联合舰队去执行。

联合舰队司令官山本五十六根据这个协议，集中了300多架飞机，准备对瓜岛和新几内亚的盟军舰船进行空袭。4月3日，山本从加罗林群岛的首府特鲁克飞到腊包尔，亲自指导前线的战斗。4月18日，山本从腊包尔飞往布干维尔南端的布因。由于美军情报部门事先截获并破译了山本行踪的密电，山本的座机在准备降落时被美军P—38型远程战斗机击落。山本五十六毙命于布因城北的莽莽丛林之中。古贺峰一继任联合舰队司令。

美国空军击毙山本，大大鼓舞了盟军的士气。麦克阿瑟和哈尔西商定，6月13日同时进攻特罗布里恩德群岛和新乔治亚群岛（所罗门群岛中部）。由于特罗布里恩德群岛上没有日军，盟军的登陆兵不血刃，很快就占领了这些小岛。但对新乔治亚群岛的进攻是一场热带丛林战，很不顺利，直到8月5日美国第十四军才拿下了它们。

攻占这两个群岛的两种战况给哈尔西一个很大的启发，使他认识到采取越岛战术是个上策，即越过日本加强防御的科洛姆班加腊（所罗门群岛中部），而于8月中旬拿下了防守不牢的维拉—拉维拉。这种越岛战术粉碎了

① 第八方面军司令官是今村钧大将，司令部设在腊包尔，下辖第十七军（防守所罗门群岛）和第十八军（防守新几内亚东部）。

日军要在太平洋跟盟军逐岛争夺、死拼硬打、防止盟军进攻日本本土的战略意图。这种打法得到美国参谋长联席会议的赞同，它批准了封锁日本海空军重要基地腊包尔、围而不打的建议。

麦克阿瑟乘胜北上，与哈尔西商定，于11月1日进攻布干维尔岛。这一天美军3个师在布干维尔岛西面登陆，占领滩头阵地。到12月中旬向内地伸展十几英里，驻兵4.4万人。

12月26日，美海军陆战队两个师在新不列颠岛西部登陆，逐渐占领该岛西部。日军占据东部，以腊包尔为中心，据险死守，中间是个无人区。这样腊包尔就被封锁起来了。

1943年秋天时，美国在南太平洋和西南太平洋有6个陆军师、3个陆战师，共计19.8万人；空军为5.5万人。澳大利亚在这个地区的部队仍然比美军多，有1个装甲师、9个步兵师，共计44.2万人。空军为13万人。

美军在所罗门群岛顺利北上时，澳军在新几内亚东部也不断取胜。1943年9月12日，澳军占领了萨拉摩亚，9月16日攻进莱城，10月2日攻下芬什哈芬。

1944年1月2日，美军在赛多尔登陆并占领该城。到2月15日，盟军已增加到1.5万人，牢牢守住该城。

这时，日军收缩战线，退守威瓦克（新几内亚东北部海港），放弃了中途的重要港口马丹，澳军立即占领该港。

日本政府和大本营在这一时期一直将大部分作战努力倾注在所罗门群岛和新几内亚的战斗中，日本海军动用了大部分军舰，6000多架飞机和10万部队。陆军也将作战重点指向这里，实际动用的兵力约27万人，2000架飞机。尽管日本动用了这么多的兵力，结果还是以日军失败而告一段落。到1944年2月为止，日军共计损失13万人（其中陆军9万人、海军4万人）、约70艘舰艇（总计21吨）、125艘运输船只（总计38万吨）和大约8000架飞机（陆海军投入战斗的飞机几乎丧失殆尽）。

1944年3月12日，美国参谋长联席会议指示西南太平洋和中太平洋部队分两路向菲律宾推进。于是，麦克阿瑟便把守卫新几内亚东部和所罗门群岛的任务交给了澳军，美军则沿新几内亚北岸向西猛进。

4月22日，盟军5万人在荷兰底亚（今名查亚普拉）登陆，当日就占领该港。11000名日军大多被消灭，侥幸活下来的1000多人被俘。

麦克阿瑟乘胜前行，5月27日在新几内亚西北面的小岛比亚克登陆，激战一个多月，至 7 月 1 日完全占领该岛。7 月 30 日，美军又在新几内亚最西端的鸟头半岛登陆。

这时，尼米兹海军上将统率的中太平洋部队正在攻打马里亚纳群岛，与西南太平洋部队的战线日益接近，这就为盟军两条战线的会合和协同作战、发动战略进攻创造了条件。

盟军在中太平洋的战略进攻

由于美国经济和工业潜力强大得多，到 1943 年底，美国海军（包括陆战队）已扩充到 200 万人以上，其中有 130 万人在海外。海军拥有各种舰艇 568 艘，其中航空母舰 15 艘，新建和改建的护航航空母舰 50 艘。海军拥有作战飞机 5400 多架，这些装备和兵力大部分用在太平洋。1943 年夏天，美军在中太平洋也开始反攻。

5 月底，尼米兹派遣一个特混编队夺回了阿留申群岛中的阿图岛，8 月中旬又收复基斯卡岛。

盟军在阿留申群岛和西太平洋的进攻，迫使日本重新考虑它的战争指导方针。1943 年 9 月 30 日，日本召开了讨论战争指导方针的重要御前会议，决定要绝对确保的重要地区是包括千岛、小笠原、内南洋（中、西部）及新几内亚西部、巽他、缅甸在内的防卫圈，并在战争的整个过程中，要始终确保这一防卫圈的海上交通。

盟国针锋相对，在魁北克会议（1943 年 8 月）上和会议以后，美国战略计划人员一直在寻求打败日本的途径。1943 年 11 月，联合战略调查委员会提出报告，认为打败日本的关键就是"通过中太平洋全面作战，南北两翼进行支援"。

美军在中太平洋的指挥系统是，尼米兹为最高指挥，对整个作战任务全面负责，斯普鲁恩斯海军中将是中太平洋部队司令，负责作战指挥，美国第五舰队为作战主力。

中太平洋美军进攻的第一个目标，是吉尔伯特群岛中的小岛马金和塔拉瓦。1943 年 11 月 13 日美军派出飞机对两岛空袭后，20 日登陆，23 日和 24 日先后拿下了马金和塔拉瓦。这两岛虽小，但意义重大。美军夺取后，既获得了空军基地，又取得了登陆作战经验。

1944 年 2 月 1 日，第五舰队开始向马绍尔群岛进攻，6 天之内先后攻占罗伊、纳默尔和夸贾林。2月23日又占领了群岛最西端的埃尼威托克。接着美机又对加罗林群岛的首府特鲁克（号称太平洋上的直布罗陀，日本联合舰队司令部所在地）进行了猛烈空袭。

对特鲁克的空袭非常成功，两天之内计炸沉日本战舰9艘（24000吨）、运输舰只等34艘（21万多吨），炸毁飞机270架，日军死伤1700人（含被炸沉的两艘运输船上的1100人）。

美军在埃尼威托克登陆和对特鲁克的打击，使日本政府大为震惊。2月18日，东京电台广播了美机空袭特鲁克事件，并且惊呼："战局变得空前严重，不仅如此，空前激烈。敌作战的速度表明，进攻的力量已经威胁到我们本土了。"

1944年初，日本大本营决定立即加强中太平洋防御。2月底，新编第三十一军正式成立。3月初，大本营成立中太平洋舰队（司令是南云忠一）和第一机动舰队（司令是小泽治三郎），后者拥有9艘航空母舰。

5月3日，大本营向新任联合舰队司令丰田副武（古贺峰一在与司令部人员从帛琉迁往达沃途中因飞机失事丧生）发出"阿号作战"命令："集中我大部分决战兵力，准备在敌军主要反攻的正面，一举歼灭敌舰队，以挫败敌军的反攻企图。为此：迅速装备我决战兵力，大致在5月下旬以后，在从太平洋中部方面至菲律宾及澳北方面的海战，捕捉敌舰队主力，以图歼灭之。"

6月6日，斯普鲁恩斯指挥的美军第五舰队从马绍尔群岛的基地起航，以米彻尔为司令的第五十八快速航空母舰特混编队（15艘航空母舰、956架飞机）为先导，后面是由535艘舰艇组成的两栖作战部队，浩浩荡荡向西北方向进发，直指马里亚纳群岛，这是盟国战略进攻的开始。

6月11日，美机开始猛烈轰炸马里亚纳南部诸岛。13日，美舰开始轰击塞班岛和提尼安岛。14日，舰载机对硫黄岛和乳岛机场进行远程轰炸，以切断日本本土与马里亚纳的空中联系。15日，美军开始在塞班岛登陆，至18日已有3个师上陆。

6月19日，日本舰队驶到塞班岛以西海域，于是美、日两国海军便开始进行规模空前的菲律宾海海战（日本称马里亚纳海战），20日晚结束。

海战结果，日本舰队惨败，岸基飞机丧失殆尽。参战的9艘航空母舰被击沉3艘，另4艘受重创，只有两艘仍能战斗。参战的360架舰载机只剩下25架，特别严重的是，大量飞行员的损失短期内难以补充。

美国只损失了80架飞机，舰艇的损失也很小。美军取得的战略性胜利，为占领马里亚纳主要岛屿创造了更为有利的条件。

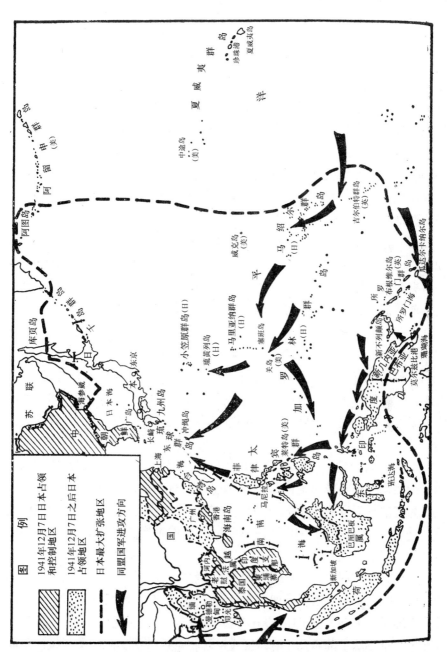

太平洋战场

图　例

1941年12月7日日本占领
和控制地区

1941年12月7日之后日本
占领地区

日本最大扩张地区

同盟国军进攻方向

7月7日，美军占领塞班岛，31日占领提尼安岛。8月10日，美军宣布占领关岛。这样在两个月里美军便控制了马里亚纳群岛。

马里亚纳群岛被视为日本本土的屏障，所谓太平洋上的"防波堤"，是"绝对确保"的地区。美军突破了这道防波堤之后，就切断了日本同加罗林群岛的联系。同时，美军取得后勤和海空军基地之后，可以继续西进，袭击日本在海上的运输船只，直接轰炸日本本土。所以，美国舰队在菲律宾海战的胜利和攻占塞班岛以后，日本朝野惊恐万状，东条内阁遭到猛烈抨击。

1944年7月18日，东条内阁被迫辞职。身任首相、陆相并兼参谋总长（1944年2月21日起兼任）的东条英机，从此退出军政舞台，被宣布列入陆军"预备役"。7月22日，朝鲜总督、"高丽之虎"小矶国昭内阁正式就职，他声明要把战争进行到胜利结束。

然而，日本经济实力日渐衰落，战略物资储备已消耗殆尽，海军机动性能锐减，而盟国舰队和潜艇却愈战愈强，日本海运船舶的损失迅速增加。

根据新的形势，1944年7月21日，日本大本营作出决定，加强菲律宾、台湾、琉球群岛、日本、千岛群岛的第一道防线，随时准备在这条防线上阻截和消灭敌人。

这时美军在太平洋上已拥有海空优势，可以任意选择进攻目标，但美军在太平洋战场没有一个统率三军的最高司令，麦克阿瑟和尼米兹意见不一，各有主张。最后由于麦克阿瑟的坚持，美军决定先打菲律宾。9月间，美国参谋长联席会议正式命令尼米兹和麦克阿瑟联合起来，于10月20日进攻莱特岛。

9月和10月上旬，美国空军对中国沿海、台湾、琉球、荷属东印度以及菲律宾的吕宋、棉兰老等地的日军机场连续进行空袭，炸毁日机约1200架以上，为登陆扫清道路。10月10日，由700艘舰艇组成的美国庞大舰队向菲律宾进发。10月17日、18日，美军先头部队在莱特湾两岸的小岛登陆，以掩护主力部队进攻。

10月20日，美国运输舰开进莱特湾，主攻首府塔克洛班。日军大多退到西北山区，滩头抵抗微弱。到日暮时，6万名部队和10万吨物资和装备已上陆，登陆场扩大到1英里以上。

在第一批部队上陆后几小时，麦克阿瑟将军在菲律宾总统奥斯敏纳陪同下也来到莱特岛。他立即向菲律宾人发表广播演说，宣告他——麦克阿瑟将军已经回来了，从而实现了他在1942年离开时许下的诺言。

　　美军在莱特登陆之初，联合舰队司令丰田副武立即命令日本机动舰队分四路向菲律宾进军，同美国海军决战。丰田早有准备，要在菲律宾海域进行"捷一号作战"，消灭美国海军主力。丰田势在必战，因为如果日本失去菲律宾群岛，它同荷属东印度之间的交通线将被切断，日本就会失去石油供应，因而也就无法再长期继续进行战争了。

　　10月23日，美日两国海军开始了莱特湾海战。在连续4天的海战中，美国舰队共击沉日本战列舰3艘、航空母舰4艘、巡洋舰10艘、驱逐舰9艘，总计30.6万吨。美国损失航空母舰1艘、护航航空母舰2艘、驱逐舰3艘，总计3.7万吨。这是美国海军的一大胜利。

　　在莱特岛上，日本陆军决定进行决战，迅速从菲律宾各地以及上海调去5个师团的援兵。美国第六集团军也迅速增加到7个师，在极为艰苦的战斗中迫使日军逐渐后退，到1945年1月1日，莱特战役基本结束。但山下奉文指挥的日本第十四方面军仍在吕宋等地依靠山林继续顽抗，直到1945年9月上旬陆续向美军投降。

　　进入1945年后，日本侵略军每况愈下。[1] 日本的失败势在必然，因为它的侵略魔掌伸得太长，兵力分散，要保持所占地盘已力不从心。日本是个小国，资源贫乏，战争经济潜力不能与美国相比，经过几年战争的消耗，作战实力日渐衰竭，日本所占领的地区资源虽然丰富，但各被占领国人民都开展了轰轰烈烈的反侵略斗争，日本要掠夺这些国家的人力、物力资源并非没有障碍；日本进行的是不义之战，在国内不得人心，在国际上势单力孤，而同盟国所进行的反法西斯战争得到人民的支持，在国际上更有世界反法西斯力量的大联合，在战争中越战越强，同盟国在太平洋的胜利进攻同中国、朝鲜以及亚洲其他各国人民的抗日斗争相配合，为最后打败日本法西斯铺平了道路。

---

　　① 关于1945年战争的进程，请参见本书吕永和的《日本法西斯的溃败和投降》一文，本文从略。

开罗会议和开罗宣言

洪育沂

1943 年 11 月 22　26 日，美国总统罗斯福、英国首相丘吉尔和中国国民党政府主席蒋介石，在开罗举行会议①（代号"六分仪"），讨论了与中国和亚洲有关的重大军事、政治问题，包括联合对日作战计划和战后处置日本问题。会后发表了三国签署的"开罗宣言"。这是第二次世界大战期间，同盟国十几次最高级会议中唯一有中国参加的一次。

缅甸作战计划

1943 年，第二次世界大战东、西两线战场都发生了转折性的变化。反法西斯同盟国军队越来越主动。意大利的投降使德、日、意轴心解体，但德日法西斯仍在顽抗。要彻底消灭它们，还要进行艰巨的斗争。为了更好地协同作战，击溃侵略者，尽早结束战争，同盟各国首脑感到有必要立即进行会晤，商讨以后的战略方针。开罗会议就是在这样的形势下召开的。这一年，美国在太平洋上进行"逐岛进攻"和"越岛进攻"，先后攻占了瓜达尔卡纳尔岛、阿留申群岛、所罗门群岛和吉尔伯特群岛，战绩显著，但离进攻日本本土和最后战胜日本，还很遥远。

在中国，抗日战争已经进入第六个年头，解放区战场战果辉煌，然而国民党政府继续推行积极反共、消极抗日的方针。罗斯福颇有烦言，也私下责怪："为什么蒋介石的军队不打日本人？""为什么把他大部分最精锐的军队

---

① 开罗会议后，罗斯福与丘吉尔前往德黑兰，与斯大林会晤，然后重返开罗，与土耳其总统伊诺努举行第二次开罗会议。本文不介绍第二次开罗会议。第一次开罗会议上，英美关于欧洲局势的讨论和它们对德黑兰会议的准备，均从略。

屯在西北——红色中国的边境上?"由于缅甸沦陷,美国向中国政府和在华美国空军供应物资的陆路交通完全断绝,不得不越过"驼峰"(喜马拉雅山南部支脉)进行空运,每月充其量只能供应 1 万吨物资。在前线失利、外援匮乏的情况下,国民党文武官员和部队叛国投敌者,不绝如缕。开罗会议前夕,罗斯福担心,国民党"搞单方面和平的可能性是始终存在的",如果出现那种局面,美国对日战争的前途将不堪设想。为了利用中国巨大的人力和空军基地,罗斯福"至为关心的……是使中国继续打下去"。罗斯福对他的儿子说过:"事实上,在中国的工作只有一个重点:我们必须使中国能够继续抗战,以牵制日本的军队。"美国海军上将李海在回忆 1943 年的形势时写道,美国将领们都认为,尽管中国军队打得不好,但它那几百万军队毕竟牵制了大量日本军队,"为了我们自己的安全和使盟国的事业得到成功,支持中国是必不可少的。""如果不能把蒋介石的装备甚差、吃得不好的军队留在战场上,要打败日本就得付出更多的船只、生命,更不用说金钱了。"

缅甸作战计划是开罗会议的一个重要议题。在开罗会议之前和开罗会议期间,美国都主张,为了使中国政府坚持抗战,除了维持空运接济外,还必须打通陆上运输线。因此,最重要、最紧迫的任务,是在 1944 年初缅甸雨季到来之前进攻缅甸,修建从印度经由缅甸通往中国的公路。要完成这个任务,既应有中国陆军参加,又必须得到英国海军的支持。

蒋介石希望在缅甸打通陆上运输线,以便获得更多的外援物资,由孙立人、廖耀湘等统率的"驻印军"和驻在云南的"远征军"共有 14 个师,全部美式装备,可供进攻缅北之用。但是,由于蒋介石把主要注意力用来对付共产党,一心要保存实力,又怕英军不予配合,自己孤军深入,将遭到失败。因此,蒋介石在开罗会议上坚持,只有当英国在孟加拉湾海岸发动大规模的两栖作战,中国军队才能入缅作战。此外每月对华空运的 1 万吨物资,也不得因缅甸作战而有所减少。

丘吉尔虽然希望杀回缅甸,也赞成支持中国继续抗战,并利用中国基地进行空军活动,但他十分反对在缅甸进行大规模的战役。第一,他不喜欢看到美国人,特别是中国人,分享夺回缅甸的荣誉。第二,他认为对日作战的胜利主要取决于在海上摧毁日本的交通线,用封锁扼杀日本。因此,他主张在东南亚,首先应该攻占新加坡,进而夺取香港,而不应该在远离日本的缅甸丛林中进行极为困难的作战,使美国陷在那里而不能自拔。第三,他坚持先欧后亚的战略部署,认为在缅甸进行大规模的两栖作战,将会占用大量登陆艇，因而削弱拟议中的登陆法国的计划，并妨碍在意大利的大规模战役。

由于丘吉尔反对在缅甸进行两栖进攻，蒋介石同他进行了激烈争论。最后，罗斯福出面向蒋介石保证，几个月内将在孟加拉湾进行一次大规模的两栖作战行动。蒋介石遂以此为条件，同意使用中国军队进攻缅北。

然而，丘吉尔仍然坚持己见。开罗会议结束后第三天，丘吉尔书面通知英国三军参谋长："首相希望将下列事实记录在案，即他明确拒绝蒋介石大元帅关于要我们在缅甸进行陆地战役的同时，负责发动一次两栖作战的请求。"德黑兰会议后，丘吉尔又称，苏联既已答允在对德战争胜利后参加对日作战，东南亚战区业已失去其重要性，孟加拉湾的两栖作战自应取消，登陆艇则应调往欧洲。面对丘吉尔的坚决态度，罗斯福终于让步，在12月5日决定收回他对蒋介石的诺言，并电请蒋介石在下述两个方案中作一抉择：其一，不管英国海军是否在南缅夹击，中国仍调远征军入缅；其二，将缅甸作战计划延期至1944年11月。

蒋介石不愿独力承担攻缅任务，遂电复罗斯福接受了第二个方案。复电中还说："鄙人亦愿于此坦率告曰：盟邦对于中国战场之如此措施，实可引起各方忧虑。"

蒋介石在开罗会议上，还曾通过兼任中国战区参谋长的驻华美军代表史迪威要求美国提供装备，由中国在1945年1月之前，分三批训练新军共90个师。一俟滇缅路打通，中国新军准备完毕，中国即在1944年底至1945年底之间出兵攻打广州、香港、台湾、上海。广州、香港收复后，美国须以10个步兵师、3个装甲师参加华中、华南、华北作战。会上，没有就此达成具体协议。

总之，开罗会议在实现中、美、英三国配合对日作战方面，矛盾重重，没有任何具体建树。这次会议的重要意义，是在政治方面。

蒋罗会谈

开罗会议第二天晚上，罗斯福设宴招待蒋介石。宴会后，罗、蒋就广泛的政治问题长谈到深夜12点。要了解这次会谈的由来，必须先介绍一下有关的背景。

开罗会议之前，日本为了笼络人心，瓦解抗日阵线，曾同汪精卫伪政权缔结了《交还租界及撤废治外法权协定》，并宣称，战后将从中国撤军，标榜所谓对华"新政策"。英美为了抵消日本对华"新政策"的影响，也作出以平等对华的姿态，同蒋介石缔结"新约"，宣布放弃其在华特权，归还租界。在这方面，罗斯福看得更远。他认为，战后"中国可能在远东成为一个对日本进行监督的十分有用的国家"，而且，"中国由于同俄国存在着严重的政策冲突，将会毫无疑问地站在我们一边"。因此，他要"用一切可能的办法来加强中国的力量"，包括给予中国以大国的地位。罗斯福深知争取民心的重要性，他把"保持中国人民对美国的友谊"，同"使中国继续打下去"并列作为他"至为关心"的两大问题，甚至说，他"在每作一个决定时，都把这些目标牢记在心"。对于中国人民打败日本侵略者、收复东北四省和台湾、澎湖，恢复中国主权完整的要求，罗斯福均表支持。

日本在占领东南亚各地后，利用当地人民对欧美帝国主义的仇恨，在1943年9月的御前会议上，明确提出以"收揽民心"作为"对大东亚各国各民族的指导方针"。据此，日本先后导演了菲律宾、缅甸"独立"，并在印尼、印度筹备"自治"，召开"大东亚会议"，制造亚洲国家合作以摆脱白人统治的假象。对此，美国不能不筹谋对策。罗斯福认为，英、法、荷等国如果不改变它们在东南亚的旧殖民政策，不但不能在战时挫败日本的政策，而且将不能适应战后的新形势。因此，罗斯福表示："战后美国外交政策将采取一个新的方向，使英国、法国和荷兰觉悟到我们管理菲律宾的方法是它们管理它们殖民地的唯一的方法。"所谓管理菲律宾的方法，就是改换赤裸裸的殖民统治的旧形式，用允许殖民地独立的诺言，来维持帝国主义的经济统治。

可见，为了对日斗争的需要，并在战后限制苏联的影响，罗斯福认为，一方面应该提高中国的国际地位，另一方面应该对亚洲殖民地争取独立的要求表示同情。罗斯福的这种政策，在蒋罗会谈中表现得十分清楚。

蒋罗会谈未作正式记录。根据1957年的国民党政府向美国国务院外交文件编纂处提供的中方记录英译文，谈话主要内容如下：

关于中国的国际地位，罗斯福表示，中国应取得四强之一的地位，并平等地参加四强机构，参与制定该机构的一切决定。蒋介石答称，中国将欣然参加四强的一切机构和参与制定决定。①

---

① 11月24日，中国代表团成员王宠惠奉蒋介石指示，向美国代表团成员霍普金斯递交照会，要求成立美、英、苏、中四国委员会，负责联合国理事会的组织事宜。

关于中国的领土，蒋罗双方同意，日本用武力从中国夺去的中国东北四省、台湾和澎湖列岛，战后必须归还中国。经谅解，辽东半岛及其两个港口，即旅顺和大连必须包括在内。罗斯福一再问，中国是否想要琉球群岛。蒋介石答称，中国愿由中美两国共同占领该群岛；最后，在一个国际组织的托管下由两国共管，罗斯福还提出香港问题，蒋介石建议，在进一步考虑之前，请罗斯福跟英国当局讨论一下这个问题。

据罗斯福的儿子伊利奥·罗斯福称，他父亲告诉他，开罗会议期间，蒋介石希望得到美国支持，不使英国或其他国家战后在香港、上海和广州享受特殊的帝国权力。罗斯福表示支持，但蒋介石"必须在战争还在继续进行的时期与延安方面握手，组织一个联合政府"。蒋介石同意了，条件是美国应该保证苏联答允尊重满洲的边界。

在会谈中，罗斯福还特别问到唐努图瓦①的目前情况及其与邻近地区的历史关系。蒋介石指出，该地区在被俄国用武力夺走、并入其版图以前，一直是中国外蒙古的一个组成部分。他说，唐努图瓦问题将来必须通过与苏俄谈判，同外蒙古问题一并解决。

关于朝鲜、印度支那和泰国等，罗斯福提出，中美应就朝鲜、印度支那和其他殖民地以及泰国的未来地位达成一项相互谅解。蒋介石表示同意，并强调了给朝鲜独立的必要性。他还认为，中、美、英共同努力帮助印度支那在战后取得独立，而泰国则应恢复独立地位。罗斯福表示同意。后来，罗斯福在德黑兰会议期间对斯大林说，蒋介石告诉他，中国对印度支那没有什么打算，但印度支那人民还没有为独立做好准备。对此，罗斯福曾回答说，当美国获得菲律宾时，当代居民也没有为独立做好准备，但在对日战争结束时，美国仍将无条件地给予他们独立。罗斯福曾同蒋介石讨论在印度支那实行托管制度的可能性，其任务是在一定时期内，也许是20—30年，让人民为独立做好准备。另据小罗斯福称，罗斯福还同蒋介石谈到马来联邦和缅甸等问题。罗斯福说，英国在印度应该满足于它的特惠的经济地位，必须允许给印度人民以政治独立。

关于战后对日本的处理问题，罗斯福认为，在战后对日本的军事占领中，中国应担任主要角色。蒋介石说，中国不具备条件担负这项重大责任，此项任务应在美国领导下执行，中国可作为辅助力量参加。蒋介石提议，战

---

① 即唐努乌梁海。

后日本给予中国的赔偿，一部分可以用机器、战舰、商船、铁路车辆等实物支付。罗斯福表示同意。罗斯福询问，战后是否应废除日本天皇制度，蒋介石说，这应该由日本人民自己决定。

罗斯福还建议，战后中美应作出安排，遇有外来侵略，两国应据此互相支援。蒋介石表示同意，并建议，应使每一方的陆海军基地可供另一方使用，中国准备把旅顺交给中美共同使用。罗斯福提议，在就任何有关亚洲的问题作出决定之前，中美应进行磋商，蒋介石表示同意。所谓中美每一方的陆海军基地可供另一方使用，貌似平等，实际上只不过是用来掩盖美国在战后继续控制中国军事基地的野心罢了。从罗斯福关于中美互相支援反对"侵略"的建议和蒋介石关于旅顺交给中美共同使用的意见中，人们不能不怀疑，美蒋双方都怀有抑制苏联的用意。

从总体来看，此次蒋罗会谈，是有利于中国和亚洲殖民地人民的。在此基础上发表的"开罗宣言"，也是有积极意义的。

开罗宣言

蒋介石、罗斯福、丘吉尔在开罗的会谈结束后，由霍普金斯起草会议宣言。11 月 28 日，蒋介石离开罗回国，罗斯福和丘吉尔则于 27 日赴德黑兰，同斯大林会晤。斯大林对中、美、英的宣言稿表示完全同意。1943 年 12 月 1 日，宣言在开罗正式发表。

开罗宣言宣布，中、美、英"三国军事方面人员，关于今后对日作战计划，已获得一致意见"。实际上，如上所述，关于对日作战计划三国分歧很大，所谓"已获一致意见"，应该打很大折扣。不过，必须看到，开罗宣言是在对德战争出现了根本转折的形势下，由中、美、英三国最高领导人发表的，它宣布三大盟国"将坚持进行为获得日本无条件投降所必要的重大的长期作战"，并"表示决心以不松弛之压力，从陆海空诸方面加诸残暴的敌人"。这对于鼓舞人心、威慑敌人，仍有其积极作用。

开罗宣言宣布，"三大盟国此次进行战争之目的，在于制止及惩罚日本之侵略。三国绝不为自身图利，亦无拓展领土之意。三国之宗旨在于剥夺日本自 1914 年第一次世界大战开始以后在太平洋所夺得的或占领之一切岛屿……日本亦将被逐出其以暴力或贪欲所攫取之所有土地"。这就是说，无论是日本在第一次世界大战中从德国夺得的马绍尔、加罗林、马里亚纳群岛，或是它在太平洋战争爆发前后所占领的法、英、荷、美的殖民地，都必须放弃，至于战后这些领土将如何处理，宣言里未见提及。从上文所述蒋罗会谈中可以看出，罗斯福是反对殖民地重归旧主的。但他的意见，只同蒋介石谈，而没有向丘吉尔提出。看来，这是为了维护盟国之间的关系，有意回避可能引起同丘吉尔争论的敏感问题。

开罗宣言宣布，"我三大盟国轸念朝鲜人民所受之奴役待遇，决定在相当期间，使朝鲜自由独立"。这表明，长期以来，朝鲜人民反抗日本侵略、争取民族独立的正义斗争，已经得到三大国承认，这是开罗会议的一项积极贡献。但是，日本所占领的原法、英、荷、美殖民地，是否也将获得独立，开罗宣言未置一词，这是一个重大缺陷。人们知道，罗斯福、丘吉尔在1941年《大西洋宪章》中虽曾宣布"各国人民有权选择自己的政府形式"，但丘吉尔很快就声明，这个宪章不适用于英国殖民地。可见，同样是殖民地，只可许诺日本的殖民地朝鲜独立，而不能同意让英国的殖民地马来亚和缅甸独立。开罗宣言中虽然载有"绝不为自身图利"的堂皇词句，实际上并未打算彻底付诸实施。

开罗宣言还宣布，将"使日本所窃取于中国之领土，例如满洲、台湾、澎湖群岛等，归还中华民国"。这一条具有重大意义。第一，它谴责了日本自甲午战争和九一八事变以来对中国的侵略；第二，它承认了东北和台湾、澎湖都是中国固有领土；第三，它肯定了中国收复包括上述领土在内的全部失地，恢复国家领土主权完整的正当权力。后来，1945年7月26日，美、英、中促令日本投降的波茨坦公告重申，"开罗宣言之条件必将实施"。日本投降后，当时的中国政府收复了东北和台湾、澎湖。开罗宣言的有关规定，已经变成了事实。中华人民共和国成立后，国际上有些人无视国际文件和历史事实，制造"台湾地位未定论"，阻挠台湾回归祖国，破坏中国统一大业。在同他们斗争时，开罗宣言是中国政府和中国人民手中一个有力的法律武器。

苏美英首脑德黑兰会议

张季良

1943 年 11 月 28 日—12 月 1 日，苏、美、英三国首脑斯大林、罗斯福、丘吉尔在伊朗首都德黑兰举行会议。这是第二次世界大战期间反法西斯联盟三大国首脑的第一次会晤。会议就加速击溃德国法西斯，尽早开辟第二战场和战后世界的安排问题交换了意见。这次会议对大战的进程及战后国际关系的发展产生了重大影响。

会议的背景和准备

1943 年是反法西斯国家捷报频传的一年。苏联红军接连取得震惊世界的斯大林格勒战役和库尔斯克战役的胜利。美英联军占领北非后，又在西西里岛登陆，迫使意大利投降。美国在太平洋战场上也夺回战争的主动权。这一切标志着第二次世界大战已经发生了根本转折，德、日法西斯的覆灭已不可避免。在这种形势下，美、英、苏三国为了尽快结束对德、对日战争，商讨战后世界安排问题，都希望举行首脑会议，其中罗斯福尤为积极。

罗斯福认为，第二次世界大战是美国建立世界霸权的大好时机。早在大战初期，罗斯福就下令成立专门机构，研究如何"从美国的最大利益出发"，"建立一个理想的世界秩序"。1943 年以后，罗斯福更明确地表示：美国"已经取得的权力——道义、政治、经济和军事的权力"，"给我们带来领导国际社会的责任和随之而来的机会"，为了美国的"最高利益"，美国"不能、不应也不要回避这种责任"。同时，罗斯福看到，随着希特勒德国临近崩溃，苏联在国际舞台上的地位将日益重要；而美英在军事战略方面存在严重分歧，在战后世界安排方面也潜伏着深刻矛盾。为了实现美国的战略目标，罗斯福急于同斯大林和丘吉尔会晤，以便协调对德作战部署，争取苏联早日参加对日作战。他特别希望能在有关战后世界安排和处理德国问题方面取得斯大林的支持与合作。

还在 1942 年 12 月，当苏军在斯大林格勒和顿河战线完成对德军的包围之后不久，罗斯福即一再向斯大林提议：他和斯大林、丘吉尔"应当早日会晤"，共同"作出重大的战略决定"，并"对德国一旦崩溃时应当采取的处置办法获致某种初步谅解"，还可讨论"有关在北非和远东的未来政策的其他事项"。

1943 年 5 月初，罗斯福派前驻苏大使约瑟夫·戴维斯专程前往莫斯科，把他的一封"私人信件"送交斯大林，提出要跟斯大林进行几天"不带参谋人员"，"不拘形式的极其简单的会晤"和"谈心"。罗斯福还建议会晤地点可在白令海峡两岸的苏联或美国一边，而不要在英国属地或冰岛。因为那样做"很难不同时邀请"丘吉尔。斯大林复电罗斯福，表示同意两人会晤，但因苏联"正在准备击退德国人的攻势"，所以他不能离开莫斯科。

英国首相丘吉尔从维护大英帝国的利益出发，既要依靠美国，联合苏联，以抗击德国，又要提防美国挖英国的墙脚；还担心苏联称雄欧洲。他看到美苏在第二战场问题上，观点比较接近，因而他不愿举行"三巨头"会议讨论这一类问题，但他又怕美苏撇开英国单独就重大问题达成协议。因此，他在 1943 年 7 月建议举行美、英、苏三国首脑会议。这一建议得到罗斯福和斯大林的赞同。

1943 年 8 月，三国商定在首脑会议前先举行外长会议。英美两国提出外长会议在英国或某个中立地点举行，但斯大林坚持要在莫斯科开会。9 月 10 日，英、美做了让步。

10 月 19—30 日，苏、美、英三国外长莫洛托夫、赫尔、艾登在莫斯科举行会议。参加会议的还有苏联元帅伏罗希洛夫、美国驻苏大使哈里曼、英国国防部参谋长伊斯梅将军等人。

外长会议的第一项议程是缩短战争时间的措施和开辟第二战场问题。这是反法西斯联盟内部争论的焦点。1941 年希特勒进犯苏联后，德军主力投入苏德战场，使苏联蒙受巨大牺牲。为了减轻战争压力，尽快打败希特勒，苏联一直要求英美两国在西欧开辟第二战场。但是，丘吉尔首先关心的是英国本土和整个大英帝国的安全。他坚持在北非登陆，以维护大英帝国从直布罗陀经苏伊士到远东的生命线；然后进军意大利和巴尔干，恢复英国在那里的势力范围，阻止苏联进入东南欧，故而借故拖延开辟第二战场。在 1943 年 1

月的卡萨布兰卡会议上，美国军方力主横渡英吉利海峡，在法国北部登陆，直捣德国。但罗斯福的态度不够坚决，以致第二战场的开辟被一再推迟。8月间的魁北克会议①虽批准了登陆西欧的"霸王"计划，并决定给予优先地位。但由于英国的掣肘，攻击日期又一次推迟。

在莫斯科外长会议上，苏联代表主张明确规定开辟第二战场的日期。英美代表对此不愿承担明确义务，反而提出了种种条件：（1）"如果英吉利海峡的气候有利"；（2）"在西北欧的德国空军力量大量缩减"；（3）发起进攻时，德军在法国的预备队不得超过 12 个师，而且两个月内德国没有可能从其他战场向法国调遣 15 个师以上的兵力；（4）最后根据苏联的建议，会议公报只笼统地提到三国的"首要目标是尽快地结束战争"。

外长会议接着讨论了由美国起草、得到英国同意的《苏、美、英、中四国关于普遍安全的宣言》，最后决定这个文件用四大国名义发表，中国驻苏大使傅秉常代表中国政府签署了这个宣言。四国宣言宣布四国战时的"联合行动将为组织及维持和平与安全而继续下去"，它们将尽速"根据一切爱好和平国家主权平等的原则，建立一个普遍性的国际组织，所有这些国家无论大小，均得加入会员国，以维持国际和平与安全"。

外长会议着重讨论了德国问题，并根据艾登的建议，决定在伦敦成立"欧洲咨询委员会"。其任务是研究与战事发展有关的欧洲问题，首先是德国问题。

会议还发表了关于意大利、奥地利、德国暴行的三个宣言。宣布盟国对意大利政策必须根据彻底消灭法西斯主义的基本原则，并决定成立由苏联、美国、英国、法兰西民族解放委员会、希腊、南斯拉夫代表组成的意大利问题咨询委员会。宣布 1938 年德国对奥地利的强迫兼并无效，表示"希望看到重新建立一个自由和独立的奥地利"。对负责或同意参加暴行的德国官兵和纳粹党徒，将押回犯罪地点进行审判；对于罪行不限于某一地区的首要罪犯则将"由各盟国政府共同决定加以惩处"。

会上，英国提出战后欧洲小国建立联邦或邦联的方案，英美代表提出苏联与在伦敦的波兰流亡政府恢复外交关系问题，均遭到苏联的反对。美国还

---

① 1943 年 8 月 14—24 日，美国总统罗斯福和英国首相丘吉尔在加拿大魁北克举行的商讨战争计划的国际会议。会议讨论了 1944 年在法国登陆的"霸王"计划，在地中海和东南亚的作战计划；关于遏制德国潜艇问题等。加拿大首相和中国外长也参加了会议。

向会议提出了三个文件，包括战后各国经济关系的指导原则宣言和关于附属国人民托管的宣言，主张实行"自由贸易"原则，把殖民地变为国际托管。英国断然拒绝了这些主张。

10月30日外长会议结束时，斯大林设宴招待美、英代表。他在宴会上对赫尔表示：在打败德国后，苏联将参加对日作战。

在筹备首脑会议过程中，美苏两国为会议地点问题进行了激烈的争论。斯大林提出以伊朗首都德黑兰作为会议地点，罗斯福从他个人和美国的"威望"考虑，不愿跑到苏联的家门口同斯大林会晤。他说，"我决不考虑这样的事实：我必须从美国领土旅行到离俄国领土不到600英里的地方"。他建议到伊拉克的巴士拉去开会。他最后说，"如果只是由于几百英里"而使三国首脑会晤不能举行，"后代子孙将认为这是一个悲剧"。但斯大林强调"由于前线极其复杂"，"我身为最高统帅，不可能到比德黑兰更远的地方去"。罗斯福急切希望同斯大林会晤，最后只好让步。

德黑兰会议前还有两个插曲：一是丘吉尔希望在会前先同罗斯福单独会谈，以协调彼此的立场，但罗斯福不愿在这个时候单独会见丘吉尔。他提出，他与丘吉尔、蒋介石在开罗会谈，并希望莫洛托夫代表斯大林出席。斯大林在得知蒋介石前往开罗后，不同意让莫洛托夫前往开罗，并向罗斯福指出，"德黑兰应该只是三国政府首脑之间的事"，"应当绝对排斥任何其他国家的代表参加"。二是罗斯福在开罗期间向斯大林提出他在德黑兰开会时的住处问题。他不同近在咫尺的丘吉尔商量，却致电远在莫斯科的斯大林说，美国驻伊朗使馆，距苏联和英国的使馆较远，驱车往来会议地点，"会冒不必要的风险"。他问斯大林："您想我们应当住在哪里?"斯大林便顺水推舟，邀请罗斯福下榻在苏联使馆。这两个小小的插曲，反映了当时罗斯福、丘吉尔、斯大林之间的微妙关系。

会上的斗争

1943年11月28日—12月1日，斯大林、罗斯福、丘吉尔在德黑兰举行会谈，罗斯福被推为会议主席。三国首脑除举行正式会议外，还利用午餐、晚餐时间非正式地交换意见。斯大林还分别同罗斯福、丘吉尔进行了几次单独谈话。在这期间，三方外交和军事负责人也进行了会谈。会谈涉及协调军事行动和战后世界安排等广泛的重大问题。

（一）关于在西欧开辟第二战场问题

德黑兰会议开始时，罗斯福在第二战场问题上既想取悦斯大林，又不愿得罪丘吉尔，因而模棱两可，不愿明确表态。11 月 28 日下午，罗斯福在第一次全体会议上表白说，他同丘吉尔一直考虑如何减轻德国对苏联的压力问题；但又说，"英吉利海峡是一个难于对付的水域"，在 1944 年 5 月份以前开始渡海战役"是不安全的"。他提到"让地中海的盟军能最大限度地支援东线的苏联军队"，也许会使横渡英吉利海峡的战役推迟几个月；但又说，渡海战役"不应当因次要的军事行动而推迟"。

丘吉尔坚持英国的"地中海战略"，但他并不公开反对在法国北部登陆。他首先表白，英国"很早就同美国商定从法国北部或西北部向德国进攻，为此正进行大规模的准备"。接着话锋一转，说现在距实行"霸王"战役的"期限尚远"，在此期间应该"更好地使用我们在地中海的兵力来帮助俄国人"。他强调"首要的任务是占领罗马"。

斯大林认为，丘吉尔的地中海战役会破坏"霸王"计划，而且抱有难以告人的政治考虑。但斯大林并不想揭穿丘吉尔的政治意图，只是从军事观点上阐明意大利战场"对进一步对德作战并无意义"。他主张放弃攻占罗马。他说，"最好是把'霸王'战役作为 1944 年一切战役的基础"，"进行两个战役：一个是'霸王'战役，一个是支援它的在法国南部的登陆战役"。

罗斯福对丘吉尔的意图也看得很清楚。他表示，"如果不进行地中海战役，我们就能按期实施'霸王'战役；如果进行地中海战役，那么势必推迟'霸王'战役"，而他"是不想推迟'霸王'战役的"。丘吉尔仍然坚持"不能确定 5 月 1 日作为开始发动'霸王'战役的日期"，说"确定这个日期将是一个很大的错误，我不能仅仅为了确保 5 月 1 日这个时期而牺牲地中海战役"。最后只好决定这个问题交由军事专家讨论。

会后，罗斯福对他的儿子伊利奥说："当丘吉尔为他的巴尔干战役辩护的时候，屋子里每一个人都明白他的真正用意何在。大家都知道他很迫切地想在欧洲中部打进一个楔子，使红军无法进入奥地利和罗马尼亚，如果可能，甚至匈牙利也不让红军进入。斯大林知道这一点，我知道这一点，每个人都知道这一点。""问题是丘吉尔太关心战后世界与英国的地位了。他怕苏联变得太强大。"

29 日上午，三国军事代表举行会议。英国布鲁克将军基本上重复了丘吉尔前一天的论点，为"霸王"战役不能在 5 月 1 日前进行作辩解。苏联伏罗希洛夫元帅说，"美国人认为'霸王'战役是主要战役"，"布鲁克将军作为英国的总参谋长是否也认为这个战役是主要战役"？是否认为"在地中海或其他某个地区进行的某个其他的战役能够代替这个战役"？布鲁克含糊其辞地承认"霸王"战役"非常重要"，但又强调横渡英吉利海峡的困难。于是，伏罗希洛夫列举英美在北非和意大利的胜利、对德国的空袭、英美军队的组织程度和海上威力、美国雄厚的技术装备，然后指出：这一切说明，只要有决心，"霸王"战役是能够成功的。他希望会议就通过哪些决议达成协议。但布鲁克不同意，要求11月30日继续开会。

就在这天上午参谋长们讨论军事问题的时候，丘吉尔派人送信邀请罗斯福共进午餐。罗斯福估计丘吉尔是想同他单独商谈地中海战役问题，为了避免这场不愉快的会面，便谢绝了邀请。

当天下午举行第二次全体会议，斯大林和丘吉尔短兵相接，争论十分激烈。三国军事代表简要地汇报了上午会议的情况以后，斯大林问："谁将被任命为'霸王'战役的总司令？"罗斯福说："还没有决定。"斯大林说："如果这点都不明确，'霸王'战役不过是一场空谈。"丘吉尔继续鼓吹进行地中海战役。斯大林紧紧抓住"霸王"战役不放，强调"霸王"战役是"主要的决定性的问题"。他建议给军事委员会作出三点指示：第一，"霸王"战役的日期不得拖延，5月份为最后期限；第二，配合"霸王"战役，在法国南部发动一次辅助性战役；第三，抓紧任命"霸王"战役的总司令。他要求在德黑兰会议期间解决这些问题。

在斯大林和丘吉尔争论过程中，罗斯福的态度逐渐明朗。他表示，"霸王"战役的日期"已在魁北克确定"，他反对推迟"霸王"战役。丘吉尔仍坚持"莫斯科会议上提出的条件"。这时，斯大林陡然从座位上站起，对莫洛托夫和伏罗希洛夫说："我们走吧！我们在这里没有什么事好干了。我们在前线还有许多事要做呢！"罗斯福赶忙打圆场，提议休会，让军事人员次日继续开会。在这种情况下，丘吉尔提议他和罗斯福商量一下，然后提出共同意见。斯大林追问：第二天丘吉尔和罗斯福能否把方案准备好。罗斯福无法回避，只能表示："方案能准备好。"当晚罗斯福派霍普金斯去英国大使馆劝说丘吉尔改变态度。

11月30日是决定性的一天。丘吉尔看到罗斯福已明确表示支持苏联的主张，他不得不放弃拖延战术。上午，英美参谋长们开会，英国方面终于同意确定"霸王"战役开始的日期，还同意在法国南部发动一次配合性进攻。

不过美国对英国也做了让步，同意单独设立地中海战区司令部，由英国人担任统帅。

午餐时，罗斯福告诉斯大林，英美联合参谋长委员会通过决议："'霸王'战役定于 1944 年 5 月进行，并将得到法国南部登陆作战的配合。"斯大林表示对这个决定很满意，并声明，在"霸王"战役开始时，苏联"将准备好给德寇以沉重打击"。至此，美、英、苏终于就长期争论的第二战场问题达成协议，几天来德黑兰会议上的紧张气氛一下子缓和下来。三国首脑商定第二天开始讨论政治问题。

（二）关于苏联参加对日作战问题

斯大林在 11 月 28 日第一次会议上正式表示，"一旦德国最后垮台，那时苏联就有可能把必要的增援部队调到西伯利亚，然后我们将联合起来打击日本"。11 月 30 日午餐时，在罗斯福宣布美英两国同意于 1944 年 5 月开始"霸王"战役后，三国首脑在比较融洽的气氛中，就苏联参加对日作战的条件进行了试探。丘吉尔问斯大林对《开罗宣言》有何看法。斯大林提到希望达达尼尔海峡的管制放松一点。罗斯福则提出波罗的海入口和基尔运河的通航自由问题。然后斯大林问：在远东能够为俄国做些什么？丘吉尔说，正是为了这个理由，他特别愿意听听斯大林对《开罗宣言》的看法，"因为他对于弄清楚苏联政府对远东和那里的不冻港问题的看法感到兴趣"。斯大林回答说，这也许等到我们参加远东战争时再说比较好些。不过，他又说，苏联在远东没有一个完全不冻的港口。罗斯福因大连成为自由港问题已在开罗会议期间取得蒋介石的同意，便说"自由港的主张"也许还适用于远东，大连就有这种可能性。斯大林说，他认为中国人不会喜欢这样的方案。罗斯福用肯定的语气回答说，他认为，他们会喜欢在国际保证之下的自由港的主张。斯大林立即称赞说，"那将是不坏的"。据后来罗斯福在太平洋战争委员会上讲话中透露，当时斯大林还表示希望归还整个库页岛，并得到千岛群岛。

（三）关于建立国际组织问题

在德黑兰会议期间，罗斯福努力争取斯大林支持他的关于建立国际组织的计划。11 月 29 日，罗斯福向斯大林提出，未来国际组织包括三个独立的机构。一个是由大约 35 个联合国家组成的庞大机构，这个组织要定期在不同的地方开会，进行讨论，并向一个较小的机构提出建议。第二个是由苏联、美国、英国和中国，再加上欧洲两个国家、南美一个国家、近东一个国家、远东一个国家和英帝国一个自治领所组成的执行委员会，这个执行委员会应处理所有非军事问题，诸如农业、粮食、卫生和经济问题。第三个机构是由苏、美、英、中组成的"四警察"。他提出和平受到威胁时的两种对付办法：一种情况是，威胁起因于一个小国的革命或扩张，可能采取隔离办法，封锁有问题国家的边界和实行禁运。第二种情况是，如果威胁更为严重，四大国要以"警察"身份行事，向有问题的国家发出最后通牒，要求停止危及和平的行动。如被拒绝，就会导致对那个国家立即进行轰炸，甚至占领。

斯大林建议建立两个组织：一个是欧洲组织，最好有美、英、苏三国或者还有一个欧洲国家参加；另一个是远东组织或世界组织。罗斯福说，斯大林的建议在某种程度上和丘吉尔的建议相吻合，"但问题是美国不能成为欧洲组织的成员"。后来斯大林在 12 月 1 日最后一次同罗斯福会谈时，表示同意罗斯福的意见，即新的国际组织应当是世界性的，而不是地区性的。

（四）关于处置德国问题

德黑兰会议就战后如何处置德国问题进行了初步讨论，三国首脑在这方面存在着严重分歧。罗斯福从称霸世界的全球战略考虑，主张削弱德国、分割德国，提出把德国分成五部分的方案：（1）普鲁士，尽可能缩小和削弱；（2）汉诺威和德国西北部地区；（3）萨克森和莱比锡地区；（4）黑森—达姆斯达特、黑森—卡塞尔和莱茵河南部地区；（5）巴伐利亚、巴登和符腾堡地区。这五个地区应当自治。此外，还有基尔运河区和汉堡市、鲁尔和萨尔，这两个地区应当由联合国家管制或采取某种国际共管形式。

丘吉尔另有考虑。他既想适当地削弱德国，分割德国；又想在西欧建立某种联邦，以抗衡苏联。他提出两点意见：第一，把普鲁士同德意志的其他部分分开，将普鲁士置于十分苛刻的条件下。第二，让巴伐利亚、巴登、符腾堡同德国的其余部分脱离关系，使它们成为多瑙河联邦的一部分。

斯大林不同意丘吉尔的看法。11 月 29 日，他与罗斯福单独会晤时表示，如果对德国不加任何控制，德国会在 15—20 年内完全恢复过来。在 12 月 1 日举行的第四次会议上，斯大林明确表示，不赞成建立联邦的计划，主张让匈牙利、奥地利、罗马尼亚、保加利亚重新独立。他认为，"把德国的几个地区包括在庞大的联邦体制内，只会给德国佬提供复活一个强大国家的机会"。他强调任何维护和平的国际组织的全部目标都是要抵消德国人的这种倾向，要采取各种措施，包括使用武力来防止德国的重新统一和复活。他说，如果德国人敢于发动战争，战胜国必须有力地打击他们。

由于意见不能取得一致，三国首脑决定把这个问题提交欧洲咨询委员会研究。

（五）关于波兰问题

1943 年 3 月，居留在苏联的波兰爱国人士，以共产党人为骨干，组成了"波兰爱国者同盟"。4 月，苏联政府指责在伦敦的波兰流亡政府"对苏联采取了敌对态度"，宣布与其断绝外交关系。这时，英美两国担心波兰民主力量在波兰国内建立政权机构，不得不改变态度，打算用边界问题上的让步，换取苏联同波兰流亡政府恢复外交关系，以保障流亡政府将来在波兰国内的统治地位。基于上述考虑，丘吉尔和罗斯福在德黑兰会议期间都力图调解苏联与波兰流亡政府的关系。丘吉尔强调英国对波兰十分关注。他说，"我们对波兰做了保证"，"我们对德国宣战就是因为德国进攻波兰"。他用三根火柴代表德国、波兰和苏联，主张这三根火柴都向西移动，以确保苏联的西部边界；至于波兰的要求，"应该由德国来满足"，然后苏联与波兰流亡政府开始谈判和恢复关系。罗斯福表示，他赞成丘吉尔的主张。不过由于政治上的理由，他不能参与关于这一问题的任何决定。

斯大林表示，"赞成恢复波兰，加强波兰，让德国作出牺牲。不过，苏联把波兰和伦敦流亡政府分开"，"如果波兰流亡政府能和游击队合作，如果能向我们保证他的代理人将不与在波兰的德国人勾结，那我们准备与他们谈判"。关于边界问题，斯大林坚持苏波边界"应是 1939 年的边界线"。

在德黑兰会议快要结束时，丘吉尔又提出波兰问题，并宣读了他的提案："原则上通过，波兰国家和人民的领土应该位于寇松线和奥得河之间，包括东普鲁士和奥别尔省。但边界的最后划定还需要仔细研究，有些地区可能进行移民。"斯大林说："俄国人在波罗的海没有不冻港。因此，俄国人需要哥尼斯堡和默默尔这两个不冻港及东普鲁士相应的部分领土。""如果英国人同意移交给我们上述领土，我们将同意丘吉尔的提案。"丘吉尔表示"一定要加以研究"。

（六）关于芬兰问题

1939—1940 年苏芬战争后，两国签订和约，芬兰将卡累利阿地峡及维堡等地割让给苏联，汉科半岛租给苏联 30 年作为海军基地。1941 年 6 月，芬兰参与希特勒侵略苏联的战争，到 1943 年苏德战局发生根本转折后，芬兰又通过美国、瑞典向苏联进行和平试探。

12 月 1 日，罗斯福在午餐会上提出，他愿意帮助芬兰退出战争，他建议让芬兰人派一个代表团到莫斯科去谈判。丘吉尔表示，首先要考虑"保证列宁格勒的安全"，"保证苏联作为波罗的海的一个主要海军和空军强国的地位"；但他"对损害芬兰独立的任何行为，将感到非常遗憾"。他不赞成"向芬兰这样贫穷的国家要赔款"。

斯大林表示，不反对芬兰人到莫斯科谈判，但是，以1939年边界作为基础是无法接受的。最后他提出了苏联的条件：（1）恢复1940年条约，可能以贝柴摩换汉科，贝柴摩将为苏联永久占有；（2）芬兰赔偿给苏联造成的损失的一半，其确数另作讨论；（3）芬兰同德国脱离，把德国人逐出芬兰；（4）改编芬兰军队。

（七）关于殖民地和战略据点问题

斯大林和罗斯福第一次会晤时就讨论了英法殖民地的问题。罗斯福告诉斯大林，他曾同蒋介石讨论"在印度实行托管的可能性"，他认为这个原则同样适用于其他殖民地。他说："丘吉尔不愿意在实现关于托管制的建议方面采取坚决行动，因为他怕不得不对其他的殖民地也实行这个原则。"罗斯福希望将来同斯大林谈谈印度问题，说"在印度问题上局外人比有直接关系的人能更好地解决这个问题"。斯大林表示同意。

11月29日，斯大林和罗斯福又单独会晤，在谈过未来的国际组织问题后，斯大林提出为了防止德国和日本再次走上侵略道路，他认为除了建立国际组织外，还必须在德国境内靠近边界处甚至更遥远的地方，控制某些牢固的据点。为维护和平而成立的任何委员会或机构应有权占领这种用以对付德国和日本的牢固据点。罗斯福表示"百分之百地同意"。

当天晚上8时，三国首脑晚餐时，斯大林再次提出，为了防止德国和日本重新发动战争，盟国必须占领上述的重要战略据点。罗斯福主张对靠近德国、日本的基地和战略据点实行托管制。丘吉尔表示，"英国不想得到任何新的领土或基地，但打算保持原来他们所有的一切"。他甚至说，"不通过战争，就不能从英国夺去任何东西"。

第二天，11月30日，霍普金斯、艾登、莫洛托夫共进午餐时，霍普金斯又提出了战略据点问题。莫洛托夫说，斯大林认为，战后为了保证将来不再有大的战争，那些在保证和平方面负有特殊责任的国家，应该做到使重要的战略基地处于它们控制之下，他说，法国与德国合作，因而应当受到惩罚。艾登表示，从德国和日本取得的战略据点，可以由英美联合控制或由联合国家控制。艾登认为对法国的基地要慎重考虑。霍普金斯谈到使用比利时的战略据点和空军基地的可能性。他还希望在菲律宾独立和台湾交还中国后，美国在那里应有海陆空基地。艾登表示同意。最后霍普金斯说三大国应当对有关战略基地和由谁控制这些战略基地的基本问题作出决定。

会议的结果和意义

德黑兰会议的最后成果是签订了《苏美英三国德黑兰宣言》和《苏美英三国德黑兰总协定》。三国还发表了关于伊朗的宣言，表示完全赞成伊朗政府维持独立、主权和领土完整的愿望，并期望伊朗在战后参加建立国际和平、安全和繁荣的工作。

德黑兰会议是在世界反法西斯战争进程中极为重要的一次会议，这次会议对战争的进程和结局产生了巨大的作用和影响，因而是一次成功的会议。

罗斯福认为，他"确信它是一件历史性的事件"。斯大林说："德黑兰会议关于对德共同行动的决议以及这个决议的光辉实现，是反希特勒联盟战线巩固的鲜明标志之一。"这次会议本身以及在这之前举行的外长会议，反映了三大国继续合作打败法西斯的愿望，这对正在反对法西斯侵略和奴役的各国人民是一个巨大的鼓舞。会议就对德作战、尤其是开辟第二战场问题达成了协议，从而结束了苏、美、英之间一场长达两年多的争论，协调了三国的军事战略行动。会议还就建立国际组织及其他政治问题交换了意见，这对于维护和加强盟国间的团结与合作，加速反法西斯战争的胜利，具有重大意义。然而这次会议也有消极的一面。美、英、苏三国在会议期间从各自本身利益考虑，达成了一些损害他国利益的妥协或默契，给战后国际关系的发展造成了不良影响。

戴高乐领导的"自由法国"运动

金重远

1940 年 6 月 18 日，法国败亡的前夕，戴高乐在伦敦发表演说，号召法国人民继续团结抗战，开始了他所领导的"自由法国"运动。这是法国抵抗运动的一个重要组成部分，它最初依靠英国的支持，继而在西非和赤道非洲建立抗战基地，克服重重困难，不断发展和壮大。1942 年 7 月，"自由法国"改名为"战斗法国"，并先后同国内各抵抗组织和党派建立联系，随着盟军在北非的登陆，又把活动中心转移到阿尔及利亚。1943 年 6 月 3 日，以戴高乐为首的法兰西民族解放委员会正式成立，成为全国所有抗战力量的领导机构。次年 6 月 3 日又组成以戴高乐为主席的法兰西共和国临时政府，配合盟军胜利地完成了解放祖国的任务。

"自由法国"的兴起

1940 年 6 月 17 日上午，波尔多机场上一片混乱，一架载着英国斯庇尔斯将军的专机正准备腾空而起，忽然从人群中闪出一位身材高大的法国军人，他没有同任何人打招呼，就快步走进机舱。当送行的人们还没有弄清楚是怎么一回事的时候，飞机便怒吼着离开地面，飞向天空。当时人们没有注意到这件小事，也绝不会想到这位法国军人就是后来领导抵抗运动、抗击德国法西斯、风云法国和世界政坛多年的戴高乐将军。

夏尔·戴高乐自 1912 年毕业于圣西尔军校后，一直在军界服役。他早就认为未来战争的胜负将取决于机动性和火力，因而力主建立一支强大的坦克部队，以加强国防，抵御可能来犯之敌。1940 年 5 月 10 日，德国在西线发动闪电战，年已五十的戴高乐终于实现了多年的抱负，亲率一个装甲师赴前线杀敌，曾在雷翁和阿贝维尔屡立战功，因而擢升为准将。6 月 6 日，他被任命为国防部副部长，奔波于伦敦和巴黎之间，负责与英国的联络工作。戴高乐是坚定的抗战派，主张同德寇周旋到底，并认为在必要的情况下可放弃本土，退守北非。他看到政府内一片混乱，知道大势已去，遂决定只身出走，以便在异国建立抗战基地。

17 日下午，当戴高乐抵达伦敦时，他感到"自己是单独一个人"，正面对着"一片茫茫的大海"，然而这丝毫动摇不了他抗战的决心。针对贝当的公开屈膝求和，戴高乐在 18 日夜间通过英国广播公司向法国人民庄严声称："我说法国的事业没有失败，我请求你们相信我，使我们失败的那些因素终有一天会使我们转败为胜。因为你们要记住法国不是孤单的……无论发生什么事情，法国抵抗的火焰不能熄灭。"他号召目前在英国或将来可能来英国的法国官兵、军工厂的工程师和技术工人与他取得联系，共同为拯救法国而斗争。戴高乐坚定的声音穿过夜空，越过波涛汹涌的英吉利海峡，飞向巴黎，飞向里昂，飞向所有法国的城镇和农村。当时知道戴高乐的法国人还不多，然而他简短有力的讲话却在每个人的心里燃起希望的火花。6 月 18 日的讲话就这样载入了法国的史册。不少法国统治集团的成员在法兰西民族处于生死存亡的危急关头动摇徘徊，有的甚至完全丧失民族气节，戴高乐却能挺身而出，呼吁全国抗战到底，这在当时确是难能可贵的。

这样就开始了戴高乐领导的抵抗运动，在丘吉尔的直接支持下，他们运动的中心设在伦敦，并于 8 月 7 日同英国正式签订了确认其地位的协议，随后戴高乐又把他领导的运动命名为"自由法国"，还以"洛林十字"作为它的象征。

在法国还未从惨败的噩梦中清醒过来的时候，只有前印度支那总督贾德鲁、实业家普利文等少数比较知名的人士支持戴高乐。为了进行民族抵抗，戴高乐做了大量组织工作和联络工作。他接连不断地发表各种文告、广播讲话和通信，揭露可耻的停战协定，谴责维希政权同德国"合作"的罪行。他明确指出维希政权是"不合宪法的"，"只能是当作法国的敌人用来作反对国家的荣誉和利益的一种工具"。戴高乐十分重视武装部队的筹建，认为"没有武装就没有法国，建立一个战斗部队比什么都重要"。他在伦敦积极招募军队，志愿人员由 6 月下旬的几百人发展到 7 月末的 7000 人。尽管人数仍不多，戴高乐还是继续惨淡经营他所开创的事业。

戴高乐深知寄人篱下终非长久之计，必须在非洲拥有自己的立足点。法属西非和赤道非洲土地辽阔，资源丰富，未被贝当政府所牢固控制，完全可以成为"自由法国"的根据地。他成功地利用当地的有利条件，派出一个代表团深入非洲盆地，在8月份几乎不发一枪就促使乍得、喀麦隆、下刚果（今刚果人民共和国）和乌班吉—沙里（今中非共和国）加入"自由法国"。9月，法国在大洋洲和印支的殖民地都纷纷宣布支持戴高乐。散布世界各地的法国侨民，也建立了戴高乐委员会、自由法兰西委员会等组织。下一步就是夺取西非的咽喉达喀尔。为此，"自由法国"动用了它拥有的全部舰只，同英国海军组成联合舰队，于8月31日离开利物浦向达喀尔进发。不幸在中途被维希海军发现，9月23日驶抵达喀尔时又遭到当地驻军的抵抗，只得折回。这是"自由法国"的一次重大挫折，也使戴高乐无端受到许多英国报刊的指责。

这一切并没有阻止"自由法国"在非洲的发展。10月在布拉柴维尔成立了"保卫帝国委员会"，其使命是"进行战争和与国外打交道"。到1940年底，"自由法国"控制的海外殖民地总人口已达1200余万。这样，戴高乐所领导的抵抗运动就有了自己的基地。

但是，它同盟国的摩擦不断发生。法德停战协定签订后，英国人担心法国舰队落入德国人之手。7月4日，英国海军袭击停泊在北非麦尔斯—埃尔—克比尔港的法国舰队，大部分法国舰只受重创，1300名海员死亡，严重损害了法国人民的感情。不久戴高乐又得悉丘吉尔通过一位名叫路易·鲁吉埃的教授同维希政府进行秘密接触；英国大使在马德里也同维希政府的代表保持着联系，这使同盟者之间更为不和。至于美国，则一向同贝当政府搞得火热，它任命李海海军上将为驻维希的大使，又派出干练的外交家墨非到北非进行活动。显然美国另有自己的打算，它不仅不愿意丧失在西欧的据点，还试图乘法国之危，攫取法国在北非的殖民地。戴高乐因而对美国一直存有戒心，双方的关系十分冷淡。但是戴高乐仍孤军苦斗，毫不气馁！

"自由法国"的军队尽管人数少、装备差，但很快就活跃在反法西斯战争的各条战线上。它的空军组成"阿尔萨斯""洛林""布列塔尼"等大队，同英国皇家空军一起战斗。它的海军舰只在各个海洋担负起护航任务。"自由法国"的陆军活跃在利比亚战场。1941年3月，勒克莱尔率领一支小部队，在经过1600多公里的急行军后，一举攻克重镇库夫拉，全歼那里的意大利守军。这批法国勇士宣誓："只要国旗不飘扬在斯特拉斯堡的上空，我们就决不停止前进！"

1941年春开始，"自由法国"的部队同英军在叙利亚和黎巴嫩并肩作战，反对那里的维希政府，取得了很大的战果。由于英国政府试图排挤法国在两地的势力，导致双方关系日趋紧张。有一段时间，戴高乐被迫滞留在伦敦，几经交涉才得以亲往叙利亚和黎巴嫩进行视察。他9月重返伦敦时才发现，不仅英国公开以中止援助相威胁，而且在"自由法国"内部也出现了分裂。为了扭转这种局势，戴高乐便在1941年9月24日正式成立领导"自由法国"的民族委员会，分别由自己的亲信贾德鲁、普利文、苏斯戴尔等出任不管、财政、宣传委员。接着，它得到英、苏等大国的承认。这样戴高乐的地位重新得到巩固。不少干练的政治家，如德勃雷、德姆维尔和沙邦—戴尔马等也纷纷投奔戴高乐，协助他领导抵抗运动，并且成为战后戴派的核心。

在斗争的过程中，戴高乐逐渐认识到，只有团结一切愿意抗战的同胞，才能解放祖国，同时顶住某些大国的压力。

他在扩大海外抵抗基地的同时，加强了法国本土的工作，首先是开辟情报工作的特殊战场。化名为帕西[①]领导的第二局承担了在本土的侦察任务。一年内先后派遣了10个小组的谍报员，在国内抵抗组织协助下搜集情报。戴高乐"6·18"演讲在国内得到很大反响。6月19日，戴高乐的广播演说首先在南部《小普罗旺斯报》头版全文发表，其他报纸也刊登了广播的消息。据许多爱国者回忆，戴高乐"6·18"的号召是鼓舞他们走上抵抗道路的巨大力量。一位抵抗战士德·拉巴多尼回忆说："自从我聆听了戴高乐的首次广播时起，我就参加了抵抗运动……当我意识到戴高乐讲演的内容时，我大声叫喊着：'我们战胜了'。"红衣主教阿尔维特回忆说，当他听了戴高乐的首次广播演讲后，马上跟人说"我是戴高乐主义者"。甚至共产党人罗歇·佩斯图尔也说："我们做的不如戴高乐主义传播得快，它有着无线电广播的有利之处，而且还有许多流行的方法表明你是戴高乐主义者。我记得在洛特，来自我们村庄的一些人就相互传告着'戴高乐万岁！'"国内一些爱国者宣布自己是戴高乐派，出版和散布传单。据维希政府的秘密报告说，从1940年9月到11月，戴高乐派的传单在北部、南部16个城市发现，包括巴黎、里昂、马赛、波尔多、南特、维希、蒙贝利埃等大城市。有的传单说："如果我们想得救，我们就要跟随戴高乐和他的志愿者。如果我们想叛卖，就跟随赖伐尔及其喽啰！"有的说："善良的法国人，我们为我们的自由和法

---

① 帕西（Passy, 1911—　　），原名安德烈·德瓦夫林。戴高乐的得力助手，1940年起任"自由法国"特工处处长，后又出任"情报和行动中央局"局长（1942—1944）。

国而斗争，我们不要轻视我们以前的盟国，我们和戴高乐在一起。"在北部占领区，尤其是布列塔尼沿海一带，一些法国人偷渡海峡，投奔"自由法国"。有个士兵躲在渔船甲板下逃到英国。有个旅行飞机的飞行员，从布列塔尼起飞，在几乎没有汽油的危险情况下，冒着暴风雨，飞越海峡到了英国的康沃尔。上述事实表明，作为"国外抵抗"的"自由法国"运动，是整个法国抵抗运动的组成部分，对于促进国内抵抗运动的开展有着重大影响。

随着国内抵抗运动的蓬勃开展，戴高乐于1942年1月派出忠诚的抵抗战士让·穆兰[①]去法国内地，作为"自由法国"的全权代表，并与各抵抗组织建立联系。1942年7月，社会党人菲力普参加民族委员会。1943年初，共产党代表格利尼埃来到伦敦，会见戴高乐，表示全力支持他所领导的抵抗运动。于是，国内抵抗运动也就成为戴高乐的强大支柱。

根据戴高乐《战争回忆录》的记载，到1942年，他所领导的武装部队已达7万余人，并且接受越来越多的战火洗礼。它的一部分参加了埃塞俄比亚境内驱逐意大利侵略军的战役，曾经在1941年4月8日进攻马索阿重镇的战斗中，生擒来非意军总指挥，立过赫赫战功。另一部分在利比亚境内作战。特别是第一轻机械化旅于1942年6月上旬曾在昔兰尼加的比尔哈凯姆同数量占优势的德军奋战近半个月。这支不到5000人的队伍，经过血战虽被迫后退，并且蒙受了近千人的伤亡，但这是法国败亡后法军首次同德军大规模交锋，法国官兵所表现的英勇气概使这块不出名的地方后来成为法国人民英雄主义的象征。1942年底至1943年初，勒克莱尔率领的"自由法国"军队横越利比亚沙漠3000余公里，胜利进入的黎波里，同英国第八集团军会师，并共同进军突尼斯。戴高乐还计划派出一个旅前往苏德战场作战，由于英国的反对未能如愿。1942年底，法国"诺曼底"飞行大队被派往东线同苏联人民并肩战斗。在整个战争期间，它前后参加869次作战，共击落敌机300余架，全大队70%的飞行员光荣牺牲。

"战斗法国"和在北非开展的斗争

随着抵抗运动的壮大，戴高乐于1942年7月13日将"自由法国"更名

---

① 让·穆兰（Jean Moulin，1899—1943），战前进入政界，参加抵抗运动，任"全国抵抗委员会"第一任主席，1943年7月遇害。

为"战斗法国",它同盟国的摩擦仍有增无减。1942 年春,英国背着法兰西民族委员会,在防止日本入侵的借口下占领马达加斯加岛。戴高乐一向维护法国殖民利益,自不甘让步,向英国提出强烈抗议,并与丘吉尔发生激烈冲突。丘吉尔竟当着戴高乐的面盛气凌人地说:"你说你就是什么法国,你不是法国,我可不承认你是法国……"并再次以削减经济援助相威胁。美国政府更不把戴高乐放在眼里。当 1941 年底"自由法国"海军登陆大西洋中的圣彼埃尔和密克隆两小岛,赶走那里的维希政府官员时,美国国务院竟出面干涉,对戴高乐横加指责。尽管罗斯福声称这是"小杯子里的一场大风浪",但这场风浪却到 1942 年 2 月才宣告平息。马达加斯加事件时,美国副国务卿威尔斯扬言,必须改组法兰西民族委员会,并剥夺戴高乐的一切权力。1942 年 7 月,美英已决定放弃当年在西欧开辟第二战场的计划,改在北非登陆,然而罗斯福和丘吉尔对戴高乐实行严密封锁,使"战斗法国"无法参与这一战役的实施。

　　1942 年 11 月 8 日,英美联军在北非登陆,戴高乐完全被排斥在事件之外。不仅如此,美国经过精心策划,把它物色到的吉罗将军①推上政治舞台,任命他为北非法军司令。美军指挥部还同那时在北非的达尔朗海军上将签订秘密协定,在得到后者不加抵抗的许诺后,正式任命达尔朗为北非法国行政长官,并继续维持那里的维希行政机构。显然美国政府试图借此控制北非,并把它变为自己的势力范围。戴高乐对此满腹辛酸,他感到:"在受人拥护的伙伴中我是相当孤立的,在富翁中我是个穷鬼,我满怀希望,但也万分忧虑……"然而,他仍决定继续为维护法国的大国地位而斗争。他一面猛烈抨击美英,特别是美国的做法,一面准备进一步密切同苏联的关系,作为与西方盟国抗衡的资本。随着"战斗法国"的人员不断进入北非,加上吉罗、达尔朗不得人心,那里的局势发生了急剧变化。12 月 24 日,达尔朗被一名身份迄今不明的青年刺杀,而新就任阿尔及利亚总督的鲁佩东又是一个臭名昭著的维希分子,美国在北非的部署遂被全部打乱。

　　丘吉尔十分懂得美国不仅怀有控制北非的野心,而且力图削弱英国对法国抵抗运动的影响,所以他急欲打出自己手中的一张牌——戴高乐。长期同英国政府打交道,完全摸熟丘吉尔脾气的戴高乐当然不愿成为大英帝国的附

---

　　① 吉罗(Henri Giraud,1879—1949),法国将军,德国入侵后任第七、第九军军长,后被俘。1942 年 4 月脱逃,11 月在美国协助下前往北非,1944 年 4 月起即不再从事政治活动。

属物。在 1943 年 1 月卡萨布兰卡会议时，他不顾丘吉尔的多次催促，故意姗姗来迟，甚至对英国的各种威胁嗤之以鼻。

尽管罗斯福对戴高乐极端不满，他还是意识到必须促成戴高乐和吉罗之间的联合。同时，戴高乐也懂得必须在美国实力面前作出一定的让步。经过多方斡旋，这两位性格迥然不同的法国将军才勉强在卡萨布兰卡会议上握手言欢。

历经沧桑和艰辛，戴高乐更清楚地意识到："在国际事务中，理论和感情同强权的现实比较起来是不重要的……法国要恢复自己的地方，只有靠自己。"北非事件后，戴高乐一面明显跨大同苏联接近的步子，公开表示准备和斯大林会晤，甚至声称打算把他领导的抵抗运动总部迁至莫斯科；同时进一步加强同国内抵抗运动的联系。1943 年 5 月 27 日，经过长期不懈的努力，穆兰终于组成了由 6 个政党、2 个工会和 8 个抵抗组织共同参加的"全国抵抗委员会"，统一了国内抵抗运动。委员会发表声明，承认戴高乐是全国"抵抗运动的灵魂"。

1943 年，随着北非战争的结束和苏军在东线全面展开反攻，反法西斯战争的进程发生了决定性的转折。眼看德国法西斯的失败已成定局，戴高乐力图确立他本人在整个抵抗运动中的地位。于是在阿尔及利亚又展开了一场激烈的角逐。

美国和以往一样，仍把赌注放在吉罗身上。戴高乐一方面充分利用美英之间的矛盾，一方面注意依靠北非的各种抵抗力量。尽管他所控制的军队人数不多，却比吉罗更孚众望。吉罗则再三声称他是一个军人，对政治不感兴趣，只管打仗，后来的事态也表明他确系一介武夫。经过长期的斗争和协商，终于找到了一种临时解决的办法：1943 年 6 月 3 日，在阿尔及利亚正式成立由戴高乐和吉罗共任主席的法兰西民族解放委员会。虽然吉罗仍任北非法军司令，但在委员会的 7 个成员中却只有一人追随他，因而处于绝对少数地位。原来是大资本家，与美英财团有着广泛联系的摩纳成为民族解放委员会的委员，并开始支持戴高乐。法兰西民族解放委员会的成立标志着戴高乐领导的抵抗运动的进一步发展，也表明不少大资产阶级开始放弃观望态度，转而附和抵抗运动。7 月 31 日，吉罗辞去主席一职，11 月完全退出委员会。至此，戴高乐的领导地位遂告确立。为了争取人民群众广泛的支持，委员会宣布取消工资冻结，并成立吸收各界代表参加的咨询会议。在国际上经过一番周折，美、英、苏三大国在 1943 年 8 月 26 日同时承认民族解放委员会，先后与之建立外交关系的共有 26 个国家。

1943 年，是全世界人民反法西斯战争取得伟大胜利的一年，"战斗法国"的军队在欧非各地英勇作战，取得了辉煌的战果。1943 年 5 月，突尼斯全境获得解放，德意侵略军共被歼 30 余万人。戴高乐和吉罗先后派遣75000多名法军参加战斗，伤亡达万余人。这样，在北非战争的最后阶段，法国人民和军队作出了应有的贡献。

1943 年 9 月 8 日意大利投降，9 日在科西嘉岛上爆发起义。在这以前，法兰西民族委员会已同岛上的抵抗组织建立了联系，向他们提供过 100 多吨军用物资。起义爆发时，约有 45000 多名意大利军队和 15000 多名德国士兵驻扎在科西嘉，严重地威胁着那里的抵抗战士。戴高乐立即派出一支6000多人的军队前往支援。他们由一个突击营开路，于 11 日在科西嘉登陆，在当地人民的配合下，经过 20 多天的血战，终于在 10 月 4 日解放全岛。意大利驻军大部倒戈，德军损失 2000 多人，残部逃往意大利。

从 1943 年底起，法兰西民族委员会派遣由朱安将军指挥的 4 个法国师进入意大利境内作战。他们和美英联军并肩战斗，解放了意大利的南方，直到 1944 年夏才陆续离开意大利，转往本国作战。

完成光复祖国的大业

戴高乐历来主张法国军队要尽可能地参加战斗，处处都应显示法国的地位和作用。到 1944 年，戴高乐已拥有一支 38 万人的地面部队、500 架飞机和 32 万吨的海军舰队，完全有力量配合盟军光复祖国的领土。

在法国解放的前夕，戴高乐为维护国家的主权进行着艰苦的斗争。美、英一方面对准备在诺曼底登陆一事严密封锁消息，另一方面又不讳言在法国国内正式选举前将由盟国军事委员会负责管理被解放的法国领土，企图借此完全剥夺法兰西民族解放委员会的权力。罗斯福曾多次声称不打算让戴高乐骑着一匹白马凯旋归国。他甚至私下告诉艾登，战后法国应和其他欧洲小国一样解除武装，它的殖民地也须重新加以分配。饱尝国破家亡、俯仰随人之苦的戴高乐大声疾呼："……我们虽然已经任人宰割了，但没有任何理由对任人宰割保持缄默"，他坚持，"只有法兰西民族解放委员会才能在法国采取政治措施，其他任何一个政权的指示均不具有任何价值，也不会在法国通过"。1944 年 6 月 3 日，亦即盟军在诺曼底登陆前三天，法国临时政府在阿尔及利亚正式成立，戴高乐明确宣布他将以临时政府首脑的身份重返法国。

1944 年 6 月 6 日，美英大军在诺曼底登陆。在戴高乐的坚持下，他所指挥的军队随后投入战斗。8 月 5 日，勒克莱尔将军指挥的第二装甲师首先踏上法国领土，在诺曼底地区经过两个星期的苦战，开始直趋巴黎。8 月 15 日，塔西尼将军率领的法军在法国南方登陆，先后解放土伦、马赛、里昂等重要城市，并继续挥师北上。其间，法军还在 6 月中旬就解放了厄尔巴岛，全歼那里的守敌。在 1944 年初才成立的内地军，这时也配合盟军和正规军纷纷出击，到 7 月中旬，全国有 40 个省份为起义所席卷。在布列塔尼地区，约有近 8 万名内地军活跃各地，血战两个多月，歼敌 8000 余人，俘敌 2 万余人。在中央高地，7 万多名游击队员在 3 个月的时间里共牵制住德军 12 个师，最后迫使其残部 2.5 万多人缴械投降。到 8 月中旬，法国中部广大的农村地区已全部为游击队所控制。

面临灭顶之灾的德寇妄图垂死挣扎，在 1944 年 6 月 10 日制造了震惊世界的阿拉都尔大屠杀。闯进这个美丽村庄的侵略军无端残杀了 634 名居民，并将全村夷为平地。英勇的法国人民并没有屈服，在举世闻名的维尔柯耳山地保卫战中，3000 余名游击战士奋战成万名装备精良的德军，多次击退敌人在坦克和飞机掩护下的进攻，蒙受重大伤亡，仍坚持一个半月之久。法国人民和内地军的英勇战斗为祖国的解放作出了巨大贡献。指挥盟军在法国境内作战的艾森豪威尔将军也承认内地军的作用相当于 15 个正规师。

法国人民的抵抗运动以 1944 年 8 月 19 日巴黎武装起义的胜利而达到最高潮。[①] 戴高乐得悉巴黎起义后，亲往盟军总部敦促艾森豪威尔速派勒克莱尔将军率领的第二装甲师前往巴黎，因为他懂得，必须迅速控制住那里的局势，以免巴黎完全落入起义人民手中。8 月 24 日，当勒克莱尔指挥的坦克在一片欢呼声中驶进巴黎时，这座具有光荣传统的城市基本上已得到解放。次日，残余德军全部肃清，巴黎人民的武装起义胜利结束。

随着第二次世界大战临近尾声，作为资产阶级的政治代表，戴高乐自然希图在国内巩固本阶级的统治，在国际上重新为法国争得大国地位。1944 年 7 月，他首次访问美国。在这以前，他和罗斯福的私人关系一直不好，两人经常发生龃龉。罗斯福曾在许多场合公开攻击戴高乐。戴高乐也认为罗斯福野心勃勃，企图控制许多国家，组织美国式的和平。他说："他罗斯福的胃口是不小的，他使欧洲和法国感到不安。"在访问期间，戴高乐曾对罗斯福

---

① 有关巴黎起义的情况，详见本书戴成钧的《法国国内抵抗运动》一文。

直言相告："……如果有关世界最重要的决定不让法国参加，如果法国丧失了它在非洲和亚洲的殖民地，一句话，如果战争的最后决定给它造成一种战败者的心理，那它怎么能起作用呢？"事后罗斯福对这种态度的评价是："……关于法国的地位问题，戴高乐是非常敏感的。但我认为他主要是自私的。"可见两人并未消除隔阂，但在当时情况下相互还是作出了一定让步，从而改善了两国关系。1944年12月，戴高乐前往莫斯科会见斯大林，签订了法苏友好同盟互助条约。他希图在两大国间维持平衡，借以巩固法国的国际地位。

在国内，巴黎解放后，戴高乐在8月28日立即宣布解散内地军，9月19日下令内地军和正规军合并，此后又采取一系列措施完全解除法国人民的武装。同时他郑重声明将维护共和制度，实行社会改革，并在国民议会正式召开后，立即解散临时政府。

1944年9月，法国全国除阿尔萨斯和洛林外，均得光复，法军乘胜向莱茵河挺进。年底，德军在阿登地区突然发动反攻，突破盟军防线。法军坚守斯特拉斯堡，寸步未退。1945年2月，境内残敌全部肃清，法国终于完全解放。此后，法军在塔西尼和勒克莱尔的率领下深入德境，配合盟军共同战斗，直到第三帝国的覆灭。1945年5月8日，塔西尼将军代表法国在德国投降书上签了字。

从祖国沦亡直到最终驱逐德寇，法国的抵抗运动经历了漫长曲折的道路。以法国共产党为核心的人民群众在其中起了主力军的作用，戴高乐作为资产阶级抗战派的领袖，团结社会各阶层，坚持斗争，最终赢得胜利，为战后法兰西民族的振兴打下了基础。

法国国内抵抗运动

戴成钧

第二次世界大战期间，法国人民反对希特勒德国占领和维希统治的斗争，通称法国抵抗运动。它的基本任务是反对希特勒德国的占领和奴役，争取民族独立和国家解放。法国抵抗运动具有广泛的反法西斯的民族民主运动的性质。它的发展，对于反法西斯战争的胜利，对于战后法国的政治生活都有重大影响。

希特勒德国占领下的法国

1940 年 5、6 月，贝当、魏刚集团推行投降主义路线，仅仅在 6 周时间之内，法国就沦亡了。6 月 22 日，签订法德停战协定。据此，法国被分割为"占领区"与"自由区"两部分。德国占领了法国领土的 2/3，包括北部的主要工业区、巴黎以及英吉利海峡和大西洋沿岸的全部港口。"自由区"包括法国西南部、南部和殖民地，名义上由贝当控制。法国应偿付德国占领军的全部费用。德国要法国每天付给 2000 万马克，每年勒索的钱约相当于 1939 年法国国民收入的 48%。法国的军队除维持 10 万人的"休战军"外，都被解除武装，并强制复员。法国应立即交还德国战俘及被法拘留的德国人，而近 200 万法国战俘仍然关在德国集中营，或在德国工厂强迫劳动。

德国占领者凭借刺刀维持占领区的法西斯统治。他们把占领区分为 5 个区，建立"封锁区"，各区间、特别是与非占领区之间的往来严加限制。通信只能用特定的"区域间明信片"。人们没有"通行证"不能通行，甚至连维希政府的部长也不例外。为了得到"通行证"就得向警察局付"通行费"，一封信交 5 或 10 法郎，一个人起初交 100—200 法郎，很快就上升到 5000 法郎。占领当局解散一切进步政党和工会。7 月 4 日，明令禁止聚集街头，禁止出版和散布传单，禁止组织公共集会和一切示威，禁止收听外国广播和帮助战俘等活动。占领者成群逮捕和杀害共产党人及一切抵抗者。1941年5月，有3万共产党员被监禁，其中占领区就占12000人。1941年有37000多人被捕。1943年，有4万人由于进行"反德的、共产主义的活动和游击活动"而被捕。德国占领者狂热宣扬种族主义，残酷迫害犹太人，仅1942年6月16日晚至17日，在巴黎一地就逮捕了15000人。1941年秋，实行人质制度，明文规定：凡杀害一个德国兵，就要用50—300个法国居民抵命。

非占领区名义上称为"自由区"，实际上是德国的附庸。7月10日，贝当停止议会活动，集立法、行政、司法大权于一身，自封为"法兰西国家元首"，废除了1875年共和国宪法，连"共和"二字也禁止使用。贝当建立了个人的独裁制度，维希政府的大小官员都得向他宣誓效忠。政府的一切公文都以君主政体的俗套草拟，开头语都是："本人，菲利普·贝当，以法国元帅、法兰西国家元首名义"，云云。在"自由区"里，警察密布，监狱遍地，笼罩着法西斯白色恐怖。1940年10月24日，贝当与希特勒在蒙都瓦会晤，确立了法德"合作"的原则。贝当答应，法国及其殖民地在经济上为德国服务，并同意讨论联合反英的军事行动，把法国紧紧地系在希特勒德国的战车上。

德国的占领与奴役，维希政府的投敌卖国，使法国人民陷入亡国的深渊，惨遭法西斯德国的蹂躏，受尽苦难。成千上万的法国人家破人亡，到1940年10月，约350万离乡背井的逃难者才艰难地返回家园，直到1942年还有9万多个离散的孩子由红十字会交还给他们的家庭。德国占领者不仅扣留法国战俘，还强征法国人民尤其是青年人为他们的侵略战争服务。1942年春，有17万法国人在法国的德国工厂和服务部门劳动，有27.5万人在修筑所谓"大西洋壁垒"的工事或飞机场，有40万人在为德国制造武器的军工厂劳动，而有18.5万人被押往德国劳动。1942年开始推行强迫劳动制，希特勒许诺释放5万战俘，但要维希政府为德国工厂招募15万工人。维希当局唯命是从，成立"义务劳动服务处"，强迫中青年到德国去服劳役。据估计，1942年第四季度要求征募25万人，实际征募的有24万人，1943年第一季度也大体是这一数字。由于战争的破坏、领土的分割以及交通的停滞，法国经济陷于瘫痪或半瘫痪状态，粮食、燃料、乳制品、糖等生活必需品奇缺，物价昂贵，黑市盛行。因此，从1940年夏天起，凭"供应卡"分配供应，分配的定量还不能满足人们需要的一半。人们只能用各种代制品，如木炭代替汽油，烤焦的大麦取代咖啡，木底鞋代替皮鞋。居民还常常为疾病所折磨，肺结核病人增加30%。在罗纳河口省，死亡率增长50%，在巴黎也增长了25%。不甘心做亡国奴的法国人民，面对法西斯德国和维希政权的奴役压迫，同仇敌忾，救亡图存，掀起了民族抵抗的巨浪。

国内抵抗运动的产生和发展

在民族生死存亡的危急关头，法国统治集团内的抵抗派主张同英国在一起，继续战斗。法国沦亡前夕，刚被提升为国防部副部长的戴高乐为了法兰西的荣誉与独立，于6月17日毅然离开法国。6月18日，戴高乐在英国广播电台发表了具有历史意义的演说——《告法国人民书》，在法国第一个打出了民族抵抗的旗帜，随即诞生了以他为首的"自由法国"运动。[①]

几乎与"自由法国"兴起的同时，法国国内在极端困难的条件下也产生了抵抗运动。在法国北部，由于德军的直接占领，斗争是在分散和极秘密的情况下进行的。人们运用各种形式直接反抗占领者。还在巴黎陷落的第二天，有个名叫埃蒙德·米歇莱的人，就散发了500份关于《认清形势的真诚忠告》的传单，发出了反对即将发生的停战的告诫。据他后来说，他的宣言是他在爱国主义思想和反纳粹思想感情的激发下完全自发写成的。被德国囚禁的法国士兵逃出集中营，很多走上了反抗的道路。在中部分界线附近的谢巴尼村，成立了一个小组，开始帮助逃跑的俘虏、犹太人及其他难民逃往西班牙。在布列塔尼，一个税务员与他的同伴一起，经过森林，沿着山径，袭击边区小村的德国哨兵。在诺曼底，飞机工厂工人用酸性物切下机上的重要铆钉，使飞机在空中毁坏。1940年11月11日，巴黎和郊区的大学生、小学生、教师聚集在香榭丽舍大街，佩戴三色旗胸章，拿着小旗和红白花束进行示威，估计人数从3000人增加到1万人。在维希统治的南部地区，人们收听并传播戴高乐的广播，收集占领区的情报，出版地下报刊，成立抵抗组织等。

1940年秋冬至1941年初，一些分散的抵抗组织逐渐形成为一些大的组

---

① 法国抵抗运动分为两篇，有关"自由法国"的情况，详见本书《戴高乐领导的"自由法国"运动》。

织，并往往以自己出版的地下报刊而定名。北部地区主要有："保卫法国"
"解放者""抵抗者""解放北方""军民组织"。南部地区主要有"解放南
方""战斗""自由射手"。这些组织缺乏相互联系，并且各自认为是整个抵
抗运动的发起者。其实，在占领第一年里，这些抵抗组织只是一些地方性的
小集团，由5人、10人或二十几人组成。"战斗"的基本人员到1942年还没
有超过150人。参加的成员也较复杂，有军官、工商业者、职员、作家、教
师、学生、律师等，而起主导作用的是知识分子。早期抵抗组织活动的主要
形式是散发传单、出版地下刊物、收集情报和营救战俘。1940年末，据维希
政府警察的通报，在包括巴黎、里昂、马赛等10—20个城市里出现了标语、
传单。1941年上半年，约有30种非共产党人抵抗组织的报刊。

正当国内各抵抗组织纷纷产生的时候，曾经是反法西斯主要力量的法国
共产党，由于受1939年苏德互不侵犯条约的影响，一时陷入了思想混乱和
策略错误的困境。在占领的最初几个月，被迫打入地下的法共某些领导仍然
充满幻想，企图恢复党的合法地位。6月中下旬，党的秘密机关曾两度派人
同德军事当局谈判，就《人道报》的合法复刊问题进行交涉。7月，地下
《人道报》主编写信给德占领当局，请求允许合法出版。他在信中指出：
"我们出版的《人道报》决定把谴责英帝国主义代理人的活动作为它的任
务……我们出版的《人道报》决定把采取欧洲媾和政策和支持法苏友好条约
作为它的任务，它将是苏德条约的补充，从而创造了持久和平的条件。"地
下的法共领导还要隐蔽在地下的活动分子出来在公众场合讲话，公开进行宣
传。结果，党组织受到了不应有的损失。从1940年7月1日至7日，仅巴黎
地区就有9个地下印刷所和传播共产党传单的组织被破坏，90个活动分子被
捕，63个被行政拘留。7月10日，法共发表《告法国人民书》，它只是谴责
贝当和"那些企图把法国绑在英帝国主义战车上的人"，连一句指名反对德
国占领者的话也没有。8月底，由于德国占领者加剧了对法共的迫害，《人
道报》才撤回合法出版权的申请。

法共领导的立场受到某些地方组织和党员的抵制与批评。被拘禁的党员
越狱逃走，重新展开斗争。某些基层组织进行了暗中破坏活动，夺取占领者
在当地征收的存粮，鼓动劳动者罢工，储藏武器准备战斗。党员的地方性抵
抗行动已超出了中央指示的范围。同时，德国占领者对法共的迫害事件越来
越严重。10月5日，占领者警察杀害63个共产党领导人。据报载，1941年
1月24日，有1250个共产党员被捕，2月10日，有1647人被捕。这一切使

法共和解妥协的幻想归于破灭,逐渐转变到同占领者进行斗争的立场。党在全国建立了战区委员会,并同巴黎地下中央机构保持经常联系。1940 年 10 月,法共在北部地区组织了第一批"特别组织""青年营"。12 月,法共出版"共产党二十年"纪念集,明确指责"柏林的主子们"。这是法共在方针上决定性转变的标志。1941 年 1 月,共产国际建议法共放弃对戴高乐的批评,并指示必须估计到戴高乐运动的客观积极作用。从此,法共开始改变对戴高乐的态度,加强了同"自由法国"情报组织的联系,加强了对工人抵抗斗争的领导。法共在北方省矿工中有很大影响。1941 年 5 月 15 日,法共提出组织"民族阵线"的口号,发出"为法国独立而斗争"的号召,走上了公开抵抗的道路。

1941 年 6 月 22 日,希特勒德国背信弃义进攻苏联。德国视法国为侵苏战争的后方基地,加强白色恐怖,加紧掠夺物资,强迫征募劳动力。维希政府则进一步实行与德"合作"的政策,加紧反苏反人民的罪恶活动。6 月 30 日,它中断与苏联的外交关系。7 月初,贝当政府批准建立"反布尔什维克主义的法国志愿军团"的计划。8 月,贝当成立特别法庭以审判"致力于共产主义活动的人"。9 月,有 320 个组织和文化体育团体被解散。在一星期内有 11000 个法国人被监禁。1942 年 4 月,大法奸赖伐尔重新执政,他公开表示:"我希望德国胜利,因为没有它,明天将到处确立布尔什维主义。"德国占领者与维希政府的行径,进一步激起了人民的反抗。1942 年 11 月 8 日,英美盟军在北非登陆。11 月 11 日,德军占领法国南部,"自由区"不再存在,"休战军"也宣告解散。有的维希军官逃到北非,有的参加国内抵抗运动。法国抵抗运动的社会基础扩大,有利于抵抗运动的广泛发展。

国内武装抵抗斗争的展开,是抵抗运动广泛发展的主要标志。法共领导的武装是国内抵抗运动中一支极其重要的力量。苏德战争爆发后,《人道报》于 1941 年 7 月 17 日发出了"公民们,拿起武器!"的战斗号召。法共领导的"特别组织""青年营"的活动有了扩大。1941 年下半年,他们制造了 8 次火车出轨事件,进行了 100 多次怠工,实行了约 50 次的爆炸或手枪袭击。1942 年,"特别组织"经扩大后改称"自由射手与游击队",由夏尔·狄戎等领导。1942 年夏,法共在党内广泛募集志愿人员参加游击活动。6 月,在巴黎地区建立第一个游击营,开展游击杀敌活动。在北方省布列塔尼,法共的游击武装也有发展。

非共产党人的各个抵抗组织,在宣传鼓动、发动怠工的同时,也进行一些军事活动，并成立了军事组织或准军事性组织。1942 年，"战斗"的志愿队已着手组织"秘密军"，实行破坏和谋杀活动。1942 年末至 1943 年初，各地的青年工人和学生为反抗"义务劳动服务处"强征劳动力，开始逃离城市，躲藏到偏僻的乡村、山区或森林地带。当时称这些人为"马基"。[①] 他们在人烟稀少的森林或山区，尤其是在中央高原和阿尔卑斯山区，组织了第一批"马基营"。1943 年 6 月，在汝拉山区约有"马基"3000 人，在安省有 350 人，在上萨瓦有 1200 人，萨瓦省有 1000 人。据 1943 年 12 月 7 日记载，在科雷兹省有 3000 人的"马基"组成"自由射手与游击队"。德军占领法国南部后，武装斗争迅速发展。游击队破坏铁路的行动由 1942 年的 276 次增加到 1943 年的 2009 次，一年内增加了 6 倍多。1943 年 9 月中至 10 月初，科西嘉的"自由射手与游击队"1 万多人，配合吉罗派来的法国军队，击溃了意大利军，解放了科西嘉。这是抵抗运动在军事上的第一个重大胜利，也是民族起义的一次预演。

抵抗运动的联合

苏联卫国战争的爆发和国际反法西斯联盟的形成使法国各爱国派别间在战争性质问题上的分歧逐渐消除，法国抵抗运动的联合趋势不断加强，争取民族解放的斗争愈益显出全民族性的特点。1941 年 7 月初，在法共的倡导下，"民族阵线"正式成立。在地方上也按地区或职业建立了民族阵线委员会，如青年民族阵线委员会、学生民族阵线委员会等。在农村，主要在诺曼底，也成立了民族阵线委员会。参加民族阵线的有共产党人、戴高乐派、基督教徒、新教徒等。非共产党人的抵抗组织也在斗争中逐渐认识到联合的必要。9 月 21 日，《解放北方报》在题为《法国统一的必要性》社论中，直接向一切爱国者包括共产党人提出联合起来的号召。它指出："唯一主要的问题——没有任何妥协余地的问题——就是祖国的独立，一切领土的解放——为了解放必须联合一切：英国、苏联、美国、民主派、共产党人、一切受纳粹威胁的人、一切想反抗纳粹的人、一切还想保持忠诚的人。"其他抵抗组织也要求联合行动。

---

① "马基"一词是科西嘉语，原意为稠密的灌木丛林。从前，科西嘉人对那些逃避警察迫害而到灌木丛中去的人叫"马基"。

由于国内抵抗运动的发展，也由于"自由法国"在殖民地问题上同英国的冲突，戴高乐也感到有联合国内抵抗运动的必要。1941年9月，戴高乐宣告民族委员会成立，强调要联合一切抵抗力量，包括国内和国外的抵抗力量。12月24日，戴高乐任命前罗亚尔省省长让·穆兰为非占领区民族委员会的全权代表。1942年1月1日，穆兰到达法国南部。他同南部各抵抗组织进行了广泛接触，答应在财力和武器方面支持它们。10月2日，南方的"战斗""自由射手"和"解放南方"三个组织的领导与穆兰签订议定书。南方三个主要组织承认"戴高乐将军作为战斗法国（1942年"自由法国"改称此名）的政治和军事领袖"，建立了协调委员会，由穆兰任主席。三个组织的军事组织加入"秘密军"，其首领由戴高乐任命。11月，南方三个主要抵抗组织合并为"联合抵抗运动"。在北部地区，1942年5月，"民族阵线"及"自由射手与游击队"的代表与戴高乐代表勒米上校进行了第一次接触。1943年1月8日，议员弗·格列尼埃作为第一个法共代表到达伦敦，把法共中央的信交给戴高乐，表示"自由射手与游击队"愿接受戴高乐的指挥。2月10日，戴高乐在给法共的回信中指出："费尔内·格列尼埃的到来，共产党参加法兰西民族委员会（他以你们的名义通知了我），你们让我作为法国武装力量的司令来调遣你们组织并鼓动起来的游击队，这是你们为我国的解放和强盛作贡献的愿望的新标志。我相信，你们的决定给民族带来了一大贡献，我谨向你们表示由衷的感谢。在您党党员已同意为法兰西效劳贡献一切以后，人们将要求你们作出巨大的努力和牺牲。"不久，格列尼埃被任命为民族委员会的内务和劳动委员会的代表。

1943年2月21日，戴高乐要穆兰组织全国抵抗委员会。经过一段时间激烈争论，最后加入全国抵抗委员会的有16个不同派别的组织，其中包括8个抵抗组织、6个政党以及2个工会。5月27日，全国抵抗委员会在巴黎第六区召开成立大会，穆兰当选为主席，并选出一个由7人组成的常委会，协调各抵抗组织的武装力量。6月，因叛徒出卖，穆兰被捕。他大义凛然，经受住了敌人残酷的严刑拷打，最后在押往德国途中英勇牺牲。"战斗"负责人皮杜尔接替他担任全国抵抗委员会主席。在全国抵抗委员会领导下，各省和地区相应成立了地方抵抗委员会，一般称为解放委员会。最有影响的是9月成立的巴黎解放委员会，其主席是巴黎联合工会总书记、共产党人托莱。

在国内抵抗组织实现联合的同时，在阿尔及利亚，戴高乐与吉罗也实现了联合。盟军在北非登陆后，承认吉罗为北非法军司令，表示同盟军一起反对法西斯德国，并同国内抵抗运动建立联合。吉罗派军队参加了科西嘉民族阵线的起义。这就使他与戴高乐间的联合有了可能。同时，英美为控制北非和戴高乐，也需要他们双方联合。法共在北非的中央代表团也与双方进行接触，争取在建立临时政府、协调民族斗争的基础上达成协议。1943 年 3 月 14 日，吉罗与英美协商后，发表重要演说，宣布维希颁布的法律不再有效，恢复地方政府机构，声明解放后法国人民有可能根据共和宪法选举临时政府。以后，在英美的调解下，双方经多次谈判，终于在 6 月 3 日成立了法兰西民族解放委员会，由戴高乐、吉罗共同担任主席。法兰西民族解放委员会发表了成立宣言，号召"全体法国人民来同它一起，通过战争和胜利，使法国重新恢复自由、伟大和在强大盟国中的传统地位"。

1944 年民族起义和法国的解放

民族起义是法国抵抗运动发展的最高阶段。1944 年中，民族起义的条件已经成熟。1944 年上半年，游击队破坏铁路的行动达 2731 次，而 1943 年一年只组织了 2009 次破坏活动。"马基"游击队的队伍不断扩大。1944 年 1 月 31 日，"联合抵抗运动"的"马基"有 8 个营 145 人，一个月后增加到 233 人，3 月底达 503 人。1944 年 3 月，估计"马基"人数达三四万人。许多国家的反法西斯分子在法国组织游击队参加战斗。反法西斯的地下报刊广泛传播，报刊约有几百种之多。群众性的罢工、怠工斗争迅速发展。

武装斗争与群众斗争的迅猛发展，是 1944 年民族起义的基础。1944 年 3 月 15 日，全国抵抗委员会一致通过了"共同纲领"，其要点是：立即开展武装斗争，实现人民的广泛民主自由；实现生产资料国有化；法兰西民族解放委员会应尽力为爱国者提供武器；民族起义应在民族解放委员会领导下，由全国抵抗委员会领导，在政治军事能确保胜利时开始。接着，抵抗运动三个主要军事组织——"自由射手与游击队""秘密军""军队抵抗组织"联合为"法国国内武装部队"（亦译"内地军"）。各武装组织仍然保持组织上的独立，但需服从全国参谋部的统一指令。全国参谋部又受军事行动委员会监督，同时承认法兰西民族解放委员会的领导。4 月，戴高乐派柯尼格为内地军司令。5 月 16 日，戴高乐发布关于法国内地军作战的命令，指示他们自盟军登陆之时起，就应与盟军取得联络，直接参加法兰西战役，并按不同地区提出了行动目标，中心是配合盟军，破坏交通线，攻占机场、港口。这些都为民族起义做了组织上、军事上的准备。

1944 年是欧洲决战的一年。年中，苏联红军解放了全部苏联领土，开始了大规模的反攻，推动了欧洲各国抵抗运动的蓬勃发展，也促进了英美实现"霸王"战役的行动。6 月 6 日，盟军在法国北部诺曼底登陆。8 月 15 日，盟军和法国第一军在南部土伦、马赛登陆。一再拖延的第二战场终于开辟了。盟军在法国的登陆，成了民族起义的信号。6 月 6 日，戴高乐号召法国人民投入解放法国的战役。他指出："对于法国的子孙，不管他们住在哪里，也不管他们是谁，直接的和神圣的职责在于，为了战斗而使用他们一切可以使用的力量。"可是，他在给国内代表的密令中却指出：抵抗运动的军事行动只能按照伦敦的命令逐个地区地进行，无论如何不应采取全民起义的性质，而是限于地方性破坏行动和盟军当局预定的游击行动。同时，法共中央也发表声明，号召人民"与盟军一起，参加反对共同敌人的伟大斗争，为恢复法国的自由、独立与伟大的权利而斗争"。"联合抵抗运动"发出了"公民们！拿起武器！这是最后的坚决的斗争！"的号召。在民族阵线、自由射手和游击队、进步工会、爱国青年同盟、妇女同盟倡议下，建立了爱国民警队。到 1944 年夏，国内武装部队迅速发展到 50 万人。其中法共领导的自由射手与游击队则由 2.5 万人猛增到 25 万人。可是，戴高乐的军事代表与全国抵抗运动委员会、军事行动委员会在起义时机、方式以及军火供应等问题上存在严重分歧。盟军对法国内地军尤其是自由射手与游击队在武器、物资供应上更设置重重障碍。尽管如此，抵抗运动的武装部队热烈响应民族起义的号召，发扬爱国主义精神，配合盟军展开了积极的军事行动。

7 月中旬，全国 90 个省中有 40 个进行了民族起义。8 月，当西线德军全面崩溃、狼狈向德边境撤退时，民族起义的浪潮席卷全国。在布列塔尼地区，武装起义与登陆盟军密切配合，几万名游击队员到处伏击德军，铁路几乎全部被破坏。不到两周时间，抵抗运动的武装与盟军一起，几乎解放了全布列塔尼。在中部和西南地区，主要由"马基"自己积极展开战斗，他们用自己的武装解放了 28 个省，给占领者以沉重打击。在东南部地区，在盟军登陆以前，游击队就发动起义，夺取中小城市，解放部分领土。盟军在南部登陆后，游击队紧密配合，主动出击，使盟军与法国第一军迅速进军，提前解放了马赛、里昂等城市。

随着盟军的推进和民族起义的广泛发展，巴黎起义的形势已经成熟。6 月末 7 月初，巴黎和郊区举行多次游行示威。7 月 1 日，自由射手与游击队第一次公开带着武器保卫游行队伍。7 月 14 日，巴黎地区人民举行了四年来第一次国庆游行，参加者有 11 万—15 万人。群众爱国热情不断高涨，很多企业升起了三色旗，广泛进行罢工和怠工。8 月，巴黎地区爱国民警人数增加到 5 万—10 万人，内地军超过 3.5 万人。8 月 7 日，巴黎内地军司令、共产党人罗尔上校发布命令，动员一切力量，最大限度地开展军事行动。10 日，铁路工人总罢工，倾覆路轨，封锁岔道，拒绝为占领者开列车。15 日，巴黎警察开始罢工，部分警察参加了内地军。16—17 日，邮政、地铁职工和海员相继罢工。16 日夜，巴黎内地军和爱国民警行动起来，于次日占领工厂等重要目标，巴黎起义的形势成熟了。19 日，巴黎解放委员会发布了《告军队和全体公民书》，号召人民举行起义。同一天，经过几天的争论，全国抵抗委员会常委会和巴黎民族解放委员会联席会议正式通过了开始起义的决议，发布了总动员命令，号召一切抵抗组织、一切加入内地军的队伍服从罗尔的命令，动员一切 18—50 岁的人参加军队。巴黎人民热烈响应。在第十一区，三天内就招募了 2500 名志愿者。

起义前夕，巴黎地区的内地军和爱国军民共有 8.5 万人，还有倒向戴高乐的原维希政府的近卫队和宪兵队。敌人的兵力约 2 万人，有 60 门大炮、80 辆坦克、60 架飞机。起义开始于 8 月 19 日早晨，双方为争夺每一条街都进行了非常激烈的战斗。19 日和 20 日，内地军和爱国民警迅速占领了警察局、一些区公所和报社。在市政厅周围，战斗尤其激烈。在维莱特车站，由于铁路工人罢工，600 名德军的进攻很快被击退。德国卫戍部队事实上已处于被包围状态。这时，德军巴黎卫戍司令冯·科尔蒂茨玩弄手腕，通过瑞典领事诺尔德林的调停，和巴黎警察局长吕伊惹、戴高乐的代表巴罗迪以及巴黎解放委员会的一个成员进行休战谈判，签订了休战协定。20 日上午，在全国抵抗委员会非正式会议上通过了该协定。但是，民族阵线代表比埃尔·维戎和巴黎民族解放委员会主席安德烈·托莱坚决反对。20 日下午，各派代表在全国抵抗委员会上又展开争论，大多数人拒绝休战。巴黎解放委员会一致通过号召，宣布"战斗在继续，而且要永远战斗"，并发出建筑街垒的命令。巴黎人民热烈响应号召，一天内就修建了 600 多个街垒，切断了首都的主要通道。起义者转入积极进攻，军事行动不断扩大，很快解放了巴黎 80 个街区的 61 个和郊区的 3/4。起义的迅速发展，引起了戴高乐的不安，他担心法共"利用群众激昂的情绪或首都的斗争"以"取得政权"。于是，他立即派柯尼格向艾森豪威尔递交亲笔信，请求盟军尽快占领巴黎。艾森豪威尔立即命令法国部队勒克莱尔的第二装甲师向巴黎挺进。23—24 日，首都的战斗又趋激化。德军企图夺路后撤，受到了内地军和爱国民警的阻击，德军只得龟缩在几个主要据点。25 日晨，勒克莱尔主力进入巴黎，同内地军一起，共同消灭了共和广场的德军残余据点。下午 3 时许，勒克莱尔和罗尔接受了科尔蒂茨无条件投降。傍晚，戴高乐随第二装甲师进入首都。在巴黎起义过程中总计死伤 28300 人，其中德军占 3/4，计死亡 3200 人，伤 4911 人，被俘14800 人。第二装甲师伤亡 628 人，内地军伤亡 2356 人，人民伤亡 2408 人。巴黎人民主要依靠自己的力量解放了首都。

民族起义的重大胜利和巴黎的解放，有力地配合了盟军的军事行动，加速了全法国的解放。同时，也使抵抗运动内部的政治斗争日趋尖锐。戴高乐打着"国家复兴"、把战争进行到底的旗号，表示要"趁热打铁，及早下手"，"排除一切与我平行的权力"，企图独占胜利成果。8 月 28 日，戴高乐借口巴黎及各地区已经解放，作出解散内地军指挥部和参谋部的决定。9 月19 日，命令内地军和正规军合并，服从陆军部长统帅。接着，又先后解散了爱国民警、全国抵抗委员会、巴黎解放委员会。9 月 12 日，从诺曼底登陆的盟军与南部登陆的盟军在蒙巴尔会合。勒克莱尔第二装甲师与拉特尔的法国第一军会师。法军与盟军一起向法比边境推进，解放了比利时。到 9 月中旬，几乎所有法国领土都得到了解放。11—12 月，阿尔萨斯—洛林解放。12月初，戴高乐偕同外长皮杜尔出访苏联，以提高法国在盟国中的地位，巩固他自己在抵抗运动中的声誉。1945 年 2 月初，法军在上阿尔萨斯进行反攻。3 月，法国第一军越过莱茵河，向德国心脏地带迫进。4 月，法军与盟军配合苏联红军展开了柏林战役。30 日，胜利攻克柏林。5 月 8 日，德国无条件投降，第二次世界大战的欧洲战局宣告结束。法国与苏、美、英各大盟国一起接受了德国投降，法国以战胜国的姿态重新出现在世界政治舞台。

南斯拉夫反法西斯武装斗争

马细谱　周尚文　明　俊

第二次世界大战期间，南斯拉夫各族人民在以铁托为首的共产党领导下，经过四年坚韧不拔的斗争，赢得了人民解放战争和革命的胜利。在战争中，粉碎了敌人的几次凌厉攻势，建立了一支强大的人民军队，成立了人民政权机关，为自治的社会主义南斯拉夫联邦的诞生奠定了基础。南斯拉夫人民的反法西斯斗争给欧洲被奴役国家的人民作出了榜样。南斯拉夫经过反法西斯战争转向社会主义革命所取得的胜利，为世界范围内的社会主义革命提供了独特的经验。

轴心国对南斯拉夫的占领

1941 年春，法西斯德国和意大利已征服大半个欧洲，正积极准备进犯苏联。在奥地利和阿尔巴尼亚被占领，匈牙利、罗马尼亚和保加利亚加入德意日三国公约，并沦为它们的附庸后，南斯拉夫和希腊成了德意在巴尔干进攻的主要目标。

此时，南斯拉夫资产阶级君主执政集团在德国压力下打算抛弃"中立"政策，把自己国家绑上轴心国的战车。1941 年 3 月 4 日，摄政王保罗前往德国，同希特勒商谈南斯拉夫参加三国公约事宜。希特勒声称，英国实际上已被战胜，"希腊的崩溃亦指日可待"，德国期待南斯拉夫立即走上同轴心国结盟的道路，"南斯拉夫到了当机立断的时候了"。

3 月 25 日下午，南斯拉夫首相茨韦特科维奇和外相马尔科维奇在维也纳正式签署南斯拉夫参加三国公约的议定书。为了安抚南斯拉夫王国的执政集团，签字当日，德意政府向王国政府递交书面照会，宣称德意"将永远尊重南斯拉夫的王权和领土完整……轴心国政府确认在战争期间将不要求南斯拉夫允许它们的军队或交通工具通过南斯拉夫领土"。

南斯拉夫统治集团本希望以投降乞求和平，维持其统治，结果却作茧自缚。3月26日，当人们从广播里听到王国政府签约加入轴心国集团的消息时，群情激昂，全国各地自发地举行了声势浩大的示威游行。示威群众高呼"宁可打仗，不要公约"，"宁可死亡，不当奴隶"等口号，有的青年学生高唱国歌，烧毁当日报纸和希特勒的照片。

在人民群众的推动下，并在西方国家政府的支持下，1941年3月27日凌晨发生了一场不流血的军人政变，成立了以杜尚·西莫维奇大将为首的新政府。不足18岁的国王彼得匆匆登上王位，摄政委员会被撤销。

3月27日事件显示了人民群众反对战争的强烈愿望，它揭开了"南斯拉夫人民的人民解放斗争的序幕"。但是，这一事件却成了德国入侵南斯拉夫的导火线。还在政变的当天，希特勒利用南斯拉夫的动荡局势，下达了准备立即进攻和消灭南斯拉夫的第二十五号指令。内称："不必等待南斯拉夫新政府表明忠诚，立即做好一切准备，以期在军事上粉碎南斯拉夫，使其不再成为一个国家。"

4月6日晨，德国出动450余架飞机对贝尔格莱德狂轰滥炸，使大半个城市化为灰烬，许多文化古迹被破坏，四五千无辜市民丧生。希特勒把这场不宣而战的战争称作对3月27日事件的"惩罚"行动。

轴心国总共出动了52个师，其中24个德国师、23个意大利师和5个匈牙利师，约87万人的兵力，2170架飞机（德国1500架、意大利670架）对南斯拉夫发动了全面进攻，而南斯拉夫军队只有31个师和415架飞机。

由于力量对比极其悬殊，南斯拉夫军队于4月17日停止抵抗，被迫投降。在这前两天，即4月15日，国王彼得及其大臣、高级将领、政党领袖等200余人携带国库的黄金，乘飞机逃亡国外。

4月的灾难使南斯拉夫王国陷于崩溃，侵略者立即占领和瓜分了南斯拉夫。德国吞并斯洛文尼亚的什塔耶尔和戈雷尼斯卡两个地区，对巴纳特和塞尔维亚实行军事管制，总面积约70000平方公里，人口520万。意大利吞并斯洛文尼亚的其余地区和亚得里亚海沿岸部分地区，占领黑山、科索沃和梅托希亚以及马其顿西部，总面积近4万平方公里，人口约200万。匈牙利占领普列科穆尔耶、梅尔穆尔耶、巴拉尼亚和巴奇卡，面积11000多平方公里，人口114万多人。保加利亚占领塞尔维亚东南部的部分地区和马其顿的大部分地区，面积28000多平方公里，人口126万。侵略者还成立了一个所谓的"克罗地亚独立国"和其他傀儡政权，面积近 10 万平方公里，人口 600 多万，置于德意的卵翼之下。

这样，南斯拉夫被彻底肢解了。但是，南斯拉夫的三月事件和四月战争却钳制了德意法西斯的部分兵力，打乱了希特勒在巴尔干的侵略计划。

武装起义和游击战争的开始

南斯拉夫王国崩溃之日也是南斯拉夫各资产阶级政党政治破产之时。在这民族存亡的关键时刻，形形色色的资产阶级政党或公开站在占领者一边，卖国求荣，或分崩离析，偃旗息鼓。唯有南斯拉夫共产党站在人民的前列，肩负组织和领导反法西斯斗争的重任。从被占领的第一天起，南斯拉夫共产党就为武装起义进行了大量的政治和军事准备。

1941 年 4 月 15 日，南共中央发表《告南斯拉夫人民书》，号召党员和工人阶级站在反对侵略斗争队伍的最前列，并预言从这场血腥的战争中将产生一个新的世界。5 月初，南共中央在萨格勒布召开各地区领导人会议，分析四月战争后南斯拉夫各地的形势，研究在沦陷条件下党如何开展工作。会议认为南斯拉夫各族人民的唯一出路在于同占领者及南奸卖国贼进行斗争。

1941 年 6 月 22 日，希特勒发动侵略苏联的战争。当天，南共中央政治局在贝尔格莱德举行会议。党中央和铁托一致认为，武装起义的时机已到。会后散发了由铁托起草的《告人民书》，号召人民群众立即行动起来，以实际行动反对占领者，声援苏联人民的正义斗争。这时，第一批突击小组已开始对敌人进行骚扰和破坏活动。6 月底，南斯拉夫人民解放游击队总司令部成立，铁托任总司令。

7 月 4 日，南共中央政治局在贝尔格莱德作出了开展武装起义的历史性决定，会上制订了首先在塞尔维亚进行武装斗争的详细计划，重点在摧毁占领当局设在乡村和小城镇的据点。

武装起义的决定发出后，在南斯拉夫各地迅速爆发了群众性起义。这在欧洲被占领国家中是罕见的。全国解放后，为了纪念南斯拉夫人民的反法西斯武装斗争，把 7 月 4 日这一天定为"战士节"。

塞尔维亚和黑山首先作出了榜样。7 月 7 日，人民英雄日基察·约万诺维奇率领瓦列沃游击小组，利用一个集市日袭击宪兵巡逻队，在塞尔维亚克鲁帕尼县的白庙村打响了起义的第一枪。7 月 13 日，黑山人民举行群众性的反占领起义。短短几天之内，30000 多名黑山起义者解放了 2/3 的国土，在许多地方建立了人民政权。起义者解除了意大利两个师的武装，挫败了敌人建立黑山傀儡政权的阴谋。7 月 27 日，在波斯尼亚—黑塞哥维那，游击队攻占了德尔瓦尔城，开始建立解放区。起义在斯洛文尼亚、克罗地亚和马其顿等地，也达到了一定的规模。

在各地起义获得初步胜利的基础上，南共中央委员会和南斯拉夫人民解放游击队总司令部于 9 月 16 日从贝尔格莱德迁到塞尔维亚的西部解放区。9 月 26 日，在斯托利察村召开了各地游击队负责人的第一次会议。为了适应政治和军事形势发展的需要，会议决定将人民解放游击队总司令部改名为最高司令部，而在各省设立总司令部；建立解放区和新的政权机关——人民解放委员会，以取代旧政权；成立较大的游击队，开展机动灵活的游击战；决定让铁托同切特尼克①头子德拉甘·米哈伊洛维奇会晤，以寻求共同反对侵略者的可能性。

10 月底，铁托冒着生命危险到切特尼克控制区，同米哈伊洛维奇举行谈判。铁托陈述了"一切为了前线，一切为了斗争"的原则，向米哈伊洛维奇提出了联合对德作战和建立临时政权等 12 点建议。这次谈判由于米哈伊洛维奇毫无诚意，同 9 月 19 日的第一次谈判一样，没有解决任何实质性问题。

在斯托利察会议决议的鼓舞下，游击队开始改组为更大的作战单位。12 月 22 日，在波斯尼亚的小镇鲁多成立了第一无产者旅（全称为无产者人民解放突击旅）。当时该旅有近 1200 名指战员，其中党团员 650 多人。无产者旅的成立，为南斯拉夫新型军队的诞生奠定了基础。这一天作为南斯拉夫人民军的建军节写进了史册。

到 1941 年年底，南斯拉夫各族人民的起义已发展为全民的反法西斯战争。活跃在南斯拉夫各地的游击队员有 80000 人，分别建立了 92 支较大的游击队。这支人民武装力量牵制了 6 个德国师、17 个意大利师、5 个保加利亚师和 1 个匈牙利师，连同吉斯林②部队总共近 60 万人。特别是占领军的师

---

① "切特尼克"原为"参加连队的人"之意，最早出现在 19 世纪下半叶，系为反抗奥斯曼帝国奴役而斗争的游民。第一次世界大战后，被南斯拉夫王室利用，变成了担负特殊军事任务的连队，具有反动性。第二次世界大战中，"切特尼克"成了流亡政府在国内的反动武装。

② 魏德库·吉斯林（1887—1945），原是挪威的军官和政治家。1931—1933 年任国防部长。1933 年组织法西斯"民族统一党"。1940 年 4 月投靠德国，帮助德军进攻挪威。在德国占领挪威期间，他成为傀儡政府的首脑，1945 年被枪决。他的名字成了卖国贼和同敌人合作者的同义语。

团深陷在南斯拉夫，不能开往别的战场。南斯拉夫的游击战争在被奴役的欧洲开辟了一个反对轴心国军队的战场。

游击队在解放区建立了人民政权机关——人民解放委员会。建立在塞尔维亚西部大片自由土地上的"乌日策共和国"，面积达 15000 平方公里，人口超过 100 万。它坚持了 67 天，才被德军占领。

慑于起义规模越来越大，德国法西斯决定采取大规模军事行动进行血腥的报复。早在 1941 年 9 月 16 日，德国最高统帅部根据希特勒同日命令，发出了消灭南斯拉夫抵抗运动的指令。德国占领当局公布了两条杀令：其一，凡杀死一名德国士兵或其家属，应杀死 100 名南斯拉夫俘虏或人质；其二，凡击伤一名德国士兵或其家属，应杀死 50 名俘虏或人质。10 月 21 日，纳粹匪徒在塞尔维亚制造了一起骇人听闻的"克拉古耶瓦茨大屠杀"，一次枪杀了 7000 人，其中有 300 多名正在上课的小学生。

9 月 26 日，敌人开始了第一次大攻势。他们到处杀人放火，将一座座村庄夷为平地。在所谓"扫荡萨瓦河湾"的"惩罚行动"中，德军第三百四十二师仅在马奇瓦镇就杀死千余人。他们往死者身上撒面粉，让猪狗撕啃，场面惨不忍睹。

在持续两个多月的攻势下，游击队被迫放弃塞尔维亚西部解放区，撤退到波斯尼亚的东部。敌人的第一次攻势没有达到消灭游击队的预期目标，于 1942 年初又发动了第二次大攻势。德意军队和伪军共出动 45000 人，向刚刚进入波斯尼亚东部的游击队发动进攻。南共中央和最高司令部决定撤出萨拉热窝地区。铁托率领部队突破敌人的围追堵截，在零下 30 多摄氏度、积雪一米多深的恶劣气候条件下，成功地穿过了陡峭的伊格曼山脊，进入德里纳河畔的佛恰镇，在那里，开辟了一个新解放区，并于 3 月 1 日成立了第二无产者旅。

争取建立人民政权的斗争

在战争的第二个年头，南斯拉夫人民武装力量继续在战火中成长，解放区里的革命政权建设也有了进一步的发展。南共把武装斗争同政权建设有机地结合在一起，明确地向广大人民群众展开了斗争的未来："我们能通过解放斗争实现自己长久以来的社会要求和民族愿望，绝不能再复旧。"

随着人民解放斗争的发展，在南斯拉夫的解放区和个别沦陷区，陆续出现了第一批政权机关，以取代旧的国家机器和解决人民解放运动中的迫切问题。

这种新的政权机关叫作人民解放委员会。它的任务是多方面的，主要是保障前线的各种需要和维持后方的社会秩序。1941 年 10 月 19 日，爱·卡德尔发表题为《人民解放委员会应当成为人民政权真正的临时承担者》的著名文章，论述了人民解放委员会的性质和任务：（1）组织全体人民的活动，以便向前方战士提供所需要的一切。（2）保证后方的秩序，通过人民自己的警卫队来保持这种秩序，反对一切掠夺、盗窃、投机、第五纵队等活动。（3）组织对居民，特别是贫困阶层和战士、生活无保障的家庭的供给，提供食品，尽量正确地组织和发展经济生活、商业、交通（武装力量直接管理的部门除外）。（4）用一切办法来巩固前方同后方、全体人民同他们的战士的联系。

革命政权机关出现后，人民群众有了同流亡政府的旧政权和占领当局建立的法西斯政权以及其他伪政权进行斗争的领导机构。人民解放委员会的加强和扩大，又推动了武装斗争的进一步发展。

1942 年 6 月，成立了第三、第四和第五无产者旅。在粉碎了德意占领军和吉斯林部队联合发起的第三次大攻势后，最高司令部决定率领无产者旅的 4000 名战士从黑山边境出发，向波斯尼亚西部作战略转移。其目的在于保存游击队的主要力量，使无产者旅同活动于南斯拉夫西部的游击队会合，在克罗地亚、斯洛文尼亚等地开辟新的解放区。这就是著名的无产者旅的七月进军。

无产者旅兵分两路挥戈西进，行程 250 公里。他们攻克许多敌人据点，解放了一批中小城镇和村庄，扩大了人民武装，新建了几个无产者旅。七月进军揭穿了敌人散布的"游击队的力量已经被彻底打垮"的谣言，为建立人民解放军和召开全国性会议创造了条件。

1942 年 11 月 1 日，最高司令部发布命令，成立第一和第二无产者师。11 月 9 日，成立第三、第四和第五师，它还组建了波斯尼亚军和克罗地亚军。南斯拉夫人民解放游击队和志愿军最高司令部改名南斯拉夫人民解放军和游击队最高司令部。

除人民解放军的正规部队外，各地还有游击队。到 1942 年底，人民武装力量拥有 2 个军、9 个师、36 个旅、43 支游击队和其他小的军事单位，总共达 15 万人。他们抗击着驻在南斯拉夫领土上的 15 万德军、33.5 万意军、

9万保军和2.8万匈军以及近25万吉斯林部队、敌伪军总共85万人。解放区的面积达5万平方公里，占全国总面积的1/5。

这样，在南斯拉夫解放区成立一个全国性政治机构的条件已经成熟。11月26日和27日，在新解放的比哈奇镇召开了有南斯拉夫各民族和各反法西斯团体代表参加的南斯拉夫人民解放反法西斯委员会的第一次会议，决定成立一个全国性的政治机关——南斯拉夫人民解放反法西斯委员会（简称"人解委员会"）。它设立执行委员会，行使最高行政机关的职能，领导人民政权机关的日常工作。执行委员会的主席是前议长伊万·里巴尔博士。

人解委员会的成立标志着人民政权建设进入了一个新的阶段，它充分表达了南斯拉夫各族人民厌恶旧制度和渴望建立革命政权的愿望。

1943年的南斯拉夫战场

1943年初，苏联红军在斯大林格勒保卫战中取得了重大胜利，同盟国家在太平洋战场和北非战场也都从战略防御转为战略反攻，第二次世界大战发生了根本的转折。同盟国家在各个战场的节节胜利，鼓舞了各国被奴役人民战胜纳粹德国和争取解放的信心。

南斯拉夫各族人民的解放斗争在这一年也取得了决定性的胜利。

1943年1月20日，德意侵略者在罗马制订了消灭"铁托的国家"的新方案，代号为"Ⅰ—Ⅲ白色作战计划"。敌人的主要战略目标是分割解放区，围歼南斯拉夫人民解放军的主力，这就是敌人的第四次大攻势。敌人集中了4个德国师、3个意大利师和2个吉斯林师，共约8万人，向2万名人民解放军进攻。

2月8日，最高司令部召开紧急会议，决定除留下部分兵力牵制敌人外，主力部队向东突围，进入黑山，以创建新的根据地。在撤退途中，游击队由于日夜行军，部队疲惫不堪，加上严寒和饥饿的折磨，伤病员日益增多。3月5日，主力部队和4000名伤病员到达奈雷特瓦河谷。前面是急流滚滚的奈雷特瓦河，后面是穷凶极恶的追兵。在这危急时刻，铁托镇静自若，采取了迷惑敌人的计谋。他下令炸毁河上的桥梁，派部队向右边佯攻，摆出要背水决战的阵势。敌人以为游击队放弃了渡河的打算，放松了对奈雷特瓦河的监视。3月6日晚，游击队利用夜幕的掩护抢修了一座半毁的铁路桥，铺上木板，把重型武器投入河里，开始强渡奈雷特瓦河。3月15日，游击队的师和旅、最高司令部连同全体伤病员到达左岸目的地。敌人调动部队堵截和猛烈炮轰空袭，但为时已晚。

在奈雷特瓦河左岸的战斗中，游击队肃清了 18000 名米哈伊洛维奇的切特尼克。这伙匪徒在军事上和道义上声名狼藉，从此一蹶不振。3 月底对切特尼克的胜利意味着奈雷特瓦战役的结束。这是南斯拉夫人民解放战争中最激烈和最重要的战役之一。铁托指出，这是一次救护伤员的战役，是军事史上最人道的战役。

紧接着，敌人发动了第五次大攻势，在德国军事文献中称为"黑色行动"。敌伪投入的兵力达 127000 人，向 16000 名（其中包括 3500 名伤病员）刚进入黑山的游击队进攻。攻势从 5 月 15 日持续到 6 月 15 日。6 月初，在苏捷斯卡河谷狭长地带展开血战，双方损失巨大，铁托的手在空袭中被炸伤。英国驻最高司令部军事使团的首席代表斯图尔特上尉被炸死，使团的迪金上尉也负了伤。在这次悲壮的战役中，有 8000 名指战员牺牲。冲出敌人包围圈后，游击队再度进入波斯尼亚东部，于 7 月初在那里建立了一片解放区。苏捷斯卡战役是一曲革命英雄主义的凯歌。

1943 年 9 月，意大利投降，此后南斯拉夫人民解放运动获得了更加迅速的发展。人民解放军和游击队解除了 15 个意大利师团中的 11 个师团的武装，缴获了大量的武器、军用物资和粮食。人民武装力量用缴获的武器装备了 8 万名新战士，建立了一批新的师和军。

法西斯意大利退出战争使南斯拉夫西部的解放运动出现了高潮。亚得里亚海沿岸的部分地区和斯洛文尼亚的意大利占领区获得了解放，并同西方盟军建立了直接的联系。盟国开始向游击队提供武器和其他军事装备等援助。南斯拉夫战场成为反法西斯同盟国在巴尔干和地中海地区的一个重要因素。

德军从 1943 年 9 月下半月起，开始了第六次大攻势，这次攻势一直延续到 1944 年 1 月。这次，敌人改变策略，在南斯拉夫各地同时突然袭击，以确保主要城市和交通线的安全，攻占亚得里亚海沿岸。第六次大攻势也遭到失败。到这年底，人民解放军已拥有 30 万装备较好的战士，解放了一半的国土和近 500 万居民。人民政权已成立几千个村一级、800 个乡一级、240 个区一级、51 个州一级和 14 个地区一级的人民解放委员会。

国际和国内条件对南斯拉夫的人民解放战争越来越有利。1943 年 11 月 29—30 日，在波斯尼亚的亚伊策城举行了南斯拉夫人民解放反法西斯委员会第二次会议，会上作出了一系列具有深远历史意义的决议，其中最重要的有：确定人解委员会为最高立法和执行机关，设立类似议会的主席团（里巴尔任主席）和相当于政府的全国解放委员会（铁托任主席）；新南斯拉夫将建立在联邦制原则之上，成为各民族平等的国家共同体；剥夺伦敦流亡政府的一切权力，禁止国王彼得二世回国。会议还授予铁托元帅衔。

这次会议的召开及其决议标志着解放斗争过程的总转折。它为新南斯拉夫的诞生准备了条件，为人民解放运动获得国际承认开辟了道路。

11月29日这个日期镶嵌在国徽上，成为南斯拉夫的国庆节。

英美政府看到米哈伊洛维奇完全站在占领者一边，专门进攻游击队，已经声名狼藉，便开始停止援助切特尼克和流亡政府。在德黑兰会议上，盟国事实上已承认南斯拉夫人民解放军是一支盟军，答应向它提供援助，会议的军事决议称："会议决定要尽最大可能给予南斯拉夫游击队物质援助和补给。"

彻底解放南斯拉夫的斗争

1944年，南斯拉夫战场对同盟国来说，具有越来越大的战略意义，人民解放军和游击队的活动范围遍及南斯拉夫全境。

面对人民解放战争的胜利发展，希特勒决定孤注一掷。1944年5月，德军和伪军发动了最后一次大攻势，即第七次大攻势。敌伪出动了48万兵力，包围解放区，进行"遍地开花"的战斗，妄图控制具有战略意义的交通线。

德尔瓦尔空降是这次攻势的高峰。根据德国最高统帅部下达的"要不惜一切代价活捉总司令铁托"的指令，5月25日，一支700人的伞兵部队突然在空军和机械化部队的配合下，降落在人民解放运动的领导机关所在地——德尔瓦尔。每个德国伞兵都带着一张铁托的照片，捉到铁托可以获得重赏。

当时，在德尔瓦尔镇的游击队力量薄弱，只有最高司令部所属军官学校的学员和一支警卫队。他们首先投入战斗，以铁托为首的最高司令部和苏英美三国军事使团的成员只好躲进德尔瓦尔附近的一个山洞。由于人民解放军部队的及时增援，特别是第六利卡师急行军赶到，加上该市和郊区居民的协助，经过一整天战斗，德国空降部队几乎全部被歼。在保卫德尔瓦尔城的战斗中，青年们表现得最为突出。5月25日这一天被定为南斯拉夫青年节。铁托的战友们还把这一天作为铁托的生日（实际上铁托生于1892年5月7日）来庆祝。

1944 年秋季的形势对希特勒德国更加不利。南斯拉夫战场已将苏联红军的南翼跟西方盟军的意大利战场直接联系起来。南斯拉夫战场的主要任务是阻止德军向北撤退。8 月 12—13 日，铁托元帅访问意大利盟军前线后，在那不勒斯会见了丘吉尔，双方就南斯拉夫人民解放军以及盟军在意大利和巴尔干的军事行动进行了会谈。苏联红军进入巴尔干半岛，罗马尼亚和保加利亚成立新政府之后，9 月 19 日，铁托在莫斯科同斯大林达成协议，由南、苏军队共同解放塞尔维亚东部和首都贝尔格莱德。1944 年 10 月 20 日，南斯拉夫人民解放军第一军和苏联乌克兰第三方面军联合作战，解放了贝尔格莱德。在庆祝该市解放的群众大会上，铁托说："即便是在最困难的时刻，我一直在想：我们是从贝尔格莱德开始的，我们定会在贝尔格莱德结束。"

到 1944 年底和 1945 年初，整个塞尔维亚、马其顿和黑山以及波斯尼亚、黑塞哥维那和达尔马提亚的绝大部分，均获得解放。

在人民解放战争获得重大军事胜利的前提下，建立新南斯拉夫国家的问题被提上了议事日程。流亡政府于 1944 年 6 月初经过改组，成分发生了变化。1944 年 6 月 16 日，全国解放委员会主席铁托和流亡政府新任首相伊万·舒巴希奇经过多次协商后签订了共同协议，规定新的王国政府要由战争期间未曾与占领者同流合污和未曾反对过人民解放战争的民主分子组成，并承认和援助国内的解放运动。11 月 1 日，签订了成立南斯拉夫联合政府的第二个协议。该协议规定，关于国家体制的最终形式问题，将在战争结束后由南斯拉夫人民通过全民投票来决定。在此之前，国王不得回国。

苏美英三国首脑的克里米亚（雅尔塔）会议充分肯定铁托—舒巴希奇协议，要求双方使协议尽快生效。1945 年 3 月 7 日，在贝尔格莱德成立了南斯拉夫民主联邦临时政府，铁托任总理，舒巴希奇任外长，盟国立即承认了临时政府。

1945 年春，南斯拉夫人民解放军发起了彻底解放南斯拉夫全境的攻势。3 月 1 日，最高司令部发布命令，南斯拉夫人民解放军更名为南斯拉夫军，最高司令部更名为总参谋部。新成立了 4 个集团军，人民武装建立了自己的海军和空军。到战争结束时，人民解放军拥有 63 个师，共约 80 万名官兵。

在南斯拉夫的德国军队，主要是 E 集团军群，仍有 45 万人，另外还有 23 万多吉斯林部队。南斯拉夫军队的主要任务是切断德军的退路，解放南斯拉夫西北部及亚得里亚海沿岸，配合西方盟军在意大利和苏军在匈牙利的军事行动。3 月下旬，南斯拉夫第四集团军解放了利卡和克罗地亚沿岸岛屿。

4月下旬，德军坚固的斯雷姆防线崩溃。5月2日，第四集团军的部队解放了的里雅斯特市。5月8日和9日，萨格勒布和卢布尔雅那回到人民的怀抱。至此，南斯拉夫全境获得解放。

当1945年5月8日法西斯德国无条件投降，全世界人民欢庆对法西斯的伟大胜利的时候，南斯拉夫战场歼灭溃逃德军残部和伪军的战斗还在进行，直到5月15日方才结束。南斯拉夫军队在最后解放祖国的行动中，击毙敌人10万人，俘虏约30万人。

至此，南斯拉夫人民解放战争胜利结束。同年11月29日，南斯拉夫宣布废除君主制，成立共和国，走上了社会主义发展道路。

南斯拉夫各族人民主要依靠自己的力量，在盟国的配合和支持下，解放了自己的祖国。他们牵制了德意法西斯的几十个师团，在反轴心国集团的斗争中占有重要的地位，对在世界范围内战胜法西斯的共同事业作出了宝贵的贡献。

在四年战争中，法西斯侵略者对南斯拉夫人民犯下了大量罪行，制造了一桩桩惨绝人寰的大屠杀。南斯拉夫在人力和物力上都遭受了巨大损失。在战争中牺牲了1706000人，占全国总人口的10.8%，仅次于苏联和波兰。南斯拉夫的财产损失为460多亿美元，其中直接的财产损失达91亿多美元。南斯拉夫的整个物质损失相当于美国损失的7.2倍、希腊的3.6倍、英国的2.4倍、荷兰的2倍。从这一统计数字可以看出，南斯拉夫是战火中打出来的英雄国家。南斯拉夫人民为自由和独立付出了高昂的代价，为战胜法西斯侵略者尽了最大的努力。

意大利人民的反法西斯抵抗运动

刘甫武　陈祥超

1943 年 7 月 25 日墨索里尼下台以后，意大利的反法西斯运动进入武装反对希特勒占领军和墨索里尼傀儡政权的新阶段。由共产党联合其他反法西斯政党组成的各级民族解放委员会，以解放国土和消灭法西斯制度为共同目标，积极组织和发展抵抗力量，开展以人民游击战争为主要形式的各种抵抗活动，经过近两年的艰苦奋战，赢得了整个抵抗运动的胜利。

反法西斯运动的兴起与
墨索里尼独裁统治的结束

1922 年 10 月，意大利国家法西斯党通过发动向罗马进军的政变，夺取了国家权力，建立了世界上第一个法西斯政权。但是，墨索里尼第一届内阁组成时，法西斯的力量尚未达到实行一党独裁的程度，在法律上国王仍然是国家元首，他有权随时免去墨索里尼的首相职务，甚至议会也可以利用投不信任票的办法迫使其辞职。

为了控制议会多数挟持国王，实行一党独裁，法西斯党于 1923 年强迫参、众两院修改了选举法，并于 1924 年 4 月举行了大选，投票那天，法西斯党用武力控制选举机构，强迫选民投法西斯党的票，结果获得 65% 的选票。它在议会中的席位从上届的 35 席增至 375 席，占议席总数的 2/3。

5 月 30 日，在新选出的议会开会时，统一社会党总书记马泰奥蒂用大量事实揭露了法西斯分子在选举过程中玩弄阴谋和使用暴力的情况。他的讲话在全国引起强烈反响，共产党、社会党、人民党、自由党、自由民主党和社会民主党等采取联合行动，在议会内外谴责法西斯的罪行，使得墨索里尼十分恐慌。为了遏制人民的反法西斯情绪，他指使法西斯分子于 1924 年 6 月

10 日绑架并杀害了马泰奥蒂。

法西斯的卑鄙行径遭到各阶级、阶层的强烈反对，并在意大利酿成了第一次反法西斯高潮。6 月 14 日，全体非法西斯议员集体退出议会，组成阿文廷反对派。宣布除非证明政府与马泰奥蒂事件无牵连，否则他们就决不返回议会。与此同时，全国城乡有 100 多万人举行集会游行，抗议法西斯暴行，在声势浩大的反法西斯运动的冲击下，法西斯党发生分裂，许多法西斯分子退党。到 1924 年底，法西斯党的人数从 1923 年底的 782979 人减少到642246人。法西斯党的一些地方组织处于瘫痪。这种党内外交困的局面使法西斯政权面临崩溃的危险。

为了平息群众的情绪，墨索里尼一方面于 6 月 14 日下令逮捕杀害马泰奥蒂的凶手杜米尼和普塔托，将法西斯党的第四号人物切萨雷·罗西开除出党，另一方面在议会宣布，"如果陛下今天召见我，命令我辞职，我一定听命，并表示服从和欢迎"。但是，反对派没有利用这一有利时机进一步开展反法西斯斗争，相反由于垄断资本派代表团于 9 月 15 日会见墨索里尼向他表示支持，反对派发生分裂，反法西斯斗争受到挫折。

1925 年 1 月 3 日，墨索里尼在议会宣布将以武力镇压全国的反法西斯运动。到 1 月 5 日，法西斯分子共查封了 95 个团体和俱乐部；解散了 150 个公共团体、25 个"颠覆性"组织和 120 个"自由意大利"小组；逮捕了包括意共领导人葛兰西在内的 111 名重要的"危险分子"。在这之后至 1926 年 11 月，法西斯政权先后颁布《反秘密团体法》《保卫国家措施法》和《法西斯特别法》等一系列法律法令，进一步剥夺了人民的基本权利，取缔了一切反对党和工会组织。为镇压反法西斯运动，法西斯政府于 1927 年建立"特别法庭"。在该机构设立后的 15 年里，经它杀害的革命者达 5000 余人，其中4500 人是意共党员。墨索里尼满以为靠这些办法即可把反法西斯运动镇压下去，实际上，白色恐怖并没有使反法西斯战士屈服，反而促使他们把斗争推向一个新的阶段。

1927 年 2 月，意大利共产党在米兰召开工会领导人和积极分子秘密会议，决定重建劳工联盟，号召工人阶级开展地下反法西斯斗争和建立地下反法西斯网。在共产党的推动下，各种反法西斯组织纷纷建立。1927 年流亡法国的社会党和共产党领导人在巴黎建立"反法西斯大本营"；1929 年，著名的反法西斯战士罗塞利等人在法国建立"正义与自由"运动；随后旅居美洲的意大利人在纽约建立了"马志尼协会"，开展反法西斯斗争。

1929—1932 年，资本主义世界经济危机沉重地打击了意大利经济。55000 多家中小企业倒闭，693256 人失业，成千上万的农民破产。工农群众对法西斯政权的不满情绪日益高涨。为转移人民的注意力，摆脱困难，法西斯政权于 1935 年 10 月出动约 225000 人的军队向埃塞俄比亚发动了一场在非洲殖民史上规模空前的侵略战争。侵埃战争爆发的当月，意大利共产党和社会党即在布鲁塞尔举行反法西斯大会，建立反战行动委员会，开展反战宣传和组织反战示威。意大利国内的罢工次数急剧增加，仅 1936 年厂主与工人之间的纠纷就达 10 万余次。这对装备上处于劣势的埃塞俄比亚军队是个有力的支持。国内的反法西斯运动和意军在埃塞俄比亚战场上的失利促使法西斯领导集团内部矛盾加剧，连费德尔佐尼、巴尔博和格兰迪等法西斯魁首也对墨索里尼发动这场战争持批评态度，甚至一度有消息说，墨索里尼有可能要下台。只是由于英法的姑息纵容和纳粹德国的支持，墨索里尼才得以摆脱困境，于 1936 年 5 月兼并埃塞俄比亚。

埃塞俄比亚战争结束后刚两个月，法西斯意大利即伙同纳粹德国武装干涉西班牙。连年的侵略战争使意大利的财政经济受到很大削弱，如埃战前的 1934—1935 财政年度，国家的财政总赤字为 211900 万里拉，到 1936—1937 财政年度，赤字猛增至 1623000 万里拉，相当于国家财政总收入的 1/2。为了弥补亏空，法西斯政府的横征暴敛日甚一日，1934 年捐税总额为 180 亿里拉，1939 年增至 300 亿里拉，致使人民的生活更加贫困。到 1940 年 6 月意大利站在德国一边参加第二次世界大战时，甚至连粮食、煤炭等基本生活必需品都得不到起码的保证，每人每天只配给 200—300 克面包，居民取暖的煤炭以木材代替，咖啡用大麦和菊苣根代替。这种情况在客观上有利于反法西斯斗争和反战运动的开展。1941 年 5 月，意大利共产党发表呼吁书，号召劳动人民为争取建立一个能够使国家摆脱灾难、"从人民中产生并依靠人民的政府"而斗争。10 月，共产党和社会党等在法国南部举行会议，成立"意大利统一行动委员会"。

1942 年 10 月，意大利共产党、社会党、行动党（即"正义与自由"运动，主要由知识分子组成，队伍不大，主张共和，建立后有较高威望）、天主教民主党（即第一次世界大战后建立的人民党）等在都灵组成意大利中央民族阵线委员会。此后不久，意大利各城市相应成立了民族阵线委员会或民族行动阵线。

1942 年冬季至 1943 年 2 月，苏军在斯大林格勒的胜利和英美军队在非洲的登陆大大鼓舞了正在进行反法西斯斗争的意大利人民。3 月 5 日，意大利共产党发动都灵菲亚特公司的工人举行大罢工，要求提高工资和停止逮捕。几天之内，罢工即在米兰、热那亚等整个北部地区蔓延，参加者约 100 多万人，仅都灵就有 10 万人。后来，罢工转变成声势浩大的反战示威。

1945 年 6 月底至 7 月初，根据意共的建议，意大利共产党、社会党、行动党、天主教民主党和自由党（代表地主、大资产阶级利益的政党，主张恢复法西斯统治前的社会和政治秩序）的代表为建立意大利民族解放委员会在米兰举行筹备会议。

战场上的失败和国内反法西斯运动的高涨使大批法西斯分子对墨索里尼失去信任，纷纷退党。到 1943 年 5 月，法西斯党的人数减少 1/3 以上。到 7 月 9 日，盟军在西西里登陆后，意大利垄断资产阶级也对墨索里尼失去信心，决定"换马"，企图以牺牲墨索里尼来保住自己的统治地位。7 月 24 日，法西斯大委员会举行特别会议，结果以 19 票对 7 票把墨索里尼赶下台，并于第二天将其逮捕。

抵抗组织的出现及其武装力量的建立

墨索里尼法西斯政权崩溃的当天，即 7 月 25 日当晚，国王埃马努埃莱三世命令巴多里奥元帅①组织新政府。新政府于 1943 年 9 月 8 日宣布退出战争。当天，盟军在那不勒斯以南的萨勒诺登陆，德军觉察形势有变，于 9 月 9 日包围罗马，并于几天内控制了那不勒斯以北的意大利全境，随即把墨索里尼从他的关押地大萨索山救走，扶植他拼凑法西斯傀儡政权，于 9 月 15 日在位于加尔达湖畔的萨洛宣告成立"意大利社会共和国"。墨索里尼利用德国法西斯的刺刀，强征了一批青年，建立了四个法西斯师以及所谓"黑衫队""墨索里尼营"等军事化组织，作为伙同德军作战和扑灭抵抗运动的力量。

从德国法西斯占领意大利开始，意大利人民便展开了反对德国占领者以及卖国贼的民族解放抵抗运动。当德军进攻罗马时，无数居民奋起同敌人展开了 4 天激烈的巷战。9 月 27 日，那不勒斯爆发人民起义，经过四天浴血战

①　巴多里奥在 1935—1936 年率领意大利军队侵略埃塞俄比亚，是屠杀埃塞俄比亚人民的刽子手，1940 年因侵略希腊失败而被解职。

斗后，德军退出那不勒斯。首都罗马和那不勒斯人民首先燃起了抵抗运动的战火，这对意大利人民开展游击战争是强有力的推动。

意大利的反法西斯政党在反对墨索里尼的斗争中逐渐形成了反法西斯统一战线。墨索里尼垮台和德军占领罗马以后，为了适应新的战斗任务的需要，各反法西斯政党立即把各级民族阵线委员会相应地改组为民族解放委员会。

1943年9月9日，即希特勒侵略军入侵罗马的第一天，共产党阿门多拉、社会党南尼和萨拉盖特、劳动民主党路易尼、天主教民主党加斯贝利和格隆基、自由党宇勒里和行动党代表，在罗马召开会议，联合组成中央民族解放委员会，由博诺米（前社会党人、后为劳动民主党创建人）任主席。此后，在米兰成立了除劳动民主党外其他五个政党参加的意大利北部民族解放委员会，由共产党领导人隆哥、行动党领导人帕里任主要领导。在解放了的南方，民族解放委员会成了政治活动中心，起着重要作用。1943年11月，在那不勒斯成立了由克拉韦里等领导的"意大利抵抗组织"，它独立地开展活动，并发展为加强意大利南部盟军与北部民族解放委员会相互联系的纽带。

罗马中央民族解放委员会拟定的武装抵抗德国占领者和意大利卖国贼的纲领路线是完全正确的。然而，在民族解放委员会中占据领导地位的劳动民主党人和天主教民主党人却不积极执行委员会正式确认的路线，而是单纯为了"最大限度地减少爱国者和天主教徒的牺牲""持等待观望态度""进行消极抵抗"。所以，罗马中央民族解放委员会未能成为领导抵抗运动的中心。

设在米兰的意大利北部民族解放委员会，在意大利所有民族解放委员会中最活跃、最富有战斗力。它成立之初虽属罗马中央民族解放委员会领导，但实际上已发展成为意大利人民抵抗运动的真正政治领导者。在民族解放委员会中的意大利共产党人坚决走组织群众进行武装斗争的道路，坚持"只有斗争，只有毫不迟疑、决不妥协地进行公开而无情的斗争，才能使意大利获得解放"的抵抗路线，在当时意大利工人阶级集中的意大利北部起着决定性作用。行动党和社会党同样主张在抵抗运动中积极开展武装斗争，这就保证了民族解放委员会始终坚持走武装抵抗的道路。北意民族解放委员会为唤起和团结各阶层群众开展斗争竭尽了自己的努力，享有很高的威望，甚至在各省、市、村以至市区和某些企业中建立的许多民族解放委员会都与它有联系，它真正成为意大利抵抗运动的中坚力量，领导开展游击战争的战斗中心。

在北意民族解放委员会确立的正确行动路线指导下，各个武装力量相继建立。1943 年 9 月 12 日，行动党员、年轻律师加里姆贝尔蒂在库内奥地区建立了第一支游击队，起初只有十几个人，后来发展为库内奥游击队的第一个师。行动党还仿效共产党建立了由帕里领导的"正义与自由"游击支队，成为该党最大的武装力量。9 月 20 日，意大利共产党以隆哥为首的游击队军事指挥部在米兰开始工作，着手组织游击队，开展反法西斯武装斗争。根据意共领导机关的指示，派遣 50% 的党务工作人员从事军事工作，15% 的党务工作人员直接参加游击队。墨索里尼垮台时，意大利共产党有五六千党员，其中有许多人坐过牢和被流放过，还有几百个参加过西班牙人民战争的战士。10 月，意大利共产党组织了以意大利民族英雄加里波的命名的游击队，由隆哥任总指挥。这支游击队后来发展为各政党中最强大的一支武装力量。意共另一位领导人莫斯卡泰利在塞西亚地区建立了游击队，成为该地区的主要武装力量。同时，意共还在北方各个城市中建立了"爱国战斗队"，在农村组织了"乡村爱国行动队"。天主教民主党在托斯卡地区也建立了由迪·迪奥领导的游击队，甚至没有真正群众基础的自由党，也在北部地区活动，建立了佛朗奇支队，后又成立了复兴运动支队。

意大利各个游击队大多由 40—50 人组成，每支队伍再分成若干分队。分队又分成几个小组，每组有 4—5 人。游击队的基本战斗单位是分队。游击战争的方式也是各种各样的。"城市爱国行动队"袭击敌人军事目标，破坏敌人的工厂，消灭德军及意奸；"乡村爱国行动队"在大游击部队不能达到的乡村中活动。它们不仅机智勇敢地打击敌人，而且号召农民们把粮食隐藏起来，不给占领军而帮助游击队，号召青年拒绝当法西斯炮灰而参加游击队。游击战争的烽火迅速在敌占区燃烧起来。意共领导人莫斯卡泰利领导的游击队很快就控制了塞西亚地区。其他游击队活跃在瑞士的边缘地带、利古里亚的亚平宁山中以及奥塔湖上，甚至在莱科附近的阿尔卑斯山区，有 12 个年轻人拿起武器打击敌人。威尼西亚成了意大利和南斯拉夫游击队之间活动的重要通道。从 1943 年 9 月至年底，游击队克服各种困难发展到 9000 余人。共产党人组织的规模巨大的罢工运动在北意各城市展开，为游击战争更加广泛地开展创造了有利条件。

正值意大利运动兴起之时，1943 年 10 月 19—30 日举行的莫斯科苏、美、英三国外长会议讨论通过《关于意大利问题的宣言》，把"彻底铲除法西斯主义及其所造成的后果""建立基于民主原则之上的政府"等基本原则，作为"盟国对意大利的政策"。这对意大利人民的抵抗运动和意大利以后的发展前途都具有重要的意义。英美盟国也很重视与意大利抵抗运动的关系。1943 年 11 月 3 日，行动党领导人帕里专程从米兰来到色特纳戈，同英美的代表莫克卡费利、艾伦·杜勒斯就抵抗运动与英美盟国的关系举行首次会议，签订了协定。盟国司令部要求游击队保卫盟军的特工人员，并执行作战任务，配合盟军的行动。然而，盟军出于政治原因，并未向处境困难的游击队及时提供援助。

1944 年是意大利抵抗运动全面展开的时期。

1944 年新年前夕，意共及时提出了抵抗运动的具体任务，即"从最初的小规模前卫战转入总反攻，从游击队袭击转入正规战役，从孤立的罢工转入总政治罢工、反对意大利—德国法西斯分子的全民起义"。1944 年 1、2 月间，盟军在罗马东南 30 公里的安齐奥登陆成功。3 月，苏联正式承认巴多里奥政府，同大利恢复外交关系。意大利共产党借助于有利的形势，组织和领导了米兰、热那亚、都灵和波伦亚等地有 100 万人参加的总罢工，得到了 2 万多游击队员和许多爱国行动小组的支援。从 3 月 1 日开始，历时 8 天的大罢工，把城市变成了另一条强大的反法西斯战线，"将游击队的武装斗争同广大工农群众反对占领者的斗争极其紧密地结合了起来"，成为以后全民起义的总预演。

正当意大利北部城市反对德国占领者的斗争蓬勃发展的时候，广大游击战士在德意法西斯极端残暴的镇压下进行了不屈不挠的斗争。墨索里尼专门建立了特别法庭、特种警察部队，随意杀害抵抗战士。德国法西斯对游击队战士和无辜群众灭绝人性的屠杀令人发指。1944 年 3 月 24 日晚，德军一连士兵通过罗马市拉赛腊路时遭到"爱国行动队"袭击，32 名德军士兵被打死。希特勒为了进行报复，决定一个德国人遭受袭击，就要枪杀 20 个意大利人。驻意德军司令凯塞林把这个数字减到 10 个。3 月底，驻罗马党卫队在城外的阿德亚廷河畔处死了 335 名人质。这些人来自社会各阶层，其中有律师、教师和其他知识分子。这就是当时震惊世界的"罗马惨案"。1944 年秋，德军在佛西里亚、亚诺河平原、姆吉罗等地杀害平民进行报复。最令人发指的是从 9 月 29 日到 10 月 1 日，德军在马扎波托屠杀了 1830 名平民。英雄的游击战士并没有被法西斯的血腥镇压所吓倒。1943 年 11 月，游击队战士契尔维·杰林多七兄弟，不幸在自己的家乡吉阿·爱密里被捕，受尽折磨，仍坚强不屈。法西斯匪徒威胁他们说："投降就可以不死！"但杰林多代表他们兄弟七人回答："你们可以杀死我们！我们永远死不了！"这七位英雄大义凛然、英勇牺牲的伟大爱国精神，极大地鼓舞着游击队战士奋勇杀敌。

意大利游击战争从一开始就得到了人民群众和爱国军人的广泛支持。工人、农民、学生、自由职业者和爱国军人同游击队战士并肩战斗。"城堡式教堂常常掩护被追捕的抵抗战士，都灵军事委员会遭到被捕后，一位将军、一位大学教授和一位工人站在一起受审判。"游击队不可战胜的力量源泉产生于人民之中。在1943年最艰苦的战斗日子里，意大利游击队不仅未被强大的法西斯军队所扑灭，反而在战斗中日益发展、越战越强，这恰恰证明了意大利抵抗运动广泛的群众性。

1944年3月以前，意大利北部山区共有3万名游击队员。同年春天，逃避法西斯军队征兵的成批青年纷纷加入游击队。广大农民踊跃加入"乡村爱国行动队"，使游击队迅速壮大起来。1944年夏，游击战士增加到82000人。游击队不断发动进攻，在意大利北部和中部解放了大片土地，建立了15个以上的解放区和人民政权。在热那亚和皮亚钦察之间，解放区绵延150公里。在埃米利亚最大的解放区称为"蒙杰弗耶里诺共和国"。在皮埃蒙特最大的解放区瓦尔·迪·兰佐离都灵只有30公里。在蒙多维稍北的地方，游击队控制的解放区有15万军民。共产党和行动党的2000名游击战士从道莫多索拉（瑞士边境上一个城镇，离米兰100公里）驱逐了德国驻军，占领了整个奥索拉河谷，宣布"民主共和"，并开始实行民主改革。在各解放区成立的人民政权，储备了游击队及居民所需要的粮食，组织人民法庭镇压法西斯走狗，清除卖国贼，对保证游击战争的胜利起了巨大作用。

为了适应抵抗运动迅猛发展的需要，1944年6月2日，以无党派人士弗雷多·皮代尼为主席的北意民族解放委员会宣布为最高权力机关。委员会不同意简单地完全恢复原来的政治和经济结构，哪怕这些结构肃清了法西斯分子和法西斯精神，他们要求改革国家和社会，主张召集解放委员会大会，在人民起义后立即掌权。团结一致的北意民族解放委员会（即米兰委员会）与中央民族解放委员会的软弱无力相反，完全控制着作为抵抗运动主要战场的意大利北部广大解放地区。名义上它是中央民解委员会的下级组织，实际上基本是一个独立的组织，起领导抵抗运动的作用。

1944年6月9日，以意大利共产党加里波的游击队为核心，约8万人的各党游击队统一命名为"自由志愿军团"，由盟国军政府指派的意大利王国将军卡多纳任"自由志愿军团"指挥部总司令,共产党人隆哥任副司令,行动党领导人帕里任参谋长。各党游击队联合会仍保持相对的独立性。其中人数最多、组织最完善和最活跃的是共产党的"加里波的旅",占游击队总人数的40%;其次是行动党的"自由与正义旅"约占30%。"自由志愿军团"名义上属于米兰民族解放委员会拥有的武装力量,但实际上它根据战斗需要,只接受指挥部或各党领导,而民解委员会的首要任务是扩大游击武装和满足他们在资金、给养和装备等方面的需要。

在1944年夏末的战斗中,"自由志愿军团"起着正规军的作用,可以与上万人的敌军大部队作战。夏秋,"自由志愿军团"发动了6000余次军事行动,歼敌16000人,缴获敌军大炮3100余门。"自由志愿军团"的进击,牵制了墨索里尼傀儡军5—7个师、德国法西斯7—9个师。北意人民如火如荼的反法西斯武装斗争和解放区人民政权的建立,构成了对德意法西斯统治的严重威胁。

人民大起义的胜利

意大利人民解放斗争在迅速发展的同时,面临着一个又一个需要解决的新问题。

首先是政体之争,即意大利在法西斯统治结束后将建立什么样的政府。1944年3月,意大利的游击战争和罢工示威运动出现新的高潮时,各党对墨索里尼垮台后巴多里奥政府保留君主政体的争论,也变得更加突出了。4月1日,意共总书记陶里亚蒂在那不勒斯举行的意共全国委员会上阐明了原则立场,即各党应立即参加巴多里奥政府,集中全力反对希特勒占领军和墨索里尼法西斯。至于君主制问题应放在战后解决。意共的主张得到了其他各党的赞同,加强了民族解放委员会内部的团结合作。

1944年4月21日,成立了以巴多里奥为首的第一届民族团结政府①。参加新政府的有民族解放委员会的所有党派。共产党在历史上第一次派代表参加了意大利的政权机关,陶里亚蒂出任不管部长。这对于集中力量把斗争矛

---

① 1944年6月18日,由于巴多里奥内阁辞职,成立了由民解委员会各党派参加的第一届博诺米政府。同年11月,成立了有共产党、劳动民主党、自由党、天主教民主党参加的第二届博米诺政府,陶里亚蒂任助理首相,意共的佩森蒂任财政部长,斯科西玛罗任敌占区部长。

头指向希特勒占领军及其走狗、推进抵抗运动具有重要意义。

其次是抵抗运动和盟军的关系问题。盟军于 1944 年 6 月 4 日进入罗马后，未在意大利战场发动新的进攻。他们一方面要求爱国者"一致奋起反对共同敌人"，牵制德军；另一方面又极力限制游击队的活动和发展。1944 年秋，盟军攻破德军防线后突然停止前进。德军乘机从前线调回 50% 的兵力"讨伐"游击队，连续三个月的进攻，重新占领了大部分游击队控制的土地。在意大利抵抗运动最艰难的时候，盟军指挥部不但不援助游击队，甚至还中断了对他们的供应。1 月 13 日，意大利战场盟军总司令亚历山大将军公然号召游击队保存好武器弹药，待命而动，不要再组织大规模的战斗。这一号召，无形中起了助纣为虐的作用，削弱了意大利抵抗运动的力量，实际上也削弱了盟军反对德国占领军和墨索里尼法西斯傀儡政权的斗争。

为了调整与盟军的关系，以北意民族解放委员会主席皮伐尼和帕里等四人组成的代表团，于 1944 年 11 月 15—16 日与盟军总部在卡塞塔举行谈判。经过长时间激烈的争辩，盟军总部承认亚历山大将军的命令是消极的，地中海战区司令梅兰·威尔逊将军保证"尽最大可能帮助游击队，并允许他们在冬季活动"。他又说，"由于恶劣气候和可用飞机数量的限制，在冬季数月里可送到游击队的补给品吨数是有限的"。因此，威尔逊将军明确要求游击队不要期望冬季里实力会有大的增长。这次会议没有达成任何协议，此后会议移至罗马继续进行。12 月 7 日，北意民解委员会代表团从坚持民族团结、加速祖国彻底解放的原则出发，与盟国签订了所谓"罗马议定书"，在民解委员会方面答应在战争结束后交出武器的条件下，盟军才同意恢复游击队的财政和武器援助。

1944 年冬季，在极端不利的形势下，游击队不得不放弃大片解放区转入山林，进行反清剿防御战。游击队依靠人民的支持，以不畏艰辛、坚韧不拔的战斗精神，战胜了冬衣、粮食极端缺乏的困难，粉碎了敌人一次又一次的进攻，克服了来自盟军的阻力，终于保存了实力，积聚了力量，度过了冬季困难时期，得以继续成为意大利民族解放斗争中的决定性力量。

1945 年初，盟军占领意大利南部和中部。2 月，苏军强渡奥得河，逼近柏林。巴顿率领的美国第三集团军清除了莱茵河西岸的德军。希特勒德国处于东西夹击的铁钳之中。3 月间，在抵抗运动的中心米兰，工人接连举行罢工起义。4 月初，游击队控制了北意的主要公路米兰—都灵公路。这时，"自由志愿军团"已发展为一支拥有 25 万多人的强大人民武装。盟军意大利战场总司令亚历山大将军指挥的英美第十五集团军群共有 19 个师、4 个旅，还有支援飞机 4000 架，在地中海有舰船 3000 余艘。而德国法西斯在意大利的"C"集团军群为 26 个师，但各师平均人数只有八九千人。支援飞机至多只有 400 架。它在地中海的海军力量极为薄弱。在国内外反法西斯大军的攻势下，希特勒卵翼下的墨索里尼傀儡军、警察等成批开小差。法西斯"意大利社会共和国"危机四伏，摇摇欲坠。

4 月 9 日，亚历山大和美国将军克拉克率领的英美盟军向意大利东北部的斐拉拉城发动攻势。

4 月 10 日，意大利共产党领导机关在意大利北部颁布了《第十六号命令》，号召组织群众起义，展开"最后的猛攻"。18 日，都灵爆发了政治总罢工，并迅速发展为同德军的武装战斗。19 日，当盟军逼抵波伦亚时，游击队根据盟军指挥部命令发动武装起义。以共产党员巴朗蒂尼为首的游击队和爱国者经过两天两夜的激烈巷战，几乎完全占领波伦亚，俘敌 1000 余人。在此期间，著名的游击队英雄博尔德里尼率部解放了弗利和腊万纳。21 日，波伦亚全部解放。4 月 23 日，即盟军渡过波河的同一天，由共产党、社会党、行动党组成的起义委员会发出总起义的指示，要求各城市、各省的游击队立即举行起义，把侵略者及其法西斯走卒驱逐出去。

4 月 24—25 日，意大利人民在北部发动武装总起义，同德国占领军展开了激战。4 月 25 日，热那亚的游击队向德国驻军发动进攻，占领该城，1200 名德军向游击队投降。在米兰，布雷达公司和皮雷利公司的大工厂全都发生了战斗。25—26 日夜间，游击队占领米兰电台。27 日上午，北意民族解放委员会正式接管该市。在都灵，工人从 25 日起占领工厂，同德军激战，德军大都仓皇逃出市区。28 日，民解委员会接管都灵。在威尼斯地区各城市的战斗中，人民武装部队打死德军 4000 人，迫使 14 万德军向游击队投降。墨索里尼 4 个师傀儡军全部被歼。在盟军到达之前，意大利北部大小 125 座城市基本上全为游击队解放。游击队一直同德军鏖战至 5 月 4 日意大利全境解放。

4 月 25 日，当游击队以雷霆万钧之势横扫北意敌军之时，已成丧家之犬的墨索里尼还狂叫将率领 3000 名黑衫党徒上山打游击。但是最后跟着他逃跑的，只有他的情妇和几个罪大恶极的法西斯党魁。乔装成德军司务长的墨索里尼在逃往德国的途中被游击队截获。4 月 28 日，就在意大利举国欢庆从法西斯奴役下获得解放这一天，根据民族解放委员会的命令，将墨索里尼处死，其后他的尸体被倒悬在米兰街头示众。这个曾经宣称 20 世纪是法西斯的世纪的法西斯魁首得到了应有的可耻下场。

1945 年 4 月 29 日，德西南集团军群总司令海因里希·冯·维廷霍夫—舍尔上将的代表，在卡塞塔签署了无条件投降书，意大利抵抗运动以人民的胜利而告终。

意大利抵抗运动是整个欧洲反法西斯抵抗运动的一个极其重要的组成部分，但又具有它自身的许多特点。

意大利人民的抵抗运动，是以北方的产业工人为基础，并得到农民支持的最广泛的全民抵抗运动。工人、农民、士兵、资产阶级等各阶级、各阶层的群众，甚至国王、教会也被卷入，这充分显示了抵抗运动的全民性。

意大利各反法西斯政党，特别是共产党、社会党、行动党是抵抗运动的积极组织者和推动者，而共产党又起着核心作用。它拥有比其他各党更多和富有战斗力的游击武装。在抵抗运动 1090 个游击旅中有 575 个是意共的加里波的旅，在 283485 名游击队员中，加里波的游击队占 169820 名。在作战中牺牲的 70930 名游击队员中有 42588 名加里波的游击队员；伤残的 30697 名游击队员中有 18416 名加里波的游击队员。在 20 年地下活动中，意共党员从没有超过 1 万人。1943 年 9 月 8 日以后达到 1 万人；1944 年猛增至 409600 人，1945 年拥有党组织 6380 个，成为国内一支举足轻重的政治力量。

意大利抵抗运动以武装斗争为主要形势，武装斗争和罢工示威相结合，最后发动全民起义解放德国占领区。

意大利抵抗运动主要活动于北部，和南斯拉夫、法国、希腊、罗马尼亚等国的抵抗运动连成一片，形成第二次世界大战中一个重要战场。由于它发生在法西斯主义的老巢，牵制了德意法西斯 10 多个师，使希特勒首尾难以照应，从而有力地协助了主要战场的对德作战。意大利的英雄儿女在解放战争史上写下了光辉的篇章。

罗马尼亚八二三武装起义

康春林

第二次世界大战后期，1944 年 8 月 23 日，罗马尼亚爆发了全民族的反法西斯武装起义，它沉重地打击了法西斯德国在东南欧的防御体系。罗马尼亚在起义胜利的基础上建立了民族民主的联合政府。八二三起义标志着罗马尼亚人民革命的开始，为以后逐步完成民主革命任务，实现向社会主义革命的转变开辟了道路。后来 8 月 23 日被定为罗马尼亚的国庆日。

安东内斯库独裁政权的建立

第二次世界大战前，罗马尼亚工农业非常落后，地主、资本家和外国帝国主义几乎掌握着国家的全部财富，广大工农极端贫困。1938 年建立的国王卡罗尔二世的独裁专政，取消了过去宪法中的民主条款，解散工会，取缔政党，议会名存实亡。而 1930 年成立的法西斯组织"铁卫军"的活动却十分猖獗，他们扩充队伍，搜集大批武器弹药，加紧与德意法西斯秘密勾结。国王虽然在国内对"铁卫军"采取了严厉的镇压措施，但在对外政策上却屈服于德国法西斯的淫威。

德国利用 1938 年 9 月慕尼黑协定签订后对它有利的国际形势，向罗马尼亚施加很大压力。1938 年 11 月，罗马尼亚国王卡罗尔二世访问德国时，希特勒要他"现在就决定是跟德国走还是反对它"。1939 年 3 月法西斯德国逼迫罗马尼亚政府与德国签订了《关于加强罗马尼亚王国和德意志帝国经济关系的协定》和协定的秘密附件，规定罗马尼亚的工业（尤其是石油）、农业和畜牧业要根据德国进口的需要规划，罗马尼亚所需机械、军备和军工设备须从德国进口，罗、德建立各种合营公司，等等。罗共总书记乔治乌—德治（1944—1965）指出，这一协定"把罗马尼亚的自然资源交给纳粹德国支配，这是使我国丧失民族独立的第一个决定性的步骤"。这样，罗马尼亚在外交上迈出了疏英法亲德意的重要一步。

1939年8月23日，苏德签订互不侵犯条约。当时外国报纸披露条约附有一个秘密议定书，涉及从波罗的海到黑海之间的东欧国家的边界，其中"苏联方面强调它对比萨拉比亚（罗马尼亚东部领土——本文作者注）表现的兴趣"。罗马尼亚感到它的领土有被分割的危险，对苏联充满了疑惧。罗马尼亚政府以为"只有希特勒德国能够停止苏联的进攻"，因此更加依附于德国。1940年5月29日，罗马尼亚政府决定放弃中立政策，"适应现实"，与德国结盟。

1940年6月28日，苏联出兵占领了罗马尼亚的领土比萨拉比亚和北布柯维纳。8月30日，德国强迫罗马尼亚接受"维也纳裁决"①，将罗马尼亚的特兰西瓦尼亚东北部割让给匈牙利，把多布罗查南部给保加利亚。罗马尼亚前后两次共丧失99738平方公里的土地，占全国领土面积的33.8%。卡罗尔对内专制独裁，对外软弱无能，激起全国上下的极大愤怒，卡罗尔政权摇摇欲坠。原国防大臣约恩·安东内斯库将军趁机在希特勒支持下发动政变，上台稳定政局，于1940年9月5日出任首相，废黜卡罗尔，拥立王子米哈伊为傀儡国王，建立了安东内斯库政权。

安东内斯库自称"元首"，安插法西斯组织"铁卫军"首领西马为副首相。他废除宪法，攫取颁布法令的大权，宣布"铁卫军"为唯一合法的政党。他到处设立监狱和集中营，用极端残酷的手段迫害共产党人和进步人士。1940年11月26日夜，"铁卫军"竟闯入拉瓦堡监狱枪杀70多名政治犯。安东内斯库还追随希特勒，杀害犹太人。第二次世界大战期间，50万罗马尼亚犹太人遇难。

安东内斯库上台后，罗马尼亚同德国签订一系列新的经济协定，规定罗马尼亚按照德国的需要和希特勒的"欧洲新秩序"发展本国经济，改造本国交通，聘请德国专家管理经济，降低罗币同马克的比价。这样，罗马尼亚经济便更加依附于德国。

1940年9月20日，在安东内斯库同意下，德国军事使团和军队进入罗

---

①　1940年8月30日，在德、意、罗、匈四国外长的维也纳会议上，德意外长强迫罗外长签署协定，该协定规定罗将本国特兰西瓦尼亚北部的43500平方公里的土地割让给匈牙利，史称"维也纳裁决"或"维也纳指令"。

马尼亚，占领了罗马尼亚的石油矿区和最重要的战略据点。11 月 23 日，罗马尼亚正式加入德、日、意三国公约，声明"罗马尼亚的军团运动、国家社会主义和法西斯主义是有机地、自然地相联系在一起的"。从 1940 年 11 月起，半年内安东内斯库四次拜见希特勒，向希特勒保证罗马尼亚将参加反苏战争。战后安东内斯库供认："由于希特勒关于共同对苏联发动战争的建议符合我的侵略意图，我说我同意参加进攻苏联。"1941 年 5 月 11 日，希特勒在与安东内斯库的会谈中，同意"罗马尼亚占领并管理苏维埃乌克兰南部地区，直到第聂伯河"。希特勒的诱惑满足了罗马尼亚部分上层统治者收回比萨拉比亚和继续向东扩张领土的欲望。1941 年 6 月 12 日，安东内斯库答应希特勒无条件地参加反苏战争。6 月 22 日，罗军同德军一道对苏联发动进攻，从而写下了罗马尼亚历史上最黑暗的一页。

安东内斯库推行的内外政策是违背人民意愿的。1942 年 2 月，安东内斯库对里宾特洛甫说："是我自己宣布我必须实行与轴心国站在一起的政策，我仅仅得到了米哈伊·安东内斯库的支持。"米哈伊是他的弟弟，"铁卫军"叛乱被镇压后任副首相兼外交大臣。

罗马尼亚主要资产阶级政党国家农民党和国家自由党领导集团在德国压力面前怯懦退缩，容忍并支持安东内斯库军人集团，使其得以巩固政权。这两个党虽然声明反对维也纳裁决，但同时反对人民起来斗争，担心这样做会引起德国军事干涉，因此认为向德国屈辱妥协是迫不得已的。两党主席尤·马尼乌和康·勃拉蒂亚努认为军事独裁是当时特殊国际形势下的产物，是"维持秩序"所需要的，幻想将来军事独裁政府能过渡到议会制民主政府，因此对安东内斯库当政表示支持，允许本党党员参加政府的"技术工作"。1941 年 7 月 18 日，马尼乌在给党组织的指示中，要党员不要给"国家首脑"制造任何困难。1942 年 5 月，他在党的干部会议上首次声明，谁也不应该妨碍安东内斯库"继续领导国家"。安东内斯库把国家农民党和国家自由党看作自己政治上的后备队，默认两党事实上的存在。

安东内斯库的独裁统治和亲德政策把罗马尼亚拖入了苦难的深渊，激起了罗马尼亚人民的反抗。

罗共建立民族统一战线的斗争

罗马尼亚共产党与资产阶级政党的立场迥然不同。安东内斯库刚刚上台，罗共中央就于1940年9月10日在《我们的观点》的决议中明确指出，安东内斯库是一个"军团主义的军事独裁者"，揭露他出卖民族利益的政策，号召人民坚决与之进行斗争。10月17日，罗共中央机关报《火花报》载文指出，只有通过革命斗争才能获得和平、面包、土地和自由。当时罗共受到共产国际一些错误指示的影响，比如，共产国际要罗共把英法当作国际上的主要敌人，把国家农民党和国家自由党当作国内的主要政人；要罗共服从苏联当时的需要，不要进行反对德国的斗争；要罗共拥护苏联对比萨拉比亚的兼并等。在组织上，罗共还受到共产国际纪律的束缚。虽然如此，在世界各国人民与法西斯之间的矛盾成为主要矛盾的时候，罗共领导认识到法西斯是本国无产阶级和广大人民的主要敌人。1940年11月7日，罗共不顾共产国际关于不要把斗争矛头指向德国的错误指示，在布加勒斯特奥博尔广场组织了反法西斯示威。在"铁卫军"叛乱被平定后，罗共中央通过了《从军团政权到军事独裁》的决议，表明了继续反对安东内斯库政权的态度。

罗马尼亚参加反苏战争后，罗共中央立即于1941年6月27日发表谴责反苏战争的声明。从这时起直至1944年8月23日武装起义，罗马尼亚共产党在政治、思想和组织上进行了两个方面的努力。一是坚持不懈地谋求工人阶级在反对法西斯、争取民族解放、民主自由和社会主义斗争中的团结一致，实现两个主要的工人政党共产党和社会民主党的统一行动，建立工人阶级的统一阵线。二是通过实现工人阶级的团结，达到全民族各爱国民主力量的团结，即实现工人政党、其他劳动者的组织与主要的资产阶级政党国家农民党和国家自由党的联合行动，建立广泛的反法西斯统一战线。1941年9月6日，罗共中央公布了本党关于反法西斯斗争的行动纲领，明确提出了建立"民族统一阵线"的号召。行动纲领共八条，主要点是：停止反苏战争，与国际反法西斯同盟一道进行斗争，停止为希特勒战争服务的军事生产，赶走占领军，争取民族独立；推翻安东内斯库军事法西斯政府；建立所有爱国力量组成的民族独立政府；废除"维也纳裁决"等。

罗共的号召在群众中产生了深远的影响，爱国力量积极行动起来参加抵抗运动。他们炸毁敌人军火库、油轮、军用列车等，军工厂的工人消极怠工或举行反战罢工，使军火生产下降。甚至敌人统治的心脏地区布加勒斯特也发生了爱国者武装袭击德军司令部的事件，出现了"打倒安东内斯库"的标语。罗共还在罗马尼亚军队中做工作，号召士兵倒戈反对希特勒法西斯，站到爱国斗争的行列中来，以至大量前线士兵逃亡，有的向苏军投诚。1942

年，代表农民利益的反战反独裁组织农民阵线以及由知识分子组成的反法西斯组织爱国者同盟相继建立。

为建立反法西斯统一战线，罗共作出了不懈的努力。1942年初，罗共中央与社会民主党中央执委会建立联系，多次提议建立工人阶级统一阵线。1943年1月，罗共中央向社会民主党中央提出，希望两党在罗共1941年9月行动纲领的基础上联合起来。虽然左派社会民主党人对罗共的建议作出了积极的反应，但是，由于以社会民主党主席佩特雷斯库为首的右派社会民主党人认为，没有两个资产阶级政党参加的合作，阵线将是单方面的，软弱无力的。他们不同意罗共对专制政权采取"破坏"，即用暴力反抗的策略，借口说"我们没有组织起来，我们太弱了"，拒绝了罗共的提议。

同时，罗共不断地探询与国家农民党和国家自由党合作的可能性。1942年1月26日，罗共中央致信马尼乌，提出建立民族统一阵线的建议。马尼乌指出合作必须在得到苏联对罗马尼亚1940年以前边界承认的条件下才可能，实际上予以拒绝。1942年12月和1943年1月，罗共中央两次致信马尼乌，信中写道："如果我们不立即断绝与希特勒的可耻联盟，与苏联和美国单独媾和，我们民族的存在就面临危险。"1943年春，罗共中央代表米哈伊·马盖鲁和珀特雷·约恩与马尼乌进行谈判，双方澄清了各自的观点，但仍没有达成协议。

1943年春斯大林格勒战役胜利后，苏德战场上出现了不利于法西斯军队的转折，1943年5月共产国际解散，6月，罗共中央通过《共产国际的解散和罗马尼亚共产党的任务》的决议。决议认为："由于共产国际的解散，在反对德国占领者的斗争中，罗马尼亚所有民族力量与共产党联合道路上的最后障碍已经消除。我党不再受共产国际的规章和决定所赋予它的责任的束缚。"这促进了罗马尼亚国内反法西斯力量的接近。

1943年7月底8月初，罗马尼亚共产党与格罗查为首的农民阵线建立合作关系。同年秋，在罗共1941年9月6日行动纲领的基础上，成立了反希特勒爱国阵线，包括罗共、爱国者联盟、农民阵线、马扎尔劳动人民联盟、农民社会党以及社会民主党的一些地方组织。阵线的成立显示了罗共在统一战线工作上的进展，但阵线还没有包括主要的工人政党社会民主党和两个主要的资产阶级政党。

1943年11月7日，罗共中央再次致信马尼乌，认为政治观点的分歧不应妨碍争取民族解放的斗争。在信中，罗共重新修订了1941年9月关于联合行动的纲领，删去了争取社会改革的内容，仅仅剩下争取民族解放的目标，包括如下三条：（1）推翻安东内斯库政府，建立所有反法西斯力量代表组成的政府；（2）退出法西斯战争，加入英美苏同盟；（3）动员军队和人民参加反对占领者的斗争。

国际形势的发展迫使资产阶级政党迅速作出抉择。罗马尼亚参加反苏战争后，罗军在苏德战场上伤亡惨重。1943 年 10 月，安东内斯库致信希特勒抱怨说，罗马尼亚已损失了 25 万士兵，支出了 3000 亿列伊军费。在战争期间，德国肆意掠夺罗马尼亚的石油和粮食等物资。1941 年、1942 年和 1943 年运往德国的石油分别为 400 万吨、346.4 万吨和 311.4 万吨。罗马尼亚出口德国的粮食价格只相当于国际市场的 1/3。到 1944 年 8 月，德国欠罗马尼亚的债务达 940 亿列伊，德驻罗占领军消耗罗物资 670 亿列伊。由于经济上受到破坏性的掠夺，罗工农业生产大幅度降低。工人工资只能够维持一日两餐，居民购买力 1943 年底比战前降低 3 倍。战争将要把罗马尼亚完全拖垮，形势迫使马尼乌和勃拉蒂亚努考虑和探索与英、美、苏单独媾和的问题。

但是，根据 1943 年 10 月莫斯科会议和 1943 年 11 月德黑兰会议的精神，在解决毗邻苏联的德国附庸国的问题上，英美承认苏联有优先权。马尼乌得知这一消息，表示同意立即停战，但对比萨拉比亚的归属问题仍持保留态度，而苏方则拒绝讨论涉及比萨拉比亚的任何问题。面对苏联的强硬态度和战场上无法阻止苏军西进罗马尼亚的实际状况，国家农民党和国家自由党不得不作出新的抉择：一方面继续敦促安东内斯库悬崖勒马，另一方面寻求与共产党和社会民主党的合作。

1944 年 4 月，共产党与社会民主党达成了建立工人阶级统一阵线的协议，在五一节散发的传单中公布了统一阵线的行动纲领，号召工人阶级和各阶层人民投入反法西斯的"决定性斗争"。

在苏军即将进攻罗马尼亚之际，马尼乌和勃拉蒂亚努非常担心自己被现实摒弃于国家政治生活之外，最后勉强地同意与共产党合作。

1944 年 6 月 20 日，帕特拉什卡努、佩特雷斯库、马尼乌和勃拉蒂亚努代表共产党、社会民主党、国家农民党和国家自由党，签署了成立民族民主同盟的协议。协议规定：立即同苏、英、美缔结停战协定，转到国际反希特勒同盟一边，解放祖国，恢复国家独立和主权，推翻独裁政权，在给予所有居民以公民权利和自由的基础上建立立宪民主政府，在实现共同目标的前提下，各党保持自己思想和政治上的独立性。同盟的建立标志着广泛的反法西斯民族统一战线的形成。

罗共中央还加强了争取国王米哈伊和具有反法西斯情绪的高级军官的工作。随着形势的发展，以王宫军事署长官康·萨纳特斯库为首的一批高级军官认为，由于苏联在国际反法西斯同盟中的地位及其对东欧的重大影响，王室和资产阶级政党必须与共产党合作。米哈伊也看到了共产党的潜在力量和发展前途，希望从共产党方面得到对其君主地位的"保障"。共产党认为，由于国王是国家的象征，对军队和政府的去向具有极大影响，加强了争取国王和军队的工作。1944年4月，罗共著名政治活动家帕特拉什卡努作为共产党代表与国王代表萨纳特斯库等会谈时保证："尽管共产党原则上将坚持共和的立场，但认为实行君主制还是共和制的问题还不是一个迫切问题，如果国王采取行动使罗马尼亚退出希特勒的战争，共产党的中央委员会将给国王以全力支持。"这样，双方达成了合作的协议。

于是，罗马尼亚形成了一个反安东内斯库独裁政权、反希特勒德国占领的最广泛的联盟，为后来全民族武装起义的胜利打下了坚实的基础。

八二三武装起义及其影响

罗共在推进统一战线工作的同时，根据反法西斯战争已胜利在望和德国仍在罗马尼亚驻扎大量兵力的形势，早在1943年8月就确定了准备武装起义的方针。当时，党的组织受到严重破坏，许多党的干部被关在监狱和集中营，留在党组织内的党员人数不多。党的总书记弗里什是由共产国际任命的，领导不力。罗共著名的政治活动家，工人运动的领袖格·乔治乌—德治当时被关在特尔古·日乌集中营。他和同狱的基伏·斯托伊卡、尼·齐奥塞斯库、亚·德勒吉奇等党的活动家，密切地注视着政治局势的发展，积极指导狱外的革命运动。在乔治乌—德治等的指导下，1944年4月4日召开的党的积极分子会议通过决议，成立了由康·帕伏列斯库（任总书记）、埃·波德纳拉希，伊·朗盖茨三人组成的中央行动常务委员会，接过了由弗里什为首的中央书记处的职权，直接负责准备起义的工作。

此后，罗共加紧武装起义的具体准备工作。首先，加强在军队中的宣传和组织工作，罗军官兵反德反战情绪十分高涨，在反苏战争的最后几个月，逃兵人数日益增多，集体倒戈投降苏军的事件屡见不鲜。其次，在工人、农民和广大人民群众中做鼓动工作，普洛耶斯蒂警察局报告说，"大部分工人都受到共产主义思想的影响"。1944 年 4 月，69 名科学家联名上书安东内斯库，要求退出希特勒的战争。党的地下组织的同志给狱中的乔治乌—德治写信说："群众越来越拥护我党的路线。"同时，罗共着手在群众中建立爱国卫队。卫队主要由共产党员、青年联盟盟员和先进工人组成，按照军事原则编制，每队两组，每组五人，配备武器，在起义时担任指定的重要任务。到起义前夕，首都共有 50 支爱国卫队，占全国总数的 1/3。此外还有大量的工人能够立即武装起来参加起义。

1944 年 6 月 13 日，在共产党的一个秘密据点——布加勒斯特老人路 103 号举行了共产党、爱国军官和宫廷代表的会议。罗共方面的代表是波德纳拉希、帕特拉什卡努，宫廷和军队的代表是尼库列斯库—布泽斯蒂、萨纳特斯库和参谋总长米海依尔等。共产党代表拒绝了宫廷代表关于由国王更换政府的和平政变的动议，指出在德国重兵驻守的情况下这样做是不现实和危险的。会议接受了共产党关于必须进行武装起义的主张，并制订了起义计划，成立了由米海依尔等三位军官组成的军事委员会，负责起义的军事技术准备工作。委员会的活动由共产党指导，与萨纳特斯库保持紧密联系。按照计划，起义将在首都和各地同时开始；起义前要查清德军驻地、人数、电台和军火库等情况；为了形成对德国驻军的优势，总参谋部要以各种借口拒绝继续向前线增派罗马尼亚士兵。起义时间定于苏军向罗马尼亚大举进攻之时，届时德方将被迫把后备部队调往前线，造成后方空虚。8 月初，起义准备就绪。8 月 9 日夜，共产党人约恩·毛雷尔装扮成政府军军官进入特尔古·日乌集中营，使用乔治乌—德治需要"转移到另一地方"的伪造指令，帮助乔治乌越狱成功，乔治乌立即直接参加了起义的领导工作。

希特勒非常重视罗马尼亚的战略地位，他在一次作战会议上说："我宁愿失去白俄罗斯的森林，也不愿失去罗马尼亚的石油。"到 1944 年夏，法西斯德国在罗马尼亚战线的军事力量仍很强大，汉斯·弗里斯纳尔指挥的德国南乌克兰集团军群共 643000 人，在罗境内的党卫军等德国驻军共 57000 人。罗前线军队共 431000 人。

1944 年 8 月 20 日晨，苏军发动雅西—基希纳乌战役，参加这次战役的苏军有马利诺夫斯基和托尔布欣分别率领的乌克兰第二、三方面军共 190 万人，此外还有罗马尼亚俘虏组成的志愿兵"图多尔·弗拉基米列斯库师"和南斯拉夫一个旅。8 月 21 日，苏军解放雅西，开始向罗马尼亚腹地挺进。

8 月 20 夜和 21 日夜，在王宫召开了有国王、帕特拉什卡努、佩特雷斯库、马尼乌、勃拉蒂亚努和军事委员会的高级将领等参加的会议。会议确定 8 月 26 日起义，并通过了由帕特拉什卡努起草的国王宣言和新政府宣言。

8 月 22 日晚，安东内斯库由前线回到首都，于 23 日凌晨召开政府紧急会议，建议实行全面动员，要把罗全国变成一个破坏性战场。安东内斯库为了使这一决定具有合法性和号召力，希望国王发表一个告人民书，为此他于 23 日下午前往王宫。国王米哈伊决定抓住这一时机提前起义，派人与共产党方面的帕特拉什卡努和康·阿吉乌做了紧急协商后作出了立即起义的决定。

下午 4 时，安东内斯库兄弟先后到达王宫。他们声明坚决不同意与盟国缔结停战协定。于是，按照国王的敕令，王宫卫队的约内斯库中校立即命令特奥多列斯库少校的特别分队将安东内斯库兄弟逮捕。接着，国王以开会的名义将内阁成员召见入宫予以逮捕，并立即命令起义部队占领首都各要害地点和部门，从 8 时半到午夜，起义部队和爱国卫队接管了部长会议主席府、内务部、作战部、空防部部长助理府、北站、胜利路电话大楼和其他电话、电报局。

晚上 10 时开始，布加勒斯特广播电台连续广播国王宣言：罗马尼亚已推翻安东内斯库政府，站到了国际反法西斯同盟一边，全国一切武装部队停止反对盟国的军事行动。声明播发后，起义部队和爱国卫队立即包围法西斯军队和人员的驻地，展开进攻。石油基地普洛耶什蒂的工人和武装部队听到声明后，立即对工厂实行武装保护。在摩尔多瓦北部，第三边防团团长尼·特奥多列斯库率领部队向德国第三山地师发起进攻。午夜 11 时半，新任总参谋长格·米海依尔被委以军队最高指挥权后，向全军发出战斗命令。罗马尼亚所有军队、宪兵、消防队和预备兵进入对德作战状态。

起义开始前，马尼乌拒绝共产党提出的由民族民主同盟四党组成联合政府的建议。共产党为了维护团结，向马尼乌做了让步。8 月 23 日晚，成立了由萨纳特斯库为首相的由军人和专家组成的政府。民族民主同盟各党委派一名代表担任国务秘书。

8 月 23 日夜，政府发布命令取消集中营，释放自 1918 年以来被监禁的共产党人、反法西斯人士和所有以某种方式反对法西斯战争、安东内斯库政权和德国掠夺的人。24 日凌晨，新政府宣布与德国绝交。

起义迅速发展为罗马尼亚全民族的行动。成千上万的工人和农民拿起武器，参加了起义部队和爱国卫队。安东内斯库的私人警卫团也投靠到起义者一边。8 月 24 日，德驻罗骑兵司令汉森向南乌克兰集团军群司令部报告说：

"必须严肃注意罗马尼亚新政府，不应幻想这仅仅是一小撮变节者，其背景是罗马尼亚全体人民，尤其是整个将军集团。"同日，希特勒要求"南乌克兰集团军群"不惜一切代价向布加勒斯特反扑，建立一个新的亲德政府，但是罗马尼亚军民英勇地抵抗了德军的进攻。

摩尔多瓦前线的罗军得知安东内斯库被捕和新政府向德国开战的消息以后，便停止与苏军的敌对行动。一些部队与苏军指挥部建立联系后，倒向苏军方面。还有一些部队按照新政府的命令撤退到指定的集结地点，选择有利地形以保存自己，打击敌人，夹在德军之间的前线罗军则拒绝服从德方的命令，冒着被歼灭的危险，相继脱离前线，向内地进发，准备以后参加反德战斗。1943 年 11 月 15 日在苏联由罗军战俘志愿组成的"图多尔·弗拉基米列斯库师"一直与苏军并肩战斗。八二三起义激发了他们的战斗豪情，在祖国的土地上接受了战斗的洗礼。

8 月 24 日上午 6 时，驻扎在布加勒斯特城北的德军向城区发起进攻，受到罗起义部队的顽强抵抗后，于 10 时开始对布加勒斯特进行野蛮的轰炸。国家剧院、王宫大殿等被摧毁。德军企图以空袭制造恐怖，瓦解起义部队。但适得其反，布加勒斯特军民更加同仇敌忾，投入了保卫首都的英勇斗争。最激烈的战斗发生在首都东北部的机场一带，周围工厂的工人和农民也参加了保卫机场的战斗。首都工人在敌人的轰炸中坚守生产岗位，保证了居民的面包等生活品供应。煤气和电力企业的工人冒着炮火修复管道和电线，保证了首都的照明和工厂的正常工作。到 8 月 26 日早晨，起义部队肃清了首都的德军。

之后，起义部队向固守于首都北郊村镇和森林的德军发起进攻。这支敌军受希特勒从华沙调来的莱纳尔·斯塔尔将军和德驻罗空军使团首领阿尔弗雷德·格尔斯坦堡的指挥，经过 8 月 26—27 日的战斗，德军阵地被切割包围，一部分投降，一部分于 27 日夜向北逃窜。逃敌 1500 人行至普洛耶什蒂城南时，被前线撤退下来的罗第四集团军司令部的部队所阻截，被迫缴械投降。8 月 30 日，首都爱国卫队俘获德军驻罗骑兵司令埃里克·汉森。德驻罗大使自杀。在首都战役中，德军被俘计 6785 人。

起义在首都的胜利是与普洛耶什蒂和普拉霍瓦河谷军民的英勇斗争分不开的，他们牵制了该地区德军对首都德军的增援。普洛耶什蒂的工人武装配合罗地方部队第五军与油田地区的德军展开了激烈搏斗。8 月 29 日，抵达普洛耶什蒂的罗第十八步兵师和苏军一个机械化旅粉碎了德军占领该地的企图。到 8 月 31 日，油田地区的罗军增至三个师，与陆续抵达的苏军一道，粉碎了德军在该地区的最后抵抗，打通了布加勒斯特—普洛耶什蒂—布拉索夫的通道，为罗军和苏军向特兰西瓦尼亚挺进扫清了道路。在这次战役中，罗军共俘虏德军 15500 人。

首都和普洛耶什蒂的胜利大大推动了起义在全国各地的进展。在多布罗加地区，康斯坦察市罗马尼亚驻军和工人勇敢战斗，保卫了港口的设施和工厂。他们配合罗步兵第九师粉碎了该地区德驻军 15000 人以及从前线撤退下来的德国军队的抵抗，俘虏 10721 人，其中包括 1 名将军和 320 名军官。

在罗马尼亚西南部，德军拼命固守土尔努—塞维林—弗尔奇奥罗瓦—奥尔肖瓦地区。守住这个地区有利于德国在南喀尔巴阡山组织防御，使罗西南部交通线保持畅通，以便同巴尔干半岛中部和南部的德军保持联系。8 月 26 日，罗军在武装工人和居民的协助下，迫使土尔努—塞维林的德军放下武器。同一天，击溃奥尔肖瓦的德军。到 8 月 31 日解放了这个地区。德国损失官兵 3300 人和大量军需弹药。至此，罗马尼亚全国除特兰西瓦尼亚外基本解放。

从 8 月 23 日至 8 月 31 日，罗马尼亚参加起义的部队达 37 个师，加上军事院校等军事单位的人员，共 46 万多人。此外还有爱国卫队和大量工人农民。德军被击毙 6000 人，被俘 56000 人，其中有 14 名将军，1241 名军官。罗军还缴获大量军事物资，其中有飞机 222 架，船只 438 艘。

8 月 29 日，乔治乌—德治和其他党派的代表慰问抵达布加勒斯特城下的苏军先头部队。第二天为苏军入城举行了欢迎仪式。9 月 12 日，罗马尼亚政府代表团在莫斯科与苏、英、美签订停战协定。

罗马尼亚八二三武装起义的胜利，加速了希特勒德国的败亡和欧洲战争的结束。

罗马尼亚具有重要的战略地位，是进入东南欧和通过匈牙利平原进入中欧的要道，而扼守东喀尔巴阡山至多瑙河之间通道的福克夏瓦—加拉茨大门又是苏军西进的必经之地。德军曾在这里修筑纵深达 60 公里的坚固防御工事，配合两边的大河和崇山峻岭，妄图建立一道阻挡苏军的屏障。罗马尼亚的起义从背后给了德军致命的打击，使德军前述防御工事失去意义，促成德国南乌克兰集团军群的大溃败。苏军几乎没有遇到什么抵抗，迅速向巴尔干和匈牙利平原挺进。从 1944 年 8 月 23 日到 10 月 6 日，苏军向西推进了 900 公里。德军元帅凯特尔和古德里安将军在给希特勒的报告中说，罗马尼亚事件"将导致不仅罗马尼亚，而且还有保加利亚、南斯拉夫和希腊的领土丧失，因为巴尔干的全部德军已处于危险之中，除了丧失喀尔巴阡山阵地以外，丧失罗马尼亚的粮食和石油是另一个重大打击，它将使俄军在大约几周之内到达布达佩斯城下"。八二三起义对德国造成了严重的军事后果，以至希特勒把这次起义同德国"中央"集团军群在白俄罗斯的惨败和西方盟军在诺曼底登陆并提为德国在 1944 年遇到的三大危机。苏联《真理报》1944 年 8 月 28 日评论说："罗马尼亚脱离轴心国的意义不仅限于罗马尼亚领土。外电说它等于德国整个巴尔干防御体系的崩溃，这一说法是恰当的。"

政治上，罗马尼亚革命的影响波及德国的其他仆从国保加利亚和芬兰。1944 年 9 月 9 日保加利亚在苏军胜利进军时举行了反法西斯起义，9 月 19 日，芬兰同苏联签订停战协定。

德国丧失罗马尼亚以及巴尔干半岛对其战争经济是个沉重打击。德国所需的 50% 的石油、60% 的铝矾土、29% 的锑和 100% 的铬矿都来自这个地区。武装起义前希特勒就曾说："如果我们失去油田，就不能赢得战争。"据希特勒军备工业部部长施佩尔后来供认，8 月以后，德国军队被迫离开罗马尼亚，石油供应量降到 2 万吨，这是德军失败的原因。

八二三起义胜利后，罗马尼亚新政府派出大量军队参加解放匈牙利和捷克斯洛伐克的战斗，为反法西斯战争作出了重大贡献。

八二三起义是罗马尼亚人民革命的开始，它的胜利为罗马尼亚后来走上社会主义道路创造了条件。

20 世纪 40 年代希腊民族民主革命

杨宇光

从 1941 年到 1949 年间，希腊人民先后同德意法西斯、希腊反动派和英美帝国主义进行了可歌可泣的英勇斗争。这场革命斗争经历了两次大起大落的曲折，最终遭到失败。它显示了希腊人民争取独立、民主、自由的坚强意志和大无畏气概，也暴露了英美帝国主义干涉别国内政、扼杀人民革命的丑恶嘴脸。因而这不仅是希腊现代历史上令人瞩目的篇章，而且是世界现代史上重要的一页。

希腊人民武装在反法西斯斗争中壮大

1941 年 4 月 6 日，德国法西斯从保加利亚、阿尔巴尼亚和南斯拉夫三路大举侵犯希腊。希腊政府军和前来援助的英国军队节节败退，4 月 20 日，在北部的希军主力被迫投降，一部分英军仓皇撤退到克里特岛。24 日，德意法西斯的坦克隆隆地闯进了希腊首都雅典。一个月后，希腊全境沦陷。希腊国王乔治二世逃到伦敦，成立了流亡政府。在希腊国内，德意法西斯一方面扶植傀儡政权，一方面严密控制战略据点和交通要道，对希腊人民实行高压统治。

然而，希腊人民绝不愿做亡国奴。1941 年 5 月 31 日深夜，爱国青年曼诺利斯·格利索斯与一个伙伴潜入戒备森严的雅典卫城，机智地拔掉纳粹德国的卐旗，升起了希腊的国旗。格利索斯的英勇行为成了希腊人民广泛开展抵抗运动的信号。各地爱国者纷纷进入山区参加游击小组或游击队，利用旧政府军溃逃时遗留在民间的大批枪支弹药，凭借山脉纵横、地形险要的有利条件，神出鬼没地打击敌人。

在这场抵抗运动中，希腊共产党始终站在最前列。为了广泛团结各阶层人民共同抗战，希腊共产党在 1941 年 9 月 27 日联合农民党、统一社会党、共和党、人民民主联盟等民主党派，建立了民族解放阵线。其斗争纲领是：摆脱外国奴役，争取希腊独立，在全国解放后成立临时政府，以便进行立宪会议的选举，由人民自由选择国家政体。到 1941 年春天，民族解放阵线几乎在希腊的每一个城市和乡村建立了基层组织。1942 年 4 月 10 日，民族解放阵线把各地游击队或游击小组合并起来，组成希腊人民解放军，加强了领导，把希腊人民的反法西斯斗争推向一个新阶段。

民族解放阵线在敌占区各城市组织了一系列罢工活动。例如，1942 年 4 月 14 日，雅典、比雷埃夫斯、萨洛尼卡和帕得拉斯的职工同时举行罢工。9 月，雅典还举行了全面罢工。在一些主要城市，民族解放阵线组织人民复仇队，破坏敌人军事设施，惩办占领者和通敌分子。通过斗争还挫败了德国准备强迫希腊劳动者到国外去做苦工的计划。人民解放军的游击队破坏敌人的通信设施，袭击占领者及其走狗的据点，牵制德意法西斯部队和希腊傀儡政府的兵力。到 1942 年 11 月止，游击队虽然人数不多，装备简陋，却肃清了全国各山区的敌人，迫使敌人撤退到平原和交通沿线地区。1942 年 11 月 25 日，他们还直接配合在北非的盟军作战，炸断了拉米亚南部山区峡谷中戈尔戈波塔莫斯铁路的高架桥，使德国隆美尔部队在希腊境内最重要的一条供应线瘫痪了六个星期。1943 年夏天，人民解放军又按盟军司令部的命令，对德军发动强大攻势。6 月 1 日，人民解放军炸毁了驶入奎尔纳弗隧道的一列意大利军用列车，炸死五六百敌人，使交通中断几天。6 月 7 日，姆扎基人民解放军和向他们进攻的意军进行激战，三天后，使约 500 名意军伤亡。6 月 26 日，阿玛贝斯人民解放军全歼一个德军机械化营，他们还切断德军在希腊境内的全部交通，使纳粹头子误以为盟军将从希腊反攻，急忙从意大利抽调部队到希腊，因而削弱了德军在意大利的防御力量，使英美联军得以在西西里岛顺利登陆，为反法西斯事业作出了重要的贡献。

随着反法西斯斗争的深入，民族解放阵线和全国人民解放军不断发展壮大。1943 年 5 月 20 日，希腊人民解放军成立了总司令部。1943 年夏，这支部队已发展到约 2 万人。同年 9 月意大利投降时，全国人民解放军缴获了一个师的武器装备。当时在希腊国内存在着许多与人民解放军对立的反动武装组织，如希腊全国民主联盟、民族社会解放组织、X 组织等，其实力和影响没有一个比得上希腊人民解放军。民族解放阵线控制的地区也日益扩大，全国 90% 的领土得到了解放。

英国干涉希腊内政　人民革命力量受挫

　　1943 年 9 月意大利投降后，战争形势越来越不利于德国法西斯，在希腊的德国占领军势将被迫撤走。在这种局面下，革命力量的迅速壮大使英帝国主义和希腊反动派感到如芒在背。英国首相丘吉尔曾忧心忡忡地说："如果德军撤出希腊，共产党夺取政权的危险就具有现实的可能性，这是要密切注意的。"在英国看来，希腊是巴尔干半岛南部的门户，扼地中海东部的交通要道，战略地位相当重要。为了维持英国在巴尔干地区的利益，英帝国主义采取了种种对付希腊革命力量的措施，竭力防止希腊"布尔什维克化"。

　　首先，英国大力支持希腊本土上最反动的势力，企图利用他们来削弱革命力量。早在 1942 年，驻开罗的英军总部就派过一个联络小组到希腊，与反动武装组织挂钩，支持它们向人民解放军寻衅。1943 年秋，英国停止向人民解放军提供反对德国法西斯的武器弹药，却增加对希腊全国民主联盟的供应，把大量金钱和军事物资用飞机送去，为他们进攻解放区撑腰。由于人民解放军坚决还击，打败了反动武装，英国借刀杀人的计划未能完全得逞。

　　其次，英国坚持鼓吹在希腊恢复君主制，并策划建立一个以雅典大主教扎马斯基诺斯为摄政的政府。1943 年 11 月 9 日，丘吉尔在下院发表演说，声称"英王政府的既定政策是支持希腊国王，他既是我们的忠实盟友，又是希腊国家宪法规定的首脑"。英国千方百计地提高对其唯命是从的希腊国王乔治二世及其流亡政府的威信。但是慑于希腊人民反对乔治二世复位的决心，英国政府不得不变换手法，策划改组流亡政府，准备把所谓"超党派人士"雅典大主教扎马斯基诺斯抬出来当摄政，借口是避免德军撤退后希腊出现"无政府状态"。英国政府打算由摄政府出面，不失时机地从民族解放阵线手中夺取抗战胜利的果实。

　　民族解放阵线早就宣布希腊流亡政府不能代表希腊人民的利益，坚决反对乔治二世及其政府回国，自然也反对英国策划建立希腊摄政政府的阴谋。他们决定在乔治二世还未签署建立摄政政府的宪政法令之前，在国内解放区成立民族解放政治委员会，"为建立一个表达人民和他们的武装部队的明显意愿的民族团结政府打下牢固的基础"。1944 年 3 月 26 日，以希腊共产党为核心的民族解放政治委员会正式宣告成立。这个行使临时政府职权的机构，得到了国内希腊人民以及不少流亡国外的希腊人的支持。

最后，英国直接参与镇压希腊部分军队的兵变，遏制民族解放政治委员会的成立在流亡国外的希腊人中所引起巨大反响。原来，英国利用希腊流亡政府的招牌，在埃及的希腊侨民和难民中征募兵员，建立了有 8000 名官兵的两个陆军步兵旅。由于这两个旅中许多下层军官及士兵受到民族解放阵线的影响，拥护民族解放政治委员会，英国就想分散这两个旅的力量，决定调一个旅到意大利去。1944 年 4 月 1 日，接到调令的第一旅发生兵变，起义者要求希腊政府承认民族解放政治委员会为希腊人民的合法代表机关，并接受其成员参加内阁，还要求从军队中肃清法西斯分子，并明确宣布国王未经公民投票，不得回国。4 月 5 日，在开罗的希腊宪兵司令部被参加兵变的军队占领。不到一个星期，兵变蔓延到希腊流亡政府军队的几乎所有部队。英国迅即出动军队，包围希腊第一步兵旅，进行逮捕屠杀，最后将两旅希腊士兵缴械，实行甄别。所有参加兵变的战士都被送到沙漠集中营拘押，两个旅名存实亡。英帝国主义"帮助"流亡政府另外建立以反动军官为骨干的第三旅，加强对希腊保皇武装力量的控制。

1944 年 5 月，苏联红军向巴尔干半岛迅速推进，占领希腊的德军害怕退路被切断，开始撤离。英国唯恐苏军控制整个巴尔干，于是频繁地同苏联接触，力图把希腊继续留在它的传统势力范围内。5 月 5 日，英国外交大臣艾登向苏联驻英大使古雪夫提出了在巴尔干半岛划定作战区域的建议，要求苏联支持英国在希腊的政策，作为英国支持苏联关于罗马尼亚政策的"报答"。英国还希望苏联支持以社会民主党领袖帕潘德里欧为首相的希腊新政府，并敦促民族解放阵线参加这个政府。显然，英国鉴于通过希腊全国民主联盟、摄政政府等无法消灭或遏制民族解放阵线和人民解放军，就想借助于苏联，迫使他们放弃武装斗争，交出政权。在这次和随后举行的一系列会谈中，英苏双方初步划定了在巴尔干的势力范围。10 月 9 日，双方又在莫斯科达成一个口头协议，其中规定英国在希腊有 90% 的决定权，苏联在罗马尼亚有90% 的决定权。丘吉尔对这个关于巴尔干问题的百分比协议非常满意，因为英国将可放手在希腊采取行动而不必担心苏联出来干预了。

与此同时，英国以调解流亡政府和民族解放政治委员会的关系为名，加紧策划建立一个"亲英的统一政府"。1944 年 5 月 17—21 日，在英国幕后操纵下，希腊流亡政府首相帕潘德里欧在黎巴嫩的贝鲁特附近召开了有流亡政府和希腊解放区各党派的代表参加的会议。会议期间，英国驻希腊流亡政府大使利珀同各党派代表频繁接触，施加影响。经过激烈的争论，民族解放阵线代表做了不必要的让步，最终达成了一个基本上反映英国观点的所谓"黎巴嫩协定"。按照这个协定，全国解放后，一切武装力量必须统统解散，重新组织一支统一的军队，建立统一的政府，显然这些都是针对全国人民解放军的。5月24日，以帕潘德里欧为首的民族团结政府成立。民族解放阵线在政府20个部长席位中只分配到5席，而且都是次要的席位。

对于究竟要不要参加资产阶级政府，希腊共产党内部存在着两派尖锐对立的意见，一派持赞成的态度，认为在民族团结政府中，共产党可以"把真正的实权抓在自己手中"，另一派持反对态度，认为参加民族团结政府只会束缚自己的手脚，使自己处于不利和妥协的地位。希腊领导为此莫衷一是，犹豫了几个月。7月26日，以波波夫为首的苏联驻南斯拉夫军事代表团一行17人来到希腊解放区色萨利，给希共领导带来了"口信"。希共在苏联影响下，改变了迟疑不决的态度，同意参加帕潘德里欧政府。民族解放阵线派出的两名共产党员和三名社会党人，于9月2日走马上任了。

英国"统一政府"的主张得以实现，接着就得以统一军队。1944年9月26日，由地中海战区盟军最高司令、英国将军威尔逊出面，在意大利卡塞塔的盟军最高司令部召集希腊全国人民解放军、希腊全国民主联盟、流亡政府以及英军四方代表开了一次会。会上，由于人民解放军做了重大的妥协，很快达成了"卡塞塔协定"，这个协定要求希腊所有武装力量服从民族团结政府的命令，接受驻希腊的盟军司令、英国中将斯科比的指挥。人民解放军丧失了作战的独立性和主动权，还承诺了"不擅自采取夺权行动，否则受到惩处"的义务。卡塞塔协定为英军登陆希腊进驻雅典铺平了道路。1944年10月14日，英军顺利地占领雅典。18日，希腊流亡政府在英军护送下回到雅典。黎巴嫩协定和卡塞塔协定是希腊人民革命力量由强到弱的重要转换点，这两件事给以后的希腊革命造成了不可估量的损失。

英美反动派血腥镇压群众
反抗并复辟希腊君主制

11月初，民族解放阵线与帕潘德里欧政府就解散游击队建立国家统一军队问题发生争执。帕潘德里欧在斯科比指使下，宣布要解散全国人民解放军和其他游击队，却不同意同时解散反动军队第三旅和由旧军队组成的"神圣大队"。12月1日，斯科比以盟军司令的身份下令人民解放军在12月6—7

日半夜前撤离雅典，否则将把人民解放军作为敌军对待。人民解放军理所当然地拒绝了这些违背黎巴嫩协定的命令，决定在 5 日深夜组织起义，他们恢复了全国人民解放军中央委员会的活动，并向战士下达了战斗动员令。民族解放阵线的五个部长提出集体辞职，并要求另组一个以民族解放阵线为主的新内阁。

1944 年 12 月 3 日，民族解放阵线在雅典发动了 50 万群众参加的示威游行。群众唱着歌，高呼着"惩办投敌分子""英国停止干涉希腊内政""组织新政府"等口号，有组织有秩序地向宪法广场前进。突然，政府警察开枪射击赤手空拳的示威群众，许多人倒在血泊之中。反动派的暴行激起群众的无比愤怒，他们用白手帕蘸一蘸在街道上流淌的鲜血，然后高举起血手帕，发誓要为烈士报仇。斯科比闻讯，慌忙派遣英军赶到出事地点协助镇压。第二天，雅典群众不畏强暴，发动了总罢工，并为烈士举行葬礼。英军出动坦克、装甲车和步兵进行警戒。12 月 5 日，斯科比接到丘吉尔的电报指示，"行动不要犹豫"，"雅典必须守住并牢牢加以控制——如有必要不惜流血"，于是他下令要全国解放军在 12 月 6 日午夜以前撤出雅典周围地区。当斯科比见人民解放军没有就范，便悍然命令英国空军发射火箭袭击人民解放军在雅典的一些据点，并派飞机扫射人民解放军的补给供应线。

当时英军分散在雅典及其周围附近，实际上力量并不强，而人民解放军却有足够的实力粉碎英军的进攻。但是人民解放军一些领导人却寄希望于国际舆论对英国施加政治压力，希望苏联出面进行外交干预，没有下定决心对英军镇压实行自卫反击。原定于 5 日深夜实行的夺权计划，就因为政府大楼前英国士兵协同希腊反动警察在守卫，人民解放军就犹豫不前，结果坐失良机。英军在 12 月上半月得以调兵遣将，巩固阵地，并做好了消灭人民武装的部署。

英国为了平息国内外公众舆论对英军暴行的严正谴责，12 月 25 日，丘吉尔和艾登从伦敦飞抵雅典，策划举行所谓停止内战的谈判。26—27 日，希腊各党派、丘吉尔、艾登、美国大使、法国公使和苏联代表波波夫等一起开会讨论停战条件。民族解放阵线和全国人民解放军的代表要求在以后新内阁中占据一半席位，并提出从国家机构中清除卖国贼、解散宪兵队和第三旅。只有实现了这些条件之后，人民解放军才同意交出手中武器，然而英希反动派拒绝了这些合理要求。

12 月 27 日，谈判破裂，英军开始大举进攻人民解放军。同时，丘吉尔和艾登压希腊国王乔治二世同意任命一个摄政。12 月 30 日，乔治二世正式宣布扎马斯基诺斯大主教出任摄政。英帝国主义妄图通过武力和宪政手段，双管齐下地扼杀希腊革命力量。从 1944 年 12 月下半月到次年 1 月上旬，希腊革命人民同英希反动派进行了激烈的较量。

正当全国人民解放军给敌人以沉重还击的时候，他们获悉苏联已于 12 月 29 日（正好是扎马斯基诺斯大主教当摄政的前一天）宣布任命谢格耶夫为驻希大使。这个消息使人民解放军战士感到迷惑和失望，因为苏联的行动表明他们并不赞同希共领导的人民武装斗争。随着英军进攻的不断增强，1945 年 1 月 5 日，人民解放军被迫撤出雅典。11 日，派出代表同斯科比谈判停火，15 日正式停战，并继续谈判。至 2 月 12 日，双方在雅典附近瓦尔基札村签订了一项协定，史称"瓦尔基札协定"。

根据瓦尔基札协定，人民解放军同意立即解散部队，把武器集中移交给斯科比指派的官员；希腊政府则同意取消军事戒严、保障公民权利、大赦政治犯、清除国家机关中通敌分子、举行普选等。但希腊政府军被允许保留下来，作为"国家军队"。这项协定的实质显然是要彻底解除人民武装，这是黎巴嫩协定和卡塞塔协定的继续和发展。于是，一批批战士解甲归田，一件件武器按时交出。希共内部坚决反对议会主义，反对缴械的人民解放军领袖之一阿列斯将军，毅然率领一小部分队伍再次上山打游击。然而不久便遭到英希反动派的残酷围剿，最终由于孤立无援、寡不敌众，全部壮烈牺牲。1945 年 5 月，普拉斯蒂拉斯政府和英军控制了希腊全境。英希反动派开始实行白色恐怖，疯狂迫害前人民解放军官兵、共产党员和革命群众。蓬蓬勃勃的希腊民族民主革命第一次全面落入低潮。

1945 年 7 月下旬，英国保守党在大选中失败，工党领袖艾德礼出任首相。在希腊问题上，工党的政策与保守党毫无二致。经过英国工党政府的策划，1945 年 9 月 11 日，英、美、法三国外长在伦敦发表了一份联合公报，提出尽早在希腊召开制宪会议，先选举政府，然后再举行公民投票，决定政体。根据瓦尔基札协定，本当首先决定国王存废问题，然后再选举并建立政府。英国蓄意违背协定，无非想控制议会及政府，便于实现君主制复辟。普拉斯蒂拉斯接受三国外长的"建议"，并邀请英、美、法、苏四国派代表团来监督选举。苏联以不能干涉别国内政为由拒绝邀请。于是英国、美国和法国联合组成庞大的选举视察团，分成 240 个小组，到希腊各地"视察"选区、"监督"选民登记和投票。事实上，在选举过程中，反动派弄虚作假，进行舞弊，视察和监督只不过是表面文章而已。

对于这种根本不能反映民意的选举活动，民族解放阵线和其他民主党派理所当然地进行抵制。在有些地方，抵制选举的革命群众与保皇分子或宪兵发生了流血冲突。结果，1946 年 3 月 31 日大选活动在英军和希腊军警的刺刀下进行。人民党头子察尔札里斯当了首相，保皇派在议会中占了 2/3 席位。1946 年 9 月 1 日，在英、美、法视察团"监督"下，又举行了决定国王存废问题的公民投票。察尔札里斯政府编造投票的结果，说有 69% 的投票者赞成国王乔治二世回国。9 月 28 日，早已声名狼藉的流亡国王乔治二世被迎回雅典。这样，君主制在希腊便正式复辟了。

希腊人民再次掀起武装斗争

君主制的复辟并不能使希腊走上医治战争创伤、改善人民生活、保障社会安定的道路，经济形势反而更加恶化：通货膨胀像脱了缰的野马，交通不畅，对外贸易几乎完全停顿，粮食十分匮乏，广大人民受饥挨冻，死于饥馑或疾病者不计其数。腐败无能的政府内阁一再更迭，但是没有一届内阁能够解决本国的经济问题。他们听任经济混乱和瘫痪，却抓住一切机会侵吞公款，贪污中饱，来扩大私人财产。在察尔札里斯当首相时，希腊预算的一半花在军事开支上，只有 6% 用于经济恢复和建设。即使这些少得可怜的建设经费，不是落入贪官污吏的腰包，便是没有很好地发挥作用。尽管英国增加了经济援助，美国拿出了贷款，联合国善后救济总署也提供了大量物资和捐款，希腊的经济仍濒临崩溃的边缘。

在政治上，希腊政府加强专制统治，白色恐怖笼罩着全国。为了巩固自己的统治，希腊反动派在英国的协助下，大力扩充反动武装力量，把陆军第三旅扩编为第二师，又给"神圣大队"配备了两个师。到 1945 年底，希腊武装部队总兵力已达 75000 人。接着开始大规模逮捕和屠杀，一股反革命浪潮迅速席卷全国。英军和希腊反动军警对希共党员、前人民解放军官兵和革命群众任意搜查、逮捕、拷打或枪杀。全国的监狱挤满了被无辜抓来的"犯人"。谁同情共和制、在家里不挂国王的相片也会遭到审问，甚至遭到反动派的毒打。在城市里，共产党的报纸、印刷厂被反动派捣毁，报社工作人员遭到袭击或逮捕。

政治迫害和经济混乱激起了希腊人民的反抗怒火。1945 年夏到 1946 年春，许多走投无路、忍无可忍的老百姓跟随前全国人民解放军战士或民族解放阵线成员，纷纷转入山区，重新拿起武器。1946 年初，希腊共产党举行七届二中全会，决定领导组织这场新的武装斗争。3 月 30 日晚上，希共领导的游击队进攻色萨利地区奥林匹斯山附近的反动武装力量，揭开了第二次民族民主革命的序幕。1946 年 8 月，前人民解放军领导人之一马尔科斯奉希共中央委派，到山区加强对游击队的领导。10 月 28 日，希腊民主军总司令部在希腊山区成立，马尔科斯担任总司令。尽管希腊反动派凭借优势兵力及从英国得到的新式武器，对民主军发动 10 多次围剿，但民主军采用灵活机动的游击战术，避实就虚，经常神出鬼没地给敌人以狠狠打击。民主军不仅没有被剿灭，而且越战越强，到 1947 年春天，民主军已按旅编制，总人数约13000 人，后来又逐渐增加到约 23000 人；英国学者麦克尼尔当时评论说，"新爆发的这场游击战的规模之大和组织效能之高日益明显"，而希腊政府"在军事上的反措施并不十分成功"。除了雅典、萨洛尼卡等几座城市外，大部分地区获得解放。希腊民族民主革命出现了第二次高潮。在汹涌澎湃的革命巨浪冲击下，反动统治摇摇欲坠了。

美国取代英国扼杀希腊人民革命

英国看到它一手包办和操纵的乔治国王政府危若累卵，想再一次出面干涉，但此时它已经力不从心。英国的实力在第二次世界大战期间遭到严重削弱，战后经济又恢复较慢，处处捉襟见肘，陷于每况愈下的境地。为了维持它对希腊的控制，到 1947 年初，已在希腊耗费了 4 亿多英镑的巨资，英国政府苦于巨额财政赤字，正在考虑减少或解除在海外承担的义务。希腊政府的政治经济状况加速恶化，需要进一步援助，使它感到十分为难。1947 年 2 月 21 日，英国驻美大使英弗查佩尔向美国国务卿马歇尔正式递交了一份照会，表示英国由于本身财政情况恶化，对希腊的经济援助将于 1947 年 3 月 31 日结束。除了留下 5000 人的军队外，其余部队将从希腊撤走，希望美国从 4 月 1 日起代替英国承担"抵抗共产主义的任务"。英国忍痛割爱，把它一向视为禁脔的希腊拱手让给美国，这充分反映出了英帝国的急剧衰落。

美国早就准备插手希腊和东地中海，希腊危机和英国的撤退为美国去填补那里的真空提供了机会。美国还想以援助希腊和土耳其为突破口，推行后被称作杜鲁门主义的、向全球扩张的新殖民主义纲领。因此 1947 年 3 月 12 日，杜鲁门在致国会的援助希腊和土耳其的咨文中说："希腊一旦陷落到武装的少数集团的控制之下，这对它的邻国土耳其的影响将是直接的、严重的。混乱和无秩序状态就很可能扩及整个中东地区。不仅如此，希腊作为独立国家的陨落，将给欧洲的一些国家带来深刻影响……并且对全世界都具有灾难性。……所以我要求国会授权在截至 1948 年 6 月 30 日为止的时期内给予希腊和土耳其为数四亿美元的援助。在要求这些资金时，我已考虑了我最近要求国会授权为使受战争破坏的国家免予饥饿和痛苦而拨付的三亿五千万美元中，能向希腊提供救济援助的最大数额。"1947 年 5 月 22 日，杜鲁门正式签署为希腊和土耳其提供援助的国会法案，6 月 20 日，美国和希腊代表签署了关于美国援助希腊的协定。1948 年 6 月，美国又给予希腊一笔援助，截至 1949 年中期，美援共达 64800 万美元，其中 80% 用于军事开支。仅在 1947 年的最后 5 个月内，美国送给希腊的军事装备就达 74000 吨，其中包括大炮、俯冲轰炸机和凝固汽油弹等。

除了资金之外，美国政府还派遣了一个庞大的美国援助希腊代表团，成员大部分是军事人员，其任务就是帮助希腊反动派打内战。1947 年 11 月，成立了美希联合总参谋部，美国军事顾问为希腊军队制订作战计划，美国军官训练希腊陆军，并在师一级指导希腊军队的战术活动。从 1948 年起，该代表团的军事负责人范弗里特成了希腊反动军队事实上的总司令。不久，希腊最高国防会议也须经范弗里特同意才能召集，美国明目张胆地直接参与镇压希腊革命的决策活动。

美国一方面指使希腊反动政府加紧进攻民主军，一方面允许甚至怂恿希腊反动政府强化独裁专政，迫害进步群众。1947 年冬，希腊反动政府查封了希腊共产党主办的报纸，接着宣布希腊共产党和其他民主党派均为非法。他们下令禁止罢工，对罢工者施加最严厉的惩罚（包括判处死刑在内）。在国家机关中，两万余名进步的工作人员被无端清洗出去。在实行杜鲁门主义的三年中，希腊各地新设了不少集中营，爱国者在那里遭到惨不忍睹的迫害，连老弱妇孺也逃不掉反动派的毒手。根据希腊反动政府承认的数字："在三年半当中，雅典当局平均每天处死二至三人，而 1949 年增加到每天平均四人以上。"

然而这一切并没有使希腊共产党人和进步群众屈服。他们在艰苦的条件下，与敌人进行了英勇的斗争。美国最初对于在希腊进行的干涉很乐观，一个军事参赞曾估计"可以在六个月左右解决游击队问题"。事实证明他们的如意算盘拨错了。希腊民主军运用游击战争的战略战术，屡次挫败敌人的猖狂进攻，先后粉碎了美希反动派的 1946 年"秋季围剿"、1947 年"春季攻势""夏季攻势"等。1947 年 12 月 24 日，民族解放阵线在希腊民主军控制的地区建立了临时民主政府，民主军总司令马尔科斯担任总理兼军事部长。临时民主政府曾举行地方管理委员会的选举，建立人民法庭，把大地主土地分给贫苦农民，改善人民生活，为确立真正的民主制度和保障独立自由做了不少探索性的努力。

可惜的是，希腊共产党未能正确估量新的形势，在 1947 年 9 月希共七届三中全会以后，民主军把斗争的重点从游击战转入正规战，集中兵力夺取城市和固守已有阵地。一些主张继续采取农村游击战方针的希共党员逐步被排挤出民主军的领导岗位。当时，由于美国大量提供军事援助，希腊反动政府的正规军扩充为 13.2 万人，国民自卫队为 5 万人，飞机、大炮、凝固汽油弹，甚至窒息性毒气弹等现代化武器弹药在作战时应有尽有，而民主军仅仅几万人，武器装备又差，采用阵地战、攻坚战等正规战争的打法，只会在敌人巨大的物质优势面前处于不利境地。1947 年 12 月，民主军调集兵力强攻科尼察市，这是第一次打正规战，结果遭到失败。1948 年 4 月 15 日，当希腊反动军队的三个师在美国军事顾问指挥下，团团包围鲁梅利地区时，民主军在这条错误的军事路线指导下，不顾本身实力薄弱，坚持固守阵地，消极防御，经过一个月激烈的战斗，2000 多名守军战士几乎全部壮烈牺牲。6 月上旬，美希反动派进攻希共的主要据点格拉莫斯，妄图一举扑灭民主军。除了以范弗里特为首的一批美国军事代表直接参与指挥外，美国国防部副部长德莱佩、参谋长联席会议副主席魏德迈等要员也赶到前线助战。民主军虽然英勇顽强地坚持了 40 天，但最后不得不撤退转移。

此外，希腊共产党在 1946 年到 1949 年领导武装斗争期间，把取得胜利的希望寄托在苏联的支援上。但是，苏联没有在军事上援助希腊民主军，而且始终没有承认临时民主政府。苏联的立场和态度在希腊民主军战士中引起过很大的思想混乱，大大挫伤了他们的斗志。在希望破灭的情况下，希共又缺乏正确有力的领导，更缺乏独立自主、自力更生的精神与方法。1949 年 8 月底，希腊民主军的据点终于全部失陷，部分民主军被迫撤到阿尔巴尼亚境内。此后，尽管在希腊边远地区仍有小股游击队在分散活动，但作用已经不大了。10 月 16 日，希腊临时民主政府通过电台发布"告人民书"，停止了战斗。

虽然希腊民族民主革命在外因和内因交叉综合作用下失败了，但是他们近十年武装斗争的教训，为全世界革命人民提供了十分宝贵的历史经验，他们同德意法西斯、英美帝国主义和希腊反动派英勇斗争的精神，博得了全世界革命人民的崇敬。

第二战场的开辟

刘甫武

苏德战争爆发后，苏联强烈要求英美配合在西线登陆作战，以减轻东线苏德战场上苏军的压力。英美出于自身利益和最终主宰欧洲的战略目标考虑，迟迟拖延第二战场的开辟，直至 1944 年 6 月 6 日才在法国诺曼底登陆，向西线德军发起大规模进攻。第二战场的开辟使德军处于两线作战的境地，对加速法西斯德国的覆灭起了重大作用。

第二战场问题的提出

1941 年 6 月 22 日，希特勒德国对苏联发动了背信弃义的进攻。当晚 9 时，英国首相丘吉尔发表声明，表示要支援苏联对德抗战。他说：希特勒"进攻俄国，只不过是企图进攻不列颠诸岛的前奏"，"因此，俄国的危难就是我们的危难，也是美国的危难"。6 月 23 日，美国总统罗斯福在记者招待会上表示，美国准备给予俄国可能提供的一切援助。

在 1941 年，第二战场问题还只是苏英政府之间讨论的主题。

6 月 27 日，英国战时内阁成员、军需供应大臣比弗布鲁克对苏联驻英大使迈斯基说，大不列颠政府"准备采取一切可能的措施以减轻德国对苏联的压力"，"愿意讨论在军事方面更为密切的合作问题"。其中谈到三点具体建议：第一，加强对德国西部和法国北部的轰炸；第二，英国船队在摩尔曼斯克和佩特萨莫地区参加对德海上作战；第三，在法国北部沿岸进行大规模袭击。6 月 29 日，苏联外交人民委员莫洛托夫在约见英国大使克里普斯时说，比弗布鲁克的所有建议是正确的和现实的。6 月底，以麦克法伦将军为首的英国军事代表团抵达莫斯科；7 月 8 日以苏联副总参谋长戈利科夫为首的军事代表团抵达伦敦，受托向英国政府提出了开辟第二战场的问题。7 月 8 日，丘吉尔给斯大林发出了第一封私人信件，信中写道："我们要在时间、地域和我们日益增长的资源所允许的范围内尽力帮助你们。"7 月 12 日，英苏两国在莫斯科签订协定，双方保证在对德作战中互相给予各种形式的援助和支持，不同德国进行谈判。

7 月 18 日，斯大林在致丘吉尔的电报中亲自提出要求英国在法国北部开辟反希特勒的新战场，改善苏联的处境。斯大林指出："……我也想到开辟这一战场是有困难的，但是我认为，应该不顾困难开辟这样的战场，这不但是为了我们共同的事业，而且也是为了英国本身的利益。"斯大林还指出，当前是开辟第二战场的最好时机，因为德国的军事力量被引到东方来了。7 月 21 日，丘吉尔复电拒绝斯大林的建议，理由是"德国人光在法国就有 40 个师"，"在沿海，德国已修建的防御工事、大炮、铁丝网、碉堡和海滩地雷比比皆是"，在这样的情况下，大举登陆必遭"血腥还击，小规模袭击只能招致惨败。这对我们两国都会是弊多于利的"。但他许诺以"更大的规模和更快的速度轰炸德国"。8 月 29 日，丘吉尔在会见苏联大使时声称，他打算1942 年在地中海和北非地区实施重大战役。

在德军兵分三路进逼莫斯科的严峻形势下，9 月 3 日，斯大林再次致电丘吉尔强调指出，德国这次进攻"削弱了苏联防御力量，而使苏联面临着致命的危险"；并指出，德国之所以调兵东线，是因为德国人相信"西方不存在第二战场，并且将来也不会有第二战场"。"在这种情况下只有一个出路，那就是本年内在巴尔干或者法国的某地开辟一个第二战场，足以使德国人从东战场调走三十一—四十个师"，否则"苏联将会遭到失败"。9 月 4 日，丘吉尔复信斯大林，推托说，在西欧除进行空中轰炸外，不可能在西线采取吸引东线德军的任何行动，没有土耳其援助，绝不可能在巴尔干开辟第二战场，至于能否在 1942 年登陆欧洲，也要取决于一些不可预料的事件。

9 月 13 日，斯大林致电丘吉尔，第三次提出第二战场问题，重申如不开辟第二战场"只会有利于我们共同敌人的阴谋"。斯大林甚至提出如目前难以在西方开辟第二战场，建议英军在"阿尔汉格尔斯克登陆 25—30 个师，或者通过伊朗把它们运到苏联南部地区，以便在苏联国土上同苏联军队进行军事合作"。9 月 19 日，丘吉尔复电再一次拒绝了斯大林的请求，并嘲笑苏联的建议是"荒唐的想法"和"想入非非"。

综上所述，迅速在欧洲开辟第二战场之所以成为对德作战中的紧迫问题，其主要原因是：第一，苏德战争爆发后，苏德战场成了欧洲的主战场，苏联几乎承受了德国全部军事力量的压力，苏联在战争初期严重失利造成的十分危急的军事形势，迫切需要英国在西线夹击敌人，以减轻德军对苏军的压力。第二，德国在兵力、武器装备上对苏联占有很大优势，苏联希望盟国开辟第二战场，赢得一个喘息时机，充分发挥自己在兵员潜力上的绝对优势，克服扩充武装力量和增加武器装备等方面的困难，为加强防御力量创造有利条件。第三，苏联要求开辟第二战场，不仅是出于保卫苏联的利益，而且也是出于保卫正在进行反法西斯斗争的一切民族的利益，是捍卫社会主义国家和全世界反法西斯共同利益的需要。显而易见，如果希特勒德国征服苏联，它就会独霸欧洲，夺取世界霸权，统治和奴役全人类。所以，第二战场问题的提出，完全符合全世界反法西斯的全局利益，这对于推动世界反法西斯联盟的形成、协同作战、加速世界反法西斯战争的胜利进程都具有重大意义。

1941 年 11 月 6 日，斯大林在《伟大十月社会主义革命二十四周年纪念》的报告中，首次公开地向全世界提出了第二战场问题，指出它的迫切性和重要意义，使围绕这一问题的斗争进入一个新的阶段。

1942 年苏、美、英关于第二战场的谈判

1941 年 12 月到 1942 年初，苏联红军取得了莫斯科战役的伟大胜利，日本法西斯发动了太平洋战争，美国对德日意法西斯宣战，这一切推动了英美就开辟第二战场问题作出决定。

在 1941 年 12 月 22 日至 1942 年 1 月 14 日召开的华盛顿会议（代号"阿卡迪亚"，意为"世外桃源"）上，美英军政要人商讨联合作战的战略方针，确定了"德国第一"的基本战略原则。

1942 年 1 月 1 日，美、英、中、苏等 26 国签署《联合国家宣言》，正式结成反法西斯联盟。2 月 6 日，美英建立联合参谋长委员会。此后，开辟第二战场便成为美英两国的事情。

1942 年 3 月初，罗斯福向苏联驻美大使李维诺夫表示，为了尽早开辟第二战场，他"正对英国人施加压力"，并准备为此派遣美国军队前往英国。3月 9 日，罗斯福在给丘吉尔的电报中提出了"在欧洲大陆开辟新战场的计划"。他说："我现在对今年夏天建立这个新战场愈益感到兴趣。"此时，美国陆军副参谋长艾森豪威尔正在制订一项进攻法国北部的具体计划。

4月1日,罗斯福批准了在英国集结 48 个师,动用 5800 架战斗机的"西欧作战计划",即代号为"痛击"的英美联合在法国北部的作战计划,时间定于 1943 年。这个计划在攻击目标、登陆地点、战斗规模、战斗效果等主要问题上都与苏联的要求基本相符。罗斯福在 4 月 3 日给丘吉尔的信中说,"你我两国人民要求开辟一个战场,以便卸下俄国人肩上的压力"。他派霍普金斯和马歇尔去英国,具体研究开辟第二战场问题。

4月8日,霍普金斯、马歇尔带着罗斯福批准的"计划"抵达伦敦与英国谈判。经磋商,丘吉尔同意"西欧作战计划"。这是因为:首先,英国有赖于美国的帮助,维护英美同盟关系是英国统治集团对外政策的重要原则;第二,用丘吉尔的话来说,就是"为了同我们可贵的盟国取得一致而和谐的行动,我们不得不通过政治影响和外交进行工作",其目的是以同意"西欧作战计划"作为外交手段,来取得美国对它的地中海作战计划的支持,不致因为英国拒绝"西欧作战计划"而使美国从欧洲撤回兵力投入太平洋战场;第三,采取这样的外交举动,从心理上可以给苏联盟友以安慰,给希特勒德国造成一种威胁;第四,在国内外群情鼎沸,强烈要求开辟第二战场的呼声中,英国政府不得不在形式上作出准备开辟第二战场的姿态。

1942 年 4 月 11 日,罗斯福致电斯大林,邀请莫洛托夫访问华盛顿,以便讨论"一个非常重要的、关于利用我们的武装力量来解脱你们西线困境的军事建议"。

1942 年 5 月 20 日,莫洛托夫途经伦敦,第二天就和丘吉尔举行了会谈。两国签订了《英苏对希特勒德国及其欧洲与国作战的同盟和战后合作互助条约》(为期 20 年)。关于开辟第二战场问题,由于丘吉尔要等待罗斯福采取一致行动,仍未达成协议。

5 月 29 日—6 月 9 日,莫洛托夫应邀访问华盛顿,就开辟第二战场问题与罗斯福、赫尔、马歇尔和霍普金斯等人举行了会谈,莫洛托夫要求作为同盟国家的美国和英国在 1942 年而非 1943 年开辟第二战场,以便从苏德战场上吸引去 40 个德国师。莫洛托夫还指出:"如果你们拖延你们的决定,你们最终将承担战争的主要压力,而如果希特勒变成大陆上无可争辩的主人,那么,明年无疑地将比今年更为艰难。"罗斯福经过考虑,认为有必要对莫洛托夫给予明确答复,因而最后请莫洛托夫转告斯大林,"我们期望今年内会开辟第二战场"。他还告诉莫洛托夫,美国正在拟订开辟第二战场的详细计划,美国完全有把握在 1942 年向法国进攻。

6月9日，莫洛托夫在归国途中重访伦敦。12日，发表的苏英和苏美联合公报，关于第二战场问题的内容相同，双方对于1942年在欧洲开辟第二战场的迫切任务已达成充分的谅解。这样，由苏联提出的关于开辟反对德国法西斯的第二战场问题，经过为时近一年的斗争，终于以苏英、苏美政府声明的形式确定下来。但丘吉尔在会见莫洛托夫时说，公报中关于第二战场的措辞，并不意味着英国政府"在第二战场日期方面承担了明确的义务"。

英美一方面同苏联达成开辟第二战场的协议，另一方面，事实上又没有在1942年对欧洲西线德军发动进攻，这有以下几方面的原因。

第一，英美答应在1942年开辟第二战场的一个"极端重要的理由"，就是为了"能增强苏联的士气"，"延长苏联抵抗希特勒侵略的时间"。对英美来说，"1942年是关键性的一年"。在德军大举进攻斯大林格勒、苏德战场形势仍然十分险恶的情况下，英美统治集团"担心红军垮台，布尔什维克政权投降或与希特勒妥协"，"他们感到有必要表现出答应在1942年开辟第二战场的姿态"，"想通过提高俄国人对盟国在西线的行动所抱的希望，激励他们坚持下去。"他们明白，在反希特勒战争中苏联这样一个军事上的盟国的存在确实极为重要。

第二，英美出于自身利益的考虑，不肯为援助苏联作出牺牲。苏德战争爆发以后，丘吉尔和罗斯福都清醒地看到，英美两国同样面临着德国法西斯侵略的危险。英美就开辟第二战场同苏联达成协议，是想通过政治上、道义上对苏联的支持，指望苏军顶住德军的进攻来保住自身的安全。英美不愿真正履行协议，也是出于利己主义的考虑，因为开辟第二战场会遭受重大的牺牲。丘吉尔在1942年8月访问莫斯科时就公开对斯大林说："战争就是战争，不是开玩笑，如果惹起对任何人没有好处的灾难，那就太愚蠢了。"美国陆军总参谋部所提出的"西欧作战计划"的实施也是有先决条件的，即只有当苏联在战场上陷入绝境，英美若不从西方发动进攻，德国将取得全面胜利时，或德国在西欧的势力大为削弱时才实现计划。因此英美的意图是以最小的代价来赢得战争的最终胜利。

第三，1942年开辟第二战场确有实际困难。当时盟国在整个西欧大陆地区，除直布罗陀堡垒之外已无立锥之地。在马耳他岛以西的地中海地区也无安身之处。只有尚未丢掉的英伦三岛仍是盟国反攻欧陆的前沿基地。但是，英国在敦刻尔克溃败后"元气大伤"，"不列颠群岛和英帝国的安全一直岌岌可危"。这时英美在西欧的兵力还不够强大，英国损失的运输船舰有待于恢复和发展。美国海军还要应付太平洋战争，自顾不暇等。基于上述种种因素，英美就难于在 1942 年发动大规模渡海登陆战。

在对待开辟第二战场的问题上，英美的态度在程度上有所差别，来自于以丘吉尔为首的英国统治集团的阻力更大一些。丘吉尔一面同意在声明中载明于 1942 年在欧洲开辟第二战场，一面又在递交莫洛托夫的一份备忘录中说："我们正在为 1942 年 8 月或 9 月在大陆登陆一事进行准备。"但是："……在事前很难说，到时候是否会出现进行这种行动的形势。我们因此无法许下任何诺言……"丘吉尔只是在外交上虚伪地承担义务，实际上并不准备付诸实施。他把开辟第二战场的协议看成只有宣传上的价值，只是"使德国人有所畏惧"。

丘吉尔对待开辟第二战场的态度是与英国的整个战略原则和苏德战场战局变化相关联的。6 月 8 日，作为内阁首相兼国防大臣的丘吉尔，就明确地要求三军参谋长在开辟第二战场问题上必须考虑："（1）除非我们打算留在那里，不在法国大举登陆；（2）除非德国人在与俄国人作战中再次失利，因而士气不振时，不在法国大举登陆。"丘吉尔规定的这两项原则为英苏声明投下了阴影。

美英拖延开辟第二战场

1942 年夏，北非战局突然逆转，托卜鲁克失守，开罗和亚历山大港危在旦夕，英国的海上运输线有被切断的危险，丘吉尔在国内的地位不稳。以此为理由，丘吉尔于 7 月 8 日致电罗斯福，向美国提出英美在法属西、北非登陆以代替在法国登陆的作战方案。在 7 月 10 日举行的美国参谋长联席会议第二十四次会议上，与会人员一致反对在西、北非登陆的"体育家"计划。他们当时"脑子里主要想的是俄国垮掉的问题，认为在北非作战是极其危险的"。7 月中旬，马歇尔等被派往伦敦与英方协商。英方坚决要求在北非登陆，罗斯福逐渐倾向于同意英国意见。7 月 25 日，英美不顾联合公报，在参谋长联合委员会第二次会议上商定，执行 1942 年秋天在北非登陆的"火炬"计划（即原来的"体育家"计划）。在欧洲开辟第二战场的问题再次被搁置起来，事实上也对 1943 年在西欧实施大规模登陆造成了困难。

为此，丘吉尔和美国总统驻英特使艾夫里尔·哈里曼等于 1942 年 8 月专程访问莫斯科。丘吉尔等向斯大林解释了英美在 1942 年秋北非登陆的

"火炬"计划，企图说服斯大林，在1942年派6—10个师在西欧登陆是不可能也是不适宜的，并说明准备在1943年发动几个大的战役。斯大林对英、美不能于1942年在法国北部开辟第二战场提出抗议，提醒这是违背6月12日公报的。丘吉尔仍坚持1942年最好的第二战场就是"火炬"计划。

英美用执行"火炬"计划来代替在欧洲开辟第二战场，绝非偶然。罗斯福不顾马歇尔等人的反对，同意了丘吉尔的意见，这反映了美英之间的妥协。美国的让步是为了在政治上维护美英之间的伙伴关系，不让战略分歧损害政治联盟。同时，北非登陆也符合英美两国共同的战略利益。

对丘吉尔来说，实施北非战役完全是从保护大英帝国的利益出发。丘吉尔深知，控制西、北非对英国是利益攸关的大事。一旦占领西、北非，盟军可以确保经苏伊士运河通向远东和直布罗陀的航路安全，维护大英帝国的殖民体系，保住中东石油；进而北上意大利、巴尔干，夺取东南欧，恢复英国的势力范围。如果置此不顾，集中力量横渡海峡进攻欧陆，便会有"赢得战争，失掉帝国"之虞。同样，盟军保住苏伊士运河和波斯湾的石油，阻止德军与日军会师，确保印度洋、南大西洋、巴西以及整个南美洲的航道安全，也是美国安全所必需的。这就是罗斯福要求"必须守住中东"的出发点。英、美领导人估计，英美军队不用付出多大代价，就可夺取西北非。如果英美这时在西欧登陆，那就要同法西斯军队进行殊死的拼搏，势将遭受巨大牺牲。英美统治集团采取了既不让苏联垮台，也不让苏联迅速取胜的战略。

1942年11月到1943年5月，英美联军在北非歼灭大量德意侵略军，取得了北非战役的最后胜利。1943年7月10日，盟军在西西里岛登陆，7月25日，意大利墨索里尼法西斯政权被推翻。9月3日，意大利巴多里奥政府签署无条件投降书。接着，盟军在意大利南部登陆。10月13日，意大利对德宣战，轴心国侵略集团开始土崩瓦解。

斯大林肯定了英美军队的上述行动。他指出红军给予德国法西斯军队的打击，曾得到盟国在非洲、在地中海区域和在意大利南部的战斗行动的协助。但斯大林指出，"这不能看作是第二战场"。

1943年2月，苏军在斯大林格勒粉碎了德国法西斯的进攻。这一年，整个世界反法西斯战争的形势发生了根本转变。正如毛泽东在1943年10月指出："国际局势已到了大变化的前夜，现在无论何方均已感到了这一变化。……英美也正在利用这个变化：罗斯福、丘吉尔正在等待希特勒摇摇欲坠时打进法国去。总之，德国法西斯战争机构快要土崩瓦解了，欧洲反法西斯战争的问题已处在总解决的前夜"。①

　　1943年1月3日，苏联要求英美告知预定于1943年9月份开辟第二战场的具体计划和日期，并且要求尽量提前。但丘吉尔仍以北非战役和西西里战役来搪塞。5月12—25日，罗斯福和丘吉尔在华盛顿举行代号为"三叉戟"的第三次会议，决定到1944年才有可能开辟第二战场，并把这一决定通知斯大林。斯大林感到非常失望和不满，他指出，把开辟第二战场从1942年拖到1943年，又推到1944年春，"将对战争进程产生严重后果"，"这不只是苏联政府感到失望的问题，而是要维持它对盟国的信任的问题，这种信任正经历着重大考验"，并且强调英美借口"准备不足""缺乏登陆艇"等理由是不充分的。

　　在8月17日举行的魁北克会议上，英美又对1944年在法国北部登陆的问题进行了磋商。丘吉尔和英帝国总参谋长艾伦·布鲁克力图用"巴尔干计划"来代替在西欧登陆，遭到美国军方马歇尔等人反对。美国坚持在法国登陆进攻德国心脏地区的作战计划。争论结果最后确定，大体上将于1944年5月1日开始实施从法国西北部登陆的"霸王"计划。

　　然而，丘吉尔并没有彻底放弃他的"巴尔干计划"。在1943年11月28日—12月1日的德黑兰会议上，讨论开辟第二战场问题时，丘吉尔不敢公然反对在法国登陆，主张"同时从西欧和巴尔干发动对德军的进攻"。他推托说："我不能仅仅因为为了保留5月1日这个日期不变而牺牲地中海战役。"斯大林支持罗斯福的意见，他极力要求在5月份实施"霸王"行动，并说："我不管日子定在5月1日、15日或者20日，但有个确切日子是重要的。"

　　罗斯福、斯大林和丘吉尔在德黑兰会议上激烈争论的结果是三国终于"就从东、西、南三方面将发动的军事行动的规模和时间达成了完全一致的协议"。会议决定1944年5月在法国北部开辟第二战场。

　　英美关于开辟第二战场的两种战略的争论，都是从维护各自的大国地位和利益出发来考虑的。丘吉尔一向把注意力放在地中海和南欧，就是要保持大英帝国的世界利益和海上生命线。丘吉尔的巴尔干战略，目的是抢在苏军前面在中欧打进楔子，同苏联争夺欧洲。在德黑兰会议期间，罗斯福和他的儿子伊利奥谈心时，直截了当地指出了丘吉尔巴尔干战略的目的。罗斯福说："丘吉尔很迫切地想打进中欧，使红军无法进入奥地利和罗马尼亚，假

---

① 《毛泽东选集》合订本，人民出版社1966年版，第917页。

如可能的话，甚至匈牙利也不让红军进入。斯大林知道这一点，我知道这一点，而每个人都知道这一点。"

在法国北部诺曼底登陆是深入德国心脏地带的捷径，是粉碎西线德军主力的最合理的战略，远比从巴尔干登陆进行侧翼迂回进攻的战略有利。而且英伦三岛和欧洲大陆仅仅一水之隔，是屯兵几百万的最大最理想的前进基地，保卫英国本土的地面部队也可以直接用来发动进攻。而跨越横亘意大利北部的阿尔卑斯山，从南部进攻德国，历来是军家之大忌，也不足以置敌于死命。然而，罗斯福在这个问题上不支持丘吉尔。他坚持在法国北部开辟第二战场的战略目的，最终还是为了在争夺欧洲统治地位的斗争中战胜苏联，确立在欧洲和世界的霸权。当时美国高级军事战略家认为，"战争结束时俄国将在欧洲占统治地位。在击溃德国以后，欧洲没有一个国家能同俄国强大的军事力量相抗衡。诚然，大不列颠正在巩固它在地中海的地位以对付俄国，这是有利于造成欧洲均势的。但是即使在这里，如果得不到相应的支持，它也不能同俄国相抗衡"。为了同苏联相争，罗斯福认为，要"尽量多用美国军队去占领德国"，"要尽快地把美国军队开进柏林"。而取道法国这条通往德国的捷径是迅速达到上述目的的最上策，因此美国主张在诺曼底登陆。

综上所述，开辟第二战场的确是一个重大的军事问题，也是一个重大的政治问题。围绕这个问题所展开的争论，反映了英、美、苏三个不同社会制度的反法西斯同盟国之间，充满了不同利益的尖锐斗争和矛盾。由于英、美、苏三国都有消灭法西斯侵略者的共同目的，最终还是从反法西斯的战略全局利益出发协调了作战行动。正如斯大林指出："问题不在于有分歧，而在于这些分歧没有超出三大国一致的利益所容许的范围，以及归根到底都是根据这种一致的利益来解决的。"①

诺曼底登陆

早在 1942 年 8 月，英军曾对德国占领的法国海岸地区迪埃普进行过一次规模不大的袭击。登陆军队主要部分由驻英国的加拿大陆军组成，其他还有英国突击队、登陆艇队和护航队。由于德军日常戒备森严，登陆军伤亡极

---

① 《斯大林文选》，人民出版社 1962 年版，第 397 页。

其惨重，拿这支不足 5000 人的加拿大部队来说，阵亡人数达 18%，3300 多伤亡人数中近 2000 人被俘。这次失败对 1944 年诺曼底登陆准备提供了宝贵的经验和教训。正如丘吉尔说，必须"及时建造各类新式舰艇和设备"，要改进"海空军轰击技术"，要"将陆海两栖部队训练好、组织好"等。

德黑兰会议以后，经英美磋商，艾森豪威尔将军被任命为执行"霸王"计划的盟军最高统帅，统一指挥盟军在法国北部诺曼底登陆战役。英国泰德空军上将担任副统帅。美国史密斯将军为参谋长。英军地面部队司令是蒙哥马利，美军地面部队司令是布莱德雷。英国的拉姆齐海军上将为海军总司令，利—马洛里为空军总司令。

盟国参加诺曼底登陆战役的陆、海、空三军总兵力 287 万多人，其中美军 153 万多人；各类飞机 13000 多架；各种舰艇连同运输舰只船舶共达 6000 多艘。

德军统帅部为了防止盟军在法国北部登陆，强迫 50 万外籍劳工修建了所谓"大西洋壁垒"防御工程，6 英尺厚的混凝土碉堡林立。在法国和比利时、荷兰、卢森堡一带集结了 60 个师（50 个步兵师和 10 个坦克师）。德军西线总司令是冯·龙德施泰特元帅。德军的战略部署是：勃拉斯科维茨上将指挥的 G 集团军群的第一集团军防守比斯开湾，第十九集团军防守法国南部。隆美尔指挥的 B 集团军群共 39 个师，所辖第十五集团军 19 个师防守加来海峡一带，是整个大西洋防线的重点。第七集团军 12 个师防守诺曼底到布列塔尼一带，一个独立军 4 个师守卫荷兰，另有 4 个坦克师准备用来保卫法国北部和比利时。

在诺曼底战役前夕，盟军已完全取得了制空权和制海权。盟军的"战略轰炸"使法国基地上的德国飞机减少到 500 架，其中一半由于缺乏零件、汽油和受过训练的飞行员而不能上天，猖獗数年的德国海军在英吉利海峡和比斯开湾一带，只剩下了 3 艘驱逐舰、5 艘鱼雷艇和大约 30 艘其他小艇以及 36 艘潜艇。

为了保证登陆成功，在海峡下面敷设了一条输油管以供登陆部队使用。在离开海岸的两个地点建成两个由 70 条大船构成的人造港，为此需要设计和完成几百个由 37 万立方米混凝土和 300 吨钢材制造的大浮箱同时沉入海内作为防波堤。盟军具备了迅速运送 30 个师的能力，其中 10 个师可在登陆日一天内运到。对登陆时月光、潮汐、日出的时间做了周密的计算。为了迷惑敌人，盟军故意在英吉利海峡最狭窄部分制造准备进攻的假象，使敌人摸不着主攻方向。

经过全面、充分的准备之后，盟军统帅部决定在 6 月 5 日出其不意地发动诺曼底登陆战役。这一年的 6 月是 30 年来法国海岸风力最疾、气候最恶劣、海浪最高的 6 月。因气候关系，登陆时间只得推迟一天。

1944 年 6 月 6 日凌晨，狂风呼啸，英美 2395 架运输机和 847 架滑翔机，从英国 20 个机场起飞，载着三个伞兵师向南疾飞，到法国诺曼底海岸后边的重要地区空降着陆。黎明时分，英国皇家空军的 1136 架飞机，对勒阿佛尔和瑟堡之间事先选定的敌军海岸的 10 个炮垒投弹 5853 吨。天亮以后，美国第八航空队的轰炸机开始出击，1083 架飞机在部队登陆前半小时对德军海岸防御工事投弹 1763 吨。太阳升起来之后，盟国战舰驰过波浪滔滔的英吉利海峡，齐奔法国海岸。雾时间，连天的炮火倾向德军阵地。盟军空军在头一天出动 14600 架次，登陆达 13 万人。这一天，盟军经过顽强战斗，先后在奥马哈、犹他、金滩、朱诺滩、剑滩 5 个指定滩头登陆，在欧洲大陆建立了牢固的立足点。到 6 日傍晚，盟军伤亡人数约 6200 人，三个伞兵师损失 2499 人，比预计的要少。西线德军对盟军在诺曼底的突袭猝不及防，而且误以为是声东击西，6 日天亮以后，虽出动装甲部队反击，由于规模有限，无法把盟军赶下海去。希特勒大肆吹嘘的"大西洋壁垒"被盟军强大的攻势突破了。

到 6 月 12 日，诺曼底海滩几个滩头已连接成一条阵线。在战役的最初 6 天中，有 326547 人、54186 辆军车和 104428 吨物资通过海滩运到岸上。这时，德国首次使用 V—1 式飞弹轰炸英伦三岛，但并未影响盟军展开的战役。

登陆后的一个月里，盟军虽然站稳了脚跟，取得初战胜利，登陆部队超过 100 万人，相当于当时德军投入战斗兵力的一倍多，但由于德军的顽强抵抗，空军因天气多雨不能最大限度地发挥作用，以及海滨沼泽遍布、道路狭窄，以致攻占滩头阵地以后进展缓慢，盟军在冈城和圣洛一线才前进了 20 英里。

7 月 18 日，美军占领圣洛。几乎与此同时，英加军队完全占领冈城。这时盟军已有 30 个师进入诺曼底战场，而德军在这里不过 16 个完整的师，约 38 万人。

到 7 月 24 日，盟军胜利完成了诺曼底登陆，将登陆场扩展到正面宽 100 公里，纵深为 30—50 公里的范围。7 月 25 日，盟军出动 2500 架飞机，美第一集团军的 4 个军全部投入战斗，第七、第八军不到一周之内就前进了 30 英里，迫使德军向东南方向退缩。

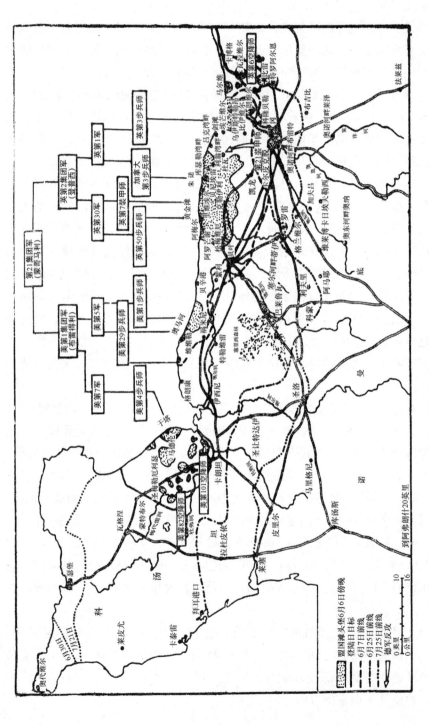

诺曼底登陆

8月1—18日，巴顿将军指挥的美第三集团军坦克部队从阿佛朗什兵分三路出击，攻占勒芒，直取奥尔良和夏特勒。蒙哥马利指挥英、加军队乘胜挺进，对法来斯和阿尔让唐的德军形成钳形攻势，包围德军8个步兵师和2个装甲师，俘虏敌人5万人，消灭敌人约1万人。溃退的四五万德军向塞纳河方向狼狈逃窜。德军西线总司令冯·克鲁格元帅被撤职，他怕希特勒把诺曼底的失败归罪于他，就在回国途中服毒自杀了。

盟军乘德军大败，长驱直入，进逼法国心脏地区，德军全线溃退。

8月19日，盟军占领塞纳河西岸的芒特，逼近巴黎。这一天，法国内地军和巴黎人民举行武装起义，解放了自己的首都。盟国各路大军纷纷奔赴塞纳河，强占渡口，追击溃敌。8月25日，法国勒克莱尔将军指挥的第二装甲师进入巴黎。当天下午，奉艾森豪威尔的命令，勒克莱尔将军光荣地接受了德军的投降。戴高乐将军也进入首都，在法国国防部大厦设立了自己的司令部。

巴黎的解放是诺曼底战役的结束。德军在诺曼底战役损失将近40万人，其中被俘25万人。还损失了大约2100辆坦克、2000门火炮、3500架飞机、20000辆各类车辆在内的大批装备。德军高级指挥官中有3个陆军元帅和1个集团军司令被撤职或受伤，1个集团军司令、3个军长、15个师长和1个要塞司令被击毙或被俘。盟军伤亡209000人，其中阵亡将士36976人。

登陆战胜利的原因及其意义

诺曼底登陆战役的胜利，第一，由于美英制订了周密的"霸王"计划，进行了充分的作战准备，又集中优势兵力，采取声东击西的战术进行突然袭击，保证了登陆从一开始就获得成功。纳粹德国陆军元帅隆美尔的参谋长汉斯·斯派达尔不得不承认："从6月9日以后，主动权已落在盟军手中。"

第二，是德军统帅部的判断和指挥失误。事前，德国统帅部对盟国登陆的时间和地点一无所知。德军西线指挥部的各级军事指挥官，都以为气候恶劣，登陆是不可能的。盟军最高统帅部的疑兵之计使他们把加来当作主要登陆地点，以为诺曼底的行动是佯攻。因此重兵把守加来，不敢轻易调动兵力。登陆战开始那天，希特勒最高统帅部打给西线总司令龙德施泰特的电报还说："主要进攻区究竟在哪里，现在还难以断定，而且希特勒尚未作出决定。"英国著名军事战略家利德尔·哈特认为，如果德军一开始就动用三个装甲师进行反击，"盟军的立足点来不及连成一片，巩固下来，就会被赶下海去"。丘吉尔认为，这是希特勒"坐失时机浪费掉那安危所系的整整一天"。直到盟军向西线德军大举进攻时，德军统帅部才看出盟军的主要战略行动是诺曼底战役，加来地区不可能有一次更大规模的登陆，急令加来地区的第十五集团军开赴诺曼底战场，但这时诺曼底的败局已无法挽回了。

第三，美英有强大的经济和军事实力做后盾，可以源源不断地为诺曼底战场提供人力、物力。而德军集中于法国北部沿海地区，主要交通供应线因遭到盟国大规模轰炸已完全瘫痪，同外界的交通联系几乎断绝。这对德国的兵员调动和后勤供应造成极大困难。后来增援的德军多是经过长途徒步行军才分批赶到战场，这也是德军溃败的一个重要因素。

第四，巴黎人民的起义、法国抵抗力量对德军的广泛出击，直接支持了盟军在诺曼底的军事行动，为诺曼底战役的胜利创造了有利条件。从盟军于6月6日在诺曼底登陆时起，法国共产党和戴高乐将军领导的相当于15个师的数十万义勇军和游击队（统称为内地军），配合盟军到处打击德军。广大人民奋起消灭法西斯侵略者，有些省是人民自己解放的。到1944年底，法国抵抗力量同美英盟军配合作战，解放了几乎整个法国、比利时。难怪当时在美军司令部工作过的拉尔夫·英格索尔写道："历史如果试图把盟国在法国和比利时的胜利的荣誉仅仅归于盟军的大炮和飞机，那么这样的历史是不完全的。事实证明，法国的抵抗运动至少代替我们另外20个师，也许还多一些。后来，我们不得不确信这一点，因为当盟军的第一个战士出现在巴黎时，那里的德国驻军早已被打垮了。"

第五，苏联红军于1944年6月10日至8月底先后在三条战线上发动的强大夏季攻势有力地配合了盟军在西线的进攻，也为诺曼底战役的成功创造了条件。苏军首先于6月底前在苏芬战场粉碎芬兰军队，迫使芬兰求和；其次从6月23日至7月底进行了白俄罗斯战役，投入150万兵力，在30多万苏联游击队的配合下，牵制德军80万人，消灭德军54万人，西进500—600公里，解放白俄罗斯全部领土和立陶宛部分领土，并和波军一起解放波兰东部，逼近东普鲁士和华沙；最后，从7月13日至8月底进行西乌克兰战役，苏军歼灭德军17万多人，占领西乌克兰。

　　诺曼底登陆是第二次世界大战中规模最大的一次登陆战役。从诺曼底登陆战役的胜利到法国解放，分散了德军的兵力，在东线作战的德国师在全部德军总比例中下降到 55.6%—60%。英美盟军和苏军东西配合，互相支援，使德军在以后的一系列战役中，疲于奔命，东西不能相顾，陷入"两线作战"的困境。英美盟军歼灭和牵制德军主要后备力量，极为有效地支援了东线苏军的攻势。德军大量技术装备的丧失，使日感不足的物资更加紧缺。盟军登陆后给德国经济的打击，无疑是给穷于应付的两线夹击的军事形势和残破不堪的战时经济火上浇油。开辟第二战场的成功，还使盟军可以抽调英国本土舰队和英美的护航舰队支援远东对日作战，同时盟军的胜利也直接鼓舞了欧洲被占领国人民的抵抗运动。

　　斯大林对开辟第二战场的历史作用作出了公正的评价。斯大林指出："无可怀疑，如果没有在欧洲组织第二战场牵制住德军达 75 个师的话，我军是不能在那样短的时期内击破德军的抵抗并把他们驱逐出苏联国境的。但同样无可怀疑的是，如果没有红军今年夏季的强大进攻战役牵制住德军达 200 个师的话，我们的盟军是不能如此迅速地打退德军并把他们驱逐出意大利中部、法国和比利时国境的。"① 第二战场的开辟无疑对加速希特勒德国的覆灭起了重大作用。

---

　　① 《斯大林文选》，人民出版社 1962 年版，第 393 页。

纳粹德国的战时经济

杨少俊　韩光明

代表德国大垄断资本利益的纳粹党在 1933 年初上台执政后，为了实现其谋求欧洲霸权并进而重新瓜分世界的计划，大肆扩军备战，推行国民经济军事化，把基础虚弱的德国经济引上了为加紧发动对外扩张侵略作准备，特别是为其冒险性的"闪击战"作准备的道路。

第二次世界大战期间，随着纳粹德国在战场上由初战胜利到节节败退，战时经济的弱点也从被掩盖到暴露。对军备工业的两次改组虽然使德国军工生产一度达到高峰，但其恶性膨胀的结果，加速了战时经济的垮台和侵略战争的最后失败。

闪击战的暂时得逞与"和平式的战时经济"

纳粹德国从进攻波兰起到入侵苏联之初止这段时期的战时经济，常被西方一些史学家称之为"和平式的战时经济"或"近似和平的战时经济"，是指纳粹德国的经济在"闪击战"得逞时期与战前相比并无重大的变化。这段时期的主要特点是：军事生产没有大幅度地增加，甚至一些最重要的军火工业部门，如大炮、弹药、军舰制造业等，产量在 1942 年以前一直是下降的。以 1940 年为基数，军火成品的生产指数在 1941 年平均增加不到 1%，德国居民日常生活消费仍保持较高水平（1940—1941 年间为 1938 年的 98.5%），军工厂几乎到处都普遍实行一班工作制。

实际上，纳粹德国早在战前的和平时期就已建立了适应其对外扩张侵略的战争经济，其主要措施有以下几点。

（1）优先发展作为全部军备工业基础的重工业（铁、钢、煤、电、机器制造、非铁金属、化学产品、交通工具等）。如在法西斯政权建立后两年，即 1935 年，德国重工业生产即已达到 1928 年也就是世界经济危机前一年的水平，到 1938 年，德国重工业生产已比 1928 年增加了 43％。而德国的消费资料生产直到 1937 年才超过 1928 年的水平，到 1939 年仅比 1928 年增长 12％。1932—1938 年间，德国生铁产量由 390 万吨上升到 1860 万吨，钢产量由 560 万吨上升到 2320 万吨，煤产量从 1933 年的 1.26 亿吨增加到 1938 年的 1.95 亿吨，发电量从 1933 年的 186 亿度增加到 1938 年的 455 亿度。这一时期，德国的工业跃升为资本主义世界第二位，其发展速度为英、法、美等国所望尘莫及，某些重要产品的绝对量也大大超过了英、法两国，铝、镁、车床的生产已高于美国。

（2）大规模增加军费开支。1932 年，即希特勒上台前夕，德国的军费开支仅为 6.7 亿马克，约占当年国家预算总支出的 1/10 或国民收入的 1.5％，而 1933—1939 年秋的 6 年内，德国军费支出已高达 400 多亿马克①，占同期国家预算总支出的 2/5 或国民收入的 10.6％。

（3）大力兴建军工企业，增加武器装备的生产。仅在 1933—1936 年的 4 年内，纳粹德国新建投产的军工厂就有 300 多个，其中飞机制造厂 55—60 个，汽车、坦克制造厂 45 个，化工厂 70 个，舰船制造厂 15 个。1933—1938 年间，德国军工生产增加了近 9 倍。1939 年，其军火产量超过美、英两国同年军火产量之和一倍多，并略高于苏联。

（4）按照军事化的要求改组德国经济，在企业中推行"领袖制"原则，建立军事化经济调节机构，由垄断寡头同法西斯官僚加强对经济军事化的全盘控制。纳粹政府早在扩军备战之初，就规定帝国经济部是全国经济的最高中央调节机关，在它下面设立了各种专业管理局分管工业、农业、市场、物价、对外贸易等。1934 年 1 月，纳粹政府颁布《民族劳动自治法》，规定企业主是企业的"领袖"，是企业内"拥有全权的统治者"，工人被法定为"企业领袖的下属"，下属只应对企业领袖"保持企业协调所需的忠诚"。同年 11 月，经济部长沙赫特根据《德国经济有机结构条例》，新设了分上、中、下三层，按部门和地区组织的经济调节机构，交由垄断寡头及其亲信直接掌握。纳粹政府强制命令德国所有经济实体都须加入相应的组织，并服从上一层经济组织的"领袖"指挥，各层经济组织的"领袖"均有权任免其

---

① 由于纳粹德国对军费开支严格保密，对战前德国军费总额的估计不一，也有估计为 740 多亿马克或更高的。

下一层经济组织的"领袖";任何企业如不参加组织,不但要受巨额罚款的处罚,而且必须关闭。1935 年 5 月,纳粹政府任命经济部长沙赫特为"战争经济全权总办",并在关于经济备战的第一个帝国国防法令中规定,"战争经济全权总办的任务是把一切经济力量都用来为战争服务"。到 1936 年,纳粹德国进入全面备战的"新四年计划"阶段后,希特勒提出德国两大任务,即"四年内必须有一支具有战斗力的军队"和"四年内德国经济必须为战争做好准备",又任命戈林为"四年计划全权督办",另设了一套所谓"执行四年计划全权机关",对德国经济的军事化施行直接的控制。

纳粹德国在发动第二次世界大战之前的六年内大肆扩军备战的结果,不仅重建了一支装备较新、陆海空三军俱全、特别是机动作战能力较强的战斗力量,而且已拥有比第一次世界大战前夕的德国强得多、比当时它的任何一个对手准备得好的战争经济。但是,纳粹德国妄想征服欧洲和重新瓜分世界,野心很大而力量不足,其战争经济的最大弱点是不能支持长期的战争,而根本的问题是:一缺劳力,二缺战略原料,三缺资金(希特勒上台时国库有 9 亿多马克的黄金储备,到 1939 年已所剩无几)。其中,尤以缺乏战略原料问题最为严重。

对于现代化战争而言,大约有 20 多种基本产品是不可或缺的。如作为动力的石油和煤炭,制炸药的棉花,运输上用的橡胶,炼钢铁用的铁矿石,制造军火用的镍,制造弹药用的铅,雷管上用的汞,造飞机用的铝,制造炸药用的甘油和硫黄,制造无烟火药用的纤维素,化学仪器上所用的铂,炼钢和一般冶金工艺上用的锑、锰,等等。而德国除煤外,几乎样样都缺。德国在农产品方面(如棉花、小麦、动物油脂、乳酪、蛋等),长期以来也需依靠进口弥补不足。纳粹政府在战前的扩军备战中虽然强调解决战略原料短缺问题,要求在第二个四年计划中达到自给自足,实际并未完成。战前突击进口又受外汇不足的限制,储备增加不多,一般只能维持一年战争,充其量不到一年半。其他如限制民用、发展代用品生产(人造原油与人造橡胶等)也都不能从根本上解决问题。到战争爆发时,德国的铁矿石 2/3 仍靠外国供应,自产天然油和人造油仅能满足平时需要的 1/3,国产纤维物资平时仅为需要量的 40%,储备的锡和铜在 1939 年即已消耗殆尽。铝矾土、锡、铜、铅、锌等始终大量依赖进口。

德国国防军内一部分将领对第一次世界大战时德国的惨败记忆犹新,对德国战略原料不足以支持长期战争的消耗而忧心忡忡,对希特勒的"闪击战"战略能否取胜也有所怀疑，因而主张德国应做好长期作战的准备，彻底改组国民经济，从"广度"和"深度"两个方面大规模扩大军备生产。如国防军最高统帅部国防经济与军备局局长托马斯将军等人就持上述观点。

然而，纳粹统治集团内秉承大垄断资本的旨意，急于对外发动扩张侵略战争的实权人物希特勒、戈林等人，却把赌注押在闪击战上，不重视长期进行深度的经济备战，而以适应短期的闪击战需要为发展德国战争经济的主要方针。这些法西斯冒险家认为，只要德国的经济备战早于对手几年，使德国国防军拥有短期作战的军火和物资储备，并采取突然袭击、各个击破的办法，运用飞机加坦克的新型战术，打速战速决的短期战争，就能在对方来不及把国民经济转入战争轨道之前战胜对手，夺取被占领国的人力物力财力补己之不足，从而增强德国的经济与军事实力，进一步推行法西斯的战争计划。因此纳粹德国战前的军火生产水平并不很高。据美国轰炸德国军事目标的调查报告材料，纳粹德国入侵波兰时，每月只生产大约 700 架飞机、50 辆坦克、1750 辆汽车和 1—2 艘潜艇。1939 年，德国军用品产值总共 90 亿—100 亿马克，约占其工业总产值的 8%。战争初期，纳粹德国从事军备生产的人员共 250 万人，不到全国就业人数的 10% 和工业就业人数的 25%。

即使是闪击战，纳粹德国的经济准备与后勤准备也不很充分。如德军侵波战争结束后，弹药和车辆奇缺，要经过几个月的补充才能投入新的进攻作战。而纳粹德国的闪击战之所以在波兰、挪威、法国以及低地国家等处获得成功，原因是多方面的：其一是西方国家长期推行绥靖政策，对法西斯德国起了纵容与支持的作用；其二是对手警惕不足、军事思想和军事装备落后；其三是纳粹德国早有战争准备，发动突然袭击，而且装备和战术又比对手先进几分。

在闪击战一时得逞的阶段，纳粹德国小有损失而大有所得，其经济实力在战争的头两年中有了巨大的增长，这也正是纳粹政府在战争爆发后仍能使"民用生产几乎保持不变"，并认为"无须对德国的经济结构进行任何影响深远的改变"的原因所在。征服波兰，使德国控制了上西里西亚整个工业区。挪威战役的得手，保证了铁矿砂可以继续供应德国。法国和西欧其他一些国家的沦亡，不仅使这些国家的庞大工业能力可供德国使用，而且还使它增加了非常重要的原料储备（尤其是铜）。南斯拉夫的降服和肢解，使德国获得了更多的战略资源（铅、锌、锑、铜等）。此外，罗马尼亚提供的石油对法西斯的战争机器也非常重要。据统计，仅法、比、荷、丹麦、挪威及波兰六国，就供应了德国总值达 128 亿马克的武器及军火。

希特勒被闪击战的胜利冲昏了头脑，在 1941 年 6 月 22 日悍然发动了侵苏战争，妄图"以一次快速的战役击溃苏联"。入侵苏联刚三个星期，忘乎所以的希特勒就发出指令，说陆军的兵力可在"最近的将来大大减少"，军火生产将以海军舰船尤其是空军飞机为重点，以便对最后的敌人英国以及美国作战。同年 9 月底，正当德军集中兵力大举进攻莫斯科之时，希特勒进一步指示德国国防军最高统帅部准备解散 40 个步兵师，以便腾出这部分人力来用于工业生产。在这个战争狂人看来，德国已经储存的军火和武器将足以应付对苏战争的需要，而对苏战争的胜利已是指日可待了！

闪击战的破产与德国军备工业的改组

从 1941/1942 年冬到 1944 年 8 月，纳粹德国的战时经济发生了重大变化，其主要标志就是德国军备和弹药部部长施佩尔在希特勒和大垄断资本的支持下对德国军备工业进行的两次改组。既反映了纳粹德国在闪击战破产之后不得不转向长期的"总体战"过程，也反映了反法西斯各国战争经济实力的迅速增长，不断加重了对德国军事和经济的打击。如苏联到 1942 年中完成国民经济转入战时轨道的工作，到 1943 年中在主要武器装备的产量与质量上超过德国；英国的军火生产在 1942 年即达到与德国相同的水平；美国到 1942 年底的军事生产总值就几乎等于德、意、日三国的总和。

施佩尔于 1942 年 2 月—1943 年初对军备工业进行第一次改组。纳粹德国对苏联实施的闪击战在莫斯科会战中彻底破产，资本主义世界的头号强国美国正式参加了反对法西斯轴心国的战争，从而预示了战争规模的扩大及其长期性，以及德国战时军备工业弊端丛生，缺乏一个高效率、有权威的中央指挥中枢和统一的计划系统，是纳粹政府和德国大垄断资产阶级不得不对军备工业进行改组的直接原因。

希特勒在进攻苏联时大大低估了苏联的力量，原指望三个月内击溃苏联，结果事与愿违。法西斯侵略军在苏联军民的英勇抗击下，不但被拖到了他们毫无准备的严寒冬天，而且在大规模的莫斯科会战中损兵折将，损失之惨重，为纳粹德国自发动第二次世界大战以来所未有。据统计，德军在莫斯科会战中伤亡达 376000 人，损失坦克 1300 辆、飞机 1100 架、火炮 2500 门、汽车 15000 辆，另有 50 万人患病或病死，其中 228000 人冻伤。上述作战装备的损失，以德国 1941 年的军工生产水平计，需要几个月时间才能生产出来。加之希特勒在攻苏之初对战争形势估计错误，一再下令压缩陆军军工生产，裁减陆军军备，致使 1941 年下半年同上半年相比，陆军武器生产平均下降了 38% 左右。如德国 1941 年的弹药生产量（炸弹不包括在内）比 1940 年减少了 37%，从 86.5 万吨减少到 54 万吨，从而造成莫斯科战役之后德国武器弹药的重大损失在短期内难以弥补的局面。当时，改变战时军备经济政策、扭转军备生产下降趋势并迅速扩大产量，已成为纳粹德国迫切需要解决的重大问题。

1942 年 2 月 8 日，纳粹政府的军备弹药部部长托特因飞机失事丧命，当天，希特勒任命他宠信的私人建筑师、36 岁的施佩尔继任托特的一切职务。施佩尔是纳粹党书记处技术部负责人，此外还担任全德意志工程师联合会主席、赫斯参谋部的专员、德国劳工阵线的一个大处的负责人，他在战争爆发后负责纳粹德国的军备建筑，承担陆军和空军军工企业的营建任务以及修建地下避弹室工程等，同德国国防军、德国垄断集团都有密切的联系，因而处于比他的前任托特更强有力的地位，在着手改组德国的军备工业方面经常能得到希特勒的直接支持，施佩尔自己也认为，在这方面，"元首的支持是头等重要的"。

在施佩尔上台以前，纳粹德国战时军备经济体系是一个多头领导、互相掣肘、争权夺利、各行其是的体系。戈林在经济问题上很无知，但他及其四年计划部接替了沙赫特而独揽经济大权，而帝国经济部仍然存在。1940 年 3 月托特在负责劳动部的同时又成了第一任军备弹药部部长。除了上述三个机构外，纳粹政府还规定，所有军火生产的方针和重点均由德国国防军负责，这一切本应由最高统帅部的凯特尔承担，但是却交给了托马斯，而托马斯是最高统帅部国防经济与军备局局长，他只负责陆军军火生产的政策和协调。空军军备生产部门是戈林和米尔希（纳粹德国航空国务秘书）的独立王国，海军也是独自负责本身的军备生产。每个军种都力图建立独立的军备工业体系，在人力、原料、投资等方面竞争激烈。除了希特勒以外，其他任何人都无权干涉。正如西方第二次世界大战史学家所说，"德国军事工业缺乏统一的管理，都操纵在那些相互竞争的集团手里"，"事实上，虽然纳粹社会从上到下都实行领袖原则，可是战争生产的组织却是乱七八糟的"。

希特勒在任命施佩尔时，亲自在内阁会议室召集德国战时军备工业头面人物开会，明确规定"戈林不得在四年计划范围内兼臂军备"，把军备任务同四年计划分开，交给施佩尔主管。施佩尔在希特勒亲自过问下，对德国军备工业进行了第一次改组，着重是提高他自己在战时军备经济体系中的领导地位，扩大军备弹药部本身的权力，以及改进军备生产的组织与技术管理，其主要措施有以下几点。

（1）成立中央计划局，负责分配战时经济中最重要的原材料（如钢铁和煤炭等），调节战时生产的一般生产条件（如交通、能源和劳动力），并监督武装部队和经济部门提出的计划，对之进行最后的裁决。

（2）向希特勒提出设立劳工问题总专员一职，强化战时劳动力的招用、分配与管理。希特勒任命的劳工问题总专员绍克尔直接对希特勒而不是对四年计划的主管人戈林负责。而施佩尔作为中央计划局的主要负责人，有权向绍克尔下达指示，让绍克尔为他管辖的军备生产部门提供劳动力。

（3）在军备弹药部领导下建立军备委员会，并吸收军界工业界八名最有势力的垄断巨头以及五名国防军将军（包括最高统帅部及海、陆、空军的代表）参加，加强纳粹政府、军界首脑与大垄断资本家对德国整个民用和军事经济三位一体的联合控制。

（4）改组国防经济与军备局，削弱国防军对战时军备经济的决定性影响。托马斯领导的这个局被分为两个：军备局划归施佩尔的军备弹药部管辖，国防经济局仍由最高统帅局领导。希特勒曾为此下达命令，规定“这一决定在战时保持不变”。从此国防军失去了对战时军火生产方针政策的决策权，而只能充当施佩尔管辖的军备弹药部的订货人角色。

（5）全面推行“工业自行负责制”，即对所有比较重要的成批生产的作战物资，如武器、弹药、装甲车、飞机发动机、机动车辆等，都成立纵向的生产指导委员会，它们只负责管理成品。同时，又成立相应的横向工业联合组织，负责不止一种军备成品的生产所需要的原料、半成品和附件。上述生产指导委员会和工业联合组织又进一步分成许多更小的组织。如管理机动车辆的生产指导委员会就分成 16 个专门委员会，管理摩托车、轻重卡车、牵引车和汽车修理等业务，而专门委员会再分成更小的工作委员会。所有这些机构的领导人员全是大垄断资本家及其代理人，而工作人员则是技术专家、工程师或工程技术人员，并且可以兼任两类组织的成员，使两者之间取得密切的联系，从而保证在整个军备工业中采用最有效的生产方法，简化生产设计，提高各个工厂的专业化程度，并减低材料和劳力的耗费。

施佩尔上台后，1942 年 2—7 月，不到半年时间，德国军备生产提高了大约55%。陆军的各种进攻型武器产量，增长尤多。1942 年全年，纳粹德国共生产坦克 9395 辆，比 1941 年增长 83%；火炮 12000 门，比 1941 年增长 71%，作战飞机 11752 架，比 1941 年增长 45%；主要舰艇 247 艘，比 1941 年增长 16.5%。

施佩尔从 1943 年初至 1944 年秋对军备工业进行第二次改组。1943 年起，战争的进程发生了大大有利于反法西斯阵线而不利于纳粹德国的根本转折。1943 年初，德军在斯大林格勒遭到了开战以来最惨重的失败，损失了当时在苏德战场作战总兵力的 1/4，死伤、被俘和失踪的德军官兵总数约 150 万人。而作战装备的损失较之莫斯科会战的损失更大，如损失的坦克和强击火炮近 2000 辆、火炮和迫击炮 10000 多门、作战和运输飞机约 3000 架。紧接着德军又在北非、地中海和大西洋遭到一次又一次的打击。西方盟国对德国本土的战略轰炸使德国战略后方的损失日趋严重。1943 年 8 月，德军在库尔斯克战役中又遭惨败，德军损失 50 余万个、3000 门火炮、3500 架飞机、约 1500 辆坦克。战略主动权完全转入苏军手中。9 月，法西斯意大利投降，轴心国开始瓦解。1944 年，反法西斯国家从东、西两线对纳粹德国举行夹攻，6 月初，西方盟国在诺曼底登陆。8 月底，苏军胜利结束白俄罗斯战役，战争日益迫近德国本土，德国法西斯陷入政治、经济和军事的全面危机之中。

面对严酷的战争形势，纳粹政府不得不采取一切手段动员德国本土、仆从国和占领区的全部人力物力拼死反抗。到这个阶段，希特勒才终于认识到，其战时经济政策必须作出根本的改变，"有必要进一步集中和统一战时经济的管制和组织，以便为了作战目的比以前更有效地使用德国人民的经济实力"，"为此目的，德国的战时生产必须由一个机构根据统一的命令进行指挥"。施佩尔的第二次改组正是在上述背景下进行的，其主要目标是：实行战时经济的高度垄断和高度集权；不惜一切代价，在更大的程度上和更广泛的范围内实现军备的增产。这次改组，采取了以下主要步骤。

（1）大力加强战时军备经济体系中的中层机构，在原有的 41 个帝国国防区建立 30 个经济区，由各区的经济部门首脑、军备监察机关首脑、生产指导委员会和工业联合组织主席以及纳粹省经济厅顾问等人组成军备委员会，统一协调和实施帝国国防区一切与军备生产有关的任务，从而大大便利于经济潜力的动员并突出军备经济的特殊地位。

（2）以军火生产为中心整顿企业，清理卡特尔。1943 年 1 月，施佩尔组织的清理行动，解散了 2000 个较小的卡特尔，只保留了 500 个大型卡特尔，从而为大型军工企业吞并中小型企业或迫使中小型企业生产零部件创造了条件。从 1943 年 6 月起，甚至一些小型的军工企业也被迫关闭，并从大批小型工业企业抽调机器设备供大型军工企业使用，连纺织厂也用来生产武器弹药。通过大规模的清理，施佩尔迫使几百万手工业者、小商人、民用部门技术工人和青年学生转入军备工业，同时还把数以百万计的妇女、老弱病残和未成年的青少年补充到生产第一线。

（3）接管海军军备生产领导权。1943 年 7 月，纳粹海军因潜艇损失剧增，不得不将海军军备生产领导权移交施佩尔。

（4）接管帝国经济部的重要权力。1943 年 9 月 2 日，希特勒签署的一项"元首命令"决定："在整个战争期间，工业系统内全部民用品生产和手工业生产，包括由帝国经济部负责的原材料工业部门都移交军备弹药部管辖。"并宣布，由于军备弹药部权力范围扩大，"该部的名称改为军备和战时生产部"。

（5）战时军备生产管理权扩大到所有占领区。1943 年 9 月 5 日，希特勒又发布一项秘密指令，规定施佩尔有权向占领区行政当局，包括军事长官下达有关占领区内原材料生产和工业生产等方面的指示。西方占领区以及意大利的战时生产对纳粹德国是有重要作用的，施佩尔曾说上述地区提供了德国战时生产的 25%—30%，单是意大利就提供了 12.5%。

（6）接管空军军备生产的领导权。空军军备系统是德国军火工业系统中一个庞大的独立部门，其产值占全部军火工业产品总产值 40% 多，长期以来一直是戈林把持的独立王国，在投资、原料、劳动力供应方面享有优先权。希特勒迟至 1944 年 8 月才决定由施佩尔接管空军军备工业系统，企图利用施佩尔在其他军工部门中奏效的经验，大幅度增产军用飞机，但其时大局已去，为时已晚。

通过上述全面改组，施佩尔不仅有权管理全国经济的军事部门，还有权管理全国经济的民用部门，不仅有权管辖陆、海、空三军的军备，而且有权管辖各占领区原材料和工业生产。如他自己所说，"从现在起，德意志帝国的全部生产力都由一个中心指挥"，他成为纳粹德国仅次于希特勒的显赫人物。施佩尔正是依靠这样的地位和权力，把纳粹德国在本国和国外控制的大量人力、物力和财力，源源不断地投入军备工业，换来了各种军用物资的大幅度增产和军备工业的畸形发展。

1943 年与改组前与 1941 年相比较，飞机的总产量净增长 128%，坦克和自行火炮增产 282%。如把 1943 年和 1944 年两年各种主要军备产品的平均数与 1941 年相比较，其增长额更为惊人。榴弹炮产量净增长 532%，75 毫米以上口径的火炮产量净增长 376%，坦克和自行火炮增产 356%，飞机增产率为 186%。以绝对量而言，1943 年和 1944 年分别生产坦克（含自行火炮）19824 和 27340 辆，比 1941 年各增加 2.82 倍和 4.26 倍；75 毫米以上火炮分别生产 26904 和 40684 门，比 1941 年各增加 2.8 倍和 4.7 倍；飞机分别生产 25220 和 37950 架，比 1941 年各增加 1.3 倍和 2.4 倍。据统计，1942 年初到 1944 年中期的整个改组期间，德国的军备生产增加了 2 倍多，同 1941 年初相比，大约增长了 4 倍。1944 年秋，德国军备产量达到了战时生产的顶点。军备生产的畸形发展，吞噬了巨大的原材料、设备和劳动力。1943 年，德国钢铁产量的 2/3 被用来生产军火，有色金属中直接用于军火生产的份额也占总消费额的很大部分，如铅占 60.4%，铝占 80.3%，铜占 66.1%。到 1943 年底，从事军工生产的总人数已为德国全部工业部门工人总数的 61%；1944 年德国直接从事军备生产的工人总数已达 600 万人，即为 1939 年的 2.8 倍。纳粹德国的全部战时经济都在围绕军火运转，工业产品中有 4/5 是军用品！

军备生产畸形发展的恶果和德国经济的崩溃

1939—1945 年期间，尤其是从 1942 年起，纳粹德国军备生产的恶极膨胀，给德国人民和被占领地区的人民带来了更大的苦难，也对德国经济造成了一系列严重后果。在法西斯侵略军节节败退的情况下，德国经济的种种弱点和矛盾终于充分暴露而走向崩溃。

（1）军费开支剧增，国家财政严重恶化。纳粹德国战时军费支出超过了除美国以外的所有交战的资本主义国家，6 年中累计高达 6500 多亿马克，占同期国家预算支出的 80% 以上，超过了同期德国本土国民收入的 15%。在战时军费总支出中，施佩尔改组后所用的部分占 70% 以上；为了征集庞大的战费，纳粹政府执行了大规模增税、提高国债发行额、滥发货币和通货膨胀的反动政策。如德国的税收在 1939—1940 年度为 256 亿马克，1944—1945 年度增加到 368 亿马克，增长率为 44%。战时税收总计为 1827 亿马克，1939 年德国流通中的货币量为 110 亿马克，到 1945 年剧增到 675 亿马克，增长了5倍多。国债增加之快更为惊人，1939年为371亿马克，而到1945年5月战争结束时竟高达3800亿马克。

（2）军备生产恶性膨胀造成整个经济严重失衡。纳粹德国战时急剧扩大军备生产是以牺牲民用经济、居民消费为代价的，资金、原材料、劳动力和机器设备优先投向军备生产部门，造成了国民经济的严重失衡。1944年与1939年相比，德国战时经济的总增长指数只提高了10%，而武器装备生产的增长指数为1939年的5倍，消费品下降了14%，1944年的建筑量比1949年下降了86%，民用建筑几乎陷于停顿。铁路运输、发电等重要工业部门的设备得不到更新，农业也缺乏新的设备和劳动力。由于战时共动员1200万人参加侵略军，此外又有大批劳力进入军备生产部门，而农业劳动力得不到补充，战时德国要供养的人口增加到8000万人，因此粮食仍需大量进口，配给量多次下降，肉食和脂肪更为紧张，到战争结束时，猪的总数比战前减少了大约40%。

（3）疯狂掠夺各占领区，加重了占领区人民的苦难。纳粹德国战时大肆掠夺、剥削各占领区，据不完全估计，至少从各占领区掠夺了2000亿马克以上，约占德国战时军费总支出的1/3；每年从占领区运入的各种原料，至少相当于德国本土需要量的1/5。德国每年还从占领区抢走大批农产品，仅粮食一项，即解决了德国战时需要量的1/7—1/5。德国法西斯还从前线和各占领区把1000多万战俘及居民赶到德国做苦工，以解决劳力缺乏（尤其是军工生产部门）的问题。到1944年底，尽管半数左右的"外国奴隶"已被折磨致死，留在德国服苦役的仍有800万人之多，约占德国全部劳动力的28%。

（4）德国人民饱尝战争痛苦，生活水平大降。纳粹德国发动的对外扩张侵略战争，对大垄断资本是发横财的良机。大垄断资本不但在德国的战时经济中直接参与领导，而且在经济的高度军事化中发了大财。德国资产阶级从国家战时军事订货中至少获利700亿—800亿马克。而7家最大垄断组织（法本公司、钢托拉斯、戈林康采恩、西门子托拉斯、克虏伯康采恩、弗利克康采恩、德意志银行）在纳粹统治的12年中，获得的暴利不下200亿马克。而对德国人民来说，战争则是灾难。从战争一爆发，纳粹政府就实行配给制，以后，配给额不断减少，1945年居民的粮食定额比1939年下降29.1%，肉下降64.3%，脂肪下降63.2%。这场侵略战争夺去了700万德国人的生命，其中500多万人葬身于战场。到了纳粹德国每况愈下之时，还一再深入动员，强制人民群众为战争出力卖命。如 1943 年 1 月 27 日，纳粹政府宣布全国总动员，实行强制劳动义务制，凡 16—65 岁的男子和 17—45 岁的女子，都必须到地方劳动局登记，参加义务劳动。1944 年 10 月，纳粹政府又一次宣布新的动员令——"超全面"动员。希特勒号召 16—65 岁的男子必须参加特种自卫军，65 岁以上的男子和 50 岁以上的女子必须实行劳动义务制。希特勒长期认为只能守候在家庭里的德国妇女，现在也被动员进了工厂。

施佩尔对德国战时军备工业进行的两次改组虽然换来了军火产量的高速发展，但是德国战时经济的根本弱点——原料和劳力缺乏——依然存在。1944 年秋，军工生产水平达到高峰不过是纳粹德国在两线夹击之下拼死反抗的最后挣扎。军工生产升到高峰之日，就是纳粹德国行将崩溃之时。在同盟国东、西两路大军势不可当地直指纳粹德国心脏，盟军飞机对德国石油资源、交通枢纽和鲁尔等工业区加紧猛烈、持续的袭击下，纳粹德国对外掠夺的来源被切断了，仅有的一点战略原料储备迅速枯竭，供应脱节现象与日俱增，劳动力补充毫无指望，运输状况混乱不堪，从 1944 年秋起，德国工业生产便直线下降。到 1945 年春，德国的煤产量仅为最高水平的 4%，石油产量为最高水平时的 5%，化工产品产量降至原水平的 1/10，鲁尔钢厂被破坏了 1/2，电话被破坏了一半，铁路提供的车皮只为一年前的 1/6，居民消费水平已降到战前水平的 10%—15%，军工生产水平也在几个月内减了一半。

经济崩溃是军事失败的前奏。事实证明了施佩尔在 1945 年 3 月 15 日给希特勒报告中的预测："我们必须确切地估计到，德国经济将在 4—8 个星期之内彻底崩溃。……在这一崩溃之后，就军事意义而言，战争也不能进行下去了。"

卫国战争时期的苏联经济

闻 一

1941 年 6 月 22 日，德国法西斯军队入侵苏联后，苏联国民经济的发展进入了一个新的时期。整个战争时间内，发展国民经济的全部任务就是竭尽一切可能保证对德战争的彻底胜利。

卫国战争时期的苏联经济是残酷战争条件下的战时经济。这种经济发展的军事化（一切为了战争）和命令化（一切生产任务都是战斗命令）使整个社会的生产具有一种特殊的高效率和高速度，正是这种经济保证了苏联卫国战争的最后胜利。

国民经济转入战时轨道

1941 年夏至 1942 年秋，为适合战争的需要，苏联经济全面转入战时轨道。这一时期是苏联战时经济发展的第一个阶段。

战争开始后，苏联大片的西部领土落入德寇之手，农业生产急速下降，工业遭到严重破坏，各经济区间的交通运输几乎瘫痪，苏联被迫中止执行第三个五年计划，苏联国防委员会于 1941 年 7 月 4 日通过决议，要求把国民经济的发展转向战时轨道，并制订了实现这种转变的国民经济动员计划（即1941 年第三季度计划）。此后，以国家计划委员会主席 H. A. 沃兹涅克斯基为首的委员会制订了这一动员计划和 1941 年四季度及 1942 年的战时经济计划。8 月 16 日，联共（布）中央政治局和人民委员会通过和批准了这些计划，提出将整个国民经济转入战时轨道的关键是对现有工业进行调整和重新部署。

国民经济动员计划作为和战时经济计划的主要任务是：对资金、物资和人力资源进行再分配，以保证军工生产的需要；全力发展军事工业；对现有的工业布局进行大幅度调整，变东部地区为战时经济的主要基地；保证军队和军事工业对粮食和其他农产品的需要等。

为了迅速实施这种转变，成立了一系列新的领导和管理机构，其中包括疏散委员会、劳动力计算和分配委员会、粮食和物资供应委员会、交通运输委员会等。同时成立了人民委员会领导下的各种总管理局。在科学院的属下还成立了各种由学者和科学家组成的委员会，负责研究动员和利用乌拉尔、西伯利亚、哈萨克斯坦、伏尔加河中游地区和卡马河地区的资源为战争服务的方案。

国民经济动员计划作为战时经济计划的一项主要工作，就是把工业企业、人员和设备从随时会被德军占领的西部地区搬迁到东部地区，搬迁工作由疏散委员会负责领导。这一工作分两阶段进行：第一阶段是 1941 年的夏秋，第二阶段是 1942 年的夏秋。在第一阶段，有 1000 多万人、1523 家大的工业企业搬迁到东部地区。到 1942 年，疏散到东部地区的工业企业超过 2500 个。

1941 年 10 月 29 日，人民委员会作出决议，在东部地区恢复搬迁工厂的生产。人民委员会副主席、国家计划委员会主席 H. A. 沃兹涅克斯基在古比雪夫城指挥，负责对东迁工厂恢复生产的工作进行全面监督。1941 年，在伏尔加河地区、乌拉尔和西西伯利亚安置了 1137 个企业，在哈萨克斯坦和中亚地区安置了 308 个企业，到 1942 年年中，已有 1200 多家企业在东部地区恢复了生产。

大量工业企业的东迁，使东部地区的生产在全苏生产中所占的比例急剧上升。1942 年，90% 的黑色冶金工业的产品、82% 的煤、18.3% 的石油，59.3% 的发电量以及绝大部分军工产品都是在东部地区生产的。

大量企业东迁的同时，在第二和第三个五年计划期间在东部地区兴建的一些大型企业中，开始对工业生产的结构进行大幅度的调整，不断扩大军工生产的规模，不断加快军事工业的生产速度。国家预算中军事支出所占的比例迅速扩大，1941 年为 830 亿卢布，到 1942 年就增加到 1080 多亿卢布。

为了加速进行这种调整，国家强化了优先发展重工业的方针，扩大了对生产资料生产企业的投资。在这种方针指导下，本来就是发展重点的机器制造和金属加工获得迅猛的发展。1940 年，生产资料生产的比重在全部工业生产中占 61.2%，而其中机器制造和金属加工的比重占 36.3%。到 1942 年，机器制造和金属加工所占的比重上升到 57%，其中尤以优质钢和坦克的生产增加得最快。结果，军工产品的总值在 1942 年比战前水平高出 86%，这些产品在工业产品中所占的比例达到 68%（1940 年为 26%）。

然而，1942 年的战时经济计划的实施仍然有极大的困难。除了在经济发展转向战时轨道时出现的组织安排方面的困难外，其中最突出的困难是燃料动力极端短缺。1942 年，煤的产量只有 7550 万吨，即为战前产量的 45.5%，致使发电量急剧下降到 291 亿度，即为战前发电量的 60%。燃料动力的不足严重影响了其他工业的发展。例如钢的产量只有 810 万吨（为战前产量的 44.3%），铁的产量只有 488 万吨（为战前产量的 32.2%），金属切削机床只有 22900 台（为战前产量的 39.2%）等。一些民用企业的生产急剧下降，除了动力不足外，大量民用企业转为军工生产也是重要原因。到 1941 年 9 月 30 日，仅在莫斯科就有 2000 家企业转为生产军用品，670 家地方工业和工业合作社企业中，就有 654 家为前线的需要进行生产。全国拖拉机的生产企业转为生产坦克，拖拉机的产量在 1942 年只有 3500 台（仅相当战前产量的 11%）。其次是工业工人大量减少。1942 年，在国民经济各部门中工作的工人和职员数从 1940 年的 3120 万下降到 1840 万人，即为战前人数的 59%。所以，1941 年的工业总产值比 1940 年减少了一半以上，1942 年有所上升，但也只达到战前水平的 75%。

1941 年和 1942 年期间，德国占领了乌克兰和白俄罗斯的良田沃土，农业生产和农业资源遭到极大的破坏，致使粮食匮缺。战前，国家的粮食主要靠国营农场和集体农庄供应。但到 1942 年底，集体农庄数和战前相比减少了 38%，国营农场减少了一半。同时，农业中的劳动力结构也发生重大变化，大批青壮年从军，农村劳动力锐减，半成年劳动力从 1940 年占集体农庄劳动力总数的 60% 上升到 1942 年的 95%。于是，国家一方面把解决粮食问题的重点放在东部地区——乌拉尔、西伯利亚、远东、哈萨克斯坦和中亚，在这些地区大规模扩大耕种面积，增加秋播作物。同时，还把中亚地区的一部分棉田改种粮食作物。此外，联共（布）中央和人民委员会在 1942 年 10 月 18 日作出决议，要求各工业人民委员部创建自己的粮食基地，以解决粮食和原材料供应的困难。1942 年，28 个工业部的所属农场播种了 818000 公顷土地的土豆和蔬菜。为了解决粮食和生活必需品的供应问题，人民委员会于 1941 年 7 月 18 日作出决议，在莫斯科和列宁格勒（包括郊区）等 200 多个城市和居民点实行面包、肉、油、糖和生活必需工业品的定量供应。1941 年 11 月底，列宁格勒工人每天的定量为 250 克面包。这一切对整个国家的经济生活产生了深刻的影响，苏联人民经受了极为严峻的考验。

国民经济动员计划和1942年战时经济计划的实施最终使和平经济转入了战时发展的轨道，但1942年这一年依然是战时经济发展中最为困难的一年。

战时经济的高速发展

1942年秋至1945年9月是战时经济的高速发展时期。这一时期的特点是，经过大规模调整后的国民经济开始稳步发展。国家继续高速扩大对军工生产的投资。1943年，国防支出为1250亿卢布，比1942年增加170亿卢布。国防支出在国家预算中的比例，1943年为65.3%，1944年为62.6%。

到1943年，工业生产开始好转。虽然，1943年第一季度的工业总产量较之1942年第四季度要低12%，但从第二季度起发生了明显的转折。首先是煤炭工业获得了相当快的发展。库兹涅茨、卡拉干达和乌拉尔等地煤田的产量不断增加。莫斯科附近和顿涅茨煤田也开始恢复生产。1943年，煤的产量达到9310万吨，较之1942年增加了23.3%，而到1945年产量就达到14930万吨，为战前产量的90%。

由于在东部地区，主要是在"第二巴库"地区（伏尔加河流域和卡马河流域）发展了石油生产，石油产量开始上升，1945年达到1940万吨，为战前产量的62%。

一系列新的电站开始在乌拉尔、西伯利亚、中亚和外高加索等地区兴建起来，这些地区原有电站的容量也不断扩大。所以，1943年的发电量就达到了323亿度，比1942年增长了11%。到战争结束时，电站的容量达到战前水平的99.4%，发电量达到战前水平的89.6%。

钢的产量在1943年达到850万吨，比1942年增长4.9%，到1945年达到1230万吨，为战前产量的67%；铁的产量在1943年达到560万吨，比1942年增长17%，到1945年达到820万吨，为战前产量的59%。钢铁产量的增长保证了机器制造和金属加工工业的发展。1945年，金属切削机床的产量达到38400台，为战前产量的66%。

这一时期，发电量、钢铁产量、轧钢产量、金属切削机床和汽车等产量都稳定上升。这些部门的发展速度开始接近国防工业的增长速度。此外，机器制造等大型企业开始恢复民需品的生产，例如，拖拉机的产量从1944年开始增加，1945年达到7700台，为战前产量的24%。

1943 年，发生了严重的干旱，是战时农业产量最低的一年，只有 1940 年的 37%。整个战争年代，农业产量都很低。1940 年为每公顷产粮 8.6 公担，1942 年为 4.4 公担，1944 年为 6 公担。1944 年的总产量为战前产量的 54%，1945 年为 60%。1945 年的播种面积只有战前的 3/4。1941—1944 年间，国家总共采购 431200 万普特的粮食。1943 年，全国平均每人每个劳动日供应 650 克粮食和 40 克土豆。尽管国家在这期间对农业的预算拨款达到 36 亿卢布（低于第二和第三个五年计划的数额），实际上只是从 1944 年才开始增加对农业的投资。与工业相比，尤其是与重工业相比，农业的发展十分迟缓和落后。

实际上，这一时期战时经济的发展解决了不同的问题。1943 年 8 月以前，主要是在东部地区逐步扩大生产，并加快发展速度，而在 1943 年 8 月以后，则是以东部地区的经济发展为基础，逐步恢复解放了的国土上的经济和生产。1943 年 8 月 21 日，人民委员会和联共（布）中央委员会政治局作出了《关于在从德国占领下解放的地区恢复经济的紧急措施》的决议，明确规定了工业、交通运输和农业恢复工作的迫切任务。为领导经济恢复工作的进行，还成立了人民委员会领导下的解放区国民经济恢复工作委员会。1944 年，又为各项恢复工作制定了各种具体方案，并列入《1944 年国民经济恢复和发展国家计划》之中。1944 年 8 月，国家计划委员会又制定了《1945—1947 年国民经济恢复和发展远景计划》方案。

至此，苏联战时经济的发展就不仅只依靠东部地区，原来发达的工业地区——中部地区又重新成为一个强大的支柱。在整个战争年代共建设和投产 3500 个新的大型工业企业。在曾遭到敌人占领的地区，恢复和建成 7500 个工业企业，建造了 9000 公里的新铁路干线、10000 公里的专用铁路线，大量码头和海港投入使用，装备了 6000 多个飞机场。战时，铁路交通承担了全部运输任务的 83% 以上，其中军事任务为 70.5%。

此外，在这一期间，国民经济各部门中工人和职员的人数开始回升，1943 年为 1940 万人，1944 年为 2360 万人，1945 年为 2730 万人。但是，由于新解放地区的恢复工作需要大量工人，所以工人和职员又由东部地区回流到中部和西部地区。因此东部地区的工人和职员数在全国工人和职员总数中的比例，在 1942 年达到高峰（69.5%），其后就逐年下降，1943 年为 68.6%，1944 年为 5.5%，1945 年为 48.4%。

1941—1945 年间，苏联战时经济发展的情况可以从下表中看出。

苏联战时经济的发展情况

主要指标	1941 年	1942 年	1943 年	1944 年	1945 年
国民收入	92	66	74	88	83
工业总产量	98	77	90	103	91
其中：飞机、坦克、武器和弹药	140	186	224	251	—
农业	62	38	37	54	60
各种运输工具的货运量	92	53	61	71	77
国家和合作社组织的基本建设投资（不包括集体农庄）	86	53	53	72	88
工人和职员的人数（年平均）	88	59	62	76	87
国家商业和合作社商业的商品零售额（可比价格）	84	34	32	37	43
国家预算收入	98	92	113	149	168

注：1940 年为 100。

　　苏联人民在卫国战争时期表现的高度的爱国主义精神和高涨的劳动热情，保证了战时经济的发展。由于大批工人上了前线，劳动力不足，留下的工人们便开展双倍定额工作者和三倍定额工作者运动，努力提高劳动生产率，自觉地为上前线的同志多做工作。共青团组织支前工作队，他们主动多看管机床，多兼任职务，学习新的技术。妇女们担负起男人们的职务。工程技术人员和工人们努力创造新的操作方法，拼命为前线多生产武器弹药。

战时经济对苏联国民经济发展的影响和问题

　　战时经济确保了卫国战争的最后胜利。这一经济发展的结果对国民经济各部门的结构和比例关系，以及工业的布局、资源和财力的分配等一系列问题都产生了深刻的影响。

　　1. 东部地区经济迅猛发展，变成了一个强大的不可替代的重工业基地。从第三个五年计划开始，苏联就特别重视东部地区的发展，开始在这些地区兴建大型的工业企业，但是发展的时间较短，进展不大，投产的企业不多，东部地区的经济在全国经济的发展中还没起到举足轻重的作用。

战争爆发后，由于大批企业东迁，东部地区迅速发展起来，战争时期，国家对这一地区的投资大幅度增加。1940年，国家对东部和东南地区国民经济的投资占总投资的46.3%，到1942年就猛增至78.6%，以后几年有所下降，但仍高于战前水平：1943年占74.5%，1945年占49%，对西部地区的投资从1940年的53.7%减少为1943年的25.5%和1945年的51%。

战争年代，在东部地区共建造并投产9座高炉、65座平炉、36台轧钢机，使这里成了钢铁工业和金属加工的主要基地。

战时经济结束时，全国工业产品的产量都高于1940年，而东部地区增长得更快：俄罗斯增长6%，乌兹别克增长7%，哈萨克增长37%，吉尔吉斯增长23%。

2. 军事工业高速发展，结构发生重大变化。坦克、航空和弹药工业发展尤为迅速。

战争开始后不久就成立了坦克工业人民委员部和迫击炮人民委员部，组织和扩大坦克和迫击炮的生产。武器部和弹药部所属的企业在搬迁到东部地区之后，迅速恢复了生产，并在1942年上半年就超过战前的生产能力。1944年，生产了近22000辆重型和中型坦克、40000多架飞机、约21900万发炮弹和地雷。由于战争的需要，坦克工业发展成工业结构中的一个独立部门，前三个五年计划中兴建的许多中型和重型机器制造厂都转而生产坦克，乌拉尔地区成了坦克生产的主要基地。

此外，由于在军事工业生产中不断采用最新的科技成果，并把大量的科研人员集中于研究军事生产项目，所以，当时诸如坦克、飞机、导弹等项的研制和生产都已经处于世界领先地位。军事工业的这种发展规模和优势成了取得战争胜利的支柱，并左右了其他经济部门的发展。

3. 极大地改变了国民经济投资的比例，强化和扩大了战前就已存在的国民经济部门间的不平衡状态。

从1941年7月至1946年1月，国家对国民经济的投资拨款总计为205亿卢布，其中工业约为90亿卢布，即占投资总额的43.2%。工业中"A"组工业为82亿卢布（39.8%），"B"组工业为69600万卢布（3.4%）。农业为19亿多卢布（9.4%）。运输和通信为32亿卢布（15.4%），建筑工业为34600万卢布（1.7%）。

由此可以看出，在工业投资中，"A"组工业的投资占91%，而"B"组工业所占投资比例极小。生产资料的生产获得了极大的发展，而消费资料的生产不断削弱，全体苏联人民不得不为此作出极大牺牲。这是在极端残酷的战争条件下所要求的经济结构，战前优先发展重工业的方针也为此打下了基础。

战时农业发展极为落后，这是由多种因素所引起的。在强敌入侵的情况下，苏联必须把资金集中用于发展重工业和军火工业，对农业的投资很少；德国侵占了苏联西部和南部大片肥沃的土地，使耕地面积大为减少，农用马匹、拖拉机和汽车的数量减少；农村大批青壮年从军上了前线或从事军工生产，使农村劳动力减少，这些因素严重地影响了农业的发展。

4. 由于消费资料生产的萎缩，国家从企业所征收的周转税从 1940 年的 1059 亿减少到 1943 年的 711 亿卢布，致使国家资金来源发生困难。

国家在无法从重工业企业获得更多利润的情况下，只得采取向人民"借贷"的方式来解决资金问题。其方式主要有战时公债、货币实物奖券和国防基金自愿捐款三种方式。整个战争年代，发行战时公债的总额为 900 亿卢布，四次货币实物奖券总额为 120 亿卢布，国防基金自愿捐款为 160 亿卢布。

这种筹集资金的新途径反映了以发展重工业为主的方针在资金积累方面的困难。这种困难在战前就存在，战争期间变得更为严重。

5. 由于上述情况，国家管理经济的方式和方法也发生了相应的变化。总的趋势是不断强化集中管理。一方面是扩大了中央机构的权力，赋予中央各人民委员部和人民委员会在解决物资和提供资金方面的权力，另一方面是在各地党委会和企业里增设主管经济的书记。这种制度保证了就地和高速度地解决一系列经济问题。这种管理体制对于战后经济发展的影响是很大的，使党组织和党委书记掌握了具体领导和组织生产的决定性权力。

6. 战时经济的发展使以优先发展重工业来进行社会主义建设的方式、方法和途径完善化、系统化和定局化。这尤其在人们的意识形态上产生了普遍深刻的影响。结果，在特殊历史条件下产生的高速、优先发展生产资料的生产和最大限度地发展国防工业的方针被当作社会主义建设的模式肯定下来，影响了消费资料生产和人民生活改善，造成了不良的后果。

总之，卫国战争时期的经济计划的顺利执行和取得的重大成果，说明在社会主义制度下形成的经济体制具有很大的发展潜力。这主要表现为，这种经济体制可以在极为紧张的环境中，在极为恶劣的条件下，依靠全体人民对社会主义的热爱之情，利用高度集中的权力，甚至强制手段，促使和强化经济的发展来为战争服务。但临近战争结束，以及战后经济的发展也表明，这种经济体制不适合于和平的、正常的发展条件。

战争暴露了苏联农业体制的弊病和弱点，这种体制使农业的发展和农民的切身利益没有因果一致的关系，因而农业发展本身缺少发展的动力和应变的力量，农业的落后状况影响了整个国民经济的发展。

第二次世界大战期间美国经济的发展

张宏毅

在资本主义世界中，美国是唯一在第二次世界大战过程中加强了本国经济实力和军事潜力的国家。大战不仅使它摆脱了 20 世纪 30 年代严重的经济危机与萧条，而且大大发展了生产力，促进了国家垄断资本主义的发展，极大地加强了它作为世界金融中心的地位，成了最大的国际剥削者和资本主义世界的霸主。

一位美国学者对第二次世界大战后的美国经济政治地位做了如下描述："第二次世界大战结束时，美国处于一种令人羡慕的地位。其权力可与罗马帝国相比拟。全世界只有美国有健康的经济，完好无损的大规模生产重工业产品与消费品的工厂设备以及过剩资本。显然，美国将资助被战争破坏的世界，并由此而由美国领导人决定它以何种方式进行重建，甚至影响这些从战争废墟中产生出来的政府的性质。美国军队占领了太平洋上唯一的工业强国日本，美国的影响笼罩着法国、英国和欧洲工业的心脏德国。太平洋和地中海变成了美国的内湖。最重要的是，美国已经垄断了原子武器。"第二次世界大战确实对美国经济起了空前的推动作用，由此而引起它的霸权主义的野心急剧膨胀。

摆脱严重的经济危机

1939 年 9 月第二次世界大战爆发前，美国经济还没有摆脱 30 年代危机与萧条的困境。罗斯福"新政"虽然对缓和危机、刺激生产和复苏起了一定的作用，却并没有造成美国经济复兴和高涨的奇迹。美国经济一直处在"特种萧条"之中，1937 年又爆发了新的危机。1938 年同 1937 年相比，钢、生铁、煤、汽车等产品产量都急剧下降。1938 年加工工业开工率降为 64.9%，失业工人超过 1000 万，失业率高达 19%。虽然罗斯福政府 1938 年实行的反紧缩计划、增加对公共工程等项目的拨款，对稳定国民经济、减轻危机起了一定的作用，但是直到第二次世界大战期间才最终使美国经济摆脱 30 年代危机与萧条的困境。《美国经济成长与发展过程》一书作者路易斯·哈克指出，第二次世界大战"不仅使美国摆脱了长时期的萧条，而且给了美国经济以新的活力"。《美国经济史》一书作者沙伊贝等也指出，第二次世界大战的直接影响之一就是"把美国从由于 1937 年大萧条而陷入的经济困境中解救出来"。

随着大战的爆发，1939 年 11 月 4 日，美国国会在罗斯福总统提议下通过了关于废止 1937 年"中立法"中关于武器禁运的条款，而规定允许交战国在美国购买武器，但须付现款并以不得用美国船只载运为条件。这就是通常所说的"现购自运"原则。由于英国在海上占有优势，所以这意味着除了当时还未参战的日本以外，战争物资主要运给英法两国。"现购自运"原则的实施有利于民主国家抗击法西斯德国的侵略，也给了美国军火商以大发其财的良机。大量黄金从各主要资本主义国家流入美国。英国等国黄金外汇很快就消耗殆尽，而无力继续用现款在美国购买军火。1940 年中，英国首相丘吉尔写信给罗斯福说，英国军用物资十分短缺而又无钱采购补充，国库储备下降，只剩下 20 亿美元，总统能否在宪法许可的范围内防止英国变得"一贫如洗"。

这时欧洲战局十分危急。1940 年 6 月法国已经沦陷。有人预言，英国很快就会像一只小鸡一样被人扭断脖子。美国统治集团看到，一旦英国失败，美国安全就会受到德国的直接威胁。美国广大人民这时坚决要求给英国等反法西斯国家以物质援助。于是，1940 年 12 月罗斯福发表了美国愿做"民主国家的伟大兵工厂"的炉边谈话。美国国会于 1941 年 3 月 11 日通过了"租借法案"。根据这项法案，总统有权向任何一个国家出租、出借军械和其他物资，只要他认为这个国家的防务对于美国的安全是必不可少的。1941 年，根据租借原则，美国给予英国的军火达 70 亿美元。同年 5 月，租借法案的适用范围扩及中国，后来又扩大到其他一些对法西斯作战的国家。从 1941 年 3 月 11 日到 1945 年 12 月 1 日，美国根据这一法案共供应各国（主要是英国和英联邦各国以及苏联）约 491 亿美元的军火、设备、粮食、原材料及运输和劳务，并从各国取得约 80 亿美元的商品和劳务补偿。根据租借法案提供的货物的价值大大超过 1933—1939 年联邦政府全部开销的总数。

　　"租借法案"为美国工业品、军火和过剩农产品进一步打开了广阔的销路，为当时全国经济转入战争轨道而提供了巨大市场。一些美国经济学家指出："修改中立法令、承认现金购买与自运计划、租借法令和大规模的国防计划，这就给美国经济提供了一个更坚实的基础。"巨大的国防费用使美国垄断组织迅速摆脱了 30 年代经济危机和萧条，而出现了一种"生产奇迹"。在 1939 年到 1942 年 12 月间，工业生产将近增加了一倍。钢产量由 1939 年的 4780 万吨增加到 1941 年的 7510 万吨，同期煤产量由 44630 万吨增至 57050 万吨，载重汽车由 71 万辆增至 106 万辆，轻型汽车由 286.6 万辆增至 377.9 万辆，等等。由于需要大批青年参军，同时要不断扩大生产特别是军事工业生产，因而吸收了大批失业者参加工作。失业人数在战时降到最低点，1943—1945 年平均每年不到 100 万人。

　　由于根据"租借法案"及按一般渠道把大量粮食及农产品输送到各同盟国，美国不仅摆脱了慢性农业危机，农业生产还得到了显著的发展。据统计，如果农业生产指数以 1935—1939 年为 100，则 1939 年为 106，1940 年为 110，1941 年为 113。

　　可见，不是罗斯福"新政"而是第二次世界大战使美国得以最终摆脱 30 年代的经济困境，走上高速度发展的道路。

国家垄断资本主义的发展

　　如果说第一次大战，如列宁所说："异常地加速了垄断资本主义向国家垄断资本主义转变的过程……"[1] 那么，第二次世界大战则进一步加速了美国国家垄断资本主义的发展，垄断资本和国家机器更紧密地结合在一起。

　　美国还在正式参战以前，就已开始对经济实行国家"调节"，建立了一系列"管制"机关。它们在战时拥有无限权力，并被垄断资本家及其亲信所把持。与第一次世界大战时期相比，第二次世界大战时期美国"调节"经济的机构更为庞大。

　　1940 年 6 月，联邦政府利用第一次世界大战时的经验，成立了国防咨询委员会，将美国经济引向战时经济的轨道上来。同时，设立了紧急管理署，下设生产管理局和物价管理局两个主要机构。1941 年 1 月，生产管理局改组

---

　　① 《列宁选集》第 3 卷，人民出版社 1972 年版，第 164 页。

为战时生产管理局，成为处理战时生产的最高权力机构。由通用汽车公司的总经理威廉·克努德森任局长。还出现了一些直属于总统的新的政府机构，其中包括：由标准煤气电力公司董事长克劳利主持的经济作战局，由通用汽车公司副董事长兼美国钢铁公司董事会主席斯退丁纽斯主持的租借物资管理局等。大量的拨款通过上述各局的预算项目交由那些最庞大的垄断组织去支配使用。

美国战时经济的中心问题，是筹措庞大战费及分配和组织军事订货的生产。美国战时军事支出共计 3250 亿美元，占国家预算支出的 80% 以上，相当于同期国民收入的 43.4%。在这笔巨大战费中，真正用于对法西斯国家作战的只占 28%，其余 72% 则变成了垄断组织的利润和准备新战争的预支款。美国政府筹措战费的方法主要是：增加税收、扩大国债发行及通货膨胀。

1939—1945 年，通过降低起征点，扩大纳税人数（由 300 万人增至 4270 万人），提高税率及征收超额利润税办法，共收税捐 1396 亿美元。其中，65.5% 是居民所得税、间接税及劳动者交纳的其他税捐，超额利润税仅占 284 亿美元。尽管物价不断上涨，个人免税标准已从 1939 年所得的 1000 美元减至 1940 年的 800 美元，1941 年 750 美元，1942—1943 年 500 美元。1943 年的《纳税法令》中更规定从工资和薪金的来源中，扣除所得税，以便对非资产收入永久采取一种新的"到哪里都要付所得税"的计划。这样，因战争而引起的一项重大的长期的变化，就是把一大批低收入者纳入税收系统。

由于战争的需要，政府与私人订货大量增加，很多商品供不应求，流通中的货币量迅速膨胀：1938—1945 年，由 65 亿美元增加为 267 亿美元，即增加了 3.1 倍，结果引起物价上涨。这种情形在 1943 年前尤为严重。当工人们为争取提高工资而斗争时，垄断资本家及其在政府的代表竟把物价高涨和通货膨胀归咎于工人。

总之，所有上述筹集战费的方法，其实质都是把战争负担转嫁到美国劳动人民身上。

美国战时国家军事订货的规模极大。到 1945 年底为止，军事订货及由政府采购的军用物资和劳务，总值达 31005 亿美元。在战争的后三年，它占到国民总产品的 36%—42%。这些当然由联邦政府出资，而给垄断资本家带来了莫大好处。仅在美国参战的 4 年间，政府就与 18500 家公司订有合同，其总值达 1750 亿美元。这笔数的 2/3，即 1180 亿美元，落在 100 家最大的垄断组织手里。其中通用汽车公司、福特汽车公司、通用电气公司之类取得达全部军事订货的30%。由于国家军事订货的刺激，在航空公司、造船业以及炸药和轻金属生产部门，生产总额在战争那几年里增长了19—34倍。

为了迅速扩大军用物资生产，政府在战时通过预算拨款，经由"国防工厂公司"去建立各类战时工厂。据统计，"国家投资占全部新建工业和运输业的72%"。政府共兴建了2000个以上军用企业，这占了战争期间新建工厂的5/6。这些工厂拥有最新和最好的制造设备。战争末期，联邦政府拥有全国生产合成橡胶、飞机、镁和船舶的设备的90%以上，制铝设备的70%，制造工作母机设备的50%。政府还建成了生产钢、高辛烷汽油和化学品的工厂，铺设了把石油输往东海岸的3800英里的石油管道。这样，就大大扩大了美国工业生产能力。这些"国家企业"的2/3在战时无偿地"租给"垄断组织经营，使后者既可免掉建立军事企业的风险，又可以利用不花钱的设备赚大钱。合同上并且载明战后参与经营的垄断组织有购买这些工厂的优先权。战后，政府把这些企业的大部分，干脆以相当于原投资额的几分之一的低价卖给了垄断组织。

劳动力的分配是战时经济"调节"的另一重要内容。战时由于军队、军工生产及其他许多部门都需要扩充人力，政府除吸收大批失业者（900万—1000万人）参加工作外，还动员妇女和半成年人参加劳动，使大批农业人口转入工矿运输业。同时，把周平均工作时间由1937年的37.7小时延长到战时的48—56小时，以弥补劳动力的缺乏。为了保证军事工业对劳动力的需要，一方面实行优先供应制度，必要时命令其他工厂停工或封闭，另一方面，自1943年起，将工人固定在一些工作地点，剥夺工人的转移自由。以上都说明，从1940年起，政府的经济活动在范围和种类方面都大为扩充，在第二次世界大战期间，国家垄断资本主义势所必然地在美国大规模地发展起来了。

与此同时，在大战期间，美国垄断资本获得了超额利润。1940—1945年期间，国家向垄断组织采购的军用物资及劳务共达3105亿美元，同期美国公司纳税后利润共为1168亿美元，比战前6年增加了3—4倍。得到军事订货最多的大公司的利润增长尤其快。如以1942年与战前相比，5个最大公司利润各增加了100倍以上，另外34家公司增加10倍以上。经过第二次世界大战，摩根财团在各大财团中仍稳居首位，与军事工业关系紧密的洛克菲勒、梅隆、杜邦、克利夫兰等财团的势力猛烈膨胀起来。

科技革命进程的加速

马克思指出："劳动生产力是随着科学和技术的不断进步而不断发展的。"① 第二次世界大战期间美国生产的发展与当时的科技发展直接有关。而科技的发展又在极大程度上受到了战争的推动。

第二次世界大战期间，美国政府建立了科学研究发展局，负责协调和组织全国的军事研究。战争期间美国的研究研制经费每年达 6 亿美元，其中 83% 由政府支出。1941—1944 年，美国 235 所大学共得政府提供的经费 235 亿美元。政府还与大学合建了一系列重要研究中心，如喷气推进实验室、研究粒子和原子核物理的劳伦斯实验室等。

第二次世界大战以来，全世界开始了一场影响深远的涉及各个领域的科技革命，一般称为第三次科技革命。这场革命的发源地在美国。它的主要标志是由美国开始的原子技术的发展、空间技术的发展和电子计算机技术的发展。很多新兴工业部门如高分子合成工业、原子弹工业、电子计算机工业、半导体工业、宇航工业、激光工业等都在这个基础上建立起来。

在当时敌对双方激烈竞争的情况下，美国政府几乎是不惜工本、不计代价地投入某些关系到军事实力的技术研究。

1942 年夏天，美国在英国和加拿大的合作下，全面开展了代号"曼哈顿工程"的大规模原子能计划。1942 年 12 月 2 日，首次实现了人工控制的核链式反应，从而标志着原子能时代的开始。

为了争取时间，美国动员了 125000 人，集中了理论物理、实验技术、数学、辐射化学、冶金、爆炸工程、精密测量等方面的专家，以及分散在美国、英国、加拿大的许许多多实验室，进行大规模的、有组织的协同作战，耗资 20 亿美元。在这样全力以赴的努力下，终于在 1945 年 7 月 16 日试验成功了第一颗原子弹。这是人类大规模利用原子能的开始。

军事上的迫切需要也成了加速电子计算机研制的巨大动力。1942 年，美国宾夕法尼亚大学等单位为陆军计算火力表。这种表每张要计算几百条弹道，而一个熟练的计算员用台式计算机每算一条弹道要花 20 小时，这同当时的战争的需要极不适应，这一严重的局面提出了对高速计算工具的紧迫要

---

① 《马克思恩格斯全集》第 23 卷，人民出版社 1972 年版，第 664 页。

求，导致了对电子计算机的加速研制。1945年底，世界上第一台电子计算机"埃尼阿克"宣告竣工，用它进行弹道计算，速度比人工计算提高了数千倍。虽然"埃尼阿克"还存在许多缺点，但毕竟成了电子计算机应用的开端。

在考察战后空间技术的巨大进展时，也不能忽视它在第二次世界大战中已有的技术准备。第二次世界大战期间，由德国火箭之父冯·布劳恩领导研制了V—1和V—2飞弹。这种有眼睛的炮弹是远程导弹的先驱。1945年，德国制造V—2火箭的设备被苏联掳走，而冯·布劳恩等约100多名火箭专家和工程技术人员则向美国投降，他们领导了战后美国的火箭研制并在1969年实现了阿波罗登月计划。

第二次世界大战还推动了美国其他科技的发展。战时物资短缺，美国科学家努力工作，制成多种化工材料，如塑料、合成橡胶。其中多数证明比被代替的材料还优越。冶金方面，当战时来自中国的进口钨被切断后，铜就成功地被用来使钢硬化。

科学技术的巨大进步不仅为美国经济创造了全新的劳动手段，保证了劳动生产率的增长，而且促进了管理科学的发展，为美国战后科技与生产管理提供了重要经验。

工农业的迅速发展

到大战结束的1945年，美国整个工业的生产能力同1939年相比，扩大了约40%。与军需有关的工业生产不断增加。军事订货利润丰厚，"租借物资"市场稳定，国土远离战场，拥有大量资源及劳力，这些都是促成美国战时工业高涨的重要因素。

工业产量的增长率每年在15%以上。如以1937—1939年工业产量为100，则工业生产指数的变化是：1940年为120，1941年为155，1942年为190，1943年为227，1944年为223，1945年为191。1943年是美国战时工业生产的最高点。以后由于苏军在欧洲战场上的决定性胜利，战局急转直下，对美国军火及物资需要量减少，引起了美国工业生产的逐年下降。

战时工业景气的特征之一，是军事工业部门的发展速度占有绝对优势。1939—1943年，重工业生产增长了2—3倍，轻工业生产仅增加了61%。武器军火在工业总产量中的比重，由1939年的2%上升为1943年的66%。重工业产品的81%均为军用品。从1940年7月1日至1945年7月31日的5年期间，国家制造了 86338 辆坦克，16000 辆装甲车，240 万辆军用载重汽车，297000 架飞机，9000 门重炮，1740 万支步枪、卡宾枪和手枪，64500 艘登陆艇，数千艘军舰、货船和运输舰，空中轰炸用炸弹约 600 万枚，深水炸弹 537000 枚，还有其他各式各样的武器。在这 5 年期间，美国的商船队增加了 3 倍，海军火力增加了 10 倍。据估计，1942 年美国生产的战争物资的总产值即达 302 亿美元，等于德、意、日三国总产值之和。到 1944 年中期，以美国为主，加上英国、加拿大，其战时生产加在一起是轴心国的 4 倍。而这一点是轴心国侵略者完全没有估计到的。一些美国学者指出，大战造成 1941—1945 年间的生产奇迹；这种奇迹，使美国以前进行战争时所取得的成就大为逊色。

在发展军事工业及有关的重工业的条件下，战时美国工业的生产和资本进一步集中。根据战时管制机构的决议，50 多万家小型工业企业（主要是消费品工业）及 500 多家小型商业银行被迫停业。1943 年以后，公司合并及吞并浪潮加强。在加工工业中，1939—1944 年，工人不足 50 人的小企业，在企业总数及工人总数中的比重，分别由 84.6% 及 16.2% 下降到 83.2% 及 12.2%，而拥有 1000 名工人以上的大型企业的比重，相应地从 0.4% 和 39.7% 上升到 1% 和 52.8%。拥有万人以上的大企业，其数目从 1940 年的 49 家增至 1945 年的 344 家，而在这些大企业中做工的工人数目，则从 140 万人增至 510 万人，亦即从占全国工人总数的 13.1% 增至 30.4%。1945 年，250 家最大的工业公司掌握了全国所有工业公司资产总数的 46.5%。

大战期间，国内外对美国农产品需求的不断增加成为农业迅速发展的直接推动力。在大战的年份里，美国农产品起初在各作战的盟国市场上大量推销，继而在欧、亚、非三洲那些被解放出来的各国市场上大量推销。农业生产得到了显著发展。如以战时最高年产量或牲畜数量与 1939 年水平相比，则各种主要作物及牲畜头数增长的百分比是：小麦为 49.5%，玉米为 20.1%，稻米为 38.5%，棉花为 8.5%，牛为 29.6%，羊为 8.5%，猪为 67.5%。农业（包括畜牧业）总指数的变化是（以 1947—1949 年为 100）：1939 年为 80，1940 年为 83，1941 年为 86，1942 年为 96，1943 年为 94，1944 年为 97，1945 年为 96。

战时由于劳动力短缺而造成大量人口离开农村的情况，农村劳动力极感缺乏，上述成就的取得主要靠农业的技术进步。农场主使用了较多的肥料，更好的杂交种子，改良农药和保护土壤的方法，特别是农业机械化有了很大发展。"一架由八名女工操纵的新机器只用以前所必需时间的一个零头就栽种和灌溉了一万二千株芹菜秧苗。收割土豆、胡萝卜、洋葱和甜菜用的新式行播作物装载机实际上代替了过去在田野里见到的大量弯腰劳动力。胶轮拖拉机、改良的捆草机和机械化采棉机只是有助于农业生产的农业技术发生许多变化的几个例子。"据统计，1940—1945 年，拖拉机由 154.5 万台增至 242.2 万台，农场拥有的载重汽车由 104.7 万辆增至 149 万辆，联合收割机由 30 万台增至 54 万台。电气化农场由 1940 年占农场数的 30.4%，增至 1945 年的 44.9%。5 年之中，农业中各种机器增加的数量，约相当于过去 10 多年乃至 30 年间增加的总量。至此，机器普遍代替了畜力动力，美国基本上实现了农业机械化。

战时大量劳动力外流，引起了佃农人数的减少（约 100 万）。大批黑人被征调入伍或转到北方城市工作，使南方奴隶制残余——种植园经济日趋没落。1930—1945 年，黑人聚居地带的黑人佃农及分成雇农人数减少了 27.5%。美国北部的黑人人口则从 1940 年至 1947 年间增加了 240 万人。

农业进一步发展为一种大规模的商业性企业，获利小的农场或小家庭农场迅速消灭。从 1940 年至 1945 年间，农场数从 609.6 万个减至 585.9 万个，亦即减少了 3.9%。到大战结束，大农场手中已集中了大量的土地。1/10 的农场提供了全国农产品的一半，1/5 的农场（它们拥有全国耕地的 3/4）生产了全部产品的 2/3。同时，占全国农场总数 2/3 的中小农场，它们所生产的都不超过全国产品的 20%。农业收益的最大份额，落入少数地位牢固、高度机械化的商业农场手中。

总之，在战争年代从农村地区向城市地区迁移和农场成为一种大型商业性企业，成了美国社会和经济中的两个经久不变的事实。

由于美国工农业迅速发展，美国的国民收入及国民财富逐年增长。国民生产总值从 1940 年的 2272 亿美元增加到 1945 年 3552 亿美元。但是，在片面扩大军事生产及大规模输出物资的条件下，战时美国国内消费品供应非常紧张，并且存在着黑市。战时美国建立了"物价调节局"，1942 年 4 月底对一般最高物价做了规定。但从 1943 年开始，物价继续上涨。批发物价总指数（以 1939 年为 100）由 1942 年的 128.1 上涨为 1945 年的 137.3。1942—1943 年，开始对糖、咖啡、肉类、油脂、肉和鱼罐头、牛奶罐头、胶鞋、汽油、煤等实行定量配给。到 1943 年中，有 95% 的食品实行定量配给，结果上述物品的黑市交易额，每年高达 10 亿美元，这一切给广大工人家庭带来了痛苦。

如果说，在大战期间很大一部分工人的一般经济状况较之此前的危机和萧条时期有所改善，那么，这是靠大大增加工人劳动强度、延长劳动时间，甚至是工人冒着死亡危险换来的。工人不断加班加点、实行夜班和星期天工作、提高传送带速度和产品定额，是大战期间工人疲劳过度的主要原因之一。这转过来又必然导致生产中不幸事故的增加。根据劳联的材料，从 1941 年 12 月至 1943 年 10 月，因生产中不幸事故而丧生的工人有 8 万人，而同期内前线上阵亡的士兵为数不过两万人左右。大战期间生产中工人的劳动强度及其悲惨结果可见一斑。

美国对外经济扩张

战时美国出口实物量增加了近 2 倍，进口增加 20%。出口剧增是由于美国利用"租借法案"大举打入各国市场，特别是英联邦成员国的市场。美国大搞贵卖贱买的结果，战时在进出口贸易中榨取了各国人民 135 亿美元的血汗。从 1940 年 11 月到 1941 年 3 月，在美国通过和实施租借法案过程中，美国趁机按低价收买了英国在美国建立的几家大企业和根据英国委托在美国建立的几个兵工厂。罗斯福还派了一艘军舰到开普敦，把英国储存在那里的黄金悉数运走。在巩固美英之间军事合作的名义下，美国又获得了一笔横财。对于美国统治集团利用"租借法案"以达到长远目标这一点，在当时情况下当事者只有难言之隐。英国保守党的 L. S. 艾默里在 1946 年出版的一本书中写道，美国商人和议员们把"租借法案"看作一笔交易，"在这笔交易中，英国被雇佣来担任保卫美国的工作"。

战时美国资本输出也有增加，1945 年达到 153 亿美元，比 1939 年增加 34.1%。6 年战争时期，美国国外投资收入共计 38 亿美元，与新投资额相近。在此期间，美国从外国取得价值 170 亿美元的原料和驻外美军所需的军需品。

在各资本主义交战国弄得民穷财尽的形势下，美国在资本主义世界中的经济地位进一步提高。战后初期，美国在资本主义世界取得了政治上、军事上的霸主地位和经济上的绝对优势。它拥有资本主义世界工业产量的 53.4%（1948 年）、出口贸易的 32.4%（1947 年）、黄金储备的 74.5%（1948 年）。美国靠战争的输血而空前肥大起来。它一手挥舞着原子弹，一手拿着美元，两手并用，称王称霸。它不仅剥削着亚非拉人民，甚至对它在西欧、北美和大洋洲的盟国，也实行"弱肉强食"的政策，力图把它们踩在自己的脚下，成为最大的国际剥削者。当时，美国垄断资产阶级狂妄地宣称，20 世纪是"美国世纪"。杜鲁门总统在 1945 年 12 月的国情咨文中说，"胜利已使美国人民（应读作垄断资本家——作者）有经常而迫切的必要来领导世界了"。

总之，第二次世界大战期间，美国本土非但没有像其他主要资本主义国家那样遭到战火蹂躏，相反地，美国经济由于受到世界范围的大量军火与粮食需求的刺激而急剧增长，并由此而引起了生产与资本的集中和国家垄断资本主义的发展，导致科技革命的加速和农业机械化的基本实现，使美国经济爬上了资本主义世界的顶峰。忽视或低估第二次世界大战对美国经济发展的影响就无法正确阐明战后美国经济的发展及其内外政策的一系列新特点。

1929—1945 年科学技术的成就

黄若迟

1929—1945 年是危机与战争的年代。这一历史时期无论是对于我们探讨战后国际政治格局的演变，还是研究当代科学技术革命起因都有重要的意义。战后兴起的第三次技术革命的主要标志——原子能利用、电子计算机、空间技术都产生于这一时期。20 世纪三四十年代的危机与战争有阻碍科学技术发展的一面，例如，很多国家的大学试验室被迫关闭或转为军用，很多科学家被迫改行；但另一方面，与军事直接有关的科学技术，却由于战争的需要和得到政府的大力资助，获得了突飞猛进的发展。当时，物理学革命正在深入发展，物理学成为最尖端的学科，且与军事工业关系密切，所以，在危机与战争年代，物理学不仅没有停滞，而且，核物理学、电子学、火箭技术等还有新的突破。物理学是基础科学，这个时期自然科学发展的主要趋势是将物理学，特别是原子物理学所建立起来的概念和方法应用到各门自然科学中去，这就推动了许多分支学科的发展并创造出许多新学科。例如，概率论、泛函分析、计算机数学、天体物理学、射电天文学、量子化学、高分子化学、生物化学、生物物理学等。这些理论学科转向应用，又推动了工矿、农、医等技术部门的发展。化学工业中的塑料、合成橡胶、合成纤维三大合成材料，医药业中的青霉素、磺胺类药物，电子工业中的电视、雷达、冶金机械业中的各种优质合金和机床，军事工业中的喀秋莎火箭炮、虎式坦克、喷气式飞机等都是这一时期出现的新产品。因此，三四十年代，既是以电机和内燃机为标志的第二次技术革命深入发展的时期，也是第三次技术革命的萌芽和酝酿时期。在这一时期的科学技术成就，对人类的社会生活产生了深远影响。

原子能的发现和首次利用

19 世纪末，电子、X 射线和放射性这三大发现，打破了原子不可分、原子是物质始原的传统观念，引导人们向原子内部的微观世界进军，从而开创了原子物理学。1911 年，英国学者卢瑟福（1871—1937）最先深入到原子世界的中心，提出了有核的原子模型。1913 年，丹麦青年学者玻尔（1885—1962）提出了原子结构理论，从而引导人们进一步探索原子核内部的奥秘。这时，爱因斯坦（1879—1955）相对论的提出和 20 年代量子力学的确立，为揭示原子内部的运动规律提供了强大的理论武器。爱因斯坦根据狭义相对论推论出了能量和质量关系的转换公式，即能量等于质量乘以光速平方（$E = mc^2$），从而预见到原子核的裂变将释放出比普通化学大百万倍的原子能。所以，进入 30 年代后，摆在物理学家面前的迫切任务就是寻找开发和利用原子能的途径。

1930 年，德国物理学家玻特（1891—1957）重复卢瑟福的散射实验，用天然放射性元素放出的快速粒子流 α 射线去轰击较轻的原子核铍，产生了一种穿透力很强的射线。1932 年 2 月，卢瑟福的学生查德威克（1891—1974）论证了这种射线是中子流。中子的发现标志着人类对原子核结构的认识又深入了一个层次。同年，德国和苏联的物理学家都提出了原子核是由质子和中子构成的理论，并用此理论解释元素周期律，指出元素的原子系数等于原子数（Z），原子质量则等于质子数与中子数的和（$Z + N$）。这些发现大大加速了核物理学研究的进程。

当时在德国国家科学研究中心工作的居里夫人的女婿约里奥·居里（1900—1958）和女儿伊雷娜·居里（1897—1956）也在积极从事放射性研究。1931 年，他们在实验中就已发现了中性辐射，但没有及时总结，结果，由英国的查德威克完成了"中子论"的发明。两年后，他们又有新的创造，发现了人工放射性。他们在实验中用天然放射性元素发出的 α 射线轰击轻元素铝，使铝的原子序数变化成为新的放射性元素磷$^{-30}$，这是自然界普通磷$^{-31}$的同位素。这表明用人工方法可以产生放射性元素了。于是，一系列放射性同位素相继问世，从而大大推动了理、工、农、医各门学科的发展，更重要的是为核物理学的研究开辟了新路。从此，科学家们不必只靠少数几种天然放射性的物质进行研究了。

与此同时，科学家们还努力改进轰击技术和人工核反应的设备。1930年，美国物理学家劳伦斯（1901—1958）设计出了回旋加速器模型，这是一种通过永久磁铁中的交变电场将原子粒子加速到极高速和极高能级的装置。1933年，他用80吨磁铁建成了第一个大型回旋加速器。此后，静电加速器、直线加速器、同步加速器等的相继问世和使用，大大丰富了人们关于核反应的知识。

1934年，意大利物理学家恩里科·费米（1901—1954）通过另一途径对原子核进行轰击的技术，他用中子依次轰击元素周期表中的每一个原子核，发现用被慢化了的中子进行射击所产生的人工放射性效能更强，他称此为慢中子效应。他还第一次使重元素铀发生嬗变而成为原子序数更大的超铀元素，费米因此而获得诺贝尔奖。但在法西斯猖獗的意大利，他却因妻子是犹太人而倍受迫害，不得不举家逃往美国。这时在柏林威廉皇家化学研究所工作的德国化学家哈恩（1879—1968）和奥地利物理学家梅特内（1878—1968）以及后来加入的德国物理学家斯特拉斯曼（1902—　）为了弄清楚超铀元素的性质，继续进行费米的实验，经过6年的努力，于1938年12月21日公布了实验结果，证明了所谓超铀元素实际上是钡、镧、铈等，其原子量仅为铀的一半，当时，梅特内因是犹太人而正在瑞典避难，他得知实验结果后，立即得出结论，提出"核裂变"的概念，认为钡和其他元素都是铀核裂变的产物，并指出核裂变反应将产生巨大的能量。

1939年1月6日，玻尔赴美出席物理学家会议，将梅特内等人对核裂变的发现告诉了与会的科学家，引起了很大的震动，美、英、法等国的科学家们立即进行了证实性实验，仅一个多月就提出几十篇报告。费米等人进而论证了核裂变的链式反应，认为铀核裂变时要产生两三个新中子，这些中子又可以引起其他铀原子核裂变。核裂变的时间不到一亿分之一秒。一个铀^{235}原子（铀的同位素）裂变时要放出约2亿电子伏特的能量。这些认识表明，人类已经打开了原子核的大门，下一步就是如何实现人工利用原子能的问题了。

科学家们担心法西斯德国有可能先制造出原子弹，于是，1939年8月2日爱因斯坦在一些流亡到美国的科学家的支持下，写信给罗斯福总统，建议采取必要的行动。1941年12月6日，美国政府通过了研制原子弹的"曼哈顿工程"计划，费米受命领导研制原子反应堆，他们以石墨砖为主要材料，在芝加哥大学网球场西看台下进行堆建，这是一种用天然铀作为燃料、可以人工控制的核裂变链式反应装置，1942 年 12 月 2 日试行运转，获得成功。这是人类第一次有控制地从原子核内部释放能量，它的成功开辟了人类能源利用的新天地。

在美国总统的直接关注下，"曼哈顿工程"把科学、工业、军事三方面组织在一起，杜邦、梅隆、洛克菲勒财团都承担了任务，尤其是杜邦公司建造了大型反应堆和分离钚的工厂。许多院校，如哥伦比亚大学、芝加哥大学、加利福尼亚大学都参加了研制工作。整个工程动员了空前规模的人力、物力和财力，政府和私人公司前后投资 20 多亿美元，调动 15 万科技人员，动员了 50 多万人投入这项工程，耗费了全国电力生产的 1/3。仅田纳西橡树岭一座生产浓缩铀的工厂，其耗电量就几乎等于全纽约市的耗电量。整个工程还集中了理论物理、实验技术、数学、辐射化学、冶金、爆炸工程、精密测量等各方面的专家，进行大规模的有组织的协同工作。1943 年，在奥本海默（1904—1967）领导下，在新墨西哥州的洛斯阿拉莫斯建立了原子弹研制中心。1945 年 7 月 16 日，第一颗原子弹试验成功，其当量大于 2 万吨 TNT 炸药。不过，原子能的和平利用直到战后 50 年代才开始。

电子技术的发展与电子计算机的诞生

电磁波理论的应用产生了电子技术，最先是无线电报，1906 年电子三极管发明后，电磁波可以传播声音，出现了无线电话和广播。30 年代，无线电波进而被用来传送图像、探测远处物体，从而使电子技术成为最引人注目的学科之一。

在电子技术中广播是最先得到普及的。自从 1920 年美国匹茨堡建立起世界上第一个广播电台之后，各国都相继建立起广播网，到 1930 年已遍及全球。30 年代，欧洲国家的广播电台可以与美国联播，从而形成世界性的广播体系。收音机的销售量急剧增加，在美国，1922 年销售 10 万台，1929 年增至 443 万台，1939 年为 1050 万台。1930 年，磁带录音机发明后，电台广播的内容更加丰富了。各国都将电台广播作为国家的喉舌。苏联从 30 年代初起，开始用 50 多种语言对外广播。欧美各国，特别是德国和意大利，十分重视对外广播的宣传作用。

随着广播通信的发展，产生了对多种波段的要求，这就提出了发展超短波和微波的问题，一些频率高、功率大的电子元件应运而生，这又为电视的发展准备了条件。根据光电效应的原理，30 年代出现了两种电视装置：一种是机械扫描电视，另一种是全电子电视。英国发明家贝尔德（1888—1946）继承前人发明的光电机械扫描圆盘，成功地进行了传送活动图像的实验。1929 年，他说服英国广播公司用广播频率试播电视，从而使机械扫描电视进入实用阶段。1936 年 11 月 2 日，BBC 电台开始每日播出两小时的电视节目。但是，机械扫描的速度有限，不能得到清晰的图像，所以，科学家们也同时进行电子扫描的研究。俄国学者兹沃里金（1889—1982）1919 年移居美国后，一直从事这项工作。1930—1939 年，他在美国无线电公司的资助下研制成功了灵敏度较高的光电摄像管，并在其他学者配合下，使电视的摄像和显像完全电子化。1939 年 4 月 30 日，美国无线电公司在纽约举行的世界博览会上，第一次用全电子电视转播了博览会的开幕式。但是，战争使美英的电视事业陷于停顿，电子设备厂转为生产军需品，直至 1946 年才恢复固定的电视节目，电视才真正进入实用和普及阶段。

第二次世界大战期间，雷达成为电子技术的代表性产品，故有电子工业的雷达时代之称。早在 19 世纪末，科学家就知道固体能反射无线电波，因而无线电波有跟踪和测距能力。20 世纪 20 年代，英美科学家根据这一原理研制无线电的探测和测距，英文是 radio detecting and ranging，缩写是 radar，即雷达。雷达起初主要用于军事，探测敌方飞机和海面舰艇的活动，只有法国例外，开始使用于和平目的，进行海上救生和港口引航。英国为了预防空中袭击，投入大量资金发展雷达。1935 年，皇家物理研究所无线电部主任沃森·瓦特（1892—1973）研制成第一部探测飞机的 1.5 厘米波的雷达（CH 系统）。1938 年英国在东海岸 200 公里长的地带建立起防空警戒雷达网。由于得到丘吉尔首相的高度重视，在第二次世界大战中，英国的雷达装置得到迅速发展。美国海军研究所从 1931 年起着手研制雷达，到 1936 年研制成功 SCR 268 防空火控雷达，这是一种脉冲雷达，可以探测 16—19 公里。1939 年，美国陆军研制成远距离的 SCR—270 型雷达，装备在船上。1940 年，英美合作研制雷达，制成了一种新型的磁控管，比三极管功率大 5 倍，频效高 4 倍，这使雷达获得了新的微波源。1944 年，磁控管的功率又增加了 2—3 个数量级，加之采用大型抛物面反射天线，使雷达的有效距离增至 400 公里。

第二次世界大战末期，第一代电子计算机的诞生，是电子技术发展的高峰。战时的军事、生产和科研都有大量复杂的计算问题，如原子能研究中的数据处理，各种飞行武器的运行计算，常常需要几万次甚至几百万次的运算，而且，计算的速度与精确性也要求很高，这不仅是传统的手摇机械计算机所不能胜任的，就是哈佛大学的艾肯（1900— ）于 1939—1944 年间新研制的继电器计算机也不能满足需要。于是，宾夕法尼亚大学莫尔学院电工系的莫克利（1907— ）等年轻的物理学家便开始研制电子计算机。他们吸取了历史上许多科学家设计制造计算机的经验教训和数学、数理逻辑和物理学发展的理论成果。尤其是 1936 年，阿兰·图林提出的"理想计算机"的思想，为电子数字计算机提供了数字模型。在雷达研制中涌现出的新的电子元件和电子线路，使电子计算机的研制成功成为可能。1942 年 8 月，莫克利提出了题为《高速电子管计算装置使用》的设计方案。

莫克利的方案受到军方的支持。当时，陆军弹道研究所与莫尔学院建立了关于弹道计算问题的协作关系。300 多名工作人员日夜计算也不能适应需要。1943 年 4 月 9 日，弹道研究所决定投资 40 万美元支持莫尔学院研制这种新型计算机，由莫克利和工程师埃克特、军方代表戈尔德斯廷组成领导小组。经过两年半的努力，于 1945 年底研制成功，1946 年初公开展示，定名为电子数值积分和计算机（Electronic Numerical Integreter and Computer），简称 ENIAC，该机使用了 18000 个电子管，重达 30 多吨，占地 170 平方米。它每秒可做 5000 次加法，或 500 次乘法，比继电器计算机快 1000 倍，一小时工作量等于 100 个人工作两个月。它的缺点是没有内存储器，而且，由于是"外插型"程序，每改变程序需要花费比使用多几百倍的时间进行准备工作，故美籍匈牙利人数学家诺依曼（1903—1957）还在 ENIAC 制作期间，便开始了更高效能的"程序内存"计算机的设计。1945 年年中，他提出了定名为离散变量自动电子计算机的方案（Electronic Disevete Variable Automatic Computer）简称 EDVAC。该机的优点是采用了二进制和建立了存储程序，这样可以简化计算机的结构，大大提高运算速度，然而，遗憾的是，由于争夺发明权而延误了制作。最后，由英国剑桥大学数学实验室于 1949 年 5 月建成了第一台程序内存计算机。这种计算机不需要外部指令便可按顺序自动进行计算，从而更接近人脑的工作方式，它标志着电脑时代的开始。

战时涌现出的所有电子产品，由于都使用电子管，其体积、重量、功耗都比较大，与军事上的轻便要求还有很大距离，所以，美国贝尔研究所便把研制晶体管的问题提上了日程。晶体管是半导体做成的，早在 19 世纪末人们就发现了半导体对无线电波起检波作用。20 世纪 30 年代，贝尔研究所的肖克莱（1910—　）和布拉坦（1902—　）分别从事有关理论的研究。1945年，物理学家巴丁（1908—　）任贝尔研究所主任，与他们二人合作研究晶体管的理论和制作。1947年12月23日，他们用锗半导体晶体制成了具有电流、电压、放大功能的点接触型晶体三极管。1948年6月30日首次在纽约展示，次年，肖克莱又研制成功其性能可以完全取代电子管的晶体三极管。这是电子元件的第二次重大突破，它预示着电子工业的一场新的革命即将到来。

高分子化学的建立与三大合成材料的出现

1932年，德国化学家施陶丁格（1881—1965）发表第一部高分子化学论著——《高分子有机化合物》，标志着这一新学科的诞生。高分子是指分子量极大的一类化合物。它是由许多结构相同的单体聚合而成的。多数是有机物，也有一部分是无机物。通常的有机化合物分子量超过1000的很少，但高分子的分子量则是几万或几十万。人类很早就发现了天然的高分子化合物，如棉、丝、木材、淀粉、橡胶等，但都不知道它们的组成与结构。19世纪有机化学的发展为高分子的研究奠定了基础。人们通过对天然橡胶的硫化处理而获得富有弹性的橡胶和通过对天然棉纤维的硝酸处理而得到硝化纤维（火药棉）的实验，发现了天然高分子的化学改性。20世纪初，人们在实验中用双烯烃得到合成橡胶，用苯酚与甲醛合成了酚醛树脂，从而得到一些早期的高分子合成材料。这些实践加深了人们对高分子化合物的性质与结构的认识。

20年代，施陶丁格等人推翻了当时普遍认为高分子物质是普通的小分子的物理结合体，并是环状胶体化合物的观点，提出了大分子的概念。认为高分子化合物是由包括许多原子的大分子构成的。这类大分子的骨架是由包括许多碳原子的碳链构成的。大分子又是通过化学键相连成长链，又由短链相连成网状。由于大分子内和大分子之间的引力，使这些长链不但各自卷曲而相互缠绕，形成既有强度又有弹性的固体。由于大分子大，长链一头受热时，另一头还不热，故熔化前便有一个软化过程，从而具有可塑性。1930年，施陶丁格还证明了高分子化合物稀溶液之黏度与分子量之间的定量关系，从而使高分子分子量的测定进入了定量的新阶段。这样，他便在胶体化学与有机化学的交叉点上创立了高分子化学。30年代，德、美、英等国都建立起合成高分子的研究室，化学家们把高分子合成物分为缩合高分子和加成高分子两类。他们阐明了"连锁反应"和"缩聚反应"的机理，使聚合方法得到简化，这些理论上的突破必然带来了实践上的大发展。30 年代，各种高分子化合物纷纷问世，其中以合成纤维、合成橡胶、塑料三大合成材料对人类社会的影响最大。

合成纤维的问世是 30 年代化工领域中最重要的成果。合成纤维与人造纤维不同，它不是利用自然纤维素加工制成，而是利用石油、煤、天然气等低分子有机物经过化学处理和机械加工制成的纤维。美国杜邦公司的卡罗瑟斯（1896—1937）从 1929 年开始缩合反应的研究，他采用超过一般有机物合成的规程，在 1935 年试制成聚酰胺类纤维，即耐纶—66，又称尼龙，1938 年实现了工业化生产，其强度比棉花大 2—3 倍，耐磨程度是棉花的 10 倍，而且耐腐蚀，弹性好，其缺点是耐光性和吸湿性差。1939 年德国也合成此类纤维，称"锦纶"。1940 年英国人温弗尔德与狄克逊合成聚酯纤维，称"涤纶"（又叫"的确良"）。由于它的大分子链排列整齐、紧密，且结晶度高，故有不易变形，具有高强度、电绝缘性强等优点，它的缺点是不易染色，如与其他物体摩擦易生静电。1945 年英国卜内门公司开始研究进行工业化生产。

在人工合成橡胶方面，最初是德国领先。第一次世界大战前就合成了橡胶轮胎制品。由于英、法、荷、比长期控制天然橡胶的价格，使得苏、德、美都加紧人工合成橡胶的研究。1930 年，列宁格勒成立了合成橡胶的实验工厂，是年 5 月，按照列别捷夫（1874—1934）方法制出了丁纳橡胶，其主要成分为丁二烯来源于酒精、石油、天然气，1931 年，苏联开始了大规模工业生产。但是，丁纳橡胶的性能不及天然橡胶，科学家们又开始探索新的品种。1934 年，德国法本康采恩的化学家们采用乳化聚合法将丁二烯与苯乙烯共聚而得到性能接近天然橡胶的丁苯橡胶。美国在 1931 年由杜邦公司的化学家、美籍比利时人纽兰德（1878—1936）和另一化学家卡罗泽斯（1896—1937）用乙炔作为原料得到氯丁二烯，从而聚合为氯丁橡胶（又称"万能橡胶"），具有不燃烧、耐油、耐酸、耐氧化、耐老化等特性，只是弹性、耐寒性较差。不过，战时美国仍主要依靠天然橡胶的生产。

塑料在三大合成材料中发展最快，品种也最多。30 年代前的塑料产品主要有天然纤维的改性塑料——"赛璐珞"（胶片）和人工合成塑料——酚醛树脂（电木）。至于和人们日常生活最密切的塑料——聚氯乙烯，虽然早在1912 年就已发现，但一直无法加工。后随着高分子理论的发展，1928 年，德国法本康采恩最先组织了聚氯乙烯的生产。1932 年增塑剂被发现，1936 年后，德、英、美便以电石为原料进行大规模工业生产。其产品主要用于制造雨衣、提包、鞋等日用品。1937 年，英国卜内门公司用磷酸酯增塑剂生产聚氯乙烯，用来代替部分钢材制造化工设备，从此，聚氯乙烯就成为产量最大的塑料品种之一了。

与此同时，在德国和美国还合成出聚甲基丙烯酸甲酯，俗称"有机玻璃"，是一种优秀的透明材料。1930 年在德国、1934 年在美国又生产出聚苯乙烯，具有高频绝缘，透明无毒的特性，常加工成薄膜、发泡材料。1933—1935 年，英国卜内门公司试验成功高压聚乙烯，1939 年开始工业化生产，用于制造海底电缆和高频雷达设备。但是，大量的塑料新品种是在第二次世界大战后才出现的。

航空技术的进步与航天技术的开端

航空技术与战争的关系十分密切。虽然，早在 1903 年 12 月 17 日，莱特兄弟的试飞成功就已为现代航空技术的发展开辟了道路，但是，航空事业的真正起飞还是在第一次世界大战之时。当时，法、德是世界航空强国，30 年代的战争危机继续促使各国大力发展空军，终于在第二次世界大战期间完成了从活塞式飞机向喷气式飞机的过渡，从而使航空技术发展到一个新的阶段。

标志着航空技术发展水平的主要有三个方面：（1）飞机的飞行性能——速度、升限（高度）、航程（续航能力）；（2）飞机的稳定和操纵性能；（3）机动飞行的安全性（指起飞、着陆等曲线变速飞行）。据统计，飞机飞行速度的世界纪录，1910 年为时速 100 公里，1921 年为 330 公里，1927 年为 479 公里。飞机升限的世界纪录，1914 年为 3500 米，1925 年达到 10000 米，1929 年接近 12000 米。飞机航程的世界纪录 1919 年约为 440 公里，1925 年达 3000 公里，1929 年又达到 7000 公里。30 年代，各大国对这样的水平并不满足，因为军界普遍认为，在未来的战争中，飞机的重要性将大大增加。特别是法西斯国家十分迷信"空军制胜论"，认为只有掌握制空权才能掌握战争的主动权，从而取得战争的胜利。为此，必须制造出飞行性能更高的飞机。

首先，必须对当时盛行的活塞式内燃机为动力的飞机进行改革。30 年代，关于飞机设计方面的发明就有几百项。为提高速度，减少阻力，从 1930 年起开始采用收放式起落架，1933—1934 年，完全淘汰了双翼机而使用张臂式单翼机，同时把开敞式座舱改为封闭式的，飞机表面变得光滑而呈流线型。过去，飞机结构材料是用优质木材，外面再蒙以细密而结实的亚麻或棉布，30 年代普遍改用硬铝，此后，全金属张臂式单翼机已十分普遍。为了改进动力装置，在发动机上加装废气涡轮增压器，将定距螺旋桨改为变距螺旋桨，从而使活塞发动机的功率从第一次世界大战时的 110—360 马力增到 800—1000 马力，重量马力比从 1 公斤（重量）/马力降到 0.5 公斤（重量）/马力。[①] 此外，陀螺稳定仪、三轴自动驾驶、开缝襟翼、升降舵、水平安定面、垂直安定面、无线电等技术都得到应用，从而提高了飞机的操作与安全性能。30 年代涌现出许多新型活塞式飞机，成为第二次世界大战的主要用机。例如，德国的容克 87 俯冲轰炸机、日本的"零"式战斗机、英国的喷火式战斗机和惠林顿轰炸机、美国的 B—17 重型轰炸机、苏联图波列夫（1888—1972）设计的各种 AHT 型飞机等。1939 年，美国工程师西柯尔斯基（1889—　）还制成了第一架直升飞机。

第二次世界大战初期，德意法西斯使用飞机、航空母舰发动"闪电战"，进行突然袭击，暂时获胜，于是，反法西斯盟国也大力发展空军，进行海陆空联合作战。1944 年美英军队在诺曼底登陆，集中了 10637 架飞机。1945 年苏军攻克柏林，使用了 8400 架飞机。1937—1945 年，各国飞机年产量总数由 2 万架增加到 17 万架。第一次世界大战的参战国共动用了 1 万架飞机，而第二次世界大战中，各国共生产军用飞机 70 余万架。其中，美国生产了约 40 万架，美苏成为世界航空大国。

战争不仅要求增加飞机的产量，还要求提高飞机的性能。战时美国波音公司生产的 B—29 轰炸机被誉为"超级空中堡垒"。苏联的伊尔型歼击机、图—2 轰炸机、英国的飓风式战斗机都有许多新的性能。但是，活塞式飞机的速度在 1939 年达到每小时 755 公里后就到了极限，不可能有更大的改进。因为活塞式发动机的功率与发动机的重量成正比，如要提高速度就必须提高功率，也要相应地增加重量，这在飞机上是行不通的。科学家们试用燃气轮

[①]　重量马力比，指飞机发动机重量与马力数之比。

机取代，即用高温膨胀气体直接推动涡轮叶片带动螺旋桨转动，但是又产生了音障问题。因为当飞机的速度接近音速时，就会产生激波，影响螺旋桨的效率，使飞行阻力加大。为了突破音障，从战前起，科学家们就已开始研究喷气式发动机了。英国皇家空军学院的惠特尔（1907—　）早在1928年就发表了有关喷气发动机的论文，后来他又论证了可利用燃气推动燃气涡轮增压。1939年，他与英国格洛斯特飞机公司签订了制造合同。1941年5月15日，英国第一架喷气机 E28/39 号试飞成功。1943年又制成了喷气战斗机"流星"号，它在1945年创造了每小时飞行976公里的世界纪录。美国引进惠特尔的喷气发动机，1945年初研制成功轴流式压气喷气机。苏联在1942年5月成功地进行了喷气式飞机的试验。德国早在1938年8月27日就秘密试飞了 He—178 喷气式飞机，由于发动机推力不大，未受到重视，后来用轴流式压气机代替离心压气机后，发动机的推力大大提高，于是，德国在战争末期将喷气式飞机投入战斗，但未能挽救其失败的命运。至于其他国家，虽然在战时积极研制，但只是在战后才能得到迅速的发展和广泛的应用。

喷气式飞机和火箭、导弹有着共同的理论和技术基础，喷气飞机的出现对于火箭技术的发展有直接的影响。液体火箭是现代火箭技术的标志。苏联的"宇航之父"齐奥尔科夫斯基（1857—1935）从19世纪末叶起就开始研究。1933年，他成功地发射了一枚液体火箭。与此同时，美国、德国的研制工作也取得很大进展。1931年4月15日，德国工程师塔林发射了一枚固体推进剂火箭。1935年3月28日，美国人高达德（1882—1945）在新墨西哥州发射的液体火箭飞行高度达1460米。但他的工作未能引起美国政府的重视，相反，德国出于军事考虑，对火箭研究给予了极大关注。1932年7月，德国陆军开始秘密研制火箭。

1937年3月，德国投资3亿马克，在波罗的海中的乌泽多姆岛上的庇纳门德建立了一个火箭研究中心。在冯·布劳恩（1912—1977）主持下，于1942年10月3日制造并试验成功 A—4 远程液体燃料火箭。所用的推进剂是酒精（75%）和液氧，最大速度为每秒1.7公里，射程310公里，火箭总重14吨，最大高度80公里。火箭带有10吨燃料，1000磅 TNT 炸药。该火箭后改名为 V—2 火箭。1944年希特勒将其投入战争，共发射了4300枚，由于命中率不高而没有能发挥预期的作用。然而，毕竟是因为有了火箭这一运载工具，人类才有可能从在大气中的航行发展到星际航行，从航空发展到航天。火箭是空间技术的基础，战时火箭的试制成功，为 50 年代航天时代的开始做好了准备。

　　总之，1929—1945 年间科学技术的发展在世界历史上是有重要地位的，这是两次技术革命高潮中间的过渡时期，由于受到经济大危机和第二次世界大战的干扰，整个科学技术的发展呈现出十分复杂和不平衡的局面。尽管有的学科受到抑制，但上述与军工关系密切的学科却取得了重大的成就。这些成就对战后的科技革命及世界经济面貌的大改观有着十分深远的影响。

苏美英首脑雅尔塔会议

侯成德

1945 年 2 月 4—11 日，苏、美、英三国首脑斯大林、罗斯福和丘吉尔在他们的外长、参谋长和顾问的陪同下，在苏联克里米亚半岛和雅尔塔举行了八天会谈，史称克里米亚会议或雅尔塔会议。这是第二次世界大战期间继德黑兰会议之后的第二次三大国首脑会议，是协调战争末期盟国作战计划和安排战后世界事务的重要会议。

胜利前夕的同盟国

雅尔塔会议是在德国法西斯临近灭亡、反法西斯战争即将胜利的情况下召开的。

反法西斯同盟国在 1943 年夺得战略主动权和展开战略反攻以来，至 1945 年初，在各个战场获得了一系列重大战果。墨索里尼在 1943 年 7 月被赶下台，意大利政府于 9 月 3 日向盟国投降，并对德宣战。这标志着法西斯轴心国集团开始瓦解。

在欧洲，苏联红军于 1943 年取得斯大林格勒战役和库尔斯克战役胜利之后，在 1944 年连续发动 10 次战略性战役，消灭德军 200 万人，解放了全部被占领的国土，并进入罗马尼亚、波兰、保加利亚、德国、匈牙利等国作战。1945 年 1 月份，苏军胜利完成著名的维斯瓦河—奥得河战役，推进至奥得河—尼斯河一线，距离柏林只有 60 公里。盟国军队于 1944 年 6 月 6 日在法国北部诺曼底实施大规模登陆，开辟了对德战争的第二战场。至 1944 年底，解放了法国北部领土，进入比利时、荷兰境内，步步向德国边界进逼。1945 年初，盟军粉碎希特勒发动的阿登反击战役之后，正准备强渡莱茵河、向德国腹地推进。这时，德国统治集团试图与美、英单独媾和，以集中残余力量与苏军死拼到底，甚至企图挑起美、英与苏联之间的冲突，从中渔利。随着战争的胜利进展，美、英与苏联之间在欧洲地区的矛盾和互不信任也日趋明显。

在亚洲，中国人民的抗日战争度过了最艰苦的时期，已开始准备全线大反攻。在太平洋战场，美军于1943年初在瓜达尔卡纳尔岛战役中获胜之后，夺得了战略主动权，开始逐步向西北方向推进。1944年夏季，美军占领马里亚纳群岛，打破了日本在太平洋的"防波堤"。日本朝野惊恐，东条内阁被迫于1944年7月17日辞职。1945年初，美军开始进攻日军占领下的菲律宾。日军的抵抗十分顽强，给美国海军造成严重损失。随之，美军在吕宋岛登陆，并向菲律宾首都马尼拉推进。但是，美军同日军在西南太平洋进行着激烈的逐岛争夺战。美国当局估计，要彻底打败日本并迫使它无条件投降，美国还得苦战一年半，可能要付出100万人的伤亡代价。因此，美国希望苏联早日参加对日作战，以减轻美军伤亡，缩短对日战争的时间。

此时，加强三大国之间的互相信赖，协调盟军的战略计划，确定苏联参加对日作战的日期及其条件，安排战后的国际事务和维护战后的世界和平，已成为苏、美、英三大国急待协商解决的重大任务。为了协商共同关心的问题，罗斯福早在1944年7月19日就致函斯大林，希望再次举行苏、美、英三国首脑会议。斯大林回信表示，他要亲自指挥红军作战，无法分身，没有立即同意。丘吉尔特别关心欧洲的政治前途，他于1944年10月赴莫斯科与斯大林讨论欧洲和巴尔干问题。在他启程之前，罗斯福再次致函斯大林，表示美国对世界一切军事和政治问题都很关心。根据他的建议，美国驻苏大使哈里曼以观察员身份列席了丘吉尔与斯大林的会谈。丘吉尔在莫斯科向斯大林提议划分英苏两国在巴尔干的势力范围。对此，罗斯福甚感不悦。1944年12月，哈里曼大使奉命拜会斯大林，专门询问苏联参加对日作战及其条件等事项。三大国之间的这类外交活动，为雅尔塔会议的召开做了准备。1944年底，三国一致同意三国首脑再次会晤。1945年2月4—11日，会议在苏联雅尔塔的前沙皇尼古拉行宫利瓦吉亚宫举行。

处置德国的问题

关于处置战败的德国，三大国首脑都主张彻底根除法西斯制度，以防止德国军国主义复活，再次威胁欧洲的安全。在这方面，分歧不大，顺利地达成了相应的协议。在讨论占领和管制德国以及向德国索取战争赔偿时，丘吉尔与斯大林发生了激烈争论，而罗斯福则扮演了调解人的角色。

三国首脑曾同意将战后的德国分割成若干部分。究竟应如何分割，并未作出决定。后来，三国一致同意：一旦纳粹德国被彻底击败并无条件投降，苏、美、英三国军队将首先各自占领德国的一个区域，苏军占领其东部，英军占领西北部，美军占领西南部。将"成立一个中央管制委员会执行互相协调管理控制事业，此委员会由三国占领军的最高司令官组成，总部设在柏林"。柏林将由盟国军队分区共同占领。

讨论过程中，丘吉尔提出，希望法国参加对德国的占领和管制。显然，他从英国传统的欧洲大陆"均势"政策出发，要把法国拉在一起，以便战后在欧洲与苏联抗衡，同时又可牵制美国。他在为自己的建议辩解时，冠冕堂皇地声称，法国有同德国人长期打交道的经验，因而对管制德国会有很大帮助。否则，英国可能再次承受德军进攻的全部压力。他主张把英国或者美国占领区的一部分，作为一个确定区域划给法国，由法军占领，同时邀请法国参加对德管制委员会。

斯大林洞悉了丘吉尔的意图，立刻表示反对。他说，给法国一个占领区，可能成为其他国家仿效的一个先例，也就不能拒绝遭受德国破坏更大的其他欧洲国家提出同样的要求。他指出，法国对战争毫无贡献可言，并且还向敌人敞开了大门。对德管制委员会应由那些坚决抵抗德国并以最大的牺牲赢得胜利的国家来掌握，而法国不属于这类国家。丘吉尔反唇相讥说，每个国家在战争开始时都各有自己的困难，并且犯过错误。他重申，必须准备让法国将来能在德国左边站岗，否则英国可能在英吉利海峡的港口又碰上德国的幽灵。罗斯福认为，让法国人在德国有一个占领区，"这不是一个坏主意"，但"只是出于厚道"斯大林稍作了让步，表示他不反对在英美占领区给法国一个占领区，但不希望法国参与对德管制委员会。丘吉尔和艾登继续为英国的建议辩护，认为若不让法国参加管制委员会，法国是不会同意在英美占领区拥有一个占领区的。

此后，罗斯福同斯大林私下就此事交换了意见。2月10日的第七次全体会议上，罗斯福声明，他改变了自己的看法，现在他同意丘吉尔首相的观点。斯大林也说，他没有反对意见了。于是，最后的协议是：分给法国一个德国地区，由法军占领。该地区将从英国和美国占领区中划出，其范围则由英、美同法国政府协商决定。同时，邀请法国政府参加对德国管制委员会。

　　在研究德国赔偿问题时，丘吉尔与斯大林又发生了争执。苏联在卫国战争中遭受极为严重的损失，打算从德国的赔偿中获取尽可能多的补偿。苏联方面主张，应根据"谁对战争胜利贡献大""谁遭受的损失多"的原则，来分配德国的赔偿。苏联的实物赔偿方案建议：德国赔偿总额为 200 亿美元，其中 50% 应归苏联所有。为此，战争结束后两年内，将拆迁德国的工厂、机床、铁路、车辆等国家财产。同时，在战后 10 年内，德国必须每年支付实物。苏联认为，应拆迁德国军事工业的 100% 和重工业的 80%，德国用其余 20% 的重工业，就能够满足国家的经济需要。

　　丘吉尔马上进行反驳，他说苏联想从德国得到 100 亿美元的数目是异想天开，不应重蹈上次大战后赔款问题上的覆辙。他主张，在决定德国能负担多少赔款才算合理之前，不能确定赔款分配的具体数目。

　　罗斯福声称，美国除了没收德国在美国的财产外，不要德国的任何赔偿，也不会像上次战后那样再借钱给德国。他愿意支持苏联对赔偿的任何要求，因为他认为德国人的生活水平不应高于苏联人。然而，应该允许德国人活下去，而不至于使他们成为世界的一个负担。他赞成向德国索取最大限度的赔偿，但要以德国人民不受饥饿为限度。

　　斯大林与丘吉尔争论不休。最后，三国首脑仅同意：在莫斯科成立一个由苏、美、英三国代表组成的赔偿委员会，进一步研究这个问题；并确定，以拆迁德国的重工业和用于军事目的的工业，收取德国每年的产品和使用德国劳工等方式，向德国索取实物赔偿。罗斯福和斯大林同意，应把苏联的方案作为莫斯科赔偿委员会"讨论的基础"。由于丘吉尔坚持自己的意见，关于德国赔偿问题没有达成一致的协议。丘吉尔的真正意图是，战后英国将联合法国和德国，以便共同抗衡苏联的势力，因此不愿过分削弱德国。罗斯福实际上支持英国的立场，但在对日作战方面尚有求于苏联，他也认识到，拥有强大军事力量的苏联是稳定战后世界和平的重要因素，所以说了许多取悦于斯大林的话。

　　为了彻底消灭德国军国主义和纳粹主义，会议决定，战后的德国必须解除全部武装力量，永远解散德国总参谋部，拆毁一切军事设备，承办一切战争罪犯。"要扫灭纳粹党、纳粹的法律、组织和制度，从德国人民的公共机关中，从文化生活与经济生活中消除所有一切纳粹的和军国主义的影响"。

　　不言而喻，惩办战争罪犯和消灭纳粹势力，是有利于世界和平和德国人民的。然而，盟国军队对德国的长期分区占领，导致后来德国的分裂，这是违背德国人民的意愿和感情的。

波兰问题

在雅尔塔会议上，围绕波兰问题展开了激烈争执，争论的中心是：战后波兰的边界和波兰政府组成问题。

波兰边界有一段复杂而曲折的演变过程。1918 年 11 月成立波兰共和国，其东部边界并未划定。1919 年 2 月，苏俄政府向波兰政府表示，愿意通过谈判划定两国边界。波兰无视此项建议，于 1919 年 9 月出兵占领白俄罗斯首都明斯克，又在 1920 年 5 月占领乌克兰首都基辅。苏俄红军奋起抗击，于 1920 年夏季攻克基辅、明斯克、维尔纳和布列斯特，并继续向西推进。波兰向协约国最高委员会求援。1920 年 7 月 11 日，英国外交大臣寇松照会苏俄政府，建议红军在格罗德诺、雅洛夫卡、布列斯特至喀尔巴阡山一线以东 50 公里处停止前进，苏波双方停战媾和。寇松提出的这条停战线，史称"寇松线"。8 月初，苏波之间举行谈判，苏俄要求波军减到 5 万人（当时波军有 50 万人，苏军有 80 万人），遭波方拒绝。谈判破裂后，红军于 8 月中旬进抵华沙城下。但在华沙外围，红军失败，波军转入反攻，再次向明斯克方向进逼。1921 年 3 月 18 日，苏波双方缔结里加和约，在东经 26°—28°之间正式划定边界线——这条国界线在"寇松线"以东。1939 年 9 月 1 日，德军入侵波兰。9 月 17 日，苏联出兵占领波兰东部领土。9 月 28 日，苏德签订边界友好条约，在波兰领土上大体沿着"寇松线"划定了边界。苏德战争爆发后，1941 年 7 月，苏联政府宣布 1939 年苏德边界条约失效，并承认流亡伦敦的波兰政府，它一直坚持"苏波边界可大致以所谓寇松线为界"，认为西乌克兰和西白俄罗斯是苏联的版图。

在雅尔塔会议上，为了防止波兰成为西方国家再次入侵苏联的通道，确保苏联的安全，苏联方面坚持重建后的波兰必须是对苏联友好的国家。关于波兰的边界，苏联主张，其东部边界大体按"寇松线"划分，西边以奥得河及西尼斯河为界。罗斯福说，他倾向于赞同以"寇松线"作为波兰的东部边界。如果苏联政府在利沃夫市和利沃夫省的油田上作出让步，划归波兰，会有一个有益的结果。丘吉尔声称，即使将利沃夫划给苏联，英国政府也支持以"寇松线"作为波兰的东部边界。当然，如果苏联让出利沃夫，这一宽宏大度的行动一定会受到欢迎和称赞。斯大林说，"寇松线"不是俄国人而是寇松和克列孟梭划定的。如果让出利沃夫，他将无法返回莫斯科，无法向苏联人民交代。所以，对调整边界的建议，他不能表示同意。

关于波兰的西部边界，丘吉尔表示，他一直支持波兰边界向西移动，但是不要超过波兰管理能力的范围。如果波兰西部边界移到西尼斯河，将有很多德国人需要迁移。英国政府不会接受一条沿西尼斯河的边界线。罗斯福坦率地说，把波兰的边界移至西尼斯河，其根据是不足的。最后达成的关于波兰界边的协议是："三国政府的首长认为：波兰的东疆，当依照寇松线，而在若干区域应作出对波兰有利的自5—8公里的逸出。他们承认：波兰必须在北方和西方获得广大的领土上的让予。他们觉得关于这些领土让予的范围，当于适当时机征询新波兰全国统一的临时政府的意见，并且觉得关于波兰西疆的最后定界，应待和会解决。"

关于波兰政府的组成是另一个棘手问题。1944年7月，在波兰东部卢布林成立的以波兰工人党为首的波兰民族解放委员会，于雅尔塔会议前夕，即在1945年1月，改称波兰临时政府，并得到苏联政府的支持。但是，英、美政府一直支持于1939年流亡伦敦的波兰资产阶级政府，而拒不承认卢布林的波兰临时政府。在雅尔塔会议上，斯大林要求美、英承认波兰临时政府，他同意让波兰流亡政府的若干民主领袖加入临时政府，即以扩大临时政府的基础来处理这个问题。罗斯福和丘吉尔的意见十分接近，他们有意维护西方国家在波兰的影响和波兰资产阶级的利益，认为卢布林临时政府不能代表波兰，要求建立一个包括卢布林和伦敦两地的波兰领袖们的新政府。罗斯福具体建议，成立一个由波兰的领袖们组成的总统委员会，该委员会代表波兰的总统权力，然后由这个委员会建立一个由波兰的五个主要政党——工人党、农民党、社会党等的领导人组成的有代表性的新政府。丘吉尔说，卢布林临时政府在绝大部分波兰人民中不受欢迎，组成该政府的那个集团只有一年左右的历史，应当建立一个代表波兰人民的、所有民主党派参加的新政府。斯大林指出，因为没有波兰人参加雅尔塔会议，所以在这里建立一个波兰政府是不可能的。莫洛托夫说，最好不要建立总统委员会，而扩大已存在的国民议会和临时政府。斯大林表示，改组临时政府比企图建立一个新的政府要好办得多。与其建立一个总统委员会，我们宁可同意扩大波兰临时政府。经过反复争论，只达成一个原则性的协议，即波兰临时政府"应该在更广大的基础上实行改组，以容纳波兰国内外民主领袖。这个新政府应称为波兰全国统一的临时政府"。至于如何进行改组，会议委托苏、美、英三国外长去进行工作，他们"受命以一个委员会的资格，首先在莫斯科与现今临时政府的成员并与波兰国内外其他波兰民主领袖进行会商，以便根据上述方针改组现政府"。

雅尔塔会议前夕，苏军解放了全部波兰领土，并进入德国境内。苏联支持的波兰临时政府已开始接管国内行政权。在此既成事实面前，美、英在雅尔塔会议上已无能为力。会议之后，尽管英、美方面多次表示异议和反对，波兰问题基本上是按照苏联政府的意图，由苏联一方会同波兰临时政府解决的。

苏联对日本作战及其政治条件

让苏联参加对日本作战，是罗斯福出席雅尔塔会议的主要目的之一。美国在太平洋的作战目标是，集中其陆、海、空军事力量，扫除太平洋诸岛的日军，继而进攻日本本土心脏地区。美国政府认为，中国国民党军队很难击败亚洲大陆上的日本陆军，因而希望苏军承担此项作战任务，配合美军尽快击败日本。在罗斯福看来，日本是俄国的宿敌，苏联迟早要对日本宣战；与其苏联自己出山，不如早日请它出来，把苏军在远东的行动纳入美国进攻日本的总战略计划之中，使苏军在限定的范围内和支持蒋介石政府的条件下，参与远东地区的军事行动，这是符合美国的军事目标和政治利益的。

1944 年 12 月中旬，斯大林已向哈里曼大使申述苏联参加对日作战的条件、日期和承担的任务，美苏之间大体上已经取得谅解和认可。在雅尔塔的正式会议上没有再讨论这个问题。2 月 8 日下午，罗斯福和哈里曼背着丘吉尔，同斯大林和莫洛托夫进行了一次私下会谈，解决了全部问题。2 月 10 日，莫洛托夫将一份《斯大林元帅关于苏联参加对日本作战政治条件草案》交给哈里曼，经罗斯福和斯大林略加修饰后，成为协定的正式文本。2 月 11 日罗斯福和斯大林邀请丘吉尔共同在协定书上签字。秘密的雅尔塔协定包括以下内容：

苏、美、英三大国领袖同意，在德国投降及欧洲战争结束后两个月或三个月内，苏联将参加同盟国方面对日本作战，其条件为：

1. 外蒙古（蒙古人民共和国）的现状须予维持。

2. 由日本 1904 年背信弃义进攻所破坏的俄国以前权益须予恢复，即：

（1）库页岛南部及邻近一切岛屿归还苏联；

（2）大连商港须国际化，苏联在该港的优越权益须予保证，苏联之租用旅顺港为海军基地须予恢复；

（3）对担任通往大连之出路的中东铁路和南满铁路应设立一苏中合办的公司以共同经营之；经谅解，苏联的优越权益须予保证而中国须保持在满洲的全部主权。

3. 千鸟群岛须交予苏联。

经谅解，有关外蒙古及上述港口和铁路的协定尚须征得蒋介石的同意。根据斯大林的提议，美国总统将采取步骤以取得该项同意。

三强领袖同意，苏联之此项要求须在击败日本后毫无问题地予以实现。

丘吉尔没有参与雅尔塔协定的拟定和讨论，显然受了点冷落。这是因为，当时大英帝国在远东的势力已是强弩之末，盟国在太平洋进行的对日战争主要依靠美国的经济和军事力量，丘吉尔自知英国在远东事务方面的发言权不多。为了保留英国在远东的残存利益，他还是在协定书上签了字。

中国是世界反法西斯同盟的四大国之一，中国在抵抗日本侵略的斗争中作出了重大牺牲，为了打败日本法西斯作出了不可磨灭的贡献，战后理应恢复中国的全部主权和权益，但是，雅尔塔协定却把中国的主权和利益作为苏联参加对日作战的条件，是有损中国人民的民族感情的。

雅尔塔协定最后一句规定，"苏联方面表示准备和中国国民政府签订一项苏中友好同盟协定，俾以其武力帮助中国达成自日本枷锁下解放中国之目的"。罗斯福的真实意图是以中国权益作为交换条件，换取苏联出兵对日作战和在政治上对蒋介石政府的支持。

联合国组织等问题

建立战后维护世界和平与安全的国际组织，是反法西斯同盟国的共同要求。罗斯福等美国领导人认为，通过第二次世界大战，随着美国的经济、军事和政治实力的增长，美国在战后国际活动中将稳居"领导地位"。因此美国应在战争结束之前，尽早与英、苏等大国达成协议，将新的国际组织建立起来。罗斯福估计，战后的苏联势必成为欧亚大陆的头等军事大国；要筹建国际组织，必须首先取得苏联政府的赞同；而苏联为了在战后争取盟国的援助，以利于恢复经济建设，也是会乐于同美、英保持合作关系的。

1943年10月下旬，在莫斯科举行了苏、美、英三国外长会议，会议签署了《中苏美英四国关于普遍安全的宣言》（中国驻苏大使应邀参加签字），宣布将尽快建立一个普遍性的国际组织。在 1943 年 11 月的德黑兰会议上，罗斯福同斯大林就此问题又交换了意见。1944 年 8 月 21 日—9 月 28 日和 9 月 29 日—10 月 7 日，苏、美、英的代表和美、英、中的代表先后在美国的敦巴顿橡树园举行会议。会议草拟了战后国际组织的章程，签署了《关于建立普遍性的国际组织的建议案》，其中将该国际组织定名为"联合国"，并规定了它的宗旨、原则、会员国的资格和主要机构的职权。

在敦巴顿橡树园会议上，苏联代表主张，安全理事会常任理事国在一切问题上都享有否决权，英、美代表不同意，有关投票程序作为争执问题留了下来。雅尔塔会议期间，美国代表在 2 月 6 日的全体会议上，提出关于安理会表决程序的折中性方案，把可能提交安理会的问题分为两类：一类是需要常任理事国一致作出决定的，如接纳和中止会员国、采取行动制止对和平的破坏、控制军备等，另一类是"准司法性的"问题。美国方案规定，凡属后一类性质的问题，如果该常任理事国为当事国，则不得参加投票。丘吉尔赞成美国的方案，斯大林表示反对。罗斯福进行了解释：美国的政策在于促进三大国之间的团结一致，而不是损害它。如果大国之间不幸出现分歧，无论采取怎样的投票程序，这件事也会被全世界知道，总是无法避免在联合国大会讨论存在的分歧。第二天斯大林宣布，他深信大国间必要的团结一致已经有了充分的保障，完全接受美国的方案。关于这一问题的决议规定：（1）安全理事会的每一个理事国应有一个投票权；（2）安全理事会关于程序性事项之决议，应以七个理事国的可决票表决之；（3）安全理事会关于其他一切事项之决议，应以七个理事国的可决票，包括全体常任理事国的同意票表决之；（4）安理会的某一成员国如果是争端的当事国，则对涉及该争端的一切决议不得投票。关于这一表决程序的具体使用方法，丘吉尔在 2 月 6 日下午的会议上曾举例说明：如果中国提出要求归还香港的问题，在讨论解决这个争端的方法时，因中国和英国都是该争端的当事国，所以中、英两国都不得参加投票。但英国是常任理事国，它最后可以行使否决权，来反对任何违反英国利益的决议。也就是说，一切实质性问题，必须获得全体常任理事国的一致同意才可能作出决定。每一个常任理事国都可以使用否决权。

苏联方面在会议上提出，希望三个或至少两个苏联的加盟共和国应像英联邦自治领那样，作为联合国的创始会员国参加该国际组织。丘吉尔想把英帝国各自治领都列入创始会员国，所以支持苏联的要求。但罗斯福说，美国也是一个联邦制国家，然而美国没有要求合众国的各个州都在联合国组织中得到一个席位。如果大国得到的不止一个表决权，那将与每个成员国享有一个表决权的原则相抵触。鉴于英、苏的强烈要求，最终达成协议，同意苏联的乌克兰和白俄罗斯两个加盟共和国列为联合国创始会员国，它们各有单独的表决权。

雅尔塔会议还决定，联合国安全理事会的五个常任理事国是苏联、英国、美国、中国和法国，联合国制宪会议将于 1945 年 4 月 25 日在美国的旧金山召开。届时，美国将代表苏、英、美、中、法五大国向与会国家发出邀请。会议确定，在联合国大会上，一切成员国，无论大国或小国，都享有平等的权利，可以充分申述自己的意见。但是，安全理事会"担负维持国际和平与安全的主要责任"。

会议临近尾声时，2 月 9 日，美国提出一份《被解放的欧洲的宣言》，经简短讨论，一致通过。宣言声称，被解放的欧洲"各国人民都有权选择他们生活所寄的政府形式——使那些被侵略国强行剥夺了主权和自治政府的各国人民恢复其主权和自治政府"。三大国首脑在宣言中声明："我们决心与其他爱好和平的国家进行合作，以建立一种在法治下的世界秩序，致力于全人类的和平、安全、自由与普遍幸福。"罗斯福的目的，可能试图以该宣言约束苏联在波兰问题上的行动，并制约丘吉尔和斯大林 1944 年 10 月关于巴尔干"势力范围"的交易。

雅尔塔会议上还讨论了南斯拉夫问题，会议决议，建议铁托和舒巴什奇立即实施他们在 1944 年 1 月 1 日达成的协定，尽快成立统一的南斯拉夫政府。这个新政府一经成立，就应声明：（1）扩大南斯拉夫民族解放委员会，吸收那些未和敌人合作的战前最后一届议会的议员参加，从而组成一个称为临时议会的机构；（2）反法西斯民族解放委员会通过的立法案应提交宪政大会批准。

会议还讨论了伊朗及巴尔干等问题，有的作出了相应的协议，有的仅交换了意见。

雅尔塔会议闭幕时，三大国首脑兴高采烈。会议公报发表后，在全世界赢得了一片喝彩之声。各国政治家和舆论界，包括许多国家的共产党领导人，纷纷发表讲话或评论，对雅尔塔会议给予了极高的评价，把它看作未来世界的"希望""光辉前景"或"当代最伟大的政治事件"等，这当然是不无道理的。

在大战后期召开的雅尔塔会议，对协调同盟国最后的战略计划，加速反法西斯战争的胜利进程，巩固大国之间的战时联盟关系和促进战后的和平稳定局面的形成，起了积极的作用。这是符合世界人民反法西斯斗争的根本利益和人们渴望已久的和平劳动生活的愿望的。但是，会议未同有关反法西斯同盟国磋商，未经有关国家同意，擅自作出有损其主权和利益的决定，带有明显的大国强权政治的色彩。

随着时间的推移，美国舆论界围绕苏联在中国和远东地区获取的权益、苏联在联合国的三个席位以及波兰等问题，越来越猛烈地批评罗斯福总统。人们指责他在雅尔塔会议上对斯大林让步太多，违背了美国的利益，甚至把雅尔塔会议说成是美国外交的一次失败。实际情况是，面对当时国际局势的现实、苏军的辉煌战果和苏联日益增高的威望，为了争取苏联早日参加对日作战，减少美国的损失，为了以有限的让步换取美国在太平洋地区的主导地位，限制战后苏联在欧洲和世界范围的影响，防范共产主义的扩张，罗斯福在雅尔塔会议期间必须和斯大林保持较好的工作关系。

丘吉尔从英国利益出发，竭力把法国拉入大国席位，但法国未能参加雅尔塔会议，戴高乐受到冷遇。他本想在罗斯福会后返国途中，与之会上一面，单独陈述自己的意见，并为此向罗斯福发出了邀请。但是，戴高乐看了雅尔塔会议公报，发现关于法国抗击德国的斗争只字未提，十分愤慨，取消了他自己倡议的这次会见，致使罗斯福也很恼火。这是战后美、法关系一度冷淡的原因之一。雅尔塔会议后，法国朝野闷闷不乐，颇有受人摆布之感，对这次会议始终持批评态度。

雅尔塔会议未能也不可能根本上消除苏联与西方大国之间的矛盾分歧。雅尔塔会议之后，随着战争的胜利结束，它们之间的裂痕越来越深。不过，那已不是雅尔塔会议造成的结果了。它们之间意识形态的分歧和利害冲突，在新的历史时期，必然以新的形式反映出来。

苏美英首脑波茨坦会议

张 志

波茨坦会议是苏、美、英三国政府首脑在第二次世界大战期间召开的三次重要会议之一,它及时地调整了三大同盟国之间在战胜德国后日益尖锐的矛盾,为最后打败日本,建立战后世界的新秩序打下了基础,对战后国际关系的发展产生了重大影响。

三大同盟国面临的重大问题和分歧

1945年5月2日苏军攻克柏林,8日德国投降。从战胜德国到波茨坦会议召开之前,在主要同盟国苏联与美英之间,美、英、法三国之间,原已存在的矛盾日益表面化,而且出现了一系列新的矛盾,需要主要同盟国首脑再次聚会,加以适当调整。

苏联同美英之间存在矛盾。4月12日罗斯福去世后,杜鲁门继任总统。杜鲁门本人持坚决的反苏立场,他认为,"无论如何,俄国人需要我们甚于我们需要他们",但当时形势还不允许他过于强硬。对德战争末期,美英军队向东突进到了原规定的苏占区莱比锡、埃尔富特、普芳恩、马格德堡等地,占领了南北400英里、东西120英里的一块地方。丘吉尔力主等盟国间就政治问题达成协议后,再向本国占领区撤军。美国则担心,同苏联僵持将不利于西方进驻柏林和奥地利,美军将不能调往东亚战场。雅尔塔会议后,波兰西界、德国赔偿等问题又出现分歧,这些都使美英面临如何对付苏联的问题。美英当然是一致反苏的,但两国的国力、眼前的需要和长远的利益并非完全一致。英国但求保住传统阵地,力图利用美国阻遏苏联,抱怨美国只图军事需要,而不顾政治后果。美国则需要进一步利用苏军,并挖英国墙脚,因而不愿过多陷在欧洲的纠纷之中。为此,美国在与英国磋商从苏占区撤兵问题的同时，从内部调整了对苏政策的分歧。

美国一些外交官和军人，如哈里曼、迪安等，一再建议对苏持强硬态度，但国务院和军方内部存在分歧。国务卿斯退丁纽斯热衷于成立联合国，不愿同苏联闹翻。副国务卿格鲁摇摆不定，因为他的一些僚属认为，将来和战关键不在联合国，而在美苏之间，他们特别不甘心在东欧的失败。鉴于1945 年 2 月硫黄岛、4 月冲绳岛登陆时美军伤亡惨重，陆军部长史汀生强调要利用苏军参加对日作战。海军部长福莱斯特尔则支持哈里曼，认定苏联已成敌国。马歇尔、霍普金斯、贝尔纳斯等认为，丘吉尔过多考虑本国利益，美国不应与之完全一致。史汀生主张，原子弹即将试验，应该等等看。但无论试验成功与否，都应维持美苏关系。在马歇尔、艾森豪威尔等人支持下，史汀生的意见占了上风，美国内部得出了暂宜和缓的结论，但还要摸清苏联意图。为此，杜鲁门选派罗斯福的亲密助手、主张美苏友好的霍普金斯访苏。

5 月 25 日，霍普金斯抵达莫斯科，此行目的是协商杜鲁门和斯大林会谈的时间和地点、对德管制委员会的成立、对日作战、美苏对华关系、联合国等问题。斯大林建议还要谈和会的准备。霍普金斯说，雅尔塔以后美国对苏联不理解的主要之处是波兰问题。斯大林回答："在波兰问题上，失败的原因在于苏联希望有一个友好的波兰，而英国却想在波兰边界恢复封锁地带。"经过六次谈判，双方商定：由苏、美、英三方委员会指名邀请一些波兰国内外人士到莫斯科协商组成临时政府；伦敦流亡政府的代表在 20 个部长职位中占 4 个，包括流亡政府总理米柯拉伊奇克；举行大选。苏联接受了美国关于联合国安理会否决权的解释。关于苏联参加对日作战问题，斯大林说："德国是 5 月 8 日投降，因此苏军将在 8 月 8 日完全准备好。"他还提到苏联也应参加对日占领。关于中国，斯大林承认蒋介石是唯一能统一中国的领袖。他同意 7 月中旬在柏林召开三国首脑会议。这样，苏美关系和缓下来。

美、英、法之间也存在矛盾。早在 5 月初，丘吉尔已向杜鲁门建议尽早召开三国首脑会议，但杜鲁门想等旧金山联合国大会，特别是原子弹试验的结果。丘吉尔还曾邀请杜鲁门先到英国商谈，然后一起去德国，被杜鲁门婉言谢绝。霍普金斯访苏会谈时没有请英国代表参加，丘吉尔感到不满。5 月26 日，杜鲁门派戴维斯去伦敦告诉丘吉尔，杜鲁门想在三国首脑会谈之前，先单独与斯大林在欧洲某地会晤，以免苏联怀疑美英联合反苏。杜鲁门在他行前说："我和丘吉尔首相的纠葛，同我与斯大林的纠葛一样多……我认为他们两人都想叫我充当火中取栗的猫爪。"戴维斯在写给杜鲁门的报告中说："他（丘吉尔）对总统的决定感到非常失望……"5月27日，丘吉尔在交给戴维斯的一份备忘录中说："英国政府的代表除非一开头就以平等的伙伴身份，就将不能参加任何会议，这样做无疑是令人感到遗憾的。首相不了解有什么必要提出对不列颠、不列颠帝国和英联邦如此有伤感情的问题。"6月7日，杜鲁门不得不同意三人同时参加这次会议，但他先要撇开英国的想法，反映和加深了美英矛盾。

1944年8月，在巴黎成立了以戴高乐为首的法兰西共和国临时政府。11月丘吉尔访法时，对德国前途未明确表态，使法国大为不满。丘吉尔建议缔结英法同盟条约，被戴高乐拒绝。12月2—10日，戴高乐访苏时，对波兰西部边界未提出异议，只是希望苏联也支持法国在"莱茵兰问题"上的要求。苏联对莱茵兰地区、萨尔、鲁尔问题没有明确表示态度，实际上是拒绝支持法国。这时，丘吉尔建议缔结英、苏、法三国条约，再次遭到戴高乐拒绝。12月10日，法国撇开英国，同苏联缔结了法苏同盟互助条约。此外，1945年5月间，法、英在叙利亚和黎巴嫩发生了争夺势力范围的冲突，关系紧张。

法、美也有矛盾。雅尔塔会议没有让法国参加，2月12日，雅尔塔会议公报公布当天，罗斯福邀戴高乐去阿尔及尔会晤，被戴高乐拒绝。后来，法国占领了意大利一小块领土和斯图加特，美国逼法撤走，使两国关系更加紧张。临近波茨坦会议时，法国还想从德国西部削弱德国，而美国对德政策基本上已改为维持现状。在柏林的法占区尚未划定，法国能否参加德国赔偿委员会也未确定。戴高乐对美英在这些问题上不同法国商量表示不满。他要求在制定对德、奥和占领管制政策方面享有与美、苏、英同样的权利。5月29日，正当霍普金斯访苏、戴维斯访英时，戴高乐也希望参加波茨坦会议，提出要访美。美英鉴于同法国有种种矛盾，估计戴高乐在波茨坦会增加不少困难，因此杜鲁门只邀请戴高乐在波茨坦会议后访美，以示安抚。法国在杜鲁门启程去德国时提出抗议，要求在德国赔偿和领土问题上的任何决定最后须同法国协商。总之，波茨坦会议前，法国对德国严厉、对英国猜疑、同美国紧张，与苏联松动。结果，法国虽有权参加对德管制，却未被邀请去波茨坦。

关于会议的召开时间和议题，丘吉尔力主提前开会，怕苏联拖延。英美主张，先成立对德管制委员会，由它讨论撤回美军问题；苏联主张，先撤美军，划定柏林占领区，再成立管制委员会。6 月 12 日，杜鲁门告诉丘吉尔，不能以拖延撤回美军作为外交武器，如果拖到会议以后，将严重损害对苏关系。在艾森豪威尔和霍普金斯等建议下，美国提出，6 月 21 日以前，美军撤回本国占领区。美国决定撤军，并将会期拖到 7 月 15 日，使丘吉尔大失所望。

亚洲形势也很严重，日本军队还在顽抗。美英曾力图使苏联在德国战败前参加对日作战，苏联表示不能考虑。1945 年 2 月 11 日苏、美、英在雅尔塔就苏联参加对日作战的条件签订了秘密协定（1946 年 2 月 11 日公布）。4 月 5 日，苏联宣布一年后废除苏日中立条约。本来，美方估计打败日军须牺牲 100 万人。按照"奥林匹克"作战计划，美军要到 1945 年 11 月 1 日才能在九州登陆；如果失利，要到 1946 年春才能在本州登陆。美军仍至少牺牲 30 万人，而且基点是苏军在美国进入日本前参战，以牵制关东军；如关东军能撤回日本，美军伤亡更要增加许多。杜鲁门说："我去波茨坦有很多原因，但是，在我的思想里，最迫切的是得到斯大林个人重申俄国参加对日作战的决心，这是我们的军事领袖最急于要得到的。"7 月 13 日，日本建议派近卫文麿访苏，遭到拒绝。14 日，斯大林动身去波茨坦。

5 月 29 日，英国向美国提出了准备在会上讨论的问题。英国想在会上最后确定领土问题，美国却想拖到外长会议上去解决。英国不提远东问题，美国却想把日本问题列进议程。7 月 11 日，美、英分别把希望讨论的问题通知了苏联。苏联既无建议，也无异议。总之，英国只考虑欧洲及其四周地区；美国想维持合作，以尽快解决远东问题，苏联则静观形势。

美、英先遣人员先到柏林作准备。兵燹之余，柏林一片颓垣断壁。经朱可夫建议，把会址选在柏林西南的波茨坦。三国代表团住在巴贝尔斯贝格的一些别墅里，会议都在塞西琳宫举行。

会议中的明争暗斗

波茨坦会议于 7 月 17 日开幕至 8 月 2 日结束。出席这次会议的有苏联的斯大林、莫洛托夫；美国的杜鲁门、贝尔纳斯；英国的丘吉尔、艾德礼、艾登、贝文以及三国的参谋长和顾问等。

在整个会议中，三大国是各有企图的。英国力图同苏联争夺胜利果实，阻遏苏联在欧洲扩大影响。苏联主要考虑巩固胜利果实，确定德国赔偿数额，并让美英承认在东欧各国的新政府和领土变更。美国的主要目的是使苏联实践对日作战的诺言，并确立自己在战后世界的霸权地位。

波茨坦会议大体上可分为前后两个阶段：从7月17日至25日，共开了9次会，此后因等待英国大选结果而休会两天。到7月28日，丘吉尔下台后，艾德礼以英国新首相身份参加会议，新的外交大臣贝文也随同到会。会议前一段，三大国在如何分配战争胜利果实问题上出现严重分歧，展开了尖锐的明争暗斗。

波茨坦会议从筹备时起，除与苏联对日参战问题有联系外，还同原子弹纠缠在一起。罗斯福生前一直不肯把原子弹秘密告诉苏联，准备趁战争结束前及时用上，震慑苏联，以便增加美国战后讨价还价的本钱。杜鲁门继任初期，对原子弹计划不甚了解，仍执行罗斯福的既定政策。4月26日，史汀生曾同杜鲁门议论过原子弹的政治方面。直到6月，美国有关负责人对原子弹的实际威力并不清楚。美国把波茨坦会议日期拖到7月15日，主要是为等原子弹的试验结果。

7月16日，史汀生在波茨坦告诉杜鲁门，原子弹在新墨西哥沙漠试验成功。17日下午，史汀生把消息告诉了丘吉尔，丘吉尔认为："我们不需要俄国人了。"但美国科学家们估计，苏联不用几年就能研制出原子弹。如果美国在会上一字不露，而会后马上使用，苏联将指责美国不坦率。杜鲁门同丘吉尔商量了几次，最后还是决定告诉斯大林，这既是一次示威，又能避免以后被动，为防止斯大林追问，告诉的时机要选在一次会后顺便提上一句。

会议很多问题是交叉讨论的。7月17日下午，举行第一次全体会议。美国建议讨论的问题有：设立外长会议，起草对前敌国的和约，盟国对德各项原则，贯彻雅尔塔通过的关于被解放的欧洲宣言，缓和对意停战协定的条款，接纳它参加联合国。苏联提出了德国赔偿、同曾助德作战但被解放后已断绝对德关系的国家建交、西班牙的佛朗哥政权、叙利亚和黎巴嫩形势、黑海海峡等问题。英国要求讨论波兰和南斯拉夫问题。

在第一次全体会议上，杜鲁门建议接受缔结凡尔赛和约的教训，设立外长会议，由五大国起草和约，以缩短缔结的时间。会议决定：外长会议由英、苏、中、法、美组成，受权起草对意、罗、保、匈、芬和约，提交联合国家，并就欧战结束时未解决的领土问题拟出解决方案。外长会议还应准备对德和约。在起草和约草案时，提出将在敌国投降条款上签字的国家派代表参加外长会议；在研究对意和约时，法国将被认为是在意大利投降书上签字的国家。外长会议的设立是波茨坦会议达成的第一项协议，它促进了一些战后问题的解决。

有关罗马尼亚、保加利亚、意大利和南斯拉夫问题，英国认为苏联已控制了罗、保等国，因此想与美国通过"监督选举"来建立"西方式的民主政体"，在东欧重建"防疫地带"，阻止东欧各国向民主的、社会主义的方向发展。美国在第一次会上就提出要撤销对意管制（只保留所谓纯军事需要的管制），接纳意加入联合国；但硬说罗、保政府"不民主"，须先改组，才谈外交承认和缔结和约问题。苏联主张，意大利在交付赔偿后才能加入联合国，而且要与罗、保、匈、芬同等对待。英国为维护在意的既得利益，强调对意和约缔结后，才能接纳它参加联合国。经几番争论，会议暂时搁置了这些互相牵扯的问题。

关于南斯拉夫，7月18日，丘吉尔向斯大林抱怨说："现在是九十九对英国的一。"斯大林回答："现在英国的利益是90%，南斯拉夫10%，而俄国的利益是零。苏联政府常常不知道铁托要搞些什么。"19日，丘吉尔再次提出这个问题。斯大林建议让南斯拉夫人来波茨坦。丘吉尔问是指铁托还是舒巴希奇，斯大林说都可以来。丘吉尔同意，但杜鲁门反对，强调要讨论"世界问题"。丘吉尔说："……总统反对要铁托到这里来。"斯大林说："那就只好撤销这个问题。"话题一转，南斯拉夫问题就不再谈了。

相形之下，波兰问题在会上占了非常突出的地位。会前，6月28日，波兰临时民族统一政府在华沙成立。7月5日，美英同时予以承认，它们仍寄希望于自由选举。丘吉尔后来回忆这次会议的情形时说："俄国取自波兰的土地，波兰取自德国的土地，德国和苏联在世界上的地位，在我们的讨论中，这些是凌驾一切的话题。"

关于波兰边界问题，尖锐矛盾在于西部。6月21—22日，波兰三派代表会谈时，一致主张波兰领土应尽量扩大。米克柯拉伊奇克带头说，唯一公平的解决办法是波兰得到直至奥得—西尼斯河的领土。在三国首脑波茨坦会议上提出波兰边界以前，波兰总统和总理就已写信，要求奥得—西尼斯河边界。在7月21日的全体会议上，当谈到波兰边界问题时，争论非常激烈。斯大林指出，丘吉尔主张的是只沿奥得河线，而不沿奥得—西尼斯河线，这样会把斯德丁（什切青）和布雷斯劳留给德国。杜鲁门主张这个问题留给9月外长会议去谈，但丘吉尔反对，怕这种拖延会使波兰人趁机在奥得河以东定居下来。

　　在斯大林坚持下，会议邀请波兰政府于7月24日派代表到波茨坦。贝鲁特、哥穆尔卡、米柯拉伊奇克等八位波兰代表及时到会。他们说：波苏边界现在符合种族原则；波兰在大战中损失多、贡献大，应该得到补偿，西尼斯河边界可以容纳来自寇松线以东的400万波兰人和从别国来的300万波兰人；什切青是波兰对外贸易迫切需要的出海口。米柯拉伊奇克以前曾反对波兰西界的变动，这时也坚决支持上述理由。丘吉尔认为这将使德国丧失1/4的可耕地，八九百万人将被迫迁走，会危及美英占领区。他强调波兰西界与德国赔偿和供应问题有联系，甚至威胁说，会议成败系于波兰向西推进多少。双方相持不下，问题悬而未决。

　　盟国在大战期间已开始议论如何防止德国再度侵略的问题。美国的摩根索等人曾提出消灭、分割、牧场化等方案。雅尔塔会议后，在伦敦成立了以艾登为主席、有苏联大使参加的委员会，讨论了分割德国的问题。1945年5月9日，斯大林在《宣布战胜法西斯德国告民众书》中声明："苏联在庆祝凯旋，虽然它并不打算瓦解德国，也不打算消灭德国。"美国代表团在去波茨坦时还计划使德国一分为三：南德以维也纳为首都，北德以柏林为首都，西德包括鲁尔和萨尔。但到会上，美苏都已不再主张分割，而同意把德国作为一个统一体加以处理。

　　关于处理德国的政策，以前尚无详细规定。6月5日苏、美、英、法关于管制德国的联合声明做了进一步规定，但处理德国的政治和经济原则还有待波茨坦会议商定。三国首脑在会上讨论了政治原则。杜鲁门提出草案，苏联做了一些修改。通过的政治原则主要是：非军国主义化，消灭可作军用的工业；消灭纳粹党，防止纳粹和军国主义的活动和宣传，在民主的基础上改造政治生活，惩办战犯等。总之，要使德国成为和平的民主的国家。

　　在经济原则方面，各方意图不同，但又迫切需要制定各国都能接受的共同原则，因而争论十分激烈。苏联希望确定赔偿的具体数额，并从经济上防止军国主义复活。美英想扶植德国，以对抗苏联，并防止德国因贫困而出现革命形势。法国虽未参加会议，但对处理这个问题有影响。它对德国既恨又怕，对美英不满，对苏联怀疑。在对德经济政策上，法国想控制鲁尔、萨尔，得到莱因区的粮食。由于各方之间存在利害冲突，在讨论杜鲁门提出的经济原则声明时，各方逐句争论，做了不少修改。最后商定的经济原则主要是：占领期间应视德国为统一的经济整体；消灭德国作战潜力；分散德国经济；主要发展农业及手工业，满足国内需要等。

在对德经济政策中，赔偿占有重要地位。斯大林在雅尔塔曾提出让德国赔偿200亿美元，其中一半归苏联，罗斯福同意以此作为"讨论的基础"。会议公报说："应由德国用实物将这种损害尽可能赔偿到最大限度。"会后成立的赔偿委员会对应否确定赔偿总额等问题议而未决。到波茨坦，关于赔偿问题的争论仍很尖锐。谈判涉及应为德国人民生活和工业发展留下多少东西的问题。美国主张，德国的出口能力应首先用来支付得到批准的进口的需要，剩余部分才可考虑用于赔偿。苏联则强调它在战争中损失严重，国外贷款无望，坚决主张德国应先完成赔偿任务，然后量力进口。美英指责苏联不关心德国人民生活；苏联指责美英不关心苏联人民的恢复，只帮助德国的外国资本家从贸易中发财，而让战争损失极重的国家尽量少得到赔偿。

德国赔偿还与波兰西界纠缠在一起。丘吉尔问："'德国'的定义是什么？"斯大林答："指它在战后的现状。"杜鲁门说："指1937年的德国。"美英主张对1937年前的德国领土全部实行占领和管制。他们反对事先确定按美元计算的赔偿总额，认为这是不顾未来难以预测的情况，会引起德国的贫困和不满，会使美国不仅拿不到赔偿，反而要向德国提供物资。英国还强调，由于不能从波兰西部运来粮食，鲁尔将面临饥馑。苏联在会上曾把原来提的200亿美元减到180亿或160亿美元，但坚持应定出具体数额，否则很可能从西占区（特别是从鲁尔）拿不到机器设备，赔偿将成为一句空话，美英仍不同意。实际上，美国已撤回了罗斯福曾接受的"讨论的基础"。

美英想借赔偿问题压苏在波兰西界问题上让步，而斯大林则表示宁可不要赔偿，也不在边界问题上让步。这样僵持到7月23日上午，贝尔纳斯对莫洛托夫私下说：1937年德国的一大片土地转移给波兰的问题使美英很难在本国占领区内实现全面的赔偿计划，最好是考虑由每个大国从各自的占领区索取赔偿的可能性。美国亮了底牌，莫洛托夫答应把这项建议交斯大林考虑。至此，有关赔偿的争论停止下来，悬而未决。

7月25日下午，丘吉尔返回英国等候大选结果。他后来说："如果像一般的预料，选举人要重选我的话，我打算在这一连串的决议上跟苏联政府来一个肉搏。例如，我和艾登先生都绝不会同意以西尼斯河为边界线。"但英国选举人抛弃了他。7月28日，新任首相艾德礼和外交大臣贝文来到波茨坦。贝尔纳斯说："据我的观察，英国对会议前夕的那些争论问题的立场并未由于艾德礼、贝文代替丘吉尔、艾登而发生丝毫改变。"

至此，波茨坦会议开了近两周，在波兰西界和德国赔偿这两个主要问题上陷入了僵局，会议已到了"山重水复疑无路"的关键时刻。

会议最终达成的协议

此后到 8 月 2 日结束，是会议的第二阶段，共开了四次会，在会下展开了紧张的活动和磋商。为了不使会议陷于破裂，美国主动妥协步骤，苏联也做了一些让步，从而会议又出现了"柳暗花明又一村"的局面。主要解决了以下几个问题。

1. 波兰西界与德国赔偿问题的解决。29 日上午，杜鲁门想安排同斯大林谈判。斯大林患了感冒，不能出面。同日中午，莫洛托夫带着译员来找杜鲁门，在场的有贝尔纳斯、李海、波伦，共六人。艾德礼被排除在外。莫洛托夫说，苏联"原则上"同意美国提出的分区索取赔偿的方式，但细节（主要是从鲁尔得到的设备）有待磋商。这说明苏联做了让步。

贝尔纳斯估计斯大林对波兰西界已不会让步，美国则决心在德国西占区顶住苏联的要求，并大力拉拢意大利。说到底，美国既要力争，又不愿让会议破裂，于是他拿出了一揽子计划。他给了莫洛托夫一张纸，写明美国让步的限度，实际上仍是奥得—东尼斯河一线。莫洛托夫表示反对，说波兰人坚持要管辖从东尼斯河到西尼斯河之间的地区。贝尔纳斯说，美国并非坚决反对波兰人得到这片地区，将来还可以根据和会决定而得到它。但第二天，30日下午，贝尔纳斯作为"让步"，同意了波兰管辖地区从东尼斯河扩展到西尼斯河。莫洛托夫表示满意。同日下午，艾德礼访问杜鲁门。杜鲁门不仅未回访，也未把美苏谈妥的解决办法告诉他。

贝尔纳斯说："7 月 31 日我告诉莫洛托夫先生，有三个突出问题：赔偿、波兰对苏占区一部分的管辖和我们的一份涉及意大利及巴尔干各国'进入联合国'的文件。我提出了一个关于我们所愿作的全部让步的提案，请莫洛托夫先生把这三项建议交给斯大林大元帅，以便当天下午讨论。我告诉他，我们或者同意三项建议，或者任何一项都不同意，我还说我明天将返回美国。"这时斯大林的感冒已经痊愈。在当天下午的全体会议上，贝尔纳斯宣读了美国建议书，提出奥得—西尼斯河以东地区为波兰临时管辖地区。但贝文说，他奉命支持波兰管辖区伸展到东尼斯河。贝尔纳斯把上述三个问题联系到一起，斯大林不承认说："这些问题之间没有联系，这是不同的几个问题。"苏联代表团不受这个约束，"它将就这几个问题中的每一个单独投票。"他还说，苏联代表团放弃提出固定赔偿数字和数量的要求。会议公报对有秩序地从波兰等地遣返德国居民问题做了规定，并指出波兰西界的最后划定留待和会解决。

美国人认为："莫洛托夫勉强在赔偿问题上让步，因为波德边界对苏联更重要。"苏联实际上也承认："苏联代表团同意了分区索取赔偿的原则，因为此时估计到了美国代表团的声明，即如果苏联接受这个建议，美国可能会在确定波兰西界问题上让步。"

德国赔偿在公报中专占一章。主要条款是："苏联所提的赔偿要求将以没收德国境内苏占区内的资产及相应的德国国外投资予以满足。""苏联除在苏占区获得赔偿外，尚可自西部占领区取得赔偿"；拆迁为德国和平工业所不需要的工业设备15%，以交换同等价值的食物、煤等物质；拆迁为德国和平工业所不需要的工业设备10%，在赔偿项下交给苏联，苏方无须付款或以任何实物相交换。苏联对这项赔偿计划是满意的。

会议在对意大利和巴尔干各国的承认问题上也达成了协议。公报关于意大利的措辞是："同一个被承认的民主的意大利政府缔结这项和约，将使三国政府实现它们支持意大利加入联合国的愿望。"关于罗、匈等国的措辞是："同这些国家的被承认的民主政府缔结和约，也将使三国政府能够支持这些国家加入联合国的申请。在同这些国家缔结和约以前，三国政府同意在最近期间，根据当时的局势，分别考虑与芬兰、罗马尼亚和匈牙利在可能限度内建立外交关系。"

2. 其他问题。会议还讨论了奥地利、黑海海峡、伊朗、前意大利殖民地和丹吉尔等问题。

1943年10月，盟国已决定重建一个独立的奥地利。欧战结束时，关于奥地利划分占领区和赔偿问题都未解决。波茨坦会议基本上解决了波兰西界和德国赔偿问题后，斯大林同意不从奥地利索取赔偿，但此决定不应公布。会议结束前，苏联已让美英军队进入维也纳和各自的占领区。

会议讨论了黑海海峡问题。7月22日，苏联建议："关于海峡制度的蒙特娄国际公约①已不符合当前情况，必须废除；海峡作为出入黑海的唯一海路，其制度的建立应属土耳其和苏联的权限，因两国最希望也最能够保证黑

---

① 1936年7月20日，苏、英、法、土、保、希、罗、南、日、奥10国在瑞士蒙特娄就各国商船或军舰在平时和战时通过黑海海峡的制度订立的公约。

海海峡的贸易航行自由和安全；为了苏联和土耳其的安全，以及维护黑海地区的和平，在海峡除土耳其军事基地外，也应建立苏联军事基地。"7月23日，斯大林说："问题在于，要使苏联的船只有可能自由地进出黑海。一旦发生复杂事件，由于土耳其没有能力保证自由通航，苏联希望用武力来保卫自由通航。"丘吉尔似乎不理解地说："不是通过法律来保卫吗？"斯大林回答说："武力是必要的，正如巴拿马运河是由美国海军来防御，苏伊士运河的通航是由英国海军来保证一样。"杜鲁门则别有用心地针对苏、英提出了多瑙河和莱茵河自由通航问题。最后，关于黑海海峡和多瑙河问题都未取得任何进展，议定书只提到了同意修改蒙特娄公约。

会议涉及了伊朗问题。1944年后，伊朗阿塞拜疆地区要求自治。德国投降后两周，伊朗国王要求苏、英至迟六个月后撤军。在波茨坦会议上，艾登提议英、苏军队立即从德黑兰撤离，然后分阶段从其他地区撤走。斯大林同意先从首都撤军，其他地区待对日战争结束后再议。

前意属殖民地当时被英国控制，斯大林要求托管北非沿岸。由于利比亚接近苏伊士运河，这使丘吉尔受到很大震动。波茨坦会议决定把这个问题留到外长会议讨论对意和约时再议。关于1940—1945年被西班牙占领的丹吉尔，会议决定应确立包括苏联参加的国际共管。

3. 原子弹与波茨坦公告。在每天交叉议论上述问题时，杜鲁门仍念念不忘原子弹。一份7月21日新收到的进一步描述原子弹威力的报告使他踌躇满志。24日，他又收到报告，说准备用于日本的原子弹即将装好，他认为可以向日本发出劝降警告了。在当天全体会议结束、三国首脑等汽车时，杜鲁门叮嘱译员波伦不必跟随过去，他自己走近斯大林，让苏方译员巴甫洛夫翻译，说美国有了"一种破坏力异常大的新式武器"。斯大林听后只是微笑说："希望好好地用它来对付日本。"杜鲁门和从旁注视的丘吉尔估计斯大林没有懂原子弹的意义。实际上苏联从1942年6月已开始研究原子弹。据朱可夫回忆："斯大林并未显露出丝毫异常的表情，而是装作未从杜鲁门的话语中发现任何别的东西。当天回到住处后，斯大林就说：'让他们抬高身价好了。应该告诉库尔恰托夫加快我们工作的进度。'我知道，他指的是原子弹。"

在关于原子弹的详细报告的推动下，英、美、中三国于7月26日签署了《促令日本投降之波茨坦公告》。《公告》文本是美国国务院起草的。讲到战后日本政体时，原曾写有"可以包括现今皇统之下的立宪君主制"，但在波茨坦被删去了，不明说允许保存天皇制，是为了得到盟国承认。原先还有些美国顾问建议让斯大林也签署，或向日本人警告原子弹的威力，但美国军方担心用不上原子弹示威，或原子弹从空中投下失灵，所以《公告》未予采纳。美英事先未就《公告》事同苏联商量。苏联在26日《公告》签字当天才收到副本。苏联要求把公布日期推迟三天，遭到拒绝。（后来苏联于8月8日加入《公告》，说因为其内容反映各国人民尽速结束战争的愿望）。7月28日，日本首相铃木贯太郎就《公告》对记者宣称："不认为有重大价值。只是置之不理（默杀）。"波茨坦会议极少涉及其他远东问题，如苏对日宣战后同中国的关系、盟国对日本的占领和管制以及朝鲜托管等。这可能是因为美国想等到投下原子弹、占领日本以后，苏联则想等到进入中国、解决日军以后，再来讨论这些问题。双方都想等待有利时机，以便充分利用形势。但讨论少并不等于考虑少。美国政治领导人十分关心远东问题，只是不愿同苏联过早地协商具体问题。实际上，远东问题不仅对波茨坦会议的召开有很大影响，而且对美国代表团的立场也起了重要作用。

波茨坦会议的意义

波茨坦会议是战时三国政府首脑三大会议中时间最长的一次，历时两周有余。会议通过了两个主要文件，一是《柏林会议公报》，一是《柏林会议议定书》，两个文件都经三国首脑签署。当时只发表了包括14项内容的公报。议定书则有21项，内容比公报多。此外，会议过程中还发表了《中美英三国促令日本投降之波茨坦公告》。

当第二次世界大战临近结束的时候，在反法西斯阵营中，不同社会制度的大国之间的矛盾迅速突出出来，苏联和英美之间的尖锐矛盾甚至有酿成新的军事冲突的危险。在美、英、法三国之间，利益也不一致。波茨坦会议的历史作用就在于它及时地调整了三大同盟国之间的关系，对大战结束时出现的一系列迫切问题，例如边界问题、对德国和其他战败国的处置问题等，基本上达成了协议，为建立战后世界的新秩序奠定了初步的基础。

大战之后英国国力衰弱，但又力争保住既得利益，它在远东已不能有所得，只好主要在欧洲同苏联较量。"在会上，丘吉尔的野心最为露骨。"越是力不从心，他就越寸步不让。在波兰西界和德国赔偿问题上，他都不惜与苏联讨价还价。美国未采用他的许多建议，他非常不满，觉得杜鲁门又抬他、又压他。总体来看，英国的阴谋在会上未能得逞，许多问题都未按照英国的愿望来解决，实际上英国在会上也没有多少发言权。

杜鲁门在一些大的问题上同丘吉尔立场基本一致，但又小心地防着丘吉尔的挑拨，避免美苏关系破裂。他从美国的迫切需要考虑，不愿在对日战争结束前同苏联闹翻，因此态度有时比丘吉尔灵活。会议期间，他基本上还保持着罗斯福的特点，在从苏占区撤回美军、波兰西界等问题上都没有让丘吉尔牵着鼻子走，而是支持美国军方领袖，维持了盟国的表面团结。

苏联也希望维持同美国的关系。战争末期，苏联在采取重大步骤前都慎重地考虑了美国的反应，在波茨坦对分区索取赔偿等问题上做了让步。波茨坦会议在政治上高唱德国统一，经济上却分区索取赔偿，这种妥协对战后德国的分裂有深远影响。在与西班牙断交、意属殖民地的处置等问题上，苏联遭到挫折。苏联关于黑海海峡军事基地的要求使土耳其惊惶不安。总的说来，红军在东欧的胜利已不容逆转，而且有余力去亚洲扩大战果，因此斯大林在波茨坦比较主动。他麻痹美国，孤立英国，如在波兰问题上他只指责英国，在很多场合他甚至嘲弄丘吉尔，但不大同杜鲁门正面交锋。"不管是在会议过程中，或是在相互交往中，他同丘吉尔的分歧都特别尖锐。"而对美国人，斯大林说："英国人并不真心愿意参加对日作战。现在，俄国人和美国人是战友了。"总之，斯大林凭借实力，利用英美两国之间的矛盾，挫败了英、美统治集团在东欧国家恢复旧制度的帝国主义阴谋，在欧洲事务上得大于失。达到了苏联所追求的主要目标，是三国首脑中对会议最感满意的。

法国被摈于会议之外。但有些问题如鲁尔、莱因兰等问题上之所以在会议上未最后处理，是因为要等待同法国协商。法国在德国问题上的特殊立场加深了三国在会上的裂痕。

总之，波茨坦会议通过斗争和妥协，为和约的缔结、为波兰边界的确定等奠定了良好的基础，为德国制定了民主、和平的基本原则，使日本分化盟国的迷梦化为泡影，维持了同盟国之间的关系。

苏联在诸如黑海海峡军事基地、北非托管以及波兰边界西移、德国赔偿等问题上表现了某些大国沙文主义和民族利己主义的情绪。但是在某些方面要具体分析，如东欧问题，不能说苏联同英美划分势力范围。在日本继续垂死挣扎、美英妄图在东欧卷土重来的具体历史条件下，苏联挫败了帝国主义的阴谋，保住了东欧各国人民的胜利果实，保证了他们民主的、社会主义的发展方向。贝尔纳斯也承认："我们为东欧所作的努力不像我们原来期望的那样成功。"

　　波茨坦会议结束后，美英同苏联的矛盾进一步加深。特别在日本投降后，美国更加肆无忌惮，会议的主要决议不久就遭到破坏。到 9 月间，贝尔纳斯又主张让法国和中国参加和约起草工作，以全德作为统一经济单位的规定形同具文。在日本，美国不顾波茨坦公告的有关规定，悍然走上了包庇战犯、复活军国主义的道路。

原子弹的研制和第一次使用

李存训

第二次世界大战期间，美国为了军事上的需要，集中了美国和西欧最优秀的科学家，动员了10万人员和庞大的工业及经济资源，耗资20亿美元，在绝对保密的条件下，用两年多的时间制造了世界上第一批原子弹。这一武器的研制成功是科学技术史上的伟大成就，也是世界现代史上的重大事件之一，它标志着人类利用原子能时代的开始。1945年8月6日和9日，美国在广岛和长崎第一次使用了原子弹，这对加速日本帝国主义的投降和第二次世界大战的结束起了一定作用。但这一毁灭性武器却使日本人民遭受巨大灾难，并导致了战后美苏两国的核军备竞赛。

美国研究原子弹问题的提出

第一颗原子弹的研制与其他重大发明一样，是许多科学家共同劳动的结晶。1895年，德国科学家威廉·伦琴发现了阴电荷"爱克斯射线"。1902年，法国科学家比埃尔·居里和玛丽·居里夫妇发现放射性元素镭。1905年，科学巨人艾伯特·爱因斯坦发现关于物质和能是同一体的原理，英国物理学家欧内斯特·卢瑟福发现了放射性物体的活动规律，揭示了原子的"真面目"。科学上的这些重大发现为研制原子弹创造了有利条件。

特别引人注目的是，1938年3月，德国物理学家奥托·哈恩和弗里茨·斯特拉斯曼在柏林威廉皇帝研究所实验室里成功地进行了用中子轰击铀原子核的实验，终于出现了物理学界期待已久的裂变反应。1938年12月22日，哈恩把关于发现核裂变的报告寄到《自然科学》杂志。在此之前，他把实验情况写信告诉犹太女物理学家莉泽·迈特纳。1939年1月，迈特纳在哥本哈根实验证实，每裂变一个原子可以放出大约2亿电子伏的能量。如能把铀控制利用，在理论上其爆炸力会等于 TNT 炸药的 2000 万倍。1938 年 12 月，意大利科学家恩里科·费米，因用中子的撞击产生新辐射物质的试验中发现了核裂变反应而获得诺贝尔奖金。1939 年 1 月 25 日，在费米的指导下，美国哥伦比亚大学实验室用回旋加速器进行的铀裂变试验，证实了迈特纳的实验结果。

铀裂变的发现震惊了美国科学界。核物理学家早已了解原子的结构，并且知道原子裂变在理论上是可能的，现已成为事实。从原子核裂变中获得无比巨大能量的实验已获突破，哪一国能够首先把它转为实用，就有可能制造一种威力无比的新型炸弹。严重的危险是，裂变反应正好是在第二次世界大战的导火线已经点燃的时候试验成功的。那些亲身遭受希特勒的迫害而从欧洲移居美国的科学家，首先对原子能在军事上应用的可能性及其对世界政治力量对比的影响最为敏感。他们相信，希特勒正在研制原子弹；而且，有种种迹象证明其已经远远走在前面。他们担心，如果纳粹德国首先拥有这种新型炸弹，希特勒就有可能统治世界或者毁灭世界。

1939 年夏天，传闻德国科学家正在柏林秘密开会，讨论利用原子科学的成果制造新式武器。德国政府突然禁止从它占领下的捷克斯洛伐克运出铀矿，并且下令封锁一切有关铀的新闻。它正在进行一项秘密的“U 工程”，由铀学会的科学家担任指导，直接对柏林的陆军武器部负责。移居美国的匈牙利物理学家利奥·西拉德等人获悉这些坏消息后非常担忧，生怕德国法西斯抢先造出原子弹来。他们开始讨论怎样促使美国政府注意德国可能研制成原子弹的问题。西拉德和刚逃到美国的意大利核物理学家恩里科·费米亲自到华盛顿奔走游说，向政府和军方报告关于核裂变的研究情况。然而，他们都遭到冷遇。军方代表认为现在制造原子弹是异想天开。国务院把他们称为“怪人”。于是，这批侨居美国的客人只得把希望寄托在名震一时的爱因斯坦身上。

1939 年 7 月，西拉德到长岛拜访爱因斯坦，向他讲明了铀核裂变产生链式反应可能引起的严重后果，爱因斯坦马上表示愿意帮助西拉德，必要时情愿“伸出脖子冒个险”。九天之内，西拉德又拜访了罗斯福总统的好朋友和私人顾问、经济学家亚历山大·萨克斯，此人久已注视着原子能发展的可能性。他认为政府应该对原子能的发展给予积极的支持，直接向白宫提出建议是个好主意。8 月 2 日，西拉德再到长岛，请爱因斯坦用德语口授给罗斯福总统的信，由爱德华·特勒①译成英语。这封信阐述了研制原子弹对美国安全的重要性，迫切要求美国抢在纳粹德国之前赶制出第一颗原子弹。爱因斯坦在信中写道："先生：恩里科·费米和利奥·西拉德近来所从事的一些研究，使我认为铀在最近有可能被转变为新的重要的能源……这一新的现象有可能导向炸弹的制造，可以想象——但不能肯定——一种新型的极端强大的炸弹会被制造出来。"

1939 年 10 月 11 日，萨克斯在白宫椭圆形办公室把爱因斯坦的信念给罗斯福总统听。罗斯福举棋不定，认为此时政府干预，未免为时过早。等待罗斯福作出决断的萨克斯焦灼不安，夜不能眠。他绞尽脑汁，想用生动的方式来劝说罗斯福。次日，萨克斯到白宫和罗斯福总统共进早餐时，他讲了一个发人深省的历史故事，大意是当年美国发明家罗伯特·富尔顿发明汽船之后去见拿破仑，拿破仑说他的设计没有实用价值，因而错过了用汽船装备法国海军横渡英吉利海峡击败英国的机会。要是拿破仑采纳富尔顿制造汽船的建议，本来是可能获胜的。罗斯福总统为萨克斯的论证所打动，决定采纳爱因斯坦的建议，支持研究原子弹的工作，并下令成立一个铀顾问委员会。从此，这一问题引起了美国政府的注意。

1940 年 6 月，华盛顿卡内基学会主席万尼瓦尔·布什博士说服罗斯福总统建立由国防部门、各大学、私营企业代表组成的国防研究委员会。原子弹的研制工作便在这个委员会的指导下进行。它通过与有关大学的实验室订立合同的办法，同时执行 16 项有关原子能的研究计划。

1941 年 6 月，罗斯福调整了政府的研究规划，建立科学研究发展局。这是一个动员科学家参加发展武器的中央机构。布什任该局局长，有权批准或否决所有科研项目。1941 年 11 月，布什决定将研制原子弹的工作划为科学研究发展局集中领导。在此之前，铀顾问委员会的注意力主要集中在如何分离浓缩铀 235 和如何产生裂变链式反应的课题上，研究工作分散在有关大学的实验里进行。

1941 年 12 月，太平洋战争爆发，美国被迫卷入第二次世界大战。直到那时，美国政府才决定大量拨款，利用一切必要的资源，加快研制原子弹的步伐。布什等人认识到，要在战争期间将原子弹迅速付诸使用，分散在各大学的研制工作必须统一起来，从实验室研究阶段走向工程和生产阶段。为

---

① 1908 年生于匈牙利，移居美国后，参加制造原子弹和氢弹。

此，必须有一个更强有力的组织机构来处理这方面的问题。

曼哈顿计划

1942 年 8 月 11 日，美国制订了研制原子弹的"曼哈顿计划"。9 月 17 日，美国陆军工程兵团建筑部副主任莱斯利·格罗夫斯将军被任命为执行该计划的总负责人。他负责这个计划的所有方面，包括科学、技术和制造过程的研究工作、生产、安全和敌人活动的情报以及使用原子弹的计划等。他本人受过高等教育，是一位工程师，又在陆军工程兵团负责过美国国内和海上基地许多重大军事工程。他有组织大规模工程的丰富经验，是一位非常能干的科研工作组织者。

遵照美国政府为"曼哈顿计划"确立的两条原则：其一，造出能够结束战争的原子弹供给美国军队；其二，赶在德国人前头造出原子弹。"曼哈顿计划"必须高速进行。格罗夫斯将军采取了以下有力措施。

第一，迅速建立精悍的领导核心。1942 年 9 月 23 日，格罗夫斯正式上任，当天下午在陆军部长外面的办公室开会，立即着手筹建新计划的领导机构。他极力反对陆军部长史汀生关于建立九人或七人组成的新的军事政策委员会的意见，认为委员太多有弊无利，主张建立三人委员会。最后成立了包括他在内的三人委员会，由总统科学顾问布什任主席，哈佛大学校长詹姆斯·康南特做候补主席。原子弹研制工作的所有指挥权，统由新计划领导机构曼哈顿工程区接管。统一后的"曼哈顿计划"直属总统，任何人不得干预。重大问题，格罗夫斯可以通过布什向总统汇报，取得最高领导的指示和支持。曼哈顿计划总部办公室是华盛顿政府机构中最小的一个，内部机构简单而灵活，领导能迅速而明智地作出决定。总部行政官员大都派赴现场指挥，及时发现和解决问题，避免产生官僚主义。

第二，优先解决铀矿石供应。铀矿石是研制原子弹最重要的战略原料。第二次世界大战期间，最重要的铀矿石来源是在比属刚果（今刚果民主共和国）。开发该矿最重要的人物是加丹加高原联合矿业公司总经理埃德加·森吉尔先生。

格罗夫斯非常了解原料问题的极端重要性。1942 年 9 月 17 日，他被指定为"曼哈顿计划"负责人的当天，就迫不及待地和助手 K. D. 尼科尔斯讨论铀矿石的来源问题。第二天，他的助手迅速同联合矿业公司总经理签订了供应铀矿的秘密协定。森吉尔同意立即把贮存在纽约的 1200 余吨铀矿石交给美国，并同意把比属刚果已采出的全部铀矿石运至美国。

刚果铀矿对美国具有极其重大的战略价值，不仅数量大，而且矿石的品位高，远远超过世界所有已发现的矿石。据了解，从美国科罗拉多高原和加拿大运来的矿石中的氧化铀只含 0.2%，南非铀矿石中的氧化铀含量为 0.03%，而刚果矿石中氧化铀的平均含量竟超过 65%。格罗夫斯强调指出："我们掌握了这种矿石，就能在所面临的危急的战争岁月中，继续进行我们的原子能发展工作，而不会担心原料——铀的匮乏。"

第三，集中美国和西欧最优秀的科学家，联合起来同德国竞争。第二次世界大战初期，英国也开始研制原子弹，其发展规模与研究水平与美国不相上下。1941 年 2 月，美国派遣以康南特为首的科技代表团访问英国，达成美英交换军事科技情报的协议。1943 年 8 月在魁北克会议上，罗斯福总统和丘吉尔首相同意英美两国合作研制原子弹。根据魁北克协定，成立了美、英、加共同研制原子弹的联合委员会。同年 12 月，英国选派了以詹姆斯·查德威克（1935 年度诺贝尔物理学奖金获得者）为首的 28 位杰出的科学家参加"曼哈顿计划"。意大利著名物理学家、1938 年度诺贝尔物理学奖金获得者恩里科·费米，丹麦著名物理学家、1922 度诺贝尔奖金获得者尼尔斯·H. O. 玻尔，匈牙利著名物理学家爱德华·特勒和利奥·西拉德等都被吸收参加制造原子弹的行列。欧洲科学家贡献出许多有价值的有关原子能的原始资料，带头进行这个计划。正是由于欧美科学家的共同努力，才使美国在原子能科学领域获得巨大成就并居世界领先地位。

第四，实行极端严格的保密制度和新闻检查。美国研制原子弹的计划是在严格保守机密的情况下进行的，甚至严格到连当时的副总统杜鲁门和国务院最高级的官员事前竟毫无所知。所有参加"曼哈顿计划"人员的历史、政治信仰、生活习惯和出身成分都做过一定程度的审查。对有可能取得机密情报的人，审查更严格得多，要追溯到他们的幼年时代，所有人员的指纹都曾送到联邦调查局查对。

新闻检查相当严格。要求报纸和电台不准发表以任何方式泄露重要机密的消息，避免使用像"原子能"这一类的字眼，不许提汉福特和橡树岭等地名，以免引起外国间谍的注意。

保安工作的主要对象，首先是针对纳粹德国，因为只有德国能利用从美国窃取的任何情报；其次是针对苏联，不让苏联知道有关原子弹研制的详细情况，尽一切努力使第一次使用原子弹成为谁也不曾料到的惊人之举。希特勒的军需部长阿尔贝特·施佩尔在纽伦堡被判为战犯。他后悔说，要是他当时想象得到美国在进行曼哈顿计划，他就是上天入地也要设法赶上美国人的。这话最清楚地说明了国防科研的保密工作何等重要。

第五，组织特别情报小组。1943 年秋天，美国组织了一个特别的军事科技情报组织，代号为"阿尔索斯"。它的成员由军事人员和有军衔的具有原子科学知识的科技人员组成。他们穿的服装和士兵一样，只是佩戴的徽章上有一个白色希腊字母 α 和一条红色闪电的线。"阿尔索斯"的主要任务就是要搞到德国在原子能方面的情报，包括德国铀矿的来源、德国著名核物理学家的工作地点和家庭住址、核物理实验室和工厂的位置，以便判断德国在研究原子武器方面进展到什么程度，一有可能就抢先占有或摧毁它们。

1943 年 11 月，美国对纳粹德国在挪威生产重水的里尤坎工厂进行了大规模的空袭，迫使德国转移该厂生产重水的贵重设备和大部分重水，而在运往柏林途中又遭到挪威游击队的彻底破坏。1944 年 6 月 6 日，执行"阿尔索斯"行动的谍报人员随同盟军在诺曼底登陆。1944 年 11 月，美国第六军团的前锋刚刚冲进斯特拉斯堡，阿尔索斯情报小组人员直奔斯特拉斯堡大学，闯入新建的实验室，发现了隐匿于此的极有价值的德国 U 计划和铀学会最完整的档案。在第三帝国崩溃的时刻，美国认为，抓到一个第一流的德国科学家比俘获 10 个师的德军更有价值。他们决心不惜一切代价搜寻德国最著名的核物理学家，绝不让这些人员和有关仪器设备落在俄国或法国人手里。阿尔索斯情报小组发现，位于柏林北面 15 英里俄国占领区内的奥兰宁堡有一座正在从事原子能生产的德国工厂。1945 年 3 月 15 日，美国空军出动 612 架飞机，投下 1506 吨烈性炸药和 178 吨燃烧弹，把地面上所有厂房全部摧毁。在法国占领区内的小镇黑兴根，有一个德国 U 计划基地。1945 年 4 月 24 日，美国迅速组织一个突击兵团袭击该城，俘获了美国所需要的第一流的德国核物理学家和夺取了重要资料，然后摧毁剩下的设备，立即撤退。阿尔索斯小组行动的成功，才彻底消除了美国人当初决定研制原子弹时的忧虑。

第六，多管齐下，一齐上马。"曼哈顿计划"的主要内容，一是生产足够数量的裂变材料，二是设计和研制原子弹。怎样生产裂变材料呢？以往的实验证明，铀 235 是可以裂变的，但是铀 235 在天然铀中不到 1%。铀 238 在中子轰击下可以转换成一种新元素钚，钚像铀 235 一样可以裂变。从理论上讲，当时有 5 种方法生产裂变材料铀 235 或者钚，实际上，哪种方法都没有进行工厂生产的可靠资料。为了尽快地生产足够数量的裂变材料，及早造出原子弹，格罗夫斯将军决定采取多管齐下的方针。他把科学家分成以下四个组。

第一组由 1927 年度诺贝尔物理学奖金获得者阿瑟·康普顿领导的芝加哥大学冶金实验室（代号）和杜邦公司组成，主要任务是采用石墨型反应堆，生产足够数量的钚。1942 年 12 月 2 日，在芝加哥大学斯塔格运动场西看台下面，在费米指导下，建成了世界上第一个实验型原子反应堆，成功地进行了第一次可控的链式反应。接着，杜邦公司承担起建设大型反应堆和分离钚的工厂的任务，设计资料由芝加哥大学实验室提供。厂址选在华盛顿州的汉福特，制钚工厂顺利地建成和投产了。第一颗用作试验的原子弹和轰炸长崎的原子弹都是用钚制成的。

第二组由 1940 年度诺贝尔物理学奖金获得者欧内斯特·劳伦斯教授领导的加利福尼亚大学实验室和几家公司组成，任务是用电磁法分离浓缩铀235。厂址设在田纳西州的橡树岭。该厂 1943 年初动工兴建，到 1944 年 3 月就生产出第一批浓缩铀235。

第三组由 1934 年度诺贝尔化学奖金获得者哈罗德·尤里博士领导的哥伦比亚大学代用合金实验室（代号）和几家公司组成，任务是用气体扩散法生产浓缩铀235，厂址设在橡树岭。

另外还有华盛顿卡内基学院菲利普斯·阿贝尔桑试验成功的一种热扩散法，受到海军重视。1944 年 6 月，奥本海默提议用热扩散法生产低浓缩铀235。同年 6 月底开始建厂，10 月底就生产出首批产品。

第四组由罗伯特·奥本海默博士领导的洛斯阿拉莫斯实验室，主要任务是设计和制造原子弹。厂址位于新墨西哥州圣菲城外洛斯阿拉莫斯的一座荒凉方山上。制造原子弹本身的工作于 1943 年春开始，经过两年多日夜奋战，1945 年 7 月 12 日，一颗试验性原子弹开始最后装配，7 月 16 日早晨 5 点半在新墨西哥州距阿拉莫戈多 50 多英里的一片沙漠地带爆炸成功。美国充分调动本国庞大的工业和经济资源，联合欧美最优秀的科学家，利用美国远在敌人轰炸机航程之外的有利地理条件，终于成功地抢在纳粹德国之前赶制出第一颗原子弹。

德国完全不了解美国研制原子弹的情况，没有紧迫感。1942 年 6 月 23 日，德国军需部长施佩尔把制造原子弹的可能性告诉希特勒，希特勒对此态度冷淡。在原子能研究方面，德国没有全面的指导和统一的目标，各单位之间缺乏协作。教育部、陆军部、邮政部各搞一套，你争我夺，特别是希特勒的排犹主义，把德国物理学界一些出类拔萃的人物逐出国外。德国核物理学家维尔纳·海森贝格在1940年开始研制反应堆，另一位物理学家哈特克曾领导过铀的离心分离工作，但是，直到1944年底，德国在原子能研究方面仍停留在实验室阶段，比之美国整整落后两年。美国某些人士认为，假如当时希特勒像罗斯福那样，让他的科学家们放手大干，欧洲的地图甚至两半球的版图也许会大不一样。这话虽说得不免有点夸大，但也不无一点道理。

美国对日使用原子弹

早在1944年12月30日，格罗夫斯就已向乔治·马歇尔将军报告说，他估计第一颗原子弹大约在1945年8月1日准备就绪。1945年春，罗斯福总统动身去雅尔塔之前，他通知格罗夫斯说，如果欧洲战争在美国第一批原子弹出世之前还不结束，"我们就要做好把它们投到德国去的准备"。

随着德国即将彻底溃败，美国的军事力量逐渐集中到太平洋。当时，日本帝国主义尚在负隅顽抗，硫黄岛和冲绳岛的血战，美军伤亡惨重。美国陆军参谋部情报处估计，日本国内外尚有总兵力约500万人。陆军部草拟的进攻日本的作战计划是，1945年11月1日在日本本土的极南部——九州——作水陆两栖登陆，1946年春再在本州靠近东京的关东地区进行第二次大规模登陆。大约要到1946年深秋才能迫使日本投降，美军为此将要付出伤亡100万人的代价。有人认为，如果原子弹成功地制造出来并付诸运用，就可迅速结束对日战争，减少美军伤亡。因此为了彻底击溃日本，是否要使用原子弹、如何使用原子弹，在参加曼哈顿计划的高级军官和科学家中间就出现了两种不同的意见。以格罗夫斯少将为代表的一派，极力主张原子弹一旦制成，就立即在日本投掷。理由是美国政府把大量的金钱和人力投入曼哈顿计划就是为了用它来尽快地结束战争，德国的投降并没有减少日本对美国的敌对行动，没有理由改变美国在日本投掷原子弹的计划。另一派以艾伯特·爱因斯坦和利奥·西拉德为代表，这些科学家是为了逃避希特勒的种族迫害而到美国的。1939年他们上书罗斯福要求制造原子弹，是为了避免希特勒首先掌握它。现在世界形势已大为改观，希特勒不仅没有原子弹，而且即将彻底垮台，剩下的日本不可能拥有原子弹。因此，他们认为美国绝不能单方面使用这种杀伤力极大的武器。1945年4月，正当他们把自己的想法写信告诉罗斯福时，却传来了罗斯福突然逝世的消息。他俩的信和意见书则留在华盛顿总统办公桌上。罗斯福生前对此并来作出决定。

1945 年 4 月 25 日，杜鲁门总统在白宫第一次听取了陆军部长史汀生和格罗夫斯关于曼哈顿计划的全面汇报。史汀生满怀信心地说，预期在四个月内，原子弹的试制很可能获得成功。他认为，一旦使用这种炸弹，完全有可能结束战争。根据史汀生的提议，随后杜鲁门任命了一个以史汀生为首的由军政首脑人物组成的临时委员会和一个科学家顾问委员会（其中包括与制造原子弹有密切关系的奥本海默、恩里科·费米、E. O. 劳伦斯和阿瑟·康普顿），由两组人员来分头研究决定德国战败后是否还要对日本使用原子弹，以及如何使用原子弹的问题。5 月 31 日和 6 月 1 日两组人员碰头，他们除了研究把原子弹用于实战之外，还研究过其他可供选择的方案——或是预先就原子弹的性质提出警告，或者在某一无人居住的地区进行一次非军事性示威。经过讨论，大家认为，这两个方案都行不通而被否决。原子弹爆炸的性质如何，人们还不了解。即使将在洛斯阿拉莫斯试验成功，也不能保证从 B—29 飞机投掷下来的炸弹会爆炸。如果美国先对日本人发出警告，然后投下一枚哑弹，敌人就会更加负隅顽抗。还有一点，除了要在沙漠爆炸的静态装置而外，美国仅有两颗原子弹。

6 月 1 日，史汀生部长综合两组人士的意见向杜鲁门建议，一旦条件具备，尽快地对日本使用原子弹，不必事前提出警告。目标应该是选择能明显表现原子弹强大破坏力的地方和尽可能靠近有头等重要军事意义的军需生产中心。杜鲁门完全赞同顾问们的建议。他斩钉截铁地写道：“我认为原子弹是一种战争武器，从来没有人怀疑过可以应用它。”“我们必须用原子弹来袭击敌人”，至于何时何地去投原子弹，“则由我作最后决定。”

然而，另外一些参加“曼哈顿计划”的科学家，着眼于道义上的考虑，预见到未来的种种危险，强烈反对使用原子弹。1945 年 6 月初到 7 月中旬，著名德国物理学家詹姆斯·弗兰克和 1939 年要求爱因斯坦向罗斯福上书的主要发起人利奥·西拉德以及其他数十名在橡树岭和芝加哥等地从事原子弹研制工作的科学家纷纷签名上书华盛顿，要求杜鲁门总统不要使用原子弹，他们还警告说，如果美国让这种毁灭性的武器不分青红皂白地落到人类身上，美国就会失去全世界公众的支持，并将会加速军备竞赛。可是，这些报告和呼吁书递上去以后便石沉大海。对杜鲁门和美国政府来说，原子弹不仅是一种军事武器，可迫使日本投降，也是一种外交武器，一种威慑力量，可抑制苏联。他们的决定绝不会因科学家们的反对而改变。

1945 年 7 月 16 日，杜鲁门抵达波茨坦。第二天，他获悉阿拉莫戈多附近原子弹试验成功的消息后欣喜若狂，认为美国拥有这种战争武器，"它不但能彻底扭转整个战局，而且能调转历史和文明的方向"。17 日，史汀生专程飞到波茨坦，向总统汇报爆炸试验的全部详情。此后几天之内，杜鲁门同美国代表团高级官员研究了对日使用原子弹的细节和策略。7 月 24 日，杜鲁门有意识地对斯大林进行了一次试探，他装着漫不经心的神态向斯大林提到"我们拥有一种破坏力特别巨大的新武器"。斯大林并没有表示异乎寻常的兴趣，只是回答说，他听到这个消息很高兴，希望美国人"好好地运用它来对付日本"。当时仅离杜鲁门 5 码远，极其注意斯大林面部表情的丘吉尔却对此大失所望。这是美国垄断资产阶级的代表人物第一次利用原子弹进行政治讹诈。其实，关于美国制造原子弹一事，斯大林比杜鲁门知道得还早。参加"曼哈顿计划"的德国科学家克劳斯·富克斯早已把原子弹的秘密告诉了苏联。斯大林回到住所后就对莫洛托夫说，要加快苏联研制原子弹的进度。

1945 年 7 月 24 日，杜鲁门总统决定在日本投掷原子弹。他以美国陆军部的名义，指令美国陆军战略空军队司令卡尔·斯波茨将军派遣第二十航空队 509 混合大队，于 1945 年 8 月 3 日以后，在气候许可目击轰炸的条件下，立即在广岛、小仓、新潟和长崎四个城市中选择一个目标，投掷特种炸弹。这项命令下达后，美国的军事机器迅速转动起来。第 509 混合大队的特殊 B—29 小队被选择担任这个任务，七架经过改装的 B—29 重型轰炸机，以及驾驶员和全体机上人员，都待命出发。"印第安纳波利斯号"巡洋舰和两架 C—54 型飞机把原子弹的材料和装配炸弹专家赶运到太平洋马里亚纳群岛的提尼安岛。

与此同时，同盟国对日本发动了一次强大的政治攻势。1945 年 7 月 26 日，美、英、中三国以共同宣言的形式，从柏林发表促令日本无条件投降的波茨坦公告。公告义正词严地警告日本说："吾人通告日本政府立即宣布所有日本武装部队无条件投降，并对此种行动之诚意予以适当之各项保证。除此一途，日本即将迅速完全毁灭。"杜鲁门指示华盛顿的战时情报局立即用一切可能的方法使波茨坦公告让日本人民知道。从 7 月 27 日到 8 月 1 日，盟国飞机在日本各城市上空散发 150 万张传单和 300 万张波茨坦公告。传单对这些城市发出警告，说它们将受到猛烈的空中轰炸。而每次警告之后，紧接着就是一次常规炸弹的猛烈袭击。

波茨坦公告发表后，在日本统治集团内部引起了不同的反响。以外相东乡茂德为代表的文职人员，主张待机决定。受武士道影响极深的日本军阀陆相阿南惟几、陆军参谋长梅津美治郎、海军参谋长丰田付武等主张采取强硬态度。7月28日，铃木贯太郎首相在记者招待会上说，波茨坦公告不过是老调重弹，日本人不屑理会。杜鲁门总统和贝尔纳斯国务卿认为，这是公开拒绝接受波茨坦公告的表示，现在已无考虑的余地，决定按原计划对日本使用原子弹。

1945年8月6日凌晨1时45分，三架气象飞机首先起飞，以判定当天的天气。2时45分，一架运载原子弹的B—29型超级空中堡垒埃诺拉·盖伊号，由两架观察机陪航，从太平洋的提尼安岛起飞。这架飞机是为了纪念指挥这架飞机的来自南方的年轻驾驶员小保罗·蒂贝茨的母亲而取名埃诺拉·盖伊号的。它以每小时285英里的速度在32000英尺的高空飞行。当天天空万里无云，蔚蓝一片，没有发现敌机。9时15分，埃诺拉·盖伊号顺利飞临广岛上空，投下第一颗用于战争的原子弹。这个原子弹重9000磅，高10英尺，周长28英寸，当量2万吨TNT。它在离地面660码的空中爆炸，一道闪光骤然出现在天空中，它比1000个太阳还要明亮。随即一团巨大的蘑菇云升起，爆炸中心达到30万摄氏度的高温。周围1000码以内，一切都化为灰烬。只有几秒钟的工夫，冲击波形成的狂风所到之处都沦为废墟。这时广岛人口估计为343000人。当日死者为78150人，负伤和失踪者为51408人。全市建筑物总数是76327幢，全毁者48000幢，半毁者22178幢。

同一天，从华盛顿发出关于原子弹的新闻公报和杜鲁门总统关于原子弹的声明，并警告日本人："如果他们现在还不接受我们的条件，他们的毁灭将自空而降……"日本政府仍然拒绝投降。8月7日和8日，美国从马里亚纳群岛和冲绳每昼夜出动数百架轰炸机对日本本土轮番进行轰炸，撒下数以百万计的传单。8月8日苏联对日宣战。9日凌晨，苏军从中国东北地区向日本关东军发起总攻击，上午11时零1分，美国在长崎投下第二颗原子弹。当时长崎人口约27万，当日死者为23753人，伤者为43020人。

苏联参加对日作战和原子弹的第二次示威使日本统治集团惊慌失措。8月10日，日本政府向美、英、中、苏（通过瑞士和瑞典的外交渠道）发出照会，如果天皇地位不变，它准备接受波茨坦公告所列举的条款。8月11日，经过磋商，盟国决定让日本人保留天皇，但天皇必须授权并保证日本政府及帝国大本营签署为执行波茨坦公告所必需的投降条件，天皇和日本政府必须听从盟国最高统帅的命令，并由美国国务院通过瑞士政府发出苏、美、英、中对日本声明的答复。

8月15日中午，日本天皇向全国广播了接受波茨坦公告、实行无条件投降的诏书。9月2日，日本投降仪式在停泊于东京湾的美国战列舰"密苏里号"上举行。第二次世界大战正式结束。

对美使用原子弹的不同反应

美国对日使用原子弹的决定迄今仍是世界军事史上作出的最有争议的决定。美国政府官员反复强调，虽然广岛和长崎原子弹的投掷给日本人民带来大规模的伤亡和破坏，却减少了美军和日本更大的伤亡。曼哈顿计划的负责人格罗夫斯将军认为，杜鲁门费了不少脑筋作出的对日使用原子弹的最后决定，"将永远被认为是无比勇敢和聪明的行动"。在对日战争胜利两周年的纪念会上，有人问杜鲁门，他是否由于当初下令毁灭了广岛而心里感到遗憾。他若有所思地回答道："没有。……做这桩事固然我也感到害怕，但是我肯定救了50万条生命。这是不得已而为的。"1946年麻省理工学院院长卡尔·康普顿在《大西洋》月刊上撰文辩解说："我相信，如果有这种炸弹而不用，事后就无法向自己国人交代。"他建议持批评意见的人，应该回忆一下轰炸德累斯顿市和汉堡市所引起的大火，和B—29轰炸机两次对东京空袭投掷的燃烧弹，其中一次杀死12.5万日本人，另一次近10万人。他的意思是说，如果道义这个问题可用统计数字来衡量的话，那么，决定使用核武器对付日本，远远不是最大的罪过。

然而，有些美国军事领导人对杜鲁门使用原子弹的决定纷纷提出异议。道格拉斯·麦克阿瑟将军在战后一再认为，从军事角度看，为了迫使日本投降而使用这种炸弹是"完全不必要的"，因为在那时，日本无疑已到了彻底崩溃的边缘。艾森豪威尔将军、李海海军上将、金海军上将、阿诺德空军上将和英国前首相丘吉尔也持同样看法。战后美国战略轰炸调查处的报告更为明确："即使不投原子弹，即使俄国不参战，即使不制订进攻的计划，日本也是会投降的。"

另外一些科学家和外交家则侧重从政治上着眼来考虑使用原子弹的问题。英国著名物理学家布莱克特指控说，美国政府抢在苏联参战之前匆忙对日使用原子弹，"与其说是第二次世界大战的最后一次军事行动，不如说是现在正在进行的对苏外交冷战的最初一次大规模作战"。国务卿贝尔纳斯明确地声明说,亮出原子弹是为了使俄国在欧洲更加驯服。苏联官方学者甚至认为:"无论从战略上或战术上看,都没有任何必要使用原子弹。所以说,使用原子弹基本上只带有政治色彩,是美帝国主义企图显示其原子威力,以便在解决远东问题上削弱苏联的地位,并把战后的日本变成它在亚洲的重要基地,而建立美国的世界霸权,是使用原子武器的更大的政治目的。"他们的结论是,"原子弹不能决定战争的结局",只有"苏联的参战,消灭了日本黩武主义者手中的王牌","才决定了战争的结局"。

客观地说,反法西斯战争的胜利和日本的无条件投降,是美国、中国、苏联和所有其他参加反法西斯统一战线的世界各国人民的共同努力和长期斗争的结果,虽然各个国家对日本法西斯作战的积极程度、时间长短和贡献大小不同,但不能把迫使日本投降的决定性因素简单地归之于美国的两颗原子弹或苏联的参战。事实是,战争进行到 1945 年 7 月,日本法西斯的统治已面临绝境。德国在欧战中的失败,使日本军国主义在国际上陷于彻底孤立,中国的持久抗战,拖住了日本陆军主力,歼灭日本军事力量 100 多万人,美、英盟军在太平洋战场反攻节节胜利,基本上摧毁了日本的庞大舰队和空军力量,切断了日本与南方的海上联系,美军对日本本土岛屿的大规模轰炸、炮击和封锁,使日本的战时经济遭到彻底破坏,石油和粮食不能进口,工业原料极端缺乏,人民反战情绪高涨,国内各种矛盾十分尖锐。日本法西斯的末日指日可待。有些日本上层统治者已经意识到,他们的失败已不可避免,期望通过苏联从中斡旋,同美、英进行和谈,幻想在有利条件下结束战争。但日本军方顽固派不甘心灭亡,还试图作最后一番较量。这时,美国原子弹的投掷和苏联出兵对日作战,起了加速日本帝国主义崩溃和日本政府作出无条件投降决定的作用。

根据当时战局的发展,美国总统杜鲁门作出在日本投掷原子弹的决定与其说是军事上的迫切需要,不如说主要是出于政治考虑,既是为了夺取战胜日本的主要果实,亦是为了占有战后与苏联争霸的有利地位。投掷原子弹导致日本几十万无辜人民死亡的悲剧,并为战后冷战时期的核讹诈政策开创了先例。

日本法西斯的溃败和投降

吕永和

由于受到中国、朝鲜以及东南亚各国人民抗日武装斗争和美军全面反攻的沉重打击，日本法西斯在亚洲、太平洋战场上节节败退，陷入了内外交困、走投无路的境地。继意大利法西斯 1943 年 9 月签订无条件投降书和德国法西斯 1945 年 5 月签署无条件投降书之后，日本法西斯终于被迫于 1945 年 8 月 15 日宣布投降，并于 9 月 2 日签署了投降书。日本法西斯的投降，宣告了第二次世界大战以德、意、日法西斯的彻底崩溃和世界反法西斯战争的伟大胜利而告终。

日本在亚洲、太平洋战场的全面溃败

早在 1943 年，第二次世界大战的整个战局发生了根本性转变，法西斯阵营转入守势，反法西斯阵营转入攻势。1943 年 2 月 2 日，历时 160 天的斯大林格勒大会战宣告结束。斯大林格勒大会战的胜利，是世界反法西斯战争的转折点。在北非战场，英、美联军于 1943 年初从东西两方面夹击德意军队，占领突尼斯和比塞大，迫使德、意 25 万军队于 5 月投降，胜利地结束了北非战争。在西欧战场，美、英军队于 1943 年 7 月 10 日从西西里岛登陆。7 月 25 日，意大利发生政变，组成了巴多里奥政府，拘禁了墨索里尼。9 月 3 日，巴多里奥政府签署了无条件投降书。10 月 13 日，意大利正式退出法西斯同盟，向德国宣战，德、意、日三国轴心同盟开始瓦解。

从 1943 年起，日本法西斯在亚洲战场亦日益陷于重重困难的境地，开始在太平洋战场上节节败退。[①] 至 1945 年 3 月，美军已控制了整个菲律宾。

---

① 参见本书朱贵生《第二次世界大战中的太平洋战场》一文。

这不仅使西南太平洋的日军与本土完全孤立，而且由于切断了海上运输线，使日本失去了南洋地区的丰富资源。

1945 年 2 月，美军开始向小笠原群岛的中心岛屿硫黄岛进袭。由于该岛距东京仅 1200 公里，又是日本本土与马里亚纳群岛空中联系的唯一中继基地，战略地位十分重要，日军派有 21000 人防守，准备拼死顽抗。美军从 2 月 16 日开始轰击硫黄岛，2 月 19 日，美军开始登陆，激战一个多月，于 3 月 26 日占领该岛。除 200 人被俘外，岛上日军全被击毙。美军阵亡约 7000 人，负伤约 22000 人。

美军占领硫黄岛后，便开始使用该岛机场对日本本土进行轰炸，并向冲绳岛进攻。冲绳岛是通向日本本土的门户，战略地位更为重要。守岛日军 86000 多人。美军对冲绳进行了海空军的预备性轰击后，于 4 月 1 日开始在冲绳登陆，5 万人很快上了岸，先头部队占领了 2 个机场。经过激战，于 4 月 18 日占领冲绳北部。4 月 19 日南部登陆美军对日军主要阵地发动攻击，遭日军反击，伤亡很大。至 5 月底，美军沿冲绳岛东西海岸南下，包抄日军主要阵地，于 6 月 21 日宣布占领冲绳岛。日军守岛司令官牛岛满中将及其参谋长长勇于 24 日剖腹自尽。美军打扫战场的战斗持续到 6 月底才告结束。在冲绳战役中，日军 65000 人被歼，非战斗人员牺牲约 10 万人。日本空军也大批出动轰炸美军舰艇，其中仅自杀性的特攻飞机就达 2393 架，共炸沉美军舰艇 15 艘，炸伤 200 多艘。美军共战死 12281 人，损失飞机 763 架，其中包括英军飞机 98 架。

美军占领冲绳后，迅速修建了空军基地，又利用从中国和马里亚纳群岛起飞的 B—29 轰炸机对日本九州空袭，使日本法西斯面临着灭顶之灾。

同在太平洋战场一样，日本在亚洲战场也不断受到沉重打击，步步走向崩溃。

在中国战场，日本为了挽回颓势，发动了打通从中国东北到印度支那半岛的"大陆交通线"的豫湘桂战役，从 1944 年 3 月到年底 8 个多月，侵占了河南、湖南、广西、广东、福建等省大部和贵州省一部分，包括平汉线南段、奥汉、湘桂三条铁路干线和 150 座大小城市，得逞于一时，但日本大量兵力被牵制在中国战场。抗日根据地牵制了 60% 以上的侵华日军和 95% 以上的伪军，从 1941 年 7 月到 1943 年 7 月，八路军、新四军对敌作战 42000 多次，毙、伤、俘日伪军 33 万多人，1943 年底到 1944 年春，各抗日根据地的人口由 1942 年间的 5000 万上升到 8000 多万，八路军、新四军从 1942 年间的 30 万恢复到 47 万。各抗日根据地部队在华北、华中和华南敌后战场展开了局部反攻，1944 年全年作战 2 万多次，消灭日伪军 35 万多人，收复国土 8 万多平方公里，解放人口 1200 多万。人民军队到 1945 年春发展为 91 万，民兵 220 万，解放区增为 19 个，面积 95 万平方公里，人口近 1 亿。中国军民长期坚持抗日武装斗争，使日军侵华部队 100 多万人一直被牵制在中国战场，处于被动挨打的困境，有力地支援了世界反法西斯其他战场。

在中缅地区，以中国军队为主的中美联军于 1944 年到 1945 年初在缅北展开攻势，驻云南的中国远征军收复滇西失地后，也向中缅边境推进。1944 年 8 月，中国远征军攻占北缅中心密支那，缅甸北部被中美联军所掌握。1945 年 1 月，缅北和滇西的中国军队在滇缅边界附近的芒友会师，终于打通了滇缅公路。英印军队在 1943 年 11 月—1944 年 7 月，抗击了侵入印度东部英帕尔地区的 10 万日军，使日军死 3 万，伤病 45000，被迫狼狈撤退。英帕尔战役惨败后，日本大本营于 1944 年 9 月要求"确保缅南"，企图顽抗。1944 年冬，英印联军大举反攻，1945 年 3 月，又以空降配合，攻击仰光。中国缅甸远征军亦于 1944 年冬从密支那南下，于 1945 年 3 月底与英军会师于乔姆克。5 月 2 日，英军占领仰光。日军除战死者外，有七八万饥饿士兵"最后一边爬动，一边呓语，呻吟着死去"。在中、美、英盟军反攻缅甸时，缅甸"反法西斯人民自由同盟"组织的抗日武装缅甸革命军，在各地不断袭击日军后方和破坏日军交通线，给中、美、英盟军收复缅甸的反攻以有力的支援和有效的配合。

马来亚共产党组织的人民抗日军，在山林中开展游击战争，在斗争中发展到 8 个独立支队 7000 多人，在三年半的抗日斗争中歼敌上万名。菲律宾共产党在吕宋建立人民抗日军，开展游击战争。民抗军在 1942—1944 年对敌作战 1200 多次，歼敌 25000 人。1944 年秋，人民抗日军发展到 1 万多人，配合美军于 9 月向吕宋中部发动总攻，解放大批地区，建立地方民主政权，部队迅速发展到 10 万人，吸引和牵制了大量日军，并有力地支援了美军的登陆作战，攻占马尼拉。

朝鲜、越南、泰国、印度尼西亚等国人民，都先后建立了抗日武装，坚持抗日斗争，牵制了大量日军，有力地配合了盟军的反攻。

世界反法西斯战争形势的根本转折，美英盟军在东南亚和太平洋对日作战的节节胜利，中国人民的抗日战争和亚洲各国人民反对日本法西斯侵略和奴役的斗争，决定了日本法西斯必然灭亡的命运。

日本战时经济的崩溃和人民反战情绪的增强

随着日本在军事上的不断失利，本来已极其脆弱的、建立在军事进攻基础之上的日本战时经济，迅速走向崩溃。

日本帝国主义的致命弱点是其资源极其贫乏，日本经济的重要特点是主要原料依赖进口。日本法西斯一直采取"以战养战"方针，企图通过掠夺占领区和殖民地支撑其战时经济。在中国和亚洲各国人民抗日战争的打击下，日本法西斯的掠夺计划始终不能如愿。其掠夺的资源，又靠海上交通线运送到日本国内，一旦海上交通线受阻，就会影响到原料的运输；日本经济一旦减少或中断原料供应，就将发生危机。在美舰、美机的袭击下，日本海上交通线上的商船损失惨重。从 1942 年 1 月到 1944 年 12 月，日本商船损失共6637831 吨，超过同一时期造船总吨位的一倍以上，日本商船的总吨位也从1942 年的 6052223 吨减少到 1944 年 12 月的 2847534 吨，这使日本主要原料的进口大受影响。与 1941 年相比，1944 年的原料输入量，除大豆和锡以外，都大幅度下降。煤减少了 59%，铁矿石减少了 64%，棉花减少了 74%。特别是石油输入量的锐减，更沉重地打击了日本经济。日本预计在 1942—1944年可从占领区掠夺 680 万吨石油，实际上只得到 520 万吨。原料输入的减少，使工农业生产迅速下降。1944 年同 1941 年相比，以 1935 年至 1937 年为 100 的话，工业总指数从 169 下降到 86，以 1933 年至 1935 年为 100，农业总指数则从 1940 年的 106.9 下降到 1944 年的 82.4。到 1945 年，日本的生产比 1937 年时减少近一半，农业生产量亦比 1937 年几乎缩减了一半。

由于轻工业和农业的极度衰退，日本人民生活水平不断下降，而日本法西斯的种种战时措施，更使日本成了一座军事苦役营。战争期间，税收增长了 12 倍，工人的平均工资仅增加 1 倍，国家规定的物价虽仅上涨了 147%，但实际上无货可买，只能靠黑市。黑市物价则成倍增长，从 1938 年 12 月到1944 年 10—12 月，主食上涨了 21 倍，蔬菜上涨了 9 倍，肉类上涨了 23 倍，烟草上涨了 32 倍。从 1941 年起，工人每天工作时间普遍延长到 15.6 小时。全国青壮年在沉重的劳动之外，还必须参加操练。到兵营集中受训时，还要自备路费、饭费，以及被褥费、火炉费等。以 1939 年 12 月对木炭实行配给为开端，日本法西斯规定的配给范围越来越扩大。居民口粮配给量自 1941年 4 月实行口粮配给制后，成年男子每天仅能领大米 340 克，重体力劳动者也只能领 405—600 克。1943 年开始实行"综合配给制",用小麦、薯类、豆类甚至豆渣代替大米。1944 年底至 1945 年夏,又把口粮配给量减至成年男子 330 克,有时还领不到。从事重体力劳动的人每天也只能领到 390 克的配给量,1944 年时连干菜和橡子面也被列为"主食"。衣服类虽然实行票证制,但市场上实际无货可买,等于画饼充饥。日本法西斯还对劳动力实行强制登记和征用制度,1944 年征用工人 288 万人,1945 年投降时达到 616 万人。被征用的苦力工人在宪兵和警官的监督之下,集中住宿,实行皮鞭和饥饿制裁。许多妇女亦被迫到矿山、军事工厂从事重体力劳动。日本法西斯还强制全国人民"献铁",搜尽一切金属用品,用陶瓷制品代替所有金属制日常生活用品。凡此种种,已使日本人民怨声载道。

由于战争的需要,日本军费无限膨胀,到 1944—1945 年预算年度时,日本法西斯编制的军事预算达 380 亿日元,占国家财政岁出的 75%,在 1945 年编制新年度预算时,预计军费支出达 850 亿日元,占国家财政岁出的 85%。日本财源已经枯竭,只得拼命滥发国债,使通货极度膨胀,财政经济迅速崩溃。

日本法西斯已把日本拖进了民穷财尽、彻底崩溃的绝境,连他们也在 1945 年 6 月的一次御前会议报告中哀叹道:"随着战局的紧迫,陆海交通及重要生产日益停滞不前,粮食的紧张也日益严重,因而综合发挥现代物的战力则极为艰难。"

随着日本法西斯侵略战争走向失败和日本战时经济的彻底破产,日本人民的反战厌战情绪更为强烈。

在日本法西斯发动的整个侵略战争期间,日本人民始终是反对战争、反对法西斯统治的。日本共产党的地下组织一直坚持进行反战、反法西斯的斗争。尽管日本统治者一再发布禁令,1938—1944 年间,仍有劳资纠纷 4200 多次,参加者近 30 万人,其中带有罢工或其他尖锐形式的斗争 1700 多次,参加者 16 万多人。在白色恐怖下,"怠工"成为普遍的斗争形式。连军需工厂的缺勤率一般亦为 15%—20%,1944 年高达 50%。农村租佃纠纷,1937—1941 年,每年发生 3100—6100 多次,参加的佃农有 2 万—6 万多人。1941—1944 年间,总计达 10640 多起,参加人数为 91420 人。

在普遍的厌战情绪中,明确表示相信战争已经失败、希望早日结束战争的人日益增多。据统计,1944 年 6 月,日本国内对战争抱绝望情绪的人比 1943 年 12 月增加 1 倍。1945 年 8 月日本内务省警保局的一份报告承认,

"最近发生的对天皇失敬、反战反军及其他不轨言论、匿名投书和张贴匿名传单等情况，概括说来是这样"：1942 年 4 月至 1943 年 3 月，总计 308 起，每月平均近 25 起；自 1943 年 4 月至 1944 年 3 月，总计 406 起，平均每月 34 起；自 1944 年 4 月至 1945 年 3 月，则总计达 607 起，平均每月 51 起。尤其是他们承认广大劳动人民的反战厌战情绪已经发展到"诅咒和怨恨天皇"的地步。当时的内阁书记长官迫水久常在 1945 年 6 月惊呼：国内出现了"对现存制度的不满"！

在中国战场上，许多日本进步人士和反法西斯战士与中国人民站在一起，共同进行斗争。1938 年，日本反法西斯战士鹿地亘逃到重庆后组织了"反战同盟"。1938 年在华北前线被俘的 10 名日本士兵，在八路军帮助下，于 1939 年 11 月 7 日组织了最早的士兵反战组织"觉醒联盟"。1940 年夏，日本共产党领导人冈野进（即野坂参三）到延安后，组织了"日本人民反战同盟"，后发展为"日本人民解放联盟"。1940 年 10 月，延安设立了"日本工农学校"，学员达 250 人。这些觉醒了的日本士兵，在前线协助八路军作战，利用喊话、散发传单、投递慰问袋等办法，向日本士兵进行反战宣传工作。

在前线，日本侵略军的士气低落，军内逃亡事件频繁发生。1943 年，日本前线士兵投诚 20 人，逃亡 1023 人，1944 年 1—7 月，投诚 40 人，逃亡 1085 人。士兵厌战而对指挥官不满，经常发生毁坏军用物资、侮辱军官的事件。

日本人民从后方到前线的各种反战厌战、反法西斯的活动，成为从内部促使日本法西斯总崩溃的一个重要因素。

日本统治集团"本土决战"幻想的破灭

在内外交困、面临彻底崩溃之际，日本统治集团为维护摇摇欲坠的"国体"天皇制，开始考虑改变策略，企图以"政战两略"即征战与议和两手求得体面地"结束战争"。一直掌握首相推荐大权的宫廷集团（包括曾任首相的重臣）认为，要这样做，必首先排除东条英机。当侵略日军在各战场上不断败退、国内厌战和反战情绪高涨之时，身兼数职（总理大臣、外务大臣、内务大臣、陆军大臣、文部大臣、商工大臣）、掌握军政大权的东条英机便成了众矢之的，在 1944 年时甚至出现了陆军少佐（少校）津野田知雄暗杀东条的计划。美军于 1944 年 7 月 7 日占领塞班岛遂成为倒阁的直接动因。宫廷集团的中心人物、内大臣木户幸一在重臣、海军大将冈田启介的配合下，先迫使海军大臣岛田繁太郎辞职，继而迫使东条英机于 7 月 18 日下台。东条内阁的倒台，表明日本法西斯统治走向崩溃、日本统治集团内部开始瓦解。

东条垮台后，于 7 月 22 日组成小矶国昭内阁。小矶内阁成立不久，8 月 19 日召开最高战争指导会议，决定通过了《对世界形势的判断》和《今后应采取之战争指导大纲》两个文件。《判断》认为，"自今年夏秋起，战争和政治局势的演变均将日趋严重"。"帝国应在采取政治策略措施的同时，坚决向完成战争迈进"。《大纲》的方针是："维护皇土，坚决完成战争。"在对外策略中则规定："对苏保持中立，进而求邦交之好转"；"对重庆迅速发动有组织的政治工作，以求解决中国问题。"小矶内阁的口号是"完成战争"和"突破困难"，8 月 4 日提出了"一亿国民总武装"，一面幻想"有利的议和"，一面准备"本土决战"的方针。

小矶内阁按 8 月 19 日会议决定，开始执行利用苏联"斡旋和平"和对国民党政府开展和谈的计划，并幻想能靠日军在菲律宾战役中获胜以扭转局势，从而出现对日有利的"结束战争之良机"。小矶内阁企图通过汉奸汪精卫同国民党政府"议和"，汪死于名古屋后又利用汉奸缪斌开展"议和"活动。9 月 5 日，最高战争指导会议提出"议和"的主要条件有：蒋介石还都南京，汪蒋合流；如果驻华美英军队撤退，日本也完全撤兵；伪"满洲国"不得改变现状，等等。

事态的发展使小矶内阁的种种如意打算全部落空。10 月下旬的莱特湾海战使日本联合舰队遭到毁灭性打击，从此一蹶不振；菲律宾亦于 1945 年 3 月丢失，继丢失硫黄岛之后，美军于 1945 年 4 月 1 日又在冲绳登陆，冲绳丢失已为期不远。日军是失败接着失败，"良机"的到来毫无希望，美军轰炸日本本土倒是千真万确地开始了。"对外策略"中的"议和"幻想也开始破灭：苏联方面，斯大林在 1944 年十月革命纪念日演说中明确指出："日本是侵略者，对侵略者必须采取彻底的措施。"对国民党政府的"和平工作"，也因国民党政府未作出日本所期望的反应和日本政府内部意见分歧而毫无进展。在危局中焦头烂额、走投无路，被称为"木炭内阁"的小矶内阁，遂于美军在冲绳登陆的 4 天后被迫总辞职。

经内大臣木户幸一等人推荐，昭和天皇命枢密院长、前侍从长铃木贯太郎海军大将组阁。4 月 17 日成立的铃木内阁是个准备投降的过渡内阁，人称"投降内阁"和"两栖内阁"。铃木内阁的成立意味着日本法西斯军事独裁体制的全面崩溃，以木户为中心的宫廷集团掌握了决策权。从此，日本统治集团一面虚张声势，叫喊要与美军"决战"以求得"体面地议和"，一面又企图通过种种途径，向反法西斯同盟国"求和"。

铃木组阁不久的 5 月 7 日，德国法西斯向盟国无条件投降，日本法西斯已在世界反法西斯力量的包围中陷于茕茕孑立、形影相吊的彻底孤立境地。昭和天皇于 6 月 8 日召开御前会议，决定了《今后应采取之最高战争指导基本大纲》。《大纲》表示，要"坚决完成战争"，建立"本土决战"体制，"以适应举国一致之皇土决战"。6 月 18 日，最高战争指导会议召开并一致决定："当我方尚拥有相当战力期间，以通过第三国，特别是苏联倡议和平为宜，最好能导致包括美英也承认我国体之和平。以 9 月以前能结束战争最为有利。"日本军部法西斯集团为进行"本土决战"进行了具体准备，妄图配备陆海军兵力 350 万人，特攻飞机 1 万架，海上特攻飞机 3300 架，他们设想的"本土决战"战场为九州南部和东京周围的关东地方两处。铃木内阁根据 6 月 8 日决定的《大纲》精神，于 6 月 22 日公布了《义勇兵役法》，规定 15—60 岁的男子和 17—40 岁的女子全部服兵役，组成"国民义勇战斗队"，实行"全民总动员"，建立"总体战体制"，妄图拼死顽抗。

为谋求"有利的议和"或"体面的和平"，木户在 6 月 9 日向昭和天皇提出了内容具体的《收拾时局对策草案》，其中心内容是，"请求目前尚处于中立关系的苏联代效调停之劳"，以求"体面地媾和"。其条件是，日本"放弃对占领地区的领导地位""主动撤军"；日本仅"满足于最小限度的国防"。东乡茂德外务大臣曾委托广田弘毅会见苏联驻日大使马立克，试图寻求无条件投降以外的议和条件。7 月 12 日，昭和天皇决定派前总理大臣近卫文麿公爵为特使，赴莫斯科谈判。近卫认为，如果与苏联谈判失败，就直接同美、英谈判。近卫在为赴苏谈判准备的《和平纲要》中规定，只以"保住皇统"为条件，不得已时也可考虑"当今天皇主动让位"，并且考虑放弃冲绳、小笠原群岛、库页岛和千岛群岛北部以及修改宪法。7 月 13 日，日本驻苏大使佐藤尚武向苏联政府发出了日本将派近卫特使访苏的照会。

但是，无论是"本土决战"的垂死挣扎计划，还是请苏联调停谋取"体面媾和"的美梦，都很快化为泡影。6 月 21 日美军占领了冲绳，已使日本统治集团中一些人清楚地看到"本土决战"无望，只能使日本本土化为废墟。所谓"本土决战",虽然摆出"背水一战""乾坤一掷"的架势,但实力空虚,力不从心,纯属虚张声势,自欺欺人。当时日本本土的驻军只有日本全军的1/5,仅就陆军而言,全部动员起来的"五体俱全者也不过200万人",而且正规军的装备率连50%都达不到。所谓"义勇队",也不过是法西斯体制崩溃之际的徒有虚名的最后一次"动员",除清理空袭后的废墟和充当劳工外,"义勇队"一事无成。他们的"武器",都是些100多年前"江户时代的家伙"。连铃木在首相官邸观看"武器展览",面对着竹枪、弓箭、钢叉时,也不禁哀叹道:"太不像话了!"美国空军对日本全国大、中、小城市的空袭,使整个日本已朝不保夕,人人自危,早无战斗力可言。

对苏联发出的派近卫特使访苏照会,进而请苏调停进行议和谈判的试探,亦一一落空,日本统治集团等来的回答是盟国公布的敦促日本投降的《波茨坦公告》和后来的苏联对日宣战。

盟国对日本的最后作战

1945年7月26日,中、美、英三国敦促日本法西斯无条件投降的《波茨坦公告》[①] 宣称:"日本必须决定一途,其将继续受其一意孤行之军人之统制,抑或走向理智之路?""吾人通告日本政府立即宣布所有日本武装部队无条件投降,并对此种行动诚意实行予以适当即充分之保证。除此一途,日本即将迅速完全毁灭。""开罗宣言之条件[②]必将实施。"《公告》还暗示盟国已拥有原子弹,其效能可使"日本本土完全毁灭"。

早在《公告》发表前一年,美国空军已从1944年6月15日开始对日本本土进行持续的大规模轰炸,11月1日起更对日本使用B—29重型轰炸机进行"地毯式轰炸"。太平洋战争期间,日本本土被投弹16万吨,其中14万多吨是B—29机所投。1945年3月美军占领硫黄岛后轰炸更为频繁,平均每月3000多架次,7月份高达2万架次。特别是3月9日和5月19日对东京的两次大空袭,使东京损失最为惨重。3月9—10日大空袭,使东京15平方英里的人口密集区化为焦土,市民被烧死者达98000人。5月19日大空袭,使皇宫的部分宫殿亦被烧毁,东京市区一半以上化为一片灰烬。美军不加区

---

① 参见本书张志的《苏美英首脑波茨坦会议》一文。
② 参见本书洪育沂的《开罗会议和开罗宣言》一文。

别地对日本大、中、小城市98座进行狂轰滥炸，其中72个城市并无军事设施，甚至"避开要害部门而过"。美国对日滥施轰炸，一方面使日本全国生产陷于瘫痪状态，亦使日本统治集团受到震惊，起到迫使其尽快投降的作用；另一方面，"已经隐藏着战后要在美国统治下把日本培育成远东工厂的意图"，因而受到世界公正舆论的谴责。截至日本投降，被炸大城市的烧毁率为：京滨地区为56%，名古屋为52%，阪神地区为57%。中小都市也在40%以上，个别城市如福井市高达96%。共烧毁房屋221万户，受灾人920万，炸死35万，炸伤42万。

美国于1945年7月16日第一颗原子弹试爆成功后，为掌握对日最后一战的主动权，总统杜鲁门决定向日本投掷仅有的另外两颗原子弹。8月6日上午8时15分，美国在居民密集的广岛市投下了第一颗原子弹，9日上午11时30分，又在长崎投掷了第二颗原子弹。如将爆炸后几年内因原子病而死亡者计入在内，广岛死亡20万人左右，长崎死亡122000人。美国投掷原子弹，确实可使美国军人减少牺牲，也造成日本统治集团的恐惧，加速了他们作出日本投降的决定，但美国使用这种大规模的杀伤武器时，日本败局已定，从军事上来说是毫无必要的，而且死伤的大部分是和平居民。

8月8日夜11时（莫斯科时间为下午5时），苏联政府对日宣战。9日零时，百万苏联红军以迅雷不及掩耳的猛烈攻势向侵占中国东北的关东军及朝鲜、库页岛日军发起全面进攻。当时关东军有60万—70万人，精锐已抽调南下，装备水平亦大不如前。在苏军打击下，一周之内即迅速崩溃。除83000余人被歼灭外，其余594000人全部投降。

与此同时，中国和亚洲各国人民也对日本侵略军展开了大反攻。

在中国敌后根据地战场，于苏联宣布对日作战的第二天，即8月9日，毛泽东发表《对日寇的最后一战》，指出："最后地战胜日本侵略者及其一切走狗的时间已经到来了"，"中国人民的一切抗日力量应举行全国规模的反攻"。[①] 翌日，八路军总司令朱德发布大反攻命令，要求八路军、新四军及其他人民武装向日伪军展开全面进攻，并限令日伪军无条件投降。11日，八路军总部又发布六项命令，要求各解放区武装部队展开积极进攻，迫使日伪军投降。八路军、新四军及其他人民武装，在东北、平津、归绥、太原、平汉、陇海、济南、胶东、津浦、沪宁、运河、广（州）九（龙）前线，向

---

① 《毛泽东选集》合订本，人民出版社1966年版，第1018页。

日伪军发起猛烈反攻，取得了巨大胜利，占领了广大农村。在总反攻期间，收复国土 315000 平方公里，解放 190 座城市，歼灭日伪军 23 万人以上。

在中国国民党战场，蒋介石集团在美国支持下，也展开反攻，抢占和接受沦陷区。国民党军队主要是占领城市。国民党陆军总司令部指派第一战区司令长官胡宗南到洛阳、第二战区司令长官阎锡山到太原、第三战区司令长官顾祝同到杭州、第五战区司令长官刘峙到南阳、第六战区司令长官孙蔚如到武汉、第七战区司令长官余汉谋到潮汕、第九战区司令长官薛岳到南昌、第十战区司令长官李品仙到徐州、第十一战区司令长官孙连仲到天津、第十二战区司令长官傅作义到归绥、第二方面军司令长官张发奎到广州、第三方面军司令长官汤恩伯到上海、第四方面军司令长官王耀武到长沙"接受日寇投降"。

1945 年 9 月 9 日，日本派遣军总司令官冈村宁次大将在南京向中国政府代表何应钦上将签署了投降书，标志着中国人民的八年艰苦、英勇的抗战，终于取得了最后的胜利。

在朝鲜，金日成将军命令长期战斗在朝鲜和中国东北的朝鲜人民军转入全面反攻，发动解放祖国的大决战，并在苏联红军帮助下解放了朝鲜，结束了日本帝国主义长达 36 年的殖民统治。

在越南，1945 年 8 月 13 日印度支那共产党在新潮召开全国代表会议，决定举行总起义，当天夜里发布了总起义命令。越南从北到南到处都爆发了人民武装起义。8 月 17、18 日，首都河内数十万群众举行政治总罢工。19 日，10 万群众的示威游行转为武装起义，当晚，起义军解放了河内。8 月 23 日，爆发顺化起义。25 日爆发西贡起义。日本傀儡政权保大"皇帝"被迫下台。越南八月革命取得了最后胜利，不仅制服了日本法西斯，而且推翻了近百年的帝国主义统治和上千年的封建君主专制制度。

在马来亚，抗日军于 1945 年 8 月通过英勇的战斗，强令日军投降，并接管了城市和乡村。9 月 5 日，英军在新加坡登陆。9 月 12 日，日军向盟军东南亚战区最高司令蒙巴顿将军投降。

美国对日本本土的轰炸及投掷原子弹、苏联的对日宣战，以及中国和亚洲其他各国人民的大反攻，敲响了日本法西斯的丧钟，终于迫使日本除迅速接受波茨坦公告宣布投降外，别无他途。

日本法西斯投降

在中、美、苏、英及亚洲其他各国人民的共同打击下，日本法西斯已完全陷入绝境。1945 年 8 月 9 日上午 10 时 30 分，日本最高战争指导会议在皇宫内举行，铃木首相首先表示，鉴于目前形势，日本只有接受波茨坦公告。陆军大臣阿南惟几和参谋总长梅津美治郎要求先讨论应否把战争继续下去，海军大臣米内光政建议附带条件接受波茨坦公告。外务大臣东乡茂德认为只可讨论附带"维持国体"条件一个问题。由于意见分歧，未能取得一致意见。同日下午 2 时半至晚 10 时半，铃木内阁连续召开紧急会议，阿南等仍主张除"维持国体"外，还必须附带三个条件：日本自行处理战犯；自主解除武装；盟军不得进驻日本，万一进驻，也应限制在最小范围内以最低数量实行短期占领，因此仍未作出任何决定。同日午夜，昭和天皇在皇宫防空洞内召开御前会议，会议讨论了两个多小时，与会者意见形成 3:3，仍相持不下，毫无结果。铃木根据事前同木户内大臣等人的默契，在会议即将结束时起立面请天皇"圣断"。天皇表示本土决战毫无可能，只有接受波茨坦公告。御前会议遂于 10 日凌晨 2 时 30 分结束。铃木立即召开内阁会议，让阁员们在同意接受波茨坦公告的文件上签字。10 日上午 6 时 45 分，日本外务省打电报给驻中立国瑞士和瑞典的日本公使，请两国政府将日本接受波茨坦公告的照会转交中、美、苏、英四国政府，但附有一项"谅解"，即认为波茨坦公告"不包含变更天皇统治国家大权的要求"。

8 月 12 日凌晨，日方收听到美国广播同盟国的答复，12 日下午 6 时后，日本驻瑞士和瑞典公使相继发回美国国务卿贝尔纳斯代表美、英、苏、中四国政府的正式复照。主要内容是，"自投降之时刻起，日本天皇及日本政府统治国家之权力，即须听从于盟国最高司令官"，"按照波茨坦公告，日本政府之最后形式将依日本人民自由表示之意愿确定之"。对此复照，日本统治集团再次争议。13 日上午 9 时，最高战争指导会议开会，下午 4 时，内阁又举行会议，争论均无结果。与此同时，美军舰基飞机猛烈轰炸关东和东北地区，又在广播中谴责日本故意拖延时间，并从 13 日下午 5 时至 14 日清晨派出飞机在东京等地大量散发日语传单，载明 8 月 10 日日本政府接受波茨坦公告的照会电文和同盟国的复照。这样就把日本政府一直讳莫如深的交涉秘密公之于日本人民，使日本统治集团深为不安。14 日上午 10 时 50 分，天皇再次在防空洞召开御前会议，会上仍争议不定，最后，天皇在凄惨沉寂中开始讲话。他说："我的异乎寻常的决心没有变……如果继续战争，无论国体或是国家的将来都会消失，就是母子都会丢掉。现在如果停战，可以留下将来发展的基础。……希望赞成此意。"天皇讲话后，铃木表示当即起草停战诏书。会议于正午结束后，日本政府随即拟就一份宣布接受波茨坦公告的诏书以及给同盟国的电报稿。这两份文件于 14 日 23 时拍发，天皇诏书还于 23 时 20 分录了音。近卫第一师团中的几名法西斯军官于 14 日深夜至 15 日凌晨闯进皇宫，图谋劫夺天皇诏书录音盘，事败自杀。15 日晨，陆军大臣阿南切腹自杀。此后，一批死硬的法西斯分子如陆军元帅杉山元、陆军大将本庄繁等亦纷纷自杀。15 日正午，日本广播协会广播了天皇宣读"终战诏书"的录音。至此，日本正式宣布接受波茨坦公告，向盟国投降，标志着日本法西斯彻底崩溃。

8 月 15 日，铃木内阁总辞职。8 月 17 日，皇族东久迩稔彦组阁，近卫文麿以副首相身份参加内阁，重光葵担任外相。同日，昭和天皇发布敕谕，命令国内外日本军队立即停止一切战斗行动。

8 月 28 日，美军先头部队在东京附近的厚木机场着陆，开始对日本本岛实行占领。

9 月 2 日上午 9 时，在停泊于东京湾的美国战列舰"密苏里号"上举行了投降书签字仪式。首先由日本外相重光葵代表天皇和政府、陆军参谋总长梅津美治郎代表大本营在投降书上签字；接着麦克阿瑟上将以盟国最高司令官的身份签字；然后是接受投降的九个盟国代表分别代表本国依次签字：美国代表尼米兹海军上将、中国代表徐永昌将军、英国代表布鲁斯·弗雷泽海军上将、苏联代表杰列维扬科中将、澳大利亚代表托马斯·布莱梅将军、加拿大代表穆尔—戈斯格罗夫上校、法国代表雅西·勒克莱尔将军、荷兰代表赫尔弗里希海军中将、新西兰代表艾西特空军中将。至此，正式宣告了日本法西斯战败投降，德意日轴心国发动的第二次世界大战，也以反法西斯同盟国的胜利而同时宣告结束。

联合国的建立

李铁城　魏能涛

联合国是第二次世界大战期间反法西斯盟国为巩固战争胜利成果、维护战后和平与安全而创建的国际性组织。它经历了酝酿、筹备和成立的历史过程。联合国的诞生在现代国际关系史上具有重大的历史意义。

联合国组织的酝酿

创建一个新的国际组织的设想，是战时盟国在同法西斯国家进行艰苦战斗的岁月中孕育的。

第一次世界大战结束仅十余年，法西斯国家便在东、西方不断挑起战端，并进而发动了规模更大、更为残酷的第二次世界大战。战争造成的浩劫向各国政治家和人民提出了一个严峻的问题：如何才能避免这种悲剧的重演，免使"后世再遭当代人类两度身历惨不堪言之战祸"？建立一个维护和平与安全的国际组织的设想正是在这种思想基础上产生的。

最早提出这一设想的是 1941 年 8 月 14 日由美国总统罗斯福和英国首相丘吉尔共同签署的《大西洋宪章》。宪章表示希望待最后摧毁纳粹暴政后，能建立一个"广泛而永久的普遍安全制度"。这一提法后来被盟国普遍认为是未来国际组织的同义语。这是最初播下的联合国的种子。

苏联对建立战后和平体制一事亦非常关注。1941 年 9 月 24 日，苏联政府代表驻英大使伊·米·迈斯基在战时盟国伦敦会议上宣布同意《大西洋宪章》，的基本原则。随后在同年 12 月 4 日苏波友好互助联合宣言中双方明确提出："在战争胜利并对希特勒战犯们给予适当的惩罚后"，"只有通过一个新的国际关系组织，将各民主国家联合在一个持久同盟的基础上，才能保证持久和正义的和平"。

1942 年 1 月 1 日，正在对法西斯轴心国作战的中、美、英、苏等 26 个国家的代表，在华盛顿签署了《联合国家宣言》。^① 各签字国政府一致宣布赞同以《大西洋宪章》的宗旨和原则作为盟国的共同纲领。这样，盟国便一致接受了要建立战后世界"广泛而永久的普遍安全制度"的设想，盟国首次使用"联合国家"一词，是采纳了罗斯福的建议，它代表反法西斯联盟。这时的联合国家虽与后来作为国际组织的联合国并不相同，但两者之间有着密切的关系，未来的联合国即脱胎于此。由于当时盟国压倒一切的任务是要打赢这场战争，因此它们既没有时间，也没有可能详细地规划未来。到 1943 年，战争形势已发生有利于盟国的战略性转折，胜利曙光在望，安排战后世界的问题就变得紧迫起来。美、苏、英等国从各自立场出发，对规划未来均十分重视，其中以美国尤为积极主动。

罗斯福鉴于第一次世界大战时威尔逊的教训^②，急于要在和平实现之前建立新的国际组织，以免重蹈美国在国联问题上的覆辙。他说美国不打算重犯上次大战的错误。罗斯福对战后组织的主要设想是：其一，能切实有效地维护和平，以防侵略国再发动新的世界大战；其二，希望美国能在其中起领导作用，以施加它的强大影响；其三，未来组织应是世界性的，不能成为虚弱无力的国联的翻版，强调大国要在维护战后世界的和平与安全中起国际警察作用。为此，罗斯福很重视解决以下两大问题：第一，必须争取苏联的支持与合作，否则新组织就难以具有真正世界性。第二，罗斯福重视中国的作用，坚持主张中国应享有大国地位。他这样做首先是出于承认中国在战争中作出的巨大贡献，也认识到中国蕴藏着巨大的潜力，必将享有远大的未来，在亚洲和远东起重大作用，但同时他也想借助中国以制约苏联，变中国为美国的帮手。

苏联则希望未来国际组织应成为防止德国再起的强大堡垒，认为它应拥

---

① 在《联合国家宣言》签字的 26 个国家，除中、美、英、苏四国之外，其他 22 国为：澳大利亚、比利时、加拿大、哥斯达黎加、古巴、捷克斯洛伐克、多米尼加、萨尔瓦多、希腊、危地马拉、海地、洪都拉斯、印度、卢森堡、荷兰、新西兰、尼加拉瓜、挪威、巴拿马、波兰、南非联邦和南斯拉夫。

② 在巴黎和会上，美国总统威尔逊为建立国联积极活动，多方策划，赢得了各国的赞同。和会于 1919 年 4 月 28 日通过国际联盟盟约。该盟约作为《凡尔赛和约》的一部分，由各国代表签字后，送交各国立法机关批准。但美国统治集团内部不少人认为《凡尔赛和约》未能体现美国的利益和目标，孤立主义者更多方反对。结果，参议院投票否决参加国联的提案，拒不批准《凡尔赛和约》，威尔逊企图建立并领导国联的计划失败。国联的领导权落到了英、法手中。

有制止侵略和维护和平的充分权威和手段。斯大林指出，它"不应当是既没有权力又没有手段来防止侵略的那个可悲的国际联盟的重演"。苏联强调要使新国际组织发挥充分效力，其首要条件是各大国必须"本着齐心和一致的精神行动"。当然苏联也极为关心新组织能从制度上切实保证自己的大国地位。

至于英国，由于国力大衰，它预感到再难享有昔日国联时的显赫地位，而只能紧随美国之后，与美国保持一致，以尽力守住英帝国的地盘。丘吉尔战时屡屡扬言，他绝不做帝国的"掘墓人"，绝不能让未来国际组织威胁到英国的殖民权益。

在这种背景下，美、苏、英等国开始了对未来组织的酝酿和协商。1943年10月，苏、美、英三国外长举行莫斯科会议，其主要任务之一是要讨论和签署由美国提出、并已取得英国赞同的《四国关于普遍安全的宣言》草案。会议曾就究竟是签署一个"三国宣言"或是"四国宣言"问题进行了争论，最后达成一致意见。10月30日，中、苏、美、英四国政府代表（中国驻苏联大使傅秉常、苏联外长莫洛托夫、美国国务卿赫尔和英国外交大臣艾登）正式签署了关于普遍安全的宣言。四国宣言明确地宣布："它们承认有必要在尽速可行的日期，根据一切爱好和平国家主权平等的原则，建立一个普遍性的国际组织，所有这些国家无论大小，均得加入为会员国，以维持国际和平与安全。"四国还宣布："各国将彼此磋商，并于必要时与联合国家中其他国家磋商，以便代表国际社会采取共同行动。"四国宣言已粗略地描绘出未来国际组织的一个轮廓，第一，建立一个普遍性的国际组织，凡一切爱好和平国家，不论大小，均可加入；第二，未来组织的基础是根据国家主权平等原则；第三，未来组织的宗旨是维持国际和平与安全；第四，四国还对要在"尽速可行"的时间内建立这一新的国际组织正式承担了义务，从而也表明了四国将要在其中处于特殊的地位。四国宣言迈出了筹建未来国际组织的关键性一步。

同年11月下旬，中、美、英、苏四国首脑又分别在开罗会议和德黑兰会议期间，就未来国际组织的总体设想和结构原则性地交换了意见，并取得了进展。

开罗会议前夕，中国方面准备在会议上提出的重要问题就包括有"筹建战后有力之国际和平机构"一项内容。开罗会议期间，罗斯福与蒋介石曾进行过一次长时间的会谈。据当时中方记录载：会谈首先讨论了有关未来国际组织的问题，双方一致认为中国应作为四强之一参加四强的一切机构。次日，中国代表团成员、外交部长王宠惠奉蒋介石指示，曾向霍普金斯递交照会，建议成立中、美、英、苏四国委员会，以负责联合国理事会的组织等事宜。接着在德黑兰会议上，罗斯福、斯大林和丘吉尔就未来国际组织问题直接交换了意见。斯大林赞同罗斯福关于未来组织应是世界性的而不是区域性的意见。三国首脑关于这一问题会谈的成果写入德黑兰宣言之中。

12月24日，罗斯福在谈到开罗和德黑兰这两次会议时说："英国、俄国、中国和合众国及其盟国，代表了全世界3/4以上的人口。只要这四个军事大国团结一致，决心维护和平，就不会出现一个侵略国再次发动世界大战的可能。"罗斯福的这番话在相当程度上反映了四国当时对战后世界的设想。

中国的大国地位得到了盟国的普遍赞同和一致承认，其意义重大，影响深远。这是中国人民以艰苦卓绝的斗争和巨大的民族牺牲，为世界反法西斯战争的胜利作出不可磨灭的历史贡献的必然结果。

联合国组织的筹备

德黑兰会议后，世界反法西斯联盟得到了进一步巩固。战时盟国在军事上和政治上卓有成效的合作，为筹建新国际组织的工作提供了良好气氛，大大加快了它的筹建步伐。

中、美、苏、英为落实四国宣言筹建新国际组织而采取的第一个具体步骤，是1944年夏末在华盛顿附近的敦巴顿橡树园举行的会议。为了尊重苏联在对日作战中的中立地位，会议分两个阶段进行，8月21日—9月28日，以斯退丁纽斯、葛罗米柯、卡多根为团长的美、苏、英三国代表团举行了第一阶段会议；从9月29日至10月7日，以斯退丁纽斯、哈利法克斯、顾维钧为团长的美、英、中三国代表团举行了第二阶段会议。由于与会各国接受了国联失败的教训，会前交换的方案比较接近，思想认识比较一致，会议进展颇为顺利。会议的成果集中地体现在四国一致同意的《关于建立普遍性的国际组织的建议案》中。该建议拟将新国际组织命名为"联合国"，新组织应包括大会、安理会、国际法院和秘书处4个主要机构。另外，为提高对国际经济、社会及其他人类福利问题的重视，新组织应成立隶属于大会及大会权力之下的经济及社会理事会，维护和平与安全的主要权力由安理会承担，中、美、英、苏及"于相当时期后"的法国应拥有常任理事席位，安理会的决议对所有会员国都有约束力。大会的重要决议应以与会投票之会员国 2/3 多数决定，其他决议应以简单多数决定，建议案还包括修正和过渡办法两项内容。

在会议的第二阶段，中国代表团在建议案的基础上，提出了三点补充建议：其一，明白表示在和平解决争端上，国际组织应适当考虑正义和国际法，不应只顾及政治的便利。其二，大会应承担促进国际法的编纂和发展的任务。其三，经济和社会理事会应扩大到教育和其他文化合作。这些建议对联合国组织具有重要的意义，得到美、英的同意，并通过外交文书征得苏联的同意，后来作为四国一致同意的提案交给旧金山大会。

在敦巴顿橡树园会议上尚有两个重要问题没有解决。

第一，关于安理会的投票程序问题。鉴于安理会在未来国际组织中处于极端重要的地位，美、苏、英三国对于安理会的常任理事国应该享有否决权这一总的原则并无异议，但美英坚持认为，如果一个大国是争端的当事国，它就不应享有否决权。苏联代表团对此持反对意见，它不同意在任何情况下取消否决权，认为大国间的一致，应成为采取任何行动的一项绝对必要的条件。苏联代表团建议制定当大国之一卷入争端时投票表决的特别程序。会议最后决定把这一问题搁置起来。敦巴顿橡树园建议案中只是讲，安理会的投票程序仍在考虑之中。

第二，关于未来国际组织的创始会员国的资格问题。美国提出除在《联合国家宣言》上签字的 26 个国家外，再加上 8 个没有向轴心国宣战的国家（其中有 6 个是拉美国家），苏联反对接纳非宣战国。当美国坚持己见时，苏联代表葛罗米柯在 8 月 28 日提出，假如 16 个苏联加盟共和国也被列入创始会员国之内，苏联就同意接纳这 8 个非宣战国。苏联的反建议，使美英两国代表斯退丁纽斯和卡多根“立即表示葛罗米柯的建议将会引起很大困难”。美国国务卿赫尔对此也“大吃一惊”。罗斯福则认为这是“荒谬的”，他说在任何情况下美国都不能接受这样的建议，并指示斯退丁纽斯向葛罗米柯说明，就像美国要求接纳 48 州为战后国际组织的会员国一样，这会引起无穷纠纷。罗斯福坚决主张对这个问题严守秘密，并于 8 月 31 日致电斯大林进行紧急磋商。最后经双方同意，将这一问题暂时搁置下来。

虽然有上述分歧，敦巴顿橡树园会议仍是筹建联合国的一次意义重大的会议。会议通过的建议案，大致勾画出了联合国的蓝图，为旧金山会议奠定了坚实基础。

罗斯福和斯大林对这次会议所取得的成就，都给予了很高评价。罗斯福把会议的建议称之为"国际上政治合作的奠基石"。斯大林把这次会议视为"联合国战线巩固的鲜明标志"。

会议以后，美苏双方仍就两个未决问题继续进行磋商。1944 年 12 月 14 日，罗斯福在给斯大林的信中，提出了有关安理会表决程序的方案：第一，安全理事会每一理事国应有一个投票权。第二，安全理事会关于程序事项的决议，应以七理事国的可决票表决之。第三，安全理事会对于其他一切事项的决议，应以七理事国的可决票、包括全体常任理事国之同意票表决之；但对于争端的和平解决的各事项之决议，争端当事国不得投票。

在 2 月 6 日举行的雅尔塔全体会议上，美国国务卿斯退丁纽斯就上述方案做了说明。他说，美国的方案"是完全符合大国在维持国际和平方面所担负的特殊责任的"，因为建议规定了"对于维持和平有关的最重要的决议，其中包括所有经济和军事的强制性措施在内，需要有安理会常任理事国的一致同意"。他还说，美国方案确认，任何可能发生的争端的和平解决，"有关的任何主权国家都有权申述它的实际情况"。他列举了哪些问题是需要常任理事国一致做出决议，哪些是当事国、即使是常任理事国也不得参加投票的问题。

对美国的方案和说明，英国首表同意。丘吉尔表示，应该允许别国发表自己的意见，但大国应受到否决权的保护。例如，英国无法阻止中国和埃及提出收回香港和苏伊士运河的要求，但可以使用否决权来阻止两国达到自己的目的。斯大林把"雅尔塔公式"明确地概括为凡属要采取经济、政治、军事或其他某种强制手段加以解决的争端，应有辩论的自由，但要通过决议，必须要全体常任理事国一致同意，即便是争端的当事国。凡属可以通过和平方式解决的争端，争端的当事国，即便是常任理事国，也不得投票。也就是说，大国可以通过否决权，阻止安理会采取任何自己所不同意的强制性措施，但不能用否决权阻止安理会审议和用和平手段解决该国所卷入的任何争端。在得到联合国的权力不能用来反对美、苏、英三大国的明确、肯定答复之后，苏联于 2 月 7 日宣布同意接受美国的方案。这样，三国就安理会的表决程序达成了协议。"雅尔塔公式"的规定，赋予大国在实质性问题上的否决权，这是当时历史条件下的产物。在战争中，大国起着主要作用，使它们在反法西斯同盟中享有特殊的地位。当它们具体筹划新的国际组织时，如何使新组织行动有效，如何维护大国自身的利益不受该组织的侵犯，并将大国的特殊地位用法律形式肯定下来，是需要解决的两个重要的问题。实行大国一致原则——大国享有否决权，正是一个两全其美的办法。正是设计者们的这种双重动机，造成了否决权的两重性：一方面，它强调大国一致原则，期待五大国合作采取迅速有效的行动，使安理会能更好地履行其维持国际和平与安全的责任。这在当时是必要的。因为从当时的情况看，防止法西斯的再起，维护和平与安全，没有五大国的合作是不可能的。同时，否决权可以避免某些国家利用机械多数把自己的意见强加于人，用专横的方法解决国际争端，从而防止安理会采取轻率行动，避免联合国成为某一国家或集团的工具，苏联当时还是世界上唯一的社会主义国家，否决权可以防止资本主义大国利用联合国达到与维护和平和安全毫无共同之处的目的，这在当时也是有积极意义的，有利于维护联合国的权威和公正性。但是，另一方面，否决权否定了安理会其他理事国投票的平等价值，违反了联合国宪章规定的主权平等原则。它不但使大国在解决国际争端及其他问题上具有高于一般国家的权力，而且获得了免受该组织裁决的特权，造成了联合国不能解决大国争端的结构因素，这势必影响联合国作用的发挥。

在雅尔塔会议上，对苏联提出的额外投票权问题，三国经过协商，达成谅解，美英支持乌克兰和白俄罗斯为联合国创始会员国。同时三国还达成一项默契：如果美国也提出增加投票权的要求，英苏也支持美国享有同苏联相等的三票。当这一消息透露出去以后，美国公众和舆论纷纷指责美苏进行"幕后交易"，迫使美国政府在4月3日不得不正式宣布，美国除继续支持苏联的要求外，它将不在旧金山会议上为自己谋求三个投票权。

会议还决定，"1945年4月25日在美国旧金山召开联合国会议，以便按照在敦巴顿橡树园非正式会谈中所建议的方针起草这一组织的宪章"。被邀请参加会议的国家，应是1945年2月8日前在《联合国家宣言》上签字的国家、1945年3月1日前向共同敌人宣战的国家。会议建议中国和法国同苏、美、英一起，共同作为旧金山会议的发起邀请国。中国政府接受了这一建议。法国同意参加会议，但决定不担任发起国。

1945年3月5日，美国代表中、美、苏、英四发起国向有关国家发出召开联合国家国际组织会议邀请书。邀请书提议以敦巴顿橡树园会议建议案为基础，雅尔塔会议关于安理会表决程序问题的规定作为建议案的一部分，提交旧金山大会，讨论制定联合国宪章。同时，还提请每一被邀请国家对建议案提出修正意见。

旧金山会议

在旧金山会议召开以前，世界各国对敦巴顿橡树园建议案集体地和单独地进行了研究和讨论，提出了各种各样的意见和修正案。到 1945 年 5 月 5 日，各国提出的修正案近 1200 个。

1945 年 4 月 25 日，旧金山制宪会议隆重召开，这是世界外交史上一次规模空前的盛会。参加会议的开始有 46 个国家的代表团。除了四个发起国外，还有最早在《联合国家宣言》上签字的除波兰以外的 21 国①，以及后来在宣言上签字并向轴心国宣战的 21 个国家②，连同会议期间接纳的乌克兰、白俄罗斯、阿根廷和丹麦，使会议参加国最后达到 50 个。会议没有邀请中立国家爱尔兰、冰岛、葡萄牙、瑞典；被德日占领的国家奥地利和暹罗；未被美英承认的国家阿尔巴尼亚、蒙古；以及德日以前的盟国意大利、罗马尼亚、保加利亚、匈牙利和芬兰。各国出席会议代表共 282 名，各代表团的随行人员 1726 人，大会秘书处工作人员 1058 人，到会采访记者达 2636 人。率领中、美、苏、英、法五国代表团的首席代表为宋子文、斯退丁纽斯、莫洛托夫、艾登和皮杜尔。中国共产党的代表董必武作为中国政府代表团成员参加了会议。

旧金山会议大致可分为三个阶段。

第一阶段，从 4 月 25 日至 5 月 2 日为大会一般性辩论，并研究和讨论了有关会议的组织工作。

首先由各与会代表团首席代表在全体大会上发言，表明各国对国际组织的态度。会议决定设立由各国首席代表组成的指导委员会，并选出由中、美、苏、英、法等 14 国首席代表组成执行委员会，协助指导委员会工作。会议商定大会主席由四大发起国首席代表轮流担任，指导委员会和执行委员会主席由斯退丁纽斯担任。为便于制定联合国宪章，会议成立四个专门委员

---

① 波兰因其临时政府尚未得到美英等西方国家的承认，未被邀请参加会议，但同意它随后作为创始会员国之一签署联合国宪章，波兰新政府直到 6 月 28 日才宣告组成，已来不及参加制宪会议。波兰于 1945 年 10 月 15 日在宪章上补签了字。

② 这 21 个国家是（按参战时间顺序）：墨西哥、菲律宾、埃塞俄比亚、伊拉克、巴西、玻利维亚、伊朗、哥伦比亚、利比里亚、法国、厄瓜多尔、秘鲁、智利、巴拉圭、委内瑞拉、乌拉圭、土耳其、埃及、沙特阿拉伯、叙利亚和黎巴嫩。

会，下辖12个小组委员会，将宪章草案的各个部分分别交给各专门委员会研究。会议决定，将敦巴顿橡树园建议案和雅尔塔公式以及中国提出并经其他三国同意的三点补充建议，作为制宪工作的基础。会议还决定，以四大发起国名义提出的，实际上吸收了各与会国修正案许多内容的，并被会议通过的27条修正案，一并作为敦巴顿橡树园建议案的一部分。会议组织程序规定，一切关于实质问题的决议应以到会及投票者的2/3多数通过，一切程序事项的决议以过半数票通过方能有效。会议决定以中、英、俄、法和西五种语言为大会的正式语言。此外，会议还通过了邀请四个新参加国的决定。在接纳阿根廷时，美国自恃拥有多数票，强行表决，开创了联合国内操纵投票的恶劣先例。

第二阶段，从5月3日至6月20日称"委员会阶段"，专门讨论和制定宪章，是会议最长，亦是最重要的一个阶段。

由于制定宪章关系重大，必须成为各国关注的中心。在一些重要问题上，中小国家与大国之间、发起国之间，尤其是美苏之间，都曾发生过很大争论。各专门委员会讨论和进展情况大体如下。

负责研究联合国的宗旨、原则和组织问题的第一专门委员会与负责研究国际法院和所有其他法律问题的第四专门委员会的工作进展较快。与其他两委员会比较，争论不大，都就有关问题顺利地达成了协议。

负责研究大会和托管问题的第二专门委员会曾出现过很大争论。澳大利亚等中小国家代表提出主张扩大大会权力的提案，认为大会应有权讨论"国际关系范围内的任何问题"，并有权就此向各会员国或安理会或二者同时提出建议，这一提案遭到苏联的反对。最后达成妥协，通过了下列修正案："大会得讨论本宪章范围内之任何问题或事项，或关于本宪章所规定任何机关之职权；并除第十二条①所规定外，得向联合国会员国或安全理事会或兼向两者，提出对各该问题或事项之建议。"该修正案较之原建议案中规定，大会的权力有所扩大。托管问题是敦巴顿橡树园会议未涉及的问题。在雅尔塔会议上，三大国商定，将制定一个新的托管制度来代替国际联盟的委任统治制度，联合国宪章中可以包括托管制度的规定，并确定了适用托管制度的领土范围，而托管制度的条款则留待旧金山会议决定。五大国和澳大利亚都

---

① 该条规定：当安理会对于任何争端或情势，正在执行本宪章所授予该会之职务时，大会非经安理会请求，对于该项争端或情势，不得提出任何建议。

向制宪会议提出了托管方案。争论主要集中在托管目的上，中、苏等国提案都主张最终要实现独立的目的，与英、法要维护旧的委任统治制度的企图明显对立。美国立场居间，态度暧昧。经过反复争论，最后达成的协议规定，托管制度的基本目的之一是"增进其趋向自治或独立之逐渐发展"。会议还就托管制度的其他问题达成了协议。托管制度并未否定殖民制度，但协议把"增进其趋向自治或独立之逐渐发展"定为托管目的，使殖民地人民的民族自决权利在国际上得到如此广泛承认，并在国际文件上给予确认，还是具有积极意义的。由于广大中小国家的努力，对建议案中有关经社理事会的权力做了重大修改，并把经社理事会列为联合国的主要机构之一。

争论最多和最为激烈的是负责研究安理会问题的第三专门委员会，其中尤以安理会的权限和否决权问题最为尖锐。为此一度出现40多个中小国家与几个大国对立的局面。会上，澳大利亚等许多中、小国家纷纷对大国在安理会享有的权力表示不满，认为"各大国经协商而握有的、作为自己专门特权的否决权"，"是小国和大国不平等的典型表现"，都强烈要求予以修改、缩小甚至取消否决权，并为此提出了种种修正方案，它们还集中各方面的意见，共提出23个问题，要求四发起国回答与解释。

当四大国讨论如何回答中小国家就安理会表决程序提出的问题时，再度发生分歧。苏联代表认为，否决权适用于决定一个问题和争端是否应予讨论的问题在内。一项争端，必须先由大国一致投票决定把它列入议程，然后安理会才能讨论。苏联代表宣称，雅尔塔公式第三款的"其他一切事项"，就包括了这一点。中、美、英三国一致反对苏联的这种见解。美国认为，雅尔塔公式保障安理会讨论的自由，并保障任何理事国有权将任何问题提交安理会讨论。安理会是否讨论该问题，乃是属于一个程序问题，应用简单多数决定。双方意见尖锐对立，一度使制宪会议陷于瘫痪，最后杜鲁门通过在苏联访问的霍普金斯，直接与斯大林交涉。斯大林同意接受美国的立场。在这一基础上，中、美、苏、英四大国经过商讨并统一意见后，发表了"四发起国代表团关于安理会表决程序的声明"，对"雅尔塔公式"做了进一步说明和解释。针对中小国家提出的问题，四国声明对和平解决争端的有关程序做了重点说明。为了平息中小国家的不满，声明辩称："常任理事国，在雅尔塔公式下并不发生赋予它们一种新的权力，即否决权的问题，因为这种权力是国际联盟行政院的常任委员所一直享有的。""依照雅尔塔公式，五大国单凭它们自己是不能够采取行动的，因为即使在一致同意的条件下，安理会的任何决议还必须包括至少两个非常任理事国的同意票，换言之，五个非常任理事国有可能作为一个集团而行使否决权。"

面对中小国家企图限制大国权力的要求，四国毫不含糊地声称："鉴于常任理事国负有主要责任，在目前的世界情况下，不能期望它们缘于一项它们所未同意的决议而在维持国际和平与安全这样严重的事项上担负起行动的义务。""如果要创立一个国际组织，而通过该组织所有爱好和平的国家能够有效地履行它们维持国际和平与安全的共同责任的话，这一公式是必要的。"

对于四国声明，许多中小国家仍有保留和不满，但它们企图限制否决权的种种努力终于未能奏效。最后，根据加拿大提案通过一项决议，载入宪章的第109条，规定宪章生效10年后，如宪章没有通过正式手续做过修改，就可以根据大会过半数及安理会任何7个理事国的可决票，举行一次对宪章的"审查会议"，这样才使许多中小国家勉强接受了否决权。雅尔塔公式以30票赞成、2票反对、15票弃权和3票缺席得到通过，正式列入宪章的第27条。

第三专门委员会还就区域性组织问题达成协议，承认区域性组织包括在联合国范围之内。联合国会员国受到武力攻击时，在安理会采取措施以前，可以行使单独或集体自卫的权利。同时，还承认为了防范第二次世界大战中的任何敌国而采取的步骤或在区域办法内采取防备敌人再次侵略的步骤有效。

到6月20日，各专门委员会的工作全部结束。

第三阶段，6月21—25日，由指导委员会和执行委员会所属的各有关机构对各专门委员会制定的宪章条文进行文字上的修撰和审查。

6月25日晚，全体大会一致通过了联合国宪章及作为"宪章之构成部分"的国际法院规约。

6月26日早晨，在退伍军人礼堂举行了签字仪式，历时八小时。各国代表均在宪章的五种文本（中、英、俄、法、西）上签字。中国代表团第一个签字，接着是苏联、英国和法国的代表团，然后是其他国家的代表团依照英文字母的顺序签字。美国作为东道国，最后签字。当时在宪章上签字的总共有153名全权代表。董必武作为中国代表团正式代表之一，也在宪章上签了字，表明中国共产党从一开始就支持战后国际安全组织的建立。这一天，后来被联合国定为"宪章日"。在宪章上签字的51个国家被称为联合国的创始会员国。

6 月 26 日晚，旧金山会议举行盛大的闭幕式，中、美、苏、英、法等 10 个国家的代表在闭幕会上发言，盛赞会议所取得的成就，最后由美国总统杜鲁门发表演说。历时两个月的具有历史意义的旧金山制宪会议圆满结束。

联合国及其宪章的意义

旧金山会议签署的联各国宪章，在中国、法国、苏联、英国和美国以及其他多数签字国批准宪章后于 1945 年 10 月 24 日生效，至此作为新的国际安全组织的联合国宣告诞生。1946 年 1 月 10 日—2 月 14 日，首届联大第一阶段会议在伦敦举行，51 个创始会员国参加了会议。这是联合国的一次成立大会。大会正式建立了联合国的组织机构，并决定接受美国国会邀请，将联合国永久总部设在纽约，联合国正式开始工作。联大在 1947 年 10 月底作出决定，将 10 月 24 日（即联合国宪章生效的周年纪念日）正式定名为"联合国日"，以作为纪念。

联合国宪章全面、完整地规划出了联合国的蓝图，是联合国一切活动的准绳和依据。宪章由序言和 19 章共 111 款条文组成，包括有宗旨和原则、会员、组织机构和职能以及宪章修正等主要部分。

联合国宪章规定，联合国的宗旨是维护国际和平与安全，发展各国之间以尊重人民平等权利及自决原则为基础的友好关系，促进经济、社会、文化等方面的国际合作和增进对于全体人类之人权及基本自由之尊重，作为协调各国行动的中心。为实现此宗旨，联合国依照下列原则行事：各会员国主权平等；各会员国应忠实履行宪章规定的义务；应以和平方法解决国际争端，避免危及国际和平、安全及正义；各会员国在国际关系中不得以不符合联合国宗旨的任何方式进行武力威胁或使用武力，不得侵害任何会员国或国家之领土完整或政治独立；各会员国对联合国依照宪章采取的任何行动应给予一切协助，在维护国际和平与安全的必要范围内，联合国应确保使非会员国遵行上述原则；联合国不得干涉在本质上属于任何国家国内管辖的事项。

宪章规定联合国应由 6 个主要机构组成，即大会、安全理事会、经济及社会理事会、托管理事会、国际法院和秘书处。大会由全体会员国组成，是联合国主要的审议机构，有权对宪章范围内的任何问题或事项进行讨论并提出建议，但对安理会正在审议的争端，非经安理会的请求，大会不得提出建议。大会还有接受并审议安理会及联合国其他机构的报告等职权。安理会在维护国际和平与安全方面负有主要责任，它有权作出全体会员国都有义务接受并执行的决定，它的决议对各会员国具有法律约束力。经社理事会是在大会权力之下，协调联合国及各专门机构即所谓"联合国组织系统"的经济和社会工作的机构。托管理事会是联合国负责监督对置于国际托管制度下的领土的管理机构。国际法院是联合国的主要司法机关，它依据作为宪章组成部分的国际法院规约执行其职务。秘书处为联合国前述机构服务，并执行这些机构制定的计划和政策，秘书长是联合国的行政首长。宪章明确划分了6个主要机构的权限，既有区别，又有联系，注意权力和责任之间的平衡，目的是想从结构上铲除曾导致昔日国联瘫痪的那些弊端。

事物总是有局限性的，联合国宪章只能反映出到第二次世界大战结束为止的那个时代国际关系的特点。它将随着时代的前进而不断修订、完善和发展，而且把宪章的宗旨和原则真正化为指导国际关系的行动，则是一件比制定宪章更为困难的事情，但绝不能据此而低估宪章的历史作用。无疑，联合国宪章是当代国际关系史上一部划时代的文献。

纵观联合国酝酿、筹备、建立的历史，至少可以得出以下几点认识。

第一，建立一个新的国际和平安全组织的思想是战时盟国面对严峻的现实、总结历史的教训、怀着对未来和平与安全的追求而提出、并不断加以完善的。它是植根于各国人民要求和平与安全、反对世界战争的思想沃土之中的，是当时历史条件下的必然产物。它的出现绝不是偶然的，也绝不只是出于某些政治家的个人意愿和个别国家的特殊需要。

第二，联合国诞生是反法西斯战争的胜利成果，是反法西斯联盟合作的结晶，是战时盟国共同缔造的产物。没有反法西斯战争的胜利，自然谈不到有联合国，没有战时盟国卓有成效的合作，也同样没有联合国。可以认为，盟国共同决议利用战时有利时机成立联合国，是谋求战后和平的一个有远见的战略措施。如果把建立联合国的时间放到战后冷战的气氛中，恐怕很难会有今天的联合国。因此，联合国只能是联合的结果，只能是战时盟国以重大牺牲为代价赢得的成果，绝非某人、某国的工具和附属品。

第三，联合国的建立是战时盟国实行平等协商、克制容恕原则的胜利，它体现了各国之间"以善邻之道，和平相处"的精神。为建立战后和平体制，社会制度并不相同的各盟国、特别是美苏两大国之间，将种种分歧矛盾暂置一边，求同存异，通过反复协商、相互妥协，最后达成了一致。盟国为筹建联合国所作的共同努力，给后来解决复杂繁难的国际问题提供了可资借鉴的丰富经验和教训。

诚然，在筹建中的联合国也有阴暗面，暴露出和潜伏着的分歧、矛盾确实不少。否则，后来刚刚出世的联合国就不会屡犯错误，以致被大国的强权政治弄得举止乏力、行动不灵、威望猛跌。

但联合国毕竟是当代世界最大和最有权威性、最有影响的国际组织，它的建立是第二次世界大战结束时具有重大历史意义的事件。首先，它对巩固反法西斯战争胜利，防止法西斯东山再起和制止侵略，发展各国友好关系和促进国际合作都具有重要作用，它的出现，无疑是战后世界的一大进步。其次，联合国宪章吸收了国际法和国际关系中许多进步、民主和平等的原则，宪章不仅是各会员国必须共同接受的法规，而且已成为指导国际关系的重要文献，它所阐明的许多原则已成为国际法的基本准则。再次，联合国创始国就有 51 个，遍布五大洲，具有空前的广泛性和普遍性。战后历史表明，联合国虽然屡遭磨难和挫折，犯过大大小小的错误，但对维护国际和平和安全事业，仍然是一个难以取代的组织。

纽伦堡国际军事法庭对纳粹战犯的审判

李兰琴

第二次世界大战结束之后，欧洲国际军事法庭于 1945 年 11 月 20 日——1946 年 10 月 1 日在德国纽伦堡城开庭，对 21 名纳粹德国首要战犯进行了审讯和判决。

国际军事法庭的设立

早在 1941 年，欧洲的比、希、卢、挪、荷、波、南、法八国在伦敦的流亡政府，就设置了联络会议，专门研究战后如何处罚战犯一事。次年 1 月 13 日发表圣詹姆斯①宣言，确定通过司法手续惩罚战犯。1943 年 10 月，它们成立了联合惩办战犯委员会，并初拟过战犯名单。

1943 年 10 月下旬，苏、美、英三国外长在莫斯科开会，通过了《关于希特勒分子对其所犯罪行责任问题的宣言》，这个宣言由三国政府首脑签署。其中载明：战犯们"将被解回犯罪地点，由他们所曾迫害的人民予以审判"。宣言警告罪犯们："……三个盟国必定要追赶他们到天涯海角，将他们交给控诉他们的人，俾使公道得以伸张。"

在同年召开的德黑兰三国首脑会议上，斯大林义正词严地敦促：要尽快地对全部德国战犯进行公正的裁判，并对他们严加惩治。他的话充分表达了人民惩治法西斯首恶分子的愿望。1945 年初的雅尔塔会议公报重申：要使一切战争罪犯受到公正而迅速的惩办。接着苏、美、英、中四大国于同年 5 月旧金山召开的联合国创设会议上，又就一系列审判战犯的具体问题进行了热烈的讨论，决定于 1945 年 6 月 22 日在伦敦举行会议，共议设立欧洲国际军

---

① 圣詹姆斯为借用伦敦的英国王宫名称。

事法庭的具体事宜。

在 1945 年 7—8 月的波茨坦会议上，苏、美、英三国首脑郑重签署了《波茨坦会议议定书》，其中包括了设立军事法庭审讯战犯的条款。嗣后，英、美、法苏四国政府于 1945 年 8 月 8 日正式缔结了关于控诉和惩处欧洲轴心国主要战犯的协定，简称"伦敦协定"。不久后陆续有 20 个国家参加该协定。它包括一项附属文件，即国际军事审判条例，内容共 30 条，对设置法庭的目的、任务、法庭的职能、机构、管辖权等一系列问题，都做了明确、详尽的阐述，它规定，签约四大国应各派遣一名审判官、一名代理审判官主持审讯、判刑事项。条例还就对战犯进行起诉的理由陈述如下（要点）。

第一条，破坏和平罪：系指策划、准备、发动或进行侵略战争，或违反国际条约、协定或保证的战争。或参与实施上述任何罪行的共同计划或阴谋。

第二条，战争罪：指违反战争法规或惯例。此罪行包括但不限于虐待或杀害俘房、人质、奴隶劳工及掠夺财产、破坏城镇等。

第三条，违反人道罪：指战争发生前或战争期间对任何平民的杀害、灭绝、奴役及其他不人道的行为。

条例规定由缔约国首席起诉代表组成起诉委员会。委员会确定了被定为首要战犯的名单。所谓"首要"者，系指被告"在纳粹政权中所保持的骨干地位，即不仅行为恶劣，而且责任重大"。委员会在审判开始之前，即把起诉书副本交各被告人手一份。起诉书共 66 页，是由各国首席起诉代表共同签字后才正式发出的，它列举了被指控的被告人、被告组织和集团的重大罪行。但允许被告加以申辩，规定每个被告有权任选德籍律师一名。

审判地点选在德国纽伦堡市寓意颇深：该城在历史上留下过创建和践踏人类文明的双重记录。第二次世界大战中它又蒙受了法西斯强盗的玷辱。1935 年在此颁布过臭名昭著的纽伦堡法，该法规定取消犹太人的德国国籍，还把迫害犹太人的做法公然列入法律。从 1933 年到 1938 年，纳粹党（即民族社会主义德意志工人党，简称民社党）均在此城举行党代会，故希特勒把纽伦堡"誉"为帝国党代会之城。如今，人民正是要在法西斯曾炫耀其成就的地方永久记下他们的耻辱，这是历史的讽刺。

开审之前，盟国进行了充分的准备：法庭掌握了大宗文献，包括纳粹的文件、外交和军事上的记录、信札、日记等数千件。这是盟国从纳粹的官邸、别墅、地下室，甚至盐矿中及假墙的夹缝中搜索缴获的，总量逾千吨。

从中精选出可作为证据的材料，再加核查、分类、登记、复印，并分别译为英、法、俄文，最后呈交检察官备用。此外还集中了一批证人，多是事先盟军在搜捕过程中有意识地寻找和保全的适宜充当证人者，有苟活下来的纳粹同伙，也有部分是暗中反对纳粹政权者。这些人有条件向法庭提供重要证词。

10月上旬，罪犯们被押解到纽伦堡候审。美军上将、心理学家安德鲁斯被任命为纽伦堡监狱狱长，管理全体在押人员。至此一切准备就绪，只待开庭。

开庭与起诉

1945年11月20日上午10时03分，庄严肃穆的欧洲国际军事法庭在纽伦堡法院的正义宫开庭了。大厅正面竖立着苏、美、英、法四国国旗，旗前设审判官席。对面是律师席位，被告坐在律师身后。大厅左、右两侧分别为检察官和证人席。厅内有数排座位专供各国记者之用。旁听席在楼上。

开庭之日，审判官们身着黑色法衣（苏联审判官着笔挺的军服）威严入座，21名被告在美国军人的押解下神情沮丧地进入大厅，其他人员先已各就各位。审判长劳伦斯首先讲话，接着四国起诉代表分别致开庭词，他们都强调了这次审判的严肃性与重要性，表示将公正无私地履行这次正义审判的义务。之后法庭宣读了审判规程。

11月21日，各国检察官宣读起诉旨意。美国检察官指出，被告"是把《我的奋斗》的梦想变为现实的魔术家"，是"狂妄的、罪恶冒险行为的积极参与者和领导者。他们是扑灭自由火焰的帮凶，是织成铺盖欧洲大陆的黑色丧服的经和纬，是一伙无所顾忌的歹徒"。接着，苏、英、法三国代表也强烈谴责了纳粹被告的罪行。

受到起诉的德国首要战犯共24名。其中被告鲍曼未缉拿归案，被告莱伊在狱中畏罪自杀，被告克虏伯获准暂不出庭受审，故实出庭者21名。法庭起诉书列举了24名被告的主要罪状，他们是：

赫尔曼·戈林：纳粹政权第二号人物。1922年加入纳粹党，历任国会议员、不管部部长、航空总监、普鲁士总理、陆军将军，后作为四年计划全权执行人总揽德国经济大权，还负责控制和掠夺被占国经济。1938年"荣升"陆军元帅，后被加封绝无仅有的"帝国元帅"。希特勒曾两次颁令宣布在他

"遭遇不测"时戈林是他的"全权继承人"。戈林发展起秘密警察并创建最早的集中营,积极参与迫害犹太人,是侵略战争的指挥者和推动者。他曾竭力榨取被占国民脂民膏,残酷虐待各国奴隶劳动,抢掠和私吞被占国艺术珍宝。

约翰·里宾特洛甫:1932年加入纳粹党,曾任希特勒外交政策顾问、驻外大使等。1938年任外交部长。曾参加纳粹一系列重要会议,策划和推动侵略战争。参与炮制慕尼黑阴谋,胁迫哈查总统就范,签署了所谓《对波希米亚和摩拉维亚的保护关系法》,还曾诱使英国放弃对波兰的保护。

威廉·凯特尔:德国陆军将领,国防军最高统帅部长官。参与吞并奥地利勾当,对奥总理许士尼格施加压力。参加制订、签署和实行多项侵略他国的军事计划。

恩斯特·卡尔滕布龙纳:1932年加入奥地利纳粹党和党卫军。1941年任奥保安部长,对德国吞并奥地利起特殊作用。1943年继任刽子手海德里希之职,成为秘密警察和保安队勤务处头目,德国保安总局局长。对集中营内种种罪行负有不可推诿的责任。参与虐待奴隶劳工和"最后解决"犹太人行动。

阿尔弗雷德·罗森堡:1919年加入纳粹党,是公认的"纳粹思想家"。主编纳粹刊物并撰写《二十世纪的神话》一书,大肆发展和传播民族社会主义,还主持纳粹的思想和教育研究工作。1941年起任德国东方占领区事务部长,执行希特勒对被占区控制、管理、榨取的指令。

汉斯·弗兰克:1927年加入纳粹党。曾任德国政府不管部部长。纳粹党法律事务全国领导人。1939年10月任波兰占领区总督。曾肆无忌惮地榨取波兰的经济资源,从波兰向德国输送100万劳工,还参与杀害大批波兰人。

威廉·弗利克:1932年加入纳粹党。曾任德内政部长、内阁国防委员会成员。1943年8月起作为驻波希米亚和摩拉维亚地区"保护长官"曾签署一系列取缔反对党、镇压工会、教会和犹太人的条令,亲自宣布"犹太人不受法律保护"。他管辖的疗养院、医院、精神病院把大批老、弱、病、残及精神不健全者当成"无用的饭桶"加以杀害。

尤利马斯·施特莱歇尔:1921年加入纳粹党。曾参加慕尼黑暴动,是公认的"天字第一号犹太迫害狂"。1923—1945年主持反犹刊物《前锋报》,鼓吹灭绝犹太人种,诬蔑犹太人是细菌、寄生虫和瘟疫。积极支持1935年迫害犹太人的纽伦堡法。还应对1938年纽伦堡捣毁犹太教堂事件负责。在

"最后解决"犹太人行动中，他操纵宣传机器，对这一暴行起推波助澜作用。

阿尔弗雷德·约德尔：1935—1938 年任德国国防军最高统帅部国防处处长。1939 年后负责作战处。他直接向希特勒汇报战事，并向三军传达其命令。曾策划并参与对奥地利、捷克斯洛伐克、挪威、希腊、南斯拉夫等国的军事行动，草拟侵苏的"巴巴罗莎"方案，签署诺曼底登陆备忘录。

弗里茨·绍克尔：1923 年加入纳粹党。1932 年后担任图林根内务部长和联邦总理等职，曾领冲锋队和党卫队将军衔。1942 年被希特勒任命为奴隶劳工全权负责人，制订过榨取各占领区奴隶劳工的计划，他对劳工的原则是"用最低费用达到最高限度的剥削"。

赛斯—英夸特：1938 年加入奥地利纳粹党。他对德吞并奥地利起过特殊作用，曾任德驻奥总督、德不管部部长、德驻荷占领区头目等职。

马丁·鲍曼：1925 年加入纳粹党。1933—1941 年是希特勒助理公署参谋长。此后接替赫斯的纳粹党书记处职务。1943 年起为希特勒秘书并日益成其亲信。该被告在缉捕期间下落不明，其律师申明他已死亡，但当时尚无确凿证据，法庭对之进行缺席审判。

罗伯特·莱伊：曾负责德国劳动战线和纳粹党组织工作。制定过使用外国奴隶劳工提案。在押至纽伦堡监狱后，他于 10 月 25 日利用单独禁闭室厕所的水管上吊自杀身亡。

古斯塔夫·克虏伯·冯·博伦—哈尔巴赫：德国克虏伯公司总经理，在第一次、第二次世界大战中都曾生产大量军火武器。法庭虽对他提出起诉，但在 1945 年 11 月 5 日决定暂不审讯，理由是"被告身体和精神状况不佳"，宣布对他案情的审理将推迟到他"身体和精神状态允许之时"进行。

鲁道夫·赫斯：1920 年加入纳粹党。1923 年与希特勒一起被捕并在狱中协助希特勒写出《我的奋斗》一书，后任希特勒助理且为之心腹。曾系国防委员会成员及纳粹党书记处负责人，积极参与策划侵略战争。1939 年被希特勒指定为继戈林之后的第二继承人。但他在 1941 年 5 月 1 日突然只身驾机飞往英国，原因众说不一，至今为历史一谜，此后一直被囚禁在英国。开审之前被引渡至纽伦堡。狱医认定他患有"时间性歇斯底里健忘症"，但"并非完全不清醒"，故依法受审。

埃里希·雷德尔：1935 年任海军总司令，四年后擢升海军特级上将，为德国国防委员会成员。1943 年经本人请求只留任海军名义总监。曾参与策划和指挥一系列侵略战争，尤其是海战，对潜艇战更负有不可推卸的责任。

瓦尔特·冯克：1933年起任德国政府新闻总署、宣传部负责人等。1939年为德经济部长和战争经济全权委员，德国国家银行总裁。曾参与迫害犹太人活动。卖力进行战争经济准备并对占领区进行经济榨取。

耶马尔·沙赫特：曾为冯克前任。1923—1930年任德国货币委员会委员和国家银行总裁。1933年又被希特勒任命为国家银行总裁、德经济部长、战争经济全权委员、不管部部长等。他是纳粹上台的积极支持者。他通过种种手段为希特勒筹集大量资金，后因与戈林等发生矛盾而失宠。1944年曾被秘密警察逮捕。

弗兰茨·冯·巴本：1932年曾为德国总理。1933年被任命为希特勒内阁副总理。1933—1938年先后为驻奥地利、土耳其使节。他曾积极帮助希特勒组阁，但是1934年发表过斥责纳粹党的演说，故在"清洗罗姆"事件中被监禁，不久获释。他曾支持奥地利纳粹分子的活动，参与过吞并奥地利的准备工作。

康斯坦丁·冯·牛赖特：职业外交官。1930—1932年任德驻英大使，1932—1938年任外交部长，后曾任不管部部长、国防委员会委员、德驻波希米亚—摩拉维亚保护长官等。曾参加炮制慕尼黑阴谋和镇压捷克斯洛伐克人民。

巴尔杜·冯·席腊赫：1925年加入纳粹党。1929年为民族社会主义全国青年指导人。1933年后为全德青年领导人。1940年被任命为驻维也纳总督。他曾把各青年组织统一到希特勒青年团内，卖力地向青年灌输纳粹思想并对之进行军事训练，使青年成为党卫军补充来源。

阿尔伯特·施佩尔：1932年加入纳粹党。两年后成为希特勒的建筑师和亲信。1942年后担任托特组织①负责人。德国军备、军需及军火部部长，德国国会议员。

卡尔·邓尼茨：自1936年任德潜水艇舰队司令，1942年成为海军上将，次年接替雷德尔任海军总司令。希特勘在自杀前的遗嘱中指定他从1945年5月1日起为国家元首。他曾参与训练和发展德潜艇队，积极策划和参与海上侵略战争。

汉斯·弗里切：从1932年就是经常公开露面的广播评论员，主持政治

---

①　弗里茨·托特（1891—1942），1933年被希特勒任命为筑路工程总监，1938年他建立了托特组织，死后由施佩尔继任其职。

时事节目。1933 年加入纳粹党。1938 年成为宣传部国内新闻司司长，后任广播司司长。他执行戈培尔指示，每日制定和发布新闻宣传口径，为纳粹的活动制造舆论并进行煽惑。

起诉书还对下列集团或组织提出了起诉。

纳粹党政治领袖集团：它是以希特勒为首组成的纳粹党组织机构，实际管理由全国总部领袖（先为赫斯，后为鲍曼）担任。该集团成员包括领袖（即元首），全国总部领导人，大区领导人及办事处成员，县领导人及办事处成员，地方分部、支部和小组领导人。该组织为纳粹党夺取国家政权、控制帝国起了中坚作用。它大肆进行蛊惑宣传，监视人民政治态度，还致力于使占领区日耳曼化并迫害犹太人。

秘密警察和保安勤务处：后者原为党卫队情报机构，自 1936 年 6 月成为纳粹党情报机构并与秘密警察合并一体。该组织原由海德里希、后由卡尔腾布龙纳负责。它通过监狱、集中营等手段凶残对付一切纳粹的反对者，干下大量逮捕、迫害、屠杀和灭绝无辜人民的暴行。

德国纳粹党党卫队：原系希特勒从冲锋队中选出用以自卫的“精锐部分”，最初仅 200 余人，希姆莱任领袖。到 1933 年发展到 25000 人，1945 年达 58 万人。党卫队分两部分，一为调遣部队，必要时可编入国防军，二为髑髅队，控制集中营。队员当时被“誉”为“具有高度组织纪律的中坚分子”，有着“看到千万具尸体也无动于衷的无情精神”。党卫队用各种残酷手段杀人，包括搞杀人试验。

德国纳粹党冲锋队：1921 年为实现纳粹党的政治目的而建立（罗姆为头目）。曾参加希特勒的啤酒馆暴动，起到“党的臂膀”作用。1933 年发展到 250 万人。在次年 6 月 30 日的“清洗”中受到极大削弱，降到纳粹附庸部队的地位。

德国内阁：包括 1933 年 1 月 30 日以后的普通内阁成员、德国内阁国防委员会成员和秘密内阁成员，这批人总数为 48 人，其成员分管各政府部门。1933 年后内阁有权发布新的法律。希特勒曾宣布在对外政策问题上要取得秘密内阁会议的咨询，而国防委员会对侵略战争应负重大责任。

参谋部和国防军最高统帅部：成员为三军最高司令部高级军官，约有130 名，希特勒为最高统帅。这伙人策划指挥了一系列侵略战争，使数百万无辜人民蒙受战争的灾难和痛苦。

庭审与判刑

　　纽伦堡欧洲国际军事法庭从 1945 年 11 月到 1946 年 3 月进行了错综复杂、旷日持久的审案工作。这是一场艰苦的、面对面的舌战。法庭成为同德国法西斯战犯最后较量的战场。四国检察官分别对被告们作出详尽的指控。法庭共进行公开审判 403 次，多次传讯每一名被告。请 200 多位证人出庭作证，请 143 人提供调查记录，还允许 22 名德国律师为被告进行辩护，同时接受了律师们提交法庭的 30 万条书面证明材料。最后在 3 月 8 日—6 月 26 日准予被告行使答辩权。在审讯过程中，法庭的做法充分体现了公正、人道、民主的精神，从而更加显示了法律的尊严。审讯始终是一场激烈的唇枪舌剑。因为要在法庭上彻底战胜纳粹被告，并从法律的角度定下历史的铁案，就必须让被告在大量确凿的人证物证面前理屈词穷，从根本上服罪（而不是表面上，有些人表面上可能绝不服输或只是假服），所以这样的较量并不亚于在枪林弹雨的战场上展开的交锋。

　　一些顽固的被告竟当庭宣扬悖谬的纳粹理论以为法西斯开脱罪责，对此，法庭理所当然地进行了有力驳斥。

　　辩护方面（包括某些律师）反复提出了"法无规定者不罚"的理由，一再抗辩说：追溯既往地运用法律是不允许的，言下之意是，在他们谋划和发动侵略战争时，还不存在禁止密谋和进行侵略战争的法律规定，因之不能给他们定罪。检察方面义正词严地指出，这恰恰说明法西斯分子从来就无视国际法。法庭列举了海牙、凡尔赛、洛迦诺、凯洛格—白里安等一系列国际条约的具体条文，一一说明德国法西斯对奥地利、捷克斯洛伐克、波兰、丹麦、挪威、比利时、荷兰、卢森堡、法国、英国、南斯拉夫、希腊、苏联及美国的战争从根本上违背了国际法规，是赤裸裸的侵略战争，而侵略战争历来属刑事犯罪。

　　被告还提出一种"你亦同样"的论调，企图通过诬蔑对方也犯有同样的"罪行"，而将自己的罪行勾销。他们制造"双方都违法"的谬论，达到"合理"地追究对方法律责任，以至"双方均不追究"的目的，实质为自己开脱。法庭戳穿了被告们玩弄的"相互抵消法"，指出他们妄图把自己的侵略行径同盟国、受难人民反侵略战争和反法西斯抵抗运动混为一谈，是只许侵略者挑衅而不许受害者作正义还击的强盗逻辑。

被告们还试图以"执行命令"为自己辩解，有军衔者尤其把这点奉若至宝。这是自我洗刷的托词，犯罪已无法抵赖，但不承认是罪犯，因为自己只是执行者，法律责任只能由发布命令的人来承担。按照这种逻辑，最后就只需对希特勒一人治罪，他既已身亡，被告们都可逃脱法网了。但法庭有力地引证道："即使在最富有盲目服从传统的德国，即使在元首国家时期，德国军事刑法第 47 条仍然规定：就是下属人员，假如他知道上级命令以违反民法或军法的犯罪行为为目的时，再执行这道命令也应受到惩罚。"这一论据使被告们无以对答。最后法庭斩钉截铁地裁断："执行上级命令不属减刑之列！"

被告戈林在这类诡辩中表现得最为狡黠、蛮横，他准备与法庭对抗到底，公然声称不承认法庭的职权，还在下面暗搞攻守同盟，破坏审讯。对这样顽固的罪犯，法庭与监狱管理人员进行了针锋相对的斗争。

经过 9 个月艰苦斗争，法庭基本上达到预期的目的。1946 年 8 月 31 日，法庭给各被告以最后辩护发言的机会并宣布休庭一个月，对案情加以缜密分析及研究最后判决。

1946 年 9 月 30 日，纽伦堡欧洲国际军事法庭宣读了长达 250 页的判决书，判刑情况如下所示。

判处被告共 22 名（其中一人缺席）。

判处绞刑者 12 名：戈林、里宾特洛甫、罗森堡、凯特尔、施特莱歇尔、约德尔、绍克尔、弗兰克、弗利克、卡尔腾布龙纳、赛斯—英夸特、鲍曼（缺席）。

判处无期徒刑者 3 名：赫斯、冯克、雷德尔。

判处 20 年徒刑者 2 名：席腊赫、施佩尔。

判处 15 年徒刑者 1 名：牛赖特。

判处 10 年徒刑者 1 名：邓尼茨。

被告巴本、沙赫特、弗里切被宣判无罪，予以释放。

以下各组织被宣判为犯罪组织：德国政治领袖集团、秘密警察和保安勤务处、党卫队。

宣判完毕后附加一则说明：凡有上诉者，可在四天之内向管制委员会呈递"宽恕请求书"，之后，庭长又宣布了苏联方面的不同意见。苏联法官、司法少将伊·特·尼基钦科认为，不宣告德国内阁、参谋本部及国防军最高统帅部为犯罪组织，判处被告赫斯无期徒刑，宣告被告沙赫特、巴本、弗里切无罪而予以释放都是不正确的、没有根据的。苏联法官在长达 30 页的意见书中详尽阐述了自己的理由。他列举了上述三组织的累累罪行，认定其均为犯罪组织；同时一一摆出四名被告的材料说明均属罪大恶极，认为应将赫斯判处死刑。另外三名均应定罪，不该释放。

1946 年 10 月 1 日下午，纽伦堡法庭正式闭庭。

从退庭之后到行刑之前，被告里宾特洛甫、弗兰克、赛斯—英夸特、席腊赫、施佩尔、邓尼茨六人先后上诉，要求减刑。戈林上诉要求改绞刑为枪决，以上请求均被驳回，法庭一律维持原判。

反响与评说

整个审讯期间，世界公众密切注视着纽伦堡的动向，对德国首要战犯判刑的消息尤使全世界人心大快。苏联《真理报》在判决宣布之后发表的评论说："一切进步的人民，诚实的人民都衷心满意地欢迎国际法庭的判决书。这是无情的、坚决而公正的判决。"而苏联法官所持的不同意见也在民众中得到强烈共鸣。判决公之于世后，人们纷纷谴责法庭对巴本、沙赫特、弗里切三被告的过度宽恕。法、美、英、奥、挪等国进步报刊先后载文，"对释放战犯表示惊愕""遗憾"。柏林 10 万工人举行罢工，抗议开释战犯。德国统一社会党领导人皮克和格罗提渥发表联合声明，要求对纳粹罪犯严加惩处。值得注意的是"三被告在得知获释时没有任何人比他们本人更觉吃惊"，他们不敢离狱。沙赫特供认："余深惧德国民众……实觉无处容身"，要求暂时"准予留狱"；巴本欲往法国，但法国拒绝为其办理过境手续。当然也有极少数人指责"纽伦堡是胜利者的法庭"，"违背了法律不溯既往的原则"，甚至反对通过设立国际法庭的方式惩处战犯。

1946 年 10 月 16 日对死刑犯处以极刑。凌晨 1 时 11 分，是里宾特洛甫第一个被套上绞索，2 时许，10 名死囚先后在绞架上结束了罪恶的生命。罪首戈林在临刑前两小时吞服氰化钾毙命。鲍曼"需追捕归案后处死"，余犯皆投入狱中服刑。

客观地说，纽伦堡审判是一次公正的、经得起历史考验的审判。第二次世界大战是人类历史上一场空前的浩劫，5000 万无辜人民惨遭屠戮，广袤的和平土地落得满目疮痍，甚至化为焦土。尸横遍野的战场、灭绝营、毒气室、焚尸炉……构成了名副其实的死亡工厂，而法庭正是对这一惨绝人寰罪恶的主要肇事者加以惩处，从而在全世界伸张正义，所以是符合人民意愿的。同时对战犯的惩治也是世界反法西斯斗争的重大胜利，它巩固了第二次世界大战的成果。纽伦堡所审理的是历史上规模最大、案情最复杂、犯罪事实最令人发指的大案，而审讯和定案又是严格依靠证据进行的。司法人员能严肃、缜密、客观地依法审案、定审，也为国与国联合共同制裁侵略者提供了先例。纽伦堡审判揭开了国际法史上新的一页。在人类历史上，这是第一次给予侵略战争的密谋者、组织者、执行者以公开公正的处分，它表明："破坏和平和违反人道从法学的观点上是构成犯罪的。"美国首席检察官杰克逊谈道："纽伦堡判决的重要性并不在于它怎样忠实地解释过去，它的价值在于怎样认真地儆戒未来。"他认为，审判有两大任务："一是核实纳粹重大历史罪行的证据，二是解释并规定新形成的国际法基本准则。"后一点在国际范围内是一次新的开拓，而且初见成效，对后来的"联合国国际法委员会"是有启示的。所以有人把纽伦堡审判喻为"国际刑法史上第一部非常重要的文件"。

有人说，纽伦堡审判是"最使德国人民难堪之事"。实际上，绝不可把德国法西斯与德国人民混为一谈。如果当初德国大众欣然接受了希特勒的计划，那么就根本不需要什么冲锋队、盖世太保了。但纽伦堡审判对德国人民也是有益的教育，因为"德国人民通过纽伦堡审判第一次认识到在他的名义下对手无寸铁者、犹太人、病人、被绑架和被拘捕者所犯下的罪行"。

纽伦堡法庭不宣布德国内阁、最高统帅部和参谋本部为犯罪组织，释放沙赫特、巴本和弗里切三被告是不妥的。杰克逊先生在 1955 年也承认：如果当时对沙赫特的案件"进行非常慎重的调查，那么起诉肯定也不至于败诉"。另外，联邦德国历史学家埃德曼认为："如果法庭……有中立国参加，那么法庭的设立就会有更大的说服力。"这种见解也属探讨此课题的一家之言。

远东国际军事法庭对日本战犯的审判

张 志

远东国际军事法庭是第二次世界大战后，战时盟国为惩处日本主要战犯而在东京进行的审判，俗称"东京审判"。

远东国际军事法庭的设立

第二次世界大战是人类历史上最大的一场浩劫，给各国人民造成了空前深重的灾难。遭受日本侵略的中国、东南亚等各国人民，在这场战争中付出了重大代价。据不完全统计，仅中国在战争中军队伤亡达 380 余万人，民众伤亡达 1800 余万人，财产损失达 1000 多亿美元。日本法西斯侵略者令人发指的罪行，使受害各国人民和支持正义的人们从大战初期起就主张，战后应严厉惩处战争罪犯，不能像以前那样仅仅惩办违反战时国际法规的战犯，而且要惩办对战争本身负有罪责的人，即对准备、发动、进行侵略战争的人，追究其作为战犯的责任。

1941 年 12 月 4 日，苏联政府发表声明说："在战争胜利并相应地惩处希特勒罪犯后，苏维埃国家的任务将是保证持久正义的和平。" 1942 年 8 月，美国总统罗斯福根据对欧、亚侵略者的调查，主张要在实际进行犯罪活动的国家内进行审判。1943 年 10 月，美、英、中、荷、澳大利亚等国设立了战争罪犯调查委员会。1943 年 11 月 20 日在莫斯科发表的苏、美、英三国外长关于德国暴行的宣言指出：凡是应该对暴行和罪行负责、或者曾经同意进行暴行和罪行的德国军官、人员和纳粹党员，将被解回他们犯下罪恶行为的国家，以便按照这些被解放的国家和将在这些国家建立的自由政府的法律加以审判和惩处；这一宣言并不影响主要罪犯的案件，他们的罪行没有特殊的地理位置，他们将按照盟国政府的共同决定受到惩处。

1945 年 8 月 8 日，苏、美、英、法根据上述莫斯科宣言，在伦敦签订了《关于控诉和惩处欧洲轴心国主要战犯的协定》及其附件《欧洲国际军事法庭宪章》。欧洲国际军事法庭从 1945 年 11 月 10 日在纽伦堡开庭，到 1946 年 10 月 1 日结束。

战争罪犯调查委员会表示，日本战犯也应受到与德国战犯同样的处理。1945 年 7 月 26 日，中、美、英三国促令日本投降之波茨坦公告第 10 项规定："吾人无意奴役日本民族或消灭其国家，但对于战罪人犯，包括虐待吾人俘虏者在内，将处以法律之严厉制裁。"1945 年 12 月 16—26 日，在莫斯科召开的苏、美、英三国外长会议决定（中国也同意），驻日盟军统帅应采取一切必要措施，以实现日本的投降条件，占领并管制日本，它必须实施波茨坦公告的条件，包括惩办日本战犯。

经盟国授权，驻日盟军最高统帅麦克阿瑟于 1946 年 1 月 19 日颁布了《特别通告》及《远东国际军事法庭宪章》（同年 4 月 26 日修正）。设立东京法庭的根据，是 1943 年 12 月 1 日的开罗宣言，1945 年 7 月 26 日的波茨坦公告、1945 年 9 月 2 日在美舰"密苏里"号上签署的日本投降书和 1945 年 12 月 26 日的莫斯科会议决定。法庭宪章共 5 章 17 条，规定了任务、组成、诉讼程序及其管辖权，其内容与《欧洲国际军事法庭宪章》大同小异。美国迫于战后初期世界民主舆论的压力，同时为了适当打击日本竞争者，在进行一系列民主改革的同时，不得不同意进行东京审判。但在东京审判无论开始或结束的时间都比较晚，由于战后国际形势的发展，这种时间上的差异也就使东京审判及其结果更多地反映了美帝国主义的要求。随着时间的推移，包庇日本战犯的意图变得越来越明显，甚至反映在法庭的一些程序和技术性问题上。

东京审判并不是以所有的战犯为对象，而只是审理和惩办主要的甲级战犯，其他较次要的战犯由被侵略国设庭审理和处置。宪章第五条规定，法庭有权审理三种犯罪：（甲）破坏和平罪，即计划、准备、发动或实行被宣告的或未被宣告的侵略战争，或参加为达成上述任何行为的共同计划或阴谋；（乙）战争犯罪，即违反战争法规和惯例的行为；（丙）违反人道罪，即在战争发生前或战争进行中，对任何平民之谋杀、灭绝、奴化、放逐，及其他非人道行为，或因政治或种族关系，为执行或关涉本法庭管辖范围内之任何罪行而为之迫害，不问其是否违反所在国之国内法。凡参与策动或执行任何犯上述罪行的共同计划或同谋之领袖、组织者、教唆犯及共犯，对任何人在执行此项计划中所为之一切行为均应负责。主要战犯称为甲级战犯，因为破坏和平罪属甲类，这种罪行是由侵略国最高负责人所犯。

宪章第二条规定，东京法庭应由盟军最高统帅从日本投降书签署国及印度、菲律宾提出的人员中任命 6 名以上、11 名以下法官组成。纽伦堡法庭的组成及有关事项都是根据完全平等选举和表决的原则，而东京法庭的法官和检察官却不经选举，而是由盟军最高统帅即麦克阿瑟任命，这种做法从组织程序上保证了美国意图的贯彻。1946 年 2 月 18 日，麦克阿瑟任命澳大利亚的韦伯为首席法官，另外还任命了 10 名法官（中、苏、美、英、法、荷、菲律宾、加拿大、新西兰、印度）。被任命的首席检察官是接近杜鲁门的美国律师约瑟夫·B. 基南，其他 30 名检察官大都来自上述诸国。

宪章第九条丙款规定，为对被告进行公正审理，各被告有权为自己选择辩护人，但法庭可随时不承认本人选择的辩护人。日本方面的辩护人有鹈泽总明等 28 人，美国方面有柯尔曼等 22 人。

审判过程

1945 年 9 月 11 日，前首相东条英机等 39 名战犯被捕；11 月 19 日，宣布逮捕小矶国昭等 11 名战犯；12 月 2 日，宣布逮捕平沼骐一郎、广田弘毅等 59 名战犯；12 月 6 日，逮捕近卫文麿、木户幸一等 9 名战犯。其中除旧有意义的战争罪犯之外，还包括对战争本身负有责任的人。在准备审判时，苏联曾建议，组织和发动侵略战争的财阀头目如鲇川、岩畸、中岛、藤原、池田等也应与东条等同时受审，但这个建议被首席检察官基南否决，这些人被捕后又很快被释放。在美国的包庇下，日本财阀头目得以免于受审。对发动侵华战争和屠杀中国人民的战犯，如派遣军总司令西尾寿造、烟俊六，华北方面军司令官多田骏等，到 1945 年底才能动，冈村宁次则逍遥法外。

用中国俘虏进行生物武器试验的日本战犯也受到美国的包庇。据参与东京审判的荷兰法官伯纳德·列凌克透露，这种试验杀死了 2000 名中国人。有关人犯战后逃回日本，被捕后送往美国。美国人答应，只忠实地说出他们通过自己的犯罪行为所得到的全部知识，就不予起诉，后来美国人遵守了诺言。但苏联审讯了犯有这类罪行的日本罪犯，并把起诉书送到东京。实际上，东京审判的首席检察官知道此事，但在法庭上根本不予追究。

关于国家元首应对发动侵略负刑事责任问题，第一次世界大战后对前德皇威廉二世的处理，至少从形式上已有了先例。第二次世界大战后，《欧洲国际军事法庭宪章》第七条规定："被告之官职上地位，无论系国家之元首或政府各部之负责官吏，均不得为免除责任或减轻刑罚之理由。"而《远东国际军事法庭宪章》中相应的第六条却回避了国家元首的责任问题。该第二条措辞改为："被告无论何时期内之官职上地位，被告按政府指示或上级官员指示而行动的情况，均不得使其免除对被控所犯任何罪行之责任。"同是关于被告责任问题，东京法庭宪章第六条与纽伦堡法庭宪章第七条不同，恰恰删除了"国家元首"字样，这绝非偶然，而是反映了美国的需要。

1946 年 4 月 29 日，即审判开始前四天，对东条英机等 28 名甲级战犯正式起诉。法庭就设在原日本陆军省即所谓的军部，庭长室就设在东条英机原来的办公室里。5 月 3 日，法庭在军部会议厅召开第一次公开会议，开始审理。由于中国法官梅汝璈的据理力争，法官座次除首席法官外，按日本投降书各受降国的签字顺序美、中、英、苏、加、法等排定。审理采用英、美法律，分立证和辩论两个阶段，手续烦琐，迁延时日。3—4 日，首席检察官基南宣读了长达 42 页的起诉书。

起诉书指出，从 1928 年 1 月 1 日至 1945 年 9 月 2 日，日本的对内对外政策"被犯罪的军阀所控制和指导。这种政策是重大的世界纠纷和侵略战争的原因，同时也是爱好和平各国人民的利益和日本人民本身的利益遭受重大损失的原因"。起诉书列举出 55 项罪状。其中第一项罪状称："控告全体被告，在 1928 年 1 月 1 日至 1945 年 9 月 2 日这一期间，以领导者、组织者、教唆者或同谋者的资格，参与共同计划或阴谋，欲为日本取得对东亚、太平洋、印度洋以及其接壤各国或邻近岛屿之军事、政治、经济的控制地位，为达到此目的，使日本单独或与其他国家合作，对任何一个或一个以上之反对此项目的国家从事侵略战争。"第 27 项罪状是"对中国实行侵略罪状"。第 55 项罪状称："应其官职应负有采取适当方法确实遵守及防止违反战争法规和惯例之法律上的义务，而竟完全漠视和蔑视其法律上的义务。"检察官根据以上各项罪状追究被告的个人责任。被告中罪状最少的也有 25 项，最多的达 54 项，但在 5 月 6 日，当时在法庭受审的全体被告 27 人竟都声辩自己"无罪"。东条英机竟说："对一切诉因，我声明无罪。"

审理期间共开庭 818 次，法官内部会议 131 次，有 419 位证人出庭作证，779 位证人提供供述书和宣誓口供，受理证据 4336 份，英文审判记录 48412 页。整个审判长达二年半之久，耗资 750 万美元。到 1948 年 4 月 16 日，法庭宣布休会，以作出判决。从1948年11月4日开始，宣读长达1231页的判决书，到12日才读完。

判决书由三部分组成。第一部分：一、法庭的设立和审理；二、法（甲、法庭的管辖权；乙、对俘虏的战争犯罪的责任；丙、起诉书）；三、日本的义务和权利，第二部分：四、军部控制日本，准备战争；五、日本对中国的侵略；六、日本对苏联的侵略；七、太平洋战争；八、违反战争法规的犯罪（暴行）。第三部分：九、起诉书中罪状的认定；十、判决。判决书肯定日本的内外政策在所审查的时期（1928—1945）内都是旨在准备和发动侵略战争。

被告最初是28人，但前外交大臣松冈洋右和前海军大将永野修身病死，为日本侵略炮制理论根据的大川昭明因发狂而中止受审，结果只对25人进行了审判和判决。对7人处以绞刑（东条英机、广田弘毅、土肥原贤二、板垣征四郎、木村岳太朗、松井石根、武藤章），对16人处以无期徒刑（荒木贞夫、桥本欣五郎、烟俊六、平沼骐一郎、星野直树、贺屋兴宣、木户幸一、小矶国昭、南次郎、冈敬纯、大岛浩、佐藤贤了、岛田繁太郎、白鸟敏夫、梅津美治郎、铃木贞一），判处二人有期徒刑（东乡茂德20年、重光葵7年）。

由于美国的操纵和包庇，判决书对有些战犯的判词太轻，对有些史实解释失当。例如，松井石根1937年任华中方面军司令官，统率上海派遣军和第十军。他在1937年12月13日统率军队占领南京，指挥日军犯下了震惊世界的"南京大屠杀"暴行，被杀害的中国人达30万以上，日军在南京疯狂烧杀掳掠，砍头、劈脑、切腹、挖心、水溺、火烧、砍去四肢、割生殖器、刺穿阴户、肛门等无所不用其极。日军的这些残酷暴行，比德军在奥斯威辛集中营单纯用毒气屠杀更加惨绝人寰。但判决书却对他在第27项罪状"对中国实行侵略战争"上"判决为无罪"，硬说"1937年和1938年时他在中国的军事职务，就其本身论，不能认为与实行侵略战争有关"。再如，重光葵除在苏、英等国任大使时的反动活动外，还在1931—1932年任驻中国公使，1942—1943年任驻汪精卫伪政府大使时期，为策应日本的军事侵略，进行了大量罪恶活动。由于在审判期间，美国国务院和英国外交部提供文件为他开脱，判决书说他的活动"未超过职务的正当范围""不是阴谋分子之一员""并未实行侵略战争"等，因而仅判7年徒刑。1948年11月12日苏联《消息报》曾载文批评，指出这种判决本身就是袒护。此外，判决书认为，日本与德国共谋破坏和平的罪行还缺乏证据，那只是两国总参谋部中个别人员的私人图谋，与日本政府无涉。判决书极力强调日本军部在实行侵略计划方面的罪行，减轻日本政府和垄断资本的责任。

尽管存在上述问题，东京法庭的判决总的说来还是严正的，受到世界舆论的欢迎。1948年11月28日，苏联《消息报》发表《东京审判的总结》一文，指出："苏联人民也像全世界一切正直的人们一样，对法庭的判决非常满意……法庭的功绩在于，尽管日本主要战犯的辩护人和保护者们机关用尽，国际反动势力施展了许多诡计，甚至法庭的某些法官也当了他们的代言人，但法庭还是作出了合乎正义的和严厉的判决。"

1948年11月12日，远东国际军事法庭宣告结束。

国际反动势力对战犯的庇护

11月22日，麦克阿瑟批准了判决书，但他并未按宪章要求立即执行判决，反而把广田弘毅、土肥原等被告的上诉书转给美国最高法院，从而推迟执行对所有被告的判决。12月6日，美国最高法院居然骄横到以5票对4票同意审理被告的上诉。消息传出，世界舆论哗然。当时东京法庭的中国法官梅汝璈则表示："如果代表11国的国际法庭所作的决定要由某一国的法庭来重新审理，不管它是多么高的法院，都当然会使人担心，任何国际决定和行动都要同样受到一个国家的重审和改变。"在世界舆论的压力下，美国司法部副部长致函美国最高法院，指出它无权干涉东京法庭的判决。12月20日，美国最高法院终于以六票对一票拒绝重新审理。这样，判决后拖延了40天，到12月23日东京时间零点至零点30分，才在东京巢鸭监狱院中对东条机等7名主要战犯执行了绞刑。

除东京审判外，马尼拉、新加坡、仰光、西贡以及苏联的伯力等地也为次要战犯设立了军事法庭。美、英、荷等国慑于各地受难人民的激愤，审判虐待俘虏和屠杀平民的战犯共5416人，其中937人被处以死刑。

在中国，当时的国民党政府背叛中国人民，对进行侵华战争、疯狂屠杀平民的日本战犯没有认真地揭发、审判和惩处，如冈村宁次是侵略中国历时最久、罪恶最大的日本战犯之一。1945年8月、中国共产党领导下的陕甘宁边区政府公布日本战犯名单，冈村被列为首要战犯。但人民解放战争期间，蒋介石却让他做秘密军事顾问，策划向解放区的进攻。1949年1月26日，国民党政府的战犯军事法庭宣判冈村无罪；1 月 30 日，又接受麦克阿瑟的命令，将冈村送回日本。对此，中国共产党曾进行严厉谴责。远东国际军事法庭从一开始就受到美帝国主义政策的影响，特别是到 40 年代末期，美国的对外政策已明显地转向反苏、反共、反对中国革命。由于冷战的加剧，使美国改变了对日政策，企图把日本变成反共的前哨阵地。1947 年底，美国国务院政策计划委员会主任乔治·凯南提出美国对日"新方针"，得到国家安全委员会同意。中国革命的历史性转折使美国决定加速扶植日本，因此采取了放宽赔偿等一系列政策。美国政府派底特律银行总经理道奇去日本，以公使资格担任麦克阿瑟的财政顾问。道奇动身之前，杜鲁门在接见他时强调说：中国革命的进展同日本重要性的增长是不可分割地联系在一起的。

与这种国际形势相联系，美国占领当局竟不顾中国和全世界人民的抗议，大批释放日本战犯。早在 1947 年 8 月 30 日，美国就释放了大资本家鲇川和航空工业巨头中岛等人。这些人没有受到审判，也就使日本侵略的真正根源没有得到彻底揭露。1948 年 12 月 24 日，即对 7 名甲级战犯执行绞刑的次日，麦克阿瑟总部宣布，释放仍在巢鸭监狱中的岸信介等 19 名甲级战犯嫌疑犯。1949 年 10 月 19 日，宣布对乙、丙级战犯也结束审判，不再逮捕、搜查战犯嫌疑犯。1950 年 3 月 7 日，更悍然颁布"第五号指令"，规定所有根据判决书仍在日本服刑的战犯都可以在刑满前按所谓"宣誓释放制度"予以释放，这实际上废除了远东国际军事法庭的判决。中国外交部于 1950 年 5 月 15 日发表声明，指出："中央人民政府认为驻日盟军最高统帅麦克阿瑟违法越权的行为，不仅破坏了第二次世界大战中远东同盟国关于设立国际军事法庭的协议，不仅破坏了远东国际军事法庭惩治日本战犯的庄严判决，同时，这种狂妄行为必然严重损害了中国人民以八年血战换来的制裁日本战犯的基本权利，损害中国人民防止日本法西斯侵略势力复兴的基本利益。因此中华人民共和国中央人民政府对于麦克阿瑟以单方命令擅自规定提前释放日本战犯一节，绝对不予承认。"

1950 年 11 月 21 日，美帝国主义非法释放判刑已太轻而且刑期未满的重光葵，他不久就当上了外务大臣和副首相。荒木贞夫、烟俊六等也被释放，贺屋兴宣甚至重新回到政界。到 1958 年 4 月 7 日，所有战犯未服满的刑期都最后得到了赦免。

有些人置受害国人民的感情于不顾，对美帝国主义包庇战犯的行径熟视无睹，对东京审判本身大肆攻击。在审判过程中，有些辩护人曾无理地对管辖权和起诉事实提出异议，他们提出的非难主要有以下几点。

　　第一，按照文明国家的法律原则，在惩办罪犯前须由法律先规定罪和刑，依法定罪量刑，即所谓"罪刑由法定""无法则无罪""禁止事后立法（ex post facto）"。1928年的非战公约并没有扩大到战争犯罪的意义，战争本身并不违法。而且在日本所接受的波茨坦公告中，关于战犯问题的第十项只说要追究按公告当时的国际法所承认的通常的战争犯罪。因此，他们认为，盟国无权把"破坏和平罪"载入法庭宪章，据以审判日本主要战犯。因为宪章的规定是事后法，是非法的。对此，法庭认为，这些被告的一切罪行在起诉书中所指的时间很久以前已在国际法上被认为是犯罪。1928年非战公约废弃以战争作为国策的工具，其中必然包括承认战争在国际法上是非法的原则；凡是从事计划和实行这种产生不可避免的可怕结果的战争者，都应被视为从事于犯罪行为。借口"无法则无罪"而不追究非法攻击者，才是非法。宪章并非是战胜方面之武断行使权力，而是宪章颁布制定时现行国际法的表现。而且早在1945年8月10日，天皇已对被告木户说："念于战争责任者的惩罚……实有所难忍者。……但认为今日乃不能不忍人听难忍之际。"可见天皇和阁僚们在接受波茨坦公告之前已预见到战争责任者要受审判。

　　第二，他们强调，战争是国家的行为，国家间的现象，主体是国家。国际法只审理主权国家的行为。因此，作为国家机关的个人在国际法上不应负责，而应受到国家主权的保护。对此，法庭认为，国家违反条约，发动侵略战争，责任总是在个人身上。国际法像对国家一样，为个人也同样规定了义务和责任。法庭宪章不承认以本人地位或按上级命令行动为免责理由。

　　除被告的辩护人外，个别法官也有类似意见。如印度法官佩尔从批判"违反和平罪"、禁止事后立法出发，认为战胜国单方面惩办战败国领导人，是违反文明国家的法律，在政治上是不明智的。他说："欧美在亚洲的行为才是侵略。"东京审判"不应以法律、正义的名义来实施报复"。他主张"全体无罪论"，这等于全面否定了战犯审判本身。此外，还有荷、法、菲、澳大利亚四名法官提出过与判决书不同的少数意见。特别是在对被告是否判处死刑问题上，发生了很大争执。庭长韦伯主张将战犯流放到荒岛上去。美国法官虽然同意死刑，但注意力仅限于对发动太平洋战争和虐待美军俘虏的那些战犯判处死刑。中国法官坚持要严惩双手沾满中国人民鲜血的战犯土肥原贤二和松井石根，最后法庭才以6票对5票的微弱多数，判处了东条英机、土肥原、松井石根等7名战犯以绞刑。

　　在国际政治斗争中出现这种现象是不足为奇的。耐人寻味的是，直到现在日本还有人对个别辩护人或法官的少数意见津津乐道，说什么东京审判是在被占领的形势下进行的，有胜利者的暴力作为背景，文明、正义可能被歪曲等。不难看出，侵略势力的代言人还在妄图以种种形式蛊惑人心，贬低甚至否定东京审判的重大意义。

　　值得注意的是，战后出生的日本年青一代对东京审判已陌生到令人吃惊的程度，这种情况为别有用心的煽动者提供了温床。例如，在 1980 年 6 月 21 日，在东条英机等甲级战犯执行绞刑的现场（丰岛区东池袋三丁目旧东京拘留所，即巢鸭监狱，现东池袋中央公园内），由丰岛区长出面，公然以黑御影石竖起了 1.6 米高的碑，刻有 "第二次世界大战后，远东国际军事法庭在东京市谷所课之刑罚以及其他盟国战争犯罪法庭所课之一部分刑罚，在此地执行" 等字样。这块由丰岛区负责支出维持管理费的石碑竖起后，已经有右派到碑前献酒，该区居民于 1980 年 8 月 15 日向东京地方法院提出诉讼，指出该碑的性质是 "把战犯作为战争牺牲者来表扬，具有驱使日本重新进行侵略战争的意图和效果"。

　　1983 年 7 月，日本杂志刊载了前东京法庭的荷兰法官伯·列凌霓教授在 1978 年发表的演说《纽伦堡和东京两次审判的一些侧面》，他虽然不得不肯定东京审判的世界历史意义，但又说在国际法上，裁判手续上有很多错误。他把日本的侵略行动与反对英殖民地者的美国独立战争和 16 世纪日本抗拒西方传教士的锁国政策相提并论；说日本天皇只是扩音机；日本的军事行动是自卫，是为了使中国和日本免遭苏联共产主义意识形态的威胁，要在亚洲摆脱欧美统治的历史潮流中起积极作用。他为广田弘毅叫屈，说判他绞刑是六票对五票通过的，"如果我当时不是最年轻，如果我当时年岁大一些，也许能说服多数派，得出不同的判决"。

　　同时，日本上映长达四小时半的电影《东京审判》，渲染当时德国在奥斯维辛的暴行和后来美国在广岛、长崎、越南的暴行，以此来反衬日本暴行的微不足道，妄图证明东京法庭实际上是检察官和法官勾结起来作出了误判。1983 年 8 月 15 日，日本《产经新闻》趁日本宣布无条件投降 38 周年之际发表社论竟说，"不可否认，东京审判是错误的，东京审判的历史观给日本遗留下了不必要的毒害"。以上事实，结合日本教科书中故意回避侵略罪行、在靖国神社让战犯合祀、日本政府要员以公职身份参拜靖国神社等动向，恰恰从反面说明，远东国际军事法庭判定日本进行战争的侵略性质以及惩办战犯等做法，确实具有深远的历史意义。

从历史上看，第一次世界大战前，没有人想过把进行侵略战争的罪犯交付国际法庭审判。1815 年 8 月，俄、英、普、奥等战胜国曾签订协定，宣布战败的拿破仑为俘虏，交给英国，流放到圣海伦娜岛。但这种做法与其说是刑罚，不如说是隔离危险人物的政治措施。

规模空前、伤亡惨重的第一次世界大战后，《凡尔赛和约》第 227—230 条才第一次提到战犯责任问题。英、美、法、意、日五个战胜国曾企图让荷兰引渡前德皇威廉二世，组成法庭加以审判，但遭到拒绝，没有实现。威廉二世一直安住荷兰，寿终正寝。实际上，当时战胜国的统治阶级既忙于反苏武装干涉，又对第一次世界大战的准备情况感到做贼心虚，因此只能故作姿态，不肯弄假成真，使各方真相通过审判大白于天下。

相比之下，第二次世界大战后，在世界进步舆论的影响下，东京审判对日本主要战犯作出了严正的判决，完成了具有重大国际意义的任务。

首先，通过这次审判，世界各国人民，包括日本人民，了解了日本帝国主义从九一八事变到太平洋战争期间的侵略真相，它肯定日本所进行的是侵略战争，并惩办了战争的策划者。这有利于世界各国人民的和平与安全。

其次，远东盟军最高统帅总部的《特别通告》和《远东国际军事法庭宪章》，是关于战争的重要的国际法文件。该法庭的判决书也像欧洲军事法庭的判决书一样，肯定了一些原则，如反和平罪、战争罪、反人道罪和共谋上述罪行，都是违反国际法的罪行；从事上述罪行的人应承担个人责任，不得借口本人地位、上级命令或国内法而免受惩处。1946 年 12 月 11 日，联合国大会第 95（1）号决议确认上述原则为国际法原则，今后若有人再胆敢发动侵略战争，必将受到同样惩处。这在国际法上开了先例，促进了战争法规的发展。

最后，该法庭的判决书根据日本御前会议、内阁会议、五相会议的记录、纳粹德国外交部文件，伪"满洲国"秘密文件、溥仪等 1000 多人的证词，核定了大量史实，揭发了日本在 20 年中伙同德、意法西斯妄图称霸世界的罪行，指出了所谓"大东亚共荣圈""大东亚新秩序"的侵略实质，判决书列举了战争贩子们的滔天罪行，是一份很有价值的历史文献。

中国社会科学出版社"社科学术文库"
已出版书目

1. 冯昭奎：《21世纪的日本：战略的贫困》，2013年8月出版。
2. 张季风：《日本国土综合开发论》，2013年8月出版。
3. 李新烽：《非凡洲游》，2013年9月出版。
4. 李新烽：《非洲踏寻郑和路》，2013年9月出版。
5. 韩延龙、常兆儒编：《革命根据地法制文献选编》，2013年10月出版。
6. 田雪原：《大国之难：20世纪中国人口问题宏观》，2013年11月出版。
7. 中国社会科学院科研局编：《中国社会科学院学术大师治学录》，2013年12月出版。
8. 李汉林：《中国单位社会：议论、思考与研究》，2014年1月出版。
9. 李培林：《村落的终结：羊城村的故事》，2014年5月出版。
10. 孙伟平：《伦理学之后》，2014年6月出版。
11. 管彦波：《中国西南民族社会生活史》，2014年9月出版。
12. 敏泽：《中国美学思想史》，2014年9月出版。
13. 孙晶：《印度吠檀多不二论哲学》，2014年9月出版。
14. 蒋寅主编：《王渔洋事迹征略》，2014年9月出版。
15. 中国社会科学院财经战略研究院：《科学发展观：引领中国财政政策新思路》，2015年1月出版。
16. 高文德主编：《中国民族史人物辞典》，2015年3月出版。
17. 李细珠：《张之洞与清末新政研究》，2015年3月出版。
18. 王家福主编、梁慧星副主编：《民法债权》，2015年3月出版。
19. 管彦波：《云南稻作源流史》，2015年4月出版。
20. 施治生、徐建新主编：《古代国家的等级制度》，2015年5月出版。
21. 施治生、徐欣如主编：《古代王权与专制主义》，2015年5月出版。

22. 何振一：《理论财政学》，2015 年 6 月出版。

23. 冯昭奎编著：《日本经济》，2015 年 9 月出版。

24. 王松霈主编：《走向 21 世纪的生态经济管理》，2015 年 10 月出版。

25. 孙伯君：《金代女真语》，2016 年 1 月出版。

26. 刘晓萌：《清代北京旗人社会》，2016 年 1 月出版。

27. 陈之骅、吴恩远、马龙闪主编：《苏联兴亡史纲》，2016 年 10 月出版。

28. 朱庭光主编、张椿年副主编：《外国历史大事集》，2017 年 3 月出版。